AtV

BORIS NOSSIK wurde 1931 in Moskau geboren. Er studierte an der Moskauer Universität Fremdsprachen, war danach als Übersetzer englischer Literatur und als Rundfunkjournalist tätig; er schrieb Theaterstücke, Drehbücher, Romane, Biographien. Nossik reiste viel innerhalb der ehemaligen Sowjetunion und Europas. Seit vielen Jahren ist er mit einer Italienerin verheiratet und lebt in Paris.

Vladimir Nabokov, weltberühmt durch seinen Roman »Lolita«, verstand sich stets als Weltmensch und blieb doch zugleich ewiger Emigrant. Die Hoffnung, nach Rußland zurückkehren zu können, sollte er nie aufgeben; die Sehnsucht und die innere Verbundenheit mit dem Land seiner Kindheit sind in allen seinen Werken spürbar. Die erste Station der Emigration war das Berlin der zwanziger und dreißiger Jahre; hier begann er seine schriftstellerische Arbeit, hier entstand ein Großteil seines Werkes, wurde zumindest gedanklich vorbereitet, obwohl er sich auf bescheidene Weise mit Tennis-, Box- und Sprachunterricht durchschlagen mußte. 1937 zwangen ihn die Nazis, Deutschland zu verlassen.

Aber auch Frankreich brachte ihm nicht die große literarische Anerkennung. Dagegen geriet er in den Strudel von Auseinandersetzungen unter den russischen Emigranten, zu denen u.a. der Nobelpreisträger Iwan Bunin, Marina Zwetajewa, Dmitri Mereshkowski und Nina Berberova gehörten. Erst der Wechsel zur englischen Sprache, die er von Kindheit an beherrschte und der er Meisterliches abgewann, vergrößerte seine Popularität. 1940 siedelte er in die USA über, wo er Ruhe und finanzielle Sicherheit fand. Nach zwanzig Jahren kehrte er dennoch wieder nach Europa zurück. Er starb 1977 in Montreux.

Boris Nossik

Vladimir Nabokov

Eine Biographie

Aus dem Russischen
von Renate und Thomas Reschke

Aufbau Taschenbuch Verlag

Titel der Originalausgabe
МИР И ДАР НАБОКОВА

Die Originalausgabe der Biographie wurde vom Verfasser für die deutsche Ausgabe bearbeitet; für die Taschenbuchausgabe wurde der Text neu durchgesehen.

Die Zitate aus den Werken Vladimir Nabokovs wurden nach den im Rowohlt-Verlag, Reinbek, erschienenen Ausgaben wiedergegeben.

Die mit Sternchen versehenen Verszeilen wurden von Renate Horlemann nachgedichtet.

ISBN 3-7466-1560-7

1. Auflage 1999

Umschlaggestaltung
Druck Elsnerdruck, Berlin
Printed in Germany

Der Autor dankt Dmitri Nabokov
für die schriftlichen und mündlichen Hinweise
zu diesem Buch.

Inhalt

Anhang

Streit über die Welt und die Gabe

»Rußland wird geradezu nach dir schmachten – wenn es zu spät zur Besinnung kommt ...«
Vladimir Nabokov, *Die Gabe*

Die Schwierigkeit, ein Buch über Nabokov zu schreiben, leuchtet jedem ein. Sie besteht schon darin, daß Nabokov selbst Tausende von Seiten geschrieben hat und daß über ihn in den englischsprachigen Ländern (und jetzt auch in Rußland) viele Tausende Seiten geschrieben wurden. Er ist ein komplizierter Schriftsteller und war ein komplizierter Mensch. Zu jeder von ihm geschriebenen Zeile gibt es viele Auslegungen. Er hat selbst eine Kritik über sich geschrieben, hat Romane im biographischen Genre verfaßt und mit Stücken seines Lebens gefüllt. Er hat seine Biographie geschrieben und damit Zeitgenossen und künftige Biographen zum Narren gehalten. Dieses Spiel mit den Biographen hatte er sich schon in seinen russischen Romanen ausgedacht, in denen immer wieder »unzuverlässige« Erzähler und Biographen auftauchen, in denen häufig die Unmöglichkeit angedeutet wird, in ein fremdes Leben einzudringen, das man nur neu erschaffen könne. In seinem ersten englischen Roman, »Das wahre Leben des Sebastian Knight«, gab Nabokov zu verstehen, daß das »wahre Leben« eines anderen Menschen dem Schriftsteller immer entgleiten wird. Der Erzähler in diesem Roman schildert die Geschichte Knights – ohne sonderlichen Erfolg, und uns mahnt der Autor: »Vergiß nicht, daß alles, was man dir sagt, eigentlich dreifach zusammengesetzt ist: Es ist geformt vom Erzähler, umgeformt vom Zuhörer und vor beiden durch den Toten in der Geschichte verborgen.«

Soll man überhaupt versuchen, die Welt des Schriftstellers, sein Leben zu rekonstruieren? fragen manche. Kann uns das helfen, seine Werke zu verstehen? Und umgekehrt, erzählen uns denn die Werke etwas über sein Leben? Ich denke, die erste und die zweite Frage kann man bejahen. Nabokov warnte uns beizeiten vor den Kritikern der »guten alten Schule der ›projizierten Biographie‹, die das Werk eines Schriftstellers, den sie nicht verstehen, unter dem Gesichtswinkel seines Lebens studieren, das sie nicht kennen«. Aber Nabokov meint hier die »Biographie« und »Autobiographie« in jener primitiven Form, wie viele Kritiker dieser Schule sie verstanden. Doch es gibt auch ein aufmerksameres, behutsameres Herangehen, bei dem das Werk als »authentisches Zeugnis des Inhalts … des geistigen Lebens« des Schriftstellers gesehen wird, denn, wie der russische Philosoph Semjon Frank über Puschkin schrieb, »bei allem Unterschied zwischen dem empirischen Leben des Dichters und seinem dichterischen Schaffen bleibt die geistige Persönlichkeit ein Ganzes, und seine Werke werden ebenso aus der Tiefe dieser Persönlichkeit geboren wie sein persönliches Leben und seine Ansichten als Mensch.«

Ein biographisches Buch über die Welt und die Gabe Nabokovs ist meines Erachtens sehr wichtig. Im Westen gibt es zwei solche Bücher. Zwei junge Autoren, beide aus Übersee, wühlten in den Archiven, hatten Umgang mit dem Schriftsteller und seiner Familie, bewegten Berge von Papier, sammelten alle erdenklichen Informationen. Der eine hat mit seiner Neugier, der Verletzung von Familientabus, seinen Freudschen Hypothesen und vielen ungenauen Deutungen Nabokov erzürnt. Der zweite wurde später von der Familie akzeptiert und durfte das Archiv einsehen. Er veröffentlichte ein monumentales Werk über Leben und Schaffen Nabokovs. Warum, wird man fragen, schreibe ich noch eine recht umfangreiche Arbeit? Wodurch wird sich diese Arbeit von den beiden erwähnten unterscheiden? Und wie komme ich überhaupt darauf, daß sie sich unterscheidet? Nun, vielleicht dadurch, daß ich aus Rußland bin. Beide Bücher (keine schlechten Bücher, und das zweite schlichtweg gut) kommen mir sehr unrussisch vor. Mein Lieblingsschriftsteller aber war ein Russe (und gleichzeitig ein amerikanischer Schriftsteller). Außerdem war er ein russischer Emigrant, und ich meine, daß er Rußland gewaltsam weggenommen wurde – zusammen mit seiner Welt und der gesamten Emigrantenliteratur. Daher habe ich den Wunsch, das Weggenommene zurückzugeben.

Diesen Wunsch hege ich seit dreißig Jahren. Ich weiß noch genau, wie alles anfing.

Ein inzwischen verstorbener Freund fuhr zu einer geologischen Expedition, um seine qualvolle Schlaflosigkeit zu kurieren, und überließ mir den Schlüssel zu seinem Zimmer in der Sretenka – ein königliches Geschenk für einen jungen, beengt lebenden Moskauer. Nachdem ich ihm geholfen hatte, seine Sachen auf dem Lastwagen zu verstauen, kehrte ich zurück in sein Zimmer, setzte mich auf die Liege, um mit meiner Freundin zu telefonieren, griff zerstreut in das Regal und zog einen dunkelblauen Band mit einem unbekannten Titel heraus – »Die Gabe«. Den Namen des Autors kannte ich, seit mir jemand für eine Nacht »Lolita« geliehen hatte.

An diesem Abend rief ich niemanden mehr an. Ich saß bis zum Morgen in diesem schmalen kühlen Zimmer und las. Ich war außer mir, erschüttert, bezaubert, gepeinigt ... Wieso hatte ich nichts von diesem Buch gewußt?

Danach begann ich seine Bücher zu suchen und fand sie auch. Im Eisernen Vorhang entstand damals ein Spalt, und die Mutigsten brachten etwas zu lesen mit. Der Spalt im Vorhang wurde immer breiter, und fünfzehn Jahre später war auch ich endlich zum erstenmal »draußen«, in Frankreich. Ich ging in Marseille an Land und begriff plötzlich, daß mich weder das Gefängnis des Grafen von Monte Christo interessierte noch die Heimat der provenzalischen Troubadoure, auch nicht die Mühle des Alphonse Daudet. Ich wollte vor allem Ihn sehen, Ihm etwas sagen (was genau, wußte ich nicht, obwohl ich die Möglichkeit eines solchen Gesprächs eine gute Stunde lang mit Andrej Bitow im Leningrader Schriftstellerhaus erörtert hatte). Ich wußte, daß Er nicht in Frankreich war, sondern in der Schweiz (dorthin hatte ich kein Visum), wußte, daß mein Geld für die Fahrt vielleicht nicht reichen würde. Außerdem war es sehr zweifelhaft, ob er mich empfangen würde. Doch es trieb mich in Richtung Schweiz, und ich werde später (wenn das Jahr 1977 erreicht ist) berichten, wie es mir erging ... Zunächst aber will ich über die Welt und die Gabe Nabokovs erzählen.

Über seine Gabe ist in vielen Sprachen der Welt viel gesagt worden. Seine Begabung setzte schon seine Mitschüler in

Erstaunen, seine vielseitigen Fähigkeiten und in erster Linie seine literarische Gabe, die Gabe des russischen Wortes, die Gabe des englischen Wortes (Nabokov schrieb auch auf französisch, und viele meinen, daß er ein berühmter französischer Schriftsteller hätte werden können).

Über die »Gabe, die er wie eine Last in sich fühlte«, schrieben Nabokov-Forscher und Nabokophile, aber wir können auch Nabokophobe anführen, zum Beispiel den Kritiker Georgi Adamowitsch, der Nabokov seinerzeit viel Verdruß bereitete. Doch auch Adamowitsch erkannte Nabokovs »Gabe, aus allem Feuer zu schlagen«, seine »Gabe, sein, nur sein Thema zu finden und es so um und um zu wenden, abzunagen, auszupressen, daß scheinbar nichts mehr aus ihm herauszuholen war«.

Chodassewitsch schreibt in einem Artikel über Nabokov von der göttlichen Natur der Gabe: »In dem Versuch, unter den nichtigen Kindern der Welt nichtiger als alle zu sein, erkennt der Dichter die göttliche Natur seiner Besonderheit – Narrheit, seine Besessenheit, sein nicht schreckliches, nicht finsteres, wie bei einem Blindgeborenen, sondern lichtes, aber gleichwohl verhängnisvolles Gezeichnetsein durch den Finger Gottes. Mehr als alles im Leben schätzt er die geheimen Minuten, in denen Apoll ein heiliges Opfer fordert ... der Dichter ist bereit, das Leben zu opfern. Er opfert es auch: symbolisch immer, direkt und buchstäblich manchmal, aber dieses ›manchmal‹ geschieht öfter, als es scheint.

Im künstlerischen Schaffen gibt es das Moment des Handwerks, des kühlen und durchdachten Machens. Doch die Natur des Schaffens ist ekstatisch. Die Kunst ist von Natur aus religiös, denn sie ist, ohne ein Gebet zu sein, gleich einem Gebet die manifestierte Beziehung zur Welt und zu Gott ...«

Es geht also um die Gabe. Und natürlich um die Welt Nabokovs, um die Welt, in der sein Leben begann, und um die Welt, in der er nach dem »Zusammenbruch der Welten« lebte; um die Welt, die von der Kraft seiner Phantasie geschaffen, neu gestaltet und bevölkert wurde – mit Hilfe seiner Gabe. Um die innere und die äußere Welt. Aber zuerst wird es nicht einmal um die Welt gehen, sondern um einen schwarzen Abgrund, um Chaos und Finsternis.

Erstes Kapitel

Die Fotografie unterm Baum

Mit Chaos und Finsternis beginnt Nabokovs Autobiographie: »Die Wiege schaukelt über einem Abgrund.« Es ist der Abgrund, der existierte, bevor wir da waren, und der Abgrund, dem wir »mit etwa viereinhalbtausend Herzschlägen in der Stunde entgegeneilen«. Unser Leben liegt zwischen beiden – »nur ein kurzer Lichtspalt zwischen zwei Ewigkeiten des Dunkels«. Übrigens erkundigt sich nur ein empfängliches, empfindsames Kind (oder ein Schriftsteller) mit solcher Angst, wie es denn möglich sei, daß es früher nicht da war, genauer, nicht auf der Welt (ich erinnere mich, wie mein kleiner Sohn außer sich schrie: »Aber wo war ich denn?«). Die frühe Kindheit ist der Grenzstreifen zwischen unserem kurzen Leben und unserer Ewigkeit des Dunkels. Die Kindheit und die Ewigkeit werden Nabokov immer anziehen, und er wird seine Philosophie der Kindheit schaffen. Aber zunächst wollen wir den beleuchteten Teil des Alls betrachten, in dem die Wiege schaukelt. Darin liegt ein Säugling, geboren am 22. April 1899 – Vladimir Vladimirovich Nabokov, Sohn von Wladimir Dmitrijewitsch Nabokow und Jelena Iwanowna Nabokowa, geborene Rukawischnikowa. Er hatte sich für seine Geburt eine vortreffliche Familie, wunderbare Eltern und eine herrliche Stadt ausgesucht ... In der Zeit allerdings hatte er sich wohl ein wenig vertan, aber das würde sich erst viel später herausstellen. Einstweilen betrachten wir das Familienfoto, das der väterliche Freund Iossif Hessen humorvoll beschrieben hat: Eine Kinderwiege voller Falbeln; darüber beugen sich gerührt der gutaussehende, edelsinnige und hochgebildete Gentleman Wladimir Nabokow senior, seine zarte Gattin, sein millionenschwerer Schwager ... Im Hintergrund schimmert eine Wand mit dem Familienwappen der

Nabokows, das der Schriftsteller später selbst scherzhaft so beschrieben hat: »Das Kaminwunder zweier Bären ... zwischen denen ein großes Schachbrett steht ...« Diese Beschreibung war keineswegs (bei Nabokovs phänomenalem Gedächtnis) »eine kleine liebenswerte Ungenauigkeit«, wie sie S.S. Nabokow, ein Cousin des Schriftstellers, in seiner genealogischen Abhandlung bezeichnete. Es war natürlich Spöttelei: Der Anglomane und »Snob« Wladimir Dmitrijewitsch Nabokow konnte aristokratischen Snobismus nicht ausstehen, und sein Sohn war vor allem darauf stolz, daß sein Vater »der großen klassenlosen russischen Intelligenz« angehörte.

Aus der Beschreibung des Wappens ist unschwer die Intonation eines normalen russischen Intellektuellen herauszulesen, der einer liberalen Sphäre entstammt (und »den Geist des aufgeklärten Liberalismus« nahm Nabokov ernst, denn ohne ihn »ist die Zivilisation nichts weiter als ein Spielzeug in den Händen eines Idioten«). Sehr ähnlich hat sich der junge Mönch Ioann (Fürst Dmitri Schachowskoi, der spätere Erzbischof) über seine fürstliche Herkunft geäußert.

In seinem siebenten Lebensjahrzehnt zeigte Vladimir Nabokov größeres Interesse für seine Vorfahren, doch nicht aus Eitelkeit (wenngleich es selten vorkommt, daß die Eitelkeit im Alter nachläßt), sondern weil er in der Vergangenheit nach wie vor »autosemantische Konturen« suchte, »die Entwicklung und Wiederholung geheimer Themen in einem offen zutage liegenden Schicksal«. Darum bewegte ihn zum Beispiel die Mitteilung, daß sein Urgroßvater Nikolai Nabokow (1795 bis 1873) höchstwahrscheinlich an einer russischen Expedition teilgenommen hatte, die Nowaja Semlja kartographierte (zwei Jahre vor dieser Mitteilung hatte der Schriftsteller Nabokov in einem neuen Roman ein rätselhaftes, Rußland so ähnliches Nowa Semblja beschrieben). »Wenn man bedenkt«, schrieb Nabokov seinem Cousin, »daß mein Sohn Dmitri Alpinist ist und daß ich selbst etliche Arten von Schmetterlingen entdeckt und benannt habe (einige von ihnen, zum Beispiel ein seltener Alaska-Schmetterling und eine Utah-Motte, haben meinen Namen bekommen), dann gewinnt der Nabokow-Fluß auf Nowa Semblja einen fast mystischen Sinn.«

»Ich liebe die Verkupplung der Zeiten … ,» sagt Nabokov in dem Kapitel seines autobiographischen Buchs, das seinen Vorfahren gewidmet ist. Er zählt sie kurz auf und wählt aus der Reihe der berühmten Männer, die mit brillantenen Orden militärischen Ruhms oder einfach mit Geld überschüttet worden waren, solche aus, in deren Schicksal sich eben diese »Verkupplung« beobachten läßt: »Auf Vaters Linie stehen wir in vielfältiger Verwandtschaft mit den Familien Aksakow, Schischkow, Pustschin, Dansas. Ich denke, daß es schon fast dunkel war, als der Verwundete über den knirschenden Schnee in die Kutsche des Baron von Heeckeren getragen wurde.«

Beachten Sie, wie leicht, mit echt Nabokovscher Eleganz der Satz von all den deutschen Baronen, russischen Bojaren und tatarischen Fürsten zur wesentlichen Verwandtschaft überleitet – zu der mit Puschkin, und sei es auch nur über dessen Freunde, über den Sekundanten … Er leitet über zu dem Moment, der schon seit anderthalb Jahrhunderten das russische Herz schneller schlagen läßt. Was aber das Blut angeht, so sagt man, daß das Geschlecht der Nabokows auf den tatarischen Fürsten Nabok Murza zurückgeht. Gut möglich, daß es eine Legende ist, denn man hielt sich im alten Rußland etwas darauf zugute, sein Geschlecht von einem Fremdstämmigen herleiten zu können, und sei es von einem tatarischen Aristokraten. Nabokovs Großmutter entstammte einem alten deutschen (westfälischen) Geschlecht und fand es schön, daß die Insel Korfu angeblich nach einem ihrer Vorfahren, einem Kreuzritter, benannt worden war. Im Ergebnis all dieser Vermischungen war der Vater des Schriftstellers bereits ein richtiger Russe, ein russischer Aristokrat und Intellektueller. An den fernen Vorfahren interessierte Nabokov der »mystische Sinn«, die »Verkupplung der Zeiten«, das Erbe, das nicht nach dem Kapital bemessen wird. Im 18. Jahrhundert gab es in der Reihe der Vorfahren mütterlicherseits zum Beispiel den Komponisten Carl Heinrich Graun, der einen erstaunlichen Tenor besaß. Großvater seiner Mutter mütterlicherseits war der

Gelehrte und Pathologe Nikolai Koslow, Präsident der Kaiserlich-Russischen Medizinischen Akademie; er forschte über »Die Coarctatio des Foramen bei Geisteskranken« und schrieb wissenschaftliche Arbeiten (»die in gewissem Sinne«, bemerkt Nabokov, »als unterhaltsame Prototypen meiner literarischen und lepidopterologischen Arbeiten dienen«). Seine Tochter Praskowja schrieb Artikel über sexuelle Fragen; sie starb 1913, und ihre letzten Worte waren: »Jetzt begreife ich – alles ist Wasser.«

Der Schriftsteller Nabokov schätzte von den Erzählungen über die Vergangenheit besonders eine Kindheitserinnerung seiner Mutter: Als sie einmal bei ihrem Großvater Wassili Rukawischnikow, Goldgrubenbesitzer und Millionär, auf seinem Gut auf der Krim zu Besuch war, erzählte der berühmte Maler Aiwasowski in ihrem Beisein, »wie er als junger Mann Puschkin und seine großgewachsene Frau gesehen habe«. Unter den Ahnen väterlicherseits war Iwan Alexandrowitsch Nabokow, »einer der Helden der antinapoleonischen Kriege und im Alter Kommandant der Peter-Pauls-Festung in St. Petersburg, wo (1849) einer seiner Gefangenen der Schriftsteller Dostojewski war, Autor von ›Der Doppelgänger‹ usw. dem der gütige General Bücher auslieh.« Iwan Nabokow galt deshalb als »gütiger Gefängniswärter«, weil er von seiner Gesinnung und Erziehung kein Gefängniswärter war, sondern ein russischer Aristokrat und aktiver General, der schon mit sechsundzwanzig Jahren den Generalsrang erhalten hatte. Auch der Dauerhäftling der Peter-Pauls-Festung Michail Bakunin nannte ihn einen »gütigen Gefängniswärter«. Als der Kommandant gestorben war, bat der aufrührerische Bakunin dessen Schwägerin Annette Pustschina, dem aufgebahrten General Nabokow an seiner Statt die Hand zu küssen. Die sterblichen Überreste General Nabokows ruhen in der Peter-Pauls-Kathedrale der Festung.

Der berühmte Großvater des Schriftstellers, Dmitri Nikolajewitsch Nabokow, gehörte zur Umgebung des Großfürsten Konstantin und war einer der Schöpfer der berühmten Justizreform von 1864. Ende Februar 1881 billigte Alexander II. das Reformprojekt, das selbst extrem Radikale, sogar der angehende Jurist Wladimir Iljitsch Lenin (der später die demokratische Justiz Rußlands abschaffte), als einen Schritt in Richtung Verfassung bezeichneten. Es ging um die Schaffung eines konstitutionellen gesetzgebenden Rates, und das Regierungskommuniqué, das die Absicht zur Verwirklichung eines solchen Rates bekanntgab, war, wie viele meinen, von D.N. Nabokow verfaßt worden. Am 12. März 1881 erhielt D.N. Nabokow gegen Abend eine Nachricht von Alexander II.: »Dmitri Nikolajewitsch, bringen Sie mir heute nach der Abendandacht das neue Gesetz. Alexander.« Am Morgen darauf übergab der Zar das Kommuniqué einem seiner Minister zur Beurteilung, doch am Mittag desselben Tages wurde er bei dem dritten Anschlag auf sein Leben von Terroristen getötet.

D.N. Nabokow stürmte ins Winterpalais, ans Totenbett des Zaren. Einige Zeit später überreichte ihm der neue Zar (unter dem er noch vier Jahre Minister blieb) zum Andenken die Knöpfe vom blutgetränkten Hemd seines Vaters. Als Nabokow 1885 in den Ruhestand trat, ließ ihm Alexander III. »die Wahl zwischen einem Grafentitel und einer finanziellen Belohnung; der vernünftige Nabokow wählte letztere«, schreibt sein Enkel, der Schriftsteller Nabokov. Die Vernunft verließ den Großvater jedoch am Ende seines Lebens, und Vladimir Nabokov erzählt eindrucksvoll von dessen geistiger Umnachtung, von dem Petersburger Zimmer mit der Riviera-Dekoration. Ich widerstehe der Versuchung, diese farbenprächtige Schilderung aus »Erinnerung, sprich« wiederzugeben, und verweise den Leser auf das berühmte Buch, in dem der ironische Schriftsteller jedoch einige Absonderlichkeiten der Eheschließung seines Großvaters unerwähnt läßt. Dmitri Nikolajewitsch Nabokow, ein großer, schlanker, stets eleganter, geistreicher Mann mit einem unschönen, etwas »asiatischen« Gesicht, war in jungen Jahren in eine schöne und heißblütige Hofdame, die Frau eines russischen Generals, Baronesse Nina von Korff (geborene Schischkowa) verliebt, in dieselbe, die sich in Paris einmal geweigert hatte, die Schneiderin für ein Ballkleid zu entlohnen, weil ihr das Dekolleté zu tief vorkam. Wenn Vladimir Nabokov diese vergnügliche Geschichte erzählt, bemerkt er beiläufig, daß seine Urgroßmutter (Nina von Korff) eine leidenschaftliche Frau war (»und in ihrem Lebenswandel leider viel weniger streng, als man auf Grund ihrer Einstellung zu tiefausgeschnittenen Kleidern meinen könnte«). Der Cousin des Schriftstellers, der Komponist Nikolai Nabokov (in der Familie Nika genannt), der ebenfalls Erinnerungen geschrieben hat, schildert diese Geschichte, sich auf Erzählungen seiner Großmutter Maria von Korff (Tochter der Baronesse Nina von Korff), verehelichte Nabokowa, berufend, mit der er in der Emigration, in Berlin, Umgang hatte (man darf natürlich nicht vergessen, daß Nika Nabokov ein ebenso großer Erfinder wie sein Cousin war, worauf er selbst in dem Vorwort zu seinem wunderbaren Buch »Zwei rechte Schuhe im Gepäck« hinweist), schildert also diese Geschichte folgendermaßen: »Meine Großmutter war mit fünfzehn Jahren mit einem Zivilbeamten verheiratet worden, und das war der Liebhaber ihrer Mutter. Im prüden 19. Jahrhundert war es manchmal sehr bequem, sich eine offizielle Verbindung zu seiner Geliebten oder seinem Liebhaber zu schaffen, das bedeutete leichten und freien Zugang zueinander und ließ die ganze Angelegenheit trés convenable erscheinen. Das Trio reiste zusammen ins Ausland, und die Liebenden waren sehr glücklich miteinander, geschützt von der legalisierenden Anwesenheit meiner Großmutter.

›Ich war sozusagen ihre Anstandsdame‹, sagte mir meine Großmutter, ›aber glaube mir, ich habe diese Rolle nicht gern gespielt.‹«

Dmitri Nikolajewitsch Nabokow, Ehemann und Liebhaber dieses familiären Dreiecks, war bedeutend älter als seine Frau. Doch offensichtlich erfüllte er seine Pflicht gegenüber beiden Damen, Mutter und Tochter, vortrefflich, denn innerhalb von sechs Jahren bekam seine Frau von ihm vier Kinder, ungeachtet des Widerwillens, mit dem sie das Lager mit ihm teilte. »Er hatte immer kalte Füße wie ein Frosch«, erzählte sie.

Sie empfand nichts für den Liebhaber ihrer Mutter, so daß die Vaterschaft ihrer folgenden fünf Kinder nicht genau geklärt ist. Sie sprach darüber nur in Andeutungen, nannte niemals Namen oder genaue Daten.

»Après tout«, pflegte sie zu sagen, »hatte die Mutter Peters des Großen nicht auch viele Freunde, und war Peters Vater nicht ein gewisser Streschnew und nicht Zar Alexej?«

Ihre Verschwendungssucht trug ihrem Mann viele Unannehmlichkeiten ein, und vielleicht war das der Grund, weshalb der Minister, als er in den Ruhestand ging, die Geldzuwendung dem Grafentitel vorzog.

Wenn wir ein wenig bei den spezifischen Familienumständen des Justizministers verweilten, so nicht nur zur Unterhaltung. Wir suchen ja auch »die Entwicklung und Wiederholung geheimer Themen in einem offen zutage liegenden Schicksal« und versuchen, ein wenig vorauseilend, auf die Fragen zu antworten, die Nabokov von seinen Kritikern und Lesern so oft zu hören bekam: »Woher kommen all diese Merkwürdigkeiten in Ihren Romanen? All diese Verrückten, Perversen? Wo haben Sie die im Leben gesehen?« Nabokov antwortete gewöhnlich, er habe sich alles ausgedacht, aber er hätte auch anders antworten können. Übrigens erscheint die Geschichte des Großvaters in umgekehrter Form sowohl im »Zauberer« als auch in »Lolita«.

Trotz dieser merkwürdigen Ehe D.N. Nabokows erinnern sich seine neun Kinder voller Dankbarkeit an ihre glückliche Kindheit. Von allen neun interessiert uns am meisten das sechste Kind, der Lieblingssohn der Mutter; er wurde nicht nur der geliebte Vater des Schriftstellers, sondern auch einer der Hauptthelden in Nabokovs Büchern. Wladimir Dmitrijewitsch Nabokow wurde 1870 in Zarskoje Selo bei Petersburg geboren. Damals war sein Vater noch Justizminister. Übrigens blieb dieser auch später dem Hof verbunden und erhielt das Andreas-Kreuz, so daß seinem Lieblingssohn, dem brillantesten, begabtesten und schönsten seiner Söhne, eine glänzende Karriere offenstand. Zuerst wurde er von den besten Hauslehrern und -erziehern unterrichtet, dann kam er (zur besseren Vorbereitung auf die Universität) an das elitäre Dritte Gymnasium, das er (trotz seiner Abneigung gegen die Gymnasiumsroutine) mit der Goldmedaille abschloß. Sein Haß auf den gymnasialen Geist lenkte Nabokows Sympathien vielleicht schon damals nach links, zum Aufruhr, was auch für zahlreiche seiner Mitschüler zutraf, zum Beispiel für seinen Bruder Konstantin oder den bekannten Peter Struve. Nach Beendigung des Gymnasiums besuchte er die Kaiserliche Lehranstalt für Jurisprudenz wie sein älterer Bruder Sergej, den er aber bald überflügelte: Absolvierte Sergej mit neunzehn Jahren die Lehranstalt mit der Goldmedaille, so erhielt Wladimir die Goldmedaille schon mit sechzehn Jahren. Im Herbst 1887 bezog Wladimir Nabokow senior die Juristische Fakultät der Universität. Im März 1890 setzte an der Universität eine Protestbewegung ein, und am 19. März wurde Wladimir Nabokow, der Sohn des ehemaligen Justizministers, zusammen mit anderen Aufwieglern bei einer Studentendemonstration verhaftet. Die einigermaßen verwirrten und ratlosen Beamten wollten ihn laufenlassen mit der harmlosen Begründung, daß sein Vater ihn gewiß zum Abendessen erwarte. Der künftige Jurist erkundigte sich keck, ob die übrigen Inhaftierten auch zu Hause zu Abend essen würden. Als das verneint wurde, bestand er darauf, bei seinen Kameraden zu bleiben. Damals machte er Bekanntschaft mit dem Gefängnis »Kresty«, aus dem sie alle nach vier Tagen entlassen wurden. Die Freunde meinten, daß sie die rasche Freilassung seiner Standfestigkeit zu verdanken hatten. Oder seinem Edelsinn, dem er bis zur letzten Minute seines Lebens treu blieb. Als er im Frühjahr 1922 auf so tragische Weise ums Leben kam, erinnerte sich einer seiner Kommilitonen an jenes weit zurückliegende aufrührerische Frühjahr ihrer Jugend und schrieb darüber, wie selbstlos sich der Student Nabokow damals verhalten hatte.

Wladimir Nabokow neigte also immer mehr dem Aufruhr zu. Kurz vor dem Märzstreik der Studenten hatte der Justizminister Manassejin einen antisemitischen Vortrag über die »Vorherrschaft« der Juden in der Rechtsanwaltschaft gehalten. Der gemäßigte Liberale D.N. Nabokow hatte während seiner Amtszeit niemandem derartige Ausfälle erlaubt, aber nun war er schon vier Jahre im Ruhestand. Sein Sohn empfand schmerzhaft, wie demütigend solche »staatlichen Überlegungen« für seine »rassisch nicht vollwertigen« Kommilitonen und Freunde waren. So reifte unter den gemäßigten oder auch rechten Nabokows ein Protestant, ein Linker heran oder, wie später sein Sohn (in dem unveröffentlichten Kapitel des autobiographischen Buchs) schrieb, »ein gesunder und lebensfroher Rebell«. Während des Studiums erwärmte sich W.D. Nabokow zunehmend für die Ideen der Verfassung, der individuellen Freiheit und des Liberalismus. Nachdem er 1892 die Universität absolviert und den Militärdienst geleistet hatte, arbeitete er in einer angesehenen Kanzlei und fuhr dann zum Studium der Rechte nach Deutschland. Dort erhielt er einen Brief von dem berühmten Taganzew, der ihm anbot, an der Kaiserlichen Lehranstalt für Jurisprudenz zu unterrichten. Taganzew sah in dem brillanten jungen Wissenschaftler seinen gesetzmäßigen Nachfolger. 1896 nahm W.D. Nabokow seine Lehrtätigkeit an der berühmten Lehranstalt auf. Bereits in seiner Einführungsvorlesung sprach er von den Rechten des Individuums vor dem Gesetz und seiner Verantwortung gegenüber dem Gesetz, die für alle Mitglieder der Gesellschaft gleich sei. Diese individuellen Rechte und die Verantwortung stünden jeder Persönlichkeit zu, und sie dürften nicht ganzen Gruppen oder Kategorien von Menschen abgesprochen werden, die der Macht gefährlich erschienen oder sich einfach von anderen Gruppen und Kategorien unterschieden. Diese Ansichten verteidigte später sein berühmter Sohn konsequent in seinem Schaffen; er verteidigte die Rechte einer jeden Persönlichkeit, mochte sie auch abartig sein; zugleich beharrte er immer auf der individuellen Verantwortung eines jeden.

Der junge Jurist und engagierte Gelehrte W.D. Nabokow war aber auch den weltlichen Dingen zugetan. Das strahlende Petersburg stand dem gutaussehenden, begabten jungen Mann offen, der zudem noch den Hoftitel eines Kammerjunkers innehatte. Nabokow verschmähte weder Zusammenkünfte mit Freunden noch Bälle, weder Theaterpremieren noch Kunstausstellungen, weder Pferderennen noch die Jagd, weder Familienfeierlichkeiten noch die nachdenkliche Kühle der Bibliotheken. Bald nach Beginn seiner Professorentätigkeit ereignete sich etwas für ihn sehr Wesentliches.

Fünfundsechzig Kilometer von Sankt Petersburg, in einer

malerischen Gegend, einst Ingrien genannt, erstreckten sich an den Ufern des Flüßchens Oredesh die Wälder, Felder und Besitzungen der russischen Aristokratie. Hier, im elterlichen Batowo (das Maria von Korff als Mitgift in die Ehe eingebracht hatte) verlebte W.D. Nabokow viele glückliche Tage seiner Kindheit und Jugend. Das nahegelegene Dorf Roshdestweno gehörte dem Friedensrichter und Millionär Iwan Rukawischnikow, Sohn des Goldgrubenbesitzers und Altgläubigen Wassili Rukawischnikow. Menschen, die ihn kannten, erzählten, daß Iwan Rukawischnikow ein schlimmer Despot gewesen sei, der seine beiden Kinder (die anderen waren gestorben), die Tochter Jelena und den Sohn Wassili, sehr gequält habe. Andererseits übte er im großen Stil Wohltätigkeit und baute in dem Dörfchen Roshdestweno drei Schulen, eine Bibliothek und ein einstöckiges Krankenhaus mit achtzig Betten.

Er war mit einer Tochter Koslows, des ersten Präsidenten der russischen Kaiserlichen Medizinischen Akademie, verheiratet. Seine Frau Olga, die Großmutter des künftigen Schriftstellers, begeisterte sich (wie übrigens auch ihre Schwester, die später Psychiaterin und Anthropologin wurde) für Naturwissenschaften und richtete auf ihrem dörflichen Anwesen ein Chemielabor ein. Für ihre Tochter Jelena engagierte sie den berühmten Zoologie-Professor Schimkewitsch. Jelena erhielt eine vorzügliche Bildung. Sie war ein schlankes, nervöses Mädchen mit einem ausgeprägten Sinn für Schönheit. Von ihrer Tochter, die jetzt in Genf lebt, erfuhr ich, daß vor Wladimir Dmitrijewitsch Nabokow schon ein anderer Nachbarssohn (D.D. Nabokow) um Jelenas Hand angehalten, aber einen Korb bekommen hatte. Wladimir Nabokow lernte sie beim Angeln kennen, und schon bald, bei einer Radtour auf einem hügeligen Weg durch das Gut, machte er ihr einen Heiratsantrag (später pflanzten beide an dieser Stelle eine Linde). Er sah sehr gut aus, war klug und redegewandt. Sie heirateten im November 1897 und unternahmen ihre Hochzeitsreise nach Florenz. Es war eine in jeder Beziehung glückliche Ehe. Nach einem halben Jahr wußte Jelena, daß sie guter Hoffnung war.

Wladimir Nabokow unterrichtete weiterhin an der berühmten Lehranstalt, schrieb wissenschaftliche Artikel und führte das Leben eines echten Petersburgers aus sehr reicher, angesehener, dem Hof nahestehender Intellektuellenfamilie. Er interessierte sich brennend für das Theater, war mit Malern befreundet und widmete sich immer mehr der gesellschaftlichen und politischen Tätigkeit. Er war Liberaler und Rebell, Verfechter von Freiheit und Toleranz. In Tausenden dicken Büchern und in Artikeln, geschrieben von kenntnisreichen Leuten, wird versucht, die Entstehung von Freiheitsbewegungen ganzer Klassen, Gruppen und Kategorien von Menschen zu erklären, dabei bedarf jeder einzelne Fall einer besonderen Erklärung. Wie ist zu erklären, daß von den vier Nabokow-Brüdern, den Söhnen des ehemaligen Justizministers, sich zwei zu Konservativen und zwei zu Liberalen entwickelten? Einer der beiden Liberalen, Konstantin (von einem seiner Angehörigen gehässig als ein »linkes Nichts« bezeichnet), gehörte zu jener Kategorie von Menschen, die heute als »sexuelle Minderheit« bezeichnet werden. Sein Neffe, der Schriftsteller Nabokov, erwähnt in seiner Autobiographie, daß der Onkel »Frauen gegenüber gleichgültig« gewesen sei und daß er seine Londoner Wohnung mit Fotografien junger britischer Offiziere vollgehängt habe (in den indischen Kapiteln seiner Erinnerungen schreibt Konstantin Nabokow mit großer Wärme über die britischen Militärangehörigen). Wenn ein Vertreter einer verfolgten, zwar nicht sozialen oder nationalen, sondern sexuellen Minderheit einen Platz an der linken Flanke einnimmt, ist die Erklärung dafür nicht schwer. Aber warum wurde Wladimir Dmitrijewitsch Nabokow ein Liberaler, dieser gutaussehende, sportliche und reiche Mann, der die Frauen und das Leben liebte? Keine Erinnerung an ihn gibt darauf eine Antwort. Er war sehr zurückhaltend und verschlossen. Sein Sohn erbte diese bei Russen seltene Zurückhaltung, die als Hochmut, Snobismus und Anglizismus gedeutet wurde. Für den Sohn kamen natürlich Momente, in denen er nichts verbergen konnte: Was andere für sich behalten, fließt einem Schriftsteller aus der Feder. Wladimir Nabokow senior wahrte bis zur letzten Minute seines Lebens

Zurückhaltung. Er öffnete sich weder Fremden noch Nahestehenden. Und doch gab es Menschen, die ihn verstanden, weil sie ihn rückhaltlos liebten – die Mutter, der Sohn, die Ehefrau, die Tochter, Awgust Kaminka ... Die übrigen versuchten nur, ihn zu verstehen, ohne großen Erfolg. Ein charakteristisches Bild zeichnete von ihm sein Parteifreund Fürst W.A. Obolenski:

»Man brauchte diesen schlanken, gutaussehenden, stets elegant gekleideten Mann mit dem kalten hochmütigen Gesicht eines römischen Patriziers und der typischen Redeweise eines Petersburger Höflings nur anzuschauen, um zweifelsfrei die Sphäre zu bestimmen, aus der er kam. In seiner Jugend war er durch Lebensweise, Gewohnheiten und Bekanntschaften mit der Petersburger Oberschicht eng verbunden ... Allmählich zerriß er die alten Bindungen und knüpfte Bekanntschaften in den Kreisen der radikalen Petersburger Intelligenz ... In der neuen Sphäre behielt er jedoch seinen Habitus bei, wie auch die Gewohnheiten des reichen Aristokraten. Die zerlumpten Petersburger Intellektuellen, die in seiner Villa in der Morskaja-Straße erschienen und sein elegantes Arbeitszimmer mit Rauchschwaden füllten, fühlten sich dort unwohl in dem Wissen, die ihnen ungewohnte Etikette eines herrschaftlichen Lebensstils zu verletzen. Später, auf der Krim und im Ausland, lernte ich ihn näher kennen, und ich begriff, daß der für ihn typische Hochmut zum Teil äußere Form war, die seine Verschlossenheit kaschierte, und zum Teil seiner tief ästhetischen Natur entsprang, der menschliche Banalität, von der nicht einmal große Menschen frei sind, körperlich zuwider war. Die starken ästhetischen Emotionen ersetzten ihm Wärme und Tiefe der Gefühle, und sein Inneres war von ebenso erlesener Feinheit wie sein Äußeres. Alle seine Worte und Taten zeichneten sich durch besonderen Takt und Edelsinn aus. Sein Tod war ebenso schön wie sein Leben ...«

Das beleuchtet ein wenig auch den Charakter Vladimir Nabokovs, erklärt aber noch nicht die Gründe für das Rebellentum und die Quellen der liberalen Emotionen seines Vaters. Es ist anzunehmen, daß W.D. Nabokow, der seine Gefühle zu verbergen verstand, von hochherzigem Mitgefühl mit den Benachteiligten und Gedemütigten geleitet wurde. Er haßte Gewalt und erbebte bei dem Gedanken an selbstzufriedene und anmaßende Henker, die andere Menschen in den Tod schickten. Wie sonst ist sein unermüdlicher Kampf (bis zum letzten Tag) gegen die Todesstrafe zu erklären? Sein Haß auf Rassisten und Pogromhelden? Sein Haß auf Diktatoren und Mörder? Sein Eintreten für die Schwachen, Bedauernswerten, Andersartigen? Leben und Tod W.D. Nabokows spielten eine ganz außerordentliche Rolle im Schaffen seines Sohnes, der sich immer wieder vornahm, ausführlicher über den Vater zu schreiben, aber nicht dazu kam. Doch vieles von dem, was er schrieb, ist vom Leben und dem tragischen Tod des Vaters beeinflußt.

Nach seiner Eheschließung näherte sich W.D. Nabokow einer Gruppe von linksliberalen Juristen an, die die Herausgabe der Zeitschrift »Prawo« (Recht) planten. Sie suchten einen Experten für die Rubrik Strafrecht, zögerten aber, dieses Amt Nabokow anzubieten, denn er kam aus anderen Kreisen (»von einem anderen Planeten«, wie der spätere Herausgeber der Zeitschrift Iossif Hessen schrieb). Zu ihrer Verwunderung ging Nabokow bereitwillig auf das Angebot ein. Und er erwies sich als vorzüglicher, ehrlicher und mutiger Mitarbeiter, zudem, was noch erstaunlicher war, als wunderbarer Kamerad.

Im April 1903 kam es in Kischinjow, nicht ohne heimliches Zutun der Regierung, zu einem Judenpogrom. Fünfzig unschuldige Menschen wurden getötet, fast hundertfünfzig schwer verletzt, viertausend Familien vertrieben. Die Zeitungen, die zu dem Blutbad aufgehetzt hatten, konnten ihren Triumph nur schlecht verhehlen. Die Machthaber breiteten wie immer die Arme aus: Keiner hatte etwas gewußt, keiner etwas geahnt. Und da ertönte in ganz Rußland die Stimme eines bekannten Juristen, Abgeordneten der Petersburger Duma und Mitglieds internationaler Juristenvereinigungen, die Stimme Wladimir Nabokows. In dem Artikel »Das Blutbad von Kischinjow« schrieb er, daß ihn bei der Lektüre der Regierungserklärung über den Pogrom »vor allem verwundert, wie in einer großen und wohlgeordneten Stadt mit

Administration, Polizei und bedeutender Streitmacht solche Ereignisse möglich sind. Die Verwunderung wächst, wenn man erfährt, daß der Pogrom vorauszusehen war und wohl niemanden außer die unglücklichen Opfern überraschte ... Wir wissen nicht, ob die Behörden strafrechtlich zur Verantwortung gezogen werden, doch der moralischen Verantwortung vor der Gesellschaft und vor der Geschichte können sie nicht entgehen.«

In seinem Artikel ging W.D. Nabokow auch auf die antisemitische Presse ein (besonders auf die Zeitung »Snamja« [Flagge]), die »völlige geistige Solidarität mit dem entfesselten Pöbel in Kischinjow« bekundete.

»Die Schreie und das Wehklagen der Geschlagenen werden verächtlich als Judenspektakel bezeichnet«, schreibt W.D. Nabokow, »der Mutter, die ihre getöteten Söhne beweint, soll suggeriert werden, daß sie diese Morde als erlösende Lektion für die Sünden des jüdischen Stammes verstehen müsse.«

Nabokow widerlegt die Legende von der Schuld der Juden und erklärt, daß Pogrome die natürliche Folge eines Regimes der Unterdrückung und Rechtlosigkeit seien.

»Es fehlt nicht viel, und der Pöbel von Kischinjow wird zum Verteidiger der ›Grundpfeiler der Gesellschaft‹ erklärt, der denen eine Lektion erteilte, die diese Grundpfeiler unterminieren wollen ... Man kann sicher sein, daß die überwiegende Mehrheit der Pogromhelden keinerlei ernste Folgen für sich befürchten mußte. Und das ist zweifellos die tragischste Seite der Ereignisse.«

Man kann sich leicht vorstellen, was für einen Eindruck solch ein Artikel in den Hofkreisen machte, die in dieser oder jener Form einen lässigen Antisemitismus zur Schau stellten, in den Kreisen leidenschaftlicher Verteidiger der Macht, unter denen nicht wenige Nabokows waren – Brüder und Schwestern, Onkel und Tanten, Cousins und Cousinen. Der aufrührerische Nabokow, Lieblingssohn des ehemaligen Justizministers und der auf geheimnisvolle Weise dem Hof nahestehenden Maria von Korff, war mit offenem Visier aufgetreten. Die frühen Eindrücke der Kindheit, »die blinde Vergötterung«, die der spätere Schriftsteller Nabokov für seine Eltern hegte, erklären ausreichend, worüber sich zeitgenössische russische Nabokov-Forscher der »bodenständigen« Schule nicht ganz aufrichtig wundern – die Unduldsamkeit Vladimir Sirin-Nabokovs gegenüber Schwarzhundertern und Antisemiten. Der aufmerksame Nabokov-Leser wird diese Verwunderung nicht teilen.

Als im November 1904 in Petersburg der Erste Allrussische Kongreß der Semstwo-Verbände stattfand, war der Justizminister genötigt, die Fortsetzung des Kongresses zu verbieten, erlaubte aber, ihn in einem Privathaus zu beenden. Die Semstwo-Delegierten trafen sich daraufhin in der Morskaja-Straße in der Villa florentinischen Stils, die W.D. Nabokow gehörte. Dieses Treffen hielten viele für die wichtigste gesellschaftliche Zusammenkunft, die jemals in Rußland stattgefunden hatte. Die Petersburger Postboten wußten, wohin sie die Berge von Glückwunschtelegrammen mit der Adresse »Petersburg. Semstwo-Kongreß« zu bringen hatten.

Die letzten Resolutionen des Kongresses wurden im Musiksalon der prächtigen Villa unterzeichnet, und die Teilnehmer der Zusammenkunft waren überzeugt, daß später einmal eine Gedenktafel an der Hauswand das Ereignis verewigen würde. Das Schicksal wollte es anders. Wohl keiner der Teilnehmer des historischen Ereignisses ahnte damals, daß die Gedenktafel, die später an der Hausfassade angebracht werden sollte, dem damals fünfjährigen engelgleichen Sohn ihres gastfreundlichen Mitstreiters W.D. Nabokow gewidmet sein würde.

Unterdessen entbrannten die Leidenschaften im Land. Das fortschrittliche Rußland forderte immer entschiedener Reformen, vorerst freilich mehr auf vielstündigen Banketten als auf Kundgebungen. Im gleichen Jahr weigerte sich W.D. Nabokow auf einem offiziellen Bankett, auf die Gesundheit des Zaren zu trinken. Er lehnte auch einen hohen, ihm von Witte angebotenen Posten in der Regierung ab mit der Begründung, er wolle einem solchen Regime nicht dienen. Als im Januar 1905 eine friedliche Prozession mit Ikonen und Zarenbildern, geführt von einem populären Geistlichen (der zugleich Polizeiagent war) über den Newski-Prospekt zog, schossen Soldaten unverhofft in die Menge. Es gab mehr als tausend Tote und Verletze. Viele von denen, die sich durch Flucht zu retten versuchten, wurden in der Nähe von Nabokows Haus getötet.

Drei Tage später verurteilte der Abgeordnete W.D. Nabokow auf einer Versammlung der Stadtduma das Blutbad unter den Demonstranten und schlug vor, an die betroffenen Familien 25000 Rubel zu zahlen. Obwohl die Zeitungen diese Rede nicht abdrucken durften, wurde sie in ganz Rußland bekannt. Ein paar Tage darauf verlor Nabokow sein Lehramt und den Titel eines Kammerjunkers. Er reagierte auf diese Repression mit verächtlicher Gelassenheit und auf wahrhaft Nabokowsche Art: Er bot in den Petersburger Zeitungen per Inserat seine Kammerjunker-Uniform zum Kauf an.

***

Mit der prächtigen Uniform seines Vaters ist die erste irdische Erinnerung Vladimirs, der erste bewußte Tag seines Lebens verbunden – der dreiunddreißigste Geburtstag des Vaters am 21. Juli 1902: »Mein Vater, das sei hinzugefügt, hatte seine Militärzeit lange vor meiner Geburt hinter sich gebracht; ich vermute darum, daß es ein festlicher Scherz war, wenn er an jenem Tag die Paradeuniform seines alten Regiments angelegt hatte. Einem Scherz verdanke ich den ersten Schimmer völligen Bewußtseins ...«

In seiner Autobiographie »Erinnerung, sprich« zeichnet Vladimir Nabokov ein erstaunlich farbenprächtiges Bild vom Erwachen des Bewußtseins, als würde Licht eingeschaltet, Strom angeschlossen, ein Bild von einer zweiten Taufe, gültiger als die erste: »In diesem Augenblick wurde mir deutlich bewußt, daß das siebenundzwanzigjährige Wesen in weichem Weiß und Rosa, das meine linke Hand hielt, meine Mutter war und das dreiunddreißigjährige in hartem Weiß und Gold, das meine Rechte hielt, mein Vater ... jetzt aber kam die Kleidung meines Vaters, die prächtige Garde-Kavallerie-Uniform mit der glatten goldenen Wölbung ihres Harnischs, der ihm auf Brust und Rücken flammte, wie die Sonne zum Vorschein ...«

Später, als die blendende fleckenlose väterliche Sonne so tragisch und vorzeitig untergegangen, als das Paradies der Kindheit in unerreichbarer Ferne zurückgeblieben war, lebte alles unversiegbar in Vladimir Nabokovs phänomenalem

Gedächtnis weiter und erstand neu in seinen Gedichten, Erzählungen und Romanen, nach dreißig, nach fünfzig, nach siebzig Jahren, und beeindruckte die Leser immer aufs neue mit den klaren Farben der Erinnerungen, mit der Greifbarkeit der Details, der Spürbarkeit der Gerüche ... Die Fähigkeit, das Paradies der Kindheit festzuhalten, zu reproduzieren und seine Reichtümer mit uns zu teilen, ist eine der wesentlichen Besonderheiten von Nabokovs Gabe. Diese Kindheit (oder diese Gabe der Kindheit) wurde ihm in die Wiege gelegt, als Teil seiner Gabe. Die Romane Nabokovs, seine Gedichte und Theaterstücke sagen uns, was Kindheit ist: eine durch nichts verdunkelte Freude, ein sinnliches und physisches Erfassen der Welt; in der Kindheit stehen wir anderen, unbekannten und unerreichbaren Welten am nächsten, in der Kindheit sind wir dem Begreifen von Zeit und Ewigkeit nahe. Den kostbaren Reichtum seiner kindlichen Eindrücke verteilte Nabokov später an die Helden seiner Bücher, »um die Last dieses Reichtums irgendwie loszuwerden«, doch der Reichtum versiegte nicht.

Nabokovs besondere Gabe läßt uns in seine besondere Welt eintauchen. Dutzende Bücher wurden später von sehnsüchtigen und durchaus begabten Flüchtlingen über ihr verlorenes russisches Paradies geschrieben, aber in ihren Büchern ist keine Zeile, die seinen Zeilen über die Kindheit gleichkäme. Wahrscheinlich hatte keiner von ihnen schon in der Blüte der jungen Kräfte und des Glücks, diese nicht nachlassende Sehnsucht nach der Kindheit, dem Maßstab allen Glücks: »das wunderbare bebende Glück, das seiner Kindheit gleicht (Wolke, Burg, See)«; »tausend Kleinigkeiten, Gerüche, Schattierungen, die alle zusammen etwas Berauschendes und Herzzerreißendes, Unersetzliches ergeben« (»Lushins Verteidigung«) ... Wir könnten endlos zitieren, denn alle seine sechzehn vollendeten und zwei unvollendeten Romane berühren so oder anders die nicht loslassende (»Laß mich los, ich verfluche dich«) glückliche Kindheit.

Die Kindheit ist die Welt des Lichts und der Vielfarbigkeit, der scharfen Gerüche, der feinen und starken Empfindungen (die weniger wohlmeinende Kritiker Nabokovs als physiologisch bezeichnen). Vladimir Nabokov konnte sie im Gedächtnis festhalten und mit ungewöhnlicher Kraft reproduzieren. Die erste Erinnerung des Schriftstellers ist verbunden mit Farbe, Sonne, dem Glanz der väterlichen Uniform. Der kleine Volodya (auf englische Art Lody genannt) hatte ein starkes Gespür für Farben, einen schier »unersättlichen Blick«, dem seine zarte, empfindsame Mutter mit Nachsicht entgegenkam. Wie verblüffend waren die kindlichen Spiele mit einem roten Glasei, das er in ein feuchtes Laken wickelte, oder seine audition colorée, sein »Farbenhören«. Als Lody einmal mit der Mutter einen Turm aus verschiedenfarbigen Buchstabenwürfeln baute, erklärte er, daß der eine Buchstabe eine andere Farbe haben müsse. Mutter und Sohn stellten fest, daß für sie beide jeder klingende Buchstabe seine eigene Farbe hatte (übrigens andere Farben für Sohn und Mutter, für kyrillische und lateinische Buchstaben). Die Vorstellung von Farben löste bei dem kleinen Lody die unterschiedlichsten Empfindungen aus – Geruchs- und Tastwahrnehmungen: Barrieren, die die Gefühle voneinander trennten, waren für dieses sonderbare Kind durchlässig, sie schützten nicht vor dem »Durchsickern und Vermischen der Gefühle«.

Die junge Jelena Nabokowa entdeckte also, daß ihr genialer Sohn genau so ein Empfinden für Farben hatte wie sie selbst. Und sie »tat alles, um meine Sensibilität für optische Reize zu fördern. Wie viele Aquarelle malte sie für mich; welche Offenbarung war es, als sie mir den blühenden Fliederbusch zeigte, der aus einer Mischung von Blau und Rot erwuchs! In unserem Petersburger Haus nahm sie manchmal aus einem Geheimfach in der Wand ... einen Haufen Schmuck, mit dem ich vor dem Einschlafen spielen durfte.«

Elizabeth Klosty Beaujour, Autorin der Monographie »Die Fremdsprache«, die zweisprachigen russischen Schriftstellern gewidmet ist und sich auf Beobachtungen von Neuropsychologen stützt, leitet aus der Zweisprachigkeit des kleinen Nabokov diese Schärfe der Wahrnehmung und diese »Synästhesie« ab. Ein zweisprachiges (und dreisprachiges) Kind ist nach Beobachtungen von Psychologen überhaupt ein sehr empfindsames und nicht ganz gewöhnliches Wesen.

Wenn man Nabokov glaubt, hat jedes Kind erstaunliche Visionen, erlebt jedes Kind Fälle von plötzlicher Erleuchtung und Hellseherei. Nicht nur, daß die Trennwände zwischen den Gefühlen dünn sind, geschrumpft sind auch die Abstände zwischen Gegenständen, die in Raum und Zeit weit entfernt sind, die Trennwände zwischen dieser und einer anderen, unsichtbaren Welt. Und auch die hiesige, von ihm mit solcher Schärfe wahrgenommene Welt ist für ein Kind wie das Echo, der Abdruck einer anderen, unzugänglichen und unerreichbaren Welt, jenes Geheimnisses, dem der Schriftsteller sein Leben lang auf der Spur war, dem er ganz nahe kam, das er jedoch nicht lüften konnte (aber die Empfindungen der Kindheit, die sichtbare Welt der Kindheit können dies vielleicht doch ein wenig tun).

Die Episoden und Empfindungen der Kindheit, all diese magisch greifbaren, sichtbaren, hörbaren Tage und Minuten schenkte er später großzügig seinen Helden, und er war zuweilen betrübt, daß die Erinnerungen verblaßten. Doch dann erstanden sie plötzlich erneut mit derselben Klarheit in seinem neuen amerikanischen Roman, immer wieder, bis zum letzten Tag. Kinderalltag, Kinderkrankheiten: »Logik der Hitze« (»Erinnerung, sprich«), »die arme Puppe im Kokon« des Brustwickels, die Tapetenmuster im Kinderzimmer, die ihn im Fieber verfolgen (»Pnin«), der Pfad auf dem Aquarell, auf dem er vielleicht doch einmal herumgesprungen ist (»Die Mutprobe«).

Er hatte wunderbare Spielsachen, gekauft in Petersburg, Biarritz und Berlin, die, in der Erinnerung aufbewahrt und ins Alter hinübergerettet, seine Romane besiedeln und zu Symbolen des verlorenen Paradieses geworden sind: Modelleisenbahnen und -flugzeuge, englische Fahrräder mit Profilreifen, Tennisschläger und natürlich Bälle, Bälle, Bälle – sie rollen in seinen Theaterstücken über die Bühne, kullern unters Bett, leuchten in verschiedenen Farben, knarren mit ihrem Leder.

Modelleisenbahnen, richtige Züge ... Internationale Expreßzüge ... Die Erinnerung daran peinigte ihn sein Leben lang (bis sie wohl teilweise im Interieur eines altmodischen

Schweizer Hotels Gestalt annahm) – Waggons der gehobenen Klasse, Ledervorhänge am Fenster, Zugschaffner in kaffeebrauner Uniform, Tausende Funken vor dem Fenster, der Klappsitz im langen Korridor.

Solche braunen Expreßzüge brachten die Nabokows am Ende des Sommers oder im Frühherbst (wenn es in Petersburg so feucht und grau wird) nach Paris und weiter, an die Atlantikküste nach Biarritz, nur wenige Kilometer von der spanischen Grenze entfernt, an die französische Riviera oder nach Abbazia. Strand, Promenade, mit Segeltuch bespannte Stühle, im Sand spielende Kinder, Verkäufer, die allen möglichen verlockenden Plunder feilboten, Umkleidekabinen, Dienstboten, Rettungsschwimmer, das französische Mädchen Colette, ihr dünner zerstochener Hals (Vorgänger aller Frauenhälse in seinen Romanen), seine frühe Liebe Colette, Vorgängerin seiner anderen jungen Heldinnen, denen er, berühmt geworden, einen Familiennamen gab, der in viele Sprachen einging.

Visionen vom versunkenen Atlantis

Dennoch sind die wesentlichen Visionen seines Kinderparadieses aus anderen Gegenden gekommen. Aus den Gegenden, die er, wie er einmal seiner Schwester Elena schrieb, über alles liebte. Es waren die Gegenden und Landschaften, die sein alternder Pnin dreißig Jahre nach seiner Flucht aus dem »leninisierten Rußland« in einem sowjetischen Film sah, worauf er im dunklen Zuschauersaal weinte. Nur das Herz eines Schriftstellers kann so mit der heimatlichen Erde und der heimatlichen Landschaft verbunden sein – bis zum Tode, vielleicht auch über die Schwelle des Todes hinaus. »Ein Gefühl von Sicherheit, Wohlbehagen und Sommerwärme durchdringt meine Erinnerung. Jene robuste Wirklichkeit macht die Gegenwart zu einem bloßen Schemen, so daß mir im Vergleich mit jener Realität die Feder in meiner Hand, ja, die Hand selber mit ihrer glänzenden, schon sommersprossigen Haut wie ein reichlich geschmackloser Betrug vorkommen.

Der Spiegel strömt über vor Helligkeit; eine Hummel ist hereingekommen und stößt gegen die Decke. Alles ist, wie es sein muß, nichts wird sich je ändern, niemand wird jemals sterben.«

Der ihm ans Herz gewachsene Ort in Rußland heißt Wyra und liegt fünfundsechzig Kilometer von Petersburg entfernt (eben hier lebte auf einer Poststation der von Puschkin erfundene Postmeister Semjon Wyrin). Von Wyra ist es nicht weit bis zum Nabokowschen Batowo und dem üppigeren Roshdestweno der Rukawischnikows, das in Nabokovs Kindheit dem Onkel Wassili gehörte und vor der Revolution, nur für ganz kurze Zeit, dem jungen Nabokov. Diese nördliche russische Landschaft und diese Sommermonate verkörperten für ihn zeitlebens Rußland. Dieses Rußland schenkte er auch seinen Lesern – russischen, amerikanischen und anderen.

Das phänomenale Gedächtnis Nabokovs nahm jeden Winkel von seinem versunkenen Atlantis mit ins Exil. Aus der Erinnerung jede Biegung eines Wegs oder Pfads wiederherzustellen war sein ewiger Trost und sein schriftstellerisches Training.

Das Haus in Wyra (wie auch das zweistöckige Petersburger Haus aus rosa Granit in der Morskaja-Straße), das Jelena Rukawischnikowa als Mitgift erhalten hatte, war natürlich bescheidener als der weiße Palast ihres Bruders im Dorf Roshdestweno. Das Haus in Wyra war ein geräumiges zweistöckiges Holzhaus mit Schnitzwerk an der Fassade, mit zahlreichen gemütlichen Räumen und traulichen Winkeln, mit Balkons und buntverglasten Veranden, wo es in der Hitze nach Waffeln und Vanille duftete. »Auf den weißen Fensterbrettern, den langen, mit ausgeblichenem Kaliko bezogenen Fensterbänken wird das Sonnenlicht, das durch Rhomboide und Quadrate farbigen Glases hereindringt, zu geometrischen Edelsteinen gebrochen ...«

Von einer Erzählung in die andere, von einem Roman in den anderen wanderten die glücklichen Sonnenflecke, die bunten Fensterscheiben, ihre harlekinischen Spiegelungen, die Wege mit hellrotem Sand, die Alleen im Geflirr des Blattwerks und der Schatten.

Eine Allee führte in die Tiefe des Parks. »Jenseits des Parks lagen Felder mit einem fortwährenden Flimmern von Schmetterlingsflügeln über einem Flimmer von Blumen – Gänseblümchen, blauen Glockenblumen, Skabiosen … Am Ende des grasigen Wunderlands erhob sich wie eine Mauer der Wald.« Im Dickicht dieses Waldes fing der kleine Lody Schmetterlinge (Blütenspanner). Auf frühen Photos ist zu sehen, daß er entomologische Zeitschriften betrachtet. Die Begeisterung für Schmetterlinge wuchs mit den Jahren, und der Sommer schenkte ihm das Glück der Jagd … Diese Begeisterung begann mit sieben Jahren und verschönte die folgenden siebzig Jahre, sie wurde zum zweiten Beruf (vielleicht war es der erste?) und ergänzte vorzüglich das schriftstellerische Handwerk, denn durch seine entomologische Leidenschaft wurde er inmitten der Blumen, Gräser und lebendigen Geschöpfe dieser Welt einer der Ihren. Sehr früh erkannte er, daß nicht nur seltene Schmetterlinge, sondern auch seltene Pflanzen, die in keinem gewöhnlichen botanischen Atlas abgebildet waren, sich am ehesten dem zeigen, der das Buch der ihn umgebenden Welt zu lesen versteht: »Jetzt aber hatte ich sie nicht nur vor meinen Augen, nicht nur lebendig vor mir, sondern auch in der natürlichen und harmonischen Wechselbeziehung mit ihrem Lebensraum.« Und weiter: »Mir scheint, daß dieses heftige und irgendwie angenehm aufregende Empfinden der ökologischen Einheit, das heutigen Naturkundigen so wohlbekannt ist, ein neues oder wenigstens ein neu begriffenes Gefühl war und daß nur hier, auf diesem Wege, sich paradoxerweise die Möglichkeit abzeichnet, die Idee des Individuums und die Idee des Allgemeinen in einer Synthese miteinander zu verbinden.« Eine immer detailliertere Erforschung und Entdeckung der Geheimnisse der »realen« Welt widersprach keineswegs seinem Empfinden eines tiefen und unentdeckten Geheimnisses, denn je tiefer sein konkretes Wissen von der Welt ging, desto mehr Geheimnisse taten sich auf, die so simple Schemata wie die »Theorie von der Entstehung der Arten« zerstörten. Und das dabei aufkommende Gefühl der Dankbarkeit war zweifellos ein religiöses Gefühl.

Die ersten deutlichen Eindrücke seiner Kindheit waren eher mit Gegenständen, Farben, Möbeln, Landschaften verbunden als mit Menschen (ausgenommen die Eltern als allererste Erinnerung), denn das Wesentliche bei diesem Jungen war die Sinneswahrnehmung der ihn umgebenden Welt, ihrer Farben, ihres Lichts, ihrer Gerüche. Natürlich besiedelten diese Welt auch Menschen – Erwachsene und Kinder. Dem Erstgeborenen Lody wurde weitaus mehr elterliche Aufmerksamkeit zuteil als den folgenden Nabokow-Kindern (in solchen Familien war es üblich, daß die Eltern ihre Kinder der Obhut von Kindermädchen, Lehrern und Gouvernanten überließen und sie nur selten sahen). Ein Jahr nach Vladimirs Geburt bekam das Ehepaar Nabokow den Sohn Sergey, dann Olga, dann Elena, dann Kirill (Vladimir war sein Taufpate). Das geräumige Haus in Wyra war immer voller Menschen. Außer den ständigen Bewohnern, den Dienstboten und Erziehern weilten hier stets Gäste und Kostgänger.

Aus Batowo kamen häufig zahlreiche Verwandte des Vaters nach Wyra. Außer dem Lieblingssohn Wladimir hatten der Justizminister D.N. Nabokow und seine verschwenderische Frau noch acht Kinder, und sie alle (außer Konstantin) hatten geheiratet (und zwar erfolgreich, auch in materieller Hinsicht) und Nachkommen gezeugt. Dmitri Dmitrijewitsch hatte Lidija Falz-Fein geheiratet; sie brachte ihrem Mann das reiche Askania-Nowa im Taurischen Gouvernement mit in die Ehe und schenkte ihm neben anderen Kindern den fröhlichen Komponisten Nikolai (Nicolas, Nika). Sergej Dmitrijewitsch, der eine Zeitlang Gouverneur von Kurland war, hatte Darja Tutschkowa geheiratet. Jelisaweta Dmitrijewna war mit dem Fürsten Sayn-Wittgenstein verehelicht, Vera Dmitrijewna mit Pychatschow, Nadeshda Dmitrijewna (auf einem bekannten Gemälde ist sie im Bojarenkostüm dargestellt, entworfen von Djagilew) mit Wonljarljarski. Man kann sich leicht vorstellen, wie oft es bei einer solchen Menge von Tanten, Onkeln und Cousins Geburtstage und andere Familienfeste gab (Lody war zu unterschiedlichen Zeiten mit fast jedem Cousin befreundet und in fast jede gleichaltrige Cousine verliebt): »Im Sommer fanden sich zu den Mahlzeiten selten weniger als zwölf Leute ein«, und an Geburts- und Namenstagen waren es mindestens dreimal soviel.

Am engsten war Lody mit seinem Cousin Juri Rausch von Traubenberg befreundet.

Von den Gouvernanten, Erziehern und Hauslehrern ist gesondert zu erzählen.

Der Nabokov-Forscher Andrew Field schreibt, daß man sich anhand des Stroms englisch-russisch-französischer Rede, der im Roman »Ada« auf den Leser niedergeht, vorstellen kann, wie in der Familie Nabokow gesprochen wurde. Die amerikanische Linguistin Elizabeth Klosty Beaujour lenkt die Aufmerksamkeit auf eine Episode in dem Buch »Erinnerung, sprich«. Als Lody, mit dem Erzieher und seinem Bruder in Berlin geblieben, eine Rollschuhbahn besucht, verliebt er sich in die wunderschöne kuhäugige Louise, die sich zu seiner Enttäuschung als Tanz-Girl einer vulgären Show erweist. Der Knabe versucht sie zu vergessen, was ihm jedoch nicht so schnell gelingt: »Bald bemerkte ich, daß sich jedesmal, wenn ich mir weibliche Formen vorstellte, jene bereits vertraute rätselhafte Beschwerde einstellte. Ich fragte meine Eltern danach (sie waren nach Berlin gekommen, um bei uns nach dem Rechten zu sehen), und mein Vater raschelte mit der deutschen Zeitung, die er gerade geöffnet hatte, und erwiderte auf englisch (so, als handle es sich möglicherweise um die Parodie eines Zitats – ein Tonfall, den er oft annahm, um einen Anfang zu finden): ›Das ist nur eine von vielen absurden Kombinationen der Natur, mein Junge – wie Scham und Erröten oder Kummer und Tränen. Tolstoi vient de mourir‹, fügte er plötzlich mit einer anderen, betroffenen Stimme hinzu und wandte sich zu meiner Mutter hin.

›Da tscho ty? [so etwas wie: du meine Güte], rief sie betrübt aus und faltete die Hände auf dem Schoß. ›Pora domoi? [Zeit nach Hause zu fahren?], schloß sie, als wäre Tolstois Tod der Vorbote apokalyptischer Katastrophen.«

Diese ganz und gar Nabokovsche Episode enthält neben den Offenbarungen des Jünglingsalters und dem erstaunlichen Gespräch mit dem Vater, neben der Nachricht von Tolstois Tod, die das russische Intellektuellenpaar im Ausland erreichte, auch noch die Vielsprachigkeit, die freie Wahl der Sprache – den Übergang vom Deutschen ins häusliche Englisch, dann plötzlich ins intime Französisch und schließlich (wie ein Schrei der Seele) ins Russische.

Nabokovs erstes Kindermädchen war eine Engländerin, die er ein halbes Jahrhundert später im Vorwort zu »Lolita« erwähnt. Er sagt, daß er diesmal das alte Thema in der Sprache seiner ersten Gouvernante, »einer gewissen Miss Rachel Home«, entwickelt. Diese schlichte dicke Frau mit Schürze blieb ihm dadurch in Erinnerung, daß sie ihm und seinem Bruder Sergey vor dem Schlafengehen englische Kekse gab und den »Kleinen Lord Fauntleroy« vorlas. Nach ihr kamen Miss Clayton, die träumerische schwarzhaarige Schönheit Miss Norcott (die sich leider als Lesbierin entpuppte) und die säuerliche, kurzsichtige Miss Hunt, der er mit dem Bruder in Wiesbaden entwischte; dann waren da noch ein »schreckliches Weibsbild« und Mr. Cummings und Mr. Burness (von dem sein Schüler erst fünfundzwanzig Jahre später erfuhr, daß er russische Lyrik nachdichtete). Dann kamen Franzosen und Französinnen, von denen eine dicke Mademoiselle aus Lausanne in Erinnerung blieb; ihr ist Nabokovs einzige auf französisch geschriebene Erzählung gewidmet; wir erkennen sie auch im Roman »Lushins Verteidigung« wieder. »Erinnerung, sprich« enthält eine rührende Beschreibung ihres Lebensabends im heimatlichen Lausanne, wo sie, wie die gesamte Lausanner Kolonie ehemaliger Gouvernanten, von ihren Erinnerungen an Rußland lebte (»In seiner Vergangenheit ist man immer zu Hause ...«).

»Bei unserem Übergang zum Jüngling«, erinnert sich Nabokov, »wurden die Engländerinnen und Französinnen allmählich von russischen Erziehern und Lehrern verdrängt. Bei der Wahl unserer Lehrer schien mein Vater von dem Gedanken geleitet, jedesmal einen Vertreter einer anderen Gesellschaftsschicht oder Rasse zu engagieren ...«

Übrigens kam der erste russische Lehrer ziemlich früh ins Haus. W.D. Nabokow hatte bei einem Besuch in Wyra festgestellt, daß seine Söhne (sie waren damals sechs und fünf) schlecht Russisch sprachen. Da engagierte er für sie den

Dorflehrer Wassili Martynowitsch, der in der Nähe wohnte. Nach dem Dorflehrer kam der Sohn eines Diakons, der sich in die Hausherrin verliebte, dann ein sympathischer schnurrbärtiger Ukrainer, dann ein bärenstarker Lette, der auf den Händen gehen konnte, dann ein stutzerhafter und gutaussehender Pole, der einen Flirt mit einer Dame aus der Nachbarschaft anfing, und schließlich der jüdische Lutheraner Selenski (in seinen Memoiren nennt Nabokov ihn Lenskij), ein komischer und humorloser Mensch, aber ein vortrefflicher Lehrer. »Im Gegensatz zu unseren früheren Erziehern war er jemand, den wir in Schutz nehmen mußten. Solange meine Eltern in der Nähe waren, fühlte er sich sicher, doch waren sie nicht da und machte eine unserer Tanten eine sarkastische Bemerkung, so war es um seine Sicherheit geschehen ... Ich hörte manchesmal, wie sie mit Schaudern von Lenskijs Herkunft und den ›wahnsinnigen Experimenten‹ meines Vaters sprachen. Bei solchen Gelegenheiten pflegte ich im Anschluß furchtbar frech zu ihnen zu sein und in der Abgeschiedenheit einer Toilette in heiße Tränen auszubrechen. Nicht daß ich Lenskij besonders gern mochte.«

Zu den ernsten Leidenschaften des kleinen Lody zählten Schach, Tennis und Boxen. Sehr früh begannen seine kindlichen Verliebtheiten – an einem ausländischen Strand, in der Stadt, im Dorf. Ein rumänisches Mädchen am lasurblauen Meer Frankreichs, eine kleine Serbin, die Französin Colette in Biarritz, die Cousinen in Petersburg, das Bauernmädchen Polenka in Wyra ... Seine Kinderlieben erstehen in seinen Büchern klarer und deutlicher als die des Erwachsenen. Übrigens blieb er der Nabokowschen Tradition treu. Die Nabokows waren entweder glühende Frauenliebhaber (der Cousin Nika war offiziell fünfmal verheiratet), oder sie »waren Frauen gegenüber gleichgültig« und gehörten zu den »sexuellen Minderheiten«, deren Probleme den gelehrten Juristen W.D. Nabokow und später seinen Sohn, den Schriftsteller, ernsthaft beschäftigten. Zu denjenigen, denen »die Frauen gleichgültig waren«, gehörte, wie bereits erwähnt, W.D. Nabokows Bruder Konstantin, ein Diplomat, der in jungen Jahren der Unterzeichnung des Friedens von Portsmouth beiwohnte und an der Botschaft in Indien und später in England arbeitete, wo er sogar eine Zeitlang den russischen Botschafter nach dessen Tod vertrat.

Es sind Briefe zwischen Konstantin Nabokow und Kornej Tschukowski erhalten geblieben. Tschukowski (der Konstantin Nabokow wohl in London kennenlernte, wo er durch Protektion W. Shabotinskis eine Zeitlang die »Odesskije wedomosti« [Odessaer Nachrichten] vertrat), war begeistert von der Vielfalt seiner Talente, einer durchaus Nabokowschen Eigenschaft.K.D. Nabokow hielt sich größtenteils im Ausland auf, wie übrigens auch der Bruder von Nabokovs Mutter, ebenfalls Diplomat, der liebenswerte, kultivierte und weichherzige Wassili Iwanowitsch, Onkel Ruka, der wie K.D. Nabokow von der Heterosexualität abwich. Man kann sich vorstellen, wie nervös Lodys Vater war, wenn sein lieber Schwager zu Besuch kam und seinen Neffen, »das liebe Kind«, auf den Schoß nahm und koste. Onkel Ruka starb 1916 ganz jung in der Nähe von Paris (die Umstände seines Todes klingen in einigen Szenen des Buches »Das wahre Leben des Sebastian Knight« an), er hinterließ seinem Neffen ein Millionenvermögen und sein prächtiges Haus mit den Säulen, das im 18. Jahrhundert für den Kanzler Besborodko gebaut worden war (der Baumeister war vermutlich Iwan Starow, der für Potjomkin das Taurische Palais errichtete, in dem später mit anderen Deputierten der Duma-Abgeordnete W.D. Nabokow tagte).

Bei solchen Erbanlagen (Vladimir Nabokov meinte später, daß die Abweichung von der Norm erblich sei, und die Geschichte der Nabokowschen Familie konnte seine Theorie nicht widerlegen) war es natürlich, daß sich W.D. Nabokow um das Schicksal seiner drei Söhne sorgte. Unglücklicherweise waren seine Befürchtungen berechtigt. Dem jungen Lody fiel eines Tages ein Liebesbrief seines Bruders Sergey in die Hände, der von einer ungewöhnlichen Wahl seines Liebesobjekts zeugte. Lody erzählte es seinem Erzieher Selenski (Lenskij), und dieser erzählte es W.D. Nabokow. Damals besuchte Sergey bereits die Tenischew-Schule, von der er nach dieser Entdeckung sofort genommen wurde. Diese

Sorgen innerhalb der Nabokowschen Familienidylle könnten unerwähnt bleiben, wenn sie sich nicht so häufig in der Prosa des Schriftstellers Nabokov spiegelten. Dieser stand seinem Bruder Sergey zeitlebens recht gleichgültig gegenüber, doch bedauerte er ihn aufrichtig, als er nach dem zweiten Weltkrieg von seinem tragischen, absurden und zufälligen Tod in einem deutschen Lager erfuhr. Es scheint nicht unlogisch, daß W.D. Nabokows Sohn, der die Faschisten verachtete und obendrein einer »sexuellen Minderheit« angehörte, in ein nazistisches Lager geriet, und wenn das Moment des Zufalls dabei mitspielte, so war es nicht größer als bei dem zufälligen Tod seines Vaters zwanzig Jahre zuvor.

Ebenso kühl verhielt sich Lody offenbar zu seiner jüngeren Schwester Olga, einem recht eigenartigen Geschöpf, dafür hatte er mit seiner Schwester Elena viele Gemeinsamkeiten (das wird aus ihrem vier Jahrzehnte währenden Briefwechsel deutlich). Einige Biographen sind überhaupt der Meinung, daß Vladimir Nabokov für Liebe und Freundschaft nicht sehr disponiert war. Das stimmt nur zum Teil. Der gutinformierte neuseeländische Nabokov-Biograph Alfred Appel und selbst der von ihrer Freundschaft enttäuschte Edmund Wilson merkten an, daß Nabokov ein außerordentlich zärtlicher und ergebener, sehr feinfühliger Sohn, Vater und Ehemann und in jungen Jahren vielleicht auch Freund zu sein vermochte. Jedenfalls habe ich bei der Lektüre seiner Bücher nicht den Eindruck gewonnen, daß dieser von Gewissensbissen gepeinigte Mensch gleichgültig war und ein Leben ohne Liebe führte. Was seine stärksten verwandtschaftlichen Gefühle betrifft, so waren sie, wie bereits Boyd und Appel schrieben, auf wenige Menschen konzentriert (dafür mit großer Kraft), auf seinen Vater und seine Mutter, auf seine Frau und seinen Sohn. Verständlicherweise verletzte er damit zuweilen Menschen, die ihn ebenfalls liebten (»Wahrscheinlich brauchte er niemanden«, sagte mir ganz unerwartet seine Schwester, die ihn stets am leidenschaftlichsten gegen die Pfeile der Kritik in Schutz nahm. »Ihm genügte es, allein mit einem Buch zu sein.«).

Einige Forscher halten die mangelnde Liebe zu seinen

Gutenberg-Buchhandlung
Große Bleiche 27-31
55116 Mainz
Tel.: 06131-270330
mail: info@gutenbergbuchhandlung.de

Tb-Anti

3,00 1

Total: 1 | 3,00 EUR |

Bar: 10,00 EUR
Zurück: 7,00 EUR

Betrag enthält 0,20 EUR MWSt:
1: 7,00% = 0,20 Netto: 2,80
16.04.04 14:18:46 66-1-1807
Kasse Taschenbuch

Vielen Dank für Ihren Besuch!
Quittung für Fachliteratur
ISBN + Titel identifizieren das Buch
Anzahlung wird bei Kauf verrechnet

Angehörigen für ein Resultat seiner Erziehung: Er wurde von allen Nabokow-Kindern am meisten geliebt und verwöhnt. Der Freund der Nabokow-Familie Iossif Hessen befürchtete, der verwöhnte Lody könnte zu einem Faulpelz und Müßiggänger heranwachsen, und war froh, sich geirrt zu haben. Vladimir Nabokov selbst wandte sich in einer Zeit, als er bereits durch die schwersten Prüfungen des Emigrantenlebens gegangen war, ohne jedoch von der Last zermürbender Mühen frei zu sein, mit folgendem Aufruf an alle Eltern: »Verwöhnen Sie Ihre Kinder, so gut Sie können. Sie wissen nicht, was ihnen bevorsteht!« Dieser Aufruf war durchaus ernst gemeint – er fußte auf der Erfahrung als Sohn (»Ich war ein schwieriges, eigensinniges, bis zum wunderschönen Gehtnichtmehr verwöhntes Kind ...«) wie auch als Vater.

An dieser Stelle ein paar Worte über eine Besonderheit dieses irdischen, vergänglichen Kindheitsparadieses – über seine Beziehungen zum ewigen Paradies, zum Himmel.

In der Nabokow-Familie wurden natürlich die rechtgläubigen Bräuche eingehalten. Ebenso wie sein Held Lushin erinnerte sich Nabokov, wie er in der Nacht zum Ostersonntag heimkehrte, »in den Händen eine Kerze, deren Flamme dort aufgebracht flackerte, weil sie aus der warmen Kirche in die unbekannte Nacht hinausgetragen wurde, und schließlich an einem Herzschlag verschied, als von der Newa her ein Windstoß um die Ecke fegte«. Und er erinnerte sich an die Beichten in der Hauskirche in der Potschtamtskaja-Straße und an die Osternächte: »In schluchzendem Baß las der Diakon und klappte, immer noch unter Schluchzen, mit einer ausholenden Gebärde das gewaltige Evangelium zu ... Da war der Duft des Weihrauchs, der heiße Wachstropfen, der auf die Fingerknöchel fiel, und der dunkle Honigglanz der Ikone, die auf den Kuß wartete.« (Zwanzig Jahre später schrieb ihm die Schwester über das Osterfest in Prag: »Es erinnert mich jedesmal an die Potschtamtskaja.«)

Doch trotz der äußeren Einhaltung der Bräuche war im Haus Nabokow unschwer eine beginnende Abkehr von der traditionellen Rechtgläubigkeit zu bemerken, sowohl eine für einen bedeutenden Teil der damaligen russischen Intelligenz typische Abkehr von der Kirche wie auch eine individuelle. So schrieb Vladimir Nabokov später über den Glauben seiner Mutter, mit der er seelisch so eng verbunden war: »Ihre direkte Ahnenreihe enthielt eine Strähne Sektierertum. Nur zu Fasten und zu Ostern ging sie zur Kirche. Ihre schismatische Stimmung äußerte sich in ihrer gesunden Abneigung gegen das Ritual der russisch-orthodoxen Kirche und ihrer Popen. Die moralische und poetische Seite des Evangeliums rührte sie tief an, aber nach der Stütze irgendeines Dogmas hatte sie keinerlei Bedürfnis. Die entsetzliche Unsicherheit eines Lebens nach dem Tode und sein Mangel an Einsamkeit kamen ihr gar nicht in den Sinn.«

Vermutlich hatte auch der Liberale und Rebell W.D. Nabokow seine Vorbehalte gegen die offizielle Kirche, die nicht selten Hand in Hand mit der Macht agierte. Er sagte seinem Sohn sogar einmal, dieser brauche nicht zur Kirche zu gehen, wenn er nicht wolle.

Vielleicht war es gerade diese Besonderheit des Nabokovschen Kinderparadieses, die die so qualvolle metaphysische Suche während des gesamten Erwachsenenlebens des Schriftstellers bedingte: »Ein um das andere Mal habe ich in Gedanken enorme Anstrengungen unternommen, um auch nur den allerschwächsten persönlichen Lichtschimmer in der unpersönlichen Dunkelheit auf beiden Seiten meines Lebens wahrzunehmen.«

Natürlich spielte dabei auch der Individualismus und Nonkonformismus des Schriftstellers eine Rolle, der nicht in der Menge, hinter der Menge her gehen mochte: »... in metaphysischen Fragen bin ich ein Feind aller Vereinigungen und wünsche nicht an organisierten Exkursionen in anthropomorphe Paradiese teilzunehmen; ich muß mich auf meine eigenen schwachen Kräfte verlassen, wenn ich über meine persönlichen Erlebnisse nachdenke ...«

Nabokov erklärte, daß ihn gerade die Suche nach der Ewigkeit zurück in die Kindheit geführt habe ... Das Paradies der Kindheit erweist sich als Methode, sich der Ewigkeit zu nähern, und als Ersatz für ein anderes Paradies.

Die Kindheit ist die Zeit der Vorsehung und der Hellsicht,

und die Ereignisse der Zukunft werfen gleichsam ihren Schatten auf die Kindheit.

Wer »Erinnerung, sprich« gelesen hat, erinnert sich bestimmt auch an die Episoden kindlicher Hellsicht: die Fahrt der Mutter zum Newski-Prospekt, um für den kranken Lody ein Geschenk zu kaufen, der gigantische Bleistift im Schaufenster ...

Viktor Jerofejew, einer der besten russischen Nabokov-Forscher, ist der Meinung, daß »das Nabokovsche Paradies nicht als heidnisch zu bezeichnen ist ... Denn es gibt darin die Paraphrase der christlichen göttlichen Hierarchie«, es gibt den Gott-Vater, nicht die strafende Gottheit, sondern »den Gott der Liebe, der geliebt wird und liebt ...«

So oder anders, für mich steht außer Frage, daß Vladimir Nabokov ein gläubiger Mensch war (obwohl sein Glaube natürlich nicht ganz orthodox, nicht kirchlich war).

Das Westminster-Glockenspiel

Kehren wir jedoch nach Petersburg in Nabokovs Kindheit zurück, in das berühmte Haus in der Bolschaja Morskaja-Straße 47: eine zweistöckige Villa aus rosa Granit mit Blumenfresken über den oberen Fenstern.

Von seinem sicheren Gedächtnis geleitet, schlendert Nabokov noch fünfzig Jahre später in Erwartung des Englischlehrers in der winterlichen Dämmerung durch dieses Haus. »Schon kam der Diener, um die blauen weiten Stores herabzulassen und die geblümten Vorhänge zuzuziehen ...«

Bebend betritt der Junge das Arbeitszimmer des Vaters. »Hier und da in der Dunkelheit spiegelten ein Bronzewinkel, ein Stück Glas oder poliertes Holz die diversen Lichtreste von der Straße, über deren Mitte die Kugeln hoher Laternen bereits ihr Mondlicht verbreiteten. Florartige Schatten huschten an der Decke entlang ...«

Ein magisches Haus. Darin gab es auch einen Salon, ein Boudoir mit einem Erker, der auf die Morskaja blickte, einen

Konzertsalon, eine helle Stube mit einem ovalen Spiegel. »An straffen Schnüren aufgehängt, die reine Stirn geneigt, bemüht er sich, ein abschüssiges Stück hellen Fußboden und die fallenden Möbel zu halten ...« An den Wänden der Zimmer hingen großartige Gemälde. Ihre Schöpfer waren sowohl moderne Meister als auch von der Patina der Zeit berührte Traditionalisten, an denen Alexander Benois – er gab der kleinen Elena Nabokova Zeichenunterricht – fauchend vorüberging. Vladimir wurde von Dobushinski persönlich unterrichtet.

Seine Eltern versäumten kein gutes Konzert, kein interessantes Theaterstück (am Tag seines tragischen Todes beendete der Theaterkenner W.D. Nabokow ein neues Kapitel seiner Erinnerungen über das Petersburger Theaterleben). In ihrem Haus in der Morskaja-Straße gaben bekannte Musiker Konzerte, sangen berühmte Sänger. Und immer öfter kamen hier liberale Rebellen zusammen, die das herrschende System, dem sie so viele Privilegien und Annehmlichkeiten verdankten, für veraltet und ungerecht hielten. Der junge Lody nährte im Unterschied zu dieser Generation der Volksfreunde keine großen Illusionen in bezug auf die einfachen Leute, mit denen er zu tun hatte (freilich waren das größtenteils Petersburger Dienstboten und Lakaien). Was W.D. Nabokow angeht, so bedurfte er keiner empirischen Stütze für seine Prinzipien. Er war überzeugt, daß das Gesetz die Rechte aller Bürger ohne Ausnahme schützen muß und daß die Verfassung, das vom Volk gewählte Parlament, diese Rechte zu garantieren hat – wie in England ... Im Hause Nabokow herrschte ein Kult alles Englischen. Nach den parlamentarischen Ideen erschienen im Haus englische Seife, durchsichtig in nassem und pechschwarz in trockenem Zustand, englischer Pudding, englisches Spielzeug, knuspriges englisches Gebäck und die Abenteuer der Artus-Ritter. Unter dem Garten Eden stellte sich der kleine Lody eine britische Kolonie vor. Er lernte früher Englisch lesen als Russisch. Die ersten Legenden und Märchen dieses Kindes waren keine russischen, aber »ist es nicht gleich, woher der zarte Anstoß kommt, der die Seele berührt und in Schwingungen versetzt, worauf sie verurteilt ist, sich immer zu bewegen«? Nach den englischen Büchern kamen französische und russische. Im Petersburger Haus W.D. Nabokows gab es eine riesige Bibliothek (und sogar eine Bibliothekarin, die einen Katalog zusammenstellte). Mit acht Jahren entdeckte Lody dort monumentale Werke über Entomologie – holländische, deutsche, französische und englische. Bald darauf vertiefte er sich in englische entomologische Zeitschriften. Dann folgten Romane und Gedichte. Zuerst begeisterte er sich für Mayne Reid und Cowboy-Spiele, dann entdeckte er Wells. Poe, Browning, Keats, Kipling, Conrad, Chesterton, Wilde, Flaubert, Verlaine, Rimbaud, Tschechow, Block. Flaubert las er natürlich auf französisch, Shakespeare auf englisch, und Tolstoi las er immer wieder auf russisch. Etwas später, als russische Gedichte sein »Altar, sein Leben und sein Wahnsinn« wurden, hatte er neben Puschkin und Block etliche Lieblingsdichter, deren Namen plötzlich in seinen späten Interviews oder in Briefen auftauchen. Nennen wir Apuchtin. Oder Slutschewski, den seine Schwester Elena vierzig Jahre später erwähnte.

Die Tiefen der väterlichen Bibliothek bargen die für jeden Halbwüchsigen verführerischen Werke über sexuelle Fragen – die berühmten Bücher von Krafft-Ebing, Ellis und anderen Sexuologen.

In der geräumigen Bibliothek waren »das Gelehrsame und das Sportliche, das Leder der Bücher und das der Boxhandschuhe auf angenehme Weise vereint«. Hier, ein wenig abseits der tiefen Klubsessel, nahm der Vater Fechtunterricht, und der kleine Lody schlug auf den birnenförmigen Punchingball ein. Nach der Revolution, als die Familie Nabokow Petersburg verlassen hatte, »wurde auch diese Bibliothek zerstreut, doch immer wieder tauchten seltsame kleine Überreste davon im Ausland auf«.

Dieses Haus hatte auch ein anderes Leben, das zwar kein Geheimnis darstellte, aber infolge des hohen Begriffs von der »Staatssicherheit« unweigerlich die Aufmerksamkeit von Polizeispitzeln auf sich lenkte, die die Dienerschaft zu bestechen versuchten (Lody und Juri Rausch entdeckten eines Abends in einem Kämmerchen einen dieser ungeschickten Spitzel, »der sich vor unserer Bibliothekarin, Ljudmila Borissowna Grinberg, mühsam auf die Knie niederließ«).

»Um acht Uhr abends«, erinnert sich Nabokov, »beherbergte der Flur eine Ansammlung von Wintermänteln und Galoschen. In einem Konferenzzimmer neben der Bibliothek kamen an einem langen, mit Flanell bezogenen Tisch (auf dem wunderbar spitze Bleistifte verteilt worden waren) mein Vater und seine Kollegen zusammen ... Über dem Stimmengewirr ließ eine hohe Standuhr in einer dunklen Ecke ihre Westminster-Glockenschläge hören.«

Es wurde wohl kaum zufällig erwähnt, das Glockenspiel von Westminster (wie auch die übrigen Details bei Nabokov). Im Hause trafen sich W.D. Nabokows Freunde von der Kadetten-Partei, ihre Gründer und Führer, und das Pathos dieser Partei lag in ihrer »rechtlichen Romantik«, darin, was Maklakow die »Mystik der Verfassung« nannte. Diese in Europa jüngste und in der Geschichte Rußlands wohl einzige liberale Partei (so schätzt es zumindest der Historiker Michail Geller ein), die ihre Doktrin auf die europäische Rechtswissenschaft gründete, wollte die Bevölkerung (wie auch die Macht) zu Staatsbewußtsein und politischem Denken erziehen und erhielt es für notwendig, daß »alle ohne Ausnahme« dem Gesetz unterworfen sind und daß für alle »die bürgerlichen Grundfreiheiten« garantiert werden. In ihrem Programm betonte die Partei ihren klassenlosen Volkscharakter und erklärte Rußland, einen starken russischen Staat zum höchsten Wert. »Wir träumten davon«, erinnerte sich Ariadna Tyrkowa-Wiljams, Mitglied der Kadetten-Partei, »auf friedlichem Wege, mittels Parlament, Rußland glücklich zu machen, ihm Gedankenfreiheit zu geben und jedem Bewohner des großen Imperiums, unabhängig von Stand und Nationalität, ein würdiges Leben zu ermöglichen.« Das Parlament kam etwas später – die Erste Duma.Ariadna Tyrkowa schrieb natürlich auch über W.D. Nabokow, der »ein wahrer Konstitutionalist war, ein leidenschaftlicher Verfechter der Rechtsordnung. Er war glücklich, daß er endlich in dem hohen Forum offen seine politischen Ansichten darlegen konnte ...«

In einer Rede, die Vladimir Nabokov dreißig Jahre später hielt und in der er sich an den treuen Freund seines Vaters, den Kadetten Iossif Hessen, wandte, sagte er: »Obwohl mir damals, in der Kindheit, ebenso wie heute, die sogenannten gesellschaftlichen Interessen ziemlich fremd waren, gehörten Sie schon in meinem damaligen Bewußtsein zu jener erhabenen Ordnung von Geschöpfen und Dingen, die von verschwommenen, aber guten Begriffen wie ›Retsch‹ oder Duma bestimmt wurde, und die den Geist des aufgeklärten Liberalismus hervorbrachte, ohne den die Zivilisation nichts weiter ist als die Zerstreuung eines Idioten ...«

Dieser Tätigkeit seines Vaters gedenkend, merkte der Schrifsteller dreißig Jahre später an, daß er zu ihr eine nuancenreiche Beziehung hatte – er empfand bedingungslosen, gleichsam gegenstandslosen Stolz, zärtliche Herablassung und konstatierte die kleinsten persönlichen Fähigkeiten seines Vaters ...

Über W. D. Nabokows Reden in der Duma und über ihn selbst wurde viel geschrieben. So erinnert sich Ariadna Tyrkowa: »Er glitt mit tänzelndem Gang durch das Taurische Palais wie früher durch die Ballsäle, wo er so manches Mal kunstvoll den Kotillon angeführt hatte. Aber über diese flüchtigen Details seines glanzvollen Lebens war er früh hinausgewachsen. Er hatte einen zu sachlichen Verstand, um sich längere Zeit mit Ballerfolgen zufriedenzugeben. In ihm, wie auch in vielen anderen aufgeklärten Russen, entbrannte ein politisches Gewissen. Er wurde ein herausragender Rechtsgelehrter, Professor, einer der namhaftesten Vertreter der Befreiungsbewegung ...« Ariadna Tyrkowa schreibt weiter über Nabokows Gedankenschärfe, über seine juristischen Analysen, über seine Fähigkeit, komplizierte Probleme mit eleganter Genauigkeit darzulegen. Über eine seiner Reden sagte sie: »Nabokow schloß mit den Worten, die auch jetzt noch manchmal von Menschen wiederholt werden, die die Periode der Duma in der russischen Geschichte nicht vergessen haben:

›Die Exekutive muß sich der Legislative unterordnen.‹

Danach lief er unter donnerndem Beifall trotz frühzeitiger Korpulenz behende die Stufen des Podiums hinunter, wobei er verstohlen ein bezauberndes Lächeln zur Galerie hochschickte, wo im Publikum zahlreiche hübsche Frauen saßen ... Er gab doch viel auf die Bewunderung schöner Frauen.«

Die Bemerkungen V.V. Nabokovs zu Fields Buch verdeutlichen, daß an jenem Tag auch Jelena Iwanowna Nabokowa in der Galerie saß, die bis ans Ende ihrer Tage stolz auf die Rede ihres Mannes war. Iossif Hessen erinnert sich, mit welcher Verwunderung der alte Hofminister Graf Fredericks den Redner betrachtete (»Ist das etwa derselbe Nabokow, der noch vor kurzem Kammerjunker war?«)

»Zu den Zerstreuungen in der Duma gehörten Nabokows Krawatten«, fährt AriadnaTyrkowa fort. »Er erschien fast jeden Tag in einem neuen Anzug und jeden Tag mit einer neuen Krawatte, die noch erlesener war als die vom Vortag ... Diese Krawatten wurden für die Trudowiki zum Feindsymbol der Kadetten-Partei und verhinderten eine Annäherung. Dennoch spielten sie keine schädliche Rolle in der Geschichte ...«

Einer von Nabokows Mitstreitern in der Partei (Maxim Winawer) erinnert sich, daß die Zeit der Ersten Duma für W.D. Nabokow die glücklichste Periode seiner Tätigkeit war. Er brauchte ein intelligentes Auditorium, das imstande war, die Klarheit der Gedanken, die Genauigkeit des Ausdrucks, die Ironie, die Schönheit der russischen Sprache und die Brillanz der Formulierungen zu würdigen. Ein solches Auditorium hatte er in der Ersten Duma, und er wurde einer ihrer führenden Redner.

In den letzten Arbeitsmonaten der Ersten Duma sprach er sich gegen die Judenpogrome und für ein Gesetz gegen die Todesstrafe aus (ein solches Gesetz wurde dann auch von der Duma verabschiedet). Der Kampf gegen die Todesstrafe zieht sich durch W.D. Nabokows gesamtes Leben: Sein letzter Artikel, auf englisch geschrieben und am Vorabend seines Todes einer Zeitschrift übergeben, war ebenfalls diesem Problem gewidmet.

Als die Regierung im Juli 1906 die Erste Duma auflöste, fuhr W.D. Nabokow mit zweihundert Abgeordneten nach Wyborg, um gegen die verfassungswidrige Maßnahme zu protestieren.

Hessen erinnert sich nicht ohne Verwunderung, wie der Rebell Nabokow nach Finnland reiste: Als erster kam Nabokows Kammerdiener zum Zug, brachte Mineralwasser und einen Korb mit Früchten aus dem Delikatessengeschäft von Jelissejew, stellte Jelenas Foto auf ein Tischchen und räumte das Abteil auf.

Von Wyborg aus riefen die Deputierten die Bevölkerung des Landes auf, zum Zeichen des Protests gegen die Auflösung der Duma keine Steuern mehr zu zahlen und den Militärdienst zu verweigern. Wie alle, die den »Wyborger Appell« unterzeichnet hatten, wurde auch Nabokow, der zudem einer der Autoren war, vor Gericht gestellt, das ihm das Recht aberkannte, für die Zweite Duma zu kandidieren.

Ende Juli wurde Gerzenstejn, Deputierter der Kadetten-Partei, von Schwarzhundertern ermordet. Im August reisten die Nabokows überraschend nach Holland und machten unterwegs halt in Brüssel, wo sich zu dieser Zeit K.D. Nabokow aufhielt. Jelena Nabokowa war nervös, denn sie kannte die Gründe der plötzlichen Abreise nicht. Der Sohn Vladimir kannte sie wohl auch nicht. Die Erklärung für die Ereignisse jenes Sommers fand unlängst Brian Boyd in einem Brief K.D. Nabokows (vom 23. August 1906) an seinen Bekannten Donald Nesbit.K.D. Nabokow schreibt, daß Gerzenstejn der erste von sechs Deputierten war, die von den Schwarzhundertern zum Tode verurteilt worden waren. Als nächster stand W.D. Nabokow auf der Liste. »Als seine Freunde davon erfuhren, überredeten sie ihn, Rußland für einige Zeit zu verlassen«, schreibt K.D. Nabokow.

Am 12. Dezember 1907 begann der Prozeß gegen die Deputierten, die den »Wyborger Appell« unterschrieben hatten. W.D. Nabokow wurde zu drei Monaten Einzelhaft verurteilt und in das Gefängnis »Kresty« überführt. Die Briefe, die er seiner Frau aus der Gefängniszelle schrieb (er schrieb sie auf Toilettenpapier und gab sie seinem Freund Awgust Issakowitsch Kaminka mit), wurden fast sechzig Jahre später von seinem Sohn in dem amerikanischen Almanach »Luftwege« veröffentlicht. Es wäre schade, nicht wenigstens ein paar Auszüge aus diesen Briefen anzuführen.

»17. Mai 1908

Mein Tag ist eingeteilt ... 5 Uhr aufstehen, Toilette, Bibellektüre; von 6 bis 6.30 Tee, von 6.30 bis 7 ankleiden, von 7 bis

9.30 Italienisch und erster Spaziergang, von 9.30 bis 12 Beschäftigung mit dem Strafrecht, von 12 bis 1 Uhr Mittagessen, von 1 bis 4 Uhr Mittagsruhe und zweiter Spaziergang; von 4 bis halb 7 ernste Lektüre im Stehen und Gymnastik, von halb 7 bis 7 Abendessen und Erholung, von 7 bis bis halb 9 Italienisch-Lektüre; von 8.30 bis 9.30 leichte Lektüre, zwischen halb 10 und 10 gehe ich zu Bett ...

21. Mai 1908

Gestern abend war ich glücklich über Deine drei Postkarten, auf einer davon kostbare Zeilen von Lody. Sage dem Kleinen Dank. Das ist eine riesige Freude.

1. Juni, 5 Uhr

Meine Freude, meine Sonne, ich war unsagbar glücklich, heute Dein liebes, vertrautes Gesicht zu sehen und Deine vergötterte Stimme zu hören. Ich habe mich bemüht, das nicht zu sehr zu zeigen, um es Dir und mir nicht so schwer zu machen, aber jetzt sende ich Dir in Gedanken alle Zärtlichkeiten, die ich nicht sagen konnte. Ich fürchte nur, daß Dich diese Begegnungen betrüben, und das quält mich ...

4. Juni 1908, Mittwoch

Meine Sonne, ich habe Deine Cartes postales noch nicht erhalten ... Aber ich habe heute schon Bücher von Tur bekommen und gestern von Kaminka Dante und ein Wörterbuch. Vielen Dank ... Ich lese jetzt außer der Bibel und dem Strafrecht: 1. Kuno Fischer über Kant, 2. Nietzsches >Zarathustra<,
3. Michailowskis >Literarische Begegnungen< und 4. d'Annunzios >Trionfo della morte<. Ich finde es bedeutend weniger ermüdend, mehrere Bücher gleichzeitig, mit Unterbrechungen, zu lesen, als eines hintereinander. Gerade habe ich wieder die >Karamasows< gelesen ...

5. Juni, Donnerstag, 8.45 Uhr abends

Heute habe ich Deine beiden langen Briefe bekommen (vom 2. und 3.): was für ein Glück! Als man sie mir brachte, habe ich sie aus Gier nicht sofort gelesen. Ich habe viele Karten bekommen: von Mama, 5 von dem treuen Kam., außerdem von Hessen. Du mein Kleinod, ich bete Dich an, und ich hoffe, daß Du bis zum Schluß tapfer bleibst. Denke die ganze

Zeit daran, wie nichtig unsere Unannehmlichkeiten sind im Vergleich mit so vielem entsetzlichen Leid.

7. Juni, Sonnabend

Heute erhielt ich Deinen kostbaren Brief mit dem Schmetterling von Volodya. Ich war sehr gerührt. Sage ihm, daß es hier im Garten außer rhamni und P. brassicae keine Schmetterlinge gibt. Habt Ihr egeria gefunden? Meine Freude, ich liebe Dich. Ich bin gesund und munter und ... Ich möchte auch, daß Du mich allein besuchen kommst, damit mich nichts von Dir ablenkt, aber mache es so, daß Mama nicht gekränkt ist.

25. Juni, 8.30 abends

... natürlich, die Reise mit den Kindern muß reiflich überlegt sein ... Weiß Lody schon von diesem Plan? Wie glücklich werde ich sein, ihn und sie alle wiederzusehen ...

6. Juli 1908

Meine herzallerliebste Sonne, ich war sehr glücklich, heute Dein liebes schönes Gesicht zu sehen und Deine Stimme zu hören; was für eine Freude, daß ich Dich in einer Woche wiedersehe ... Voller Entzücken denke ich daran, mit Dir Ende August zu verreisen ... Ich denke so: 5 Tage in München, 5 Tage am See (Bellagio), 5 Tage Venedig ... Ich warte auf Briefe von den Kindern, ich bedecke sie in Gedanken mit Küssen ... Ich fühle mich trotz der Hitze ausgezeichnet, ich mache jeden Tag Gymnastik, ich esse und schlafe gut, und ich warte frohgemut auf das Ende dieser dummen, schändlichen und niedrigen Komödie. Ich küsse Dich zärtlich, zärtlich. Ich vergöttere Dich mehr als alles auf der Welt.«

***

Die glückliche Welt von Nabokovs Kindheit war randvoll mit Beschäftigungen, Zerstreuungen, Eindrücken ... Schmetterlinge, Bücher, Radfahren, Schlittschuh laufen, Tennis, Boxen, frühe Verliebtheiten, Malerei, Sprachen, Schach, die geheimnisvolle Welt der Zahlen, Gedichte ... Man kann verstehen, warum der elfjährige Lody aus dieser vertrauten, spannenden, aus seiner Welt so ungern in die fremde Welt der Schule ging. Für seinen kleinen Helden (Lushin) wird der Eintritt in die

Schule zu einer wahren Tragödie. Lody fühlte sich unwohl in der Menge fremder Altersgenossen, wo er kaum ein halbes Dutzend sympathischer Jungs fand, doch mit allen umgehen mußte. Er mochte schon in diesem Alter keine Gemeinschaft und war darum in Gesellschaft sehr oft wenig angenehm. Damals war er natürlich noch kein anerkannter Künstler, aber schon ein Individualist.

Er kam in die Tenischew-Schule (eine sogenannte Handelsschule, gegründet von dem Fürsten Tenischew). Nach einer Bemerkung Nabokovs unterschied sie sich nicht allzusehr von anderen Schulen und Gymnasien: ein bißchen weniger Formalismus, ein bißchen mehr Sport, keine Schuluniform, keine Klassen- und Glaubensunterschiede. Andere Schriftsteller, die diese Schule besucht hatten, bewerten sie höher, zum Beispiel Ossip Mandelstam in »Rauschen der Zeit«. Aber auch Nabokovs Beanstandungen hielten sich in Grenzen. »Wie in allen Schulen«, erinnerte er sich, »tauschte man unablässig obszöne Witzeleien und erotische Informationen aus …«, und wie in allen Schulen war es nicht angebracht, zu sehr aufzufallen. Nicht aufzufallen war für ihn schwer. Er hatte einen berühmten, sehr berühmten Vater, ihn brachte ein Chauffeur »in Livree« mit dem Wagen zur Schule, seine Schulaufsätze waren mit englischen und französischen Ausdrücken gespickt (»die mir ganz selbstverständlich waren«). Nabokovs Mitschüler Oleg Wolkow (heute Schriftsteller) erinnert sich, daß Nabokov auch durch seine Fähigkeiten auffiel – alles flog ihm zu: »Im Tennis schlug er uns alle, auch im Schach. Was immer er anpackte – er verblüffte alle mit seinen Talenten …« Wolkow bestätigt auch, daß Nabokov mit niemandem in der Klasse befreundet war und daß »sein jünglingshafter Snobismus ihn zum weißen Raben machte« (aus einem Brief Wolkows an Sinaida Schachowskaja in Paris).

In dem Brief schreibt Oleg Wolkow, daß Nabokov, obwohl er mit niemandem befreundet war, doch einige seiner Konkurrenten auf sportlichem Gebiet »favorisierte«: »den Sohn eines englischen Pastors und den Sproß des Handelshauses Mandel & Co, der ihm auf dem Tennisplatz nicht nachstand«. Unterdessen holten Nabokovs Gedächtnis und seine Biographen, die in den Archiven arbeiteten, zumindest zwei Schulfreunde des jungen Lody ans Tageslicht. Zitieren wir noch einmal aus Wolkows Brief: »Die Tenischew-Schule war eine Arche Noah, besonders, als Schüler aus westlichen Städtchen hinzukamen – geflohene Juden, so daß es unsere Lehrer und Erzieher mit einem buntgemischten Publikum zu tun hatten ...« Der junge Lody, Sohn des Liberalen W.D. Nabokow, der Rassen- und Klassenunterschiede rigoros ablehnte, freundete sich gerade mit Vertretern dieses »buntgemischten Publikums« an. Einer seiner Freunde war Saba (Saweli) Kjanshunzew, ein Armenier aus Karabach, ein Draufgänger, Klassengenie und Spaßvogel. Lodys bester Freund aber war der kleine sympathische Samuil Rosow, allgemein beliebt, weil er bei den Kontrollarbeiten alle abschreiben ließ. Was die beiden verband, war das frühe Empfinden eines mystischen Geheimnisses, das sich unter der Oberfläche des Lebens verbarg, waren die Beobachtungsgabe, die Leidenschaft für Poesie und für Tschechow. Sie bewahrten einander lange ihre freundschaftliche Sympathie, und nach einem Brief Rosows zu urteilen, der sechzig Jahre später geschrieben wurde, wußte das »buntgemischte Publikum« nicht nur Lodys zahlreiche Talente zu schätzen, sondern auch die ihm vom liberalen Vater anerzogene Verachtung einer rassen- und klassenbedingten Einteilung der Menschheit: »Für Dich gab es nicht die Klassifizierung – Kjanshunzew, der Armenier, Rosow, der Jude, Nellis, der Deutsche. Du hast die Menschen nur nach ihren individuellen Besonderheiten unterschieden, nicht nach irgendwelchen Etiketten«.

In Nabokovs Klasse (wie wohl in jeder Klasse) gab es einen langaufgeschossenen Sitzenbleiber, der Nabokov später in seinen Alpträumen heimsuchte. Auf diesen Jungen ging eines Tages, die kleinen Fäuste geballt, der unerschrockene Rosow los. Lody konnte dem Lulatsch mit einem Boxhieb die Nase blutig schlagen, bevor er selbst vertrimmt wurde. Diese typische Klassenzusammensetzung – ein Witzbold, ein Kraftmeier, ein Schüchterner – zieht sich durch alle Bücher Nabokovs. Manchmal legt sich der Schatten der Zukunft auf die Beschreibung dieser letzten Jahre vor der Katastrophe: Der Schüchterne aus Lushins Klasse erhielt im Weltkrieg das

Georgskreuz und verlor dann im Bürgerkrieg einen Arm ... Als Nabokov später jenseits des Eisernen Vorhangs war, gab es in Rußland noch ein paar ehemalige Tenischew-Schüler, die den Terror überlebt hatten. Ich erinnere mich, wie in einem Schriftstellerheim bei Moskau ein ausgezehrter Mann mit Vollbart auftauchte – er war aus der langen Finsternis der Stalinschen Lager zurückgekehrt: Oleg Wassiljewitsch Wolkow.

***

In einem Sommer besuchte Jelena Nabokowa mit den Kindern W.D. Nabokows Schwester (die mit Sayn-Wittgenstein verheiratet war) auf ihrem Gut in Kamenka, in der Nähe von Podolsk. Es war eine der wenigen Reisen des künftigen Schriftstellers durch Rußland, und offensichtlich ist das verwahrloste Anwesen in »Pnin«, das der Schriftsteller übrigens ins Baltikum verlegte, auf diese Reise und ihre Eindrücke zurückzuführen. Der junge Lody ging hier mit der früheren Besessenheit auf Schmetterlingsjagd, aber manchmal hielt er plötzlich inne, wenn er am Himmel »den in seiner Pracht bedrohlichen Sonnenuntergang« sah. Immer häufiger überkam ihn jetzt Liebessehnsucht: »Doch meine Gedanken waren anderswo: Sina und Colette, meine Strandgespielinnen; Louise, die Tänzerin; all die geröteten kleinen Mädchen mit Seidenschärpen und lockerem Haar auf festlichen Partys; die schmachtende Gräfin G., die Dame meines Cousins; Polenka, lächelnd in der Qual meiner neuen Träume – sie alle verschmolzen zu einem Wesen, das ich noch nicht kannte, bald jedoch kennenlernen mußte.« Er lebte im Vorgefühl der großen Liebe.

Juri Rausch von Traubenberg kam nach Wyra und zeigte stolz ein Zigarettenetui, in dem innen die rätselhaften Zahlen 3 x 4= 12 eingraviert waren. Es war das Konto stolzer Siege, errungen in Wahnsinnsnächten, mit denen Gräfin G. endlich ihren jungen Verehrer belohnt hatte. Juri las seinem Cousin und Vertrauten seine ersten Gedichte vor. Da besann sich Lody: Dichtete er etwa noch nicht? Und er trug dem Cousin aus dem Stehgreif etwas durchaus Gelungenes, aber wohl noch nicht ganz Eigenes vor (das »ganz Eigene« würde erst

nach jahrelanger Arbeit kommen). Von nun an schrieb er Gedichte, auf russisch, englisch und französisch. Mein Gott, welcher russische Junge schreibt keine Gedichte?
Die Kriminalhistorie kann zu jeder Zeit viele blutige Geschichten vorweisen. Zu den grausigen Funden der Kiewer Polizei gehörte 1911 der Leichnam des Jungen Andrjuscha Justschinski, dessen Körper zahlreiche Einstiche einer Ahle aufwies. Der Justizminister Stscheglowitow und die Schwarzhunderter beschlossen, aus der fremden Tragödie Nutzen zu ziehen. Man verhaftete Bejlis, den Handlungsgehilfen einer Ziegelei, und versuchte ihm zweieinhalb Jahre lang das Geständnis abzupressen, daß er den Jungen getötet hätte, um mit seinem Blut Mazze zu backen – der Fall sollte als Ritualmord hingestellt werden. Bejlis' Verteidiger Grusenberg, der 1908 auch W.D. Nabokow verteidigt und sich über dessen Gelassenheit gewundert hatte, sah jetzt in den Augen Nabokows, der an der Verhandlung teilnahm, Schmerz und Entsetzen.

W.D. Nabokow wurde für seine Berichte über den Prozeß von den Machthabern erneut verurteilt – zu einer Geldstrafe von hundert Rubeln.

Jelena Nabokowa zeigte dem Sohn eine Karikatur – »mein Vater und Miljukow, wie sie dem Weltjudentum auf einem Teller das Heilige Rußland überreichen«. Solche Beschuldigungen waren so populär (vor der Revolution in Rußland und auch später, in der Emigration), daß es Ariadna Tyrkowa viele Jahre später für nötig hielt, den Emigranten zu erklären: »Die Gleichberechtigung der Juden ... war ein obligatorischer Punkt im Programm aller oppositionellen Parteien, nicht weil es die Juden so wollten, sondern weil das Gerechtigkeitsgefühl und die Staatsinteressen es verlangten. Miljukow war weder Jude noch ein Judenknecht, wie ihn die Rechten nannten. Er ließ sich von niemandem dingen oder kaufen ...« Ebenso undenkbar war es, W.D. Nabokow zu kaufen. Und ebenso unmöglich war es, einen finsteren Schwarzhunderter, einen »Wisent« (wie Markow II. sich und seinesgleichen nannte) von irgend etwas zu überzeugen.

Die für W.D. Nabokow bestimmte Kugel war schon in den Lauf geschoben.

Das Mädchen Valja und der Zusammenbruch des Imperiums

Der erste Weltkrieg begann, der in einigen Ländern, wahrscheinlich wegen des unerhörten Blutvergießens, der Große Krieg genannt wird. In Rußland mündete dieser Krieg in Revolution, Oktoberumsturz, Bürgerkrieg und totalitären Terror. Tiefer als der erste Weltkrieg hat sich den Russen natürlich der nächste blutige (folglich auch Große) zweite Weltkrieg eingeprägt. Ist es aber möglich, daß jemand damals lebte und einen Krieg wie den Großen Ersten kaum wahrnahm? Es ist möglich. Vladimir Nabokov nahm ihn kaum wahr, ihm widerfuhr in dieser Zeit das Wichtigste, was einem Jüngling widerfahren kann: Er verliebte sich. Es war nicht einfach eine Liebe – es war die erste Liebe, vergleichbar einer neuen Geburt, die ihn auf den Gipfel der Seligkeit hob vor der endgültigen Vertreibung aus dem Paradies der russischen Kindheit. Diese erste Liebe füllt so gebieterisch seine Romane und Gedichte, durchdringt so spürbar sein Schaffen, daß fast alle folgenden Frauengestalten, alle Geliebten und Verführerinnen, wie sie auch hießen – Maschenka, Tamara, Magda, Mariette, Lolita, Lucette, Marfinka –, etwas von seiner ersten Liebsten erbten. Wenigen Frauen auf Erden ist ein solcher literarischer Ruhm zuteil geworden.

Seine Beatrice hieß nicht Ljussja, nicht Tamara und nicht Maschenka, sondern Valetschka, Valentina, Valja Schulgina. »›Was soll's, wir sind einfache Leute und wissen nichts‹, sagte sie … In Wirklichkeit aber war sie feiner, besser und klüger als ich.« Das ist ein Liebesbekenntnis nach fünfzig Jahren, noch ein Bekenntnis zur Liebe für die Frau, das Mädchen, die Erinnerung. Genauer, für das Mädchen, das von der Erinnerung erschaffen wurde. Die Kraft dieser Zeilen über sie ist so ergreifend, daß eine Enkelin Valja Schulginas bis heute der Schwester des toten Schriftstellers (die Valja nie gesehen hat) fast verwandtschaftliche Briefe aus Rußland schreibt, ohne sich bewußt zu sein, daß wir diese Nähe, diese Vertrautheit, diese Unsterblichkeit der Liebe, ihre unvergängliche Frische keiner einzigartigen Großmutter Valja verdanken, sondern einzigartiger Literatur.

Ihr Charakter, ihre grazile Figur, ihre geschmeidige Haltung, ihre schmalen Fesseln, ihr bezaubernder Hals, der »immer unbedeckt war, sogar im Winter«, und viele andere liebenswerte Züge – all das tauchte im Laufe von Jahrzehnten immer wieder in seinen Gedichten und Erzählungen auf, wurde mal mit Begeisterung, mal mit leiser Ironie in seinen Romanen beschrieben. Wenn man einer Version Nabokovs glaubt, geht die wunderbare oder verbrecherische Leidenschaft seiner Helden für Kindfrauen oder für Mädchen, die Kindfrauen gleichen, für Nymphchen, das Nymphenhafte in der Frau gerade auf diese zierliche Petersburger Schülerin zurück.

Alles an ihr war liebenswert, selbst die banalsten Verse klangen aus ihrem Mund bezaubernd. Manchmal tauchen ihre Züge plötzlich in einer ihr scheinbar fernen, mit Ironie gezeichneten Frauengestalt wieder auf, sagen wir in Lida aus »Verzweiflung«.

***

Ein sengender Mittag im Juli 1992. Ich trinke mit Nabokovs Lieblingsschwester Elena Vladimirovna Tee in ihrer sympathischen kleinen Genfer Wohnung, und sie zeigt mir Artikel, Briefe und Geschenke, die sie kürzlich von Verwandten Valja Schulginas aus Rußland bekommen hat, darunter einen Brief von Valjas Enkelin. Ich lese einen Artikel (über »Nabokovs Muse«), ich betrachte eine Schatulle, Geschenk der Familie Schulgin mit goldener Schönschrift-Widmung, ich überfliege die Zeilen des Briefes, und plötzlich habe ich das Gefühl, daß nichts zu Ende ist, daß sich ein lebendiger Faden herüberzieht und daß ich gleich dieselben schlichten Späße und »zweitklassigen Verse« (vielleicht auch etwas Neueres) hören werde, ein Stimmchen wird mir etwas ins Ohr singen, und es wird nach Flieder riechen wie an den Sommerabenden in Sestrorezk und Valentinowka, derselbe glatte Schmelz der Zähne, derselbe Geruch nach billigem Parfüm, derselbe hinreißende Dunst, in dem die Gefühle des Sechzehnjährigen versinken ...

***

Valjas Mutter mietete ein Sommerhaus in Roshdestweno, zwischen der Kirche und einem Apfelgarten. Als Nabokov zum erstenmal zu ihnen in den Garten kam, saß Valja hoch oben im Apfelbaum (vielleicht setzte er deshalb ein halbes Jahrhundert später Lucette auf den Baum, übrigens nannte er seine Valentina gern Ljussja). Später kam sie mit ihren Freundinnen zu ihm nach Wyra. Das war am 9. August 1915.

Sie pflegten sich auf dem Anwesen von Onkel Ruka zu treffen, der in jenem Sommer nicht aus Italien kam, auf einem Hügel voller Ameisen und vor den weißen Säulen des rätselhaften Hauses (das Nabokov ein Jahr später erbte und das zwei Jahre später mit dem untergegangenen Atlantis – Rußland – auf den Grund sank). Die Mutter schüttelte besorgt den Kopf, wies jedoch den Diener an, Sauermilch und Obst für den Sohn bereitzustellen, wenn dieser nachts von seinen Rendezvous heimkehrte. Als der Vater von seinem Regiment auf Urlaub kam und von den Heldentaten seines Sohnes erfuhr, führte er mit ihm ein Männergespräch und erklärte ihm, wovor ein Gentleman ein unerfahrenes Mädchen bewahren müsse.

Abends lud Lody die »Fahrradlampe mit magischen Karbidklumpen« und »fuhr vorsichtig in die Dunkelheit hinein ... Hinter der Brücke stieg der Weg an ... und kurz oberhalb jener Kreuzung kletterte ein Fußweg unter triefenden Jasminbüschen eine steile Böschung empor ... Wenn ich oben angekommen war, huschte mein fahles Licht über die sechs weißen Säulen des Portikus auf der Rückseite des stummen Hauses meines Onkels ... In einer Ecke jenes überdachten Vorbaus ... wartete Tamara auf dem breiten Podest ...«

Die letzten Sommerwochen gingen dahin, die letzten Tage des Paradieses ... Was sollte ihnen der Krieg, auch wenn es der Große war!

In der Stadt warteten Schwierigkeiten auf das junge Liebespaar – »die ständige Suche nach irgendeinem Zufluchtsort« brachte »ein seltsames Gefühl der Heimatlosigkeit« mit sich. Sie schwänzten die Schule, froren auf den Bänken des Taurischen Gartens oder schlenderten durch Seitengassen, die auch von Rowdys bevorzugt wurden (Lody trug für alle Fälle einen

Schlagring in der samtgefütterten Tasche seines Mantels), suchten sich stille Winkel in der Eremitage, im Museum Alexanders III. oder im Suworow-Museum, setzten sich in die letzte Reihe eines der beiden Filmtheater auf dem Newski-Prospekt (Nabokov, ein Genie des biographischen Genres, der diese Rendezvous ein halbes Jahrhundert später ausschmückte, schildert nicht nur eine Reihe kurioser Museumsexponate wie die Gemälde von Charlamow oder die Hofkutschen, sondern auch Beispiele der damaligen Filmkunst mit dem »Publikumsliebling« Mosshuchin).

Die Stadt war ihrer Liebesbeziehung feindlich gesinnt.

Dann kamen der strahlende Petersburger Frühling 1916 und ein erfolgreiches Fußballspiel, dem Valentina zuschaute. Ihre Mutter gab dem Drängen der Tochter nach, mietete wieder ein Landhaus in Roshdestweno, und es begann ein vollkommen glücklicher Sommer:

»Wir verliefen uns in moosigen Wäldern, badeten in einer Märchenhöhle, schworen uns bei den Kronen der Blumen, die sie wie alle russische Nixen so gerne zu Kränzen wand, ewige Liebe ...«

Den ganzen ersten Sommer der Liebe und ihren ersten Winter schrieb der verliebte Lody Gedichte, »zwei, drei Stück in der Woche«. Merkwürdigerweise ging es in den Gedichten schon damals um Trennung, Verlust und Abschied. In seiner Autobiographie beeilt sich Nabokov zu versichern, daß diese Gedichte durchweg schlecht waren, doch damals dachte er sicherlich nicht so, denn er ließ sie auf eigene Kosten drucken. Hessen erinnert sich, daß er sich zu Nabokovs Vater kritisch über diese Veröffentlichung äußerte, worauf W.D. Nabokow sagte: »Er hat sein eigenes Vermögen. Wie kann ich ihn an seinem Vorhaben hindern?«

Aber es ist zu vermuten, daß er seinen Sohn nie zurückgehalten hätte. »Volodya schreibt sehr passable Gedichte«, hatte er zu Hessen noch vor dem Krieg gesagt, und später hatte er sich einmal beklagt, daß Volodya faul sei und wenig schreibe. Wahrscheinlich bestärkte gerade die väterliche Anerkennung den angehenden Dichter in der Wahl seines schwierigen Weges.

Der erste Sammelband des jungen Dichters ließ kein früh gereiftes Genie erkennen. Die Gedichte waren recht schülerhaft, und der »arme Autor« wurde nach Verdienst behandelt. W.W. Hippius (»ein grimmiger und heftiger Mann mit rotem Haar«), Lodys Lehrer und selbst ein guter Dichter, verriß die Gedichte des jungen Nabokov in seinem Unterricht, merkte jedoch an, daß sie das häufige Schuleschwänzen des Autors im letzten Jahr erklärten. Die Cousine des Lehrers, die berühmte Dichterin Sinaida Hippius, bat W.D. Nabokow, mit dem sie auf einer Sitzung des Literaturfonds zusammenkam, seinem Sohn auszurichten, »daß aus ihm nie ein Schriftsteller wird«. »Ihre Voraussage konnte sie mir dreißig Jahre lang nicht vergessen«, schreibt Nabokov, aber es läßt sich wohl denken, daß auch er sie nicht vergaß – Schriftsteller verzeihen so etwas nicht.

Seltsam, daß Nabokovs frühe Gedichte so traditionell waren. Er war mit der russischen Poesie des »Silbernen« Jahrhunderts schon recht gut vertraut, begeisterte sich für Block, kannte natürlich auch die Experimente der damaligen Avantgarde, stand den Futuristen jedoch von Anfang an ziemlich ablehnend gegenüber. Aber Traditionalismus ist an sich noch keine Sünde.

> Die Luft ist so frisch, aromatisch und satt.
> Es riecht nach Jelängerjelieber!
> Mit der Spitze nach unten neigt sich das Blatt
> Und wirft eine Perle herüber.*

Hier scheint wenig von dem künftigen Nabokov durch, obwohl bereits etwas zu spüren ist, sagen wir, die Genauigkeit der Beschreibung, die Aufmerksamkeit für die Pflanze, die Ehrfurcht für das Blatt (mitunter rupfte Onkel Ruka ein Blatt von einem Baum und schenkte es dem Neffen als höchste Schöpfung der Natur).

Im Sommer kam Juri Rausch nach Wyra, und die Cousins tauschten Gedichte aus. Juri trug eine Militäruniform. Beide legten Mutproben ab, indem sich der eine unter eine Schaukel legte, während der andere auf dem Brett schaukelte und dicht über das Gesicht des Liegenden hinwegsauste. Lody spazierte in Juris Uniform auf dem Grundstück umher. Dann war er wieder in Petersburg, und es kam das Ende der ersten Liebe. Später gab er sich allein die Schuld. Aber vielleicht verdeckt das Schuldbekenntnis nur den damaligen Schmerz der Enttäuschung oder des Verrats. Diese »weiblichen Schatten« des Verrats werden beiläufig erwähnt wie übrigens auch Valjas Angewohnheit, ihm die Liebesgeschichten ihrer Freundinnen zu erzählen, hinter denen er jedesmal voller Eifersucht Valja vermutete. In dem Roman »Maschenka«, ein Vierteljahrhundert vor der Autobiographie geschrieben und auch enger an die wirklichen Ereignisse angelehnt (nach eigenem Bekenntnis hatte er damals noch nicht gelernt, die Wirklichkeit zu überlisten und umzukrempeln, in Literatur zu verwandeln), ist die Version ihres Bruchs meines Erachtens glaubwürdiger als in der Autobiographie. Erinnern Sie sich, wie sich der Held nach Monaten platonischer Liebe im herbstlichen Stadtpark mit Maschenka trifft:

»An diesem Abend, der sonderbar langsam dunkelte ... auf einer Steinplatte, die tief ins Moos gesunken war, lernte Ganin sie im Verlauf dieser einen kurzen Begegnung inniger lieben als je vorher, und seine Liebe zu ihr erlosch, wie ihm schien, für immer ...

›Ich bin dein‹, sagte sie, ›tu mit mir, was du willst.‹

Die Kälte und die Härte der Steinplatte tat seinen nackten Knien weh, und Maschenka lag allzu ergeben, auch allzu reglos da.

Als sie dann zurück zum Parktor gingen, über einen vom Mondlicht gefleckten Weg, bückte sich Maschenka zum Rasen hinunter und hob eines der blaßgrünen Glühwürmchen auf, die sie dort gesehen hatte. Sie hielt es auf der flachen Hand, beugte sich darüber, lachte dann plötzlich auf und sagte im drollig parodierten Ton eines Dorfmädchens: ›Ach du liebe Güte, es ist wirklich nur ein kaltes Würmchen.‹

In diesem Moment rang sich Ganin, der müde und unzufrieden mit sich selber war und in seinem leichten Sporthemd fror, zu dem Schluß durch, daß alles aus sei und daß er Maschenka nicht mehr liebe. Und als er ein paar Minuten später im dunstigen Mondlicht auf der bleichen Chaussee heimwärts fuhr, wußte er, daß er sie nie wieder besuchen würde.«

Trotz des Risikos, den Zorn der Nabokov-Forscher und der Erben des Nabokovschen Ruhms auf mich zu ziehen, spreche ich die Vermutung aus, daß diese zeitlich erste (später vom Verfasser selbst als zu wörtlich und kunstlos verworfene) literarische Version seines Bruchs mit Valentina der Wirklichkeit am nächsten zu kommen scheint. Die Annäherung tötet die Liebe – so erging es nicht nur Ganin (dem übrigens fast das gleiche mit Ljudmila widerfuhr). So erging es auch anderen literarischen Helden und ihren Schöpfern (etwa bei Woloschin). Dort aber, wo die Annäherung begann, fehlte die Liebe völlig. Einen Freudschen Terminus gebrauchend, könnte man vermuten, daß für Nabokov die Liebe ebenso wie die Kunst eher eine Frucht der Sublimation als der »Erfüllung« war. Da ich jedoch weiß, wie sehr unser Held den Freudianismus haßte, will ich es nicht behaupten ...

In Petersburg war es unruhig. Am 8. März (nach dem neuen Kalender), der zum Frauentag bestimmt wurde, demonstrierten Frauen mit dem Ruf »Brot!«.

Am 27. Februar hatte in der Stadt eine Schießerei begonnen. Am folgenden Tag ging W.D. Nabokow nicht zum Dienst. Nahe der Morskaja-Straße, auf dem Marien-Platz, wurde geschossen, Soldaten belagerten das Hotel »Astoria«, in dem Offiziere und Militärattachés der verbündeten Staaten wohnten. Russische Offiziere wurden auf die Straße gezerrt und erschossen. Auch die Februarrevolution ging nicht ganz ohne Blutvergießen ab. Im Haus Nabokow in der Morskaja-Straße erschienen die ersten Flüchtlinge aus dem »Astoria«, darunter W.D. Nabokows Schwester Nina Dmitrijewna, ihr Mann Admiral Kolomejzew, eine englische Familie mit kleinen Kindern und noch eine Familie aus der Verwandtschaft. Alle mußten untergebracht und beruhigt werden, und erst am 2. März ging W.D. Nabokow wieder zum Dienst. Die Kollegen baten ihn, eine Rede zu halten, und er verkündete, daß Schluß sei mit Despotie und Rechtlosigkeit, daß die Freiheit gesiegt habe und daß es jetzt die Pflicht des ganzen Landes sei, sie zu festigen, was unermüdliche Arbeit und große Disziplin erfordere.

Nachmittags verließ W.D. das Haus in der Absicht, sich zur Staatsduma durchzuschlagen. So erinnerte er sich später daran: »Ich hatte das Gefühl, als sei tatsächlich etwas Großartiges und Heiliges passiert, als habe das Volk seine Ketten abgeworfen und als sei der Despotismus zusammengebrochen. Ich gab mir damals keine Rechenschaft darüber, daß dem ganzen Geschehen eine Militärrevolte zugrunde lag, die als Folge der durch drei Kriegsjahre entstandenen Verhältnisse spontan aufgeflammt war, und daß darin der Keim künftiger Anarchie und Auflösung beschlossen lag. Wenn solche Gedanken auch auftauchten, so wies ich sie doch weit von mir.«

Dann folgten die Abdankung des Großfürsten Michail (die Urkunde redigierte Nabokow zusammen mit Nolde und Schulgin), »der Rausch des Umsturzes« und »der unbewußte Bolschewismus« in Petersburg, der (bis zu Ohnmachtsanfällen) hysterische Kerenski, der nach Nabokows Meinung ein Mensch mit »gewaltigem und krankhaftem« Ehrgeiz war. Nabokow bekleidete in der Provisorischen Regierung den bescheidenen Posten eines Staatssekretärs (eines Ministers ohne Amt). Ihm war jegliche Grausamkeit zuwider, und ihn dauerten die Angestellten der alten Regierung, die er davonjagen mußte. Er schrieb über seine »Unvollkommenheit« als »Politiker«: »In revolutionären Zeiten muß ein Politiker grausam und gnadenlos sein. Wer dazu physisch nicht imstande ist, hat es schwer!« Trotzki, der grausam sein konnte und obendrein stolz darauf war, kommentierte später Nabokows Erinnerungen mit dem ihm eigenen Selbstbewußtsein in seinem blumigen Stil: »Im Laufe dieser fünf Februartage, als der revolutionäre Kampf auf den eisigen Straßen der Hauptstadt tobte, sahen wir manches Mal gleich einem Schatten den Liberalen aus adliger Familie vorüberhuschen, den Sohn des ehemaligen zaristischen Justizministers Nabokow – Symbol eines Menschen, der nur auf sich selbst konzentriert ist, eines Egoisten. Nabokow verbrachte diese entscheidenden Tage des Aufstands, eingeschlossen in den vier Wänden seines Amtsbüros und seines häuslichen Arbeitszimmers, in trauriger und besorgter Erwartung …«

Der Historiker Michail Geller schrieb in seinem Vorwort

zur Pariser Ausgabe der Erinnerungen Nabokows, daß dieser außerordentlich ehrliche und bescheidene Mann »zu den besten Vertretern des ›Ordens‹ der russischen Intelligenz gehörte. Er besaß all ihre Vorzüge. Und ihre Mängel, die in den ersten Monaten nach der Revolution zutage traten. Die russische Intelligenz, die russischen Liberalen erwiesen sich als nicht vorbereitet auf die Revolution, von der sie so lange geträumt, auf die sie so lange hingearbeitet hatten.

Die positiven Eigenschaften verwandelten sich in negative: Der Dienst an der Gesellschaft wurde zum blinden Glauben an das liebe Volk, der Idealismus verkehrte sich in politische Unreife, Opferbereitschaft in Willenlosigkeit, persönlicher Wagemut in Sorglosigkeit, Glaube an die Zukunft in fehlenden Realitätssinn.«

Dann kam der Sommer in Wyra, der letzte Sommer der Nabokows in Wyra. In einem Vorortzug traf Lody unverhofft Valja Schulgina und empfand den stechenden Schmerz früherer Zärtlichkeit (vielleicht auch früherer Eifersucht – erinnern Sie sich an die Beschreibung dieser Begegnung in »Maschenka«: »An ihrem zarten Hals waren bläuliche Male zu sehen«).

Unter dem Druck der Sowjets vollzog die Provisorische Regierung einen Linksruck, hinkte aber trotzdem den Forderungen der Massen und solchen allgemeinverständlichen radikalen Losungen Lenins wie »Nieder mit dem Krieg!« oder »Raubt das Geraubte!« hinterher.

Unterdessen lebte Nabokov junior in Wyra und schrieb ein Album neuer Gedichte. Der Oktober jenes Jahres brachte Ereignisse, die selbst an einem politisch so desinteressierten Jüngling wie Lody nicht spurlos vorübergingen – die Bolschewiken ergriffen die Macht.

Am 7. November sandte Nabokov seinem Freund Saba im Kaukasus ein scherzhaftes Gedicht, im dem sich jedoch die ernsten Ereignisse jener Tage spiegelten:

Alles traurig heute,
Auf allen Straßen trocknet Blut.
Aus ihren Löchern kriechen Leute,

Klein, grau und dreist, mit ihrer Brut.
Schon lärmen sie auf allen Plätzen
Und schrecklich ist ihr geiler Schrei.
Auf ihrer Haut, rauh unter Fetzen,
Das schwarze Mal der Sklaverei.

Sie wollen jeden Traum zerstören,
Sie geben Schönheit keinen Raum.
Die »Freiheit« soll ihnen gehören –
Doch was ist freier als ein Traum?*

Übrigens wurde sehr bald deutlich, daß die Freiheit (eine jegliche) auf sich warten ließ, dafür setzten sehr bald Terror und Zerrüttung ein. Vladimir Nabokov schrieb später darüber in seinem autobiographischen Buch:

»Als am Ende des Jahres Lenin an die Macht gelangte, wurde von den Bolschewiki sogleich alles der Erhaltung dieser Macht untergeordnet, und ein Regime des Blutvergießens, der Konzentrationslager und der Geiselnahmen begann seine stupide Karriere. Damals glaubten viele, daß man gegen Lenins Bande kämpfen und die Errungenschaften der Märzrevolution retten könne. Mein Vater ... beschloß, selber so lange wie möglich in St. Petersburg zu bleiben, seine große Familie jedoch auf die Krim zu schicken, die immer noch frei war ...(Ich war achtzehn. Einen Monat vor der Zeit machte ich Examen und rechnete damit, meine Ausbildung in England zu beenden und danach eine entomologische Expedition in die Berge von Westchina zu organisieren ...) Die lange Reise in den Süden ließ sich leidlich an ...«

W.D. Nabokow brachte seine Söhne, die als erste auf die Krim fuhren, zum Nikolaus-Bahnhof, wo er im Restaurant einen Leitartikel für die Zeitung »Retsch« zu Ende schrieb. Dann schlug er das Kreuz über den Söhnen und ging in den Nebel der Petersburger Dämmerung. Er blieb, um mit Hilfe der Konstituierenden Versammlung, auf deren Einberufung die Bolschewiken damals noch drängten, gegen die Diktatur zu kämpfen. Er war Vorsitzender der Wahlkommission und betätigte sich aktiv in der Stadtduma und im sozialistischen

Komitee zur Rettung der Heimat und der Revolution. Die Zeitung »Retsch« wurde bald von den Bolschewiken verboten und die Redaktion aufgelöst. Am 6. Dezember erschienen während einer Sitzung der Wahlkommission Soldaten und verhafteten auf Befehl Lenins die Mitglieder dieser »Kadettenkommission«. Fünf Tage saßen Nabokow und seine Mitstreiter im Smolny in Arrest. Nach seiner Freilassung ging Nabokow sogleich ins Marientheater und besuchte ein Wohltätigkeitskonzert zugunsten des Literaturfonds, dessen Vorsitzender er noch war. Für den nächsten Tag war die Eröffnung der Konstituierenden Versammlung angesetzt. W.D. Nabokow suchte am Morgen die Wahlkommission auf und erfuhr, daß Gräfin Panina, Schingarjow, Kokoschkin, Fürst P. Dolgorukow und andere Führer der Kadetten-Partei bereits verhaftet waren. Ungeachtet des Verbots der Militärkommandantur setzte die Kommission ihre Arbeit fort. Als Nabokow am nächsten Tag auf dem Weg zur Kommission war, sah er ein Dekret, in dem die Kadetten-Partei für ungesetzlich erklärt und die Verhaftung ihrer Führer angeordnet wurde. Freunde überredeten ihn, auf die Krim zu fahren ... Am 16. Dezember kam er in Gaspra an, wo seine Familie lebte. An dem Tag schrieb Vladimir unter dem Eindruck dessen, was der Vater erzählt hatte, die Verse:

> Betrogen wie bisher, hast du dich aufgemacht,
> Und hinter dir, o weh, steht noch die gleiche Nacht.*

Er irrte sich – die neue Finsternis war infernalischer als die vorangegangene.

Zweites Kapitel

Am schwarzen Meer in dunkler Stunde

Gaspra, etwa fünfzehn Kilometer von Jalta entfernt, unweit von Koreis gelegen, wird heute ebenso von häßlichen Plattenbauten beherrscht wie die gesamte Südküste der Krim. Zu Nabokovs Zeiten, wie übrigens auch zu der Zeit, als ich zum erstenmal dort hinfuhr, zu einem Freund, dessen Haus über dem Anwesen der Gräfin Panina am Steilufer des Schwarzen Meeres stand, war Gaspra noch ein winziger Ort. Das Haus der Gräfin Panina, großzügig gebaut und wie die meisten hiesigen Landhäuser aus vorrevolutionärer Zeit etwas »Historisches« nachahmend – den Harem eines Chans oder den Buckingham Palast oder ein mittelalterliches Schloß oder maurische Gemächer oder sonst etwas Eindrucksvolles, wovon die wohlhabenden Bewohner der Hauptstadt bei naßkaltem Petersburger Wetter träumten, wenn sie sich an Mallorca, die Alhambra oder den russischen Klosterhof in Jerusalem erinnerten, stand in einem prächtigen Park, der steil zum Meer abfiel. Die Besitzerin des Hauses war die Stieftochter von Iwan Petrunkewitsch, einem Parteifreund Nabokows. In diesem Haus war Lew Tolstoi 1904 zu Besuch gewesen und hatte sich auf der Terrasse mit Tschechow unterhalten.

Die Nabokows bezogen ein Nebenhaus, das vom Hauptgebäude durch Bäume abgeschirmt war. Es hatte lange Korridore und viele Zimmer.

Die Krim beeindruckte den jungen Nabokov durch das Nichtrussische: »Der Ort nahm sich völlig fremdartig aus; die Gerüche waren nicht russisch, die Leute waren es nicht, und der Esel, der jeden Abend schrie, wenn gerade der Muezzin vom Dorfminarett herab zu rufen begann (einem schmalen blauen Turm, dessen Silhouette sich von einem pfirsichfarbenen Himmel abhob), erinnerte entschieden an Bagdad.« Weiter schrieb Nabokov, daß er sogleich in die Puschkinschen orientalischen Motive eintauchte. Aber was den jungen Dichter jetzt Puschkin, dem ewigen Vertriebenen im eigenen Land (ist Verbannung keine Vertreibung?), näherbrachte, waren nicht nur die orientalischen Motive seiner Poesie, die Spuren seines Fußes am Krim-Ufer, sondern auch das plötzliche Gefühl des Verlusts, der Vertreibung aus Rußland, der Unmöglichkeit von Rückkehr und Begegnung. Dieses Gefühl übermannte ihn besonders instensiv, als ihn ein Brief Valentinas erreichte, der eigentlich nach Petersburg adressiert war: »Plötzlich fühlte ich den ganzen stechenden Schmerz des Exils. Es gab natürlich den Fall Puschkin – Puschkin, der in der Verbannung hier zwischen eben diesen naturalisierten Zypressen und Lorbeerbäumen umhergestreift war –, aber obwohl seine Elegien ein wenig nachgeholfen haben mögen, glaube ich nicht, daß meine Gemütsbewegung eine Pose war ...«

Die Poesie seiner Emigrantensehnsucht nach Rußland begann schon damals, im nichtrussischen Gaspra:

Du warst und du bleibst. Ich bin auf deine Weise
Aus dem Glanz und dem Rauch deiner Wolken gemacht.
Wenn die rieselnden Sterne die Erde umkreisen,
Hör ich deinen Ruf in der Nacht.
Du bist Ursprung und Ziel, in den wirren Gedanken,
Im Gemurmel des Bluts, das die Sehnsucht zerfrißt.
Muß ich wegelos auch durch dies Zeitalter wanken –
Du leuchtest mir immer. Du bist.*

Aus Petersburg kam eine furchtbare Nachricht: Freunde von W.D. Nabokow, die Führer der Kadetten-Partei Schingarjow und Kokoschkin, waren im Krankenhaus von Matrosen mit Bajonetten erstochen worden. In Jalta war es ruhig – die neue Macht wütete vorerst in Sewastopol. »Unruhe, Ängste«, notierte W.D. Nabokow in seinem Tagebuch. »Eine schrecklich bedrückende Situation ... An den Abenden Schach mit Volodya.« Sie verbrachten jetzt viel Zeit miteinander. Vormittags trugen sie Möbel aus dem Hauptgebäude in ihr Nebenhaus. »So ist das«, sagte der Vater gelassen, »du hilfst mir, meinen Sarg zum Grab zu tragen.« Er war noch keine fünfzig, er war gesund und kräftig, aber ringsum herrschte der Tod, und er fühlte, wie sich der Ring schloß.

Nabokov erzählt darüber in »Erinnerung, sprich«: »Die lokale Tatarenregierung war von einem nagelneuen Sowjet hinweggefegt worden, und wir waren dem absurden und erniedrigenden Gefühl absoluter Unsicherheit preisgegeben. Während des Winters 1917/18 und bis weit in den windigen und strahlenden Krimfrühling hinein schlenderte ein idiotischer Tod neben uns einher. Tag um Tag wurden auf der weißen Mole von Jalta (wo die Dame aus Tschechows ›Die Dame mit dem Hündchen‹, wie man sich erinnern wird, im Gedränge der Touristen ihre Lorgnette verlor) mehrere harmlose Leute, denen im voraus Gewichte an die Füße gebunden worden waren, von hartgesottenen, eigens zu diesem Zweck aus Sewastopol herangeholten bolschewistischen Matrosen erschossen ... (Ein Jahr später berichtete ein Taucher, daß er auf dem Meeresgrund in eine dichte Menge strammstehender Leichen geraten sei).« Von diesem Bild war Nabokovs Gedicht »Die Mole von Jalta« beeinflußt.

In seinen Alben standen schon Hunderte von Gedichten. Eines Tages unterzog er das seit 1916 Geschriebene einer strengen Revision und sortierte an die hundert Gedichte aus; zweihundertzwanzig ließ er für ein neues Buch übrig, das jedoch nie erscheinen sollte.

Nachts patrouillierte Nabokov mit dem Vater oder dem Bruder ums Haus. Er war bereits berührt von der Schönheit der Krim-Nächte, die er später in seiner Prosa und seinen Gedichten beschrieb.

Schwindelerregende berauschende Lebensfreude empfand der junge Dichter im Frühling, als die Krokusse blühten und die ersten Schmetterlinge kamen ... Im Frühling schrieb er sein erstes Theaterstück: Es ist kurz, besteht nur aus etwas mehr als fünfzig Verszeilen, enthält aber, wie Brian Boyd vermerkt, schon vieles von dem, was für den reifen Nabokov unabdingbar ist: Schach, Schicksal, Verschiebung der Realitäten, die Zeit als Zwangsläufigkeit eines Verlusts.

Im April zogen die Deutschen ohne einen Schuß in Jalta

ein, und die einheimische Bevölkerung begrüßte erleichtert die langersehnte Ruhe und Ordnung. Es war einer der seltenen Fälle, wo sich der junge Nabokov über einen Machtwechsel äußerte und die Freude der Bevölkerung teilte: »An einem Frühlingstag im Jahre 1918 dann, als die rosa Bäusche blühender Mandelbäume Leben in die dunklen Berghänge brachten, verschwanden die Bolschewisten, und eine ungemein stille Armee von Deutschen trat an ihre Stelle.«

Nabokov jagte Schmetterlinge auf dem Friedhof eines tatarischen Küstendorfs, auf dem Berg Ai-Petri, schließlich in Tschufut-Kale und in Bachtschissarai, wonach er seine eigene »Fontäne von Bachtschissarai« schrieb, die in der Zeitung »Jaltinski golos« (Die Stimme von Jalta) abgedruckt wurde, seine erste Zeitungsveröffentlichung.

Nabokow senior verbrachte viel Zeit am Schreibtisch – er hatte beschlossen, für die Nachfahren die Ereignisse des für Rußland verhängnisvollen Jahres aufzuschreiben (nicht in Berlin schrieb er seine Erinnerungen, sondern auf der Krim, entgegen der Behauptung Trotzkis).

Neben den Nabokows wohnte Wladimir Pol, ein kleiner energischer Mann, Gatte der Kammersängerin Jan-Ruban, die mit der Gräfin Panina weitläufig verwandt war; er selbst war ebenfalls Musiker (sein Freund Rachmaninow schätzte sein »Poem für die linke Hand« außerordentlich). Mit der Musikerfamilie war der erste Bühnenerfolg des jungen Nabokov verbunden (spätere Bühnenauftritte, genauer, literarische Lesungen, wurden für ihn über lange Zeit zu einer Notwendigkeit). In Simeis, im Sommerhaus General Malzews, eines leidenschaftlichen Musikliebhabers, bereiteten sich die Sommergäste und Flüchtlinge auf ein Wohltätigkeitskonzert vor. Frau Jan-Ruban wollte eine Romanze von Schumann (Text von Heine) singen und bat den jungen Dichter (dessen Erfolge ihr natürlich zu Ohren gekommen waren), die Verse ins Russische zu übertragen. Ungeachtet seiner bescheidenen Deutschkenntnisse dichtete der junge Nabokov die Verse nach (vielleicht entsprach Heine seiner Stimmung), und das Publikum spendete nicht nur der Sängerin, sondern auch dem angehenden Nachdichter begeisterten Beifall. Hier auf der Krim vertonte Wladimir Pol Nabokovs Gedicht »Der Regen ist verflogen«, und der Cousin Nika, der spätere Komponist, schrieb die Musik zu seinem Gedicht über den Geheimen Abend.

Also, der junge Nabokov auf der Krim. Er fing Schmetterlinge. Er saugte die Schönheit der Welt in sich ein. Er verliebte sich von neuem, sehnte sich aber auch nach seiner vergangenen »großen Liebe«. Er war viel mit dem geliebten Vater zusammen und spielte mit ihm Schach. Er las geradezu rauschhaft. Er lag auf dem Ufergeröll. Und natürlich schrieb er Gedichte – jeden Tag, den Gott werden ließ. In den zwei, drei ersten Junitagen schrieb er sein erstes, noch ganz bescheidenes Poem »Im lichten Herbst«, das vieles enthält, was wir später bei dem reifen Nabokov finden (natürlich auf einem anderen Niveau), in erster Linie seine Fähigkeit, visuelle und auditive Bilder zu vereinen. Das Poem erzählt von den ersten goldenen Herbsttagen in Wyra, von dem jungen Liebespaar, das durch das leere Haus mit den vielen Säulen streift und eng umschlungen einschläft und am Morgen die Welt durch die bunten Scheiben der Veranda sieht ... Am selben Abend las er das Poem seinen Eltern vor, und der Vater konstatierte in seinem Tagebuch voller Stolz einen deutlichen Fortschritt. In diesen ersten, von Poesie gesättigten Junitagen bestieg er zur Schmetterlingsjagd den Ai-Petri. Der Ai-Petri! Unverhoffte Böen eines stürmischen, fast winterlichen Windes, gleich hinter dem Felsrand Bergwiesen, und unten das frohlockende Grün der Parks, Zypressen, das Blau des Meeres . . . Und beim Anblick dieser üppigen Krimpracht die Sehnsucht nach der bescheidenen Schönheit des russischen Nordens. Diese Sehnsucht hatte schon begonnen, und sie würde bis ins Alter anhalten. Er bekannte am Ausgang seines sechsten Lebensjahrzehnts: »Heute berührt das geistige Bild der Grasmatten im Jailagebirge ... meine Sehnsucht und meinen Patriotismus nicht mehr oder weniger als zum Beispiel Utah; aber man gebe mir nur irgend etwas auf irgendeinem Kontinent, das der Landschaft um St. Petersburg gleicht, und mein Herz wird schmelzen.«

Auf der Krim erfuhr der junge Nabokov in vollem Maße die Freude schöpferischen Schaffens, »das wonnigste

Gefühl«, »wenn der pulsierende Nebel« plötzlich »mit menschlicher Stimme spricht: ›Etwas Schöneres als diese Augenblicke konnte es auf der Welt nicht geben‹.«

Doch von der Schriftstellerei lenkte ihn noch vieles ab. Auf der Krim hielt sich damals die Blüte der hauptstädtischen Intelligenz auf. Hier lebten Maler, Komponisten und Schauspieler, hier wurden Theaterstücke aufgeführt und Filme gedreht. Auf einem Bergpfad begegnete der junge Nabokov bei seiner Schmetterlingssuche eines Tages dem berühmten Schauspieler Mosshuchin in der Maske des Hadshi-Murat. Das Pferd trug den falschen Tataren durchs Gestrüpp bergab, und echte Krimtataren eilten ihm zu Hilfe.

In Jalta wurden auf der Uferstraße zahlreiche Cafés eröffnet – die Ausgelassenheit am Vorabend der Katastrophe war besonders ungestüm. Und wann soll man sich vergnügen, wenn nicht mit neunzehn Jahren, und wo, wenn nicht auf der Krim, in Jalta!

Nabokov wirkte in einer Theateraufführung mit – er spielte den Studenten Fritz Lobheimer in dem Stück »Liebelei« von Arthur Schnitzler, der in Rußland sehr populär war.

Mit seinem Bruder Sergey besuchte Lody häufig die Familie Tokmakow, der das Gut Olejis gehörte (»Adreiz« im Roman »Die Mutprobe«): »Gegen Abend kletterten sie durch schmale Zypressenkorridore hinauf nach Adreiz ... Im allgemeinen waren zahlreiche Gäste da: kicherige Mädchen mit bunten Kopftüchern, Offiziere aus Jalta und verängstigte ältere Nachbarn, die sich bei einem Einfall der Roten im vorigen Winter en masse in die Berge zurückgezogen hatten. Es war nie ganz klar, wer wen mitgebracht hatte und wer mit wem befreundet war, aber die Gastlichkeit von Lidas Mutter kannte keine Grenzen.«

Im Mai erschien mit der weißgardistischen Armee Juri Rausch von Traubenberg auf der Krim. Die Cousins verbrachten die Zeit zusammen im fröhlichen Jalta, und Nabokov spielte mit dem Gedanken, als Freiwilliger in das Regiment seines Lieblingscousins einzutreten. Natürlich nicht gleich, erst später, wenn die Zeit der Schmetterlinge vorbei sein würde, und auch nur zu dem Zweck, sich mit der Denikin-Armee zu dem Vorwerk durchzuschlagen, in dem Valentina damals lebte.

W.D. Nabokow traf in Jalta Woloschin wieder, den er von seiner Arbeit im Literaturfonds kannte. Er stellte ihm seinen Sohn vor, den angehenden Dichter. Das war eine der glücklichsten Ideen des stolzen Vaters, denn der berühmte Gelehrte und Dichter, ein korpulenter Mann mit einer Löwenmähne von abstehenden grauen und rotblonden Haaren, war nicht arrogant, sondern einer der gütigsten Männer in der russischen Poesie (vergleichbar mit Shukowski). Er hatte von sich aus die junge Marina Zwetajewa aufgesucht, nachdem er ihre Gedichte gelesen hatte. Wen hatte er nicht alles gefördert, wer hatte nicht alles in seinem Haus in Koktebel gelebt. Als sich in Jalta der alte und der junge Dichter begegneten, war Woloschins Haus in Koktebel eine wahre Arche, wo »der rote Führer und der junge Offizier, unversöhnliche Glaubensfanatiker«, Zuflucht suchten. Endlich war die erlösende Revolution ausgebrochen, die Woloschin und andere russische Intellektuelle schon lange prophezeit hatten, und Woloschin meinte, jetzt zusammen mit ganz Rußland diesen Kelch der Prüfungen bis zur Neige leeren zu müssen. Das war wohl der Grund, weshalb der Dichter, der von allen Literaten nicht nur auf der Krim, sondern auch in Petersburg der pariserischste war, nicht mit den anderen in die Emigration ging. Kurze Zeit später wurde Woloschin Zeuge schrecklicher Greueltaten der Bolschewiken auf der Krim. Erschüttert schrieb er darüber einen Gedichtzyklus und wagte es, ihn nach Berlin zu schicken. Doch an jenem trüben, windigen Augustabend, als die beiden Dichter in dem tatarischen Lokal auf der Uferstraße beisammensaßen, sprachen sie weder über Politik noch über das Schicksal Rußlands noch über die drohende Apokalypse. Sie sprachen über das Dichten. Woloschin fand heraus, daß sein junger Kollege nicht mit Andrej Belys Theorien vertraut war, und ich denke mir, daß Nabokov an jenem Abend nicht viel reden mußte. Es redete der belesene Woloschin. Er deklamierte beim Rauschen der Wellen, die gegen die Uferbefestigung schlugen, Zeilen aus seinem neuen Gedicht »Heimat« – als Beispiel für einen vierfüßigen Jambus. Dann skizzierte er auf einer Serviette die metrischen Schemata Belys, deren Zauber Nabokov später für lange Zeit erlag. Ebenso wie das eigenartige Genie Andrej Bugajew-Bely hatte der junge Vladimir Nabokov eine Vorliebe für Zeichnungen und Schemata, für die Magie von Zahlen und Berechnungen, für Schach- und Literaturrätsel.

Dem wißbegierigen Leser sei dazu das entsprechende Kapitel in der »Gabe« und die spezielle Arbeit über Prosodie empfohlen, die Nabokovs Übersetzung von »Eugen Onegin« beigefügt ist.

Nach der Lektüre von Nabokovs »Engelszyklus« schloß ich mich Brian Boyds Vermutung an, daß nicht die orientalischen Zauberkünste der Blawatskaja und Wladimir Pols den jungen Nabokov zu seinen »Engels«versen inspiriert hatten, sondern die Poesie Woloschins.

Ende September beendete W.D. Nabokow seine Aufzeichnungen über die Provisorische Regierung und den bolschewistischen Umsturz. Seine Familie mußte in dieser Zeit umziehen, nach Liwadija, näher an Jalta heran, weil die jüngeren Kinder das dortige Gymnasium besuchen sollten.

Der weiße Zarenpalast von Liwadija erhob sich über dem Meer. (»Das Burgschloß, seine Terrassengärten, die Stadt zu Füßen des Schloßhügels ...« – »Pnin«.) Die Nabokows zogen in ein einstöckiges Haus mit Blick auf das weiße Schloß, über dessen Türen noch die Initialen aller Mitglieder der Zarenfamilie zu lesen waren. Das Schloß selbst war leer, und das Schicksal seiner früheren Bewohner war keinem bekannt. Die Brüder und Schwestern des jungen Dichters besuchten das Jaltaer Gymnasium (dessen Kurator einst Tschechow gewesen war und das auch die Schwestern der Dichterin Zwetajewa eine Zeitlang besucht hatten). Volodya allerdings entwarf sich sein eigenes Studienprogramm. Erstens beschloß er, sich den Stoff des ersten Studienjahres der Universität im Selbststudium anzueignen, um gleich ins zweite Studienjahr einsteigen zu können. Zweitens stellte er für die Jaltaer Bibliothek eine Liste der Bücher zusammen, die er brauchte (Bücher über Entomologie, über Duelle, Arbeiten über Naturforscher, Bücher von Nietzsche). Er nahm außerdem Lateinunterricht in Jalta und nutzte in Liwadija die kaiserliche Schloßbibliothek, die viele historische Zeitschriften und eine reiche Sammlung neuer russischer Dichter enthielt, zum Beispiel Bely und Brjussow. Er las in diesen Monaten sehr viel. Von Belys Theorien fasziniert, zeichnete er Rhythmikschemata von Gedichten, und in einigen erhaltenen Notizheften jener Zeit sind Analysen von Gedichten Shukowskis, Baratynskis, Lomonossows und Benediktows. Er versuchte, in die Geheimnisse der Realität und des Schaffens einzudringen, in die Konturen, die sich hinter den Details eines Gebildes verbergen – sei es eine Blume, ein Schmetterling, ein Vers. Später suchte er auch in der Prosa einen geheimen Sinn, und als er den Roman »Petersburg« von Bely gelesen hatte, in dem zerrissene Verbindungen helfen sollen, Irrationales zu begreifen, war er tief beeindruckt. Übrigens, während bei Andrej Bely Rhythmik und Sinn miteinander verflochten sind, ist in Nabokovs Prosa alles mit der Exaktheit einer Schachaufgabe aufgebaut.

Das eifrige Lesen in jenem Herbst und das Studium der russischen Klassiker fanden nicht nur in seinem damaligen »Engelszyklus« ihren Niederschlag, sondern auch in seinen späteren Werken. Jetzt will eine der zahlreichen amerikanischen Nabokov-Forscherinnen ergründen, warum zwei deutsche Balladen, von Shukowski übersetzt, »eine so merkwürdige, so wichtige Rolle in den amerikanischen Romanen Nabokovs spielen«.

Der aus neun Gedichten bestehende Zyklus über Engel – jedes Gedicht ist einem Engelsrang gewidmet – war eine seiner wichtigsten Arbeiten jenes Herbstes.

W.D. Nabokow war nur noch selten zu Hause. Mitte November räumten die Deutschen die Krim, und auf Initiative der Kadetten-Partei wurde eine Regionalregierung unter Solomon Krim gebildet, in der W.D. Nabokow Justizminister wurde. Er mußte oft nach Simferopol fahren, und er unternahm verzweifelte Versuche, auf der wunderschönen Halbinsel in Südrußland Gesetzlichkeit und Rechtspflege wiederherzustellen.

Die Regierung bemühte sich, die Landwirtschaft auf der

Krim in Gang zu bringen, ohne die hochentwickelten Güter, die das Land reich gemacht hatten, zu zerstören. Die Landwirtschaft auf der Krim konnte hoffen, auf einen der ersten Plätze in Europa zu rücken (Wassili Axjonows Utopie »Die Insel Krim« ist gar nicht so phantastisch). Die neue Regierung kümmerte sich um den Handel, führte vernünftige Steuern ein, bildete eine Stadtmiliz. Nach Meinung von Freunden wie von Feinden war W.D. Nabokow in dieser Regierung am aktivsten, er stellte die in den Kriegszeiten fast vergessene Gerichtsbarkeit wieder her.

Diese Regierung wollte die Krim nur bis zur Bildung einer demokratischen gesamtrussischen Regierung verwalten, und sie war, wie der Historiker Daniil Pasmannik später in seinem Buch »Die revolutionären Jahre auf der Krim« (Paris 1926) hervorhob, die einzige von allen Regierungen, die keine separatistischen Absichten hegte und eine große kulturelle Arbeit leistete.

Der Justizminister hatte äußerst schwierige praktische Aufgaben zu bewältigen. Die Hotels in Jalta waren vollgestopft mit den Offizieren eines mächtigen Stabs, der auf eine gewaltige Armee hoffte, jedoch nur ein paar Kompanien zur Verfügung hatte. Die Angewohnheiten und Ansichten dieser Menschen waren geprägt von endlosen Schlachten, von Krieg und Revolution. Obendrein waren sie »Sozialistenfresser, Judenfresser und Kadettenfresser; für sie war der Oktobrist Gutschkow der erste Anwärter auf den Galgen und Solomon Krim der zweite«. Ein Menschenleben galt diesen Offizieren nicht viel. Das Militärkommando deckte Verbrecher und verdächtigte die Kadetten geheimer Sympathien für die Bolschewiken. Der Liberale W.D. Nabokow haßte Gesetzlosigkeit und Grausamkeit; beides faßte sein Sohn nach Brian Boyds Beobachtungen später in dem Begriff »Vulgarität«. Auf der Krim schrieb Vladimir Nabokov das Poem »Die Zwei«, in dem erzählt wird, wie eine entfesselte Menge von Aufrührern einen jungen Gelehrten und seine Frau verfolgt und tötet. Das Poem polemisiert gegen das bekannte Poem »Die Zwölf« von Block, der, wie Nabokov später schrieb, ein rosa Christus-Bildchen an den Schluß geklebt habe. Der entfesselte, verrohte Mob flößte dem jungen Dichter keine Sympathie ein, auf welcher Seite der Barrikade er auch wütete. Vielleicht ist das auch der Grund, warum sich Nabokov nicht an »dem scheußlichen Bürgerkampf« (so sprach er später in dem Roman »Verzweiflung« über den Krieg) beteiligte.

In dieser Zeit kam Juri Rausch wieder nach Jalta. Alle Nabokow-Cousins feierten fröhlich seinen Urlaub (außer den Kindern von Wladimir waren auch die von Dmitri und Sergej Nabokow auf der Krim), sie zogen in verwegener Reihe über die elegante Jaltaer Uferstraße, lachten und scherzten. Und wieder träumten die beiden Freunde, Juri und Lody, davon, gemeinsam in einem Regiment zu dienen. Juri versprach wie beim letzten Mal, sich darum zu kümmern, und ließ den Cousin sogar seine Militärschuhe anprobieren. Sie hatten sich als Kinder gemeinsam in Kriegs- und Cowboyspielen geübt, sie liebten beide die fröhliche Gefahr (Nabokov schrieb darüber später in einem Gedicht, das Juri gewidmet war). Warum zögerte der junge Nabokov so lange? Nur deshalb, weil er nicht Juris ungebrochenen Glauben an die Monarchie besaß? Weil seine Sympathien für die Denikin-Armee vielleicht schon getrübt waren durch zahlreiche widersprüchliche und blutige Fakten, die er von seinem Vater erfahren hatte? Oder weil er auf der Krim ein rundum erfülltes Leben führte? Sicherlich war es das eine wie das andere und noch vieles mehr. Ein Grund war wohl auch die lebhafte Phantasie des Dichters. Es reichte ihm, Juris Uniform und seine Schuhe anzuprobieren, um in der Phantasie alles zu durchleben, was das Schicksal bereithielt. Doch seine Phantasie konnte sich nicht mit dem Tod abfinden. Viele Male schreibt er (auf der Krim und später) darüber, wie entsetzlich, wie unerträglich und sinnlos ein vorzeitiger und gewaltsamer Tod ist. Vielleicht ist diese lebhafte Phantasie auch Feigheit. Jedenfalls quälen sich die Helden seiner Romane unendlich mit der Überwindung von Angst, mit Zweifeln, Bedenken. Und eben davon handelt im wesentlichen der Roman »Die Mutprobe«. Der junge Held wiederholt darin den Satz seines Professors über die Unsinnigkeit des Bürgerkriegs: »Die eine Seite kämpft für das Gespenst der Vergangenheit und die andere für das

Gespenst der Zukunft«. Aber wenn auch logische und psychologische Argumente seine Nichtteilnahme an dem damaligen Kampf rechtfertigten, so konnte er sich doch nicht von Gewissensbissen frei machen, und das ist für einen Schriftsteller vielleicht nicht unfruchtbar.

Nabokov selbst sprach in den verschiedenen Varianten seiner Autobiographie unterschiedlich über seine Zweifel, aber es ging jedesmal um die Arbeit der Phantasie, um Entschlossenheit, die im Laufe der Überlegungen nachließ. Es geschah genau das, was später mit seinem Traum geschah, sich nach Rußland durchzuschlagen; darüber sagt Nabokov: »Doch ich werde es niemals tun, glaube ich. Zu vergeblich und zu lange habe ich davon geträumt. Ähnlich trug ich mich während der zweiten Hälfte meines sechzehnmonatigen Aufenthalts auf der Krim so lange mit dem Gedanken, in Denikins Armee einzutreten ... um Tamara in ihrem ukrainischen Flecken aufzuspüren ...«

Juri Rausch fuhr von Jalta an die Front, und schon nach einer Woche wurde sein Leichnam zurückgebracht: »Die ganze Vorderpartie seines Schädels war von mehreren Kugeln nach hinten gedrückt, die ihn wie das Eisenbrett einer monströsen Schaukel getroffen hatten, als er ... ganz allein auf eine rote Maschinengewehrstellung losgestürmt war.«

Die Totenmesse für Juri wurde in der orthodoxen Kirche nahe der Uferstraße gehalten. Aus der Kirche bewegte sich die Prozession die Uferstraße entlang, wo sich englische Soldaten zur Ehrenwache aufgestellt hatten. Volodya trug mit anderen den Sarg.

Dann überstürzten sich die Ereignisse. Die Weiße Armee konnte den Schutz der Stadt nicht mehr gewährleisten.Solomon Krim und W.D. Nabokow wandten sich an die französische Truppenführung, die sich nach dem Abzug der Deutschen verpflichtet hatte, den Hafen von Sewastopol zu sichern. Die Franzosen versprachen, Truppen zu schicken, schickten jedoch keine, und Anfang April durchbrach die Rote Armee die Verteidigungslinie der Weißen und rückte rasch auf die Krim vor. Die Evakuierung begann. Am 8. April verließ die Familie Nabokow Liwadija. Nach all den Verlusten in Petersburg erlitt der junge Dichter noch einen Verlust: Er mußte seine gesamte neue Sammlung zurücklassen – mehr als zweihundert Krim-Schmetterlinge. Aber was half's, »in seinem Leben hatte er viele wertvollere Dinge verloren, vergeudet, vertan«. (»Pnin«)

Auf einer holprigen Straße gelangten sie nach Sewastopol und stiegen in einem Hotel ab, dessen Zimmer Nabokov sogleich beschrieb:

Ein Möbel zwischen Bett und Bank.
Tapeten, die die Gelbsucht hatten.
Ein Stuhl, ein schiefer Spiegelschrank.
Wir traten ein, ich und mein Schatten.*

Die übrigen Nabokows wohnten ganz in der Nähe. Der junge Komponist Nika Nabokow schrieb in sein Tagebuch: »Beunruhigende Gerüchte kriechen die Küste entlang. Man erzählt, daß die Roten die letzte Widerstandslinie der Weißen Armee durchbrochen haben. Sie können jeden Moment die Landenge einnehmen. Keiner von den Verbündeten wird uns helfen.«

In dem dürftigen Zimmer des Hotels »Metropol«, nicht weit vom überfüllten »Rossija«, beendete der Cousin des Komponisten sein neues Gedicht:

In diesem Zimmer also wohn ich.
Ich blick zum Fenster wie gebannt:
Über des Erdentellers Rand –
Der Mond, ein goldner Tropfen Honig.*

Ja, ein wonnevoller Honigtropfen in der schwarzen Finsternis der Evakuierung. Mit zwanzig ist die Wonne des Lebens unausrottbar!

Auf einem schmutzigen griechischen Schiff namens »Hoffnung« verließ die Familie Nabokow die Krim. Die Bolschewiken hatten die Hügel rund um die Stadt eingenommen und beschossen den Hafen mit Artillerie. Nach vierstündigem Kampf der Franzosen und Griechen gegen die Rote Armee konnte das Schiff endlich auslaufen. Es war schon von etlichen Granatsplittern getroffen worden ... W.D. Nabokow spielte mit seinem Sohn an Deck Schach, bemüht, sich auf die Partie zu konzentrieren und an nichts zu denken. Am späten Abend des 15. April entschwand die russische Küste ihren Augen. Wer konnte wissen, daß es für immer war?

Viele Jahre später schrieb ein anderer Dichter, ein erbitterter Feind des berühmten Schriftstellers Nabokov-Sirin:

Warum, so geht in unsrer Runde
Seit vierzig Jahren schon der Zank,
Am Schwarzen Meer
In dunkler Stunde
Rußland in Finsternis versank.*

Drittes Kapitel

Und dieses Zauberwort: nach Haus!

126 Schiffe brachten etwas mehr als fünfundvierzigtausend Russen nach Konstantinopel. Der Held in »Maschenka« erinnert sich an »ein paar herrliche, traurige Tage auf See« auf einem schmutzigen griechischen Dampfer. Die Passagiere schliefen auf Holzbänken in einem einzigen, nicht sehr reinlichen Raum, und der Autor der »Mutprobe« mußte seinen jungen Helden auf ein anderes Schiff verfrachten (auf dasselbe, mit dem seine künftige Frau in die Emigration fuhr), damit dieser seine Liebschaft mit der verheirateten Dichterin zu Ende bringen konnte.

Über Marseille und Paris gelangte die Familie Nabokow schließlich nach London, wo sie von K.D. Nabokow empfangen wurde, der immer noch Diplomat war, aber kein Land mehr zu vertreten hatte.

Die Nabokows ließen sich zunächst in Kensington nieder und mieteten dann ein Haus in Chelsea. Die Brüder Vladimir und Sergey besuchten Gleb Struve, um sich eine Universität empfehlen zu lassen. Struve riet Vladimir, in Cambridge zu studieren. Das Studium wurde mit den Perlen der Mutter finanziert. Für den restlichen Schmuck wurde ein Haus gemietet.

In London vergnügte sich Vladimir, besuchte Bälle und tanzte einmal sogar mit Anna Pawlowa Foxtrott. Er schlenderte durch die Stadt und spielte mit seinem Schulfreund Samuil Rosow Billard. Um in Cambridge keine Vorprüfungen ablegen zu müssen, ließ er sich Rosows ausgezeichnetes Zeugnis der Tenischew-Schule geben, in der richtigen Annahme, daß die Engländer nicht herausfinden würden, wem das Dokument gehörte und was darin auf russisch geschrieben stand.

Am 1. Oktober 1919 nahm er sein Studium am Trinity College in Cambridge auf. Damit ging ein schon in Petersburg gehegter Wunsch in Erfüllung. Hätte es nicht all die Erschütterungen, all die Verluste (das Haus, Wyra, die Krim) und die Flucht aus Rußland gegeben, so wäre er auch nach England gefahren, um im berühmten Cambridge zu studieren, vielleicht sogar an demselben College. Doch nun war alles anders. Nicht nur, weil das reale Leben voller Details ist, über die sich unser Traum erfolgreich hinwegsetzt. Nicht nur, weil der Himmel über Cambridge grau ist wie Haferbrei. Nicht nur, weil »er von England mehr erwartet hatte, als es geben konnte« (»Das wahre Leben des Sebastian Knight«). Es lag nicht an der »Brille der behenden alten Frau, bei der man ein Zimmer mietet«, auch nicht an dem Zimmer mit dem durchgesessenen schmutzig-roten Sofa, dem düsteren Kamin, den häßlichen Vasen auf häßlichen Regalen, nicht an dem altersschwachen Pianola, nicht an den häufigen Erkältungen, die hier kaum zu vermeiden waren. Es lag auch nicht daran, daß es in diesem Land der Freiheit, wie sich herausstellte, einen »Tutor« gab, der aufpaßte, wie man lernte, wie man sich benahm und wer weiß, worauf noch. Es war nicht nur der Widerspruch zwischen »dem eleganten und märchenhaften« England seiner Kindheit und dem spartanischen England seiner Studienjahre in Cambridge. Denn fast die gleiche Enttäuschung erlebten Iwan Bunin und Marina Zwetajewa, die schon reifer waren, und noch viele andere, die als Emigranten an die Orte kamen, die einst das elegante Ausland ihrer glücklichen Kindheit und Jugend gewesen waren. Für sie hatte sich jetzt alles geändert. Sie waren hier keine willkommenen und reichen Gäste mehr, die, wenn sie sich am Ausland satt gesehen hatten, wieder nach Hause fuhren. Sie hatten kein Zuhause mehr und litten unter dem Gefühl der Heimatlosigkeit. Ich habe die Meinung gehört, daß Nabokov dieses Emigrantengefühl nicht gekannt habe, daß er im Grunde nie ein Emigrantenschriftsteller gewesen sei, weil er von klein auf Englisch sprach und Kosmopolit war. Doch so war es nicht. Das Gefühl des Vertriebenseins, das den jungen Nabokov schon auf der Krim überkam, verstärkte sich in Cambridge außerordentlich: »Ich hatte das Gefühl, daß Cambridge und alle seine berühmten Wahrzeichen – ehrwürdige Ulmen, heraldisch verzierte Fenster, geschwätzige Turmuhren – für sich selbst genommen bedeutungslos waren und nur existierten, um meiner tiefen Sehnsucht einen Rahmen und einen Halt zu geben. Was meine Gefühle anging, war ich in der Lage eines Mannes, der gerade eine geliebte Verwandte verloren hat und – zu spät – einsieht, daß er infolge der Trägheit seiner von der täglichen Routine abgestumpften Seele versäumt hat, sie nach Gebühr kennenzulernen oder ihr seine damals nicht ganz bewußte, jetzt aber hoffnungslos gewordene Zuneigung zu beweisen.«

Es ist unschwer zu erraten, daß dieses Gefühl in Gedichte einfloß und daß es in diesen Gedichten größtenteils um das liebe Wyra, um die Heimkehr ging, im Wachen und im Traum (der ewige und untilgbare Traum eines Emigranten).

Alles ist klar. Vor mir liegt's offen:
Was ist das Glück? Ich sage keck:
Der lila Glanz des feuchten Steges,
Der Erlenbusch am Rand des Weges,
Die Weide und der helle Fleck
Des fernen Hofes. Äcker, Haine,
Kornblumen blühn im goldnen Feld …

Mein Sommerwind und meine Bäume,
die süßen Tränen und die Träume
Und dieses Zauberwort: nach Haus!*

Eine unsichtbare Mauer trennte ihn von den Engländern, die ihm doch so nahe und verständlich zu sein schienen, die Sehnsucht nach dem Zurückgelassenen übermannte ihn, und der junge Nabokov, der die Lebensfreude so auszukosten verstand, erfuhr plötzlich, was es bedeutet, einsam und unglücklich zu sein.

Ich bin gefangen, bin gefangen, bin gefangen!
Aufs staub'ge Fensterbrett gestützt schau ich hinaus.
Was seh ich vor mir? Nebelgrau ein Haus.
Von tiefem Schmerz, von ungeheurem Bangen
Bin ich erschöpft … *

Der junge Dichter schaute aus dem Fenster seines Zimmers auf eine schmale Gasse und sah ein Liebespaar. Und plötzlich schien ihm (oh, diese Gehörhalluzination, die jeder russische Emigrant so gut kennt!), »daß sie leise Russisch sprechen«.

Wie auch andere Emigranten nennt er den Gegenstand seiner Liebe: Rußland. Die russische Sprache. Die russische Landschaft. Die russische Poesie ...

»Unter der Last dieser Liebe saß ich stundenlang vor dem Kamin, und von der Anspannung der Gefühle traten mir Tränen in die Augen.«

In der langersehnten englischen Universität wurde es ihm zur wichtigsten Sache, Rußland in sich festzuhalten: »Die Geschichte meiner Universitätsjahre in England ist in Wahrheit die Geschichte meines Versuchs, Rußland festzuhalten.«

Natürlich besuchte Nabokov Vorlesungen über russische und französische Literatur und trug sich sogar für Zoologie ein, die er bald gegen Ichthyologie tauschte. Natürlich widmete er sich auch weiterhin dem Boxen und dem Tennis (er spielte mit seinem Bruder Sergey Tennis, wodurch er mit ihm jetzt öfter zusammen war als in der Kindheit) und war Torwart einer Fußballmannschaft.

Nach nächtlichem Dichten stand er früh auf, ging in der Kälte zu den »Bädern« und fuhr dann mit dem Fahrrad zu den Lehrgebäuden, die über das ganze Städtchen verteilt waren, die Studenten eilten »zu den Vorlesungen, drängten sich im Gänsemarsch in die Säle, lauschten schläfrig den mümmelnden Worten einer weisen Mumie und bekundeten ihre Zustimmung mit melodischem Trampeln, wenn im trüben Strom der gelehrten Rede ein Bonmot aufblitzte«.

Dann der Sportplatz, dann das Café, »fremde glatte Gesichter, die sicherlich ganz lieb sind, aber immer an die Reklame für Rasierseife erinnern, und plötzlich ist alles so langweilig, so öde, daß man schreien und die Fenster zerschlagen möchte«.

Das klingt überraschend aus dem Mund des beherrschten anglomanen Lody aus der anglomanen Nabokow-Familie. Andererseits ist es nicht absonderlich – viele frankophile Russen wurden im Pariser Exil zu Frankophoben, zu Russophilen, zu Eurasiern, zu Kleinrussen, zu »Freunden des sowjetischen Vaterlands« oder sogar zu Agenten der GPU. Und in Cambridge war der junge, von seinen Eltern vergötterte Sohn zum erstenmal allein, ohne Familie.

Ihn trösteten die Briefe der Eltern. Er selbst schrieb ihnen ins nahegelegene London mindestens zweimal die Woche. Der Vater teilte dem Sohn alle möglichen Neuigkeiten mit, sei es den Tod eines französischen Schriftstellers oder eine Boxmeisterschaft; außerdem analysierte er die Schachaufgabe aus der letzten Zeitung. Über seine eigenen Dinge schrieb er nicht, aus Angst, den Sohn zu langweilen (seine Angelegenheiten kamen in London nicht von der Stelle), aber zärtliche Worte versagte er sich nicht – »Volodjuschka«, »Sohnemann« …

Der zwanzigjährige »Sohnemann« schrieb der Mutter öfter als dem Vater. Ihre geistige Bindung war sehr eng – er wußte, daß sie wie er Heimweh nach Rußland, nach Wyra hatte. Hier eines seiner damaligen, der Mutter gewidmeten Gedichte:

Du sagst zu den Menschen: Endlich,
Morgen breche ich auf.
(Tauben. Ein Rasthof, ländlich.
Ein Schild, da steht »Rußland« drauf.)
Zu Gott aber sagst du: Ich bleibe.
(Friedhof. Die Brücke davor.)
Nur statt der jungen Eibe
Steht ein Fremder am Tor.*

Unerwartet wurde er in politische Streitgespräche hineingezogen. Der Bürgerkrieg war im Gange, etwas Unwahrscheinliches und wohl ganz Neues geschah im Osten, in diesem riesigen, bislang unbeweglichen Rußland, so daß die Engländer ihn immer wieder fragten: »Was passiert in Rußland? Wer ist Lenin? Wer ist Trotzki?« Als Nabokov später über diese Streitgespräche in »Erinnerung, sprich« schrieb, ordnete er sie und ließ vieles von seiner Polemik mit Edmund Wilson aus den vierziger und fünfziger Jahren einfließen, doch die authentischen Aufzeichnungen der Debatten, an denen der junge Nabokov anderthalb Monate nach seinem Eintritt ins

Trinity College teilnahm, sind erhalten. Natürlich ist die Rede des Jünglings nicht mit den polemischen Auslassungen seiner späteren Autobiographie zu vergleichen, aber sie bringt uns dem damaligenNabokov näher. Brian Boyd führt diese Aufzeichnungen in seinem Buch an: »Mr. Nabokov charakterisierte den Bolschewismus aufgrund seiner persönlichen Erfahrung als widerliche Krankheit. Lenin sei ein Wahnsinniger, und die übrigen seien Lumpen. Er sagte, England müsse unverzüglich Koltschak und Denikin unterstützen und jeden Kontakt mit den Bolschewiken ablehnen.« Nabokov erzählte, daß er für diese achtzehnminütige Rede einen Artikel seines Vaters auswendig gelernt habe. Er schloß mit der Erklärung, daß dies seine erste und letzte politische Rede gewesen sei. Auf der Versammlung wurde große Sympathie für die Revolution bekundet, obwohl auch die Meinung geäußert wurde, daß in Cambridge für bolschewistische Ideen kein Platz sei. Es sollten noch anderthalb Jahrzehnte vergehen, und aus Cambridge gingen so überzeugte Kommunisten und namhafte sowjetische Aufklärer wie Kim Philby, Donald McLean, Burgess und andere hervor.

In der Autobiographie führt Nabokov seinen (wohl eher ausgedachten) Cambridger Opponenten unter dem Namen Nesbit ein. Nesbit behauptete, gäbe es nicht die »alliierte Blockade«, so gäbe es im bolschewistischen Rußland auch keinen Terror. Alle Gegner der Sowjets warf er als »zaristische Elemente« in einen Topf, und die unter den Bolschewiken herrschende totalitäre Ideologie oder das, was er nachsichtig »eine geringere Meinungsvielfalt« nannte, erklärte er mit dem »Fehlen jeder russischen Tradition der Redefreiheit«. Aber was Nabokov wohl »am meisten aufbrachte, war Nesbits Einstellung Lenin gegenüber. Alle gebildeten und urteilsfähigen Russen wußten, daß dieser gerissene Politiker in künstlerischen Dingen ebensoviel Geschmack und Interesse hatte wie ein gewöhnlicher russischer Spießer ... der Puschkin auf Grund von Tschaikowskis elenden Libretti bewundert ...« – »Ja ... ich halte mir etwas darauf zugute«, schreibt Nabokov, »schon damals die Symptome dessen erkannt zu haben, was heute so klar zutage liegt ...«

Nabokovs Tutor, der vielleicht ahnte, wie sehr der junge Russe an Heimweh litt, brachte ihn mit einem anderen »Weißgardisten« namens Kalaschnikow in einer Wohnung unter. Obwohl in der »Mutprobe« der Hauptheld einen sehr sympathischen Engländer mit »einem affenartigen Namen« (Darwin) zum Freund hat, fiel es nicht einmal dem anglophilen Nabokov ganz leicht, sich mit Engländern zu befreunden. »Zwischen ihnen und uns Russen«, schrieb er in einer Skizze über Cambridge, »ist eine Glaswand; sie haben ihre Welt, rund und fest, ähnlich einem kolorierten Globus. In ihrer Seele war nicht dieser begeisterte mitreißende Wirbelsturm, dieses Strahlen, diese ausgelassene Raserei, diese Wut und Zärtlichkeit, die uns in Gott weiß was für Himmel und Abgründe führt; wir erleben Minuten, da fürchten wir weder Tod noch Teufel – lebe aus dem vollen, Seele! Für einen Engländer ist das unverständlich und neu ... nicht einmal der schlimmste Rausch bringt ihn dazu, gefühlsselig zu werden, die Brust zu entblößen, die Mütze zu Boden zu werfen!«

Mischa Kalaschnikow, Nabokovs Mitbewohner und Freund, besaß diese Verwegenheit und Raserei wohl im Überfluß. Sie gingen zusammen aus, verliebten sich zur gleichen Zeit und zogen dann zusammen in eine neue Wohnung. Verständlich – man kann ja nicht nur schreiben, nicht nur lesen, nicht nur traurig sein, wenn man zwanzig ist. Kalaschnikow las übrigens nicht gern und konnte es nicht ausstehen, wenn in seiner Gegenwart gelesen wurde. Sah er ein aufgeschlagenes Buch, so hätte er am liebsten nicht nur die Mütze zu Boden geschleudert, sondern das Buch in den Kamin geworfen. Ein Buch jedoch, sozusagen sein »Lebensbuch«, schätzte er über alles, und als er erfuhr, daß Nabokov es noch nicht gelesen hatte, drückte er es ihm sofort in die Hand. Es war die neue Berliner Ausgabe der »Protokolle der Weisen von Zion«, ein berühmter Text, der einem Buch von Sergi Nilus entnommen und mit einem neuen Vorwort in dem Berliner Almanach »Lichtstrahl« veröffentlicht worden war. Natürlich hatte Nabokov schon in Petersburg von der Geschichte des Meisterwerks anonymer Autoren aus dem Polizeidepartement gehört. Er hatte auch gehört, daß der Zar davon begeistert war (alles ließ sich so leicht erklären – die Unruhe im Land und die Revolution von 1905, und es war so einleuchtend, daß alles Übel von den Juden kam). Er hatte auch gehört, daß der Zar auf den Rat des vernünftigen Stolypin anordnete, die Echtheit dieser reichlich naiven Beichte der »Weisen« zu prüfen, und zur Kenntnis nehmen mußte, daß alles in Rußland zusammengeschustert worden war. Daraufhin verbannte er mit einigem Ekel und Bedauern den Text aus dem Staat, nachdem er an den Rand geschrieben hatte, daß die »reine Sache« des Rassismus mit »reinen Mitteln« verfochten werden müsse.

Nabokov wollte das Polizei-Apokryph zurückweisen (wobei er im stillen die Komik dieser Szene vermerkte, die er dann ein paarmal in seinen Werken darstellte), doch Mischa Kalaschnikow fühlte sich in seinen besten Gefühlen getroffen und bestand darauf, daß sich Lody von der Genauigkeit und Richtigkeit des Textes überzeugte. Dazu mußte Nabokov alle drei Hefte des Almanachs »Lichtstrahl« lesen. Die drei geheimnisvollen Herausgeber unterschrieben meist nur mit ihren Initialen – F.W., P.B., S.T. –, doch dem Impressum war zu entnehmen, daß sie Fjodor Winberg, Pjotr Schabelski-Bork und Sergej Taborizki hießen. Nabokov überflog die »Berliner Briefe« von Winberg, der sich als einen »wahrhaft russischen Menschen«, als einen »echten Großrussen« und als »Verkünder des russischen Geistes« bezeichnete. Die »Briefe« ließen den Leser wissen, daß der Russe (von den »russischen Jidden« ganz zu schweigen) ein Vieh, ein Tollkopf, ein Schubiack, genauer, »ein wildes Tier mit niederen Umgangsformen« sei und daß er sich unvorteilhaft vom deutschen »stählernen Volk, einem Staatsvolk«, unterscheide, bei dem alles »ganz akkurat« sei. Nabokovs Augen griffen neugierig einen Vers heraus:

Ihr Blick, der freundlich mich begleitet,
Hat Ihr Gefühl mir angedeutet.*

Die Unterschrift war S.T. – Sergej Taborizki.

Der feinfühlige Sergej Taborizki, die zarte Seele! Pjotr Schabelski-Bork schreckte auch nicht vor Gedichten zurück, doch die hatten einen heldischen Inhalt ... Mischa Kalaschnikow beobachtete zufrieden seinen Freund: Aha, er liest laut, also hat es ihn gepackt. Nabokov deklamierte fasziniert das »Lied über den prophetischen Radsewitsch«. Sein Leben lang versuchte er, die geheimen Wege des Schicksals zu erraten, doch jetzt spürte er nicht dessen Grabeshauch, und seine Stimme zitterte nicht, als er das Meisterwerk des Mannes vortrug, den sein Vater zwei Jahre später im Todeskrampf am Arm packen würde ...

> Nachdem du die ganze Wahrheit erfahren
> Über die heimlichen Ränke des Kahals,
> Zogst du für die Wahrheit in den Kampf,
> um die von den Juden verletzten Gesetze zu schützen.

Weiter kam Nabokov nicht. Er wälzte sich laut lachend auf dem durchgesessenen Sofa der Wirtin, daß der hundertjährige Staub aufwirbelte. Kalaschnikow riß ihm den Almanach aus der Hand und versetzte ihm den ersten, recht ungeschickten Schlag. Der Kampf endete zu Nabokovs Gunsten, der älter und im Boxen geübter war. Danach gaben sie der Wirtin Geld für das zusätzliche Aufräumen und versöhnten sich. An den Tagen, an denen Mischa nicht in »ausgelassene Raserei« oder russische Schwermut verfiel, war er ein durchaus sympathischer Bursche. Ihm brauchte man Heimweh nicht zu erklären, das kannte er selbst. Und plötzliche Offenheit berührte ihn nicht unangenehm, wie es Nabokov selbst bei dem sympathischsten Engländer erlebte: »Da sprichst du mit einem Kameraden über dies und das, plapperst in deiner Seeleneinfalt aus, daß du wohl dein ganzes Blut hergeben würdest, wenn du noch einmal irgendeinen Sumpf bei Petersburg sehen könntest, aber solche Gedanken auszusprechen ist unschicklich; er guckt dich an, als hättest du in der Kirche laut gepfiffen.« Erstaunliche Vergleiche kommen einem in den Kopf, wenn man diese frühe Skizze Nabokovs liest. Der von Erinnerungen weichgestimmte russische Jüngling Nabokov und die von äußeren Formen beherrschten, verklemmten Engländer. Etwas früher: die zügellosen russischen Scholaren und der zurückhaltende anglomane Lody Nabokov. Und etwas später: die russischen Emigrantenkreise, nachlässig gekleidete Streithähne, dieses »die Brust entblößen, die Mütze zu Boden schleudern« und der britisch zurückhaltende, hochmütige junge Nabokov in dem Cambridger Blazer mit den Goldknöpfen. Überall ist er anders als alle. Ist es der Nonkonformismus des Dichters, der Widerwille, »sich als Tropfen in der Masse aufzulösen«, das Bestreben, um jeden Preis seine Besonderheit, seine besondere Position zu wahren? Wie sollte ein Schriftsteller sonst sein? Wie sollte ein Intellektueller sonst sein, der weder in einer »progressiven« noch in einer »konservativen Allgemeinheit« aufgehen möchte? Bei Nabokov war die Nichtübereinstimmung mit seiner Umgebung besonders stark ausgeprägt. Hier eine kleine Auflistung seiner Nichtübereinstimmungen, zusammengestellt von der amerikanischen Nabokov-Forscherin Elizabeth Klosty Beaujour: »In Rußland lernte er Englisch schreiben; in England schrieb er zunehmend Russisch. In künstlerischer Hinsicht waren seine Berliner Jahre kaum berührt von der deutschen Sprache, waren ausschließlich der russischen gewidmet … In Frankreich, nicht in den Vereinigten Staaten, schrieb er seinen ersten englischen Roman. Er russifizierte sein Buch ›Erinnerung, sprich‹, aus dem die ›Anderen Ufer‹ wurden, als er sich im Westen und mittleren Westen Amerikas aufhielt …« Und so könnte man immer weiter fortfahren.

Da keine Freundschaft mit Engländern zustande kam, auch kein Umgang mit ihnen, sagen wir, im Café oder im Klub, hielt sich Nabokov notgedrungen unter Russen auf, die in Cambridge nicht sehr zahlreich waren. Außer ihm selbst und Kalaschnikow gehörten Fürst Nikita Romanow und Graf Robert (Bobby) de Calry dazu. Dann waren da noch Alex Ponisowski, Pjotr Mrosowski, Nabokovs Bruder Sergey, dem es in Cambridge sehr gut gefiel (vielleicht wegen der spezifischen »blauen« Atmosphäre), den Lody aber außerhalb des Tennisplatzes selten sah, und der Cousin Peter de Peterson. Fürst Nikita Romanow und Graf de Calry waren angenehme und umgängliche junge Männer, und ersterer diente später als Prototyp für Vadim in der »Mutprobe«.

Die jungen Leute verübten die verschiedensten Streiche, die selbst in der kürzesten Wiedergabe jeder langweilig finden würde außer den Teilnehmern, für die es glückliche Heldentaten ihrer Jugend waren.

Manchmal fuhren die Freunde alle zusammen (oder nur Lody und Mischa) nach London. Onkel Konstantin Dmitrijewitsch führte sie in seinen großen Bekanntenkreis ein. Hier lernte Lody Nina Tschawtschawadse (sie entstammte einer großfürstlichen Familie) kennen und verabredete sich mit ihr zum Schlittschuhlaufen. Auf einem Wohltätigkeitsball sah er ein bezauberndes junges Mädchen, das Luftballons verkaufte und dessen Gesicht ihm bekannt vorkam. »Das ist doch Marinka!« rief Mischa. Da hatte Nabokov schon selbst seine Kinderliebe Marianne Schreiber wiedererkannt. Außerdem gab es noch, wie Nabokov und auch seine Biographen behaupten, eine junge dänische Witwe, die als Kellnerin arbeitete (etwas Ähnliches kommt in der »Mutprobe« vor)... Die Fülle von Frauennamen erweckt den Eindruck, daß die leichtsinnigen Beziehungen zu Frauen (übrigens ganz natürlich für einen jungen, nicht von strengen Regeln belasteten, gutaussehenden Aristokraten) in seinen späten Jahren ein Teil der von ihm geschaffenen Legende über den jungen Lody waren. Selbstverständlich möchte ein namhafter Schriftsteller, der so viele Jahre eine glückliche Ehe führte (und dabei so viele unglückliche Liebesgeschichten beschrieb) neugierigen und mitunter aufdringlichen Reportern und pedantischen Biographen keinen Zutritt zu seiner intimen Welt gewähren. Da Nabokov ihr Geschwätz und ihre müßigen Vermutungen voraussah, überschüttete er die Biographen beizeiten mit sarkastischen Geschichten, trieb seinen Spott mit gar zu Neugierigen, führte sie an der Nase herum, lenkte sie auf falsche Fährten. Es ist nicht verwunderlich, daß die »Wiener Delegation« mit Sigmund Freud an der Spitze so viele Püffe abbekam: Nabokov hatte geahnt, daß die Freudianer bei seinen Romanen auf ihre Kosten kommen würden. Seine schlimmsten Befürchtungen wurden wahr: Der erste, von ihm freundlich behandelte Biograph, Andrew Field, brachte nicht nur alle möglichen Fehler in die Biographie, sondern vermutete auch gleich, daß Nabokov entweder in seine eigene Mutter verliebt war (die für ihn auch Lolita war) oder an einer extremen Form von Selbstbewunderung, von Narzißmus litt (welcher Schriftsteller ist nicht auch ein bißchen Narziß?).

Unsere wenn nicht skeptische, so doch vorsichtige Haltung zu dem späteren (und eindeutig »selbstfabrizierten«) verwegenen Bild des siegreichen Playboys gründet sich auf die Kenntnis seiner Werke, seiner jungen Helden: Man erinnere sich an ihr linkisches Wesen, ihre Ungeschicklichkeit, ihre Schüchternheit, ihre Unzufriedenheit mit sich selbst (nicht nur bei Lushin, auch bei den anderen), man erinnere sich an die »hilflose Verwirrung« des Sebastian Knight in seinen Cambridger Jahren, als er daranging, »seine Schüchternheit verdrossen zu kultivieren, als wäre sie eine seltene Gabe oder Leidenschaft«. Wir sind natürlich weit davon entfernt, den Autor völlig mit seinen Helden zu identifizieren, aber wir können uns des Eindrucks nicht erwehren, daß er jedem ein Teilchen von sich selbst, von seinem vielseitigen Ich beigegeben hat.

Häufig verspürte Nabokov auch gegenüber seinen russischen Freunden Fremdheit. Von Autorenstolz ergriffen, sich als Besitzer eines besonderen »Lichts« fühlend, bezichtigte der junge Dichter in solchen Minuten nicht nur seinen tumben Mitbewohner Kalaschnikow, sondern auch den recht ungebildeten Großfürsten Nikita Romanow der »Blindheit«. Doch dann kam der Abend, sein erster Frühling in Cambridge stand bevor, und alles war vergessen. Sie gingen zusammen an die Cam, die hinter den Universitätsgebäuden vorbeifließt, setzten sich in ein Café, fuhren zu einem Ball oder machten Mädchenbekanntschaften. Mischa war bei diesen Dingen unentbehrlich.

Der Frühling weckte mit neuer Kraft Nabokovs nostalgische Erinnerungen. Wo sonst wenn nicht in Rußland riecht die Erde so berauschend nach Frühling, nachdem sie den langen Schlaf unterm Schnee abgeschüttelt hat?

Ohne Tränen kann ich
Dich, o Frühling, nicht sehn.
Würden jetzt, hier vor mir
Leuchtend Maiglöckchen stehn,

Auf der Wiese im Nu
Würd ich sterben vor Glück.*

Übrigens, sterben wollte er nicht. Er wollte leben und sich des Lebens freuen.

Die Jugend nahm sich das Ihre, und er schrieb in jenem Frühling sehr viele Gedichte. Ein Gedicht schickte er seinen Eltern mit dem Zusatz, es sei ein unveröffentlichtes Gedicht von Alexander Puschkin. Es hieß »Schwalben«.

Sanfter Mönch, wir Schwalben schweben
Über Deinem Klosterdach
Und dem kleinen See daneben,
Der uns blau und silbern lacht.

Bald geht's südwärts, im September,
Wenn der frühe Herbstwind weht.
Zaregrad im Abenddämmern,
Morgenrot in Nazareth.

Lieber Mönch, wir kehren wieder
Mit dem Frühling wie zuvor.
Dann pflückst du den ersten Flieder
Draußen vor dem Klostertor.*

Das Londoner Leben der Familie Nabokow ging zu Ende. W.D. Nabokow hatte in London nichts zu tun. Die Mitarbeit an der Zeitung »New Russia« interessierte ihn immer weniger. Freunde riefen ihn nach Berlin. Dort war Iossif Hessen, der mit dem deutschen Verleger Ullstein erfolgreiche Verhandlungen über die Gründung des Verlages »Slowo« (Das Wort) führte. Hessen gedachte ein »Archiv der russischen Revolution« zu veröffentlichen und mit den Erinnerungen W.D. Nabokows zu beginnen. Aus Finnland war Awgust Kaminka nach Berlin übergesiedelt, und er plädierte dafür, unverzüglich mit der Herausgabe der Zeitung zu beginnen. »Kaminka hatte dabei auch ein persönliches Motiv«, erinnert sich Hessen. »Als treuer und besorgter Freund hielt er es für erforderlich, Nabokow in die aktive Arbeit zurückzuholen, nicht nur aus Freundschaft, sondern weil er der moralischen Autorität, die Nabokow in Rußland genoß, einen hohen Wert beimaß ...«

Die Zeitung erschien unter dem Titel »Rul« (Das Ruder). Das Erscheinen der ersten Nummer fiel mit der Niederlage Wrangels und einer neuen Evakuierungswelle von der Krim zusammen. Etwa um diese Zeit spaltete sich die Kadetten-Partei. Miljukow forderte, den klassenunabhängigen Charakter der Partei aufzugeben und sich den Sozialrevolutionären anzunähern; damit zog er die Partei nach links, und ein Teil der Mitglieder folgte ihm. W.D. Nabokow aber blieb den früheren Idealen der Kadetten-Partei treu.

Im Sommer schlossen Vater und Sohn Nabokov eine Wette ab. Sie unterhielten sich über den Roman »Colas Breugnon« von Romain Rolland, ein Buch, das in einer altertümlichen Sprache geschrieben ist und eine Fülle von Alliterationen, Assonanzen, Binnenreimen und rhythmischen Spielereien enthält. Ein solches Buch übersetzen ist sehr schwer. Lody sagte, er werde es ins Russische übertragen und alle Sprach- und Stilspiele erhalten. Sie wetteten, ob ihm das gelingen werde.

In Cambridge beschäftigte sich Lody viel mit der Nachdichtung englischer Poesie. Rupert Brooke, Sullivan, Tennyson. Nun kam Rollands »Colas Breugnon« hinzu.

Doch am meisten nahmen ihn in dieser Zeit die russische Literatur und die russische Sprache in Anspruch.

Eines Tages kaufte er an einem Bücherstand ein antiquarisches Exemplar von Dahls Erklärendem Wörterbuch in vier Bänden. Das Wörterbuch wurde seine Lieblingslektüre und reiste später mit ihm um die Welt, es lag unweigerlich auf seinem Arbeitstisch oder neben seiner Liege, zusammen mit dem Aschenbecher und einem Päckchen Zigaretten. Er rauchte pausenlos.

Im August zog die Familie Nabokow (mit der Großmutter Maria Ferdinandowna) nach Berlin und siedelte sich am Stadtrand an, im Grunewald.

Im Oktober fing in Cambridge der Studienbetrieb wieder an, und Nabokov schrieb seiner Mutter nach Berlin: »Mama, meine Liebe, gestern wachte ich mitten in der Nacht auf und fragte jemanden – wen, weiß ich nicht – die Nacht, die Sterne, Gott –, ob wir denn wirklich nie mehr heimkehren können, ob denn wirklich alles zu Ende, ausradiert, vernichtet ist? Mama, wir müssen doch heimkehren, es kann doch nicht sein, daß alles gestorben, zu Asche geworden ist – dieser Gedanke kann einen um den Verstand bringen! Ich möchte so gern jeden Strauch, jedes Zweiglein in unserem wunderschönen Park in Wyra beschreiben – das kann niemand verstehen ...«

Ist es nicht erstaunlich, daß er dieses ins Exil mitgenommene Reich – den Park, das Haus – nicht nur mit Hunderten russischer Emigranten zu teilen vermochte, sondern mit Millionen Menschen, die diesen Planeten bevölkern und noch nicht verlernt haben zu lesen? Ist es nicht erstaunlich, daß er sich bis ins Alter diesen Wunsch zu bewahren vermochte, der ihn schon mit zwanzig Jahren mit solcher Kraft beherrschte?

Der Mutter öffnete Nabokov sein Herz, ihr stand er geistig sehr nahe – ihr konnte er alles erzählen in dem Wissen, daß sie alles verstand, ihm alles verzieh, alles rechtfertigte. Wenn er seinem Vater schrieb, war er zurückhaltender – er mußte darauf bedacht sein, dem hohen Niveau der väterlichen Gesinnung zu entsprechen.

Mitte November 1920 druckte die Universitätszeitschrift »Trinity Magazine« ein englisches Gedicht von Nabokov. Zehn Tage später erschienen zum erstenmal Gedichte von ihm in der Zeitung »Rul«, die sich als die Nachfolgerin der berühmten Petersburger »Retsch« sah und deren Tradition, gute Literatur zu fördern, fortzusetzen beabsichtigte. Für die ersten Nummern hatten die Redakteure nichts gefunden, aber bereits am 27. November erschienen eine Erzählung des berühmtesten Emigrantenschriftstellers Iwan Bunin und Gedichte des jungen Poeten Vladimir Nabokov (wie sollte man ihn nicht mit dem Chefredakteur und ständigen Autor der Zeitung W.D. Nabokow verwechseln?). Auf einer Seite mit Bunin zu erscheinen war für den angehenden Dichter natürlich eine große Ehre. Bunin war für den jungen Nabokov nicht nur ein berühmter russischer Schriftsteller, er war sein Lieblingsdichter, vielleicht der beste zeitgenössische Dichter. In seinen damaligen Gedichten schwor Nabokov der Buninschen Muse die Treue. Wohl an keinen anderen wandte er sich mit solcher Begeisterung und Offenheit.

Die Zeitung »Rul« veröffentlichte im Laufe ihrer fast zwanzigjährigen Existenz Gedichte und Prosa zahlreicher Emigranten und sowjetischer Schriftsteller (Wsewolod Iwanow, Michail Prischwin, Wladimir Lidin, Boris Pilnjak, Kornej Tschukowski, Vera Inber, Ilf und Petrow, Wladimir Majakowski und vieler anderer). Doch die Zeitung wäre schon allein deshalb für immer in die Geschichte der russischen Literatur eingegangen, weil am 7. Januar 1921 auf ihren Seiten ein neuer Schriftsteller geboren wurde – V. Sirin. Ein Pseudonym war für einen der beiden Nabokovs natürlich unabdingbar. Man kann darüber streiten (worüber streiten die Nabokov-Forscher nicht!), ob dieses Pseudonym gut gewählt war, denn damals veröffentlichten einige Schriftsteller unter diesem Namen, es gab sogar einen Verlag, der so hieß. Sirin ist ein wundersamer Vogel aus der russischen Mythologie, für die sich der junge Nabokov damals begeisterte (er schrieb über Waldgeister, über den Feuervogel). Zwanzig Jahre später starb der Schriftsteller Sirin an Bord des Ozeandampfers, der die Familie Nabokov nach Amerika brachte, und der Schriftsteller Vladimir Nabokov wurde geboren.

In diesem Winter mußte er viel arbeiten. Er kam mit der Übersetzung von Rollands »Colas Breugnon« in Verzug. Außerdem hatte ihn die englische Literatur der Jahrhundertwende (»Georgian Poetry«), Rupert Brooke, A.E.Housman und andere, in ihren Bann gezogen. Die englischen Verse liefen ihm zu »wie Mäuse«, auch in den Stunden, die der russischen Poesie gewidmet waren. In einem Brief erzählte er seinen Eltern von seiner Liaison mit der Muse. Er führe sie samstags häufig aus, und wenn Kalaschnikow übers Weekend nach London fahre, lade er sie sogar zu sich nach Hause ein und bewirte sie mit Tee, Erdbeer-Inspiration, Sahne-Daktylen und gedörrten Amphibrachen.

Auf seinen Radtouren fuhr er manchmal bei Grantchester vorbei. Es war das Wyra des Dichters Rupert Brooke. Mit welchem Entzücken hatte sich Brooke, als er vor dem Krieg in einem deutschen Café saß, an »den neblig trüben, schattig kalten Fluß, der an Grantchester vorbeifließt...« erinnert. Der junge Nabokov sah sich befremdet um: »Zäune, Metallpforten, Stacheldraht. Die schmutzigen Ziegelhäuschen atmeten ergebene Langeweile.«

In dieses armselige Grantchester hatte es Rupert Brooke, der im Krieg gefallen war, so sehr gezogen. Die Heimat ... Nun, und unser Lermontow mit seinem »Paar weißschimmernder Birken« oder Puschkin mit den beiden Ebereschen vor dem Häuschen. »Das Herz des Menschen ist so klein«, schrieb Kipling, »daß er nicht imstande ist, Gottes ganze Erde zu lieben, er liebt nur seine Heimat, und auch da nur einen Winkel ...«

Von seinem Ausflug heimgekehrt, schrieb Nabokov seine Gedanken über Grantchester nieder – für einen künftigen Artikel über Rupert Brooke.

Im April legte er erfolgreich die mündlichen Prüfungen in russischer und französischer Literatur ab, im Mai übersetzte er in der schriftlichen Prüfung Texte von Scott und Dickens. Er war mit der Übersetzung rasch fertig und schrieb noch im Prüfungssaal Gedichte. Es war Frühling, und die Verse strömten ihm zu. Darin ging es wieder um Valja und um die zurückgelassene Heimat.

Wir treffen uns wieder nach Jahren,
Wie werden wir weinen dann,
Daß wir nicht mehr sind, was wir waren
Und die Zeit uns sinnlos verrann ... *

Die Prüfungen waren vorüber, der Frühling weckte Sehnsucht, und das Herz dürstete nach einer neuen richtigen Liebe. Im Juni, als Nabokov in den Ferien wieder in Berlin war, nahm ihn Mischa Kalaschnikow zu seinen Cousinen nach Lichterfelde mit. So lernte er die wunderschön dunkelhaarige siebzehnjährige Swetlana Siewert kennen, in die, wie der neunzigjährige Moskauer Schriftsteller Oleg Wolkow unlängst bezeugte, in Petersburg alle ihre Cousins (einschließlich Wolkows und Kalaschnikows) verliebt waren.

In Nabokovs Gedichten erschien eine neue Heldin –

Swetlana. In der ersten Zeit gingen sie immer zu viert aus – Kalaschnikow und Swetlanas Schwester Tanja waren überall dabei. Die jungen Leute gingen am Ufer des Wannsees spazieren, vergnügten sich auf der Terrasse des Sommerhauses in Lichterfelde.

In das bis zum Rand ausgefüllte Leben war die Liebe getreten, und das Leben wurde noch ausgefüllter und schöner. Seinen Artikel über Rupert Brooke, zu dem er eine Seelenverwandtschaft entdeckt hatte, beendete Nabokov so: »Rupert Brooke liebt die Welt, ihre Seen und Wasserfälle, mit leidenschaftlicher, durchdringender, schwindelerregender Liebe ... Das nahe Ende spürend, schreibt er ein ekstatisches Vermächtnis, er zählt seine Reichtümer auf und beeilt sich, eine chaotische Liste all dessen aufzustellen, was er auf Erden liebte. Und er liebte vieles: strahlendweiße Teller und Tassen, von feinem Blau umrandet; durchsichtige Staubflocken; nasse Dächer im Licht der Laternen; einen kräftigen Brotkanten unter Freunden; Speisen in verschiednen Farben; Regenbogen; den bitteren blauen Rauch von Holzfeuer; funkelnde Regentropfen, die in kalten Blumenkronen schlafen; und die Blumen selbst, die sich im Flirren der Sonnentage wiegen und von nächtlichen Schmetterlingen träumen, die im Mondenschein aus ihnen trinken; auch die frische Zärtlichkeit des Lakens ... und den herben männlichen Kuß der Zudecke ...«

In einem seiner Gedichte jener Zeit fordert Nabokov das geliebte Mädchen auf, all das zu lieben, was er selbst liebt, und in der Aufzählung dessen, was er liebt (sie gleicht in vielem der von Brooke) finden wir: den Wind, nasse Zweige, Gottes Tierchen, das Rauschen der Wälder, die Wolken, haarige bunte Raupen, »jedes Stäubchen im Lichtstrahl des Seins«. Der Dichter behauptet: »Das ist mein ganzer Glaube.«

Im September zog die Familie Nabokow näher zum Stadtzentrum, nach Wilmersdorf, in eine große Wohnung in der Sächsischen Straße. Damals kamen immer mehr Russen nach Berlin, und viele ließen sich in Wilmersdorf nieder. Die Zeitung »Rul« erfreute sich bei den Emigranten großer Beliebtheit, und die Wohnung der Nabokows wurde ein Zentrum des Berliner Kulturlebens. Vladimir Nabokovs Cousin

Nicolas, der spätere Komponist, erinnert sich fünfzig Jahre später in seinem Buch »Zwei rechte Schuhe im Gepäck« voller Dankbarkeit an die Berliner Wohnung seines Onkels, in der die Nabokows »die ungezwungene liberale Atmosphäre ihres Petersburger Hauses« wiedererstehen ließen (obwohl sie nicht mehr reich waren und sogar zwei Zimmer der Wohnung an einen Engländer vermieteten). Nicolas Nabokov gedenkt in seinem Buch auch der Musikliebe seines Onkels, mit dem er jeden Sonntag frühmorgens zu den Proben der besten Berliner Orchester fuhr. Anhand einer Taschenpartitur, die der Onkel immer bei sich hatte, folgten sie der Probe. »In jenen Jahren«, erinnert sich N.D. Nabokov, »war die Wohnung der Nabokows ein Zentrum der kulturellen Emigration. Der Besucherstrom riß nicht ab. Es kamen russische Schriftsteller, Wissenschaftler, Künstler, Politiker und Journalisten ... Kein Wunder, daß ich die Abende lieber in ihrer Wohnung verbrachte als im Salon meiner Mutter mit all ihren Exgenerälen, Exobersten, Exgutsbesitzern, Exgrafen und Exbaronen ... Onkel Wladimir war ein auffallend schöner Mann ... Wenn er sich ... wie die russischen Liberalen seiner Zeit ... mitunter ironisch und etwas hochmütig gab, so war er im Kreise seiner Familie ganz anders, er wurde fröhlich und witzig und entwickelte hochinteressante Ideen. Seine Frau war nervös und schüchtern, doch sehr klug; sie war ein komplizierter und rigoroser Mensch, und es war nicht leicht, ihre Freundschaft zu gewinnen, aber wenn man ihr einmal gefiel, wie es mir geschah, dann war es eine Freundschaft fürs Leben.

Während des Mittagessens wurde bei den Nabokows immer eine angeregte und heitere Unterhaltung geführt. Man sprach über Politik oder erörterte Ereignisse der Literatur und Malerei ... Wenn meine Cousins Vladimir und Sergey zugegen waren, wurde das Gespräch zu einem Marathon von Fragen und Antworten, begleitet von Spötteleien und Neckereien. Das Spiel bestand darin, daß sie einen der Anwesenden einem Verhör unterwarfen – gewöhnlich die Großmutter oder die Cousine Olga – und ihm schwer zu beantwortende Fragen stellten (Wer war vor Lasker Schachmeister? Was sagte Napoleon bei seiner Krönung? Welche Raupe ernährt sich von

Ligusterblättern? Was schrieb Puschkin an Gogol, nachdem er das und das gelesen hatte? usw.). Manchmal erfand mein Cousin Vladimir einen Schriftsteller, Dichter, König oder General und stellte Fragen zu dessen fiktiver Biographie … Aus allen Äußerungen Vladimirs sprachen der Hochmut der Überlegenheit und ein frappanter Vorrat an Kenntnissen, die mich manchmal richtig erschreckten …«

»Wie sein Vater war auch Vladimir sehr leistungsfähig«, schreibt N. D. Nabokov in Erinnerung an das Leben in Jalta Ende 1918. »Mein Cousin Vladimir bewegte sich immer in einem streng umrissenen Aufgabenkreis. Er hatte nichts von einem Einsiedler, aber unsere alltäglichen Spiele, unser Musizieren und unsere Zerstreuungen interessierten ihn nicht. Er hatte seine eigenen Beschäftigungen: Er sammelte Schmetterlinge, spielte Schach und Tennis. Seine Liebhabereien wurden für ihn zu professionellen Tätigkeiten, in denen er erfolgreich war.«

Noch bevor Nika Besprechungen für die »Rul« schrieb, brachte er es fertig, Pressekarten für Konzerte zu beschaffen, und nun besuchte er mit dem Onkel nicht nur sonntags Konzerte, sondern auch montags. W.D. Nabokow versäumte kein Theatergastspiel. Er schrieb zu dieser Zeit seine Erinnerungen über das Theaterleben in Petersburg und befaßte sich mit Übersetzungen. Unter anderem übersetzte er aus dem Englischen die Briefe der Zarin Alexandra Fjodorowna, die sie ihrem Mann während des Weltkrieges ins Hauptquartier geschickt hatte. Diese zwei Bände Briefe erregten mehr Aufsehen (und der Übersetzer wußte das natürlich) als die flammendsten Reden von Publizisten, die »das verfaulte Regime« entlarvten. Bei der Lektüre dieser Briefe ist man zunächst gerührt, wenn man auf dieselbe englische Anrede stößt wie in den Familienbriefen der Nabokows, auf innige Liebeserklärungen und zärtliche Kosenamen. Aber allmählich geht einem die Hysterie dieser ungebärdigen Frau auf die Nerven: Mein Gott, wie peinigt sie ihren Mann mit absurden Ratschlägen, Vorwürfen, politischen Empfehlungen und zügellosen Forderungen (wobei sie sich ständig auf die Quelle ihrer Weisheit bezieht – »unser Freund rät ab«). Sie fordert, die einen zu Ministern zu ernennen und andere abzusetzen, katastrophale Maßnahmen zu treffen. Unser armes Land ... Nein, das war natürlich keine Lektüre für eine monarchistische Seele. Und ein Mensch, der diesen apokalyptischen Briefwechsel aus einem simplen Englisch übersetzte und an die Öffentlichkeit brachte, war für jeden anständigen Monarchisten ein Agent der Weisen von Zion.

W.D. Nabokow besaß kein wirkliches schriftstellerisches Talent, widmete sich aber hingebungsvoll der Journalistik. Im Januar 1921 erschien neben der Erzählung »Nesbit« und drei Gedichten über Christus und Bethlehem von Nabokov-Sirin eine Rezension von W.D. Nabokow, die Lenins Arbeit »Der ›linke Radikalismus‹, die Kinderkrankheit des Kommunismus« gewidmet war und dieses Werk unter einem etwas ungewöhnlichen Gesichtspunkt betrachtete. Nabokow, ein Politiker, der vom »Aufbau« des Staates geträumt hatte, schreibt, daß es schrecklich sei, wieder abstrakte Formeln und Dogmen aus dem Munde eines Mannes zu hören, der eigentlich schon das vierte Jahr in praktischer Arbeit aufgehen müßte.

Obwohl Nabokow und Hessen jetzt den mehr oder minder »rechten« Flügel der Kadettenbewegung bildeten, blieben sie für die »Wisente« der Emigration die Verderber des Imperiums, die die Revolution »gemacht« und damit letztendlich den Bolschewiken zum Sieg verholfen hätten. In der Emigration war es modern, die Prophezeiung aus Dostojewskis »Jüngling« zu zitieren, daß ein »Judenreich« anbrechen werde. Das Weitere wurde natürlich nicht zitiert, denn da spricht Dostojewski vom »Aufstand der Armen«; man wollte glauben machen, daß Ausländer und jüdische Freimaurer für die Revolution verantwortlich seien und daß die Armen des eigenen Landes nichts damit zu tun hätten, man wollte vergessen, daß der »Orden der russischen Intelligenz« schon zu einer Zeit gegründet worden war, als die Juden noch in ihren Schtetls und Gettos eingesperrt waren. Miljukow und Struve waren für die »Wisente« der Emigration die Hauptfeinde, schlimmer als Lenin, und die Liberalen waren ihnen verhaßter als die völlig verständlichen Bolschewiken (später traten dann auch viele »Wisente« in den Dienst der Bolschewiken).

Zu W.D. Nabokows literarischen Freunden zählte der

berühmte Sascha Tschorny, dessen Gedichte voll bitterem Humor vor der Revolution in Rußland weithin bekannt waren. Der junge Nabokov schätzte nicht nur Tschornys Vorkriegsgedichte sehr (die man nach seinen Beobachtungen leicht daran erkennen konnte, daß in ihnen immer ein kleines Tier zu entdecken war, so wie man an einem Plüschtier unterm Sessel erkennt, daß im Haus ein Kind ist), sondern auch seine späten Gedichte, die von den tragischen Ereignissen jener Jahre geprägt waren. In Berlin nahm Sascha Tschorny die Herausgabe der großartigen illustrierten Zeitschrift »Shar-ptiza« (Der Feuervogel) in Angriff. Er bereitete auch die Almanache »Grani« (Grenzen) und »Raduga« (Regenbogen) vor. Die Zahl der russischen Emigranten in Berlin wuchs, und im Unterschied zu den späteren Wellen der russischen Emigration (der zweiten oder dritten, der jetzigen) richteten sich die damaligen Emigranten nicht auf einen langen Aufenthalt im Ausland ein. Sie hatten die Absicht, bei der ersten Möglichkeit nach Rußland zurückzukehren, so daß ihr Leben im Ausland provisorisch war, und wirkliche Bedeutung hatte für sie nur das, was in Rußland geschah oder im engen Emigrantenkreis. Sie waren nicht darauf aus, Wohnungen und Möbel zu kaufen (wovon auch?), sie wollten dasselbe »kulturelle Leben« weiterführen, das sie in Rußland geführt hatten, darum waren russische Zeitungen und Bücher für sie ebenso unerläßlich wie der Umgang miteinander, wie der Meinungsaustausch zu allen brennenden Fragen. Diese Fragen sind leicht zu erraten. Was war unsere Schuld oder unser Fehler? Wann bricht das jetzige unmenschliche Regime in Rußland zusammen? Was kommt dann? Mit welcher geistigen Erfahrung kehren wir nach Rußland zurück? Wie können wir helfen? Und so weiter in diesem Sinne.

Auf Bitten seines alten Freundes W.D. Nabokow sah sich Sascha Tschorny wohlwollend die Gedichte des jungen Nabokov an. Sie verblüfften durch die Bandbreite des Suchens, durch die offensichtliche, aber noch nicht voll ausgebildete Sprachbegabung, durch profunde Bildung, durch schwindelerregende Wechsel von Höhenflügen zu Hilflosigkeit, von Eigenem zu Entlehnungen, von Glaube zu Heidentum. Zusammen mit W.D. Nabokow blätterte Sascha Tschorny die umfangreichen Alben durch und wählte Gedichte für einen Sammelband aus (den er schon zwei Jahre im voraus in seinem »Shar-ptiza« ankündigte) und für eine Auswahl im Almanach »Grani«.

Im August 1921 starb in Petersburg Alexander Block. In einer der nächsten Nummern der »Rul« wurden Erinnerungen W.D. Nabokows an Block und Verse von Nabokov-Sirin abgedruckt, die Block und seiner Schönen Dame gewidmet waren. Vater und Sohn lehnten einmütig das Poem »Die Zwölf« ab und würdigten den Sänger der Schönen Dame. Mitte September sprachen auf einem Block-Gedenkabend im Berliner Journalisten- und Schriftstellerhaus beide Nabokows, Vater und Sohn. Zum ersten- und zum letztenmal traten sie gemeinsam auf.

Im Oktober begannen wieder die Vorlesungen in Cambridge. Hier gab es einige Veränderungen. Mischa Kalaschnikow hatte das College verlassen, weil er mit der englischen Sprache nicht zurechtkam. Auch Nikita Romanow war nicht mehr da. Nabokov schloß sich noch enger an den umgänglichen und gutmütigen Bobby de Calry an. Doch seine wichtigsten Beschäftigungen waren nach wie vor Gedichte, Lektüre, das Wörterbuch von Dahl, die neue und die alte Literatur, Zoologie, Schmetterlinge, Fußball, Tennis. Und natürlich kreisten seine Gedanken um Swetlana, die er zu heiraten gedachte.

Längst hatte er die unausrottbare Nabokowsche Lebensfreude zurückgewonnen. Er schrieb in diesen Tagen seiner Mutter, daß er wie immer frohgestimmt sei und daß seine Seele, mochte er auch hundert Jahre alt werden, wohl immer in kurzen Hosen herumlaufen werde. Er schickte ihr neue Gedichte – über die Freuden der Einsamkeit, über eine Schneeflocke, über einen Honigtropfen, über das Glück des täglichen morgendlichen Wiedererwachens, über einen Tautropfen des Paradieses und über den Diamanten des vergangenen Tages …

In der Betriebsamkeit des pulsierenden, ereignisreichen Lebens beachtete wohl kaum jemand die kleine Zeitungsnotiz, die meldete, daß ein Geistesgestörter namens Taborizki mit einem Regenschirm Gutschkow angegriffen hatte, als dieser den Bahnhof Nollendorfplatz verließ. Unterdessen flocht das Schicksal weiter seine unsichtbaren Netze.

Im Dezember schlug Bobby seinem Freund Nabokov vor, mit ihm zum Skilaufen nach Sankt Moritz zu fahren. Nun mußte Nabokov seine Eltern von der Zweckmäßigkeit dieser teuren Reise überzeugen. In einem Brief an seine Mutter fand er gewichtige Argumente – er wolle wieder einmal Schnee und Bäume sehen, die ihn an Rußland erinnerten.

Die jungen Männer liefen zuerst Schlittschuh, dann stiegen sie die Skihänge hinauf, und tatsächlich, je höher sie kamen, desto mehr glichen die Luft und die Bäume den russischen, nördlichen ... Einen Nachhall dieser Eindrücke finden wir in dem Roman »Die Mutprobe«.

Auf der Heimreise besuchten die Freunde in Lausanne die alte Gouvernante der Familie Nabokow, Mademoiselle Cécile Miauton, die Nabokov später in einigen Werken darstellt, unter anderem in seiner einzigen französisch geschriebenen Erzählung »Mademoiselle O.«. Die alte Dame verbrachte ihren Lebensabend in Gesellschaft ehemaliger russischer Gouvernanten, die von ihren Erinnerungen an Petersburg lebten, wo sie einst von ihren Erinnerungen an Lausanne gelebt hatten.

Dieses Jahr vergessen

Ende März 1922 wurde bekannt, daß Miljukow, Führer der Kadetten-Partei und W.D. Nabokows alter Kampfgefährte, nach Berlin kommen würde. Er rückte damals immer weiter nach links. Zur Rechtfertigung des Stalinismus kam er freilich erst im hohen Alter, am Ende seines Lebens, während des Krieges (vielleicht war es auch ein Resultat des Krieges), und er schrieb in einem Artikel kurz vor seinem Tod, alle Bestialitäten und »Methoden« seien verständlich im Licht des Widerstands, den die Sowjetunion dem Faschismus entgegensetze. Im März 1922 jedoch wollte Miljukow im Saal der

Berliner Philharmonie über »Amerika und den Wiederaufbau Rußlands« sprechen.

Zur gleichen Zeit fand am Nollendorfplatz, in einem Restaurant namens »Rotes Haus« (Ironie des Schicksals), ein Kongreß russischer Monarchisten statt, an dem auch deutsche Monarchisten teilnahmen (Fjodor Winbergs Traum von der Einheit der Monarchisten ging in Erfüllung). Dieses Zusammentreffen schien anfangs niemand zur Kenntnis zu nehmen.

Für die Mitarbeiter der Kadettenzeitung »Rul« war Miljukows Besuch ein kompliziertes Ereignis. »Rul« konnte diesen Besuch nicht verschweigen, obwohl sich die Wege des Nabokow- und Miljukow-Flügels der Partei endgültig getrennt hatten. »Auf dem Kongreß in Paris«, erinnerte sich Hessen später, »hatten er und Nabokow die Klingen gekreuzt ... Dennoch empfing mich Nabokow am Morgen dieses verhängnisvollen Tages in der Redaktion mit der Frage: ›Halten Sie es für angebracht, dieses Grußschreiben an Pawel Nikolajewitsch abzudrucken?‹ und reichte mir zwei schmale Blatt Papier, beschrieben mit seiner eleganten selbstsicheren Schrift ...«

»Unsere Polemik«, schrieb Miljukows edelmütigster Gegner, »hindert uns nicht, einen der größten, angesehensten russischen Politiker in Berlin zu begrüßen ... Wir sollten heut nicht an das Zeitweilige und Vorübergehende denken, das uns trennt, sondern an unsere gemeinsamen Ziele und Bestrebungen, die uns in der Vergangenheit so fest verbunden haben und die unveränderlich sind.«

Die Notiz »Zum Besuch Miljukows« wurde ohne Unterschrift veröffentlicht, und Hessen, der sich mit Miljukow traf, nahm ihm eine frischgedruckte Zeitung mit.

Der Vortrag fand zur festgesetzten Stunde statt. Keiner von den Nabokows hatte Lust hinzugehen, doch W.D. Nabokow erklärte, er müsse Miljukow dem Berliner Publikum vorstellen. Elena nähte ihrem Vater einen neuen Knopf ans Jackett, und er fuhr allein zu der Veranstaltung.

Die Behörden sahen immerhin die Möglichkeit eines Skandals voraus. Kürzlich hatte Miljukow die Ansicht geäußert, das neue Rußland werde ohne Zaren auskommen, womit er noch einmal seinen Freimaurergeist kundtat. Also saß in der ersten Reihe ein Polizeispitzel. Während des Vortrags gab es jedoch keine Zwischenfälle. Nach Hessens Erinnerungen »legte Miljukow wie immer sachlich und sicher seine Gedanken dar«. Er bekam Beifall und kündigte an, nach der Pause auf Fragen des Publikums zu antworten, dann verließ er die Bühne. Nabokow drehte sich zu seinem Freund Kaminka um und fragte ihn, warum er nicht applaudiere. Da ertönte der erste Schuß. »Ein kahlköpfiger Mann mit dem unangenehmen Gesicht eines Degenerierten«, wie ein Reporter schrieb, feuerte, etwas murmelnd, aus fünf Schritt Entfernung auf Miljukow und verfehlte ihn. Es war Pjotr Schabelski-Bork. Während der Spitzel in Zivil überlegte, wo er sich verstecken könnte (schließlich wurde der Ärmste bei der Schießerei auch verletzt), warf sich Nabokow auf den Terroristen und packte seinen Arm. Schüsse krachten. Beide stürzten zu Boden. Ein weiterer Terrorist tauchte auf, Sergej Taborizki, der Autor zarter Abgeschmacktheiten über Tuberosen. Er gab etliche Schüsse auf den Rücken des am Boden liegenden Nabokow ab und schrie hysterisch etwas von Rache für den Zaren, von jüdischen Freimaurern und Luzifer. Aber das hatte keine Bedeutung mehr. Nabokow war tot.

»Diese Kugeln waren für mich bestimmt«, schrieb Miljukow am selben Abend, »aber ich lebe, und du atmest nicht mehr. Ein kleiner roter Punkt unter dem Herzen, zwei auf dem Rücken. Drei Kugeln, abgefeuert von einem geisteskranken Fanatiker, mehr brauchte es nicht, um ein feines edles Gefäß aus einer kostbaren Legierung zu zerschlagen und in eine unbewegliche Masse zu verwandeln.

Wenige Minuten zuvor waren wir nach einem politischen Zerwürfnis zum erstenmal wieder freundschaftlich aufeinander zugegangen ... Wir hatten uns mit einem Kuß begrüßt. Wer konnte ahnen, daß es dein Abschiedskuß war?«

Wer konnte das ahnen? Am Morgen hatte Nabokow über »das Zeitweilige und Vorübergehende« geschrieben, das sie trennte. Vielleicht hatte er schon in diesem Moment das Zeitweilige und Vorübergehende der irdischen Existenz gespürt.

In einigen Zeitungsberichten und schriftlichen Erinnerungen ist zu lesen, wie die Mörder ergriffen, verprügelt und in ein Polizeiauto gezerrt wurden. Fjodor Winberg, der die »Operation« vom Saal aus geleitet hatte, blieb unbemerkt. Übrigens war er später bei dem Prozeß anwesend.

Als Hessen ankam, sah er den »gefaßten, ernsten« Miljukow, der am Bein verwundet war, den vor Kummer wie betäubten Kaminka und den unbeweglich auf dem Boden liegenden Nabokow ... Jetzt stand das Schwerste bevor – die Familie benachrichtigen.

Vladimir Nabokov schrieb später viele Seiten, die von den Ereignissen des schrecklichsten Tags seines Lebens beeinflußt waren, aber er sprach mit niemandem darüber, schon gar nicht mit Reportern und Biographen. Brian Boyd führt in seinem Buch eine Tagebuchnotiz Nabokovs vom 28. März 1922 an:

»28. März. Ich kam gegen 9 Uhr abends nach Hause, nach einem himmlischen Tag. Nach dem Abendessen setzte ich mich auf den Stuhl neben dem Sofa und vertiefte mich in einen Band von Block. Mama legte sich halb im Liegen eine Patience. In der Wohnung herrschte Stille, die Schwestern schliefen schon. Sergey war nicht zu Hause. Ich las laut die zarten Gedichte über Italien, über das feuchte, wohlklingende Venedig, über Florenz, das einer rauchgrauen Iris gleiche. ›Wie schön das ist‹, sagte meine Mutter, ›rauchgraue Iris.‹ Dann klingelte in der Diele das Telephon. Daran war nichts Ungewöhnliches, ich ärgerte mich nur, daß ich die Lektüre unterbrechen mußte. Ich nahm den Hörer ab. Die Stimme Hessens: ›Wer ist da?‹ – ›Volodya. Guten Tag, Iossif Wladimirowitsch.‹ – ›Ich rufe an, weil ... Ich wollte dir sagen, dich darauf vorbereiten ... ‹ – ›Ja, ich höre.‹ – ›Mit deinem Vater ist etwas Schreckliches passiert.‹ – ›Was denn?‹ – ›Etwas ganz Schreckliches ... ein Wagen holt euch ab.‹ – ›Aber was ist denn passiert?‹ – ›Der Wagen ist schon unterwegs. Schließt die Haustür auf.‹ – ›Gut.‹ Ich hängte den Hörer ein. Mutter stand in der Tür. Ihre Brauen zuckten, als sie fragte: ›Was ist passiert?‹ Ich sagte: ›Nichts Besonderes.‹ Meine Stimme war beherrscht, fast kalt. ›Sag's mir.‹ – ›Nichts Besonderes. Vater wurde von einem Auto angefahren und am Bein verletzt.‹ Ich ging durch den Salon in mein Zimmer. Mutter folgte mir. ›Ich flehe dich an, sag's mir.‹ – ›Du mußt dich nicht beunruhigen. Sie holen mich gleich mit dem Wagen ab … ‹ Sie glaubte mir und glaubte mir auch nicht. Ich zog mich um, legte Zigaretten in das Etui. Meine Gedanken, alle meine Gedanken schienen die Zähne zusammenzubeißen. ›Es zerreißt mir das Herz‹, sagte Mutter, ›es zerreißt mir das Herz, wenn du mir etwas verschweigst.‹ – ›Vater wurde am Bein verletzt. Hessen sagt, es ist sehr ernst. Das ist alles.‹ Mutter schluchzte und sank vor mir auf die Knie. ›Ich flehe dich an.‹ Ich beruhigte sie, so gut ich konnte …

Ja, mein Herz wußte, das ist das Ende, aber was passiert war, blieb ungewiß, und solange ich es nicht wußte, blieb noch Hoffnung. Seltsamerweise brachten weder Mama noch ich Hessens Mitteilung mit Miljukows Vortrag in Verbindung, uns kam gar nicht der Gedanke, daß dort etwas geschehen sein könnte. Der ganze Tag lief vor meinem geistigen Auge noch einmal ab: Ich war mit Swetlana in der Bahn gefahren und hatte auf die beschlagene Scheibe des Waggons das Wort ›Glück‹ geschrieben – und von einem Buchstaben war eine Spur nach unten geronnen, ein feuchtes Muster. Ja, mein Glück war zerronnen.

Schließlich fuhr der Wagen vor. Ihm entstiegen Stein, den ich noch nie gesehen hatte, und Jakowlew. Ich öffnete die Haustür. Jakowlew folgte mir in den Flur und hielt mich am Arm fest. ›Bewahren Sie Ruhe. Auf der Versammlung wurde geschossen. Ihr Vater wurde verwundet.‹ – ›Schwer?‹ – ›Ja, schwer.‹ Sie blieben unten. Ich holte meine Mutter. Ich sagte ihr, was ich gehört hatte, und wußte im stillen, daß sie das Geschehene verharmlost hatten. Wir gingen hinunter … Und fuhren los …

Diese nächtliche Fahrt ist mir als ein Ereignis außerhalb des Lebens im Gedächtnis geblieben und als etwas qualvoll Langsames, so wie mathematische Denkaufgaben, die uns im Halbschlaf des Fieberdeliriums quälen. Ich blickte auf die vorbeihuschenden Lichter, auf die hellen Streifen des beleuchteten Fahrdamms, auf die spiralförmigen Reflexe auf dem spiegelschwarzen Asphalt, und mir schien, daß ich auf verhängnisvolle Weise von all dem abgeschnitten sei, daß die

Straßenlichter und die schwarzen Schatten der Passanten nur zufällige Visionen seien und daß das einzig Deutliche, Gewichtige, das einzig Reale auf der ganzen Welt der Kummer sei, der mich würgte, mir das Herz zusammenpreßte. ›Vater ist nicht mehr.‹ Diese vier Worte dröhnten in meinem Hirn, und ich versuchte, mir sein Gesicht, seine Bewegungen vorzustellen. Der gestrige Abend war so glücklich gewesen. Vater hatte gelacht und mit mir geboxt, als ich ihm einen Schwinger zeigen wollte. Dann machten wir uns zum Schlafen fertig. Vater zog sich in seinem Zimmer aus, das neben dem meinen lag. Wir unterhielten uns durch die offene Tür, sprachen über Sergey, über seine sonderbaren, widernatürlichen Neigungen ... Dann setzte ich mich im Pyjama auf die Sessellehne, Vater hatte sich hingehockt und putzte seine Schuhe. Wir sprachen noch über die Oper ›Boris Godunow‹. Er suchte sich zu erinnern, wie und wann Wanja zurückgekehrt war, nachdem ihn sein Vater weggeschickt hatte. Aber es fiel ihm nicht ein. Dann lag ich im Bett, und als ich hörte, daß er auch im Begriff war, sich hinzulegen, bat ich ihn, mir die Zeitungen zu geben, und er schob sie durch die offenstehende Tür, ich konnte sogar seine Hände sehen. Und ich erinnere mich, daß die Zeitungsblätter sich so gespenstisch bewegten, als kämen sie von selbst durch den Türspalt ... Am nächsten Morgen war Vater in die Redaktion gegangen, als ich noch schlief, und ich hatte ihn nicht mehr gesehen. Und jetzt saß ich in dem Wagen, die Lichter strahlten wie Bernstein, Straßenbahnen quietschten, die Fahrt war lang, so lang, und die Straßen, die funkelnd vorbeiglitten, kamen mir unbekannt vor ...

Schließlich waren wir da. Der Eingang zur Philharmonie. Hessen und Kaminka kamen uns über die Straße entgegen. Ich faßte Mutter unter. Sie standen vor uns. ›Awgust Issaakowitsch, was ist passiert, sagen Sie mir, was ist passiert?‹ fragte sie und klammerte sich an seinen Ärmel. ›Etwas Furchtbares ist passiert.‹ Er schluchzte, konnte nicht zu Ende sprechen. ›Also ist alles aus, alles aus?‹ Er schwieg. Hessen schwieg auch. Seine Zähne schlugen aufeinander. Beide wandten den Blick ab. Mutter hatte verstanden. Ich dachte, sie würde hinstürzen. Sie warf den Kopf zurück und ging weiter, den Blick starr geradeaus, die Hände etwas Unsichtbarem entgegengestreckt. ›Also, das ist es‹, sagte sie leise, als hätte sie schon alles bedacht. ›Wie kann das sein?‹ Und dann: ›Volodya, hast du verstanden?‹ Wir gingen durch einen langen Korridor. Durch eine geöffnete Seitentür sah ich den Saal, in dem es in einem kurzen Augenblick geschehen war. Einige Stühle waren zusammengeschoben, andere lagen am Boden … Schließlich betraten wir eine Halle, darin Menschen über Menschen, grüne Polizistenuniformen. ›Ich will ihn sehen‹, wiederholte Mutter monoton. Aus einer Tür kam ein schwarzbärtiger Mann mit verbundener Hand und murmelte, irgendwie verlegen lächelnd: ›Sehen Sie, ich … ich bin auch verwundet.‹ Ich bat um einen Stuhl für meine Mutter. Ringsum drängten sich verwirrte Menschen. Ich begriff, daß uns die Polizei nicht in das Zimmer lassen würde, in dem der Tote lag. In diesem Zimmer wachte die ganze Nacht der Mann, auf den einer von diesen Wahnsinnigen geschossen hatte. Ich stellte mir vor, wie er bei dem Toten stand, ein rosiger grauhaariger Mann, der nichts fürchtete und nichts liebte. Und plötzlich brach Mutter, die mitten in dem Vestibül voll verwirrter unbekannter Menschen auf einem Stuhl saß, in lautes Schluchzen aus und gab unnatürliche stöhnende Laute von sich. Ich schmiegte mich an sie, preßte meine Wange an ihre bebende, flammende Schläfe und flüsterte ihr nur ein Wort zu. Da begann sie das Vaterunser … herzusagen, und als sie damit fertig war, versteinerte sie. Ich begriff, daß wir in diesem Wahnsinnsraum nichts mehr zu suchen hatten.«

Sie blieben noch lange in dieser Erstarrung (aus der Jelena Iwanowna, wie ich glaube, nie herausfand), und die Freunde W.D. Nabokows kümmerten sich um die traurigen Begräbnisformalitäten. Die Post brachte Berge von Beileidstelegrammen – alle namhaften russischen Emigranten bekundeten ihre Trauer, sprachen von einem unersetzlichen Verlust, den Rußland erlitten habe. Dieser Mann habe zu Zeiten des Kischinjower Pogroms, des »Blutsonntags«, des Bejlis-Prozesses und der Todesstrafen das Gewissen des Landes verkörpert; er habe das demokratischste Wahlgesetz der Welt ausgearbeitet. Kuprin, Bunin und Mereshkowski gaben ihrer

Trauer Ausdruck. Ein Telegramm von den »Sowremennyje sapiski« (Zeitgenössische Aufzeichnungen) lautete: »Rußland hat einen seiner besten Söhne verloren.« Aber am genauesten sprach wohl Bunin über diesen Verlust: Selbst wenn der Herrgott dem »neuen« Rußland dereinst die üppigsten Güter schenken sollte, wann werde es je wieder Nabokows sehen? Bunin schrieb, daß die gesamte russische Emigration in diesen Tagen seine Trauer teile. Aber dem war natürlich nicht so. Für die Schwarzhunderter war es ein Festtag.

Der Metropolit Jewlogi zelebrierte die Totenmesse, zuerst in der ehemaligen Botschaftskirche in Berlin, dann in Tegel, wo W.D. Nabokow auf einem kleinen Friedhof beigesetzt wurde.

Später wurde den Mördern der Prozeß gemacht. Im Gerichtssaal erfuhren sie zu ihrer Freude, wen sie getötet hatten. Sie wurden sich bewußt, daß der Mord gar nicht so zufällig war (wie auch die Opfer der »blinden« Stalinschen Repressionen nicht ganz zufällig waren: Verbrecher ermorden immer die Besten). Es wurde festgestellt, wer die Angeklagten waren: Pjotr Schabelski-Bork und Sergej Taborizki hatten als junge Offiziere im Kaukasus gedient. Während des Bürgerkriegs hatten ihnen die Deutschen angeboten, mit ihnen zurückzugehen, was sie auch taten, denn sie setzten große Hoffnungen auf die Deutschen. Pjotr Borks Mutter war eine reiche Gutsbesitzerin, Mitglied des »Bundes des russischen Volkes« und der »Bruderschaft des Erzengels Michail«, außerdem Autorin des Buches »Die Satansanbeter des 20. Jahrhunderts«. Vor dem Mordanschlag hatten die beiden Männer nicht gearbeitet und in einer armseligen kleinen Pension in München gewohnt (irgendwer gab ihnen Geld für die Fahrt nach Berlin). Als sie schossen, waren sie betrunken. Leiter der Aktion war Fjodor Winberg gewesen, der auch im Saal der Philharmonie gesessen hatte, Sohn eines Generals, aktiver Schwarzhunderter und Mitglied der »Bruderschaft des Erzengels Michail«. Sein Kontakt zu den Münchener Monarchisten und zu Alfred Rosenberg war für niemanden ein Geheimnis. Deutsche Unabhängige richteten anläßlich der Ermordung Nabokows eine Anfrage an den Preußischen

Landtag. Darin hieß es: Das Verbrechen stehe zweifellos im Zusammenhang mit der monarchistischen Bewegung in Bayern, wo die russischen Monarchisten bereits das Wohlwollen der Behörden genossen, ebenso zweifellos stehe es im Zusammenhang mit dem Kongreß der russischen Monarchisten, an dem auch deutsche Monarchisten teilnahmen.

Die Polizei löste den Monarchistenkongreß auf. Aber das deutsche Gericht zog Winberg nicht zur Verantwortung: Es gab keine Beweise. Zwei Monate später wurde Walther Rathenau ermordet. Dann ließ Hitler Bücher verbrennen und ging daran, die Welt zu erobern. Unter Hitler wurde Pjotr Schabelski-Bork vorzeitig aus dem Gefängnis entlassen und erhielt von Rosenbergs Behörde eine Pension, verbunden mit dem Auftrag, eine russische faschistische Bewegung ins Leben zu rufen. Auch Sergej Taborizki kam aus dem Gefängnis und wurde die rechte Hand von General Biskupski, der unter Hitler für die russischen Emigranten zuständig war. Nun wurde es auch für W.D. Nabokows Sohn (der inzwischen ein bekannter Schriftsteller war) Zeit, Deutschland zu verlassen.

***

»Während des Krieges war ich in Prag«, begann Elena Vladimirovna Sikorskaja-Nabokova ihre Erzählung, dieselbe Elena, die ihrem Vater einen neuen Knopf ans Jackett genäht hatte, bevor er zu Miljukows Vortrag ging. Dieselbe Elena, in die der Cousin Nika einst verliebt war, der spätere Komponist. Die Lieblingsschwester von Vladimir Nabokov-Sirin.

Durchs offene Fenster drang der gedämpfte Lärm eines Genfer Mittags. Es war im Jahre 1992, und wir sprachen über das Jahr 1922, über Volodya, über ihren Vater …

»In Prag brauchte ich während des Krieges eine Bescheinigung über rassische Vollwertigkeit … In Berlin war ein Büro für Emigrantenfragen, das solche Bescheinigungen ausstellte … Man schickte mir also aus Berlin eine solche Bescheinigung. Unterschrieben … vom Mörder meines Vaters …«

***

Die Osterwoche kam, der Feiertag der Auferstehung von den

Toten. Nabokov wiederholte im stillen unaufhörlich das Wort, das er seiner Mutter damals in der Berliner Philharmonie zugeflüstert hatte, und vertraute es dem Papier an. Auferstehung? Vielleicht Gott? Es war das einzige, was sie jetzt in der jubilierenden Frühlingszeit vor finsterer Verzweiflung bewahren konnte. Du mußt an die Auferstehung eines nahen Menschen glauben. Ist er etwa gestorben, wenn er die ganze Zeit bei dir ist, wenn du stündlich mit ihm sprichst? In den Gedichten, die Nabokov in der Osterwoche schrieb, spricht er von der Auferstehung.

»Du lebst«, beschwor er den Vater in seinen Gedichten und später auch in jedem Roman. Nahe Menschen verlassen uns nicht. Sie leben in unserer Erinnerung, und unsere Erinnerung ist allmächtig. Es gibt Wunder. Nabokov lebte durch den Glauben an das Wunder – er war einer der gläubigsten Schriftsteller. Natürlich wandelte sich der Glaube allmählich. Er wurde zum Geheimnis. Nabokov vervollkommnete in sich eben jene englische Verschlossenheit, die er in Cambridge den Engländern vorgeworfen hatte. Wenn er später seine Gedichte über Gott erwähnte, fügte er einen Satz (von dem sich kaum jemand täuschen ließ) über die »byzantinische Bildhaftigkeit« hinzu, denn er hielt es für unanständig, solche Gedanken zu offenbaren. Das Geheimnis der Seele offenbarte sich in den Gedichten und Romanen, niemals sonst. Manchmal blieb es auch in den Gedichten verborgen:

Dieses Geheimnis ta-ta, ta-ta-ta-ta ta-ta,
Genauer darf ich es nicht sagen.

Wissenschaftler, die die kniffligsten Rätsel in dem Roman »Ada oder Das Verlangen« herausbekamen, konnten diese acht Silben nicht dechiffrieren. Die Religiosität des großen Schriftstellers unterliegt jedoch keinem Zweifel.

In jenem Frühling und Sommer aber machte er noch kein Geheimnis aus seinen Gefühlen. Er war offen, fast rückhaltlos, wenn er in Gedichten das Gefühl seines Umgangs mit Gott (»Mein Gott und ich – wir wissen besser …«) verströmte, seinen Glauben an das Kommen des Morgens, an dem »der Feuerbote vorüberjagt«, an dem »er in die Trompete bläst und mit seinem Atem die Schalen der nicht geleerten Kränkungen zum Schmelzen bringt«. Seine Liebe zu den »Schätzen Gottes«, zu den »Sternen Gottes«. Er fühlte sich als unbestechlicher »Ritter aus Christi Heerschar« und glaubte, wenn er am Ende des Wegs mit seinem Flickenbündel am Himmelstor ankomme, werde der alte Fischer Petrus, dessen »Handfalten noch nach dem Tau des Gartens Gethsemane und den Schuppen der Jordanfische riechen«, werde dieser kahlköpfige Pförtner des Paradieses lächeln und ihn, den Dichter, ins Paradies einlassen, denn dorthin müsse er unbedingt, weil dort der geliebte Vater sei ...

Es fiel ihm schwer, jenen Frühling zu überstehen. Damals bekam Ariadna Tyrkowa, eine Freundin der Familie Nabokow, einen anonymen Brief, in dem über Vladimir Nabokov stand: »Der Ärmste leidet am schwersten unter dem Verlust ... Er tut mir leid. Zu seiner Mutter ist er so zärtlich, lieb und aufmunternd, doch manchmal kann er ein Stöhnen nicht unterdrükken ...« Ihm half die Notwendigkeit, die Examen in Cambridge abzulegen: Er bestand die Prüfungen in französischer Literatur und Philosophie, in russischer Geschichte und Literatur ... Vor jeder Prüfung schaute er auf »das Bild des Vaters wie auf eine Ikone« (»und ich wußte, daß er mir hilft«).

Die Examen waren bestanden, das Kapitel Cambridge war abgeschlossen. Nabokov zog Bilanz und schrieb über sein letztes Studienjahr:» ... daß dieser Zustand der Harmonie in genau dem Augenblick erreicht war, da ich die sorgsame Rekonstruktion meiner vielleicht künstlichen, aber wunderbar genauen russischen Welt endlich abgeschlossen hatte.« Diese Bekenntnisse enthielten übrigens auch die Antwort auf die utilitaristische, durchaus sowjetische Frage, für wen er denn studiert, sich mit alter französischer und russischer Literatur, mit Ichthyologie, Entomologie, mit Tennis, Boxen und Fußball abgegeben habe. Die Antwort ist einfach: Er hatte studiert für den Schriftsteller Nabokov-Sirin.

Noch eine Episode aus Cambridge, die für den Schriftsteller Nabokov-Sirin wichtig ist. Eines Tages kam ein Kommilitone zu ihm und las ihm Auszüge aus dem Roman »Ulysses«

von Joyce vor. Für die Literatur, besonders für die europäische, ist das Jahr 1922 bedeutsam durch das Erscheinen dieses Buches. Die Amerikanerin Sylvia Beach, Besitzerin der Pariser Buchhandlung »Shakespeare und Company«, überreichte Joyce am 2. Februar, seinem 40. Geburtstag, ein Geschenk – die Ausgabe seines »Ulysses«. Wie die Kritik behauptet, ist das der bedeutendste Roman des Jahrhunderts, eine ganze Galaxis neuer Methoden und Kunstgriffe. Ein hochmütiger, ungebärdiger, freizügiger, zarter, lyrischer Roman, der mit Molly Blooms Monolog endet oder einfach abbricht. Von diesem Monolog war Nabokov hingerissen. Er hielt ihn bis ans Ende seiner Tage für die beste, berauschendste Lektüre. Übrigens erklärte er, Joyce habe einen russischen Vorgänger – Andrej Bely. Joyce arbeitete sieben Jahre an diesem Buch, jedes Kapitel ist in einem neuen Stil geschrieben, viele Erzähler treten auf, die nicht immer zu identifizieren sind, und der stets anwesende Autor gibt sich selten zu erkennen. Nach Proust, der das verlorene Paradies für unser einziges Paradies hielt (Zeilen über das verlorene Paradies der russischen Kindheit wiederholen sich bei dem jungen Nabokov häufig), wird Joyce zum Lieblingsschriftsteller und Lehrmeister Nabokovs.

Die Stiefmutter der russischen Städte

Nach der Abreise aus Cambridge zog Vladimir Nabokov zu seiner Familie nach Berlin. Er war dreiundzwanzig Jahre alt, »erstaunlich schlank, hatte ein feines kluges Gesicht und interessierte sich leidenschaftlich für Sport und Schach« (Iossif Hessen). Seinen Charakter prägte »unersättliche sorglose Lebensfreude«, die in dem verhängnisvollen Jahr natürlich von der schrecklichsten Tragödie seines Lebens verdüstert wurde, später aber wieder die Oberhand über alle Unbilden gewann. Seine Sportjacke vom Trinity College trug auf der Tasche eine kleine Krone, und es kam vor, daß Deutsche ihn auf der Straße ansprachen und fragten, ob er ein britischer

Flottenoffizier oder ein englischer Sportler sei, und Filmsternchen aus seinem Bekanntenkreis nannten ihn untereinander sogar den »englischen Prinzen«. All das berichtete er später in einem Brief seiner Mutter. Er wußte, wie sehr sie sich über jeden seiner Erfolge freute, ob bei deutschen Straßenpassanten, bei Verlegern oder bei den Filmsternchen. Von Cambridge her besaß er eine durchaus anständige Garderobe, und als er von dort abreiste, folgte er der besten aristokratischen Tradition und ließ seine Schneiderrechnung unbeglichen ...

In Berlin verbrachte Vladimir Nabokov wahrscheinlich die wichtigsten und vielleicht die glücklichsten Jahre seines Lebens. Wladislaw Chodassewitsch, der im selben Jahr »krankheitshalber« von Rußland nach Berlin zog, nannte die Stadt geistreich »Stiefmutter der russischen Städte«. Die Zahl der russischen Emigranten in Berlin nahm ständig zu – Terror, Angst und Zerrüttung vertrieben die Menschen aus Rußland, aber sie alle hofften auf Rückkehr, und Berlin lag am Weg von Rußland nach dem Westen und vom Westen zurück nach Rußland.

In Berlin hatten es viele Emigranten anfangs nicht besonders schwer zu überleben: Der russische Goldrubel stand hoch im Kurs, und unbekümmerte deutsche und sonstige Reiche kauften gern russische Güter, Ländereien und Häuser (der Alptraum in Rußland würde ja nicht ewig dauern!). Während der NÖP kamen noch mehr Russen: es war jetzt leichter, aus Rußland auszureisen. In den westlichen Stadtvierteln von Berlin hörte man überall Russisch sprechen, und Gleb Struve erzählt in seinem Buch den sehr populären Witz von dem Deutschen, der sich, als er auf dem Kurfürstendamm nur noch Russisch hörte, vor Heimweh aufhängte. Für den jungen Helden in Nabokovs »Mutprobe« war es die größte Überraschung, in dem ihm von klein auf vertrauten Berlin das hemdsärmelige, stimmgewaltige Rußland zu hören, das überall schwatzte – in der Straßenbahn, an den Ecken, in den Läden und auf den Balkons.

Der russische Held aus der »Gabe« unternimmt einen gänzlich heimatlichen Spaziergang durch eine Berliner Straße: »Wie jedes Mal, wenn er zu dieser Straße kam, traf er einen älteren, krankhaft verbitterten Schriftsteller aus St. Petersburg, der im Sommer einen Mantel trug, um die Fadenscheinigkeit seines Anzugs zu verbergen ... Fjodor hatte ihn kaum abgeschüttelt, als zwei weitere Schriftsteller in sein Blickfeld gerieten, ein gutmütiger trübsinniger Moskowiter ... und ein satirischer Dichter von der in Berlin erscheinenden russischen Emigrantenzeitung ... Diese beiden, ebenso wie ihr Vorgänger, kreuzten unweigerlich in dieser Gegend auf, die sie für begegnungsreiche Spaziergänge in Muße nutzten, so daß es schien, als wäre in die deutsche Straße das vagabundierende Trugbild eines russischen Boulevards eingedrungen, oder umgekehrt, als sei es eine Straße in Rußland, auf der ein paar Einheimische Luft schöpften, und zwischen diesen Einheimischen schwirrten bleiche Schatten zahlloser Ausländer gleich einer vertrauten und kaum merklichen Halluzination umher.«

Von den Büchern über die Berliner Emigration sei das Buch »Zoo ...« von Viktor Schklowski erwähnt, darin kommen, so möchte es scheinen, dieselben Straßen und Landschaften vor wie bei Nabokov, nur Nabokovs markante Details fehlen. Das Buch ist in moderner publizistischer Manier geschrieben, sein Autor ist auf die Rückreise nach Rußland festgelegt und schließt sein Buch sogar mit einer Petition ans ZK. So sieht das Berlin von Schklowski aus: »Die Russen wohnen in Berlin bekanntlich um den Zoo herum. Die Wohlbekanntheit dieser Tatsache bereitet wenig Vergnügen ... In den Straßen flanieren Schieber in gerauhten Mänteln und, paarweise, russische Professoren, die Hände auf dem Rücken um den Regenschirm verschränkt. Es gibt viele Straßenbahnen, doch ... Wir fahren nirgendwohin, wir leben haufenweise inmitten der Deutschen wie ein See zwischen seinen Ufern.« Nach Jahrzehnten schrieb Nabokov wieder vom »Leben unter geisterhaften Deutschen und Franzosen, in deren mehr oder minder unwirklichen Städten wir, die Emigranten, zufällig unser Domizil genommen hatten. Diese Einheimischen schienen genauso flach und durchsichtig wie aus Zellophanpapier geschnittene Figuren ... bestand zwischen uns und ihnen keine wirkliche Beziehung von der herzlichen, menschlichen Art, wie sie in unserer eigenen Mitte so verbreitet war.«

Der Emigrant hatte keine besonders angenehmen Kontakte mit den Einheimischen – mit der Vermieterin, die ständig darauf gefaßt war, daß ihr bettelarmer Mieter verschwand, ohne die Miete bezahlt zu haben, mit dem Revierpolizisten, mit der Polizeiverwaltung, mit einem Rüpel, der durchaus nicht widerlicher war als ein Rüpel zu Hause, aber aus irgendwelchen Gründen mehr Abscheu hervorrief. Vielleicht weil man zu Hause nicht mit ihm umzugehen brauchte und nicht von ihm abhängig war, anders als hier, wo man Bürger zweiter Sorte war, ein Mensch mit einem Staatenlosen-Paß, der nicht ohne Zittern an einem Polizisten vorüberging. So entstand die Xenophobie, der auch die tolerantesten, intelligentesten, edelmütigsten Emigranten (die ja zugleich die verletzlichsten und dünnhäutigsten sind) nicht entgingen, nicht einmal die Schriftsteller: es sei nur erwähnt, wie Zwetajewa über die Franzosen schrieb. Für Nabokov waren in den Jahren der Emigration vor allem die Deutschen solche Menschen anderer Art. Die Tatsache, daß seine Großmutter, die bei der Familie lebte, in ihrer Jugend Maria Ferdinandowna Korff geheißen hatte, änderte nichts daran: wie viele andere Russen mit einer Beimischung von deutschem oder sonstigem Blut fühlte er sich als vollkommener Russe. Nabokov, der ironische Schriftsteller, schrieb sich nicht selten hart und ungerecht über die Deutschen, wohl deshalb, weil der rechtlose Emigrant eben von Deutschen umgeben war und nicht von Franzosen oder Albanern. Daß manche deutsche Nabokov-Kenner (wie Dieter E. Zimmer) darüber Mißvergnügen äußern, ist durchaus verständlich. Gelegentlich besann sich Nabokov und erkannte seine Neigung, eine ganze Nation zu verurteilen, als »vulgär« zu bezeichnen, und er schrieb Zeilen, die ihn daran erinnerten, daß er der Sohn von Wladimir Dmitrijewitsch Nabokow war. Aber das geschah leider nicht immer, und darum hat Dieter E. Zimmer recht. Gab es etwa damals in Deutschland keine Idealisten, keine guten Schriftsteller, keine edelsinnigen Menschen? Natürlich gab es sie. Die westliche Gesellschaft war einfach noch mehr eine Kastengesellschaft als einst die Petersburger, und in das Milieu der vornehmen deutschen Idealisten (die wenig später von Hitler ausgerottet oder außer Landes getrieben wurden) fanden die Emigranten keinen Zutritt. Wozu auch? Sie hofften ja, nicht lange zu bleiben (man mußte nur überleben, sich nur moralisch auf die Rückkehr nach Rußland vorbereiten). Und doch sollte Dieter E. Zimmer ein paar Berliner Szenen aus Nabokovs Prosa noch einmal lesen. Erinnern Sie sich, wie der junge Martin in der »Mutprobe«, der seinen Platz einer »korpulenten, dick geschminkten« russischen Dame abgetreten hat, sich am Riemen festhält und dabei seine Umgebung betrachtet? »Die friedlichen Deutschen, welche die Dame ungezogen genannt hatte, waren allesamt müde, hungrige Arbeiter, und die grauen Brotschnitten, die sie in der Straßenbahn kauten, waren, auch wenn die Russen sich darüber ärgerten, unentbehrlich. Denn richtige Mahlzeiten waren in jenem Jahr kostspielig ...« Und hier die Szene aus der »Gabe«, dem nach Meinung Dieter E. Zimmers antideutschesten Roman, wieder eine Szene in der Straßenbahn: »In ihm erwachte ein unbestimmter, bösartiger, bedrückender Haß ... auf die Füße, die Seiten und die Nacken der einheimischen Fahrgäste ... Die Überzeugung der Russen, daß die Deutschen in kleinen Mengen vulgär, in großen unerträglich vulgär seien, war, das wußte er genau, eine Überzeugung, die eines Künstlers unwürdig war; und dennoch überlief ihn ein Zittern, und nur der finstere Schaffner mit den gehetzten Augen ... schien äußerlich wenn nicht ein menschliches Wesen, so doch zumindest der arme Verwandte eines menschlichen Wesens zu sein. An der zweiten Haltestelle setzte sich ein hagerer Mann Fjodor gegenüber, der einen kurzen Mantel mit Fuchskragen, einen grünen Hut und ausgefranste Gamaschen trug. Als er sich niederließ, stieß er mit seinem Knie und der Ecke einer dicken Aktentasche mit Ledergriff gegen ihn, und dieser belanglose Vorfall verwandelte Fjodors Gereiztheit in reine Wut, so daß er den Sitzenden durchdringend anstarrte, in seinen Zügen las und augenblicklich seinen ganzen sündhaften Haß (gegen diese arme, klägliche, aussterbende Nation) auf ihn konzentrierte, sehr wohl wissend, warum er ihn haßte: wegen dieser niedrigen Stirn, wegen dieser blassen Augen wegen der Vorliebe für Zäune, Reihen, Mittelmäßigkeit; ...wegen des Bürokults, deswegen, weil man unweigerlich

Zahlen, Geld zu hören bekommt, wenn man seine innere Stimme belauscht … wegen des rohen Gelächters; wegen der Dicke des Hinterteils beider Geschlechter … So reihte er die Punkte seiner voreingenommenen Anklage aneinander und betrachtete dabei den Mann gegenüber – bis dieser ein Exemplar von Wassiljews Zeitung aus der Tasche zog und unbekümmert mit russischem Tonfall hustete.

Das ist wunderbar, dachte Fjodor und lächelte fast vor Vergnügen. Wie gescheit, wie anmutig schlau und im innersten gut ist doch das Leben! Jetzt unterschied er in des Zeitunglesers Zügen – den Augenwinkeln, den großen Nasenlöchern, dem Schnurrbart russischen Schnitts – solch eine heimatliche Weichheit, daß es mit einem Male sowohl komisch als auch unverständlich wurde, wie er sich hatte täuschen lassen können.«

Eigentlich ist das Empfinden der Fremdheit, des Kontrastes zu der Bürger-Menge und der freien, noch dazu fast sprachlosen Einsamkeit (die Nabokov in Berlin zu schätzen wußte) vor allem durch Nabokovs Individualität bedingt. Sein Cousin Nicolas war in Berlin selten ganz allein, und Hessen hatte keine ruhige Minute. Und wie wir schon dem weiter oben angeführten Auszug entnehmen konnten, empfand Nabokov nicht minder intensiv als die deutsche »Vulgarität« die keineswegs harmlose russische Vulgarität. Später übertrug er die Lieblingslektüre des Kalaschnikow und die Lieblingsphrasen der Schwarzhunderter, der »Wisente«, auf Schtschjogolew in der »Gabe«, auf Lida in »Verzweiflung«, auf den Schwiegervater Lushins, auf Komarow in »Pnin«.

Im übrigen hatte Nabokov nicht besonders viele Bekannte unter den »Wisenten«. Nahestehende waren für ihn die Freunde seines Vaters – Iossif Hessen und dessen Sohn Georgi, die Familie Kaminka, Sascha Tschorny … Später fand er Freunde unter den jungen Schriftstellern. In Berlin lebten damals nicht weniger russische Schriftsteller (und keineswegs zweitrangige) als in einer russischen Stadt. Berlin wurde zur Hauptstadt der russischen Buchedition und der russischen Presse. Einer der Pioniere der Berliner Verlegertätigkeit, Iossif Hessen, versandte seine Zeitung »Rul« in 396

Städte in 34 Ländern der Welt – überall waren russische Leser. Gorki überredete Lenin, seinem Freund, dem Verleger Grshebin, die Genehmigung zu erteilen, billige Bücher für Rußland zu drucken (in Rußland fehlte es schon damals, siebzig Jahre vor dem endgültigen Zusammenbruch, an Papier, Farben und Maschinen). 1924 gab es in Berlin 86 (!) russische Verlage. Immer mehr russische Schriftsteller kamen nach Berlin, die noch nicht entschieden hatten, ob sie hier den Sturz der bolschewistischen Macht abwarten, für immer bleiben oder nach Hause zurückkehren würden, zumal die NÖP vielen von ihnen die Hoffnung einflößte, daß Veränderungen stattfänden oder schon stattgefunden hätten. In dieser ungewissen Lage befanden sich damals Andrej Bely und Alexej Tolstoi, Ilja Ehrenburg und Wladislaw Chodassewitsch, Viktor Schklowski und sogar Maxim Gorki. Zwischen Rußland und Berlin gab es einen Austausch von Manuskripten und fertigen Büchern, und in Berlin erschienen sogar sowjetische oder prosowjetische Publikationen wie »Nowy mir« (Neue Welt) oder »Nakanune« (Vorabend). Das Heimweh, die unvorhergesehenen Schwierigkeiten des Emigrantenlebens, der Wunsch nach Rückkehr (dazu das geschickte Drängen der Moskauer Lehrmeister) brachten unter den Emigranten die verschiedensten Strömungen wie die »Smenowechowzen« und die »Woswrastschenzen« hervor. Der junge Nabokov hielt sich trotz seiner Nostalgie von ihnen fern, worüber er drei Jahrzehnte später schrieb: »Ich halte mir etwas darauf zugute, schon damals die Symptome dessen erkannt zu haben, was heute so klar zutage liegt, da sich allmählich eine Art Familienkreis gebildet hat, der Vertreter aller Nationen vereint, wackere Empire-Erbauer auf ihren Dschungel-Lichtungen, französische Polizisten, das unsägliche deutsche Produkt, den guten, alten, treu zur Kirche gehenden russischen oder amerikanischen Lyncher … und an einer anderen Stelle des gleichen untermenschlichen Zirkels jene unbarmherzigen Roboter mit ihren Pappmachégesichtern … und hochschultrigen Röcken … die der Sowjetstaat … nach zwei Jahrzehnten selektiver Züchtung … zu exportieren begann.«

Nabokov war wählerisch in seinen Bekanntschaften, ging

»Bolschewikenfreunden« (zu denen er sogar Andrej Bely zählte) aus dem Wege und schloß sich höchst ungern irgendwelchen Gruppen oder Gruppierungen an. Gleichwohl war er zu Beginn seines Lebens in Berlin an einer Gruppenaktion und verschiedenen Gesellschaften beteiligt. Seit Ende 1921 gab der junge Prosaiker Alexander Drosdow (mit dem Nabokov in der gleichen Berliner Mannschaft Fußball spielte) die Zeitschrift »Spolochi« (Wetterleuchten) heraus, in der er Gedichte von Bunin, Balmont, Chodassewitsch, Krandijewskaja und Minski druckte, aber auch den jungen Nabokov und seinen Freund Wladimir Piotrowski. Drosdow gründete zudem die Gesellschaft »Wereteno« (Spindel), die nach seinen Worten gänzlich unpolitisch sein sollte. Aber im November 1922 lud Drosdow zu einer Soiree des »Wereteno« Alexej Tolstoi ein, der in der prosowjetischen Zeitung »Nakanune« mitarbeitete, und daraufhin traten Amfitetrow, Bunin, Lukasch, Nabokov und andere aus dem »Wereteno« aus. Einige der ausgetretenen Schriftsteller, auch Nabokov, Lukasch und Struve, gründeten einen »Geheimzirkel der Poeten«, der auf Vorschlag von Leonid Tschazki (sein richtiger Name war Strachowski, sein Vater, der Gouverneur von Wjatka, war zusammen mit Gumiljow erschossen worden) »Bruderschaft des Runden Tischs« genannt wurde. Strachowski und Gleb Struve kannten Nabokov von London her, und Struve wohnte in Wilmersdorf, unweit von den Nabokovs. Man traf sich in der ersten Zeit bei Struve, und dieser bewahrte ein Sitzungsprotokoll auf, in dem acht Gründungsmitglieder der »Bruderschaft« aufgeführt wurden: W.A. Amfiteatrow-Kandaschew (Vorsitzender), der Sohn des berühmten A. Amfiteatrow, Sergej Gorny (Bruder von Nikolai Ozup), Sergej Kretschetow, Iwan Lukasch (stellvertretender Vorsitzender), Vladimir Nabokov, Gleb Struve, Wladimir Tatarinow und Leonid Tschazki (Sekretär). Gleb Struve schrieb ein halbes Jahrhundert später über diesen Zirkel und erwähnte eine Zusammenkunft im Hause Tatarins, wo Vladimir Nabokov »sehr ›freie‹ Gedichte vortrug, die er weder drucken lassen noch öffentlich lesen konnte«, obwohl sie ›technisch sehr gut gemacht waren«. Durchaus wahrscheinlich, daß es sich um das Gedicht »Lilith« handelte, von dem Nabokov selbst in einer

Anmerkung zu der amerikanischen Ausgabe mitteilte, daß es »damals in keiner einzigen anständigen Zeitschrift veröffentlicht werden konnte«, und verschmitzt fügte er hinzu: »Der findige Leser wird darauf verzichten, in dieser abstrakten Phantasie nach Verbindungslinien zu meiner späteren Prosa zu suchen.« Der findige Leser wird wohl auch die Datierung dieses Gedichts anzweifeln, über das der Autor schreibt: »Das Manuskript habe ich erst vor kurzem zwischen alten Papieren entdeckt.« Und doch ist nicht ausgeschlossen, daß gerade dieses »sehr gut gemachte« Gedicht auf der von Struve erwähnten Zusammenkunft der Bruderschaft gelesen wurde. Hier ist es:

Ich bin gestorben …
Die Hand gegen die Sonne haltend,
Mit gelbem Achselflaum, so stand
Das nackte Mädchen in der Türe,
Eine Wasserlilie in der Hand,
Wie eine Frau, so ebenmäßig,
Mit Brustspitzen wie zarte Blüten,
Da dachte ich an einen Frühling,
Als ich, verborgen hinter einer Erle,
Aus nächster Nähe sehen konnte,
Wie unsres Müllers jüngste Tochter
Ganz golden aus dem Wasser kam,
Ein nasses Bärtchen unterm Bäuchlein.
Und jetzt, noch immer in dem Smoking,
In dem man gestern mich ermordet,
Trat ich mit räuberischem Lächeln
Auf meine liebe Lilith zu …
Und sie, mit zwei ganz kalten Fingern
Griff kindlich schon nach meiner Flamme:
»Komm her«, so sagte sie zu mir.
Ganz zwanglos, ohne jede Mühe,
Mit übermütiger Langsamkeit,
So tat, als wären es zwei Flügel,
Sie ihre Knie vor mir auf.
Ihr Antlitz, schmeichlerisch und fröhlich,
War hingebend zurückgelegt.

In meine unvergessene Schöne
Drang ich mit starkem Stoße ein.
Wie eine Schlange ins Gefäß
Glitt ich in sie, zu ihr getrieben.
Schon ward das Prickeln immer heißer,
Die Wonne stieg zum Höhepunkt,
Da riß sie sich mit einem Ruck los
Und preßt die Knie jäh zusammen,
Hüllt sich in einen dichten Schleier,
Und ich, voll Kraft, auf halbem Wege
Zur Seligkeit, blieb arm zurück ...
Es schwieg die Tür. Vor aller Augen
Vergoß ich qualvoll meinen Samen
Und wußte: Ich bin in der Hölle.

Der ehemalige »unabhängige« Redakteur von »Spolochi« und »Wereteno«, Alexander Drosdow, fuhr bald nach Alexej Tolstoi in die Sowjetunion, doch er kam nicht um wie die meisten Rückkehrer; als ich noch Student war, hatte er verschiedene Redakteursposten bei »Oktjabr« und »Molodaja Gwardija« inne. Von den Mitbrüdern Nabokovs beim »Runden Tisch« wurden mindestens zwei, Piotrowski und Lukasch, seine Freunde.

Die Berliner Literaturszene wurde beherrscht von Wladislaw Chodassewitsch. Nabokov lernte ihn bedeutend später kennen, aber seine Anwesenheit in Berlin und seinen machtvollen Einfluß dürfte der junge Dichter schon gespürt haben. Chodassewitsch kam Ende Juni 1922 nach Berlin. Er trat ein paarmal im Café »Prager Diele« und im Schriftstellerklub auf. Er schrieb langsam und gestand bei seiner Lesung in der »Prager Diele«, daß er manchmal für ein Gedicht ganze vier Jahre brauchte. Sein »Berliner Gedicht« erschien Ende 1922 in den »Sowremennyje sapiski« (Zeitgenössische Notizen). Ich glaube, daß dieses Gedicht nicht weniger Einfluß auf Nabokovs Prosa ausübte als auf seine reife Lyrik (letzteres behaupten viele Forscher).

Der Held des Gedichts – ein Dichter – sitzt in einem Café und schaut durchs Fenster auf eine nasse Berliner Straße:

Hinter den blank polierten Scheiben
Sieht man sie angestrahlt und stumm
Durch Unterwasserlinden treiben
Im nachtblauen Aquarium.
Die Straßenbahnwaggons bewegen
Sich über die Caféhaustische,
Vieläugig schwimmen sie im Regen
Wie leuchtendbunte träge Fische.*

In der bald nach diesem Gedicht geschriebenen Prosa Nabokovs gibt es viel Ähnliches – immer wieder die »vieläugigen« Autos und Straßenbahnen, der besondere gelbe Schimmer der beleuchteten Schaufenster, der Lichterglanz, all diese »krankhafte Inkontinenz des elektrischen Lichts«, die Reflexe auf den blanken Flächen der Autos, Nabokovs geliebte Reflexe in den Glasscheiben, der helle Kosmos, der in einem Gedicht von Chodassewitsch auch »im Feuer der Fahrradspeichen erblüht«. Das Berlin, von dem Schklowski sagte, es wäre »überall gleich«, verblüfft bei Chodassewitsch und Nabokov mit der Vielfalt seiner markanten Details, seiner Farb- und Lichteffekte – das Grün der Linden, die Schwärze des Asphalts, das Apfelsinengelb der zeitig beleuchteten Schaufenster, das Smaragdgrün der Reklamen. Die Landschaften in »Zoo ...« erinnern an die »heilige Unaufmerksamkeit« des Schriftstellers Schirin aus der »Gabe«, der so »blind wie Milton« und so »taub wie Beethoven« war: Er verabredete sich mit jemandem im Zoologischen Garten, und dann »stellte sich heraus, daß Schirin kaum bewußt war, daß man in einem zoologischen Garten Tiere hält«.

Der Strudel des literarischen Lebens erfaßte den jungen Nabokov. Im Gegensatz zu den jungen Pariser Dichtern des Montparnasse hatte er keine Schwierigkeiten, seine Gedichte zu publizieren. Hessen, der von ihm hingerissen war, druckte in der »Rul« alles, was der talentierte Volodya, Sohn seines unvergessenen Freundes, ihm brachte. In jenem Sommer schrieb Nabokov viele Gedichte. Er hatte auch einen Übersetzungsauftrag: »Alice im Wunderland« von Lewis Carroll ins Russische zu übersetzen. Wahrscheinlich hatte er selbst das Buch dem Verlag vorgeschlagen. Es sei daran erinnert, daß der Autor dieses in England überaus populären Buches seinerzeit auch eine kleine Lolita hatte, für die er diese nicht eben einfache, doch witzige Geschichte erzählte.

Die literarische Arbeit lenkte den jungen Nabokov von seinem Kummer ab, doch wenn er allein war, bedrängte ihn die jüngste Katastrophe seiner Familie, und er griff öfter als sonst zur Feder … Diejenigen, die ihn schon länger kannten, bemerkten Veränderungen in seinem Gesicht, in seinem Blick. Zweiundsechzig Jahre später erinnerte sich Madame Swetlana de Langeron (damals noch die junge Swetotschka Siewert) an dieses Frühjahr und erzählte Brian Boyd, daß sie, als Volodya ihr zwischen den Glaswänden des Berliner Aquariums einen Antrag machte, ihm keinen Korb geben konnte, so traurig war er, so wenig war er sich selber ähnlich. So jedenfalls sah es die achtzigjährige Nonne aus der jahrzehntelangen Ferne der Erinnerung …

Swetlanas Eltern, der Bergbauingenieur Roman Siewert und seine Frau Klawdija (was haben Lushins Schwiegereltern von ihnen?), willigten damals in die Verlobung ihrer Tochter ein und stellten nur die Bedingung, der junge Mann möge sich eine richtige Arbeit suchen, für die er regelmäßig Gehalt bekäme. Und das Schreiben, die Freiheit?

In jenem Sommer suchten die Freunde des Vaters für die Nabokov-Brüder Sergey und Vladimir eine »richtige Arbeit« – in einer deutschen Bank. Sergey ging eine ganze Woche zur Arbeit, doch er war zu talentiert und gebildet, um »arbeiten zu gehen«. Vladimir reichten drei Tage. Er war außerstande, in der Bank zu sitzen. Schließlich war er kein Nichtstuer. Er hatte alle Hände voll zu tun. Er übersetzte die »Alice«. Er schrieb Gedichte. Lukasch hatte eine Drehbuchidee für ihn … Aber all das war keine »richtige Arbeit« und sicherte kein regelmäßiges Einkommen. Klawdija Siewert mochte beschlossen haben, sich den Bräutigam Swetlanas genauer anzusehen. Sie lud Nabokov ein und fuhr mit ihm in Begleitung ihrer Töchter Swetlana und Tanja und ihres Jüngsten, Kirill, in den Kurort Rothenfelde im Teutoburger Wald. Der junge Nabokov hätte sich hier als Nachhilfelehrer und Erzieher bewähren können, Tätigkeiten, mit denen er in naher Zukunft in Berlin seinen Unterhalt verdienen würde. Aber in Rothenfelde zog er in jenem Sommer die Schriftstellerei und das Brauten vor. Da erkannte Swetlanas Mutter wohl, was für eine schreckliche Last das Schicksal ihrer blutjungen Tochter auf die zarten Schultern zu wälzen gedachte: die für sie nutzlose Literatur und diesen überspannten, nervösen und sonderbaren Priester der Literatur, der bestenfalls zur Halbarmut verurteilt war.

Die Übersetzung der »Alice« kam gut voran. und der großzügige Verlag überreichte dem jungen Autor einen Vorschuß, eine Fünfdollarnote, die er in Ermangelung anderen Geldes dem Straßenbahnschaffner hinhielt. Für den Berliner Schaffner war das ein ebenso wichtiges Ereignis wie für den Übersetzer: In Deutschland, das von der Inflation zermürbt war, galt eine grüne Dollarnote als märchenhafte Summe. Der Schaffner ließ die Straßenbahn anhalten und zählte das Wechselgeld in Mark ab, das war ein ganzer Packen Geld. Die Fünfdollarnote als Vorschuß für »Alice« ging später in den Roman »Die Mutprobe« ein, wobei sie ihren Wert änderte (nicht nach dem Kurs, sondern nach den Gesetzen des Genres): »Als Martin in der Straßenbahn einen Dollar wechselte, statt diesen Dollar in Immobilien anzulegen, zitterten dem Schaffner vor Erstaunen und Freude die Hände.«

»Alice«, die er in Anja umtaufte, kam Nabokov nicht so schwierig vor wie »Colas Breugnon«. Die Sprache war hier moderner als bei Rolland, und auch der Humor, die Anspielungen, die Wortspiele waren nach seinem Geschmack. Das Prinzip war ihm klar: Er mußte anstreben, daß der russische Leser möglichst genausoviel Vergnügen an dem Buch hatte wie der englische Leser, daß er lächelte, nachdachte, sich begeisterte, den Atem des Geheimnisses spürte; daß hinter dem Spiel der Worte, Bilder und Assonanzen, hinter dem Geflecht der Assoziationen der geheime Sinn zum Vorschein kam. Er übersetzte in der russischen Tradition (die später von der sowjetischen Übersetzerschule erfolgreich weiterentwickelt wurde). Er übersetzte so, wie er später noch gut dreißig Jahre lang übersetzte (bis zum »Eugen Onegin«), danach focht er für die wörtliche und die interlineare Übersetzung. Seine Gedichte klangen in der Übersetzung wie Gedichte, Redensarten und Märchenanfänge, so daß sie Redensarten und Märchenanfänge auf neuem Boden werden konnten. An die Stelle der fremden, englischen Geschichte trat in seiner Übersetzung die russische Geschichte. Die Maus von Wilhelm dem Eroberer – er konnte ja den Kindern nicht gut erklären, wer Wilhelm der Eroberer war – wurde zu der Maus, die beim Rückzug Napoleons zurückgeblieben war; in »Alice« (Anja) schimmerte die Geschichte der Kiewer Rus durch. Auch die Melodien bekannter Gedichte, die im Schulunterricht durchgenommen wurden, waren für den russischen Leser nicht schwer zu erkennen – oft waren es Gedichte von Lermontow, die am häufigsten auswendig gelernt werden.

Begreiflicherweise gelang es nicht immer, alles russisch wiederzugeben, was im Original stand. Für Verluste mußte der Leser an anderer Stelle entschädigt werden, das wußte der junge Nabokov schon.

Einer der vielen Nabokov-Forscher in den USA hält diese Übersetzung von »Alice im Wunderland« für die beste der Welt.

Zwanzig Jahre später leistete diese Übersetzung dem Schriftsteller Vladimir Nabokov einen guten Dienst und half ihm, in Übersee die erste »richtige Arbeit« zu finden. Vielleicht würde diese Perspektive Swetlanas Eltern beeinflußt haben, wenn sie in die ferne Zukunft hätten blicken können?

»Colas Breugnon« kam im November heraus. Danach erschienen gleichzeitig zwei Gedichtbände von Nabokov, »Die Traube« und »Der himmlische Weg«. Die meisten Gedichte der »Traube« waren im letzten Jahr geschrieben und kündeten von seiner Liebe zu Swetlana. Er beeilte sich, ihr das Büchlein zu schenken, und wartete nicht auf Weihnachten. Als er später Gedichte für einen Sammelband auswählte, nahm er aus der »Traube« nur sieben Gedichte, doch aus dem »Himmlischen Weg« über dreißig. Genauso beurteilte der bekannteste und wohlwollendste Kritiker Nabokovs in der frühen Periode, Juli Aichenwald, den Wert dieser Sammelbände. Er war eben erst aus Rußland verbannt worden, zusammen mit einer großen Gruppe von Intellektuellen (Philosophen, Ökonomen, Genossenschaftlern). Diese Verbannung, die Lenin sich ausgedacht hatte und die der philosophischen Wissenschaft in Rußland einen nicht wiedergutzumachenden Schaden zufügte, fiel zusammen mit der Auflösung des Komitees zur Unterstützung der Hungernden, in dem die russische Intelligenz, die letztmalig von der bolschewistischen Regierung aufgerufen worden war, am Leben des Volkes teilzunehmen, sich bemühte, Tausende von russischen Bauern vor der unerhörten Hungersnot zu retten (und rettete), einer Hungersnot, die weitgehend von den Maßnahmen der Bolschewiken verursacht worden war. Dieses Komitee, gegründet auf Vorschlag und unter Teilnahme von Regierungsmitgliedern, wurde also bald wieder aufgelöst und die Hilfe für die Hungernden eingestellt, und die Intellektuellen durften wählen zwischen Erschießung und Verbannung ins Ausland.

Aichenwald kam nach Berlin und war bald ständiger Literaturkritiker der »Rul« und später erster Kritiker und älterer Freund Nabokovs. Wie auch andere Kritiker lobte er das Talent des jungen Dichters, seine technische Meisterschaft, seine Beobachtungsgabe, die überraschenden Details und die erstaunliche Schärfe der Wahrnehmung. Und doch empfanden er und andere Kritiker Nabokovs Gedichte als noch unreif. Auch späterhin vermerkten Kritiker in diesen Gedichten die verschiedensten Einflüsse, anfangs hauptsächlich von Fet und Maikow, dann von Bunin, Balmont, Gumiljow, Sascha Tschorny und auch von kleineren Dichtern wie Stscherbina und Ratgaus. Eine ganze Liste von Dichtern, die Nabokov beeinflußt hatten, führt Gleb Struve in seinem bekannten Buch über die Emigrantenliteratur an, wo er verwundert feststellt, daß »der junge Nabokov keiner Modeströmung den üblichen Tribut zollte«. »Seine Zeitgenossen«, schreibt Gleb Struve, »betrachteten ihn als einen poetischen Altgläubigen.«

Nabokov selbst schrieb später (im Vorwort zur Pariser Ausgabe seiner Gedichte 1952), daß 1929 »seine Periode des Jünglingsschaffens zu Ende ging«. Dabei war der dreißigjährige Nabokov zu der Zeit bereits ein fertiger Prosaiker.

Das Schicksal hielt einen neuen Schlag für ihn bereit. Am 9. Januar 1923 verkündeten ihm die Siewerts, der Familienrat habe beschlossen, seine Verlobung mit Swetlana zu lösen, da sie noch zu jung sei und er noch nicht die Verantwortung für eine Familie übernehmen könne. Swetlana fand sich damit ab. Später erzählte Madame Swetlana de Langeron dem Nabokov-Biographen: Wenn ihr Gedächtnis sie nicht täusche, habe ihr Bräutigam Tränen in den Augen gehabt, als ihm die Trennung verkündet wurde. Swetlana wurde nach Bad Kissingen gebracht, und er ergab sich, Trost suchend, dem Gedichteschreiben. In den verbleibenden Januartagen schrieb er zwanzig Gedichte, von denen er später fünfzehn als würdig ansah, in seine Gedichtsammlung aufgenommen zu werden. Dieser Höhenflug des dichterischen Schaffens begann am 9. Januar, als er, von den Siewerts zurückgekehrt, das schöne Gedicht »Finis« (Ende) schrieb. Nach diesem Gedicht zu urteilen, hat an diesem Tag nicht nur er Tränen in den Augen gehabt:

Du mußt nicht weinen! Siehst du dort den Stern?
Über den Bäumen, rechts? O nein, nicht weinen!
Ich bitte dich! Er ist uns schrecklich fern
Und kann doch hier in unsern Garten scheinen.
Was sagt ich grade? Ja, wenn man's bedenkt,
Wie leer sind diese Wörter: »Liebe«, »sehnen«.
Dann haben mich die Blumen abgelenkt.
Du mußt verzeihen. Und schon wieder Tränen!
Nicht weinen! Quält uns jemand nur zum Spaß?
An nichts mehr denken und auf nichts mehr warten …
Es steht ein Stern über dem schwarzen Garten …
Sag, wenn wir jetzt erwachten, wie wär das?*

Wieder ist der Schlaf die Rettung für den Unglücklichen. Swetlana erscheint ihm im Traum, sie ist tot wie sein Vater. Und lebendig wie er. Beide sind im Paradies, und das Paradies hält sie fern von dem Dichter …

Gedichte über das Paradies hat der junge Nabokov viele geschrieben. Dennoch handeln die meisten Gedichte aus dem Januar nicht von Tod und Hoffnungslosigkeit, sondern von der Möglichkeit des Glücks. Man spürt, daß der gewaltige Vorrat an Freude und Gesundheit, den er in seiner paradiesischen Kindheit in Rußland angesammelt hatte, ihm helfen würde, auch dieses neue Unglück zu überwinden.

In der Zeit schreibt Nabokov (nach der in »Rul« veröffentlichten Erzählung »Böse Geister«) seine zweite Erzählung – »Das Wort«. Darin ist auch das Paradies, darin sind Engel und die Atmosphäre von E.A. Poe. Aber es gibt weiterhin eine Linie, die das Thema des großen Geheimnisses vorwegnimmt, das sich dem Menschen vor dem Tode auftut. Das wird bei Nabokov noch mehrmals auftauchen, auf anderem Niveau – in der Erzählung »Ultima Thule«, im »Wahren Leben des Sebastian Knight«, im »Fahlen Feuer« ...

Im März erfuhr Nabokov, daß der Dichter Gumiljow in Petersburg erschossen worden war. Die Nachricht erschütterte ihn. Und etwas später schrieb Nabokov: »Von Gumiljow kann man nicht ohne Bewegung sprechen. Die Zeit wird kommen, in der Rußland stolz auf ihn ist.« Wie auch sein Vater fand Nabokov die Todesstrafe ungeheuerlich. In Rußland wurden damals wahllos Menschen erschossen. In jeder Emigrantenfamilie sprach man von Erschießungen. Nabokovs neue Bekannte, die reizende Romana, Tochter des Petersburger Advokaten Semjon Kljatschkin, hatte drei von acht Geschwistern verloren. Die Erschießung wurde zu einer quälenden Vision, sie verfolgte Nabokov bis in seine Träume und ging später auch in die Träume seiner Helden ein – des jungen Martin, des alten Dichters Podtjagin, des Timofey Pnin:

Kaum bin ich abends eingeschlafen,
Mein Bett den Weg nach Rußland sucht;
Dort führt man, um mich zu bestrafen,
Führt mich zum Sterben in die Schlucht.
Mein Herz, ich weiß, du hättest gerne,
Daß alles wahr wär und kein Traum:
Nacht, Rußland, die Erschießung, Sterne
Und vor der Schlucht der Kreuzdornbaum.*

Schon hier diese geheimnisvolle, unüberwindliche Sehnsucht nach Rußland, nach der Gefahr, nach dem letzten Atemzug russischer Luft vor dem Tode, nach dem Sühnetod – all das, was dem späteren Roman »Die Mutprobe« zugrunde liegt.

Anfang April las er seine Gedichte im Schubertsaal in der Bülowstraße, es war ein Abend des russischen Studentenbundes, und alle aus der »Bruderschaft des Runden Tischs« traten auf – Lukasch, Struve, Gorny, Amfiteatrow und Kretschetow. Im Publikum saß eine zierliche, zauberhafte Blondine. Sie hatte einen schönen Mund und aufregende Augen – dunkelblau und rhombenförmig (»In zwei samtenen und konzentrierten Welten«). Und sie hatte einen starken Willen – solche Frauen liebte Nabokov.

***

»Nur an die beiden Zeilen kann ich mich erinnern«, sagt mir Vera Semjonowna Kljatschkina.

In zwei samtenen und konzentrierten Welten
Hab ich, und sei's nur kurz, wie Gott gelebt ...

»Hat sie ihn zum Abschied geküßt?«

»Wie kommen Sie darauf?«

»Ich weiß nicht ... Sonja hat Martin geküßt. Ich dachte nur. Aber ich bin nicht sicher.«

»Wer soll das jetzt noch sagen ...«

Wir sitzen am Teetisch in der gemütlichen Wohnung in der Pariser Avenue de Saxe. Der Tisch ist reich gedeckt: ein russisches Haus!

»Ich war damals für drei Monate zu Romana nach Berlin gekommen und habe ihn bei ihr gesehen. Ich bin jünger als sie und wurde nicht beachtet. Er sah einfach umwerfend aus, gertenschlank und hoch aufgeschossen. Er hatte sich in unsere Romana verliebt und wollte sie heiraten. Ihr gefiel er auch. Aber der Türke gefiel ihr noch besser ...«

»Was für ein Türke?«

»Ein junger Dichter. Er war genauso alt wie Romana und schrieb Gedichte auf französisch. Ein Verehrer von Leconte de Lisle. Zwischen ihnen war es wirkliche Liebe. Darum konnte Romana nicht Nabokov heiraten. Später tat es ihr leid, da war sie schon über fünfzig ... Sie mochte Jelena Iwanowna

Nabokowa sehr – eine echte Aristokratin und so gütig und nobel. Jelena mochte sie auch. Aber Romana gab Nabokov einen Korb, weil sie ihren Türken hatte. Unsere Eltern lehnten den Türken ab … Von Berlin fuhr sie nach Paris und erkrankte dort vor Kummer …«

Vera Semjonowna erzählt erstaunliche Geschichten. Die meisten natürlich über ihre Schwester Romana. Die hatte einen göttlichen Funken und auch Talent – der Vater hatte sie für eine glänzende Advokatenkarriere ausersehen, aber aus dem Studium wurde nichts. Später arbeitete sie mit Mutter Maria für die »Rechtgläubige Sache«. Im Krieg versteckten sie Juden und retteten ihnen das Leben. Romana entging durch ein Wunder der Verhaftung: Sie war in den Ferien auf das Gut ihrer Schwester ins Périgord gefahren, und in dieser Zeit wurden in Paris alle verhaftet – Mutter Maria, ihr Sohn, die Helfer – alle kamen im Lager um …

Wo war mir der Name schon begegnet, Romana Semjonowna Kljatschkina?

Jetzt weiß ich's! Ein Eckchen des russischen Friedhofs Sainte-Geneviève-du-Bois. »Und Birken, Birken, Gräber, Gräber, und alles bekannte russische Namen …« Und noch ein Name, ganz neu: Viktor Platonowitsch Nekrassow. Mein lieber Bekannter von Koktebel. Und auf demselben Stein Romana Semjonowna Kljatschkina. Sie war schon vor langem an Krebs gestorben. Und man hatte Viktor Nekrassow in dem Grab von Nabokovs Jugendliebe bestattet. Die geheimen Themen, die Muster des Schicksals, die Verkupplung der Zeiten, die Nabokov so geliebt hatte. Wie könnte ein Biograph darüber hinweggehen?

***

Im April brachte Nabokov der »Rul« eine neue, gänzlich andere Frucht seines Schaffens. Und wie immer hielt Iossif Hessen das Blatt dicht vor seine kurzsichtigen Augen, brummte ironisch und gab das Werk in Satz. Er fand die Schachaufgabe seines Protegés geistreich: Schwarz sollte die Partie mit einem Bauernzug B7-B5 beenden. Überlegen Sie, überlegen Sie … Später verlangten die Sujetkonstruktionen seiner Prosa dem Leser ähnliche Denkanstrengungen ab. Keine der Passionen Nabokovs schien ohne Nutzen für sein Werk zu bleiben: Schmetterlingsjagd, Tennis, Schach. Sie alle spielten eine Rolle in seinen Werken.

Nabokov hatte in jener Zeit noch eine schlichte und sogar volkstümliche Passion – den Kinematographen. »Für Nabokov«, so schrieb Iossif Hessen in seinen Erinnerungen, »schien es kein größeres Vergnügen zu geben, als sich einen albernen amerikanischen Film anzusehen. Je sorgloser und dümmer der Film war, desto mehr bebte Nabokov vor Lachen, so daß er manchmal den Saal verlassen mußte.« Er sah nicht nur gern Filme, sondern träumte davon, einmal für das Kino zu arbeiten. Man wird kaum einen anderen Prosaiker finden, der in seinen Werken so oft idiotische Filme nacherzählte und seine Helden im dunklen Kinosaal schniefen ließ. Nabokovs Nacherzählungen waren natürlich zumeist Parodien der vulgären Filme. Manchmal konnte er auch sowjetische Filmprodukte sehen. Da ist zum Beispiel der »russische Film« in der »Gabe«, in dem weinbeerengroße Schweißperlen gezeigt wurden, die über die Gesichter der Fabrikarbeiter rollten, während der Fabrikant eine Zigarette rauchte. Der ältere Leser erkennt denn auch in Nabokovs Beschreibung mühelos einen »sowjetischen Dokumentarfilm, der in den späten vierziger Jahren gedreht worden war« – wir haben viele davon gesehen: »Er enthielt angeblich kein Fitzelchen Propaganda, sondern nichts als Kunst, Frohsinn und die Euphorie stolzer Arbeit. Hübsche, ungepflegte Mädchen marschierten in einem unvordenklichen Frühlingsfestival mit Bannern, die Brocken aus alten Balladen zeigten, etwa ›Ruki protsch ot Korei‹ [Hände weg von Korea]. Die Moskauer Metro schimmerte mit ihren Säulen und Statuen, und sechs Pseudo-Fahrgäste thronten auf drei Marmorbänken. Achttausend Bürger nominierten ... einstimmig Stalin als Kandidaten für Stalins Moskauer Wahlbezirk. Der neueste Sim-Personenkraftwagen brach mit der Familie eines Fabrikarbeiters und ein paar anderen Leuten zu einem Picknick im Grünen auf ...«

Und doch, trotz der kämpferischen Vulgarität der neuen Muse war Nabokov beeindruckt, wie sich ein Mensch von

Fleisch und Blut auf der weißen Leinwand in einen Schatten verwandelt, wie der Schatten von seinem Besitzer losgelöst wird und ein Eigenleben führt …

Damals in seiner Jugend diente der spätere Drehbuchschreiber, Romanautor und Professor dem stolzen Kinematographen als namenloser Statist. Die Mitwirkung an Massenszenen und Episoden wurde für Nabokov eine Einnahmequelle in der glücklichen und ärmlichen Berliner Zeit. Der Kinematograph blühte damals in Berlin, das was die Zahl der Filmtheater anging, den zweiten Platz in Europa einnahm und für seine Studios berühmt war, in denen der berühmte Abel Gance, Max Ophüls und viele bekannte russische Filmschaffende drehten. Im Frühjahr 1923 spielte Nabokov zum erstenmal in einer Massenszene mit, die ein Theaterpublikum darstellte. Er stand in einer Loge und klatschte, das Gesicht der vermeintlichen Bühne zugekehrt, und da er als einziger im »Theater« einen richtigen Abendanzug (noch aus seiner Zeit in Cambridge) trug, verweilte die Kamera etwas länger auf ihm als auf den anderen. Als der Film endlich herauskam, ging Nabokov mit Lukasch ins Kino und zeigte aufgeregt auf die Leinwand, als dort undeutlich sein Gesicht vorüberhuschte. Lukasch hatte nichts gesehen und sagte gekränkt, Nabokov hätte sich diese Episode seines Filmruhms ausgedacht.

Aber wenn du mein Schicksal bist …

Die Mühen und Nöte des vergangenen Jahres hatten Nabokovs Gesundheit angegriffen, trotz seines Optimismus und seines jugendlichen Vorrats an Lebenskraft, und da bot sich plötzlich eine großartige Möglichkeit, sich zu erholen. Ein alter Freund seines Vaters, ehedem Oberhaupt der Krim-Regierung, Solomon Krim, erzählte den Nabokovs von seiner neuen Beschäftigung: Als ausgebildeter Agronom und Weinbauer leitete er jetzt das überaus reiche Bespalowsche Weingut in der Provence im Süden Frankreichs. »Warum sollte Volodya nicht für einen Sommer als Saisonarbeiter zu uns kommen?« bot Krim an. »Tapetenwechsel ...« Dem intelligenten Karaiten war literarische Arbeit nicht fremd. Nabokov rüstete zur Reise nach Südfrankreich, führte aber einstweilen noch sein aufregendes Berliner Leben. Er war vierundzwanzig, und fast jeden Abend besuchte der junge Literat und leicht entflammbare Jüngling in dem eleganten Cambridger Blazer Theatervorstellungen des Moskauer Künstlertheaters, wohltätige Veranstaltungen, »Schauprozesse« im Journalistenklub (oder in der »Rul«-Redaktion) gegen Kunstwerke und deren Helden. Da lief etwa ein Prozeß gegen die »Kreutzersonate«, und Nabokov, der die Rolle des Mörders spielte, hielt eine Verteidigungsrede. Es lief ein Prozeß gegen das berühmte Stück »Das Wichtigste« von Jewreinow, und Nabokov in der Rolle des Dramatikers verteidigte dessen Theorie vom Glück. Erinnern wir uns, daß die Romane »Verzweiflung« und »Lolita« der Form nach Verteidigungsreden eines Mörders sind. Viele Ideen Jewreinows fanden später ihre Spiegelung in der Dramatik und Prosa Nabokovs. So daß auch diese Zerstreuungen dem Werk des zielstrebigen Autors zustatten kamen. Im übrigen gab es auch weniger »hochgeistige« Zerstreuungen. Berlin wurde damals von einer Tanzepidemie heimgesucht ... Und Nabokov waren, aus einer seiner Erzählungen zu schließen, solche Volksvergnügen nicht fremd.

Er nahm auch an den bei Emigranten so beliebten Wohltätigkeitsbällen teil. So wie es in »Lushins Verteidigung« beschrieben ist: »Eine Menge Menschen waren auf diesem Ball – etwa ein ausländischer Konsul, den man unter großen Mühen zum Kommen bewegt hatte, ein berühmter russischer Sänger und zwei Filmschauspielerinnen ... Auf einem Tisch waren Tombolagewinne aufgetürmt: ein würdevoller Samowar mit rot-blauen Lichtreflexen, Puppen in Sarafans, ein Grammophon und Liköre (gestiftet von Smirnowski), Sandwiches, italienischer Salat und Kaviar ...«

Auf solch einem Ball am 8. Mai 1923 – im Tanzsaal oder am Tresen mit der Bowle – lernte Nabokov nach eigenem (also offiziellem) Bekunden Vera Slonim kennen. Dieser vorsichtige Satz bedarf mehrerer Präzisierungen. Erstens kam nach und nach heraus, daß er sie schon vorher hatte sehen können, zweitens daß sie ihn natürlich vorher schon mehrmals gesehen hatte: auf der Bühne bei seinen Lesungen, im Publikum bei literarischen und sonstigen Abenden ... Und auf diesem Ball ... Was war da eigentlich passiert? Hatte er sie zum Tanz aufgefordert? Oder sie ihn? Wer hatte wen angesprochen? Sie hatte überdies eine Maske getragen und sie nicht mal abgenommen, wenn sie den Saal verließ. Also wie denn – hatte er ihr Gesicht bei der ersten Begegnung gar nicht gesehen? Was hatte er gesehen? Was hatte ihn erregt? Die Linie ihres Halses (er zeichnete doch diese Linie fast bei jedem seiner Frauenporträts)? Das frühlingshafte Weiß ihrer Haut? Oder hatte er »eine längst bekannte, goldene, flüchtige Linie« wahrgenommen, »die alsbald für immer verschwand«, eine Linie, bei deren Anblick ihn »ein hoffnungsloser Wunsch« übermannte, »dessen Reiz und Reichtum in seiner Unerfüllbarkeit bestand«? (Man beachte die Hoffnungslosigkeit des Wunsches und die Unerfüllbarkeit). Er hatte natürlich die besondere Redeweise der jungen Frau mit der Maske wahrgenommen, vielleicht auch die Seelenverwandtschaft gespürt und »das, was ihn am meisten an ihr begeisterte«, ihre Auffassungsgabe, ihr absolutes Gehör in bezug auf alles, was er selbst liebte, erkannt: »Kaum hatte er einen vergnüglichen Aspekt der Nacht wahrgenommen, da wies sie ihn schon darauf hin.« Also, Version Nummer eins, die offizielle: ein Wohltätigkeitsball, ein nächtlicher Spaziergang, ein maskiertes Mädchen, ein Gespräch an der Brücke ... Diese Version des Kennenlernens wiederholen die beiden Nabokov-Biographen – Field und Boyd. Ich präsentiere meine, die dritte ...

***

Der Tag in Genf verglühte vor dem Fenster. Der Tee war ausgetrunken, und Elena Vladimirovna Sikorskaja-Nabokova zog es in die Küche, um mich zu beköstigen (ein unausrottbarer, rein russischer Trieb). Aber ich wollte noch fragen, präzisieren und im Notizbuch traurige Bestattungskreuzchen hinter simplen Hypothesen eintragen.

»Noch etwas, Elena Vladimirovna … Eine Dame in Paris, eine sehr würdige Dame und keineswegs eine Schwätzerin, hat mir folgende Version seiner Bekanntschaft mit Vera Evseevna mitgeteilt … Sie soll Ihren Bruder brieflich zum Rendezvous bestellt haben, in den Tiergarten, bei einer Brücke, um Mitternacht. Wenn das stimmt, ist es geradezu genial. Daß sie ihn so gut kannte! Sie selbst soll maskiert zu dem Rendezvous gekommen sein …«

Ich verstummte und wartete auf Widerspruch, aber der blieb aus. Doch eine Bestätigung bekam ich auch nicht.

»Nehmen Sie bitte den Gedichtband dort aus dem Regal … das goldene Büchlein da.«

»Ich sehe schon, die Ausgabe von ›Ardis‹. Und nun?«

»Schlagen Sie Seite 106 auf und lesen Sie ….«

Sehnsucht, Geheimnis und Erquickung …
Wie aus der flimmernden Schwärze
Des langsamen Maskenballs
Erschienst du auf der trüben Brücke.

»Nun ja«, sagte ich, »wie aus der Schwärze des langsamen Maskenballs, das besagt nicht, daß es wirklich einen Maskenball gegeben hat. Vielleicht gab es nur das Rendezvous …«

»Lesen Sie weiter.«

Und das romantische Mitleid
Hat dich vielleicht hergeführt,
Damit du verstehst, welcher zitternde Pfeil
Das Gedicht durchbohrt hat.

»Ich verstehe es so, Elena Vladimirovna – das ist ein Gedicht von 1923, von Schmerz durchbohrt, und sie hat es gelesen. Über Swetlana wußten doch in der Berliner Miniwelt alle Bescheid und über die Trennung auch … Er sucht nach dem Grund ihres Kommens und sieht ihn nur in romantischem Mitleid. Aber das ist ritterliche Demut und nicht Stolz. Und das von dem Pfeil hat vielleicht Vera Evseevna gesagt … Solch ein Blick eines Außenstehenden auf ein Gedicht bewegt einen Autor doch immer ...«

»Lesen Sie.«

Doch der nicht ausgeweinte Kummer
Trübte uns die Sternenstunde.
Der Doppelschlitz deiner matten Augen
Kehrte in die Nacht zurück ...
Für lange wohl? Für immer gar?
Ich gehe weiter und horche
Auf die Bewegung der Sterne über uns ...

»Vielleicht ist das schon in der Provence geschrieben, was meinen Sie, Elena Vladimirovna?«

Und wenn du nun mein Schicksal bist ...
Die Seele muß noch weiter wandern.
Aber wenn du mein Schicksal bist ...

»Ich verstehe. Er wartete auf solch eine Begegnung, war aber noch nicht für sie bereit. Er war noch nicht frei von dem, was ihm in letzter Zeit widerfahren war. Von Swetlana war er nicht frei (er schrieb ihr noch aus Frankreich), vielleicht auch nicht von Romana – das war auch ein Schlag gegen sein Selbstwertgefühl gewesen ... Seine Seele mußte noch umherirren, aber beide glaubten an eine günstige Sternenkonstellation, an ihre ›Sternstunde‹.«

»Jetzt schlagen Sie Seite 115 auf!«

»Was ist hier? Aha, sogar das Datum: 25. September. Gewiß, das kann nachträglich eingetragen worden sein, und doch ... ›Gestern träumten wir am Kanal ...‹ Also, das ist nicht das erste Rendezvous ... Am Tag zuvor trafen sie sich im Park, und er fand einen Fächer unter der Bank ...«

Die geometrische Laterne,
Der Ahorn – alles märchenhaft ...
Dein schwarzes Kleid seh ich im Traume,
Verhaltne Glut in deinem Blick ... *

(Ja, ja, verständlich. Die ganze Liebesgeschichte in der »Gabe« ist die Geschichte eines unverwirklichten, unerfüllten und unstillbaren Wunsches, wie sie sich ein Dichter nicht besser ausdenken kann.)

Auf einer einsamen und feuchten
Verschlafnen Straße, jetzt und hier,
Als Wand, gespenstisch angeleuchtet,
Steht jäh mein Leben hinter mir.*

»Ja, Elena Vladimirovna, für so etwas kann man dann das ganze Leben …«

»Vera blieb ja fürs ganze Leben … Auch jetzt noch – von ihrer Umgebung nimmt sie kaum noch etwas wahr, aber alles, was ihn betrifft, seine Gedichte und Romane, alle seine Angelegenheiten, das weiß sie noch …«

Da begriff ich, daß Vera Evseevna sich bestimmt auch daran erinnerte, daß es in Moskau einen dreisten Übersetzer gab, der es ohne ihre Erlaubnis gewagt hatte, einen Roman neu zu übersetzen, dessen Übersetzung sie einstmals abgesegnet und sogar unterschrieben hatte (»unter Mitwirkung von …«), und daß dieser Übersetzer ich war … Ich begriff das und ließ den Kopf hängen und rüstete zur Rückreise nach Paris; eine weite Zugfahrt hatte ich an diesem Tag unternommen, über 1000 Kilometer hin und zurück, um wenigstens für ein paar Stunden in das fremde (und nicht ganz so fremde) Leben einzutauchen.

***

Mitte Mai fuhr Nabokov mit dem Zug über Dresden, Strasbourg, Lyon und Marseille in Richtung Toulon auf das Gut Beaulieu. Die Reise erregte ihn. »Die Tatsache, daß er in einem fernen nördlichen Land geboren war«, hatte unter den verschiedenen ausländischen Reisegefährten »eine Nuance von zauberischem Geheimnis angenommen. Als sorgloser Besucher von einer fernen Küste schlenderte er durch die Basare der Ungläubigen … aber wo er auch hinkam, nichts konnte in ihm das wunderbare Gefühl, anders und auserwählt zu sein, schwächen. Solche Worte, solche Begriffe und Bilder, wie die von Rußland hervorgebrachten, gab es in anderen Ländern nicht … Es schmeichelte ihm, daß die Engländer für Tschechow, die Deutschen für Dostojewski schwärmten …«

So beschreibt er im Roman »Die Mutprobe« sein Leben in Beaulieu. Nicht wahr, sonderbare Gedanken beherrschen den halbnackten, dunkelbraun gebrannten jungen Landarbeiter, der im Garten Süßkirschen pflückt.

Mitte Juni schrieb Nabokov seiner Mutter von Beaulieu nach Berlin:

»Liebe Mutter, heute bekam ich Deine liebe Karte. Du schreibst, Du hättest nur zwei Gedichte bekommen (›Die Süßkirschen‹ und noch eins). Doch davor habe ich Dir einen langen Brief geschickt mit den Gedichten ›Abend‹ und ›Die Kreuze‹ … Jetzt schicke ich Dir zwei Aufnahmen (morgen schicke ich noch bessere) und ein Gedicht …

Jetzt ist es Abend, am Himmel rührende Wölkchen. Ich bin durch die Pflanzung hinterm Korkeichenwäldchen gegangen, habe Pfirsiche und Aprikosen gegessen, mir den Sonnenuntergang angeschaut und dem Schlag der Nachtigall gelauscht – ihr Lied und der Sonnenuntergang schmeckten nach Pfirsichen und Aprikosen.

Mich zieht es all die Tage zum Tintenfaß, aber ich habe keine Zeit zum Schreiben. Darum komme ich – auch weil ohne Dich die Sonne keine Sonne ist – spätestens am 20. Juli zurück.

Ich bin fett geworden und ganz schwarz gebrannt, denn ich arbeite nur in der Unterhose. Ich freue mich unendlich, daß ich hergefahren bin, und ich bin Sol. Sam. (der nicht kommt) unendlich dankbar.«

Natürlich hatte er an den Abenden mitunter Heimweh, und an einem solchen Abend schrieb er einen kläglichen Brief an Swetlana, und wenn diese Geschichte in der »Mutprobe« genau dargestellt ist, bekam er eine resolute Antwort (»Um Gottes Willen, es reicht«) und atmete erleichtert auf. Zumal die Zeitung »Rul« schon bald neue intime Bekenntnisse veröffentlichen würde. Am 24. Juni druckte die »Rul« sein Liebesgedicht »Die Begegnung«, das ich siebzig Jahre später als Gast bei Elena Vladimirovna las: »Unter den Kastanien am

Kanal …« Diejenige, an die es gerichtet war, hat es ohne Zweifel gelesen (zumal in derselben Nummer der »Rul« Übersetzungen von ihr erschienen). Im Juli standen Übersetzungen von beiden in der »Rul«: Er hatte E.A. Poe übersetzt, und sie hatte ihre Übersetzung mit V.S. unterschrieben – Vladimir Sirin? In der Zeit zwischen der Publikation hatten sie Briefe gewechselt, in denen hinter höflichen Sätzen vieles stand. Aber das Wichtigste hatte er schon in seinen Gedichten gesagt. Seine Seele war frei, ein neues Gefühl in sich aufzunehmen, und immer entschiedener gewann seine jubelnde Lebensfreude die Oberhand.

Seine Landarbeiterzeit beschrieb er später ausführlich in der »Mutprobe«.

Er wohnte mit den anderen Arbeitern in einer Scheune, trank wie sie anderthalb Liter Wein am Tag und fand sportliche Freude daran, daß er sich in nichts von ihnen unterschied, allenfalls durch das helle Bärtchen, das er sich hatte wachsen lassen.

Er unterschied sich wirklich kaum von ihnen – halbnackt, sonnenverbrannt, mit verarbeiteten Händen … Ein durchreisender bejahrter Engländer, der ihn gebeten hatte, auf sein Pferd aufzupassen, während er mit dem Kescher einen Schmetterling jagte, war nicht wenig verwundert, als der junge Landarbeiter, den er für einen Italiener, einen Südländer gehalten hatte, ihm den lateinischen Namen des gefangenen Schmetterlings nannte. Als Solomon Krim auf das Gut zurückkehrte, gab er seinem jungen Arbeiter manchmal Zeit für die Schmetterlingsjagd. Und die Literatur? Er war es gewohnt, nachts oder morgens im Bett zu schreiben, doch hier schlief er mit den anderen in der Scheune, überdies mußte er schon um sechs zur Arbeit. Dennoch brachte er es fertig, zwei kurze Stücke zu schreiben, die in der »Rul« abgedruckt wurden. Beide beschwören Bilder des Todes. Sie enthalten Betrachtungen über die Wege des Schicksals, darüber, ob man dem Tod entgehen oder ihn wenigstens zeitweise fernhalten könne. In einem stimmen russische und westliche Forscher überein – die umfangreiche literarische Produktion Nabokovs zu Beginn der zwanziger Jahre, die schon viele Kunstgriffe und viele Bilder und fast alle Themen der späteren Prosa enthielt, war doch noch recht schwach und diente gleichsam als Fingerübung, als Anlauf vor dem plötzlichen Sprung, der die russischen Leser verblüffte und nur drei oder vier Jahre nach dem Aufenthalt in der Provence stattfand; von da an nahm Vladimir Nabokov seinen ganz besonderen, von niemandem angefochtenen Platz in der jungen Emigrantenliteratur ein.

Ende Juli kehrte Nabokov im finstersten Stadtteil von Marseille in eine Hafenkneipe ein, wo sich russische Seeleute trafen. Keiner der Gäste ahnte natürlich, daß auch er Russe war. Hier schrieb er an einem Tischchen einen Brief an Vera Slonim, verwundert darüber, daß er hier saß, im nächtlichen Hafen, wo der Wind von Afrika herüberwehte, in einer Kneipe, wo sich die Matrosen in einer deftigen Sprache unterhielten, er, der die Namen der Meeresfische, der Schildkrötenknochen, der Pflanzenarten kannte, er, der Gedichte von Ronsard auswendig wußte ... Ein sehr interessanter Brief. Nabokov appellierte gleichsam an das Mädchen, nicht nur seine Empfindungen zu teilen, sondern sich auch gemeinsam mit ihm an seiner so sonderbaren, ungewöhnlichen Gestalt zu erfreuen. Nach dem Tode des Vaters war nur ein Mensch geblieben, der sich dafür interessierte, ob er braungebrannt war und sich erholt hatte und was die Filmsternchen über ihn sagten, wenn sie ihn in dem Cambridger Blazer sahen. Jetzt gab es in Berlin noch einen solchen Menschen, Vera. Und jemandem von sich zu erzählen, dem man nicht gleichgültig war, das war ja lebensnotwendig, besonders wenn man seit langem daran gewöhnt war, der Liebling der Familie, der Schönste, der Begabteste zu sein ...

Die Kneipe und die Abende in Marseille tauchten ein halbes Jahr später in der Erzählung »Der Hafen« wieder auf.

***

Im August kehrte Nabokov nach Berlin zurück und traf sich alsbald mit Vera. Die Begegnungen wurden regelmäßig, doch kam sie kein einziges Mal zu den Nabokows nach Hause. Sie trafen sich in Straßen und Parks, und Berlin gewann für die Verliebten einen besonderen Zauber – sie hatten beide genug

Phantasie, um die Stadtlandschaften zu beleben. »Laterne, Zaun, das Asphaltnaß auf Plätzen sind unser Nachtreich – uns gehört nicht viel; laß auf die Karte Phantasie uns setzen, die Welt bei Nacht gewinnend durch dies Spiel. Ein Vorgebirge – keine Wolke; blendet Feuer im Wald und nicht des Fensters Schein! O schwöre mir, solang der Weg nicht endet, allein der Dichtung treu zu sein! So kam heraus, daß selbst Berlin geheimnisvoll sein konnte. Licht flackert in den Lindenblüten. Duft. Stille. Nacht. Vom Prellstein dringt der Schatten der Passanten wie ein Zobel, der über einen Baumstumpf springt. Der pfirsichgleiche Himmel taut: Wasser in Glut, Venedigs Glänzen – der Stern hier auf die Wolga schaut, die Straße führt an Chinas Grenzen.« So in der »Gabe«, wo viele Seiten autobiographisch sind und von Vera, von der Liebe, von Berlin handeln …

Außer mit seinen Angehörigen und mit Vera hatte er Umgang mit befreundeten Literaten, Mitgliedern der »Bruderschaft«, vor allem mit Iwan Lukasch, dem er sich immer enger anschloß. Lukasch benutzte damals ein Pseudonym – Iwan Oredesh, das an Wyra erinnerte. Vor allem war es die Arbeit, die sie verband. Lukasch hatte stets eine Menge Ideen und Aufträge. Der energische und fähige Lukasch selbst mußte viel arbeiten, denn er hatte schon Familie. Roman Gul (damals noch ein »Mann von ›Nakanune‹«) schrieb später, daß Lukasch, der ein gutes Dutzend Bücher (darunter »Mussorgskis arme Liebe« und »Die Grenadiere des Palastes« geschrienen hatte), von seinen Zeitgenossen unterschätzt wurde. Die Frau von General Skoblin, die berühmte Sängerin Nadeshda Plewizkaja, hatte Lukasch beauftragt, ihre Biographie zu schreiben. Das Geld für die Herausgabe spendete ein reicher Gönner der Plewizkaja, der mit Freud und der Prinzessin Marie Bonaparte befreundet war. Später wurden zwei Haupthelden dieser Biographie (Plewizkaja und Skoblin) Agenten der GPU, worüber Nabokov zwei Jahrzehnte danach auf englisch eine Erzählung schrieb. Damals, in den zwanziger Jahren, sah alles noch durchaus anständig aus: Das Buch über Plewizkaja gab Rachmaninow heraus, der sie hoch schätzte; das Vorwort schrieb Remisow, und Lukasch bekam das Geld, das er für den Unterhalt seiner Familie brauchte.

Nabokov war jetzt ein freier Künstler und sah sich auch nach allen möglichen literarischem Einnahmen um. Darum stimmte er einem abenteuerlichen Vorschlag Lukaschs sogleich zu – das Buch für eine Pantomime zu schreiben, welche die Symphonie »Ahasver« des Komponisten Jakobson begleiten sollte.

In jenem Herbst schrieb Nabokov mehrere Erzählungen – »Die Töne«, »Der Flügelschlag«, »Die Götter«, »Man spricht russisch«. All das – die Pantomime, die Erzählungen, die Gedichte und die Schachaufgaben für »Rul« – ergab zwar nur ein winzig kleines Einkommen, dafür gelang es ihm jedoch, fast alles zu verkaufen: Was nicht in »Rul« gedruckt wurde, konnte er woanders veröffentlichen, im »Russischen Echo« oder in Riga. Zugleich begann seine Tätigkeit als Nachhilfelehrer. Er mußte immer mehr arbeiten, denn die Mark fiel katastrophal. Im August 1923, als Nabokov aus der Provence zurückkehrte, kostete eine Nummer der »Rul« noch 40000 Mark, im Dezember schon zweihundert Milliarden. Der russischen Presse ging es schlecht. Nach und nach verließen die russischen Schriftsteller und andere Emigranten Berlin. Die Familie Nabokow beschloß, nach Prag zu ziehen. Die tschechische Regierung hatte eine »russische Aktion« verkündet – eine Hilfsaktion für russische Emigranten: Pensionen, Stipendien für Studenten, Subsidien für russische Schulen und die russische Wissenschaft. Der russophile Politiker Karel Kramár bot Jelena Iwanowna Nabokowa und ihrer Tochter Elena an, fürs erste in seiner Villa zu wohnen. Im Dezember zog auch Olga zu ihnen. Später brachte Nabokov seinen jüngeren Bruder Kirill, die ehemalige Gouvernante der Schwestern und beste Freundin der Mutter, Jewgenija Hofeld, und den Familienhund nach Prag. In Prag mieteten die Nabokows eine recht kärgliche Wohnung mit ein paar Stühlen und einem verwanzten Sofa. Die Zimmer waren kalt und ungemütlich. Nabokov hoffte, sobald er ein bißchen mehr Geld verdiente, die Mutter nach Berlin zurückzuholen.

Dort lernte er Marina Zwetajewa kennen. Später erinnerte er sich, daß sie an einem windigen Tag einen poetischen Spaziergang unternahmen.

Er arbeitete an der »Tragödie des Herrn Morn«. Als er das Stück fertig hatte, kehrte er nach Berlin zurück, wo er ein geräumiges Zimmer im zweiten Stock der Pension Andersen in der Lutherstraße mietete. Nun begann ein neues, selbständiges Leben voller Arbeit, Freuden, Entbehrungen, Enttäuschungen, Erfolgen. Jelena Iwanowna Rukawischnikowa-Nabokowa sollte jedoch bis ans Ende ihrer Tage in Prag bleiben. Der Sohn holte sie nicht nach Berlin – seine unregelmäßigen Einkünfte hätten nie ausgereicht, die Mutter, ihre Freundin, die jüngeren Schwestern und den Bruder zu unterhalten. Er hatte seine Wahl getroffen, als er es ablehnte, in der Bank zu arbeiten. Damit hatte er die Bürde des Familienoberhaupts von sich gewiesen. Aber wer will den Sieger verurteilen, einen Menschen, der die Mutprobe gewagt hatte, sein Talent nicht verkümmern zu lassen? Er hatte eine Pflicht, die er sehr ernst nahm: die Pflicht gegenüber seiner erbarmungslosen Gabe.

***

Die Pension in der Lutherstraße war erträglich. Die spanische Wirtin erwartete von ihrem Mieter weder Sauberkeit noch Disziplin. Er schrieb die ganze Nacht, wachte um elf auf, verließ aber das Bett erst, wenn er zum Unterricht mußte. Wenn er den Vormittag freihatte, zog er im Bett die langen dünnen Beine an, legte sein Heft auf die Knie und schrieb. Die Seligkeit dieser schöpferischen Stunden ist sehr gefühlvoll in der »Gabe« beschrieben. Ein halbes Jahrhundert später erinnerte er sich nostalgisch daran, als er in Paris im Fernsehen sprach …

Er arbeitete viel, doch er schrieb jetzt weniger Gedichte sondern schrieb Erzählungen, von denen keine Einkünfte zu erwarten waren. Er setzte einige Hoffnung aufs Theater und aufs Kino: Berlin war noch immer die Stadt der Theater und der Filmstudios. Doch seine kurzen Stücke in Versen interessierten niemanden.

Zusammen mit Lukasch schrieb er weiterhin Drehbücher und Pantomimen. Das populärste russische Kabarett in Berlin war »Der blaue Vogel« von J.D. Jushny, das die Traditionen von Balijews »Fledermaus« fortsetzte. Für den »Blauen Vogel« schrieben Lukasch und Nabokov ihre erste Pantomime »Lebendiges Wasser«. Die Premiere war im Januar 1924. Aber in ihren finanziellen Erwartungen sahen sie sich getäuscht, sie bekamen nicht die Summen, mit denen sie gerechnet hatten. »Ich schreibe mit Lukasch, ich schreibe mit Tschorny, ich schreibe mit Alexandrow, ich schreibe allein«, schrieb Nabokov seiner Mutter nach Prag.

Aber vor allem schrieb er 1924 Prosa. Sie wurde immer »nabokovscher«. Diese Erzählungen waren gleichsam Keimzellen seiner späteren Romane und enthielten schon vieles von dem, was später die Romane auszeichnete – kostbare Details und Beobachtungen, intensive Empfindungen, stürmische, überschäumende Lebensfreude und Aufmerksamkeit dem Leben gegenüber. Es sollten nur fünf Jahre vergehen, bis die russischen Nabokov-Kritiker (gleich nach dem Erscheinen seiner ersten Romane) an diese Erzählungen erinnerten. Einige seiner damaligen Erzählungen waren als Fragmente seines Romans »Glück« gedacht, aus dem letzten Endes »Maschenka« wurde: zum Beispiel die Erzählungen »Ein Brief nach Rußland« und »Güte«. In der ersten, einer kleinen Erzählung, kommt das nächtliche Berlin vor, das wir so gut aus Nabokovs frühen Gedichten kennen: »Vorüber rollt ein Automobil auf Säulen feuchten Glanzes ... Im nassen, mit schwarzem Öl verschmierten Berliner Asphalt verfließen die Reflexe der Laternen ...« Auch die kreischende Berliner Straßenbahn fehlt natürlich nicht. Eine dicke Prostituierte in schwarzem Pelz. Eine Kinoreklame, hell wie der Mond, eine Kinoleinwand, darauf ein riesiges Frauengesicht mit einer langsam rinnenden Glyzerinträne. Sorglose Freude, Tanz in Kneipen. Und plötzlich: »In solch einer Nacht hat sich auf dem rechtgläubigen Friedhof weit außerhalb der Stadt am Grab ihres unlängst verstorbenen Mannes eine siebzigjährige Greisin das Leben genommen.« Sie erhängte sich an dem niedrigen Kreuz: »sichelförmige Spuren der kleinen, wie kindlichen Absätze in der feuchten Erde des Grabs«, ein gelassener Friedhofswächter – »der leichte und sanfte Tod«, »das kindliche Lächeln im Tode« (vom Tod kam der junge

Nabokov noch nicht los). Und gleich nach diesem »kindlichen Lächeln im Tode« das stürmische Geständnis des Helden: »Höre, ich bin vollkommen glücklich. Mein Glück ist eine Herausforderung. Wenn ich durch die Straßen, über die Plätze, den Kanal entlang bummele, fühle ich zerstreut die Lippe der Feuchtigkeit durch die löchrigen Sohlen – und trage mit Stolz mein unerklärliches Glück. Jahrhunderte werden vergehen, Schüler werden sich bei der Geschichte unserer Erschütterungen langweilen, alles wird vergehen, alles wird vergehen, aber mein Glück, lieber Freund, mein Glück wird bleiben, in der nassen Spiegelung der Laterne, in der behutsamen Kurve der Steinstufen, die zum schwarzen Kanalwasser hinunterführen, im Lächeln des tanzenden Ehepaars, in allem, womit Gott so großmütig die menschliche Einsamkeit umgibt.«

Auch in der Erzählung »Güte« die gleiche Empfindung von der Sanftheit der Welt, von der Güte, dem Glück. Ein Bildhauer geht zum Stelldichein mit seiner untreuen und verlogenen Geliebten. Er ist fast sicher, daß sie nicht kommt, und um sich abzulenken, beobachtet er eine bettelarme Greisin, die im kalten Wind Postkarten verkauft. Ein Wachsoldat schenkt der Alten einen Becher heißen Milchkaffee, und der Bildhauer beobachtet, mit welchem Genuß sie trinkt, wie »andächtig sie die Milchhaut schlürft«, und in seine Seele fließt auch »dunkle, süße Wärme«, »die Seele trank auch, wärmte sich auch«.

Andrew Field behauptet, daß Nabokov sich nach dem Tod seines Vaters von Gott abwandte. Aber das Zitat zeigt doch wohl ganz klar: darin ist Gott, darin ist das religiöse Gefühl der Dankbarkeit gegenüber dem Schöpfer.

Der Held aus »Güte«, der Bildhauer, wartet nicht mehr auf die untreue Geliebte, er verläßt den Platz des Stelldicheins und erhascht unterwegs in den Gesichtern der Passanten »erstaunliche kleine Bewegungen« und spürt in den Fingern bereits »das weiche Kitzeln eines Gedankens, der Kunst hervorbringen will«.

Unter den zahlreichen Erzählungen jener Zeit (»Der Osterregen«, »Die Katastrophe«, »Natascha«, »Der Kartoffelelf«,

»Ein Zufall« und andere) ist die, wie ich meine, sehr interessante Erzählung »Bachman«, über die Liebe einer alternden, unschönen Frau und eines komischen, verrückten, genialen Musikers. In dem Helden der Erzählung kann man einige Züge des späteren Lushin erkennen, doch an solche Ähnlichkeit müssen wir uns gewöhnen: Die meisten Erzählungen Nabokovs sind Puppen seiner späteren Schmetterlinge, der Romane (so wie seine späteren englischen Romane Spiegelbilder seiner russischen Romane sind). Vielleicht ist diese Metapher nicht ganz genau, denn der Meister selbst, Kenner der Entomologie, sah in seinen Erzählungen ebenfalls Schmetterlinge, nur anderer Art, kleiner. »Bachman«, das ist eher ein kleiner Schmetterling als eine Puppe. Die kleine Erzählung ist recht kompliziert aufgebaut: zwei Erzähler tragen die Ereignisse vor (und für beide hat der Autor, also der dritte Erzähler, genug Raum und Mittel); da sind die Zechkumpane des Helden, Kneipen, ein Zuschauersaal und ein Konzertpublikum, es geht um das Geheimnis der Liebe und das Geheimnis der Kunst und Nabokovs Andacht vor dem Geheimnis …

Etwas später würdigte die nörglerische Kritik der Emigrantenpresse seine Erzählungen (die in einem ersten Sammelband erschienen waren) und hob die – wie in seinen Romanen – »zugespitzte Sprache und Erzählweise« hervor, »die auf dem Prinzip der Stofferneuerung beruht«, »die beabsichtigte Zufälligkeit des Ausgangspunktes«, die »verfeinerte Beobachtungsgabe eines Menschen, der das Leben liebt, weil es der einzige und wunderbare Stoff für die literarische Umsetzung« ist (Zeitschrift »Wolja Rossii«). Und der Kritiker der besten Emigrantenzeitschrift »Sowremennyje sapiski« (Zeitgenössische Notizen), der Dichter Michail Zetlin, schrieb, daß in einer Zeit, in der die russische Erzähltradition diktierte, in einer Erzählung dürfe »rein gar nichts passieren«, »die Erzählungen von Sirin sich atemberaubend interessant lesen«. »Und nicht nur diejenigen, die eine äußerlich spannende Fabel haben«, fuhr Zetlin fort, »sondern auch diejenigen, in denen nur die Intensität des inneren Erlebens fesselt.« Wie bereits erwähnt, kam diese Einschätzung erst Ende der zwanziger Jahre, während viele Seiten großartiger Nabokovscher

Prosa schon 1924 geschrieben waren. Gleichwohl erlangte er schon damals einen gewissen Ruhm. In einem Brief an die Mutter schrieb Nabokov, daß kein Tag vergehe, an dem nicht ein Landsmann sich in einer brodelnden russischen Berliner Straße nach ihm umdrehe und seinen Begleitern zuraune: »Seht mal, das ist Sirin!« Lody bat die Mutter, es den Schwestern zu erzählen …

Er hatte auch genug Lesungen, blieb nur noch, Geld zu verdienen für Brot und das Zimmer. Zu diesem Zweck verließ der Bewohner der Pension in der Lutherstraße morgens sein zum Schreiben so bequemes Bett und fuhr mit der Straßenbahn durch die Stadt zu seinem ersten Schüler des Tages. Er unterrichtete vor allem Sprachen, Englisch und Französisch. Im Sommer kam manchmal Tennisunterricht hinzu, später auch Versmaß. In diesen Jahren hatte er viele Schüler, und man kann nicht sagen, daß diese unterschiedlichen Personen und Charaktere und diese vielfältigen, nicht immer angenehmen pädagogischen Situationen dem Prosaiker Nabokov nicht nützlich gewesen wären. Zwar können wir nicht alle seine Schüler aufzählen, aber wenn wir die Welt Nabokovs vorstellen, müssen wir an einige dieser Personen erinnern.

Zum Beispiel an den dicken, bleichen russischen Jüngling mit der Hornbrille. Die ganze Lebensphilosophie des Ärmsten war auf die allereinfachste These reduziert: »Der Arme ist unglücklich, der Reiche glücklich.« Er legte es darauf an, zur Unterrichtsstunde immer ein wenig zu früh zu kommen, und versuchte, immer ein bißchen zu spät wegzugehen.

Oder an den jungen Dietrich, der Fotos von Hinrichtungen sammelte (er ging dem Prosaiker auch nicht verloren) und sogar Reisen unternahm, um Exekutionen beizuwohnen.

Oder an den Geschäftsmann mit den hellen Wimpern, der den Lehrer »mit unguter Verständnislosigkeit ansah, wenn der ihm unbekümmert Shakespeare vorlas«.

Oder an die Gymnasiastin »im schwarzen Jumper, die er manchmal gern auf den gebeugten gelblichen Hals geküßt hätte«.

Oder an Konoplin von der »Rul«, der sich als GPU-Agent entpuppte …

Später erzählte er heiter und ironisch von diesem Gehetze von einer Stunde zur anderen. Es macht ihm Ehre, daß es ihm recht oft gelang, die Erniedrigung des Emigrantenlebens nicht tragisch zu nehmen. Und doch gab es diesen »immerwährenden kalten Gedanken« an sich selbst, den Blick von außen, genauer gesagt, »von oben«: »Da ist er, eine besondere, seltene, bisher nicht beschriebene und nicht benannte Variante des Menschen, und er beschäftigt sich weiß Gott womit, jagt von einer Unterrichtsstunde zur andern, verschwendet seine Jugend auf eine langweilige und leere Aufgabe, mittelmäßigen Fremdsprachenunterricht, und hat doch seine eigene Sprache, aus der er alles machen kann, was er will, Mücke und Mammut und tausend verschiedene Wolken. Eigentlich sollte er jenes Geheimnisvolle und Feine lehren, das er allein – unter zehntausend, hunderttausend, vielleicht sogar einer Million Menschen – zu lehren wußte: zum Beispiel vielschichtiges Denken ... Und gleichzeitig fand er es amüsant, sich selber zu widerlegen: All das war Unsinn, waren Unsinnsphantome, vermessene Träume. Ich bin nur ein armer junger Russe, der den Überschuß einer vornehmen Erziehung verkauft und in seiner Freizeit Verse kritzelt, das ist meine ganze kleine Unsterblichkeit. Aber selbst diese Nuance facettenreichen Denkens, dieses Spiel des Geistes mit sich selbst hatte keine Aussicht auf Schüler.«

Die Arbeit als Nachhilfelehrer erbrachte einen kleinen, doch sicheren Verdienst. Ein wenig Geld kam durch literarische Lesungen hinzu.

Die größten Hoffnungen setzten Nabokov und Lukasch nach wie vor auf das Theater und auf die Goldader Filmindustrie. 1931 war Nabokov dem Kinoerfolg sehr nahe, als der berühmte Lewis Milestone fast auf seinen »Kartoffelelf« angebissen hätte. Aber es wurde nichts daraus. Und das, was die Theater und die Komponisten ihm und Lukasch abkauften, erbrachte auch nicht die erwarteten Tausender. Im Frühjahr 1924 hoffte Nabokov, von dem Komponisten Jakobson oder vom »Blauen Vogel« anderthalb Tausend zu bekommen, und schrieb der Mutter, er werde sie bald in das fröhliche Ascona holen. Dort an der italienisch-schweizerischen

Grenze seien die Weidegründe der literarisch-künstlerischen Boheme, dort könne man »für eine Mark am Tag« leben. Leider bekam er nur wieder vierzig Mark für eine Unterrichtsstunde und dreißig für eine Erzählung in der »Rul«. Statt der hundert Dollar, die er vom »Blauen Vogel« für ein Libretto erhofft hatte, gaben sie ihm fünfzehn. Und als die Wochenmiete in der Pension auf 75 Mark stieg, begriff er, daß er nach einer billigeren Bleibe Ausschau halten mußte. An Ascona war nicht mehr zu denken.

Die Pension mußte er gleich nach dem Urlaub verlassen, den er mit der Mutter in der Tschechoslowakei verbracht hatte. Dort dürfte er ihr gesagt haben, daß er mit Vera Slonim verlobt sei. Sollte Jelena Iwanowna Bedenken gegen die Herkunft seiner Verlobten gehegt haben, im Briefwechsel schlugen die sich nicht nieder. Für sie stand der Wunsch des Sohnes über allem. Was die übrigen Nabokovs angeht, so hat diese Wahl vielleicht einige von ihnen schockiert. Schon Nabokovs Vater hatte sich mit Freunden weiß Gott welcher Herkunft umgeben, und so nahm es denn nicht wunder, daß auch sein Sohn keine rassischen Vorurteile hatte.

***

In einem Brief jener Zeit schrieb Nabokov an Vera Slonim von einem Traum. Er hatte geträumt, er spiele Klavier und sie blättere ihm die Seiten um. So phantastisch der Traum war (Nabokov und Klavier), er paßte irgendwie.

Als Nabokov von Prag nach Berlin zurückgekehrt war, entdeckte er, daß die Pensionswirtin seinen Mantel versteckt hatte, aus Furcht, er könnte verschwinden, ohne zu bezahlen. Vera mußte ihn und seinen Mantel auslösen. Sie fand auch eine neue Unterkunft für ihn – in einer deutschen Pension in der Trautenaustraße, unweit der Wohnung ihrer Eltern. Jetzt war er genötigt, noch mehr Unterrichtsstunden zu geben. Aber er schrieb auch eine Menge Erzählungen. Von einigen kennen wir nur den Titel (»Natascha« oder »Der Flügelschlag«), und selbst die sachkundigsten Biographen konnten sie im Dikkicht der Emigrantenpresse nicht finden; andere kamen aus den Archiven zum Vorschein, zunächst in englischer oder französischer Übersetzung, später auch auf russisch.

Nabokovs neue Erzählung »Weihnachten« schrieb Vera ab. Die Geschichte spielt im winterlichen Wyra, in der Kindheit, nur hatten Sohn und Vater gleichsam die Plätze getauscht: Der Sohn kam ums Leben, nicht der Vater.

Vera tippte fortan eine Erzählung nach der anderen ab. Später erzählte Nabokov in seinem ersten englischen Roman von seiner Liebsten:

»Und die Sommerabende des Jahres 1924 waren für sie ebenso viele Bogen, weiß in die Maschine gespannt und voll mit lebenden schwarzen und lila Worten, wenn sie sie herausdrehte. Ich möchte mir gern vorstellen, wie ihre Finger beim Rauschen eines warmen Regengusses, der auf die dunklen Ulmen vor dem offenen Fenster niederprasselte, die blinkenden Tasten anschlugen, während Sebastians langsame und ernste Stimme ... auf- und abschwoll ... Ich weiß auch, daß Clare, wenn sie die Worte niederschrieb ... manchmal einhielt, leicht die Stirn runzelte, den oberen Rand des angefangenen Bogens ein wenig anhob und die Zeile noch einmal las: ›Nein, mein Lieber. So kann man das auf englisch nicht sagen .‹«

Die Biographen vermerken, daß Nabokov seit der Bekanntschaft mit Vera anders schrieb: Er »legte die Meßlatte höher«, änderte das Niveau seiner Prosa. Viele seiner Biographen (sogar der bedächtige und wohlinformierte Boyd) gaben sich nicht mit den zahlreichen offenkundigen Gründen dafür zufrieden (ihre sanfte Ermunterung, die ein Künstler so braucht, ihre Hilfe, der unvermeidliche Übergang vom Sammeln, von der Vorbereitungsperiode, die bei ihm keineswegs kurz war, zum Eigentlichen) und forschten nach irgendwelchen geheimen Gründen. Nun, sagen wir: Sie soufflierte ihm flüsternd ein wichtiges Wort. Hier gibt es kein Geheimnis, denn viele von den Worten, die sie ihm zuflüsterte, findet man in seiner so offenherzigen »Gabe«:

»Es tut mir leid, daß du dein Buch schließlich doch nicht geschrieben hast. Oh, ich habe tausend Pläne für dich. Ich habe das sichere Gefühl, daß du eines Tages einen richtigen Treffer landen wirst. Schreib etwas Gewaltiges, das allen den Atem verschlägt ... Was du willst. Aber es muß ganz, ganz echt sein. Ich brauche dir nicht zu sagen, wie gut mir deine Gedichte gefallen, doch sie entsprechen nie ganz deinem Maß; die Wörter sind alle eine Nummer kleiner als deine wirklichen Wörter.«

Vera war nach Meinung der Nabokov-Forscher aller Schulen seine Muse und Anregerin, Hüterin des Herdes und Mutter seines Kindes, seine erste Leserin, seine Sekretärin und Stenotypistin, die Kritikerin der einzigen Kategorie, die imstande ist, einem Schriftsteller zu helfen (verständnisvoll, billigend und anspornend), seine literarische Agentin, Testamentsvollstreckerin und Biographin ...

Ihr Vater, wie ja auch der Vater ihres Bräutigams, hatte in Petersburg Jura studiert, war aber aus Stolz nicht Jurist geworden. Um die Prozentklausel für Juden zu umgehen, hätte er sich taufen lassen müssen. Zwar war ihm wie den meisten russischen Juden seiner Zeit das Judentum gleichgültig, aber er hielt es für unter seiner Würde, sich um des Vorteils willen einer Kirche oder Partei anzuschließen. Jewsej Slonim fand in sich die Kraft, trotz seiner Ausbildung den Beruf des Holzhändlers zu ergreifen. Auch er mußte fliehen: Rußland brauchte keine Händler mehr. In Berlin hatte er Glück. Sein einstiger holländischer Kompagnon half ihm, dem berühmten Magnaten Stinnes einen Teil seiner russischen Besitzungen zu verkaufen (damals kauften und verkauften alle russischen Besitz). Er eröffnete einen Holzhandel, aber auch den Verlag Orbis, denn er wollte russische Literatur in englischer Übersetzung herausgeben. Die Inflation ruinierte ihn. Er und seine Frau starben 1928, aber er hatte noch Gelegenheit gehabt, seinen Schwiegersohn kennenzulernen, und sie hatten abends des öfteren Schach gespielt. Sicherlich hielt auch er den mageren Dichter nicht für die denkbar beste Partie für seine mittlere Tochter, aber er wußte, daß die jungen Leute ihn nicht um seinen Rat bitten würden: Vera war sehr selbständig und verdiente selber ihren Lebensunterhalt. Sie war ein kluges Mädchen und er immerhin der Sohn dieses erstaunlichen W.D. Nabokow. Im alten Rußland war ja der Beruf eines Schriftstellers sehr hochgeschätzt worden – was Wunder, daß Vera das noch immer als etwas Besonderes ansah ...

Vera hatte in Petersburg eine vorzügliche Ausbildung erhalten. Die Gouvernanten hatten ihr ein gutes Englisch und ein passables Französisch beigebracht. Sie hatte ein glänzendes Gedächtnis. Sie besuchte das Gymnasium der Fürstin Obolenskaja und wollte später Physik und Mathematik studieren; wie alle russischen Halbwüchsigen las sie fleißig Gedichte und schrieb auch selbst. Für sie war ein russischer Dichter ein höheres Wesen, ein Himmelsbewohner. Vladimir Nabokov war noch dazu eine der romantischsten Figuren am Berliner Literaturfirmament – ein schlanker »englischer Prinz«, Sohn des ermordeten Nabokow, Autor vieler erstaunlichen Verszeilen, die sie alle auswendig wußte.

Und er? Wenn der Himmel sich für uns die Ehe ausdenkt, dann sucht er weniger die Braut aus (Nabokov hatte einfach Glück, es hätte auch anders kommen können) als vielmehr die passende Zeit. Nabokov war in Berlin allein geblieben. Er hatte den Vater verloren und sich von der Mutter trennen müssen. Er hatte einen Korb bekommen von der kleinen und unselbständigen Swetotschka und von Romana, die in einen anderen Dichter verliebt war. Er war nicht nur bereit für eine neue Liebe, er brauchte jetzt Liebe, Verehrung, aufopfernde Freundschaft, selbstlose Unterstützung. Sein Leben, seine Erfolge, er selbst waren stets der Lebensinhalt der ihn liebenden Eltern gewesen, und dann die Katastrophe. Schwarze Leere. Allein … Er wollte selbständig sein. Er war Individualist. Aber er konnte nicht ganz allein und ungeliebt sein (früher hatte er den Eltern alle drei Tage geschrieben, jetzt schrieb er Vera täglich).

Nabokov hat mehrfach über die besondere »Arbeit des Schicksals in bezug auf uns« geschrieben. Aber auch der sechzigjährige Shukowski, der eine zwanzigjährige Deutsche heiraten wollte, hatte in seinen Briefen ausführlich alle unausweichlichen Schachzüge der Vorsehung zugunsten seiner Ehe analysiert. Bei Nabokov fehlt zwar das Wort Vorsehung, aber seine Beschreibungen dieser Schachzüge unterscheiden sich nur stilistisch von dem langen Erklärungsbrief Shukowskis. Das Schicksal hatte beharrlich Gelegenheiten für Stelldicheins geschaffen, aber er und Vera hatten keinen Gebrauch davon gemacht. Vera ergriff die Initiative, nicht das Schicksal. In der »Gabe« finden wir eine Geschichte ihrer Liebe, die der Wirklichkeit recht nahe kommt (soweit das in einem Roman möglich ist). Der Held der »Gabe« bemerkt an seiner Liebsten »eine Mischung aus weiblicher Schüchternheit und unweiblicher Entschiedenheit. Trotz der Komplexität ihres Verstandes war sie von einer höchst überzeugenden Schlichtheit, so daß sie sich vieles erlauben konnte, womit andere nicht so leicht davongekommen wären, und selbst die Geschwindigkeit ihrer Annäherung schien … in dem scharfen Licht ihrer Geradlinigkeit vollkommen natürlich.« Aber auch die »Annäherung« darf man nicht gar zu direkt auffassen. Sie hatte wahrscheinlich hinreichend strenge Prinzipien, so daß er sich in Geduld fassen mußte (vielleicht sogar bis zur Hochzeit, nicht nur »bis zur Verlobung«). Doch auch das war nach seinem Herzen. Wir haben schon die Mutmaßung geäußert, daß (wie für viele Menschen mit lebhafter Phantasie – denken wir an Woloschin) »die Glut der Versuchung« für ihn viel stärker und kostbarer war als die letzte Nähe (die den Künstler oft enttäuscht hat). Das ist aus vielen Werken Nabokovs ersichtlich, auch aus dem autobiographischen Roman »Die Gabe«. Die Bekenntnisse seines Helden wirken weit überzeugender als die späten Erzählungen über sexuelle Eskapaden, mit denen Nabokov im Alter Biographen und Reporter in die Irre führte. Erinnern wir uns, wie der Held der »Gabe« von der ihn verlockenden einsamen jungen Schülerin kommt und »das banalste der Gefühle auf der Welt spürt: den Stich einer verpaßten Gelegenheit«, und wie er letzten Endes bekennt, er habe »nichts versäumt«, als er der Versuchung widerstand … »Manchmal beneidete er die anderen Männer um ihr unkompliziertes Liebesleben und um die Art und Weise, wie sie wahrscheinlich beim Schuhausziehen pfiffen.«

Wohl kaum würde ein Mann, der mindestens vier Geliebte gleichzeitig hatte (wie der junge Nabokov sogar von seinen solidesten Biographen beschrieben wird), neidisch auf das »unkomplizierte Liebesleben anderer Männer« sein. Die Geschichten seiner Liebe zu Valentina, Swetlana, Romana und Vera passen schlecht zu seinen verschmitzten Geschichten über Liebschaften mit Ballerinen, Schauspielerinnen und verheirateten Frauen (wohlgemerkt, unter den letzteren fand sich keine einzige redselige Memoirenschreiberin, die im Alter zweifellos erwähnt hätte, daß er die falsche Wahl getroffen hatte, als er eine andere heiratete).

Aber zurück zu Vera. Sie trafen sich auf der Straße, und die Zurückhaltung fachte die Flamme ihrer Liebe nur noch stärker an. Wir erwähnten schon ihre Auffassungsgabe, ihren Humor, die Übereinstimmung ihres Geschmacks mit dem seinen – in allem. Aber wir haben fast noch kein Wort gesagt über ihren unwiderstehlichen Zauber. Über die Momente ihrer Stelldicheins, wenn sie »sich aus dem Dunkel löste, dem Auge unerwartet, wie ein Schatten das heimatliche Element verläßt. Zu Anfang leuchteten nur ihre Füße, sie setzte Schuh an Schuh in kleinsten Schritten, als ginge sie auf einem dünnen Seil … Fjodor küßte ihre weichen Lippen, sie lehnte den Kopf einen Augenblick an sein Schlüsselbein, machte sich dann rasch frei und ging neben ihm her, zuerst mit einem so kummervollen Gesicht, als sei während der zwanzig Stunden ihres Getrenntseins irgendein nie dagewesenes Unglück geschehen, doch dann kam sie nach und nach zu sich, und jetzt lächelte sie – lächelte, wie sie es tagsüber nie tat … Ihr blasses Haar, das hell und unmerklich mit der sonnigen Luft um ihren Kopf verschmolz; die hellblaue Ader an ihrer Schläfe, eine andere an ihrem langen zarten Hals; ihre feine Hand, ihr spitzer Ellbogen, die Schmalheit ihrer Hüften, die Schwäche ihrer Schultern und die eigentümliche Vorwärtsneigung ihres anmutigen Körpers, als ob der Fußboden, über den sie – wie eine Schlittschuhläuferin an Fahrt gewinnend – eilte, immer leicht zu dem Hafen des Stuhls oder Tisches hin abfiele, auf dem der von ihr gesuchte Gegenstand lag …«

Alle diese Züge hat er später im Verlauf eines halben Jahrhunderts seinen Heldinnen geschenkt (besonders diesen zarten Hals, der ihn maßlos erregte), und während er in jenem Frühjahr alles in sich einsaugte, quälte ihn unsagbar »die Anmut der unerreichbaren Umarmungen«.

Es gab noch etwas, was sehr wichtig für jeden Mann, für seine verletzliche Würde ist und extrem wichtig für das Überleben eines noch unterschätzten (immer, selbst auf dem Höhepunkt seines Ruhms unterschätzten) Schriftstellers – die bedingungslose Anerkennung. In der »Gabe« fängt ihre Liebesgeschichte eigentlich damit an. Und nicht zufällig sagt Sina-Vera am Ende des Romans Worte, die weder Chodassewitsch noch Stepun noch Bunin noch Fondaminski gesagt haben, nur sie, die so dachte wie er, wahrhaft prophetische Worte: »Ich glaube, du wirst ein Schriftsteller, wie es ihn noch nicht gegeben hat, und Rußland wird geradezu nach dir schmachten – wenn es zu spät zur Besinnung kommt …«

Er war entschlossen zu heiraten. Dabei war er sich bewußt (ohne jedoch zu versuchen, im letzten Moment aus dem Fenster zu springen), daß er nicht fähig war, besinnungslos zu lieben – ja, und wahrscheinlich wußte sie das. Seine Schwankungen waren spürbar (»brauche ich eine Ehefrau?«), doch seine Liebeserklärungen waren aufrichtig:

»Hätte er in sich während jener Tage vor einem übersinnlichen Gericht zu verantworten gehabt … so hätte er sich schwerlich entschlossen, zu sagen, daß er sie liebte, denn er hatte schon seit langem erkannt, daß er außerstande war, irgend jemandem oder irgend etwas seine ganze Seele zu schenken: Ihr Betriebskapital brauchte er zu nötig für seine eigenen Privatangelegenheiten …«

Gleichsam aus Scheu vor einem Gespräch über das Intimste, über die große Liebe, griff er, wohlgemerkt, auf einmal zu einer geschäftlichen, finanztechnischen Wortwahl (er, der es nur drei Tage in der Bank ausgehalten hatte!). Aber das ändert nichts am Sinn des Gesagten. Er war tatsächlich nicht frei, er war Gefangener seiner Gabe, er war verlobt mit der Muse (die schon in Cambridge auf einen Tee zu ihm gekommen war). Die irdische Ehefrau brauchte er eben dazu, um sich ganz seiner ersten Leidenschaft hingeben zu können. Er mußte eine irdische Frau finden, die ihn, den Dichter, so nahm, wie er war, und er hatte sie gefunden. Sie akzeptierte den zweiten Platz in seinem Leben (nach der Muse), so daß alles aufs Heiraten hinauslief, und wenn er morgens aufwachte, »landete er sofort inmitten des Glücksgefühls, das an seinem Herzen sog; es war gut, am Leben zu sein, und in einem Nebelschleier schimmerte ein köstliches Ereignis, das jeden Moment eintreten mußte«.

Er begann seinen ersten Roman zu schreiben, sein Buch über das Glück, und so sollte es auch heißen – »Das Glück«.

Außer dem Schreiben, außer den Begegnungen mit Vera hatte er in Berlin noch tausenderlei zu tun. Laufen mußte er nicht nur zu seinen Nachhilfestunden: Einen freien Künstler ernähren nicht nur sein Kopf, sondern auch seine Beine. In einem Brief an die Mutter Mitte März beschreibt Nabokov einen Tag seines Lebens. Um sieben Uhr früh eilte er ins Filmstudio, wo er in einer Massenszene und in Episoden mitwirkte. Um fünf kehrte er in die Stadt zurück, in der Hand eine Zehn-Dollar-Note (im Gesicht Schminkflecke, in den Augen Lichtpunkte von den Jupiterlampen). Von fünf bis acht gab er Nachhilfestunden. Dann nahm er an einer Probe der Pantomime »Balagan« teil, die geleitet wurde von der Frau seines Freundes Sergej Kretschetow aus der »Bruderschaft«, einer angehenden Regisseurin.

In Königsberg lief mit Erfolg ein Ballett von Ejljuchin, zu dem er mit Lukasch das Libretto geschrieben hatte. Mit Aichenwald und Lukasch gründete er die Schriftstellerkooperative »Arsamas«.

Einen Tag vor dem Todestag seines Vaters, dem 28. März, fuhr Nabokov nach Tegel zum Friedhof und blieb bis zum Abend am Grab seines Vaters. Er schrieb der Mutter, daß jede Kleinigkeit, die mit dem Vater zu tun hatte, in ihm lebendig sei; er glaube, daß er den Vater in einem unerwarteten, unvorstellbaren, aber ganz natürlichen Himmel wiedersehen werde, in jener Welt voller Glanz und Freude, ihrer gemeinsamen strahlenden Ewigkeit. Der Vater werde nach seiner Gewohnheit die Achseln zucken, und er könne ohne Verwunderung das Muttermal auf dessen Hand küssen. Man dürfe sich nur nicht der Verzweiflung anheimgeben, denn alles kehre zurück ...

Er gab weiterhin Nachhilfeunterricht, nahm neue Szenarien in Angriff, schrieb Gedichte und Erzählungen, komponierte Schachaufgaben (wieviel konnte die »Rul« für so etwas bezahlen, wenn sie eine Erzählung nur mit dreißig Mark honorierte?). In jenem Jahr lieferte er der »Rul« regelmäßig neue englische Kreuzworträtsel.

Er beteiligte sich an Lesungen und bot per Inserat Tennis- und Boxunterricht an. Für alles wurden nur Groschen bezahlt, aber er verzagte nicht.

Trotz aller Nöte und Verluste waren seine Gedichte, Erzählungen und Entwürfe zu dem ersten Roman übervoll von Glücksgefühl: »Wo soll ich all die Gaben unterbringen, mit denen der Sommermorgen mich – und nur mich – belohnt? Aufsparen für künftige Bücher? Sie unverzüglich für einen praktischen Leitfaden verwenden: ›Wie man glücklich wird?‹ Oder den Dingen auf den Grund gehen: verstehen, was sich hinter all dem verbirgt, hinter dem Spiel, dem Funkeln, der dicken grünen Schminke des Laubs? Denn es gibt wirklich etwas, es gibt etwas! Und man möchte danken, aber es ist niemand da, dem man danken könnte. Die Liste der bereits empfangenen Spenden: 10000 Tage – von Unbekannt.«

Er gab nicht auf im Kampf gegen die Armut, gegen die Verlockungen einer »richtigen Arbeit«, er setzte sein Recht auf den Luxus der armen Freiheit und der Schriftstellerei durch. Er hatte ja jetzt eine Bundesgenossin in diesem Kampf. Am 15. April 1925 wurde Vera seine Frau. Sie heirateten im Rathaus. Trauzeugen waren zwei weitläufige Verwandte, einer davon ein »richtiger Deutscher«. Für die Trauung mußte er eine bescheidene Summe bezahlen. Später erzählte Nabokov Field, daß der Pförtner des Rathauses ihm zum Abschied etwas gesagt hatte – in der Hoffnung auf ein Trinkgeld. »Er gratuliert Ihnen!« erklärte ihm der deutsche Verwandte. »Wie nett von ihm«, brummte Nabokov. »Ich hatte keinen Pfennig in der Tasche«, erklärte er Field.

Abends aßen sie bei den Slonims, und bei Tisch ließ Vera

beiläufig fallen: »Wir haben heute morgen geheiratet.« Die Eltern mußten auch das schlucken.

Damals hatte er einen Schüler, mit dem er über ein Jahr arbeitete, bis zum Herbst 1926. Der Junge entstammte einer reichen russischen Familie, war recht begabt, aber sehr schüchtern. Nabokov freundete sich mit diesem siebzehnjährigen Schura Sak an und wurde eigentlich sein Erzieher. Regelmäßig um sieben Uhr morgens begann er mit Schura den Englischunterricht, dann folgten Gymnastik, Tennis und Boxen. Nach dem Mittagessen ging er zu seinen anderen Schülern; später hat er ausgerechnet, daß er in diesen Jahren fünfundachtzig Schüler hatte. Kam er zu seinem Schüler Serjosha Kaplan gegen Abend zum Unterricht, so fiel ein kräftiges Abendessen für ihn ab. Wenn er genug Schüler hatte (viele Eltern kannten seinen Namen aus den Veröffentlichungen in der »Rul«, und das war keine schlechte Reklame), verdiente er ordentlich und konnte seiner Mutter zweihundert Mark und mehr im Monat schicken. Später schrieb er: »Ich habe nie die Notwendigkeit empfunden, anderen zu helfen. Aber von 1922 bis 1939 half ich meiner Mutter, wie ich nur konnte. Ihr Leben in Prag, zuerst mit drei Kindern, dann nur noch mit dem Jüngsten, dann mit dem Enkel – und mit der lieben, treuen, aber lächerlich hilflosen Jewgenija Hofeld – zeichnete sich durch eine geradezu tragisch unbeholfene Haushaltsführung aus.«

Als Nabokov mit seiner Frau Ende Juli eine neue Wohnung bezog, versteckte die bisherige Wirtin Veras Mantel, um noch eine Monatsmiete herauszupressen. Der Wirt mischte sich ein und stellte die Gerechtigkeit wieder her. In jenem Sommer fuhr Nabokov mit seiner Frau in die Tschechoslowakei, um sie den Schwestern vorzustellen (seine Mutter war im Mai bei ihm zu Besuch gewesen). Zu Olga konnten sich kaum gute Beziehungen herausbilden. Nach den Erzählungen damaliger russischer Pariser zu urteilen (insbesondere meines guten Pariser Bekannten B.N. Losski), mußte man bei Olga auf alle möglichen (bis hin zu antisemitischen) Ausfälle gefaßt sein, und ein halbes Jahrhundert später riet Nabokov seinem Biographen dringlich ab, ihre Bekanntschaft zu suchen.

Vera und Nabokov verbrachten eine Woche in Konstanz am Bodensee. Danach erholte sich der Lehrer mit seinem Zögling Schura zwei Wochen lang im Baltikum, wo sie im Meer badeten. Ende September bezogen die jungen Eheleute zwei Zimmer in der Wohnung der Majorswitwe Frau Leptel (»Sie könnte selbst Major sein«, sagte ihr russischer Mieter erschauernd), und Nabokov setzte (genauer, legte) sich an seinen ersten Roman, den Roman, der ursprünglich »Das Glück« und zum Schluß »Maschenka« hieß.

***

Der ganze Vorrat der Eindrücke, den sein festhaltendes Gedächtnis (der von ihm geliebte Bunin sagte von sich, sein Gedächtnis sei festhaltend wie ein Spinnengewebe) angesammelt hatte, das Heimweh nach dem verlorenen Paradies, all die Kunstgriffe, die er schon in früheren Werken erprobt hatte, seine Feinfühligkeit gegenüber den Wundern des Lebens und seine Fähigkeit, sie im Wort wiederzuerwecken, seine Leidenschaft für Erfindung und Tüftelei (er verbrachte ja manchmal ganze Nächte mit dem Erfinden von Schachaufgaben und Kreuzworträtseln) – all das kam ihm jetzt zustatten. Schon sein erster Roman entging der Versuchung und Bedrohung, unter dem elementaren Druck der Erinnerungen aufzuquellen: Er ist sehr streng diszipliniert aufgebaut, mit einer Meisterschaft, die alle jene überraschte, die ihn nicht so gut kannten wie etwa Aichenwald oder Vera. Er war auf den ersten Blick sehr schlicht, dieser Roman – unkompliziert, lyrisch, sogar realistisch, nur ein wenig sonderbar ... Im Inhalt war er den Problemen des Emigrantenlebens so nahe, war so einfach, daß zwei durchaus wohlwollende und erfahrene Kritiker sich täuschten: Der eine sprach von der Turgenjewschen Tradition (Juli Aichenwald), der andere prophezeite dem Autor eine Zukunft als Alltagschronist der russischen Emigration (Michail Ossorgin). Auf einen flüchtigen Blick deutete nichts in diesem Roman auf die Begegnung mit einem Schriftsteller, der keinem anderen ähnelte.

Nabokov beschrieb eine karge Berliner Pension mit verwirrten Mietern, Emigranten. Der junge Romanautor lebte sich hinein in die Gewohnheiten und Neigungen seiner Helden und schrieb seiner Mutter, daß er sie mit jedem Tag besser kennenlerne; sie seien keineswegs von ihm erfunden, es seien »reale Menschen«; er könne ihre Gerüche unterscheiden, kenne ihren Gang und ihren Appetit. Nabokov gestand, daß ihm jetzt die reine, durchdringende Freude verständlich geworden sei, die wahrscheinlich der Herrgott empfand, als er die Welt geschaffen hatte. Wir hingegen übersetzten nur die Schöpfung Gottes in unsere Sprache, wir seien seine kleinen Nachahmer und Plagiatoren, wir ergänzten nur ein wenig das, was er schon geschrieben habe, so wie ein verzauberter Kommentator manchmal eine Zeile eines Genies ein wenig ausschmücke. Und die Helden Nabokovs, ihre Lebensumstände, die Ereignisse und fast alles, was wir bei diesem »großen Erfinder« entdecken, hat er denn auch abgeguckt aus der Schöpfung des Obersten Schöpfers – der uns umgebenden Welt. Aber schon damals arbeitete er angestrengt an der Umgestaltung dieser Welt durch die Bemühungen seiner ungewöhnlichen und sonderbaren Gabe.

Der Roman spielt in der Pension der halbrussischen, halbdeutschen Wirtin Lydia Nikolajewna Dorn (»Die Pension war ein russisches Unternehmen und ausgesprochen unangenehm«), wo russische Emigranten leben, eine seltsame Ansammlung von Menschen, die, nachdem sie ihre Heimat verlassen haben, hier hängengeblieben sind auf halbem Wege irgendwohin. Wohin? Sie leben wie auf dem Bahnhof – Zufallsmöbel, vor den Fenstern Gleise und Züge, die das Haus vibrieren lassen und die Fenster in Dampfwolken hüllen; an den Türen alte Kalenderblätter mit Zahlen (so ist es leichter, die Zeit zu erinnern). Da ist der alte Dichter Podtjagin, der längst die Weiterreise angetreten hätte, wenn er den Scherereien mit dem Paß, den Visa, der Polizei gewachsen wäre; da ist der miese und vulgäre Schwarzhunderter Alfjorow, der die Ankunft seiner jungen Frau erwartet – dieser könnte hier vielleicht überleben, er ist ziemlich vulgär; und da ist schließlich Ganin, der Hauptheld, ein nicht sehr angenehmer Mensch, wie Nabokov der Mutter mitteilt, und doch der Hauptheld, um ihn geht es. Der Autor schenkt ihm seine kostbarsten Erinnerungen

– sein Wyra, seine erste Liebe Valja-Tamara (fast unverändert, jedenfalls besser erhalten als ihre spätere Wiedergeburt in »Erinnerung, sprich«). Ein denkender Held, der vieles wahrnimmt, überdies Sportler, was, wie ein Kritiker anmerkte, in der russischen Literatur nicht oft vorkommt.

Der miese Alfjorow vertraut Ganin bereitwillig seine Geheimnisse an und zeigt ihm ein Foto seiner Frau, in der Ganin verblüfft und erregt seine Maschenka erkennt. Und da brechen die Erinnerungen an die junge Liebe und das verlorene russische Paradies plötzlich so machtvoll in Ganins Leben ein, daß, verglichen damit, das gegenwärtige geisterhafte Leben in der Pension irreal erscheint. Der verlodderte, wie im Traum lebende Ganin empfindet vier Tage lang ein starkes Glücksgefühl und beschließt endlich zu handeln. Auf einer armseligen Abendgesellschaft macht er Alfjorow betrunken und geht zum Bahnhof, um Maschenka abzuholen und sie zu entführen, möglichst weit weg von diesem Vieh. Eine Tat, die nicht allzu moralisch ist, aber Maschenkas Mann ist Alfjorow, wie ein Moskauer Kritiker scharfsinnig anmerkte, einer der »nicht satisfaktionsfähigen« Helden Nabokovs, der die Serie seiner vulgären Gestalten und das Thema der Vulgarität eröffnete. Doch noch vor der Ankunft des Zuges wird sich Ganin plötzlich bewußt, daß sein Plan sinnlos ist, denn die wirkliche Maschenka kann an die ideale Maschenka seiner Erinnerung nie heranreichen, so wie überhaupt die realen Beziehungen zu einer Frau nie heranreichen an das starke Glück des Unverwirklichten, der Erwartung und des Traums. Selbst in den wonnigen Erinnerungen an das verlorene Paradies sind die schönsten Momente die Anfänge ihrer Geschichte, nicht der Moment, in dem Maschenka »sich ganz« hingab. Auch jetzt, in der Pension, sind die schönsten Momente die, in denen die Liebesgeschichte gleichsam neu anfängt (»mit mir hat eine wunderschöne Liebesgeschichte angefangen ... Ich bin sehr glücklich ...«).

Der aufmerksame Leser wird vermerken (natürlich hat Nabokov erst später aufmerksame Leser gehabt), daß dieser Gedanke vorerst nicht sehr chiffriert ist ...

Ganin wartet die Ankunft des Zuges ab, steigt in ein Taxi

und fährt zu einem anderen Bahnhof: Er hat beschlossen, nach Frankreich zu reisen ...

Ein überraschendes Finale, und der treuherzige Leser der Emigrantenbibliothek an der Peripherie der russischen Kolonie, der »Maschenka« als eine weitere Nachahmung Bunins (und Turgenjews) aufnahm, war natürlich enttäuscht (das erzählt die Sekretärin, Schülerin und letzte Liebe Bunins, Galina Kusnezowa, in ihren teilweise sehr ausweichenden Memoiren). Überraschend an diesem Roman war übrigens nicht nur das Finale, sondern auch der Anfang: die Begegnung der beiden Antagonisten in der Dunkelheit eines steckengebliebenen Fahrstuhls. Lob und Kritik hielten sich nach dem Erscheinen des Romans in Grenzen, wenn auch das unstrittige Talent seines Autors wohl vermerkt wurde.

Nabokov selbst hat mehr als einmal gesagt, dies sei sein schwächster Roman, und er sei noch kein Schmetterling, sondern eine Puppe (wenn er seine Bücher Freunden widmete, zeichnete er in der Regel einen Schmetterling auf das Titelblatt, nur bei »Maschenka« zeichnete er eine Puppe). Im Vorwort zur englischen Ausgabe des Romans (45 Jahre später) schrieb Nabokov: »Die wohlbekannte Neigung des schriftstellernden Anfängers, dem Leser sein Privatleben aufzudrängen und in seinem ersten Roman sich selber oder seinen Stellvertreter auftreten zu lassen, rührt weniger von der Anziehungskraft einer fertigen Handlung her als vielmehr von der Erleichterung, erst einmal sich selber loszuwerden, um dann zu Besserem fortzuschreiten.« Der Wunsch, sich die Seele zu erleichtern, steht außer Zweifel, aber über den Wunsch, »sich selber loszuwerden« in seinem ersten Roman (nach dem er noch mehrere Romane über sich schrieb), konnte er 1970 nur mit einem Ziel schreiben – von der Spur abzulenken (dem Spiel mit dem »scharfsinnigen« Leser) und unkontrollierbare Mutmaßungen auszuschließen. Wenn Nabokov von seiner Zärtlichkeit für seinen ersten Roman, von seiner sentimentalen Anhänglichkeit zu ihm sprach, erklärte er dies mit nostalgischen Gründen, womit er gleichsam zugab, daß Wirklichkeit und Erinnerungen noch unberührt, noch unverarbeitet Eingang in den Roman gefunden hatten (während sie doch »so neu gemischt und zusammengedreht, zerkaut und verdaut« werden müssen, daß von der Autobiographie »nur Staub übrigbleibt«).

Heutige Kritiker, etwa Steven Parker oder A. Dolinin, finden diesen Roman, diese Puppe, keineswegs so einfach. Sie sehen in ihm »feine Wiederholungen auf verschiedenen Raum- und Zeitebenen«. So etwa das Porträt Alfjorows und die Erwähnung des »lächerlichen Herrn« mit dem gelben Bart. Oder die lila Tintenschrift auf dem Gartentisch und auf Alfjorows Uhrglas. Diese neue Generation von Kritikern, die die späte Prosa von Nabokov kannte, fand ohne Mühe heraus, daß die Einfachheit von »Maschenka« nur scheinbar ist (ebenso wie die Einfachheit einiger Gedichte von Nabokov) und daß es in dem Roman unter der für jedes Auge sichtbaren Oberfläche eine andere gibt, die schon »nach den Spielregeln« gebaut ist.

Und bei alldem ist »Maschenka« ein durchsichtiger, zarter, warmer Roman. Er enthält nach dem Bekenntnis Nabokovs »menschliche Feuchtigkeit«, von der er sich zu befreien hoffte, was ihm zum Glück nicht ganz gelang.

Aber »sich selber loszuwerden« war unmöglich. Die Themen Unwiederbringlichkeit der Zeit, Unersetzlichkeit der Verluste, Unmöglichkeit des Sichabfindens mit dem Tod eines nahestehenden Wesens (Erschütterung und Schmerz jenes Märztags sind unvergänglich!) quälten Nabokov auch nach dem Roman weiter. Kaum hatte er die Rohfassung fertig, schrieb er die Erzählung »Tschorbs Rückkehr«.

Während der Hochzeitsreise kommt Tschorbs junge Frau in der Nähe von Grasse ums Leben, als sie auf eine elektrische Leitung tritt. Verzweifelt macht er sich auf die Rückreise, immer auf den Spuren der Hochzeitsreise, und rekonstruiert in der Erinnerung jede Einzelheit, alles, was sie noch vor kurzem zu zweit gesehen haben …

***

»In Berlin lebten sie nicht weit von uns, und ich sah sie häufig über das Trottoir eilen, im Gleichschritt, beide groß und schlank, in gleichen Regenmänteln, die hellen Köpfe unbedeckt, und ich hatte jedesmal das Gefühl, daß die beiden für einander geschaffen seien ...«

Monsieur Cannac reicht mir Entwurfblätter, Kopien, Notizen: Erinnerungen seiner verstorbenen Frau, abgedruckt in »Russkaja mysl«, weitere Entwürfe, für den »Russischen Almanach« wohl. Die Entwürfe waren interessant, zum Beispiel diese Zeichnung – die Nabokovs gehen über das Berliner Trottoir, man schreibt das Jahr 1926. Dazu ein Satz von Cannacs Frau Shenja, ein Teil ist durchgestrichen: »Muß ich hinzufügen, daß ich natürlich bis über beide Ohren in ihn ... aber ich ließ mir nichts anmerken, denn ich hielt mich für unwürdig.«

Ich betrachte die Fotos, blättere in den Entwürfen. Da, über Vera Nabokov. Sie habe einen recht schwierigen Charakter, sei manchmal schroff und oft »grundlos beleidigt«. Er sei gutmütiger und habe Sinn für Humor.

Shenja Cannac meint, daß sein Hochmut eine Maske war, seine einzige Waffe: War es bei den damaligen Honoraren und der Inflation etwa leicht zu überleben?

Cannac erzählt, daß das Leben in Berlin immer schwerer wurde und manche Verzweifelten zu Verbrechern wurden. Einmal, als Shenja nach einem Zirkel auf dem Heimweg war, überfiel sie ein Räuber und entriß ihr die Handtasche mit allen Papieren, den Schlüsseln und einem winzigen Geldbetrag. Nach dem nächsten Treffen des Zirkels erbot sich Nabokov, sie nach Hause zu begleiten: »Er brachte mich mit dem Taxi nach Hause, scherzte die ganze Fahrt über und versicherte, die Deutschen hätten für alles eine Mode, sogar für Raub ...« Das Weitere ist wieder durchgestrichen.

Nabokov hielt im Zirkel einen Vortrag über Sowjetliteratur. Dazu las er Lydia Sejfullina, Fjodor Gladkow, Alexander Serafimowitsch, Ilja Ehrenburg, Wsewolod Iwanow ... Es entspann sich ein Streit. Die Emigranten kannten damals Michail Sostschenko, Boris Pilnjak und Isaak Babel recht gut ... Nabokov aber erklärte, die Bolschewiken würden die Literatur bald abwürgen, sehr bald. Alle fielen über ihn her, hatten Argumente zur Hand, aber er glaubte seiner Intuition und behielt recht.

Er kam nicht zu allen Sitzungen. Unter ihnen war er der Maître. Sie hatten zwei Maîtres – ihn und Wladimir Piotrowski. Piotrowski war der Älteste im Zirkel, und er war Kriegsteilnehmer. Er war einsam. Die deutsche Sprache erschloß sich ihm nicht (übrigens, Shenja Cannac glaubte Nabokovs Versicherung nicht, daß er nicht Deutsch konnte), er mußte als Taxifahrer arbeiten. »Ich erinnere mich«, schrieb sie, »ich war verlobt oder frisch verheiratet, da wollten wir eilig irgendwohin, ins Theater oder jemanden besuchen, wir hielten ein Taxi an, und als der Fahrer sich umdrehte, erkannte ich Piotrowski. Aber er beantwortete meinen Gruß sehr unfreundlich ...« Später heiratete Piotrowski. Seine Ninotschka »war reizend und ihm in allem ergeben«. Er fügte seinem Namen »Corvin« hinzu, damit er fürstlich klänge.

***

Natürlich haben alle Nabokovschen Einzelgänger, die sich unter den Menschen verlieren und sich nie einer Gruppe oder Bewegung anschließen, viel von Nabokov selbst. Aber der reale Nabokov verstand es in seiner Berliner und Pariser und auch amerikanischen Zeit, ein anderer zu sein – energisch, erfolgreich, manchmal liebenswürdig und bezaubernd, manchmal aber auch taub für alle Probleme außer seinen eigenen. Sicherlich war er nicht sehr geschäftstüchtig, aber die Literatur war auch im Westen kein Geschäft, und wenn man ihn mit anderen schreibenden Emigranten vergleicht (etwa mit den armen Kerlen von der »Pariser Schule«), liefen seine literarischen Geschäfte gar nicht so schlecht. Er hatte literarische Freunde, solche wie Piotrowski und Lukasch. Und, noch wichtiger, literaturnahe Freunde, solche wie Hessen und Kaminka, die ihn bis ans Ende ihrer Tage förderten. Auch ihre Söhne Georgi Hessen und Mischa Kaminka wurden seine Freunde. Jelena, die Tochter von Awgust Kaminka, war verheiratet mit Nikolai Jakowlew, einem großen Kenner der russischen Literatur und Direktor einer russischen Schule in Berlin (die auch Olga und Elena Nabokov besucht hatten). Nabokov plauderte mit Jakowlew gern über russische Sprache und Literatur, und später erhielt er von ihm ein wertvolles Geschenk – eine Liste der erloschenen Adelsgeschlechter von Rußland (diese Namen konnte er ungestraft mitsamt den Titeln den Helden seiner Werke geben, und ein Nabokov-Kenner erinnert sie sogleich: Tscherdynzew, Barbaschin, Katschurin, Sineussow ...)

Eine andere Tat Jakowlews entpuppte sich wohl als weniger fruchtbar für Nabokovs Leben – er und seine Frau zogen Nabokov zu der von ihnen ins Leben gerufenen antibolschewistischen Gruppe »WIR« heran. Ihr Ziel war es, dem Eindringen sowjetischer Agenten in die verschiedenen Vereinigungen der Berliner russischen Intelligenz entgegenzuwirken. Zum Glück erweiterte diese Gruppe ihre Mitgliederzahl nicht (was sie sicherlich vor dem Einsickern von GPU-Agenten bewahrte, die mühelos alle ideologischen und besonders »illegalen« Emigrantenorganisationen infiltrierten), sondern fiel bald auseinander. Dieses Faktum, das Brian Boyd mitteilt, bringt immerhin eine Korrektur in das Bild vom gesellschaftlich wenig interessierten Nabokov ein.

Der Sohn Iossif Hessens war ein unschöner Knirps, der sich für Boxen, Tennis, Frauen und sonstige Verlockungen des Lebens begeisterte. Vera Nabokov gab ihm Englischunterricht, und offenbar nicht ohne Erfolg, denn in den dreißiger Jahren unterrichtete Georgi selber Englisch, und nach dem Krieg arbeitete er als Simultandolmetscher bei der UNO.

Zu seinen ältesten Freunden zählten Wladimir Tatarinow von der »Rul« und seine Frau Raissa, die an der Sorbonne Jura studiert hatte und in Berlin für die französische Botschaft arbeitete (wo auch Romana Kljatschkina und später Vera tätig waren). Genannt seien auch der Kritiker Juli Aichenwald (der Brjussow und Gorki von ihren Piedestalen gestürzt hatte), der sympathische Georgi Landau, der bei der »Rul« den Posten W.D. Nabokows übernommen hatte, und Juri Ofrossimow.

Unter Nabokovs Freunden waren nicht wenige russische Juden, die sich jedoch in erster Linie als Russen betrachteten, und nur die Faschisten zeigten ihnen später, wo sie hingehörten – in ein neues Exil oder in die Krematoriumsöfen. »Das Blut, das in meinen Adern fließt«, pflegte der Dichter Julian Tuwim zu sagen, der bei Romana Kljatschkinas Schwester zu Besuch war, »ist polnisches Blut. Nur das Blut, das man mir aus den Adern zapft, ist jüdisch ...« Nabokov war die Einteilung der Menschheit in Rassen, Stämme, Gruppen und Untergruppen gleichgültig. Was seine lebenslangen freundschaftlichen Kontakte zu russischen Juden angeht, so waren sie in der Emigration für ihn ebenso unvermeidlich wie etwa für Bunin, der mit Fondaminski, Zetlin, Aldanow und Andrey Sedych befreundet war. Sinaida Schachowskaja erzählt, daß von zwei russischen Emigrantenklubs in Brüssel der russisch-jüdische ständig literarische Lesungen veranstaltete, und Nina Berberova erwähnt, daß »großzügige und kultivierte russische Juden« in der Emigration immer wieder für die Literatur spendeten. Unter den antibolschewistischen Intellektuellen der Emigration waren viele russische Juden, und in ihrer Mehrheit blieben sie wie Nabokov bis ans Ende ihrer Tage unversöhnliche Feinde des Totalitarismus.

Bei einer Lesung aus »Maschenka« im Dichterzirkel war Professor Makarow anwesend, der in der Beschreibung von »Woskressensk« sofort Roshdestweno erkannte, das er erst ein halbes Jahr zuvor (vor der Abreise aus Rußland) besucht hatte. Er berichtete, daß in diesem Wyra jetzt eine Schule sei und in Roshdestweno ein Waisenhaus, und in der Familiengruft (o Wunder!) brenne noch das Ewige Lämpchen ... Den nächsten Gruß aus Wyra sollte Nabokov erst vierzig Jahre später erhalten.

Als der Zirkel wieder einmal zusammenkam, hielt Nabokov einen Vortrag über die Schönheit und die Freuden des Sports. Er führte Beispiele vom Boxen an, denn er verfolgte damals alle Kämpfe. Natürlich sprach er mehr über die Empfindungen des Sportlers als über Methoden und Taktik – über das Gefühl der Muskelspannung und über die seltsamen inneren Erlebnisse eines k.o. geschlagenen Boxers.

Das Schachspiel vergaß er auch nicht. Er beteiligte sich an einer Simultanpartie, die der damals berühmte Nimzowitsch in einem Berliner Café spielte (und verlor, aber keineswegs schmählich). Schon eine Woche später spielte er gegen den künftigen Weltmeister Aljechin.

Bei der Wahl der »Miss russische Kolonie« auf dem Presseball gehörte Nabokov mit Tatarinow zur Jury des Witzigkeitswettbewerbs (beste Antwort auf die Frage: »Was ist eine moderne Frau?«).

Im Schubertsaal wurde unter anderem über die Rückkehr nach Rußland debattiert. Viele Emigranten, sogar solche, die unter Androhung der Erschießung ausgewiesen worden waren, neigten jetzt zur Rückkehr in die Heimat (manche kehrten zurück und wurden – man muß der Konsequenz der Bolschewiken Tribut zollen – erschossen). Auf einer Veranstaltung sprach Aichenwald und zitierte die Worte von Kant über die beiden edlen Leiden der Menschheit: Fernweh und Heimweh. »Wir sind nicht einverstanden mit dem, was dort geschieht«, sagte Aichenwald über Sowjetrußland, »und wir verraten die Heimat, wenn wir trotz unserer Ablehnung dessen, was dort geschieht, dorthin streben … Unsere Seele hat die Heimat nie verlassen – wohin also sollen wir zurückkehren?«

Brian Boyd beschreibt das ausgefüllte Leben Nabokovs im April 1926. 1. April – abends bei Kaminka. Tags darauf ins Kino mit Tatarinow. Noch einen Tag später – Theater (Ostrowski). Im Foyer traf Nabokov Ofrossimow (Regisseur und Theaterkritiker), der ihn gebeten hatte, ein Stück für seine Truppe zu schreiben. Er traf dort auch seinen ehemaligen Lehrer, den Maler Dobushinski, der zur Ausstellungseröffnung nach Berlin gekommen war. Noch einen Tag später spielte er Schach. Dann fuhr er nach Dahlem ins entomologische Institut, wo er den sympathischen russischen Entomologen Moltrecht kennenlernte: Sie sprachen über Schmetterlinge. Er ging mit seinem Schüler Schura Sak schwimmen und spielte Tennis mit einem anderen Schüler, Serjosha Kaplan, was ihm Zugang zu einem der besten Tennisklubs von Berlin verschaffte.

Bei all dieser Tätigkeit schrieb Nabokov pausenlos Erzählungen. Jetzt bat ihn die beste Emigrantenzeitschrift, »Sowremennyje sapiski«, die bislang keine Prosa von Emigrantenschriftstellern gedruckt hatte, um eine Erzählung. Er verfaßte auch nach wie vor Gedichte, beendete das »Universitätsgedicht«, das von seinem Leben in Cambridge berichtete, in das er vor sieben Jahren plötzlich »aus den russischen Wolken« gefallen war. Das Poem enthält eine erstaunliche Schilderung eines Fußballspiels und das Bild einer alten Putzfrau, die vielleicht irgendwann eine jugendliche Verlockung für die Studenten anderer Zeiten gewesen war – floß doch die Zeit in diesem alten Studentenstädtchen ohne Kataklysmen und Umbrüche dahin.

Das Poem schildert seine beim Dichten durchwachten Nächte, wenn »im Kamin das zärtliche, zahme Feuer auf den Hinterbeinen stand«.

Nabokov hatte ein beinahe »Puschkinsches« Poem geschrieben, und nachdem es gedruckt worden war, bekam er einen beifälligen Brief von einem seiner Lieblingsdichter – Iwan Bunin.

Bald darauf erschien seine Erzählung in den »Sowremennyje sapiski« – höchste Auszeichnung für einen jungen Emigranten-Prosaiker. Die Erzählung »Schrecken« wurde von Michail Ossorgin in der populärsten Emigrantenzeitung von Paris, den »Poslednije nowosti« (Letzte Neuigkeiten), lobend erwähnt. Es war eine sonderbare Erzählung, eine Skizze, die an die Beichte eines Patienten in der Sprechstunde eines Psychiaters erinnert, die Aufzeichnung einer Krankengeschichte. Sie beschreibt nicht eine, sondern mehrere Spielarten von Angst, die alle Nabokovschen Helden heimsuchen.

Zeitgleich schreibt Nabokov eine kurze, hervorragende Erzählung – »Der Passagier«. Der Held, ein Schriftsteller, erzählt, wie einmal im Schlafwagen ein Passagier zum oberen Bett hinaufstieg und zu schluchzen begann. Der Schriftsteller sah ihn nicht, er sah nur »den unangenehmen Fuß«, »den großen Nagel, der perlmuttfarben durch ein Loch der Wollsocke schimmerte«: »Es ist natürlich seltsam, daß solche Lappalien mich bewegten, aber andererseits, ist nicht jeder Schriftsteller ein Mensch, den Lappalien bewegen?« In dieser Fünf-Seiten-Erzählung stecken viele andere Nabokovsche Gedanken, zum Beispiel: »›Ja, das Leben ist talentierter als wir‹, seufzte der Schriftsteller, ›da kommen wir nicht mit! Seine Werke sind unübersetzbar, unwiedergebbar ... ‹« In der Erzählung ist auch die Rede von der Unerkennbarkeit dessen, was das Leben im Sinn hat, von den Tiefen und Feinheiten des menschlichen Lebens.

Im Herbst 1926 setzte sich Nabokov an das Stück, das

Ofrossimow bestellt hatte. Ein Bühnenstück hat seine Spielregeln, die es erlauben, frei mit der Zeit umzugehen, und das bereitete ihm Vergnügen. Das Stück hieß »Der Mann aus der UdSSR«. Es waren Szenen aus dem Emigrantenleben: eine russische Schenke, eine russische Pension, Teilnahme an Filmaufnahmen über die Revolution. Der Held ist illegal tätig und reist als Handlungsvertreter in die UdSSR. Dann fährt er noch einmal hin und kommt vielleicht nicht zurück. Seine liebende Frau ist wie er zur Selbstaufopferung bereit. In dieser kläglichen Emigration ist Platz für Tapferkeit, Liebe, für eine Mutprobe. Das Stück (wie auch die kurzzeitige Mitwirkung in der Gruppe Jakowlew) zeigt, daß das Thema der Mutprobe, das bald in dem Roman gleichen Namens auftauchen sollte, für den Nabokov jener Jahre nicht überraschend kam.

Im Frühjahr 1927 wurde in der »Rul« Nabokovs Gedicht »Das Billett« veröffentlicht, das die geheime Hoffnung der Emigranten auf Rückkehr nach Rußland zum Ausdruck bringt. Die Moskauer »Prawda« (die stets aufmerksam die Berliner »Rul« beobachtete) druckte das Gedicht nach (erste und einzige Nabokov-Publikation in der Heimat bis in die achtziger Jahre) – natürlich nur als Anlaß einer höhnischen (und durchaus prophetischen) Antwort des kommunistischen Hofpoeten Demjan Bedny, der sich vor der Revolution als außerehelichen Sohn eines Großfürsten ausgab und seine Gedichte mit dem Namen Pridworow (Höfling) unterzeichnete.

In diesem Sommer begleitete Nabokov zwei Schüler nach Binz. Er nahm Vera mit.

Es gibt einen Brief von Nabokov aus Binz an Aichenwald (nach dem Brief zu urteilen, hatte Aichenwald Nabokov telegraphisch zum »Tag des Engels« [Namenstag] gratuliert): »15. 7. 1927 ... Lieber Juli Issajewitsch, ich weiß nicht, wie ich Ihnen danken soll für das ›Engels‹telegramm! Auch ich erinnere mich an den Namenstag im Dorf, an den weißen Tisch mit den Schattenflecken, der in der Allee gedeckt war, an den russischen Abend, an den Geruch von Pilzen und Heliotrop, an die grüne Raupe, die sich an einem Faden ins Weinglas herabließ. Wieviel Jahre sind vergangen, aber die Kraft der Erinnerung schwächt sich nicht ab.

Heute bin ich fünf Werst am Strand entlanggelaufen, habe die Badehose ausgezogen, bin in ein Wäldchen abgebogen, habe dort ganz allein und splitternackt im Gras gelegen und die Schmetterlinge betrachtet – und mich wie Tarzan gefühlt: ein herrliches Gefühl! Hier ist es schön. Vera ist rosig gebräunt, ich bin orangefarben. Wir beide liegen stundenlang im Sand, zwischendurch planschen wir im Wasser und spielen Ball. Die Jungs, unsere Schüler, sind reizend: sie machen sich über mein Deutsch lustig.« Vera schrieb einen Zusatz: »Lieber, wunderbarer Juli Issajewitsch, Ihr Telegramm hat uns sehr gerührt ... Volodya ergibt sich der Faulheit, von Schreiben keine Rede.«

Aber er war keineswegs ganz müßig in jenem Sommer. In ihm reifte ein neues Buch, in seiner Seele regte sich Unklares. Dann trat es plötzlich zutage – drei am Strand, ein Mord wird geplant, der Mörder stirbt. Fast im Nu ist die Romanidee geboren. Jetzt wurde der Roman allmählich konstruiert, Überflüssiges weggetan. Dieser Prozeß zog sich ein halbes Jahr hin ... Und dann an den Schreibtisch! Ungefähr so entstanden später auch seine anderen Romane: zwei, drei Tage Herumstromern, dann das Aufblitzen der Idee, dann lange Monate des Nachdenkens vor der Niederschrift.

Sie kehrten im August nach Hause zurück und inserierten in der »Rul«: »V.V. Nabokov-Sirin erteilt Englisch- und Französischunterricht.«

Er schrieb eine neue Erzählung – »Der Schuft«. Es ist eine großartige Erzählung, in der die Realität auf Nabokovsche Art in den Gedankenstrom hinübergleitet und in die Welt zurückkehrt, eine Erzählung voller Humor und genauer psychologischer Beobachtung.

Im Herbst herrschte bei den Schachfreunden unter den Emigranten große Aufregung: Aljechin hatte den Weltmeister Capablanca herausgefordert. Nabokov schrieb in dieser Zeit das Gedicht »Der Springer«. Es wurde in der »Rul« abgedruckt, und etwas später erschien dort eine Rezension Nabokovs über das Buch des russischen Schachspielers Snosko-Borowski »Capablanca und Aljechin«. Nabokov zitiert darin aus den für ihn sehr wichtigen Äußerungen des Autors über

Capablanca und sein »Spiel im Raum«, das um die Ganzheit und Festigkeit jeder Position bemüht ist, und sein »Spiel in der Zeit«, das heißt das Spiel in der Bewegung und Entwicklung:

»Capablanca ist ein Ritter der schnell laufenden Zeit ... auf seiner Palette herrscht geniale Harmonie.«

Diese Schachaufregungen im Herbst 1927 waren die Vorboten eines bedeutenden Ereignisses im Leben der russischen Literatur, denn schon damals wurde in Nabokovs Kopf ein neuer Roman geboren – ein Roman über einen Schachspieler. So war es auch später bei ihm – er begann an einem Roman zu arbeiten, und dabei entstand in ihm der Plan zu einem weiteren Roman.

1927 war ein Jubiläumsjahr: zehn Jahre Sowjetmacht. Im November las Nabokov auf einer Veranstaltung Gedichte zur Erinnerung an die Weiße Armee, und in der »Rul« erschien sein Artikel »Das Jubiläum«, eine seiner seltenen politischen Wortmeldungen in der Presse. Sein Beitrag zum zehnten Jahrestag des Oktober ist deshalb von bedeutendem Interesse. Darin erinnerte Nabokov, der die Trennung von dem unwiederbringlichen Paradies der Heimat und der Kindheit so grausam erlebte und so oft von der Rückkehr träumte, seine mutlosen Leidensgefährten (und sich selbst) daran, daß ihr Exil der Preis der Freiheit sei, die man für keine Hoffnungen und für keine Illusionen über eine »Umwandlung« des Totalitarismus in eine Demokratie hergeben dürfe. Diese zehn Jahre der Verachtung seien weder eine Verirrung noch ein Zufall.

»Ich verachte den kommunistischen Glauben«, schrieb der achtundzwanzigjährige Schriftsteller, »als eine Idee niedriger Gleichheit, als eine langweilige Seite in der festlichen Geschichte der Menschheit, als Negation der irdischen und außerirdischen Schönheiten, als einen dummen Anschlag auf mein freies Ich, als Ermunterung für Unwissenheit, Stumpfheit und Selbstzufriedenheit ... Ich verachte nicht den Menschen, nicht den Arbeiter Sidorow, sondern die scheußliche, stumpfe Idee, die russische Plattköpfe in kommunistische Einfaltspinsel verwandelt und aus Menschen Ameisen macht.

Mord verübt nicht die Idee, sondern der Mensch, mit ihm

wird gesondert abgerechnet; ob ich verzeihe oder nicht, ist eine andere Frage. Rachedurst darf die Reinheit der Verachtung nicht beeinträchtigen ...«

Hier ist in konzentrierter Form schon vieles von dem, was wir später in seinen anderthalb Dutzend Romanen finden, in seinen Erzählungen, Stücken und Literaturvorlesungen – die Verachtung von Gewalt, Vulgarität und Spießertum (alle diese seine Ideen stehen in der Tradition der russischen Kultur und Literatur).

Nabokov beschwört in diesem Artikel die Treue zur russischen Freiheit und zur russischen Kultur, er sagt im Namen der freien und unbehausten Emigration:

»Wir sind die Wellen Rußlands, das über seine Ufer getreten ist, wir sind über die ganze Welt verstreut – aber unsere Wanderungen sind nicht immer trostlos, und die tapfere Sehnsucht nach der Heimat hindert uns nicht immer, Genuß zu finden an einem wunderbaren Land, an der erlesenen Einsamkeit in einer fremden elektrischen Nacht, auf einer Brücke, auf einem Platz, in einem Bahnhof.

... wir feiern zehn Jahre Freiheit. Die Freiheit, die wir genießen, kennt wohl kein anderes Land der Welt. In diesem besonderen Rußland, das uns unsichtbar umgibt, uns belebt und unterstützt, das unsere Seelen nährt und unsere Träume verschönt, gibt es kein einziges Gesetz außer dem der Liebe zu Rußland und keine Macht außer unserem Gewissen ... Unser verstreuter Staat, unser nomadisierendes Reich ist stark durch diese Freiheit ... Einmal werden wir der blinden Clio dankbar sein dafür, daß sie uns erlaubte, diese Freiheit zu erfahren und in der Emigration das tiefe Gefühl zum Heimatland verstehen zu lernen und zu entwickeln ... Wir werden uns nicht über die Vertreibung beklagen. Wiederholen wir in diesen Tagen die Worte des alten Kriegers, von dem Plutarch schreibt: ›In der Nacht, auf den öden Feldern, weit weg von Rom, schlug ich ein Zelt auf, und mein Zelt war für mich Rom.‹«

Viertes Kapitel

Der Meister tritt auf

Die Idee des neuen Romans nahm allmählich Form an. Da die Heldin an einer Erkältung sterben sollte, ging Nabokov in die Sprechstunde eines Arztes für Lungenkrankheiten und befragte ihn nach den Symptomen einer tödlichen Erkältung. Auf die Frage des Arztes nach dem Zweck seines Besuchs antwortete der junge Ausländer: »Ich will sie töten.« Der Arzt sah ihn erschrocken an …

Im Januar 1928 teilte Nabokov seiner Mutter mit, daß er bis über beide Ohren in einem Roman stecke, daß er bis zum Umfallen arbeite, daß er einen Titel für den Roman gefunden habe (das Andersen-Märchen »König Dame Bube«, es war in der »Rul« erschienen) und daß dieses Werk komplizierter und tiefgreifender sein werde als »Maschenka«. Der Roman hatte keine russischen Helden, und Nabokov langweilte sich ohne sie, so schrieb er der Mutter. Dafür schuf er eine ganze Welt und eine Weltordnung, in der er der Herr war.

Mitte Mai war die Rohfassung des Romans fertig, Ende Juni die Endfassung.

Natürlich mußte er die Arbeit oft unterbrechen.

Er besuchte die Sitzungen des Dichterzirkels. Sekretär des Zirkels war Mischa Gorlin, häufiger Besucher Wladimir Piotrowski. Dieser war jetzt verheiratet und brachte seine Frau zu den Sitzungen mit. Nabokov seinerseits brachte Vera mit, und die Mitglieder des Zirkels verlangten, daß die Ehefrauen ihre Werke dem allgemeinen Urteil vorstellten. Piotrowski und Nabokov mußten ihren Frauen je ein Gedicht schreiben, und so wurden ihre Frauen vollberechtigte Mitglieder der »Schriftstellervereinigung«. Aber Nabokovs Hauptbeschäftigung blieb in diesen ersten Monaten 1928 die Arbeit am Roman. Es wurde ein überraschender und recht sonderbarer

Roman. Manche Kritiker meinen bis heute, daß es eine Herausforderung war: Ach so, ihr dachtet (ohne meine »Maschenka« aufmerksam gelesen zu haben), ich wäre ein Alltagsschriftsteller der russischen Emigration? Ihr dachtet, euch wäre alles verständlich? Dann nehmt dies ...

Später scheint Nabokovs Vorwort zu »König Dame Bube« diese Vermutung sogar zu bestätigen. Er schreibt, daß sein erster Roman ihm bald nicht mehr gefiel, weil die Helden in gewisser Weise erkennbar, realistisch waren, und daß er sich in seinem ersten Roman noch nicht entschließen konnte, die »spezielle Methode der Wiedererschaffung einer geschichtlichen Situation« anzuwenden, die er zehn Jahre später in der »Gabe« anwendete – Fehlen jeder gefühlsmäßigen Einbindung, das seiner Neigung zur reinen Erfindung entgegenkam.

Dem »scharfsinnigen Leser«, an den sich der späte Nabokov in seinen Vorworten immer wieder wendet, wird bald klar, daß der Sinn aller dieser Erklärungen über das »reine Erfinden« darin besteht, ihm keine »autobiographischen«, geschweige denn intimen Entdeckungen zu ermöglichen.

Gewiß, in dem neuen Roman wurde die Geschichte anders erzählt, und sie handelte auch wohl von etwas anderem. Das ist schon von der ersten Seite an zu spüren. Der deutsche Jüngling Franz macht sich aus einem Provinzstädtchen auf, um Berlin zu erobern. Im Zugabteil beobachtet er ein reiches Paar – eine schöne junge Frau und ihren Mann ... In Berlin enttäuscht ihn zunächst alles, zumal er seine Brille zerbrochen hat und alles wie durch einen Rauchschleier sieht. Vor der Abreise hat seine Mutter ihm einen Brief an den Berliner Onkel mitgegeben, und als er diesen besucht, entdeckt er, daß der Onkel und seine Frau das reiche Paar aus dem Zugabteil sind. Der gutmütige Onkel, den dieses Zusammentreffen amüsiert, nimmt Franz als Verkäufer in seinen Laden, lädt ihn zum Abendessen ein und fordert ihn auf, sie ganz zwanglos zu besuchen. Der reiche Dreyer hat keine Ähnlichkeit mit einem gewöhnlichen Kaufmann. Er ist eine schöpferische Natur, und Nabokov verleiht ihm einige persönliche Züge, wenn auch nicht so viele wie dem Helden von »Maschenka«. Sogar Schmetterlinge besuchen ihn, und er kennt ihre Namen ...

Das Thema des Schicksals, des Verhängnisses (im antiken Verständnis), welches das Leben des Menschen lenkt, ein Thema, das schon im ersten Roman Nabokovs »durchschimmerte«, wird in seinem zweiten Roman »voll ausgestaltet« (nicht umsonst erscheint hier in einem ironischen, selbstparodierenden Kontext der Direktor der Versicherungsgesellschaft »Fatum«). Der russische Nabokov-Forscher O. Dark schreibt: »›König Dame Bube‹ ist ein ›mathematisch‹ gelöstes, ›rhetorisches‹ Werk in der künstlerischen Realisierung des Themas.« Andere, wie auch Boyd, bemerkten in dem Roman schon den blind spielenden Schachspieler. Die Schachpartie des Schicksals ist noch nicht zum Hauptthema geworden, aber der Schachspieler hat bereits die Nabokovsche Bühne betreten.

Beim Lesen des zweiten Nabokov-Romans entsteht viel deutlicher als beim Lesen des ersten ein Gefühl der Irrealität, des Traums, einer »Doppelwelt«: Ist nicht diese ganze sonderbare Welt der Schneiderpuppen nur ein Spiel unserer Phantasie?

Obwohl Nabokov später seinen zweiten Roman nicht mehr als eine Puppe, sondern als einen richtigen Schmetterling ansah, finden selbst seine glühendsten Anhänger darin doch auch leere Sätze, Wortreichtum, überflüssige Kommentare.

Nabokovs zweiter Roman brachte die Leser und die Kritiker der Emigration in einige Verwirrung. Einerseits war klar, daß ein hochbegabter, jedoch sehr eigenwilliger Prosaiker geboren war, aber der Leser fand noch nicht heraus, worin diese Eigenart der Nabokovschen Prosa bestand, wie dieses Gefühl von Irrealität und Traum zustandekam. Und die russischen Kritiker waren an anderes gewöhnt. Sie mußten Analogien zu bereits Bekanntem suchen: An wen erinnert das?

In den Pariser und Berliner Literaturkreisen wurde in dieser Zeit viel über Nabokov-Sirin gesprochen, und ein Echo dieser Diskussionen findet sich in den Tagebüchern von Vera Nikolajewna Bunina:

»1. 8. 29. Der Roman von Sirin – ›ein richtiger Meister‹ – interessant und seelenlos.

17. 9. 29: Jan ›der häusliche Spitzname von Iwan Bunin‹ hat

ein Kapitel aus dem Roman von Sirin gelesen ... S. ist ein kultivierter Mensch und nimmt das Schreiben ernst. Ich spüre noch nicht die Größe seines Talents, aber seine Meisterschaft ist groß. Er hat natürlich auch Proust und andere zeitgenössische europäische Schriftsteller gelesen, von der Klassik ganz zu schweigen ...«

Nachdem Nabokov den Roman abgeschlossen hatte, gab er wieder Nachhilfeunterricht und schrieb Rezensionen für die »Rul«. Eine davon verriet sein anhaltendes Interesse für Schach und Schachspieler – die Rezension der »Anthologie der Monddichter«, »übersetzt von S. Rewokatrat«. Der Übersetzername, von rechts nach links gelesen, ergibt den bekannten Schachspieler und Dichter Saweli Tartakower.

Für die in Berlin, Paris, Riga, Harbin und sogar in Moskau viel gelesene Tageszeitung »Rul« schrieb Nabokov in diesen Jahren viele Rezensionen und präsentierte sich dem Emigrantenpublikum als aufmerksamer, feinsinniger Kenner und fröhlicher Nörgler. Die Rezensionen lassen deutlich Nabokovs persönlichen Geschmack erkennen, seine Vorlieben und Phobien, den Kreis seiner russischen Lehrer, die Prinzipien seiner eigenen literarischen Arbeit. Beiläufig lehren sie den Biographen, seine offen geäußerten Meinungen mit Vorsicht aufzunehmen. Am wichtigsten erscheinen uns die Rezensionen zu einer Gedichtsammlung von Chodassewitsch und zu den Gedichten von Bunin. Nabokov schätzte Chodassewitschs Poesie sehr hoch. »Die freche, kluge, schamlose Freiheit« Chodassewitschs »und der richtige (d.h. in gewissem Sinne unfreie) Rhythmus machen«, nach Meinung Nabokovs, »den besonderen Zauber Chodassewitschs aus«. Interessant ist, daß der junge Nabokov damals auch die Gefahr dieser ungewöhnlichen »Meisterschaft und der höchst überraschenden Bilder« sah: Sie könnten den Leser hindern, »zusammen mit dem Dichter diese oder jene seiner Stimmungen menschlich mitzufühlen«. Und er präzisiert: »Wenn der Dichter im Leser Mitleid, Mitgefühl usw. erwecken wollte, erreichte er dies nicht. Man berauscht sich an seinen Bildern, seiner Musik, seiner Meisterschaft – und empfindet gar keine menschlichen Gefühle für die Verletzten.« Nabokov scheint an die »guten Gefühle« erinnern zu wollen, welche die Lyra wecken soll, und daran, daß man sein Können manchmal zügeln muß. Aber er weiß bereits, daß für Chodassewitsch (wie auch für ihn selbst) Belehrungen fruchtlos sind. Nicht minder interessant ist Nabokovs Urteil über die »heilige Unbefangenheit der Muse« Chodassewitschs bei der Wahl des Themas. Das Thema eines Gedichts, wiedererzählt in »nackter Prosa«, kann »eine Nuance von derber und offener Unsauberkeit« annehmen (»solche Episoden findet man in Büchern über sexuelle Fragen«). Nicht so in Gedichten: »Aus der Beschreibung eines kläglichen Lasters machte Chodassewitsch ein starkes und schönes Gedicht (für einen Moment kam mir der Gedanke: Womöglich ist die Muse doch beleidigt? – aber nur für einen Moment).« Diese Urteile kommen einem beim Lesen von Nabokovs Büchern mehr als einmal in den Sinn.

Nabokov vermerkt in den Gedichten Chodassewitschs »vagen Einfluß von Block«, manchmal auch eine »Tjutschewsche Strömung«. Übrigens, die beiden Strömungen, angereichert durch die Strömung Chodassewitsch, sind in seinen eigenen Gedichten ebenfalls zu spüren. Aber auch kleine Unzulänglichkeiten Chodassewitschs verstellen dem Rezensenten Nabokov nicht den Blick für das Wesentliche: Chodassewitsch ist ein gewaltiger Dichter, doch ein Dichter »nicht für alle«. Er ist ein Dichter für diejenigen, »die einen Dichter genießen können, ohne in seiner Weltsanschauung herumzuwühlen« und ohne von ihm »Reaktionen« zu fordern, für diejenigen, die in seinen Gedichten nicht »Erholung und Mondlandschaften« suchen. Für solche ist eine »Gedichtsammlung von Chodassewitsch ein hinreißendes Kunstwerk«.

Seine Rezension zu einem Gedichtband von Bunin leitet der junge Nabokov mit der Behauptung ein, die Gedichte von Bunin seien »das Beste, was die russische Muse in mehreren Jahrzehnten hervorgebracht hat«. Er stellt Bunin solche gestürzten Abgötter wie Brjussow und Balmont gegenüber, aber auch das »hilflose Gemurmel« eines auch in der Emigration berühmten »Sowjetpoeten« (einer der frühesten Angriffe gegen Pasternak), und er spricht von der nunmehr offensichtlichen Überlegenheit der »Schöpfungen des großen Dichters, wo alles schön und alles gleichmäßig ist«, wo »Musik und Sinn zusammenfließen«, wo »der qualvoll starke, ohnmachtsnahe schmachtende Wunsch« herrscht, »in Worten das Unerklärliche, Geheimnisvolle, Harmonische auszudrücken, das in den weiten Begriff von Schönheit gefaßt ist«. Nabokov schreibt von der ungewöhnlichen Sicht des Dichters Bunin, von der tiefen Empfindung des »Vergänglichen«, das ihn jedoch nicht in tiefe Trauer stürzt: »Die Sehnsucht der großen Dichter ist eine glückliche Sehnsucht.« Und weiter konstatiert er einen für ihn sehr wichtigen Zug Bunins: »Der Wind des Glücks weht aus Bunins Gedichten ... Alles wiederholt sich in der Welt, alles in der Welt ist Wiederholung, Veränderung, mit der sich der Dichter ›immer wieder tröstet‹. Dieses selige Zittern, dieser schmachtend sich wiederholende Rhythmus ist vielleicht der größte Zauber an Bunins Gedichten. Ja, alles in der Welt ist Trug und Verlust ... aber ist nicht auch der Verlust nur scheinbar, wenn das Flüchtige in der Welt in ein unsterbliches – und darum glückliches – Gedicht eingeschlossen werden kann.« Doch Nachdenken über das »Vergängliche« und den »Verlust« war für den jungen Schriftsteller schmerzhaft.

Die gleichen Ansichten sind auch in zahlreichen anderen poetischen Bildern Nabokovs ausgedrückt, in denen er die Meister der »Mondpoesie« ebenso giftig verspottete wie die Apologeten der »Weltanschauung«, der »Reaktionen« und der »Lebenswahrheit« in der Poesie. Besonders oft attackierte er die Dichter der Petersburger »Zeche« und der »Pariser Note«, nicht nur Dovid Knut, sondern auch auf den Maître selbst, Adamowitsch. Die »Note« blieb nichts schuldig – Nabokov machte sich unter ihren unglücklichen Mitgliedern langjährige Feinde und in ihrem einflußreichen Oberhaupt Georgi Adamowitsch einen (wenn auch nicht völlig von sich überzeugten) Verfolger.

Schon in Nabokovs frühen Rezensionen zeichneten sich Züge ab, die ihn, vom Alltagsstandpunkt, zu einem »wenig angenehmen« Menschen machen (so sagte er selbst über seinen Helden Ganin). Er war unversöhnlich gegenüber jedweder Milderung der literarischen Kriterien und ähnelte darin seinem Vorbild Chodassewitsch: Literatur sei eine Aufgabe des Lebens (selbst wenn sie in einer schönen Mußestunde entstanden sei), und zur Meisterschaft müsse man sich mit dem größten Respekt verhalten. Er war nörglerisch, böse, gnadenlos: von Ausgewogenheit des Urteils konnte keine Rede sein. Später bedauerte er die übermäßige Härte mancher seiner Bemerkungen. Er gestand ein, daß er zu schroff gegenüber Boris Poplawski gewesen war, und es ist zu vermuten, daß er auch bedauerte, so gnadenlos mit dem Gedichtband von Raissa Bloch umgegangen zu sein, der Frau von Mischa Gorlin, dem einzigen seiner Schüler, der bei ihm Prosodie-Unterricht genommen hatte. Vielleicht war das ein Fall von grimmiger »Prinzipienfestigkeit« gewesen: Du bist mein Freund, Platon, aber die Wahrheit … Mischa war Sekretär ihres Zirkels, und Raissa war verbunden mit dem Verlag Petropolis; beide waren jung, fröhlich, bezaubernd, vielseitig begabt, beide wurden etliche Jahre später in den Öfen deutscher Konzentrationslager verbrannt … In seiner kurzen Rezension über das Buch von Raissa Bloch schreibt Nabokov: »Das Ganze ist goldig, freundlich hell und (was bei Gedichten von Frauen fast unvermeidlich ist) ein bißchen durchtränkt von dem kalten Parfüm der Achmatowa …« Übrigens, die Nachahmerinnen der Achmatowa und die Petersburger (damals schon Leningrader) Dichterin selbst sahen sich oft Angriffen des jungen Rezensenten ausgesetzt. In späteren Jahren schimmern parodistische Ausfälle gegen die Nachahmerinnen der Achmatowa in seinen Romanen durch. Noch grimmiger griff er Pasternak an, aber hier ist alles viel komplizierter. Die Kritik vermerkte einen Einfluß Pasternaks auf die Gedichte Nabokovs, und für einen Menschen wie Nabokov konnte das Grund genug sein, von dem berühmten Dichter abzurücken und ihn anzugreifen. Wieviel Unwissenheit und wie viele Mißgriffe, was nicht alles für Verbrechen gegen die Muse fand der junge Nabokov bei diesem sieghaften Pasternak, der auch in dem immer mehr erstarrten Rußland ein Meister blieb. Aber manchmal versprach sich Nabokov und nannte dieses oder jenes Gedicht von Pasternak »bestrickend«, und solche

Geständnisse entgingen dem »scharfsinnigen Leser« nicht. Und als Nabokov nach seiner Übersiedlung nach Amerika gefragt wurde, welchen sowjetischen Dichter man lesen müsse, nannte er ohne Zögern Pasternak, denselben Pasternak, den er in seiner Jugend bei jedem passenden Anlaß geschmäht hatte.

Einige besonders verletzende (wenn auch zutreffende) Rezensionen kamen ihn teuer zu stehen. Vera Nabokov erzählt, daß ihr Mann im Herbst 1929 von einer jungen und schönen Schriftstellerin ihren Roman mit der Widmung »Für den Autor von ›Maschenka‹« geschenkt bekam. Vielleicht war das eine aufrichtige Herzensregung der Schriftstellerin. Aber es läßt sich vermuten, daß ihr unternehmungslustiger Mann ihr dazu geraten hatte. Wie dem auch sei, der Effekt war anders als erwartet. Nabokov wich manchmal von seinen Regeln ab, doch er konnte es nicht leiden, daß man es ihm soufflierte. Er schrieb eine spöttelnde Rezension über den Roman von Irina Odojewzewa, der nach dem erlesenen Pseudonym der Heldin – »Isolde« – benannt war. Er erwähnt, daß im Roman nach der letzten Mode »der berühmte Umbruch unseres Lebens« dargestellt sei.

An diesem verhängnisvollen Tag (30. Oktober 1929), an dem sich Nabokov über den Damenroman lustig machte, handelte er sich einen Todfeind ein, den Ehemann der Odojewzewa, den talentierten Dichter und prinzipienlosen Journalisten Georgi Iwanow (manche russische Nabokov-Kenner stützen sich bei der Analyse von Nabokovs Prosa heute noch auf die journalistischen Eskapaden Georgi Iwanows, was nicht ganz korrekt ist). Ton und Inhalt der Artikel Iwanows über Nabokov empörten schon damals die seriösen Kritiker (selbst jene, die Nabokov nicht allzu freundlich gesinnt waren).

Bekanntlich gab es in der Emigrantenliteratur jener Zeit Gruppen und Grüppchen, freundschaftliche Verbindungen wurden geknüpft und Kriege geführt. Manchmal lobte Nabokov ohne Furcht vor Vorwürfen ganz offen seine Freunde (etwa Wladimir Piotrowski), aber im großen und ganzen verteidigten seine kritischen Artikel – bei aller Ungerechtigkeit mancher seiner Ausfälle (gegen Pasternak, Remisow, Achmatowa und später gegen Zwetajewa, die er manchmal gleichwohl genial nannte) – ziemlich exakt seine eigenen literarischen Prinzipien. Interessanterweise äußerte sich dieser höchst komplizierte Schriftsteller, der eine Vorliebe für schwierige Kompositionen, für Schachzüge, Palindrome, Kreuzworträtsel und chiffrierte Anspielungen hatte, scharf gegen »typographische Kunstgriffe im Stil Remisows« oder gegen die »dunkle« Prosa Zwetajewas: »Marina Zwetajewa schreibt für sich, nicht für den Leser, und es ist nicht unsere Aufgabe, uns in ihrer dunklen absurden Prosa zurechtzufinden.« Es kommt einem unwillkürlich der Gedanke, ob ihm in späteren Jahren dieser Satz in Erinnerung kam, als er in schlaflosen Stunden am Genfer See noch viel »dunklere« Aufgaben zum Kopfzerbrechen für seine Leser verfaßte. Aber noch viel interessanter ist es, die Gründe für diesen Purismus zu begreifen. Wahrscheinlich gab es schon damals für Nabokov »Dunkelheiten« unterschiedlichen Niveaus. Eine Passage in einem Brief Zwetajewas an Rilke empfand er als Verbrechen gegen den Geschmack und als »Inbegriff einer Plattitüde«. Oberstes Kriterium für Prosa seien Talent und Geschmack. Was jedoch seine Forderungen nach Richtigkeit und Sauberkeit der Prosa, nach Ungekünsteltheit, seelischer Gesundheit usw. betrifft, so schlugen sie alsbald wie ein Bumerang auf den Rezensenten zurück, nicht gefährlich, aber doch schmerzlich.

Der Sommer 1928 brachte Vera Nabokov schwere Verluste: ihr Vater und ihre Mutter starben. Raissa Tatarinowa half ihr, in der französischen Handelsvertretung in Berlin eine Anstellung zu finden. Vera, die glänzende Sprachkenntnisse besaß, arbeitete als Sekretärin und Übersetzerin. Nabokov erlebte plötzlich, zum ersten- und letztenmal während seiner zwanzig Jahre in Europa, einen finanziellen Erfolg. Der Pressemagnat Ullstein (der seinerzeit »Slowo« und »Rul« mit Geld unterstützt hatte), erwarb von ihm das Recht auf den zweiten Roman und zahlte großzügig: zweieinhalbtausend Mark für die Buchrechte und zweieinhalbtausend für den Abdruck in der »Vossischen Zeitung«. Zusammen mit Veras Cousine leisteten die Nabokovs eine erste Zahlung für ein Waldgrundstück bei Kolberg, wo sie ein Häuschen bauen wollten (ihr erster und letzter Versuch in dreißig Jahren, sich ein Eigenheim anzuschaffen). Der Rest der Summe sollte mit gutsherrlichem Schwung ausgegeben werden, zumal »Slowo« sich verpflichtet hatte, alle weiteren Romane Nabokovs in den nächsten fünf Jahren zu kaufen und herauszugeben. Nabokov und Vera beschlossen, erster Klasse an die spanische Grenze zu fahren und sich einen Ort in den östlichen Pyrenäen zu suchen, wo er Schmetterlinge jagen und seinen neuen, sehr schwierigen Schachroman schreiben konnte. Im Juni lieferte Nabokov den Sammelband »Tschorbs Rückkehr« im Verlag ab, der fünfzehn vorzügliche Erzählungen enthielt, wie auch (nach dem Beispiel von Bunins Sammelbänden jener Jahre) seine letzten Gedichte. Die »Vossische Zeitung« druckte an hervorragender Stelle die Übersetzung der Erzählung »Bachman«. Die Nabokovs rüsteten zur Reise, und an dem kalten Abend des 15. Dezember kamen Freunde zu ihnen in die Passauer Straße. Man scherzte, lachte, plauderte. Aichenwald war an diesem Abend groß in Fahrt. Am Ofen sitzend, erzählte er voller Freude, daß ihm in Rußland ein Enkel geboren und daß er zu Vorträgen in Riga und Danzig eingeladen sei. Um ein Uhr nachts verabschiedete er sich von allen, und Nabokov stieg mit ihm die Treppe hinunter, um die Haustür aufzuschließen. Nabokov sah der gebeugten Gestalt dieses lieben Menschen noch hinterher, bevor er abschloß. Eine halbe Stunde später, schon in der Nähe seines Hauses, überquerte Aichenwald, der sein Leben lang Todesangst vor Straßenbahnen gehabt hatte, den Kurfürstendamm und geriet unter eine Straßenbahn. Er starb, ohne das Bewußtsein wiedererlangt zu haben.

***

Am 5. Februar reisten sie ab. Vera ließ ihre Arbeit leichten Herzens zurück. In Paris blieben sie zwei Tage und trafen sich mit Gleb Struve und dessen Frau. Nabokov lernte auch seinen, wie ihm versichert wurde, kompetenten deutschen Übersetzer kennen, der seinen zweiten Roman übertrug.

Die Nabokovs fuhren mit dem Nachtzug nach Perpignan und von dort mit dem Bus über die Gebirgsstraße nach Le

Boulou, direkt an der spanischen Grenze. Sie wählten einen billigen Kurort mit einem prächtigen Park, und Vera versuchte zum erstenmal, mit ihrem Mann Schmetterlinge zu fangen. Die Geheimnisse, die diese schönen Wesen ihm enthüllten, führten hinein in das Geheimnis der schönen Welt. Hinter der scheinbaren Einfachheit verbarg sich überraschende Kompliziertheit. Allein schon die feine Idee der Mimikry! Die Entomologie barg in sich die gleichen Freuden, verlangte die gleiche Intuition beim Enthüllen von Geheimnissen wie die Literatur. Und die Literatur verlangte seiner Ansicht nach die gleiche Klarheit, das gleiche analytische Können beim Entwirren eines Knäuels von Ideen wie das Schachspiel. Der neue Roman Nabokovs handelte von einem Schachspieler und dem Schachspiel. Jedenfalls auf den ersten Blick.

In ihrem Hotelzimmer schrieb Nabokov auf dem kleinen, mit Wachstuch bedeckten Tisch, darauf die vier Bände des Wörterbuchs von Dahl, Tintenfaß, Aschbecher und die unvermeidliche Packung starker französischer Zigaretten, einen komplizierten russischen Roman, der in weit größerem Maße als seine beiden ersten Romane mehrere Verständnisebenen, mehrere Lesarten und, mehr noch, mehrere Möglichkeiten der Sinndeutung und der Lösung der Aufgaben enthielt, die dem Leser gestellt wurden. Denn, wie Nabokov erklärte, in einem Kunstwerk findet der wirkliche Konflikt nicht zwischen den Helden statt, sondern zwischen dem Autor und dem Leser. Nabokov erwähnte später die Schacheffekte in diesem Roman, in seinem Aufbau, aber weder beim Erscheinen des Romans noch ein halbes Jahrhundert später enträtselte er vollständig das, was im Text chiffriert war.

Rechtfertigung der Emigration

Der Romananfang ist der Kindheit des Helden gewidmet. Lushin erbte als erster Nabokovscher Held vom Autor einiges aus dessen paradiesischer Kindheit. Die zerschundenen Knie. Die Dörfchen bei Wyra. Und »einen flüchtigen Sommer auf dem Lande, der hauptsächlich von drei Gerüchen erfüllt gewesen war: blauem Flieder, frisch geschnittenem Heu und trockenem Laub«. Und die »Veranda, schwimmend auf dem Rauschen des Gartens«. Und die »rundliche französische Gouvernante« …

Der Roman fängt damit an, daß der Vater dem Sohn mitteilt, daß er die Schule besuchen muß. Der Junge erfährt, daß er nicht einfach Sascha heißt (diesen Namen hören wir kein einziges Mal in dem Roman), sondern Lushin. Der paradiesische Sommer ist zu Ende, der Junge wird in die Menge geworfen, er sucht »Verteidigung« gegen die Menge der Gleichaltrigen, gegen die Welt der Erwachsenen. Und er findet seine Nische, seine Welt, in die er fliehen kann – das Schachspiel.

Brian Boyd ist der Auffassung, daß die Kindheit Lushins in vielem die »umgestülpte« Kindheit Nabokovs sei. Durch die »Herabsetzung der Vatergestalt« bei Lushin (und dann auch in anderen Romanen) wird nach Meinung des russischen Nabokov-Forschers Jerofejew wiederum die »ironische Note« erreicht, die den Autor von der autobiographischen Realität entfernt. Jerofejew hat angemerkt, daß der Vater Lushins der erste in einer Reihe berühmter Väter ist: er ein berühmter Schriftsteller, der Vater Martins ein berühmter Arzt, der Vater Pnins ein berühmter Augenarzt usw. Die Herabsetzung der Vatergestalt beginnt damit, daß der Vater Lushin seinem Sohn die Vertreibung aus dem Kinderparadies ankündigt. Dem Autor gelingt es meisterlich, den Übergang zum erwachsenen Lushin glaubhaft zu machen, zu einem sehr sonderbaren linkischen Menschen und Schachgenie; später treffen wir ihn in Deutschland an der Seite einer reizenden jungen Landsmännin. Er verliebt sich in sie, und das romantische mitfühlende Fräulein verliebt sich in den sonderbaren, hilflosen und natürlich genialen Menschen. Die Hochzeit ist beschlossen, aber da beginnt das Berliner Turnier. Lushin ist dem Sieg nahe, doch die wichtigste Partie hat er noch vor sich – gegen den jungen Turati, den er nicht besiegen kann. Seine Verteidigung erweist sich als unwirksam, und Lushin landet in einer psychiatrischen Klinik. Der Psychiater weist die Braut darauf hin, daß das Schachspiel kontraindiziert sei … Lushin heiratet das liebe russische Mädchen und verläßt die Welt des Schachs. Doch auch im Alltag, in der Familie versagt die Verteidigung gegen die Schachzüge des Schicksals. Sehr bald bemerkt Lushin, daß sich in seinem Leben die Züge seiner Turnierpartie verhängnisvoll wiederholen. Sein früherer Impresario taucht auf. Die verhängnisvolle Partie gegen Turati soll wiederholt werden, und auf der Suche nach einem Ausweg springt der Held aus dem Badezimmerfenster. Die Retter brechen die Tür auf, man hört Gebrüll: »Alexander Iwanowitsch, Alexander Iwanowitsch!« Ein rätselhafter Satz des Autors beendet den Roman: »Doch da war kein Alexander Iwanowitsch.« Nach Meinung des Nabokov-Forschers A. Dolinin souffliert dieser Satz dem Leser, daß »außerhalb der Kreativität der Romanheld einfach nicht existiert«.

Die Geschichte des Schachspielers ist brillant erzählt. Der Hauptheld, dieser linkische, verlorene Mensch, weckt (trotz der vielen unangenehmen Zügen, mit denen der Autor sein abstoßendes Wunderkind ausstattet) Mitgefühl und sogar Sympathie. Es scheint, daß der erfolgreiche, schlanke, sportliche Autor dem Helden etwas von seiner Vorstellung von Ungeschicklichkeit, Unbeholfenheit und Disharmonie mitgibt (das zeigt sich später auch bei anderen Nabokov-Helden – bei dem jungen Martin, bei dem reifen Godunow-Tscherdynzew und besonders bei dem armen Timofey Pnin). Der Schachroman verblüffte die Leser durch die Meisterschaft, und selbst die anspruchsvollsten späteren Kritiker Nabokovs (Viktor Jerofejew) sprechen von der »Genauigkeit und Glaubwürdigkeit der beschriebenen Schachkämpfe«.

Das etwas traditionelle und gleichwohl lächerliche Genie ist mit gutmütigem Humor beschrieben. Für die bezaubernde Braut gilt das gleiche – eine ideale russische Frau, deren einnehmendes Wesen tief verborgen ist: »Die geheimnisvolle Fähigkeit, in ihrem Herzen nur für das im Leben empfänglich zu sein, was sie schon in ihrer Kindheit angezogen und gequält hatte, zu einer Zeit, wenn der Instinkt der Seele noch untrüglich ist …« Sie ist mit großem Feingefühl ausgestattet, sie ist imstande, »Geschöpfen, die ein hilfloses unglückliches Leben führen, ein für sie selber unerträgliches zärtliches Mitleid entgegenzubringen«. Nach Meinung Steven Parkers ist sie eine der am meisten »Turgenjewschen« Frauengestalten Nabokovs. Diese beiden Hauptcharaktere, doch auch ein beträchtlicher Anteil von gutmütigem Humor (sogar die beiden rechtschaffenen Deutschen, die Lushin retten, sind gutartig lächerlich geraten) bewahren im Roman die nicht getilgte »menschliche Feuchtigkeit«, die schon in »Maschenka« Aufmerksamkeit erregte und die der Autor der »Gabe« zu tilgen drohte, was er dann aber unterließ (zum Glück). Die Eltern der Braut, die wir schon aus »Maschenka« und aus Erzählungen Nabokows kennen, russische »Wisente«, wirken hier anziehend durch ihre Güte. Gewiß, auch die reizende gütige Braut von Lushin, die in Mußestunden den Roman von General Krasnow liest, gehört zu dieser Welt der »Vulgarität«, die Lushin durch einen Irrtum plötzlich so erfreut. Aber, wie ein Kritiker feststellte, der Hauptkonflikt im Roman besteht nicht zwischen dem Genie und der »Vulgarität«, sondern zwischen dem Genie und dem kreativen Gegner am Schachbrett – dem italienischen Meister Turati. Wenn Nabokov auf ihn zu sprechen kommt, gibt er uns ziemlich unverhohlen zu verstehen, daß Schach ja ganz schön ist, der Roman aber vor allem von Kreativität handelt, von der Meisterschaft in der Kunst, von schöpferischen Siegen und Niederlagen. »Lushins Dilemma war das eines Schriftstellers oder Komponisten, der zu Beginn seiner aktiven Laufbahn das Neueste auf dem Gebiet der Kunst in sich aufgenommen hat und die Welt zeitweilig durch die Originalität seiner Ideen in Erstaunen setzt, dann aber auf einmal feststellen muß, daß sich um ihn herum unbemerkt ein Wandel vollzogen hat, daß andere, die weiß Gott woher gekommen sind, ihn gerade dort weit hinter sich gelassen haben, wo er noch vor kurzem den Ton angegeben hatte, und der sich dann bestohlen fühlt, in den kühnen Künstlern, die ihn überholt haben, nur undankbare Plagiatoren sieht und selten begreift, daß er selber die Schuld trägt, wenn er in seiner Kunst, die einmal etwas Neues dargestellt hatte, keine Fortschritte mehr gemacht hat.«

Nabokov – Lushin und Turati zugleich – hat einen Roman geschrieben, der alle Zahlen auf der Anzeigetafel der Emigrantenliteratur durcheinanderbringen wird, einen Roman, nach dem es nicht nur für die zahlreichen Epigonen des Klassischen Realismus, sondern auch für den Meister, Bunin, schwer wird (»Dieser Junge hat die Pistole gezogen und uns über den Haufen geschossen«, etwa so hat Bunin es ausgedrückt). Der »Junge« Turati war zwar ein »ihm wesensverwandter Spieler« (ein Doppelgänger wie später Kontschejew in der »Gabe«), aber in seiner »Vorliebe für phantastische Einfälle bei der Verteilung der Figuren« war er weitergegangen und hatte den alten Meister gerade dort weit hinter sich gelassen, wo er noch vor kurzem den Ton angegeben hatte ... Interessant ist, daß Nabokov, als er noch an dem Roman arbeitete (so war es später auch mit der »Gabe«), die Folgen seines Erscheinens voraussah – die Verwirrung derer, die er hinter sich lassen und die ihm Vorwürfe machen würden: Undankbarkeit gegenüber den Lehrern und gegenüber den Traditionen der russischen Literatur (was ihm sonderbarerweise heute noch vorgeworfen wird), gar zu »phantastische Verteilung der Figuren«, Diebstahl bei seinen Lehrern (schwer zu begreifen bei wem – Dostojewski, Saltykow-Stschedrin, Proust, den deutschen Expressionisten, Kafka, Joyce, Wells? Dabei hat er bei allen gelernt). Nabokov, der Schicksalskombinationen stets aufmerksam beobachtete, konnte natürlich nicht an das mögliche Erscheinen eines neuen, jungen Turati denken, der plötzlich einen überraschenden Zug macht. Er war in der Literatur ein Kämpfer, und er war bereit, seine künftige Vorrangstellung auf der Anzeigetafel des Turniers zu verteidigen, aber er konnte nicht umhin, die Vergeblichkeit eines solchen Wettkampfs vorauszusehen: darin liegt die Tragödie jeder noch so hohen Meisterschaft und jedes noch so modernen Neuerertums – sie werden übertroffen. Und Nabokov fürchtete im voraus die Tücke des Schicksals, dessen nicht vorhersehbare Züge.

Bevor wir zu den Schachlisten des neuen Nabokov-Romans übergehen, ein paar Worte über dessen schon auf den ersten Blick zu erkennende Besonderheiten. Zum Beispiel, mit welcher Einfachheit und Eleganz die Erzählung im Roman (so wie in dem berühmten Film Fellinis, der uns fünfunddreißig Jahre später verblüffte) plötzlich von den Erinnerungen an die Vergangenheit übergeht in den Dialog Lushins mit seiner

Braut und, ein paar Sätze weiter, uns wieder in die Erinnerung versenkt; wie die Gedanken der Heldin wiedergegeben werden (Nabokovs berühmte Klammern werden hier mühelos bewältigt und erfreuen sogar das Auge); wie die Zeiten verknüpft, wie die feinsten Details verbunden werden; wie das Leben des Schachs eindringt in das äußere Alltagsleben Lushins (das ihn nur am Rande streift). All das ist glänzend, selbstsicher geschrieben (oder, wie erfahrene Cineasten schon in den Zeiten des frühen Fellini zu sagen pflegten, in allem sah man die »Löwentatze des Genies«). Sogar auf der durchaus realistischen Ebene ist der Roman eindrucksvoll, doch schon die ersten Leser ahnten, daß es ein Roman über die Kreativität schlechthin ist, eine Allegorie. Frühe und späte Versuche, die Schachrätsel des Romans zu lösen, erbrachten trotz behutsamer Hinweise des Autors eigentlich nicht allzuviel, obwohl sie vielen »scharfsinnigen Lesern« Vergnügen bereiteten (das waren natürlich in der Regel Nabokov-Kenner – Kritiker, Doktoranden, Aspiranten und sonstiges Universitätsvolk). Nach einem sehr späten Eingeständnis des Autors sei er in diesem Roman bestrebt gewesen, »die Schilderung eines Gartens, einer Reise, einer Folge banaler Geschehnisse mit dem Anschein eines Geschicklichkeitsspiels und, vor allem in den Schlußkapiteln, mit dem eines regelrechten Schachangriffs auszustatten, der den Verstand des armen Kerls im Innersten demoliert«. Im Vorwort zur englischen Ausgabe des Romans weist Nabokov darauf hin, daß die Zugfolge in einigen besonders wichtigen Kapiteln an die »Retroanalyse« eines Schachproblems erinnert und der Selbstmord Lushins an ein »Selbstmatt«, daß der Leser die »komplexeren Aspekte« all dieser »Spiellinien« im letzten Spiel gegen Turati suchen muß, das weiterhin im Familienleben verkörpert wird, und dann in der Todesszene Lushins. Viele werden natürlich bemerken, daß Lushin seine Braut nach dem Muster des Rösselsprungs küßt: »aufs rechte Auge, dann auf den Scheitel, dann auf das linke Ohr – streng hielt er die Reihenfolge ein, die er einmal gutgeheißen hatte«. Sein Leben nach der verhängnisvollen Partie mit Turati entwickelt sich überhaupt wie ein Match mit einem unerbittlichen Schicksal: »Die

Kombination, mit deren Erkennung er sich seit dem Ball herumgeschlagen hatte, hatte sich ihm ganz unvermutet offenbart ... « Da unternahm er den entscheidenden Schritt, um das Spiel zu unterbrechen – er sprang aus dem Fenster. Bevor er losließ, »sah er nach unten. Irgendwelche hastigen Vorbereitungen waren dort im Gange: DieFensterreflexe rückten zusammen und richteten sich aus, der ganze Abgrund schien sich in dunkle und bleiche Quadrate einzuteilen, und in dem Augenblick, da Lushin seinen Griff löste ... sah er genau, was für eine Ewigkeit ... sich vor ihm ausbreitete.«

Noch ein Geheimnis, das Nabokov sein Leben lang quälte.

Brian Boyd entdeckte in dem Roman kunstvoll maskierte Themen des komponierenden Großvaters und des Vaters. Aber man darf nicht vergessen, daß alle diese Meilensteine sich als hinterhältige Falle entpuppen könnten, die der Autor aufgestellt hat, da er Spiele vergötterte. Ein westlicher Nabokov-Kenner hat Nabokov einen homo ludens (Spieler, Freund des Spielens) genannt. Nabokov selbst hat mehr als einmal seine Vorliebe für Knobeleien eingestanden und über seine Begeisterung für Schachaufgaben (in »Erinnerung, sprich«) erzählt: »Man muß sich darüber im klaren sein, daß der Kampf bei Schachproblemen nicht eigentlich zwischen Weiß und Schwarz stattfindet, sondern zwischen dem Problemautor und dem hypothetischen Löser (genau wie in einem erstklassigen Roman der wirkliche Zusammenstoß nicht zwischen den Figuren, sondern zwischen dem Verfasser und der Welt stattfindet), so daß der Wert eines Problems zu einem großen Teil von der Zahl der Versuche abhängt – täuschende Eröffnungen, falsche Fährten, trügerische Lösungswege, mit Scharfsinn und Liebe entworfen, um den Löser in die Irre zu führen.«

Der Nabokov-Kenner Mark Lilly, der die »Spiel«prosa Nabokovs analysierte, deutete den Schluß von »Lushins Verteidigung« auf seine Weise. Das Matt im Schachspiel bedeutet, daß der König tot ist. Nach dem Matt wird der gefällte König wieder in die vertikale Position gebracht, um für weitere Kämpfe bereit zu sein.

Noch detaillierter hat über dieses Thema die junge,einst

russische, nun amerikanische Nabokov-Forscherin Irina Sljussarewa gearbeitet (ihr Artikel erschien nicht in einer Wisconsiner, sondern in einer Woronesher Zeitschrift). Sie bestätigt die Schachkönigs-Würde Lushins durch Zitate aus dem Text (ebenso wie die Erhöhung seiner Frau zur Königin-Dame). Die Nabokov-Forscherin bemerkt, daß in Nabokovs Roman der Gegenstand mit dem Symbol vereint ist und das Bild mit der Idee. Lushin ist der schwarze König, darum ist die helle Mondnacht für ihn gleichsam die Vorbotin des Todes. Als Todesursache Lushins sieht Sljussarewa die Unfähigkeit an, Leben und Gabe zu vereinen. Sie erklärt seinen Versuch, vom Turnier nach Hause, nach Rußland, zu fliehen, damit, daß die Verteidigung Lushins nur in Rußland realisiert werden kann, doch der Weg dorthin ist ihm versagt, also bleibt nur der Tod. Durch Vergleich der im Roman verstreuten Anspielungen errechnet Sljussarewa als Geburtsjahr Lushins 1899. Es ist Nabokovs Geburtsjahr, und Sljussarewa äußert die Vermutung, daß in Lushins Schicksal das des Autors chiffriert ist. Aus allen von ihr entdeckten Anspielungen folgert sie den zentralen Sinn des Romans: Schönheit und Leben vereinigen sich nicht, weil es keinen Heimweg gibt.

Solche Spiele sind nicht besonders charakteristisch für die russische Literatur, und sie stoßen bei dem nicht an sie gewöhnten russischen Leser nicht immer auf Begeisterung. Was hingegen die westlichen Kritiker (Lilly u. a.) betrifft, so zählen sie diese »intellektuellen Spiele«, diese Zaubertricks, diese Hexerei, diesen Wetteifer in Erfindungsreichtum zu den stärksten Zügen der Prosa Nabokovs. Darüber hat mit als erster Page Stegner geschrieben, gefolgt von vielen anderen westlichen Nabokov-Forschern. Am erstaunlichsten: Keinem von ihnen ist in den Sinn gekommen (wie es unweigerlich russischen Kritikern in den Sinn kommt, die gewohnt sind, Form und Inhalt einander gegenüberzustellen), nach dieser Feststellung zu mutmaßen, daß es Nabokovs Prosa an Ideen fehlt. Ein solcher Irrtum kann nach Meinung Boyds entstehen, weil Nabokov in einem Werk so viele wichtige Ideen unterzubringen und sie so organisch ins Gewebe des Werks einzuschließen vermag (»nahtlos«, wie Boyd sagt). Was die Probleme in dem Roman betrifft, so zählt Boyd solche darin auf wie Genie und Wahnsinn, Einsamkeit und Verletzlichkeit des Menschen, die Bewahrung des Kindes im Erwachsenen und des Erwachsenen im Kind, die Rolle des Schicksals und der Vergangenheit, aber auch die Rolle einer unsichtbaren Kraft, die das Schicksal lenkt. Dieser eindrucksvollen Liste wären noch die Themen Schöpfer und Schöpfertum, Neuerertum und Rivalität hinzuzufügen, welche die russische Kritik schon in den dreißiger Jahren in dem Roman erkannte.

***

Die Nabokovs kehrten im Juni nach Berlin zurück, im Gepäck den fast vollendeten Roman und eine prächtige Schmetterlingssammlung. Auf dem Seegrundstück in Kolberg, das sie zusammen mit Veras Cousine gekauft hatten, war noch nicht mit dem Bau begonnen worden. Sie mieteten beim Postboten des Ortes eine Hütte, und Nabokov setzte sich hin, den Roman zu beenden. Mitte August ließ er seine Mutter wissen, daß er in drei Tagen den Schlußpunkt setzen werde. Er schrieb ihr, daß er glücklich sei mit seinem Lushin und daß der Roman ungeheuer schwierig sei. Jetzt bleibe ihm nur noch, den Helden umzubringen, das Manuskript zur Übersetzung ins Deutsche und zur Vivisektion bei Ullstein abzuliefern. Die Zukunft malte sich Nabokov in rosigen Farben. Er bedachte nicht, daß es mit zunehmender Kompliziertheit seiner Romane schwieriger sein würde, sie zu verkaufen. Darum konnten er und Vera in den nächsten zwei Jahren in Kolberg nicht bauen, im Gegenteil, sie mußten das Grundstück aufgeben. Sie hatten kein Geld. Der große Erfolg wiederholte sich in den nächsten dreißig Jahren (1929–1959) nicht. Dafür erwartete ihn beneidenswerter Ruhm in dem (ziemlich kleinen) Kreis der russischen Emigranten.

Der neue Roman wurde in der Zeitschrift »Sowremennyje sapiski« abgedruckt. Die Publikation eines so großen Werks war ein Ereignis für Nabokov, aber auch für die Zeitschrift und die junge Emigrantenliteratur. Die »Sowremennyje sapiski« hatten bislang nur alte und arrivierte Autoren gedruckt, darum war das für die Jungen ein Durchbruch. Am wichtigsten aber war, daß ein großer russischer Schriftsteller auf der Bildfläche erschienen war, der in der Emigration zu schreiben begonnen hatte. Kein Wunder, daß die feinfühligsten der Jungen dieses Ereignis als »Rechtfertigung der Emigration« auffaßten. Vierzig Jahre später erinnerte sich Nina Berberova so daran: »Die Nummer der ›Sowremennyje sapiski‹ mit den ersten Kapiteln von ›Lushins Verteidigung‹ kam 1929 heraus. Ich stürzte mich auf diese Kapitel, ich las sie zweimal durch. Ein großer, reifer, vielschichtiger, zeitgenössischer Schriftsteller stand vor mir, ein großer russischer Schriftsteller, wie ein Phoenix aus dem Feuer der Revolution und der Asche des Exils geboren. Von nun an hatte unsere Existenz einen Sinn. Meine ganze Generation war gerechtfertigt.« Neben dem ersten Teil von »Lushins Verteidigung« enthält Heft vierzig der »Sowremennyje sapiski« das vierte Buch von »Das Leben Arsenjews« von Bunin (später mit dem Nobelpreis ausgezeichnet), den »Schlüssel« von Aldanow, »Dershawin« von Chodassewitsch, »Das dritte Rom« von Georgi Iwanow, Gedichte von Adamowitsch und Poplawski, eine Menge Artikel und Rezensionen – einen Beitrag von Florowski über den jungen Herzen, Erinnerungen von Maklakow, von Bizilli den Artikel »Nation und Sprache«, von Stepun den Artikel »Der religiöse Sinn der Revolution«, einen überzeugenden Beitrag über »Das sowjetische Rechtswesen«, Artikel von Kuskowa, Aldanow, Adamowitsch, Kiesewetter, Zetlin, Rezensionen von Büchern Mereshkowskis, Ossorgins …

»Lushins Verteidigung« war nach den Worten Chodassewitschs »das erste Werk, in dem sich Sirin zur vollen Größe seiner Begabung erhob«. Das Buch weckte Begeisterung. Natürlich führten die Ungewohntheit und »Sonderbarkeit« des Romans zu Irritationen. Kritiker sprachen von dem »nichtrussischen« Sirin, von seiner Kälte und Inhaltslosigkeit, von dem fehlenden sittlichen Pathos. Viele beeilten sich, die »Sonderbarkeit« mit dem Einfluß irgendwelcher westlicher Vorbilder zu erklären, von denen sie aber nur eine trübe Vorstellung hatten. Gleb Struve trat zur Verteidigung Nabokovs an und erklärte, dieser habe zwar bei vielen gelernt, ahme aber niemanden nach. Der Hauptangriff erfolgte natürlich von seiten der feindseligen und mehrfach von Nabokov gekränkten Zeitschrift »Tschisla« (Zahlen). Diese wurde von Ozup herausgegeben, sie druckte die meisten »Parnasse-Leute« (die ebenfalls von dem Rezensenten der »Rul« des öfteren beleidigt worden waren). Adamowitsch, der noch ruhigste und bestqualifizierte Vertreter der »Pariser Note«, meinte, daß solch ein Roman in einer französischen Zeitschrift erscheinen könnte und unbemerkt bleiben würde (eine mystische Vorstellung von dem »Ausländischen«, die so typisch war für einen Russen, selbst wenn er im Ausland lebte). Georgi Iwanow (der nie einen neuen deutschen Roman entdeckt hatte, sich aber sehr gut an Nabokovs Besprechung des Romans seiner Frau erinnerte) erklärte öffentlich: Wenn Nabokovs zweiter Roman nach dem letzten Vorbild der »progressivsten Deutschen« gemacht sei, werde sein dritter Roman »fleißig von mittelmäßigen französischen Vorbildern abgekupfert sein« (der vertrauensselige Leser sollte glauben, daß Iwanow in seiner Freizeit französische Prosa verschlang), und wenn man auch auf russisch nicht so schreibt, »schreiben die Franzosen und Deutschen fast alle so«. Nachdem er so dem literaturwissenschaftlichen Akademismus seinen Tribut gezollt hatte, erklärte er schlicht und einfach, daß Sirin »der uns sattsam bekannte Typ des fähigen, scharfzüngigen banalen Journalisten« sei, der »seine Feder beherrscht«. Und daß er überhaupt ein Hochstapler sei, der Sohn einer Köchin, von geringer Herkunft, ein Knecht, der außerhalb der Literatur stehe. Das war die Rache. Aber das war wohl selbst für die forsche Kritik der Emigranten zu dick aufgetragen (der sowjetischen Kritik war es natürlich mehr als recht), so daß »Wolja Rossii« (Freiheit Rußlands) von Slonim (die Nabokov in seinen Rezensionen auch nicht gerade geschont hatte) und sogar »Rossija i Slawjanstwo« (Rußland und das Slawentum) die Kritik der »Tschisla« zurückwiesen. Zehn Jahre später schrieb Chodassewitsch, daß »der künftige Historiker der Emigrantenliteratur bei der Durchsicht unserer Zeitungen und Zeitschriften mit heiterer Bitternis vermerken wird, daß die Angriffe auf Sirin genau in dem Moment einsetzten, als er einen so großen Schritt vorwärts gemacht hatte«.

Zeitgenössische russische Kritiker betonen die Verbindungen zwischen Nabokovs Realismus und der russischen Klassik sowie zwischen »Lushins Verteidigung« und Lermontows Prosa, mit der sich Nabokov intensiv beschäftigt hatte; in ihr hatte schon Eichenbaum die »doppelte Komposition« entdeckt, mit welcher der Schriftsteller, der die Fabel schon erschöpft zu haben scheint, die Erzählung fortsetzt (wie in der »Verteidigung Lushins«). Die damalige Polemik hat Nabokov zum Glück nicht gehindert, seinen Weg zu gehen. Die Angriffe von Adamowitsch konnten ihm nicht mehr richtig schaden. Die »Sowremennyje sapiski« warteten ungeduldig auf neue Werke von ihm, und nach einem begeisterten Artikel von A. Lewinson in »Nouvelle literaire« (Lewinson wußte übrigens besser als Georgi Iwanow, ob das von den Franzosen abgeschrieben war oder nicht) schloß der Verlag »Fayard« mit Nabokov einen Vertrag über die französische Ausgabe des Romans. Aber so ganz unberührt ließ die Attacke Nabokov doch nicht. Vera Nabokov erinnerte sich später, daß Nabokov Iwanow zum Duell fordern wollte (die Beleidigung »Sohn einer Köchin« zielte auf Nabokovs Mutter), aber die Freunde überzeugten ihn, daß Iwanow »nicht satisfaktionsfähig« sei.

In »Lushins Verteidigung« gibt es »sowjetische Zeitungen, die an einen Beamten erinnern«, und »vulgäres sowjetisches Propagandagemurmel«. Diese Erwähnungen waren kein Zufall. Die Emigranten lasen damals noch vieles von dem, was in Sowjetrußland erschien, und die »Rul« bot sowjetischen Schriftstellern regelmäßig Kolumnen und ganze Seiten in der Sonntagsnummer an. Nabokov hat zweifellos in diesen Kolumnen Olescha und Mandelstam, Ilf und Petrow (denen er meiner Meinung nach zeitweilig sehr nahestand), Sostschenko und Pasternak für sich entdeckt und diese Schriftsteller später des öfteren in Briefen und Interviews erwähnt. Es gab aber damals in Sowjetrußland auch eine andere, sehr umfangreiche Literatur, vertreten von Autoren, die so schrieben, als hätte es vor ihnen in Rußland nicht das »goldene« 19. und nicht das »silberne« 20. Jahrhundert gegeben. Dieser »positiven« Literatur widmete Nabokov den Artikel »Triumph der Tugend«, abgedruckt in der »Rul« am 5. März

1930. »Einen lichteren Typ wird man einfach nicht finden«, schrieb er über den Helden dieser optimistischen Literatur. »Seine literarische Verbindung mit dem Grafen von Monte Christo oder mit einem Häuptling der Rothäute ist ganz offensichtlich.«

Nabokov schrieb auch in dieser Zeit Buchbesprechungen für die »Rul«. Mit der gelassenen Überlegenheit des Belesenen verteidigte er die Gedichte Bunins gegen die nörglerischen Angriffe des jungen Alexej Eisner und schloß seine Rezension mit dem gruselig-prophetischen Satz: »Mit roten Pfoten schwimmt man nicht weit.« Sehr vorsichtig antwortete er auf eine Umfrage der ihm feindlich gesinnten »Tschisla« nach dem Einfluß von Proust, nach seiner Rolle für unsere Epoche: »Eine Epoche ist niemals ›unsere‹. Ich weiß nicht, in welche Epoche ein künftiger Historiker uns stecken und welche Merkmale er für sie finden wird. Die von Zeitgenossen gefundenen Merkmale sind mir suspekt ... Es fällt mir schwer, mir ein ›zeitgenössisches‹ Leben vorzustellen. Jedes Land lebt auf seine Weise. Aber es gibt etwas Ewiges. Nur die Darstellung dieses Ewigen ist wertvoll. Die Menschen von Proust lebten immer und überall.«

Hier haben wir die uns schon bekannte Verachtung Nabokovs für die Modewörter von der nie dagewesenen »zeitgenössischen Welt«, von der »Epoche der Umgestaltungen« und dem unerhörten heutigen Verfall der Sitten, seine Verachtung für das Banalitätenarsenal, mit dem die »soziale« Kritik schon immer operierte.

Noch vorsichtiger ist Nabokovs Antwort auf die Frage nach dem »Einfluß« Prousts, und das ist verständlich. Nabokov hat nie verhehlt, daß Proust einer seiner drei oder vier Lieblingsschriftsteller war. Und beim Lesen Nabokovs kommt einem unweigerlich bald Prousts Polemik gegen die Theorien von Henri Bergson in den Sinn, bald ihre Befürwortung und Prousts Besessensein von Erinnerungen, seine endlose und geruhsame Suche nach der verlorenen Zeit, sein Interesse für Abweichungen von der »normalen« Liebe. Manchmal erinnert eine harmlose Szene des Erwachens aus dem Schlaf bei Proust quälend an etwas zutiefst Nabokovsches. Genauer, im

Gegenteil. Aber kann man hier von einem direkten Einfluß eines Schriftstellers auf einen anderen sprechen? Künstler wie Proust, Joyce oder Kafka mußten ja sogar Zeitgenossen beeinflussen, die deren Bücher niemals in die Hand genommen hatten. Der Einfluß dieser Autoren breitete sich in allen Sphären der Kunst aus, er schwebte in der Luft jener Zeit, durchdrang den Stil der Kultur und ihre Atmosphäre (das bezeugte einmal der Regisseur Federico Fellini, der alle diese Autoren höchstwahrscheinlich nicht gelesen hatte). Was Nabokov betrifft, so kannte und liebte er diese Schriftsteller natürlich. Darum sollte man seine verschmitzten Äußerungen zu diesem Thema (von der frühen Umfrage bis zum Interview kurz vor dem Tode) nicht allzu ernst nehmen, obwohl er natürlich recht hatte, wenn er vor einem zu direkten Verständnis literarischer Einflüsse warnte: »Der literarische Einfluß ist eine dunkle und trübe Angelegenheit ... Man kann sich zwei Schriftsteller vorstellen, A und B, die ganz verschieden sind, aber beide unter einem sehr subjektiven Einfluß von Proust stehen; dieser Einfluß ist für den Leser C nicht erkennbar, da jeder der drei (A, B und C) Proust anders wahrgenommen hat. Es kommt vor, daß ein Schriftsteller indirekten Einfluß ausübt, über einen anderen, oder es wirkt ein kompliziertes Gemisch von Einflüssen usw.«

Es ist begreiflich, daß Nabokov hier wie auch in seinen späten Interviews die Kritiker und Leser vor Mutmaßungen warnt.

Von Mut, von Heldentaten, von Ruhm, von der traurigen Erde

Die Biographie eines Schriftstellers ist nach Meinung Nabokovs vor allem die Geschichte seiner Werke. Die letzten sechs oder sieben Jahre Nabokovs in Berlin waren vielleicht seine glücklichsten – in kreativer Hinsicht. Westliche Biographen werden einwenden, daß er auch später, in der amerikanischen und in der schweizerischen Periode seines Lebens, mit gewaltiger Anspannung arbeitete und unübertroffene Werke der englischsprachigen Literatur schuf, aber für mich sind diese sechs oder sieben Jahre schwindelnden Höhenflugs des Prosaikers Nabokov besondere und unwiederholbare Jahre. Unwiederholbar erscheinen die jugendliche Energie, der von Tag zu Tag wachsende Glaube an die eigenen Kräfte, der unbezwingbare Drang zu schreiben und die unglaubliche Arbeitsfähigkeit.

In der früheren Wohnung in der Luitpoldstraße (in welche die Nabokovs nach Beschwerlichkeiten in anderen Berliner Stadtvierteln zurückgekehrt waren) war sein Arbeitsplatz zumeist ein altes Sofa der Wirtin. Hier (wie immer als plötzliches Aufblitzen im Gehirn) kam ihm die Idee zu einem neuen Werk, das mit dem Schluß von »Lushins Verteidigung« in Zusammenhang stand, genauer, die Fortsetzung und Entwicklung des bei ihm so häufigen Themas war – das Leben nach dem Leben. Wie gewöhnlich freundete sich Nabokov einige Monate lang mit der Idee an, sie entwickelte sich weiter, sammelte Details an. Von irgendwo aus den Tiefen und verborgenen Winkeln seiner Erinnerung (die so versteckt lagen, daß er selbst manchmal glaubte, er habe das alles nicht erinnert, sondern erfunden) traten Gedanken, Gesichter, Worte, Gesten, Posen klarer hervor (oftmals dieselben, die er fünf Jahre zuvor gesehen hatte und dreißig Jahre später sehen würde). Dann kamen selige und quälende Tage, Monate, Jahre des Schreibens: Er lag auf dem Sofa, die langen Beine angezogen, auf den Knien wie auf einem Notenpult das Papier. Neben ihm auf einem Tischchen befanden sich Tintenfaß, Aschbecher, ein Päckchen Zigaretten, Streichhölzer und das vierbändige Wörterbuch von Dahl (in Cambridge gekauft, lag es wie ein treuer Hund stets neben ihm, so wie Jahrzehnte später ein dickes Englischwörterbuch neben ihm lag). Nabokov schrieb mitunter eine Seite drei-, viermal um, obwohl er sie sich schon vorher ausgedacht hatte – beim Spazierengehen, in der Badewanne, beim Rasieren. Danach nummerierte er die korrigierten Seiten, schrieb alles ins reine, begutachtete erfreut seine Arbeit und machte sich wieder daran, sie zu zerhacken. Zum Schluß diktierte er diesen vielfach umgearbeiteten Text Vera oder gab ihn ihr zur Abschrift (sie war ja immer da, er konnte das Geschriebene mit ihr durchsprechen, es ihr vorlesen, ihre Anwesenheit war in solchen Stunden sehr wichtig, war unbedingt notwendig – jetzt, 1930, und fünfundvierzig Jahre später).

Sein neues Werk hieß »Der Späher« – ein kleiner Roman oder eine große Erzählung. Dreißig Jahre später würde Nina Berberova in einer russischsprachigen amerikanischen Zeitschrift schreiben, daß diese Erzählung der Wendepunkt in seinem Schaffen sei und mit ihr der richtige Nabokov anfange. »In dieser Erzählung ist Nabokov ausgereift, und von da an stand ihm der Weg eines der größten Schriftsteller unserer Zeit offen ... ›Der Späher‹ änderte grundlegend das Kaliber seiner Werke – sie fanden nicht mehr Platz unter ihren Buchdeckeln.«

»Der Späher« verlangt aufmerksames Lesen und Liebe zur Literatur. Fünfunddreißig Jahre später schrieb Nabokov im Vorwort zur englischen Ausgabe: »Die Textur der Geschichte ahmt die des Kriminalromans nach, doch in Wahrheit streitet der Autor jede Absicht ab, den Leser zu verwirren, vor den Kopf zu stoßen, ihn zum Narren zu halten oder sonstwie in die Irre zu führen ... Ich habe es an einer alten englischen Dame, zwei Studenten in höheren Semestern, einem Eishockeytrainer, einem Arzt und einem zwölfjährigen Nachbarskind ausprobiert. Das Kind war am schnellsten, der Nachbar am langsamsten ...«

Worum geht es in diesem »Späher«? Der russische Nachhilfelehrer von zwei Berliner Jungen fängt eine Affäre mit einer »rundlichen und warmen« Dame namens Mathilde an. Mathildes Ehemann erfährt davon, erscheint in der Nachhilfestunde und schlägt den Lehrer demütigend in Gegenwart der Schüler mit dem Stock. Der Lehrer erträgt die Schande nicht, geht nach Hause und erschießt sich. Aber damit ist die Geschichte des Lehrers nicht zu Ende: Entweder lebt der Held noch, oder sein Geist lebt weiter, »materialisiert eine geisterhafte Krankenstation« und sonstige Details der Umgebung (»die Restaurierung einer Berliner Straße schien sehr erfolgreich zu verlaufen«), denn »die Qualen des Sünders in der Nachwelt bestehen genau darin, daß sein zäher Geist keinen

Frieden finden kann, bis es ihm gelungen ist, die komplexen Konsequenzen seines leichtfertigen irdischen Lebenswandels zu entwirren«. Der Held scheint also weiterzuleben, und er weiß dabei um die Geisterhaftigkeit seiner Existenz. Er wird zum Beobachter, zum Späher, und findet darin Befriedigung, denn nach all seinen Erniedrigungen hat er gleichsam Macht über die Menschen gewonnen, indem er sie voreingenommen beobachtet.

»Die Geschichte spielt 1924/1925. Der Bürgerkrieg in Rußland ist zu Ende. Lenin ist gerade gestorben, aber seine Tyrannei blüht fort. Zwanzig deutsche Mark sind nicht ganz fünf Dollar. Die Emigranten in dem Berlin des Buchs reichen von bettelarmen Menschen bis zu erfolgreichen Geschäftsleuten.«

Von all diesen Menschen hebt unser Held Wanja hervor (wir bekommen nicht gleich mit, daß hinter diesem Namen das bezaubernde Mädchen Warwara steckt), den Oberst Muchin, der unter Denikin und Wrangel gekämpft hat und wahrscheinlich in Wanja verliebt ist (wie der Erzähler), den geheimnisvollen Smurow, der unseren Erzähler sehr beschäftigt und offenbar ebenfalls in Wanja verliebt ist. Um den geheimnisvollen Smurow besser zu begreifen, möchte der Held und Erzähler herausfinden, was jeder der Anwesenden über ihn denkt. Ihm scheint, daß Wanja Smurow gewogen ist. Er selbst sucht ihre Liebe zu gewinnen, ohne sehr auf Erfolg zu hoffen.

Smurow, der ungeniert Geschichten über seine Heldentaten erfindet, wird von Muchin entlarvt. Der Erzähler, dieser kalte, hartnäckige, unermüdliche Beobachter, erfährt letztlich, was alle schon wußten und worauf nur er (durch seinen Egozentrismus) nicht gekommen war: Wanja wird Muchin heiraten. Er stürzt mit seinem Geständnis zu ihr, wird aber abgewiesen und von Muchin blamiert. Um sich vor der neuen Pein und Erniedrigung zu retten, geht er in seine alte Wohnung, um die Spur der Kugel in der Wand zu sehen und sich zu vergewissern, daß er sich tatsächlich erschossen hat. Dann trifft er auf der Straße den alptraumhaften Ehemann der Mathilde, der das Gewesene verziehen hat und ihn freundschaftlich Smurow nennt. An dieser Stelle begreifen auch wir, was der Sprößling von Nabokovs Nachbar als erster erraten hat: der Erzähler und Smurow sind ein und dieselbe Person. Alle diese Übergänge von der ersten in die dritte Person sind in der Erzählung sehr kunstvoll gemacht.

Nabokov erklärt im Vorwort zur englischen Ausgabe der Erzählung, sein Thema sei »eine Recherche, die die Hauptfigur durch eine Spiegelhölle führt und damit endet, daß Zwillingsbrüder verschmelzen«. Der Held blickt dem davongehenden Ehemann Mathildes hinterher und denkt darüber nach, daß dieser Mann in sich ein weiteres Bild Smurows davonträgt: »Macht es einen Unterschied, welches? Denn es gibt mich nicht: Es gibt nur die Tausende von Spiegeln, die mich reflektieren. Mit jeder neuen Bekanntschaft wächst die Population der Phantome, die mir ähneln ... Ich allein existiere nicht. Smurow indessen wird noch lange leben ... Und dann kommt der Tag, wenn der letzte Mensch stirbt, der sich meiner erinnert ... Dann kommt das Ende.«

»Ich weiß nicht«, meint Nabokov in demselben Vorwort, »ob heutige Leser das helle Vergnügen teilen können, welches ich vor fünfunddreißig Jahren daraus bezog, die verschiedenen Phasen der Suche des Erzählers zu einem bestimmten geheimnisvollen Muster zu arrangieren, aber die Bedeutung liegt jedenfalls nicht in dem Geheimnis, sondern in dem Muster ... Die Kraft der Einbildung, die auf lange Sicht die Kraft des Guten ist, bleibt auf Smurows Seite, und selbst die Bitternis gequälter Liebe erweist sich als ebenso berückend und erfrischend, wie es ihre ekstatische Erfüllung wäre.«

Es scheint, daß der Autor (der den triumphierenden Muchin »selbstzufrieden« nennt) auf der Seite des gedemütigten verrückten Smurow steht, dessen Erklärung am Schluß an das weiter oben zitierte Ende des Vorworts und an viele andere Deklarationen Nabokovs über das Glück erinnert:

»Ich habe eingesehen, daß das einzige Glück dieser Welt darin besteht, zu beobachten, zu spionieren, zu spähen, sich selber und die anderen zu mustern, nichts zu sein als ein großes, leicht glasiges, ein wenig blutunterlaufenes, niemals zuckendes Auge. Ich schwöre, das ist Glück ... Ich bin glücklich, daß ich mich selber anstarren kann, denn jeder Mensch ist fesselnd – doch, wirklich fesselnd! Und was macht es mir, wenn sie einen anderen heiratet? Dies denn ist der Liebe höchste Leistung.«

Übrigens, wenn von Nabokovs Vorworten die Rede ist, darf der »falsche Ariadnefaden« nicht vergessen werden.

Nina Berberova zitiert in dem erwähnten Artikel kleine Beispiele dafür, »wie reich und großzügig Nabokov ist und wieviel sein Stoff ... dem geben kann, der ihn betrachten möchte« – insbesondere Beispiele dafür, wie gehaltvoll »Der Späher« ist, denn nach Meinung Berberovas wurde »aus einem Satz im ›Späher‹ ein ganzes Stück von Sartre, eines seiner kapitalen Werke«.

Nina Berberova schreibt, daß im »Späher« vier Elemente gewaltige Bedeutung erlangten, ohne die »große Werke des 20. Jahrhunderts nicht existieren«. Diese vier Elemente sind die Intuition der zerlegten Welt, die geöffneten »Schleusen« des Unterbewußtseins, der ununterbrochene Bewußtseinsstrom und die neue, aus dem Symbolismus hervorgegangene Poetik.

»Die zeitgenössische Literatur«, erläutert Nina Berberova, »entwickelt sich immer mehr nach dem Prinzip: ›Wer kann, der versteht, und wer nicht kann, dem braucht man auch nichts zu erklären.‹ Es wäre vergeblich, zu leugnen, daß fünfzehn Bände Proust nicht jedermann zugänglich sind, nicht einmal jedem, der die französische Sprache beherrscht, und von den Büchern von James Joyce verlangt eines mehrere Monate angespannter Aufmerksamkeit und ein anderes mehrere Jahre Studium und mehrere Kommentarbände.

Es sei eingestanden, daß man für die zeitgenössische Literatur ein wenig vorbereitet sein muß ... Es gibt Menschen, die gänzlich außerhalb der zeitgenössischen Kunst leben und die annehmen, daß Beethoven und Chopin im 20. Jahrhundert vom Jazz abgelöst wurden, die mündlich und in der Presse erörtern, wer von den beiden – Gladkow oder Fadejew – die Erben Turgenjews und Tolstois seien, und die betrauern, daß weder Schischkin noch Aiwasowski würdige Nachfolger gefunden hätten ...«

Nina Berberova schreibt weiter, daß man ohne eine gewisse

Vorbereitung möglicherweise vieles in den Büchern Nabokovs nicht verstehe, doch je mehr man darin enträtsele, desto größer sei der Genuß.

Vielleicht sollte hier daran erinnert werden, daß man die Bücher Nabokovs auf verschiedenem Niveau lesen kann und daß sie gleichwohl äußerlich recht traditionell aufgebaut sind. Die Geschichte Lushins ist schon an sich packend und interessant. Selbst auf oberflächlichstem Niveau können die Prosastücke Nabokovs, »Die Mutprobe« und »Die Gabe«, »Pnin«, »Gelächter im Dunkel« und sogar »Lolita«, mit großem Interesse gelesen werden. Aber seinen Büchern ist eine größere Tiefe eigen, in die man hineinstreben muß.

***

Ende Februar las Nabokov in einem verräucherten Zimmer des Berliner Cafés Schmidt das erste Kapitel aus dem »Späher«. Er war jetzt nicht nur in Berlin, sondern auch in Paris berühmt. Die Angriffe Iwanows in »Tschisla« heizten die Polemik in der Presse an und machten Nabokov jedem lesenden Emigranten bekannt. Eine Warschauer Emigrantenzeitung bezeichnete Georgi Iwanow als »neidischen Salieri«. Lushin wurde von vielen mit den Helden Tolstois verglichen, und Nabokov selbst wurde zu Recht als Fortsetzer des großen russischen 19. Jahrhunderts bezeichnet. (Diese verwirrten Reaktionen der Exilkritiker sollten bald in sein Werk eingehen, viele dieser Rezensionen fanden Eingang in eines der komischsten Kapitel in der »Gabe«).

Im März nahm er eine neue Erzählung in Angriff – »Pilgram«. Der alte Ladenbesitzer Pilgram, ein ausgezeichneter Entomologe, bei Fachleuten wohlbekannt, hat sein Leben lang in Preußen gewohnt, ohne zu verreisen, und davon geträumt, irgendwann einmal in fernen Ländern seltene Schmetterlinge zu jagen.

Die Erzählung enthält wunderbare Beschreibungen der Welt des lepidopterologischen Traums, den Kontrast der glücklichen Schmetterlingsjagd gegenüber der grauen Berliner Langeweile, aber auch Nabokovs ewige Hoffnung auf ein Leben jenseits des Grabes (in der Tat, kann denn ein Traum sterben?).

Die Zeugnisse über Nabokovs Leben in Berlin, von Brian Boyd gewissenhaft zusammengetragen, zerstören nicht selten das Bild des Schriftstellers, das wir (nicht ohne Zutun von Nabokov selbst) uns geschaffen haben. Wer hätte etwa gedacht, daß an dem Getriebe rund um die Wahlen der Leitung des Literaturfonds der Emigranten, das in der »Gabe« so lächerlich und angewidert beschrieben ist, auch Nabokov selbst einmal beteiligt war?

Natürlich hatte er sich dieses Getriebe für einen künftigen Roman aufgehoben, aber er war auch bereit gewesen, Mitglied eines Komitees zu werden, er hatte es nicht abgelehnt wie vernünftigerweise sein Held Godunow-Tscherdynzew. Daß Romanhelden Handlungen begehen, zu denen ihre Schöpfer nicht den Mut fanden, ist weder neu noch ungewöhnlich, und es sei nur deshalb daran erinnert, weil nun zu einem neuen Roman Nabokovs übergeleitet werden soll (der nicht einfach anrührend ist, voll von »menschlicher Feuchtigkeit«, sondern auch zugänglich für den »wenig vorbereiteten« Leser und, nach Meinung eines Moskauer Kritikers, der »menschlichste« Roman Nabokovs). Der Held des Romans entschließt sich zu etwas, wozu sich der junge Nabokov nicht durchringen konnte: Er vollbringt eine wenn auch sinnlose Mutprobe im traditionellen Sinne. Daß Nabokov selbst dazu nicht den Mut fand, konnte ihn natürlich (wie Sinaida Schachowskaja als erste vermerkte) zeitweilig irritieren ... Der neue Roman war wohl auch dazu gedacht, die Unruhe der Seele zu beschwichtigen. Das gleiche Ziel verfolgten gewiß viele Erzählungen Nabokovs über nicht stattgefundene Duelle: Er war ja höchstwahrscheinlich kein verwegener Duellant; wie sein Vater lehnte er Duelle ab. Aber Puschkin, der von ihm unendlich verehrte »Gefangene der Ehre«, hatte sich duelliert. So vielleicht mußte auch er, wenigstens einmal am Tag, wenigstens vor sich selbst, »Gefangener der Ehre« sein ...

Ende 1929 oder Anfang 1930 wurde die neue Idee geboren, gab es Keime eines Sujets, in denen wahrscheinlich schon der Abgang des Helden von der Bühne beschlossen war (wie in »Lushins Verteidigung« oder in »Pilgram«), ebenso die Verwischtheit der Grenze zwischen diesem und einem anderen, wichtigeren, weil zeitlosen Leben, aber auch das Streben nach Rußland, das hinter einem geheimnisvollen Kordon verborgen lag (irgendwelche Leute überquerten ihn damals noch, doch für einen Emigranten war er durch tödliche Gefahr verschlossen).

Später, in seinem Vorwort zur englischen Ausgabe dieses Romans, spielte Nabokov auf die dreisten Sozialrevolutionäre aus der Umgebung Fondaminskis an, aber damals, als er seinen Roman konzipierte, dürfte er Sensinow, Wischnjak und die anderen kaum gekannt haben. (Nach neueren Forschungen zu urteilen, könnte er einigen von ihnen 1920 in der Zeitung von Ariadna Tyrkowa begegnet sein.) Fondaminski erschien unverhofft in der düsteren Wohnung des einbeinigen Oberstleutnant a.D. von Bardeleben (dieser, ein Verwandter eines berühmten Schachspielers, hatte seinem Leben ganz wie Lushin ein Ende gesetzt), wo die Nabokovs damals zwei Zimmer gemietet hatten. Ilja Fondaminski war ein ungewöhnlicher Mensch, unter den Emigranten weithin bekannt. Er war ein Asket und ein Wirrkopf in der stürmischen Epoche, früher ein militanter Sozialrevolutionär, der viele Abenteuer und Gefahren bestanden hatte. In der Emigration verwandte er seine unbeugsame Energie und seine Mittel (die seiner Frau aus den ausländischen Pflanzungen des Teehändlers Wyssozki zuflossen) darauf, die russische Kultur zu unterstützen und die Intelligenz der Emigration zusammenzuschweißen. Er war uneigennützig wie selten einer. Sein ständiges geistiges und religiöses Suchen führte ihn im zweiten Weltkrieg zuerst aus der freien Zone Frankreichs ins besetzte Paris, dann aus Paris in ein deutsches Lager (wo er sich taufen ließ) und schließlich in den Krematoriumsofen. Er weigerte sich, aus dem Gefängniskrankenhaus zu fliehen und die anderen zurückzulassen. Darüber schrieb später sein Freund, der Philosoph Georgi Fedotow: »Sein Verzicht auf Rettung seines Lebens und sein Tod verliehen dem getauften Juden und früheren Sozialrevolutionär Fondaminski Ähnlichkeit mit den altrussischen Märtyrern.« Was Nabokov betrifft, so hat er sich selten über jemanden so geäußert wie über Fondaminski: »Seine politischen und religiösen Interessen waren mir fremd, unsere Charaktere und Gewohnheiten waren verschieden, meine Literatur akzeptierte er mehr nach Glauben – und all das war ohne Bedeutung. Jeder, der in den Glanz dieses menschlichsten aller Menschen geriet, war von Zärtlichkeit und Achtung für ihn durchdrungen.«

Fondaminski besuchte Nabokov in Berlin, um ihm sein Buch »auf dem Halm« abzukaufen. »Ich erinnere mich gut, mit welcher großartigen Energie er sich auf die Knie schlug, bevor er von unserm leidgeprüften Sofa aufstand, nachdem alles besprochen war.«

Warum erinnerte sich Nabokov an Fondaminski, als er dreißig Jahre später das Vorwort zu der englischen Ausgabe des Romans schrieb, die sein Sohn angefertigt hatte? Vielleicht hatte Fondaminski während dieses ersten Besuchs erzählt, wie er und Wischnjak mit einem Wolgadampfer nach Süden flüchteten und wie plötzlich der allmächtige Befehlshaber der Wolgaflottille, Raskolnikow, zu ihnen in die Kajüte kam. Mit argwöhnischem Blick auf Fondaminski ordnete er eine Überprüfung der Papiere auf dem Schiff an, und als Fondaminski an der Reihe war, besah er lange dessen gefälschte Papiere und … ließ ihn ziehen.

Später, Ende der dreißiger Jahre, beherbergte der barmherzige Fondaminski in Paris die schwangere Witwe des ehemaligen sowjetischen Botschafters in Bulgarien, Raskolnikow, der nach seinem Bruch mit Stalin entweder selbst aus dem Fenster gesprungen oder von seinen einstigen Mitkämpfern hinausgestoßen worden war.

Vielleicht sind einige Episoden des »Fahlen Feuers«, des »Pnin« und natürlich des neuen Berliner Romans, den Nabokov »Das romantische Jahrhundert« nennen wollte, ein Echo auf diese heroischen Erzählungen.

Nabokov unterbrach die Arbeit an dem Roman und fuhr zu seinen Angehörigen nach Prag. Jelena Iwanowna fühlte sich jetzt zu der Christlichen Wissenschaft hingezogen, und der Sohn fand, daß es ihr guttat – sie war ruhiger und lebensfroher geworden. Seine Schwester Elena malte Plakate für die Prager Auftritte des geliebten Bruders, und der schöne neunzehnjährige Kirill las dem älteren Bruder seine Gedichte vor und hörte sich geduldig die Kritik an. Der berühmte Bruder war zu ihm genauso streng wie zu anderen:

»Wenn ein Gedicht für dich nur ein lässiges Spiel ist, ein nettes schickes Vergnügen, der Wunsch, es mit finsterem Gesicht einem Fräulein zu überreichen – dann laß es sein, es lohnt die Zeitverschwendung nicht... Das ist eine schwierige, verantwortungsvolle Arbeit, die man mit Leidenschaft, mit einer gewissen Andacht und mit Keuschheit erlernen muß.«

So muß er zu seinem Bruder in Prag gesprochen haben, denn so schrieb er ihm gleich nach seiner Rückkehr aus Berlin.

In Prag traf sich Nabokov mit Nikolai Rajewski, der sich später erinnerte, wie sie gemeinsam die entomologische Abteilung des Prager Museums besuchten, dort mit dem Dozenten Obenberger sprachen und dann in den Prager Vorort Lieben fuhren, wo sich das Studentenwohnheim befand (Rajewski lernte später diese Vorortlandschaft aus dem Roman Nabokovs kennen). Sie sprachen über Proust, den Nabokov gerade wieder einmal las.

Zu Nabokovs Lesungen in Prag kamen viele Russen. Er las ein Kapitel aus dem »Späher«, die Erzählung »Pilgram« und Gedichte. Wie Boyd mitteilt, las er den »Späher« auch seinen Angehörigen vor, welche die Erzählung so verstanden, daß der Held doch gestorben und seine Seele in Smurow übergegangen sei.

Als Nabokov nach Berlin zurückkehrte, arbeitete Vera bereits in einem Anwaltbüro, das die französische Botschaft vertrat. Nabokov holte seine Frau ein paarmal dort ab und schnappte einiges auf, was er später in der »Gabe« verwenden sollte; die Heldin arbeitet in einem ähnlichen Büro. Im September nahm Nabokov an einem Abend des Verbandes russischer Schriftsteller im Schubertsaal teil, wo er und Georgi Hessen das Publikum mit einem Freundschaftskampf im Boxen unterhielten. Boyd vertritt die Ansicht, daß dieser Kampf die Schlägerei zwischen Martin und Darwin in dem neuen Roman mit ausdrucksvollen Details bereicherte; die Erstfassung des Romans hatte Nabokov schon Ende Oktober fertig. 1930 war ein gutes Jahr für ihn.

***

Der endgültige Titel des Romans war »Die Mutprobe«, und seinem Hauptthelden, dem jungen Martin, gab Nabokov den edlen deutschen Nachnamen »Edelweiß« und dazu ein gutes Stück seiner Biographie.

Die unvermeidliche Prozedur der Abgrenzung des Autors von seinem Helden war diesmal unkompliziert – Martins Vater war Arzt für Hautkrankheiten, hatte die Familie verlassen und war später in der Hauptstadt gestorben. Alles übrige war durchaus autobiographisch. Martin und seine Mutter reisten auf die Krim und gingen von dort in die Emigration. Nabokovs Kindheit, die Krim, die Evakuierung waren so genau reproduziert, daß sie fast ohne Veränderungen in seine Autobiographie »Erinnerung, sprich« (die übrigens weniger autobiographisch ist als die »Mutprobe«) hätten eingehen können.

Zu den wichtigen Details aus Martins Kindheit gehört ein Aquarell, das die Großmutter Edelweiß in ihrer Jugend gemalt hatte und das über Martins Bettchen hing – »ein dichter Wald mit einem gewundenen Pfad, der sich in Waldestiefen verlor. Nun gab es in einem der englischen Bücher, die seine Mutter ihm vorzulesen pflegte« (wohlgemerkt, seine Mutter war Anglomanin, und er erhielt eine Nabokovsche Erziehung), »eine Geschichte über genau so ein Bild von einem Waldpfad, das direkt über dem Bett eines kleinen Jungen hing, und dieser kleine Junge ging eines Nachts so, wie er war, nämlich im Nachthemd, von seinem Bett aus in das Bild hinein, auf den Pfad, der sich im Walde verlor … hineinführte … Immer wenn er als Jüngling an die Vergangenheit zurückdachte, fragte er sich, ob er nicht eines Nachts wirklich vom Bett in das Bild hineingehopst sei, ob das nicht der Anfang der freudvollen und qualvollen Reise gewesen sei, zu der sein ganzes Leben wurde.«

Der Held gelangt nach Cambridge, und seine russischen Freunde an der Universität erinnern stark an Bobby de Calry und Nikita Romanow. Diese Kapitel erzählen vom plötzlichen Heimweh des jungen Anglomanen nach Rußland und von seiner Liebe zu Sonja Silanowa. Wie Nabokov später selbst bemerkte, ist sein Held naiv, glänzt nicht mit Talenten, ist aber ausgestattet mit einer besonderen Empfänglichkeit, Feinfühligkeit und kindlichen Wahrnehmung der Welt (einmal hatte Nabokov in einem Brief aus Cambridge an seine Mutter gestanden, daß seine Seele bis ins Alter in Kinderhöschen herumlaufen werde). Martin gleitet immer wieder in die Vergangenheit oder in die Zukunft, und mit ihm gleitet der Roman wundersam über die Skala der Zeit. So wie in der Episode, in der Martin einen Brief an seine Mutter in der Schweiz schreibt:

»Er kritzelte zehn Zeilen ... Plötzlich sah er im Geiste den Postboten durch den Schnee gehen; der Schnee knirschte ein wenig, und blaue Fußtapfen blieben darauf zurück. Seine Beschreibung dieses Bildes lautete: ›Mein Brief wird vom Postboten gebracht werden. Hier regnet es ... ‹ Auf eine Ecke des Umschlags machte er versehentlich einen Tintenklecks. Er sah ihn lange aus zusammengekniffenen Augen an, und schließlich machte er daraus eine schwarze Katze von hinten. Frau Edelweiß bewahrte diesen Umschlag zusammen mit seinen Briefen auf. Am Ende jedes Semesters machte sie ein Bündel daraus, das sie kreuzweise mit einem Band verschnürte. Mehrere Jahre später hatte sie Gelegenheit, sie wiederzulesen ... Als sie nach Jahren diese Briefe unter Seelenqualen wiederlas, schienen sie trotz ihrer Greifbarkeit gespenstischer als die dazwischenliegenden Pausen. Ihre Erinnerung belud die Zwischenzeiten mit Martins lebendiger Gegenwart ...«

Martin ist noch jung, sein Charakter bildet sich erst heraus, er ist unzufrieden mit sich, versucht sich Mut anzuerziehen. Sonja, in die er verliebt ist, fragt ihn eines Tages unverhofft, ob er sich Judenitsch anschließen wolle. Er verneint verwundert, dann erklärt er ihr verworren (eindeutig mit den Worten anderer): »Die eine Seite kämpft für das Gespenst der Vergangenheit, die andere für das Gespenst der Zukunft.« Er hingegen komme von Gedanken und Gesprächen über Rußland nicht los. Bei einem Besuch hört Silanows Freund Jogolewitsch von den Petersburger Greueln erzählen, er liest sowjetische Prosa, die »nach Gefängnis riecht«, er hat die Vision einer Erschießung, und plötzlich bemächtigt sich seiner ein seltsamer Wunsch – er überschreitet die sowjetische Grenze, um wenigstens einen Tag in Rußland zu sein. Und schon macht er sich auf den Weg … Vielleicht gelingt es ihm ja, diese fürchterliche Grenze zu überschreiten, welche die Russen von ihrer Vergangenheit trennt – wir erfahren es nicht aus dem Roman. »Ich weigere mich einfach, zu glauben«, sagt Silanow, »daß ein junger Mann, der den russischen politischen Problemen ziemlich fern steht und – ich würde sagen – mehr von ausländischem Schlage ist, einer, na ja, einer großen Tat, wenn Sie wollen, fähig sein könnte.«

Der Roman hat (schon ganz auf Nabokovsche Art) keinen Schluß. Martin entfernt sich auf dem Pfad, der sich auf dem Aquarell seiner Großmutter und auf dem Bild in seinem Kinderbuch durch den Wald windet. Diese Spuren, wie auch die Tapfen des Postboten im Schnee, sieht man buchstäblich im letzten Satz des Romans: »Die Luft war trübe, hier und da querten Baumwurzeln den Weg, schwarze Tannennadeln streiften dann und wann seine Schulter, der dunkle Pfad verlief sich zwischen den Baumstämmen in malerischen, geheimnisvollen Windungen.«

In der Erinnerung daran, wie er als Kind von Fußball träumte, sagt Martin, daß für ihn nicht einmal das Spiel das Wichtigste war, sondern das, was ihm vorausging und was er Vorwort nannte. Brian Boyd schreibt, daß nach einer seltsamen Logik in Nabokovs Werken das Vorwort, also das, was dem Hauptereignis vorausgeht (etwa der Grenzüberschreitung des Helden und seinem Tod), der Hauptinhalt ist: »Leben, Heimat, Frühling, das Sprudeln von Quellwasser oder eine liebe Stimme – alles ist nur ein verworrenes Vorwort, die Hauptsache steht noch bevor …« Boyd erinnert an die Worte Vadim Vadimowitschs, des Helden von Nabokovs letztem Roman, wonach »die Schönheit des Jenseitigen mit dem Beginn der Existenz beginnt«. Anders gesagt, das, was sich dort, nach dem Tod, ereignet, ist der Haupttext, und unser ganzes Leben ist lediglich das Vorwort, denn im Tode kann sich das Leben in dieser oder jener Richtung weiterbewegen, so daß unser nach dem Tod endlos währendes Leben der Haupttext ist.

Nabokov meinte zu Recht, der »größte Zauber« seines Romans »Die Mutprobe« liege in dem Austausch, den Echos der Verbindungen zwischen den Ereignissen, in den pausenlosen Wendungen, welche die Illusion von Bewegung schaffen: ähnlich wie die Szene mit dem Brief und den Tränen der Mutter – fast am Anfang des Romans, aber schon außerhalb des Grundsujets, in einer ungewissen Zukunft, nachdem wir das Sujet bis zum Schluß verfolgt haben; dabei ist eigentlich gar nichts geschehen – nur eine Meise hat sich in der trüben Klammheit des schweizerischen Wintertags auf die Pforte gesetzt.

Im Vorwort zur englischen Ausgabe hebt Nabokov hervor, daß sein Held sich nicht besonders für Politik interessiert und daß das Hauptthema in der Fuge seines Schicksals die Selbstverwirklichung, die Verkörperung seines Ich ist: »Dieser Held (ein seltener Fall), dessen Traum Verkörperung findet, dieser Mensch verwirklicht sich ...« Vielleicht wäre gerade das Wort »Verkörperung«, bemerkt Nabokov, der beste Titel für den Roman gewesen. Aber die Verkörperung im Roman trägt ganz von selbst das unvermeidliche Gepräge beklemmender Nostalgie: Erinnerungen an Kinderträume mischen sich mit Todeserwartung. Nabokov hat geahnt, wie die Kritik bei diesem seinem Geständnis zusammenzucken würde, das in allen Details die Entdeckung Freuds wiederholt.

In demselben Vorwort spricht Nabokov von den Schwierigkeiten der Übersetzung des Romans ins Englische und erinnert an die typisch russische Aufmerksamkeit (die in diesem Roman besonders stark ist) für Bewegung und Geste, dafür, wie ein Mensch geht und sich setzt, wie er lächelt und wie er guckt.

Von großer Bedeutung sind in der »Mutprobe« Einzelheiten (zum Beispiel der an die Brust gedrückte Ball, den Nabokov gesondert erwähnt, als er von dem »größten Zauber« der »Mutprobe« spricht), alle möglichen unbelebten Gegenstände und sogar »der Abschied von den Gegenständen«, dem zum Beispiel der Moskauer Literaturwissenschaftler M. Epstein eine spezielle Arbeit gewidmet hat (»Martin sah den Pfefferstreuer an ... und ihm fiel ein, daß er das jetzt zum letztenmal sah. Der Pfefferstreuer hatte die Form eines dicken Männchens mit Löchern in seinem silbernen Kahlkopf.« Der Vortrag M. Epsteins auf einem Symposium in Paris war »Abschied von den Gegenständen« betitelt, und der Kritiker, der eine kleine Erzählung analysierte, wies auf nahezu ein Dutzend Kunstgriffe der Selbstreinigung hin, auf Klammern als eine der Methoden, »einen Satz durchsichtig zu machen und seine Gegenständlichkeit auf ein Minimum zu reduzieren ... an der Grenze des Verlustes, des Todes (›Nabokov ist ein Dichter des Verschwindens, ein Genie des Verschwindens ...‹), auf die Abschiedsschönheit der Natur. »Jedes Ding in Rußland ist ein Abschied von dem Ding«, erklärte Epstein, an diejenigen gewandt, die Nabokov noch immer für zu westlich und zu wenig russisch hielten: »Wo sonst noch verlieren sich Dinge so unwiederbringlich und geisterhaft wie in Rußland, wie Rußland selbst?« M. Epstein führt Nabokovs Feingefühl für das Detail, für das Kleine auf die klassische russische Literatur zurück, vor allem auf Tolstoi.

Die Tradition der genauen und detaillierten Darstellung der Wirklichkeit, die Nabokov von der russischen Literatur geerbt hat, und Puschkins »Einfachheit, die mehr Eindruck macht als die komplizierteste Magie«, werden besonders sichtbar in der »Mutprobe«. Markante Details, kaum merkliche Wendungen und »Abgleitungen« vertiefen diese Tradition oder, wie eine junge Moskauer Nabokov-Forscherin schrieb, »zeitigen den eigenartigen Effekt ›konservativen Neuerertums‹«.

Es gibt in der »Mutprobe« noch ein wichtiges Thema, das wir am Anfang des Buches teilweise schon gestreift haben, als wir von Nabokovs Religiosität sprachen. Nabokov schreibt über Martins Mutter:

»Sie glaubte fest an eine bestimmte Macht, die mit Gott ebensoviel Ähnlichkeit hatte, wie das Haus eines Menschen, den man nie gesehen hat, seine Besitztümer, sein Gewächshaus und sein Bienenstock, seine Stimme, zufällig aus der Ferne auf dem freien Felde gehört, ihrem Besitzer ähneln. Diese Macht ›Gott‹ zu nennen, wäre ihr peinlich gewesen ... Sie hatte nichts mit der Kirche zu tun und konnte weder von Sünden freisprechen noch für sie strafen. Es war einfach so, daß sie sich zuweilen vor einem Baum, einer Wolke, einem Hund schämte, ja sogar vor der Luft, die ein böses Wort ebenso fromm aufnahm wie ein gutes ... Sie sprach nie offen über solche Dinge mit Martin, aber sie hatte immer das Gefühl, daß alles, worüber sie sonst sprachen, kraft ihrer Stimme und ihrer Liebe zu Martin dasselbe Bewußtsein des Göttlichen schuf, das in ihr lebendig war.«

Der Moskauer Nabokov-Forscher Viktor Jerofejew ist der Auffassung, daß »dieses Credo bei all seiner Zurückhaltung und Verschwommenheit ein Zeugnis für Nabokovs metaphysische Reflexionen« ist und daß zwar diese Reflexionen bei Nabokov »nicht von Roman zu Roman wandern wie bei Dostojewski«, aber für das ganze Schaffen Nabokovs wichtig sind, dafür, »wie Nabokovs Ethik funktioniert. Die Verbindung zwischen Glauben und Liebe zur Mutter, die Weitergabe des Glaubens über die Mutterliebe verwandelt den Glauben in ein vages, aber dauerhaftes, lebenslanges Gefühl.«

Goldene Armut. Arme Freiheit

Das Jahr 1930 ging zu Ende. Vera arbeitete für ein Anwaltsbüro (Übersetzungen aus dem Russischen und Deutschen ins Englische und Französische, Briefe tippen, stenographieren – langweilig, aber immerhin hatte sie Arbeit).

Nabokov gab von Zeit zu Zeit noch Nachhilfestunden, aber vor allem schrieb er. Immer mehr Russen verließen Berlin, zum Zentrum der Emigration war endgültig Paris geworden. Zu seinem Glück war Nabokov inzwischen ein bekannter Exilschriftsteller, so daß die Zeitschrift »Sowremennyje sapiski« alles nahm, was er schrieb. Wie fern die Sozialrevolutionäre, die »Sowremennyje sapiski« herausgaben, der Literatur auch standen, sie kannten seinen Wert (natürlich gab hier Fondaminskis Meinung den Ausschlag). Die »Sowremennyje sapiski« hielten sich noch am Leben dank Geldsammlungen, dank Zuwendungen seitens der Tschechoslowakei und dank Spenden. Nina Berberova, die für Fondaminski und die Zeitschrift keine großen Sympathien hegte, schrieb darüber: »Fondaminski hatte eine Art Gesellschaft der Freunde der ›Sowremennyje sapiski‹ gegründet, deren Mitglieder einen Beitrag zu zahlen hatten. Den größten Teil seiner Zeit – wenn er nicht seine historischen Etüden schrieb, die er mit ›Bunakow‹ unterzeichnete – widmete er der Eintreibung dieses Mitgliedsbeitrags, vor allem unter den freigebigen und gebildeten russischen Juden; die Angehörigen der Weißen Armee lasen keine Bücher, außerdem mußten sie mit jedem Franc rechnen.«

Von »Sowremennyje sapiski« bezog Nabokov sein Haupteinkommen, das aber so kärglich war, daß man es mit keinem noch so niedrigen Gehalt vergleichen kann.

Nabokov ließ sich jedoch nicht entmutigen. Er hatte einen heldenhaften Verbündeten – seine Frau. Sie glaubten beide an den Sieg seiner Gabe und waren der Meinung, daß er nicht das Recht hatte, sie mit Füßen zu treten. Das Jahresende verbrachte Nabokov mit der Übersetzung von »Hamlet«, der ihm als einem Shakespeare-Verehrer sehr nahe war. Auf Bitten von Gleb Struve schrieb er auf französisch einen Artikel über die Ehrfurcht vor »unserer Epoche« und »unserer Zeit«. Darin wies er darauf hin, daß die Anhänger »der beispiellosen Zeit« und des Fortschritts Gefahr liefen, das zu übersehen, was für die Nachkommen das Wichtigste sei – die menschliche Persönlichkeit und die wunderschönen Details des Lebens. Struve schlug Nabokov vor, über den Einfluß Freuds auf die Literatur zu schreiben. Nabokov lehnte ab, schrieb aber später die parodistischen Texte »Was man über den Freudianismus wissen muß« oder »Freudianismus für alle«. Er arbeitete an einem Vortrag über Dostojewski, vor allem jedoch nahm er einen neuen Roman in Angriff. Es ist nicht verwunderlich, daß Adamowitsch, der vom Rausch des Schaffens wahrscheinlich wenig wußte, in seinen Artikeln darüber klagte, daß Nabokov »viel schreibt« und »schnell schreibt«. Doch er mußte zugeben, daß Nabokov niemals nachlässig schrieb.

Der neue Roman hieß anfangs »Der Paradiesvogel«. Von der ersten Variante des Romans ist allerdings wenig übriggeblieben – höchstens der erblindete Mann und die ihn betrügende Frau. Trotz zahlloser Überarbeitungen und Korrekturen war der neue Roman ziemlich schnell fertig, besonders wenn man berücksichtigt, daß Nabokov in dieser Zeit den Artikel über Dostojewski schrieb, erste Entwürfe für den Roman »Verzweiflung« machte, den französischen Artikel verfaßte und daneben viel las. Unter anderem »Ulysses« von Joyce, aus dem ihm in Cambridge ein begeisterter Kommilitone Auszüge vorgelesen hatte. Jetzt las Nabokov das Buch in Ruhe und fragte Struve immer wieder, wie ihm der Roman gefalle. Für Nabokov wurde »Ulysses« zum Lieblingsbuch und blieb es bis an sein Lebensende. Später, in einer Universitätsvorlesung über Joyce, erklärte er, daß »Ulysses« im Grunde ein sehr einfaches Buch sei.

Nabokovs neuer Roman hieß »Gelächter im Dunkel« (»Camera obscura«). Es war ein recht verblüffender Roman, besonders nach der »Mutprobe«, genauso verblüffend wie der Roman, den Nabokov nach »Maschenka« schrieb.

Im Roman agieren nur deutsche Helden, es gibt keine russische Themen, keine russischen Nostalgie, keine Erinnerungen an die Kindheit, kein Schwelgen in all diesen »wunderbaren Kleinigkeiten«. Brian Boyd stellte in seinem Buch eine ausführliche Liste der Aspekte zusammen, nach denen »Gelächter im Dunkel« das genaue Gegenteil der »Mutprobe« ist. Boyd vermutet, daß »Gelächter im Dunkel« als Kontrast zur »Mutprobe« gedacht war, wo im Alltäglichen Edelmut gesucht wird, wo der Held aus dieser Welt verschwindet (der Held in »Gelächter im Dunkel« bleibt in unserer Welt, aber die Welt verschwindet aus seinem Blickfeld), wo der junge Held, der keine künstlerische Gabe besitzt, in der Welt Gegenstände zu finden vermag, die der Kunst würdig sind (der Künstler Horn im neuen Roman hingegen kann nur aus grausamer Vulgarität Vergnügen ziehen).

In »Gelächter im Dunkel« zollt Nabokov in noch größerem Maße als in den übrigen Romanen seiner Leidenschaft fürs Kino Tribut. In der Berliner Zeit ging das Ehepaar Nabokov mindestens zweimal im Monat ins Kino. Iossif Hessen erzählte voll Verwunderung (später schrieb auch Nabokovs Schüler Alfred Appel darüber), wie dieser feinsinnige Schriftsteller über die dümmsten amerikanischen Filme Tränen lachte. Appel, selbst ein glühender Kino-Fan, widmete dieser Vorliebe seines Lehrers ein dickes, aber recht langweiliges Buch, das leider keine Analyse der stilistischen Verbindungen zwischen der Nabokovschen Prosa und dem Kino bietet, aber es enthält kinematographische Prototypen Nabokovscher Helden, außerdem interessante Aussagen über das kulturelle Leben und den Geschmack Nabokovs (wir erfahren, daß er die amerikanischen Komiker Buster Keaton, Harold Lloyd und Charlie Chaplin mochte, aber nur den frühen Chaplin – »Zirkus«, »Goldrausch«, und von den späten Filmen den »Diktator«).

Der aufmerksame Leser findet in Nabokovs Romanen selbst Dutzende von Hinweisen auf das Kino (zum Beispiel »einen schwarzen Nieselregen, der flimmert wie ein sehr alter Filmstreifen«, in »Gelächter im Dunkel«). Nabokov träumte davon, für den Film zu arbeiten, auch deshalb, weil nur der Film einen Schriftsteller aus der Not herausholen (was teilweise heute noch so ist) und ihn und seine Bücher berühmt machen konnte. Zu seinem Glück (es gibt Schriftsteller, die schon früh vom Film aufgesaugt werden) kam in den ersten sechzig Jahren seines Lebens keine Zusammenarbeit mit dem Film zustande, und als endlich berühmte Regisseure (Richardson, Kubrick) Nabokovs Romane verfilmten, war es so, daß die Filme durch Nabokovs Namen und seine Bücher Berühmtheit erlangten und nicht umgekehrt. Doch bleiben wir vorerst bei dem kinematographischen Roman »Gelächter im Dunkel«, der wohl bis zu einem gewissen Grad auf einen Kinoerfolg berechnet war. Er ist eine Parodie auf das Melodrama, und man muß sagen, daß hier die Parodie bei Nabokov zum erstenmal eine so große Rolle spielte; später wurde sie zu einer der wichtigsten Methoden seines Schaffens.

Im Kino jedoch ist das Melodrama nicht so sehr Gegenstand der Parodie als vielmehr wichtigster Gebrauchsgegenstand, und wir erinnern daran, daß der Held (wie auch der Autor) den Kinematographen ernst nahm. Kretschmar erfährt von Magdas Untreue. In seinem Schmerz rast er mit seinem Auto über eine serpentinenreiche Bergstraße, verunglückt und erblindet. Magda bringt ihn in die Villa, die sie für sich und

Horn gemietet hat. Das gewissenlose Pärchen begnügt sich nicht damit, den bedauernswerten und blinden Kretschmar (war er nicht schon früher blind, als er Magdas Vulgarität nicht durchschaute?) zu bestehlen, sondern demütigt und verhöhnt ihn auch noch. Dem unfruchtbaren Künstler (oder wie der Nabokov-Forscher Viktor Jerofejew sagen würde, dem Schein- oder Pseudokünstler) Horn bereitet nur das Theater menschlicher Leiden Vergnügen.

Kretschmars herzensguter Schwager Max findet die geheimnisvolle Villa, in der Horn splitternackt vor dem blinden Kretschmar herumspaziert (dem Blinden wurde erklärt, daß außer ihm und Magda niemand in der Villa sei) und ihn in Angst und Schrecken versetzt. Die Episode, in der der nackte Horn den erschrockenen Kretschmar mit einem Grashalm kitzelt, ist in den besten Traditionen des Horrorfilms geschrieben.

Wie die Kritik wohl bemerkt hat, kommt es bei Nabokov in der Kräfteverteilung zwischen der Vulgarität und dem Künstlerischen zu einer interessanten Verschiebung: Der feinsinnige Kunstkenner Kretschmar ist schon zu Beginn des Romans moralisch blind und der talentierte Maler Horn vulgär. Die auf den ersten Blick banalen Spießer Max und Anneliese sind mit den hohen Eigenschaften der Hellsicht, Güte und Toleranz ausgestattet: Sie sehen das Unglück voraus und versuchen, Kretschmar zu retten.

Gegenstand der Parodie im Roman ist nicht nur das Kino, sondern auch die Prosa. Der Schriftsteller Segelkranz liest Kretschmar einen Auszug aus seinem neuen Werk vor (was zur Entlarvung von Magda und Horn führt), und der Anfang des Auszugs ist eine einzige Parodie auf die Epigonen Prousts.

Der Leser kann sich vorstellen, in welche Verlegenheit dieser neue Roman Nabokovs die damalige russische Kritik stürzte. Von wem ist der junge Autor beeinflußt? Von wem ist das kopiert? Wie kommt solche Literatur zustande? Der äußerst verwirrte Adamowitsch versuchte vergeblich, in dem Roman einen »ideellen Gehalt« zu finden, und wiederholte wie immer treuherzig »ich weiß nicht«, »ich weiß nicht«. Urteilen Sie selbst: Das Laster wird hier nicht bestraft, die

Tugend liegt in einer Blutlache, und überhaupt scheint dieser Nabokov-Sirin »keine Wünsche und Anliegen« zu haben: »Mondsucht ... Dieses Wort charakterisiert Sirin wohl am genauesten ... ›Gelächter im Dunkel‹ ist so geschrieben, als hätte Sirin einer Stimme gelauscht, die ihm die ganze Erzählung zuraunte, zu der er selbst eigentlich gar keine Beziehung hatte. Es gibt kein Buch, in dem das, was gewöhnlich ›Idee‹ genannt wird, so spurlos verschwunden wäre ...«

Die Verwirrung des bekannten Exilkritikers ist verständlich. Die Tatsache, daß in der russischen Literatur schon immer Leute etwas galten, die so schrieben, als gäbe es die Errungenschaften des russischen 19. oder 20. Jahrhunderts nicht, irritierte niemanden. Aber sowie jemand erschien, der niemandem ähnelte, der nicht einmal die Regeln zu kennen schien, suchte die russische Kritik verwirrt nach Wegen, diese Unähnlichkeit zu mindern oder gar zu verbieten.

»Erstaunlich, daß ein solcher Schriftsteller in der russischen Literatur erschienen ist«, lamentierte Adamowitsch. »Dabei ist er ein großer und wirklicher Künstler, also einer, der nicht ›aus dem Nichts‹ kommen konnte ... Keinesfalls ist er eine taube Blüte.

Hat nicht die Emigration ihn beeinflußt, das heißt, das Leben außerhalb von Zeit und Raum? Ist Sirin nicht überhaupt ein Kind und eine Schöpfung des Zustands, in dem der Mensch eher Leben spielt als wirklich lebt? Ich weiß es nicht. Wer kann das schon beurteilen? Einige Seiten seiner Bücher rufen ein fast physisches Vergnügen hervor, so fest und gelungen ist darin alles miteinander verbunden und verschränkt.« Doch kaum hatte Adamowitsch sein Vergnügen und seine Verwirrung bekundet, lamentierte er wieder, daß es »stickig, merkwürdig und kalt ... in Sirins Prosa ...« sei. »Aber ich wiederhole, ein bedeutender Schriftsteller, eine höchst originelle Erscheinung ...«, bekannte er, »die ursprünglichen Zweifel an seiner außergewöhnlichen Begabung sind längst zerstreut. Bleibt nur der Zweifel, was er mit seiner Gabe anfangen wird.«

So schrieb Adamowitsch in »Poslednije nowosti«, der größten russischen Emigrantenzeitung, aber im Grunde waren das Rückzugsgefechte, denn der Feind stand schon vor den Toren seiner Festung: Nabokov schickte jetzt dieser Zeitung seine Erzählungen – »Terra incognita«, »Der beschäftigte Herr«, »Die Beleidigung«, die Bunin gewidmet war.

Nabokov lernte Bunin Anfang 1931 in Berlin kennen. Unter den Berliner Tagebucheintragungen von Vera Bunina (sie sind wie alle ihre Aufzeichnungen naiv und spiegeln vor allem die Meinung ihres Mannes oder seiner Umgebung, dennoch sind sie interessant und ein rührender Beleg für ihre unwandelbare Güte und Toleranz) ist auch eine Notiz über den Besuch bei den Nabokovs.

»4. 1. 31 … Er ist sehr angenehm, seine Frau ist Jüdin, sehr gebildet, spricht mehrere Sprachen, sehr nett … Er hat keine Ähnlichkeit mit seinem Vater … Er vergöttert Iwan Alexejewitsch. Zeigte uns Schmetterlinge. Ist verliebt in sie.«

Und im Herbst desselben Jahres, in Paris, als Bunin zum erstenmal auf den Nobelpreis hoffte und litt, schrieb sie:

»10. 10. 31 … Ich habe Sirin gelesen. Was für eine Leichtigkeit und wie modern. Er ist moderner als viele ausländische Schriftsteller. Da ist einer, der ›eine ironische Beziehung zum Leben‹ hat. Da ist einer, der bald ein Kandidat für den Nobelpreis sein wird.«

Das Berlin der Emigranten verödete. Die Nabokovs dachten manches Mal an Abreise, aber sie wußten nicht, wohin. Im Grunde war es für Nabokov von Nutzen, daß ihm die wenig verständliche Stadt und die wenig bekannte Sprache fremd blieben. In Paris wäre er sofort für die französische Sprache entflammt, hier aber blieb er innerhalb der russischen Kolonie und der russischen Literatur, im Element der russischen Sprache. Doch auch diese ungeliebte und häßliche Stadt hatte ihre eigentümliche Schönheit. Nabokov ließ sich inspirieren von dem gräßlichen Berliner Rauhreif und den fast ländlichen Randbezirken der Stadt, ihren Parks und Wäldern. Er widmete dem Grunewald wahrscheinlich nicht weniger Zeilen als mancher Berliner Schriftsteller. So vieles wurde überdacht und ausgedacht in diesem Wald, der »frisch und kindlich nach Rußland roch«. Immer öfter nahm Nabokov den Leser mit in diesen Wald (»Gib mir die Hand, lieber Leser, und komm mit mir in den Wald«). Er hatte in dieser Stadt auch wirkliche

Freunde – Veras Cousine Anna und die Freunde seines Vaters, die seine nächsten Freunde geworden waren, Hessen und Kaminka. Sie hatten ihren Freund nicht vergessen und kamen jedes Jahr im Frühling zusammen, um an seinem Todestag seiner zu gedenken, und sie hofften noch immer auf die Wiedergeburt, auf das Wiedererstehen Rußlands, das nach den Nachrichten, die aus dem Osten kamen, in eine Epoche des großen Verfalls eingetreten war. Am neunten Todestag des ermordeten Freundes gedachten sie seiner mit unverminderter Trauer: »Rußland, das früher oder später zweifellos aus den fürchterlichen Ruinen der großen Vergangenheit wiederauferstehen wird, hat in Nabokow einen der wenigen Menschen verloren, die für den Staatsaufbau geboren waren.«

Berlin veränderte sich nicht in Tagen, sondern in Stunden. Die Zahl der Arbeitslosen in Deutschland stieg auf fünf Millionen, viele von ihnen stellten sich nach einer kostenlosen Suppe an. Mitunter füllten Kolonnen junger Faschisten die Straßen. Eine Gruppe von Extremisten verwüstete die Redaktion der Zeitung »Rul«, die ohnehin ums Überleben kämpfte. Man vermutete, daß es kommunistische Kampfgruppen waren.

Irgendwo jenseits der undurchdringlichen Grenze regte sich von Zeit zu Zeit das geheimnisvolle Rußland der Sowjets und entsandte in das verödende russische Berlin Propagandisten und Agenten der GPU. Die ersten waren übrigens von den zweiten nicht zu unterscheiden, sie hatten ja auch fast die gleichen Aufgaben und erzählten den verarmten und von Heimweh gequälten Emigranten, »wie frei« der Mensch in der Heimat atme, wo gerade die »Entkulakisierung« vonstatten ging, das heißt die Liquidierung der Bauernschaft, die Vernichtung der Kultur plus Elektrifizierung, multipliziert mit dem GULAG. Gerade in diesen Jahren erzielten die Abgesandten der GPU beeindruckende Erfolge. Es gelang ihnen, die Sängerin Nadeshda Plewizkaja, Favoritin von Rachmaninow, zusammen mit ihrem Mann, einem Helden der Kornilow-Armee, anzuwerben. Sie gaben Marina Zwetajewas unschlüssigem Mann, der in der Emigration keine andere bezahlte Verwendung für seine zahlreichen Talente gefunden hatte, »eine handfeste Arbeit«. Obwohl die Vernichtung der eigenen Intelligenz innerhalb des Landes schon in vollem Gange war, scheute die reichste Behörde im armen Rußland keine Mittel, die nicht vergessene Intelligenz der Emigration zur Heimkehr zu bewegen (um sie dann zu vernichten). Der aus Moskau nach Berlin gekommene Proletkult-Schriftsteller Tarassow-Rodionow hinterließ in einem Buchladen eine Nachricht für Nabokov, daß es nicht schlecht wäre, sich zu treffen und offen miteinander zu reden. Es ist zu bezweifeln, daß Nabokov Tarassow-Rodionows bekannten Roman »Schokolade« gelesen hatte, aber ähnliche Bücher, aus denen ihm »Gefängnisgeruch« entgegenwehte, hatte er gelesen, und ihn, der dazu aufrief, auf die arme Emigrantenfreiheit stolz zu sein, konnte das Schicksal eines Alexej Tolstoi kaum verlocken. Er hatte in sich auch nicht diese Mischung von heroischem Idealismus und von Amoralität, die Efron veranlaßte, für das NKWD zu arbeiten, in dessen Kellern er ein ruhmloses Ende fand. Doch mit dem Klassiker des Proletkults traf er sich, und später erzählte er des öfteren von diesem »illegalen« Treffen in einem russischen Café. Nachdem der proletarische Schriftsteller seinem armen Kollegen gegenüber die letzten Errungenschaften der Freiheit in der UdSSR gerühmt hatte, ging er unvermittelt dazu über, seine hohe Mission zu erfüllen (später übernahm Konstantin Simonow eine ähnliche Mission und versuchte, den bettelarmen Bunin zur Rückkkehr zu bewegen). Ohne die Einzelheiten des ihn erwartenden Wohlergehens zu erfragen, sagte Nabokov, er würde ja mit Freuden heimkehren, er wisse nur nicht, ob er dort genauso unabhängig schreiben könne wie hier. Tarassow-Rodionow antwortete, das künstlerische Schaffen in der UdSSR sei völlig frei, jeder Schriftsteller könne sich aus dem letzten Beschluß des WZIK etwas nach seinem Geschmack auswählen und kühn die Erfolge auf dem erwählten Gebiet des sozialistischen Aufbaus darstellen, natürlich nur im Rahmen der Generallinie. An dieser Stelle wurde das gehaltvolle literarische Gespräch auf ganz unerwartete Weise unterbrochen. An ihren Tisch trat ein armer Weißgardist, der vom Verkauf von Schnürsenkeln lebte, und bot den Herrschaften seine armselige Ware an – in der einzigen Sprache, die er beherrschte. Der nervöse Vertreter der sowjetischen Intelligenz glaubte, in einen Hinterhalt geraten zu sein, und machte sich unverzüglich aus dem Staub. Übrigens endete sein Leben wie das der meisten proletarischen Schriftsteller traurig. In seinem vielbeachteten Roman »Schokolade« hatte er argumentiert, daß die Partei auch einen Unschuldigen zum Tode verurteilen dürfe, wenn es zur Abschreckung der Massen nötig sei. Genauso verfuhr die Partei bald darauf auch mit Tarassow-Rodionow. Nabokov kehrte zum Glück nicht in die UdSSR zurück und wurde auch nicht entführt. Nach dem Treffen schrieb er eine Erzählung über die Begegnung eines Berliner Emigranten mit seinem aus Moskau gekommenen Bruder Serafim, einem sowjetischen »Spezialisten«. In Erwartung des Gastes überlegt der Emigrant, wie er mit dem sowjetischen Bruder reden soll: »Sich scherzhaft beklagen über die gegenwärtige (unerträgliche, erdrückende) Armut? Sich als einen weitherzigen Menschen ausgeben, der über der Emigrantenverbitterung steht, der begreift ... was begreift? Daß Serafim meiner Armut, meiner Reinheit eine tatkräftige Zusammenarbeit vorziehen konnte ... mit wem, mit wem!«

In dieser Zeit kam als einer der letzten Samjatin nach Berlin. Er hoffte noch, nach Rußland zurückzukehren, doch mit jedem Tag wurder ihm klarer, daß wenig Hoffnung bestand. Samjatin äußerte sich sehr anerkennend über Nabokovs Talent und bezeichnete ihn als wichtigsten Gewinn der Emigrantenliteratur.

Diese Literatur hatte es jedoch sehr schwer. Anfang 1932 appellierte Nabokov in der Zeitung an alle Menschen mit wachem Gewissen, den Hungernden und Arbeitslosen zu helfen. Das mag jene verwundern, die die späteren individualistischen Äußerungen Nabokovs kennen. Sind diese späteren Äußerungen nicht ein Zeichen dafür, daß selbst das erstaunlichste Gedächtnis nicht vollkommen ist?

Im Frühling 1932 erschien in Paris ein Artikel von Chodassewitsch, der den gleichen Titel wie ein Roman Nabokovs hatte – »Die Mutprobe«. Es ging darin um die Mutprobe der jungen Emigrantenliteratur, und einer der Hauptfelden des

Artikels war Nabokov-Sirin. Der Artikel, der mit den denselben Puschkin-Zeilen begann, die zwei Jahrzehnte später der amerikanische Professor Timofey Pnin für seine Vorlesung auswählte, war der Notlage der jungen Exilschriftsteller gewidmet, unter denen es »talentierte und unbegabte gibt, die gleichermaßen ignoriert werden«, denn »die Älteren stehen dem Schicksal der Jüngeren zutiefst gleichgültig gegenüber«. Als markantestes Beispiel führte Chodassewitsch das Schicksal Nabokovs an.

»Von Sirin haben fast alle begeistert gesprochen (und völlig zu Recht), aber wer hat seine kompetente Stimme erhoben, um die Aufmerksamkeit der Leser auf ihn zu lenken? Niemand.

Wenn unsere jungen Schriftsteller immer noch arbeiten«, fuhr Chodassewitsch fort, »immer noch einen unauffälligen, aber beharrlichen Kampf um ihre Existenz führen, dann kann ich das nur als Mutprobe bezeichnen.«

Man kann sich vorstellen, mit welchem Gefühl Nabokov den Artikel seines älteren Kollegen las, dessen Poesie er sehr schätzte; in ihr fand er ihm nahe Gedanken über »das erhabene Bewußtsein der eigenen Mission«, vor allem aber Gedanken über die Meisterschaft.

1932 mußten die Nabokovs die Wohnung bei von Bardeleben, die für sie zu teuer geworden war, aufgeben und sich eine billigere suchen. Zu der Zeit machten sich viele Berliner auf die Suche nach einer billigeren Bleibe.

In zwei neuen Erzählungen kam Nabokov auf das Thema des Todes und eines Lebens nach dem Tod zurück (»Der beschäftigte Herr« und »Terra incognita«). Er schrieb auch eine zweite Erzählung über die Kindheit des Jungen Putja Schischkow (»Der Sieg«). Dem Jungen gab er den Familiennamen seiner Urgroßmutter, aber auch ohne diese Anspielung erkennt man in der Erzählung unschwer die bekannte Episode des Duells seines Vaters, das Haus in der Morskaja-Straße, die Tenischew-Schule.

Im April besuchte Nabokov seine Angehörigen in Prag. Seine Mutter weiterhin zu unterstützen war ihm unmöglich geworden. Seine berufliche Bestimmung verlangte große

Opfer, vor allem von seinen Angehörigen. In Prag lernte Nabokov bei Sergej Hessen den Harvard-Professor Michael Karpovich kennen, der ihm sehr gefiel. Da er in Urlaub war, las er in Prag »zum hundertsten Mal« seine geliebte »Madame Bovary«, eines der wenigen Bücher, dessen Einfluß auf sein Schaffen er auch am Ende seines Lebens nicht leugnete.

In jenem Sommer wurde Berlin von politischen Leidenschaften erschüttert. Hindenburg löste den Reichstag auf und setzte Neuwahlen an, auf den Straßen prügelten sich die Faschisten mit den Kommunisten. Es wäre an der Zeit gewesen, Deutschland zu verlassen, aber wo sollten sie hin? In Berlin hatte Vera eine Arbeit, die ihrer beider Unterhalt irgendwie sicherte, sie hatten eine gemütliche kleine Wohnung in Wilmersdorf, die sie mit Veras Cousine Anna Feigina teilten, einer lieben, gütigen Frau, mit der Nabokov viele Jahrzehnte befreundet blieb.

Vor allem aber war ihm deshalb nicht nach Ausreise zumute, weil er an einem neuen Roman saß. Er hieß »Verzweiflung«, und im September hatte Nabokov die erste Variante fertig. Er arbeitete wie besessen. »Ehrlich gesagt, ich bin etwas erschöpft. Ich schreibe beinah Tag und Nacht, ein Kapitel in vierundzwanzig Stunden, manchmal auch mehr ... Es gibt Tage, vorgestern zum Beispiel, da habe ich mit zwei kleinen Pausen neunzehn Stunden hintereinander geschrieben.« Das ist kein Zitat aus einem seiner Briefe, sondern stammt aus dem neuen Roman, den die russischen Kritiker bereits vor dem Krieg als einen Höhepunkt seines Schaffens und der zeitgenössischen Literatur überhaupt betrachteten.

Dieser Roman hat viel gemein mit dem »Späher«, unterscheidet sich aber stark von dem kurz zuvor beendeten Roman »Gelächter im Dunkel«, ebenso von dem lebensbejahenden Roman »Die Gabe«, den Nabokov zu dieser Zeit nicht nur plante, sondern schon zu schreiben begann. Der Held in »Verzweiflung« wird angetrieben von dem Bedürfnis, sich zu behaupten, Herr seines Schicksals zu werden, indem er sich ihm entgegenstellt, dem gleichen Bedürfnis, das auch die Handlungen Lushins, des jungen Martin aus der »Mutprobe« und anderer Helden Nabokovs bestimmt. Als Hermann erfährt, daß sein Verbrechen entdeckt ist, daß er gesucht wird, schreibt er fieberhaft eine Erzählung über das Vorgefallene. Ihr Ziel ist die Selbstrechtfertigung (vor allem als Künstler). Hermann ist von seinem schriftstellerischen Talent genauso überzeugt (»der absolute Glaube an ... die wunderbare Gabe«), wie er noch vor kurzem von seinem kriminellen Genie überzeugt war. Er spielt bravourös (ein wenig ermüdend) mit verschiedenen Stilen, beherrscht »fünfundzwanzig Handschriften« und kann jeden Romananfang parodieren, bei ihm »haben sich alle Kunstgriffe vermengt«. Nebenbei erwähnt er seine literarischen Vorgänger (und man kann feststellen, daß all diese Schriftsteller auch Nabokov nicht gleichgültig waren) – Conan Doyle, Dostojewski, Wallace ...

Die Parodie wird in diesem Roman zu einem der wichtigsten Kunstmittel, viele Seiten quellen über von Vergleichen aus der Literatur.

Sind die künstlerischen Ansprüche des Romanhelden begründet? In der Kunst (er hat ja das Verbrechen als einen Kunstakt betrachtet) hat er eine totale Niederlage erlitten. Das Leben war viel erfinderischer als er (so wie es auch erfinderischer als Dreyers Frau Martha war), und der Held irrte sich in der Hauptsache – in der Herstellung eines identischen Äußeren mit dem getöteten Landstreicher. Der Held ist egozentrisch und narzißtisch. Die Eigenliebe läßt ihm nicht die Möglichkeit, die Grenzen seines Ichs zu überschreiten, ins Leben anderer Menschen einzudringen, sich fremden Schmerz, ein fremdes Leben vorzustellen, aber ohne dies alles gibt es keine Kunst, ist die Kunst amoralisch. Am Anfang des siebenten Kapitels entdecken wir sozusagen das Epigraph (später spricht Berberova von dem »aufgelösten Epigraph« bei Nabokov): »Erstens ein Epigraph, aber nicht zu diesem Kapitel, sondern allgemein: Literatur – das ist Liebe zu den Menschen.« Sind diese Zeilen bei Nabokov zufällig? Ist es vielleicht ein falscher Zungenschlag? Natürlich nicht. Ein Vierteljahrhundert später erklärt Nabokov im Nachwort zu »Lolita«: »Für mich existiert ein Werk nur in dem Maße, wie es mir das gewährt, was ich rundheraus ästhetisches Vergnügen nennen möchte – ein Gefühl, irgendwie, irgendwo mit anderen Seinsumständen in Berührung zu sein, bei denen Kunst (Neugier, Zärtlichkeit, Leidenschaft) die Norm ist.« Vielleicht hätte sich Nabokov dieser offenen Deklaration enthalten, hätte man ihn nicht nach dem Erscheinen von »Lolita« einmütig und lauthals der Amoralität beschuldigt. So hat jedes Übel auch sein Gutes: Wir erhielten aus erster Hand die Formel für die Moral in seiner Kunst. Und noch zehn Jahre später (also gute vierzig Jahre nach dem Erscheinen von »Verzweiflung«) sagte Nabokov einem bayrischen Journalisten: »Ich bin überzeugt, daß irgendwann ein Neubewerter erscheint und erklärt, daß ich keineswegs ein leichtsinniger Feuervogel war, sondern ein strenger Moralist, der auf das Laster einschlug, den Stumpfsinn geißelte, Vulgarität und Grausamkeit verhöhnte und der Zärtlichkeit, dem Talent und dem Stolz den Vorrang einräumte.«

Also, Hermann ist vor allem deshalb kein Künstler und kein Schriftsteller, weil er ganz und gar auf sich konzentriert, weil er ein Narziß ist. Weil er die anderen nicht sieht (darum auch keine »Unterschiede« bemerkt hat, die in der Kunst wichtiger als Ähnlichkeiten sind), nicht ihren Schmerzensschrei hört. Er ist kein Künstler, sondern ein gewöhnlicher Verbrecher. So ist »Verzweiflung« in erster Linie ein Roman über die Kunst, über ihre Beziehungen zur Wirklichkeit. Ein Künstler weiß, wie groß die Kluft zwischen Wunsch und Wirklichkeit ist, ein Verbrecher weiß das nicht unbedingt. Nachdem Hermann die Maske gewechselt hat, will er die Grenze seines Lebens überschreiten und ein anderes Leben beginnen. »Aber weshalb?« fragt Brian Boyd. Und er kommt zu dem Schluß, daß Hermanns Ziele genauso banal sind wie seine Methoden. Schon vor dem Krieg erkannten die russischen Kritiker, daß »Verzweiflung« ein Roman über das künstlerische Schaffen ist (der zudem »dem Kern seines Schaffens am nächsten kommt). Nicht erkannt hat das der berühmte Jean-Paul Sartre (er betrachtete den Roman nur von einer Seite, nur von den »Wörtern« her). Über Nabokovs neuen Roman schrieben bald nach seinem Erscheinen ausführlich Wladimir Weidle und Chodassewitsch. Nach Wladimir Weidle läuft der Sinn von »Verzweiflung« »auf eine schwierige Allegorie hinaus, hinter der sich nicht die Verzweiflung eines eigennützigen Mörders verbirgt, sondern die Verzweiflung eines Schöpfers, der unfähig ist, an den Gegenstand seiner Schöpfung zu glauben. Diese Verzweiflung ist der Gegenstand der besten Werke Sirins. Sie verbindet ihn mit dem Besten, was es in der modernen europäischen Literatur gibt, und sie räumt ihm in der russischen Literatur den Platz ein, den außer ihm niemand einnehmen kann ... wir dürfen in Sirin nicht nur den bezaubernden Virtuosen sehen, ganz gleich, ob wir diesem Wort einen tadelnden oder lobenden Sinn geben.«

Chodassewitsch hatte sich schon früher über dieses Thema geäußert. Für ihn war der Held des Romans »Der Späher« kein Schöpfer, sondern ein Scharlatan, weshalb »es in seiner Geschichte keinen Übergang von der einen Welt in eine andere geben kann«. Er erklärt, daß dieses Thema, im »Späher« nur angedeutet, zum »zentralen Thema in ›Verzweiflung‹ wird, einem der besten Romane Sirins«. Den Helden in »Verzweiflung« hält er für einen wirklichen Künstler, der streng zu sich ist. »Er geht an einem einzigen Fehler zugrunde, an einem einzigen Mißgriff in seinem Werk, das seine gesamten schöpferischen Kräfte verschlungen hat. Zur Verzweiflung treibt ihn der Umstand, daß er an dem Fiasko selbst schuld ist, weil er nur Talent hat, aber kein Genie ist.«

Der »Kriminal«roman von Nabokov ist also noch komplizierter als die »Kriminal«romane Dostojewskis, von dem er sich so stark abgrenzt. All das Komplizierte erschließt sich beim aufmerksamen Lesen des Romans erst nach und nach. Kompliziert ist schon die Erzählweise in der ersten Person, wobei der subjektive und egozentrische Erzähler völlig unzuverlässig ist (so war es schon im »Späher«, und so ist es bei Nabokov noch des öfteren). Wir folgen dem Erzähler treuherzig und werden in allem getäuscht: Seine Frau ist ihm nicht treu, und sein Doppelgänger ist ihm nicht ähnlich, er ist überhaupt kein Doppelgänger, und sein Verbrechen ist nicht genial (und nicht originell). Aber der Erzähler ist von paranoischer Hartnäckigkeit (»ich will euch alle um jeden Preis überzeugen, und ich werde euch überzeugen, werde euch Halunken zwingen zu glauben ...«). Und kaum haben wir ihm Glauben geschenkt, sind wir in eine der Fallen getappt. Der Autor hat viele ausgelegt. Man muß sich erst einmal klarwerden, wo die Stimme des Erzählers erklingt und wo die Stimme des Autors. In der Erzählung in der Ich-Form geht es um die Vergangenheit, und man muß erraten, wann was geschah. So werden wir völlig abhängig von der Wahrnehmung des Erzählers, von seinem Gedächtnis und seiner letztendlichen Absicht. Zudem ist unser Erzähler in erregtem Zustand, zieht sich immer wieder aus der Erzählung zurück, übt sich verwegen in all seinen fünfundzwanzig Handschriften. Und weder der Held noch der Autor vergessen auch nur für eine Minute, daß ihr Gegenstand die Literatur ist. Hermanns Doppelgänger zum Beispiel wusch sich nicht einfach die Füße mit Schnee: er »wusch sich die Füße mit Schnee, wie das jemand bei Maupassant getan hatte« (Maupassant kommt in Nabokovs Werken mehrfach vor). Der Erzähler weinte nicht einfach: er »schluckte die Tränen hinunter und schluchzte. Die himbeerroten Schatten der Melodramen jagten vorbei.«

Noch komplizierter ist es mit dem Hauptheldan. Es gibt eine ganz simple Methode, die Kompliziertheit seines Benehmens zu erklären: Er hat »Abweichungen von der Norm«, eine Aberration, Abartigkeiten. Einer der beiden überseeischen Biographen Nabokovs, Andrew Field, glaube ich, neigt zu eben dieser simplen Erklärung. Wenn also dieser Hermann sozusagen zuschaut, wie er selbst sich mit seiner Frau der Liebe hingibt (was er wohl doch nicht tut), dann ist das nicht nur eine Persönlichkeitsspaltung, sondern auch »eine Abweichung narzißtischer Art«. Obendrein wird in seinem Traum die »schizophrene Zersplitterung der Persönlichkeit« offenbar – alles ist ganz einfach. Aber für die Analyse des Kunstwerkes gibt uns das sehr wenig. Der ganze Reichtum an künstlerischen Mitteln wird doch nicht dazu aufgeboten, uns zu beweisen, daß Hermann ein Psychopath ist (auf diesen einfachen Gedanken kann uns auch der letzte Satz des Romans bringen – entweder schreibt er eine Beichte, oder er lehnt sich aus dem Fenster und ruft dem eingebildeten Aufnahmeteam zu, es solle sich bereit halten, um seine Krönung zu filmen). Es geht immer um die Kunst. Und das sind nicht einfach literarische Spiele – dieses Thema quält Nabokov zeit seines Lebens. Seriöse russische Kritiker haben diese Qual schon damals verstanden. Weidle schrieb über die »unbewußten oder bewußt gewordenen Qualen des Nabokovschen Ich, über seine ohnmächtige Allmacht, die angespannte Macht über Dinge und Menschen, die in Wirklichkeit weder Dinge noch Menschen sind, sondern Produkte seiner eigenen Willkür, der er dennoch nicht entfliehen kann«.

Noch eindeutiger benannte Chodassewitsch die Verzweiflung des Schöpfers als Grundmotiv aller Werke Nabokov-Sirins. Eben das, so Chodassewitsch, »hebt Sirin auf ein Niveau mit den größten Künstlern der zeitgenössischen europäischen Literatur«.

Also, Nabokov treibt im Roman kein kunstreiches Spiel mit den ihm botmäßigen handelnden Personen. Er entscheidet hier für ihn wichtige Probleme – Probleme des Schaffens, der Realität, des Lebens nach dem Tod. Aber der Streit um den Roman dauerte fort. Immer von neuem erklärten die verschiedensten Kritiker, sei es Babel, der mit einem Dienstreisevisum aus dem Land der Sowjetschriftsteller gekommen war, oder der frei umherreisende Field, daß es bei Nabokov keine Idee oder vielmehr keinen »ideellen Inhalt« gebe (Babel meinte, das alles sei sehr schön, aber die Leute könnten es nicht verstehen und nichts damit anfangen).

Paris empfängt Sirin

Anfang Oktober nahm Vera zwei Wochen Urlaub. Geld für weite Reisen hatten sie nicht, aber zum Glück lud Nabokovs Cousin Nika sie nach Kolbsheim bei Strasbourg ein. Also fuhr das Ehepaar Nabokov zu Nika und seiner Frau Natascha Schachowskaja. Dort lernten sie auch Nikas Schwiegermutter, die Fürstin Schachowskaja, kennen, was weitreichende Folgen hatte. Nach dem Urlaub in Kolbsheim fuhr Nabokov nach Paris. Die Zeitungen »Poslednije nowosti« und »Sowremennyje sapiski« druckten hier seine Werke. Außerdem sollte er vor russischen Emigranten sprechen: er hatte in Paris schon zahlreiche Leser, etliche treue Verehrer und nicht wenige Feinde und Neider.

In Paris traf er am 21. Oktober ein und wohnte anfangs (bis zu Nataschas Ankunft aus Kolbsheim) in Nikas Wohnung. Noch am selben Abend besuchte er Fondaminski und war von ihm ebenso bezaubert wie bei der ersten Begegnung in Berlin: ein Heiliger, einfach ein Engel. Das schrieb er noch am selben Abend an Vera. Die Briefe, die er jetzt täglich seiner Frau schrieb, glichen denen, die er früher seiner Mutter geschrieben hatte.

Nabokov sah in Paris viele Verwandte, Bekannte und Freunde seines Vaters wieder. »Für sie war er ›Wolodja‹, schreibt Nina Berberova, die ihn in Paris zum erstenmal sah, »sie erinnerten sich, daß er schon ›immer Gedichte geschrieben‹ habe und was für ein ›vielversprechendes Kind‹ er gewesen sei, so daß es keineswegs verwunderlich sei, daß er nun Bücher schreibe und veröffentliche, geniale Bücher, die aber nicht immer jedem verständlich seien.«

Seine Unverständlichkeit hinderte die Leser nicht, ihn für sehr begabt zu halten. Viele sagten, daß bei dieser Prosa keine Einflüsse der russischen Literatur zu spüren seien, daß hier alle russischen Traditionen abrissen. (Die letzte Formulierung stammte von Adamowitsch, der dennoch die zaghafte Vermutung äußerte, daß Nabokov immerhin »ein kleines bißchen an Gogol« erinnerte). Nach und nach fielen den Kritikern noch Tolstoi, Bely, Saltykow-Stschedrin, Dostojewski und sogar Block ein, doch auf der Suche nach Enträtselung blickten sie vorerst häufiger auf den unerklärlichen Westen und in das Dickicht des deutschen Expressionismus. Auf jeden Fall war er eine geheimnisvolle Gestalt, dieser junge brillante Nabokov-Sirin, der offensichtlich noch eine andere Literatur kannte, mit der weder die Kritik noch die Dichter vom Montparnasse recht etwas anzufangen wußten. Die unterschiedlichsten Legenden gingen über ihn um, und Chodassewitsch soll zu Janowski gesagt haben, daß dieser Nabokov alles auf der Welt gelesen habe.

Der russische Montparnasse blieb ihm fremd. Er mochte

nicht nächtelang in einem Café sitzen oder stehen, er mochte keine hysterischen Ausbrüche, keine weinerlichen Gespräche, keine aus dem Rahmen fallenden Beziehungen, kein Rauschgift, keine belastenden Tragödien. Den Dichtern vom Montparnasse wiederum kam er zu gesund und sportlich vor (obwohl auch der tragische »Zarewitsch des Montparnasse-Reiches«, Boris Poplawski, gesund und jung war, sich ebenfalls für Boxen begeisterte). Sie fanden Nabokov zu lebensfroh, zu erfolgreich, zu fruchtbar und vor allem unanständig begabt. Ein Hätschling des Schicksals, Liebling des allmächtigen Fondaminski und des allmächtigen Miljukow.

Er hatte auch gar keine Zeit, sich die Nächte auf dem Montparnasse um die Ohren zu schlagen. Jeden Tag traf er sich mit Fondaminski und dessen Frau Amalia Ossipowna, die an all seinen Dingen lebhaften Anteil nahmen. Außerdem gab es in Paris einige Schriftsteller, die er unbedingt sehen wollte, und er mußte familiäre und berufsbedingte Besuche abstatten.

Vor allem mußte er die Zeitung »Poslednije nowosti« aufsuchen. Nina Berberova schildert seinen ersten Besuch so: »Damals war Nabokov schlank, hochgewachsen und hielt sich aufrecht, er hatte schmale Hände mit langen Fingern und trug akkurat gebundene Krawatten. Sein Gang war leicht, und er sprach das Petersburger Rachen-›R‹, das mir von Kindheit an so wohlvertraut war ... Und so kamen alle in die Räume der russischen Zeitung, um ihn zu sehen, und Miljukow stellte ihn ein wenig feierlich seinen Mitarbeitern vor ...«

Verständlich, daß Miljukow den Sohn W.D. Nabokows mit offenen Armen empfing. Aber der Schriftsteller Sirin ließ ohnehin niemanden gleichgültig. Fondaminski stellte ihn den übrigen drei Säulen der Zeitung »Sowremennyje sapiski« vor, seinen sozialrevolutinären Freunden Sensinow, Wischnjak und Rudnew, ebenso Mark Aldanow, dem meistgelesenen Schriftsteller der Emigration. Im Umgang war Aldanow zurückhaltend und heikel. Er überlegte bei einer zufälligen Begegnung mit Machno zum Beispiel lange, ob er ihm die Hand geben könne (und gab sie ihm nicht) oder ob es anständig sei, den Zyniker und Bolschewiken Alexej Tolstoi zu begrüßen (und begrüßte ihn nicht). Er war ein wahrer Gentleman. »Mich bezauberten stets der durchdringende Verstand und die liebenswürdige Zurückhaltung Aldanows«, erinnerte sich Nabokov später.

In den Pariser Tagen lernte Nabokov auch Michail Ossorgin und Boris Saizew kennen, außerdem Mutter Maria (die Dichterin Kusmina-Karawajewa, die Nonne geworden war und einen schweren Dienst auf sich genommen hatte), Kuprin und Jewreinow, und er besuchte den Kritiker A. Lewinson, der »Lushins Verteidigung« auf den Schild gehoben hatte. Aber eine der wichtigsten Begegnungen war für ihn natürlich die mit Chodassewitsch. Dieser war in Nabokovs Augen der wahre Meister der zeitgenössischen Poesie (genau so ein Meister wie Bunin, vielleicht noch größer). Chodassewitsch hatte zur Literatur die gleiche selbstlose und hingebungsvolle Beziehung wie der junge Nabokov, er stellte die gleichen Anforderungen an die Vervollkommnung der Form. Wie Nabokov betrachtete er »Aktualität«, »Zeitgeist«, »ideelle Ausrichtung« und »soziale Aufgaben« als belanglos für wirkliche Literatur. Überzeugt, daß die Literatur ihre eigenen Aufgaben und Prinzipien hat, mißachtete er Erfolg und Ruhm, widerstand Verlockungen und stellte seine Pflicht gegenüber seiner Gabe über alles. Und ein solcher Mensch wußte Nabokov zu schätzen! Er hatte als einer der ersten Nabokovs Begabung gewürdigt und unterstützte den jungen Schriftsteller weiterhin mit der ganzen Kraft seiner literarischen Autorität. Und nun waren sie sich endlich begegnet. Chodassewitsch lud Nabokov zu sich nach Hause ein, in eine enge, schmuddelige und recht armselige Junggesellenwohnung (Nina Berberova hatte ihn kurz zuvor wegen eines anderen Mannes verlassen). Chodassewitsch hatte auch noch andere Gäste eingeladen: seine ehemalige Frau, zwei junge Literaten – Juri Terapiano und Wladimir Smolenski – und den Kritiker Wladimir Weidle mit Frau. Vielleicht wollte er ihnen den berühmten Sirin präsentieren, vielleicht fürchtete er auch, daß es peinlich werden könnte, mit dem Gleichgesinnten allein zu bleiben und die unausbleiblichen literarischen Gespräche zu führen. Der magere, unschöne, von Krankheiten und familiären Malaisen gepeinigte Chodassewitsch gefiel Nabokov, aber wie fruchtbar ihr Gespräch im Beisein anderer war, ist schwer zu sagen. Später identifizierten die Leser der »Gabe« unwillkürlich den genialen Kontschejew, Doppelgänger und Gesprächspartner des Helden, mit Chodassewitsch, identifizierten die Gespräche zwischen dem Helden und Kontschejew mit real stattgefundenen Gesprächen. Die Atmosphäre jener Teerunde bei Chodassewitsch gibt kaum Anlaß zu solcher Identifizierung, doch genau das tat Nina Berberova in ihren Memoiren, die, streng genommen, zu literarisch sind, um ganz glaubwürdig zu sein …

Als sie ihre Memoiren schrieb, lebte Nabokov noch und bestritt energisch die Identität der Roman-Gespräche mit den Gesprächen bei Chodassewitsch; er tadelte sogar seinen Schüler Appel, weil dieser Nina Berberova gebeten hatte, sich an einem Jubiläumsband Nabokovs zu beteiligen.

Auch ein Brief, den Nabokov in den Pariser Tagen an seine Frau schrieb, widerlegt Berberovas Auslegung. Sie schreibt in ihren Memoiren: »Einmal nahm Juri Felsen an unserem Gespräch teil, aber ich fürchte, er kam nicht dazu, auch nur ein einziges Wort zu sagen, dazu haben wir ihm keine Gelegenheit gegeben.« – »Das Gespräch drehte sich ausschließlich um Literatur«, teilte Nabokov seiner Frau mit, »mir wurde davon bald übel. Seit meiner Schulzeit mußte ich so etwas nicht mehr mitmachen. ›Kennen Sie das? Und wie gefällt Ihnen das? Und haben Sie das gelesen?‹ Kurzum, entsetzlich.«

Er traf sich auch mit seinem Bruder Sergey. Dieser kam mit seinem Freund in das Café in der Nähe des Jardin du Luxembourg. Wider Erwarten gefiel der Partner Sergeys dem heiklen Nabokov, was er auch seiner Frau mitteilte. Die Brüder sahen sich noch einmal Ende November und scheinen sich in dem Gespräch nähergekommen zu sein. Daran mußte Nabokov wohl später denken, in den schlaflosen Nächten nach dem Krieg, als er die Nachricht von Sergeys Tod bekommen hatte.

Etliche Male besuchte Nabokov seinen Freund von der Tenischew-Schule, Saba Kjanshunzew. Das Buch von Sinaida Schachowskaja enthält ein Foto, auf dem Nabokov neben Saba und dessen schöner Schwester Irina sitzt. Nabokov war angenehm überrascht, daß ihn die Kjanshunzews in Paris genauso herzlich aufnahmen wie damals in Petersburg, so als hätte sich in der Welt nichts geändert. Die fürsorgliche Frau Kjanshunzewa, Sabas Mutter, bemerkte als erste, wie schäbig Volodya gekleidet war (»seine grauen Hosen sind einfach unanständig«). Und er sollte doch vor Emigranten sprechen (von seinem bevorstehendem Auftritt wußten bereits alle, Fondaminski hatte keine schlechte Reklame für ihn gemacht). Frau Kjanshunzewa stürmte davon, um etwas »von Papas oder Sabas Sachen« herauszusuchen, und Saba lief in sein Zimmer, wühlte in Papieren und brachte die Gedichte, die Volodya am 7. November 1917 geschrieben und ihm von Petersburg nach Kislowodsk geschickt hatte. Es stellte sich heraus, daß man in der Familie Kjanshunzew seine Gedichte kannte, jede Zeile. Was kann einem Dichter mehr schmeicheln?

Die Anteilnahme Fondaminskis, der Familie Kjanshunzew, der Verwandten und Freunde, das Wohlwollen Chodassewitschs, Weidles und anderer rührte Nabokov zutiefst, und er schrieb Vera darüber, gleichsam verwundert über die uneigennützige Güte dieser Menschen. Am großzügigsten und selbstlosesten waren Ilja Fondaminski und seine Frau Amalia Ossipowna. Als Natascha Nabokova-Schachowskaja nach Paris zurückkehrte, mußte sich Nabokov eine neue Bleibe suchen (die Vertreter der ersten russischen Emigrationswelle wie auch der beiden folgenden Wellen mieden nach Möglichkeit Hotelzimmer). Also nahm Nabokov das Angebot der Fondaminskis gern an und zog zu ihnen. Hier im Stadtviertel Passy wohnten fast in jeder Straße, ja fast in jedem Haus russische Familien (in der Rue Jaques Offenbach wohnte Bunin, und in der Rue Colonnel Bonnet die Mereshkowskis).

Bei den Fondaminskis wohnte auch ihr alter Freund Wladimir Sensinow; zuweilen quoll die Wohnung von Menschen über. Fondaminski hielt es für seine Pflicht, junge obdachlose Literaten zu unterstützen (für sie gründete er später den »Kreis«). Ihn bewegten religiöse Fragen (zusammen mit Fedotow gab er die Zeitung »Nowy grad« heraus), und die »Rechtgläubige Sache« der Mutter Maria war ihm auch nicht fremd. Nabokov beteiligte sich in der Regel nicht an den endlosen Disputen über die Seele, über Gott, über Rußland und über die Pflicht des »Ordens der Intelligenz«, die im Salon der Fondaminskis geführt wurden, aber Nachklänge dieser Streitgespräche sind in seinen späteren mit Edmund Wilson zu hören, auch in seinen Romanen, etwa in »Pnin«, wo vom »Abendtee in der Wohnung eines berühmten Emigranten, eines Sozialrevolutionärs« die Rede ist, von einer »jener zwanglosen Versammlungen, auf denen altmodische Terroristen, heldenhafte Nonnen, begabte Hedonisten, Liberale, abenteuerlustige junge Dichter, ältliche Romanciers und Künstler, Verleger und Publizisten, freisinnige Philosophen und Gelehrte eine ganz besondere Art von Ritterorden verkörperten, den aktiven und bedeutenden Kern einer exilierten Gesellschaft«.

In jenen Oktobertagen gab Nabokov in Paris seine ersten Interviews. Die Leser wollten mehr über den berühmten jungen Schriftsteller erfahren. Nabokov traf sich mit den Korrespondenten der Rigaer Zeitung »Tage« und mit Andrej Sedych, der für die Zeitung »Poslednije nowosti« schrieb. Sedych schilderte in seinem Bericht »einen jungen Mann sportlichen Typs, sehr nervös und ungestüm«: »Von Petersburg hat er die höflichen Manieren und die gewählte Sprache mit dem gutturalen R behalten; Cambridge drückte ihm einen sportlichen Stempel auf, und Berlin verpaßte ihm einen gediegenen und etwas sackartigen Anzug ... Sirin hat ein längliches, hageres, rassiges Gesicht, eine hohe Stirn. Er spricht schnell und hingebungsvoll. Aber eine gewisse Keuschheit hindert ihn, über sich selbst zu erzählen. Und das ist ja auch schwer ... das langweilige Berliner Leben, von dem er sich nicht trennen kann, nur weil er zu faul ist, sich in Bewegung zu setzen, und ist es nicht egal, wo man lebt?«

Dann folgt die Aufzeichnung des Gesprächs, aber es ist wohl eher eine Nacherzählung der Antworten Nabokovs:

»Komisch! Man spricht von einem Einfluß deutscher Schriftsteller auf mich, die ich gar nicht kenne. Ich kann überhaupt nicht gut Deutsch. Eher könnte man von einem französischen Einfluß sprechen. Ich mag Flaubert und Proust ...«

»Was für eine Technik wenden Sie bei Ihrer schriftstellerischen Arbeit an?«

»Die wesentliche Rolle beim Schreiben spielt meine Stimmung, alles, was vom reinen Verstand kommt, tritt an die zweite Stelle. Die Idee zu einem Roman kommt unverhofft, wird in einer Minute geboren ... Bleibt nur noch, die irgendwo in der Tiefe fixierte Platte zu entwickeln. Es ist schon alles da, alle Grundelemente; ich muß den Roman nur noch niederschreiben, die schwere technische Arbeit machen ... Manchmal schreibe ich eine Sache in einem Zug, täglich zwölf Stunden hintereinander, ich werde krank dabei und fühle mich sehr schlecht. Und manchmal muß ich umschreiben und überarbeiten – es gibt Erzählungen, an denen ich zwei Monate gearbeitet habe. Kleinigkeiten, Details der Bearbeitung beanspruchen viel Zeit: eine Landschaft, die Farbe der Straßenbahnen in dem Provinzstädtchen, in das es meinen Helden verschlagen hat ... Manchmal muß ich jedes Wort umschreiben. Nur auf diesem Gebiet bin ich geduldig und nicht faul.«

Endlich fand der Nabokov-Abend in Paris statt. Später wurden Lesungen für Nabokov zu einer Einnahmequelle, aber dieser erste Pariser Abend war ein besonderer. Der berühmte Sirin, über den so viel gesprochen wurde, trat zum erstenmal vor sein Pariser Publikum.

In seinem Zimmer, das an den Salon Fondaminskis grenzte, probierte Nabokov den Smoking seines Freundes Saba an und stellte zu seinem Entsetzen fest, daß die Ärmel zu kurz waren und nicht die Hemdmanschetten verdeckten. Amalia Ossipowna befestigte rasch Gummibänder an den Ärmeln des Seidenhemdes, und Sensinow holte seine Hosenträger (Sabas Hosen waren dem dünnen Nabokov zu weit). Dann war der Held des Abends bereit, und Fondaminski rief ein Taxi (in dem ärmeren Paris ging schon die Legende um, daß Nabokov, wie der junge Held der »Mutprobe«, überall mit dem Taxi vorfuhr).

Der Saal des Musée social in der Rue de Las Cases war brechend voll. So etwas hatte es hier wohl noch nicht gegeben. Nabokov zog einen Stoß Blätter aus der von Rudnew geliehenen neuen Aktentasche und begann zu lesen. Er las gut, wie ein Schauspieler (doch auf der Bühne oder vor der Kamera ein freies Gespräch zu führen lernte er bis ins Alter nicht). Die Akustik war sehr gut, der Saal hörte ihm mit angehaltenem Atem zu. Zuerst las er ein paar Gedichte, dann die kleine Erzählung »Musik«. Nach der Pause kam das Schwerste und Interessanteste. Er las dreißig Seiten aus »Verzweiflung«. Der Saal, dieses gutmütige, fauchende, erregte Ungeheuer (wie er Vera erzählte), war gehorsam und still, erkannte wohl, daß es einer solchen Lesung noch nicht gewachsen war. So erinnert sich der Arzt und Schriftsteller Wassili Janowski, damals Mitarbeiter der Nabokov feindlich gesinnten Zeitung »Tschisla«, ein Montparnasse-Mann aus dem Kreis um Adamowitsch, an die Lesung: »Ich ging mit einer ablehnenden Einstellung hin: Sirin hatte in ›Rul‹ platte Rezensionen veröffentlicht und mein ›Mir‹ beschimpft.

In dem überfüllten Saal überwogen eifersüchtige, neidische und rachsüchtige Zuhörer. Die Alten – Bunin und andere – konnten Sirin nicht seine Brillanz und seinen ›leichten‹ Erfolg verzeihen. Die Jüngeren meinten, daß er zu ›viel‹ schreibe.

Für mich hatte der Anblick des mageren Jünglings mit der eingefallenen (so schien es) Brust und der schweren Boxernase, der mit gutturalem R den fremden, ihm feindselig gesinnten Menschen beseelt und überzeugend vom Geheimsten erzählte, für mich hatte das alles etwas Feierliches, Sieghaftes, Heldenhaftes. Ich begann mich willig auf seine Seite zu schlagen.

Ein sportlicher, schwarz gekleideter, blasser junger Mann, der sich bemühte, die blinde Masse umzustimmen, und offensichtlich Erfolg hatte! Einer gegen alle, und er siegte. Darin war etwas Bestechendes, und ich wünschte ihm von Herzen Erfolg ...«

Es war ein erfolgreicher Abend. Fondaminski konnte schon vor Beginn der Lesung Nabokov die für einen Literaten phantastische Summe von dreitausend Francs aushändigen. Da der Saal 160 Personen faßte, eine Karte aber nicht mehr als zehn Francs kostete, kann man sich vorstellen, auf welche Weise die Karten verkauft worden waren. Der unermüdliche Fondaminski fuhr zu einem reichen jüdischen Pelzhändler oder Juwelier, fächerte etliche Karten auf und erklärte, man müsse

Vladimir Nabokov, 1972

Vladimir Nabokov in Zermatt, 1963

Vladimir Nabokov in seiner Suite im Montreux Palace Hotel, 1964

Vladimir Nabokov vor dem Montreux Palace Hotel, 1967

Vera und Vladimir Nabokov, im Hintergrund das Montreux Palace Hotel, 1967

Vladimir Nabokov in der Umgebung von Montreux, 1970

Vladimir Nabokov in seiner Suite im Montreux Palace Hotel, 1971

Vladimir Nabokov auf dem Balkon seiner Suite im Montreux Palace Hotel, 1971

einem jungen Genie helfen – dem Sohn des edelmütigen, von Banditen erschossenen W.D. Nabokow (wer kannte ihn nicht – Kischinjow, der Kiewer Prozeß, die Schüsse in der Berliner Philharmonie, die diesen heiligen Mann getötet hatten!). Der Pelzhändler (oder Juwelier) klagte, daß er überhaupt keine Zeit mehr zum Lesen habe; früher, in Rußland, als Student, da habe er viel gelesen, aber Gott der gerechte, wer hat in Rußland nicht gelesen? Er kaufte drei Karten – für sich, seine Frau und den Schüler Sjoma. Sjoma ging zu der Lesung; auch das Stubenmädchen, eine ehemalige Smolny-Studentin, und ihr Freund, ein Chauffeur, der früher Oberst war. Der Pelzhändler hatte unauffällig ein paar Scheine auf den Tisch gelegt – da haben Sie dreihundert Francs. Und der strahlende Fondaminski (ein uneingennütziger Mensch, für sich brauchte er nichts, nur für Rußland, für Gott, obwohl ihm Christus sympathischer war als die anderen beiden der Dreieinigkeit) steckte das Geld in die Tasche und fuhr weiter, sein heiliges Emigrantenwerk zur Rettung der Literatur zu verrichten.

Nach der Lesung gingen einige Schriftsteller mit Nabokov in ein Café, wo der Urheber der Feierlichkeit eine kleine Rede hielt. Und dann gab es viele, viele Gespräche – über Rußland, über Kultur, über Politik ... Das goldene Zeitalter der Pariser Emigration trat in sein letztes Jahrzehnt ein – noch ein paar Jahre, und die progressive Berberova würde sich für die eherne Mannhaftigkeit der nordischen Eroberer begeistern, Fondaminski und Mutter Maria und Mischa Gorlin würden in einem nazistischen Krematorium enden, und viele von den Überlebenden würden nicht mehr den totalitären Bolschewismus verfluchen, sie würden den siegreichen russischen Vormarsch und den Heerführer Stalin rühmen ... Vorerst sprach man am Tisch über Lew Tolstoi, den nicht nur Nabokov verehrte, sondern auch alle übrigen.

Während dieser Reise gewann Nabokov neue Freunde. Er lernte in Paris Bertrand Thompson, Alexander Kaun, seinen Französisch-Übersetzer Denis Roche, den begabten Dichter Jules Supervielle, den Dramatiker und Philosophen Gabriel Marcel und den berühmten Jean Paulhan von »Nouvelle Revue Française« kennen, und er besuchte zwei französische

Verlage, die seine Bücher druckten. Dennoch wäre es voreilig gewesen, zu große Hoffnungen auf französische Verleger zu setzen. Entweder lasen die Franzosen schon damals weniger, oder es störte sie doch, daß er ein Emigrant aus Rußland war, ein »weißer« Emigrant, waren doch alle Hoffnungen der fortschrittlichen westlichen Intelligenz damals auf die »neue Welt« gerichtet und nicht auf die »Weißgardisten«. Aus der »neuen Welt« kam zu ihnen ein »neues Wort«, eine »neue Wahrheit«, und natürlich war der bekannte sowjetische Ehrenburg für die Franzosen viel interessanter als der nicht bekannte und nicht sowjetische Nabokov. Im Herbst 1932 durchschaute Nabokov das alles noch nicht und war voll freudiger Hoffnungen. Er lernte die Übersetzerin Doussia Ergaz kennen. Sie hatte zahlreiche Verbindungen zur französischen Verlagswelt, und sie war gern bereit, nicht nur seine Übersetzerin zu werden, sondern auch seine literarische Agentin (letzten Endes war sie es, die ihm zu Ruhm und Geld verhalf, wenn es auch noch ein bißchen dauerte, etwas mehr als ein Vierteljahrhundert).

Nabokov hatte in Paris noch eine wichtige Sache zu klären. Er sondierte die Möglichkeiten, mit Vera nach Paris zu übersiedeln, denn in Berlin wurde das Leben immer schwerer. Die Übersiedlung schien keine Schwierigkeiten zu machen, aber Aussicht auf Arbeit, auf ein Einkommen, das es ermöglichte, eine Wohnung zu mieten, bestand nicht. Vera entschied schließlich, daß es nicht lohnte, die ärmliche Berliner Gewißheit gegen die schreckliche Pariser Ungewißheit und Arbeitslosigkeit zu tauschen. Obwohl es in Berlin mit jedem Tag schlimmer wurde, siegte auch dieses Mal ihrer beider Optimismus, ihre Hoffnung auf die Zukunft (das russische »vielleicht«). Veras Cousine Anna wollte um keinen Preis wegziehen, und mit ihr in einer Wohnung zu leben war so bequem und billig. Anna hatte die Rolle der Familienältesten übernommen und war stets bereit zu helfen …

Nabokov beunruhigte Prag, die immer ärger werdende Armut seiner Mutter. Kirill träumte davon, Dichter zu werden, so daß er keine große Hilfe war. Sergey hatte sich seit langem von der Familie abgenabelt. Und er selbst, der Erstgeborene, war zwar ein Genie, konnte aber kaum sich und seine Frau durchbringen. Nur Elena war (nach den Erinnerungen des Pragers Rajewski) der Mutter eine große Hilfe und scheute keine Arbeit.

Die aus Kolbsheim heimgekehrte Fürstin Schachowskaja erzählte ihrer Tochter Sinaida Schachowskaja (verheiratete Malewskaja-Malewitsch) von ihrer neuen interessanten Bekanntschaft, und bald erhielt Nabokov über Sinaida Schachowkaja das Angebot, in Brüssel und Antwerpen auf Einladung des »Klubs russischer Juden« zu lesen. Diese Lesungen versprachen Geldeinnahmen, aber für die kurze Reise nach Brüssel brauchte Nabokov ein Visum, und er hatte nur den nach seinen Worten demütigenden und wie zur »Belustigung der Sowjets« ersonnenen Nansenpaß. Er schrieb der Fürstin Schachowskaja einen Brief mit der Bitte, sich um ein belgisches Visum für ihn zu bemühen. Die Bemühungen um ein notwendiges Visum, das ist die in seiner Autobiographie geschilderte Situation, wenn sich die geisterhafte Umwelt des Gastlandes plötzlich verhärtet und eine bürokratische Mauer den Emigranten fest umschließt. Im Pariser »Handbuch des Emigranten für 1931« stand geschrieben, daß Besitzer eines Nansenpasses nur dann mit einem Visum rechnen könnten, wenn ihr Gesuch »durch Einheimische unterstützt wird, die eine angesehene Stellung innehaben oder materiell abgesichert sind … In den meisten Fällen werden die Gesuche abgelehnt«. In vielen seiner Werke, von »Maschenka« bis zu »Erinnerung, sprich« und »Pnin«, schrieb Nabokov voller Entsetzen über Gänge zu Behörden und zur Polizei. Einige Jahre nach seinem ersten Auftritt in Brüssel wollte er wieder nach Belgien fahren, um Geld zu verdienen, und er schrieb an Sinaida Schachowskaja, im voraus nervös und vor Wut zitternd: »Liebe Sina, ich habe am 9.1. 36 ein Visum für eine Woche beantragt, für literarische Angelegenheiten, aber man zweifelt dort, daß das Visum rechtzeitig erteilt wird. Ich habe einen jämmerlichen Nansenpaß Nr.65, ausgestellt in Berlin am 25. 3. 33 und gültig bis zum 23. 7. 36. Eine gelinde Panik kriecht mir über den Rücken: Was mache ich, wenn es bis zum 22. oder 21. nicht klappt? Sina, helfen Sie!« Aber es mußten

Einheimische helfen, »die eine angesehene Stellung innehaben«, und nicht Staatenlose. Sinaida Schachowskaja (die heute in Paris nahe der Avenue des Ternes wohnt und genau so gutherzig ist wie vor einem halben Jahrhundert) erzählte mir, daß sie sich um Hilfe an einen Freund wenden mußte, der Abgeordneter der Sozialisten und Präsident des belgischen PEN-Clubs war, damit Nabokov das Visum rechtzeitig erhielt.

Bei seiner ersten Belgienreise trat Nabokov in Antwerpen und in Brüssel auf. Er lernte Sinaida Schachowskaja und ihren Mann persönlich kennen, außerdem etliche belgische Schriftsteller, darunter Hellens und Firens. Er wohnte bei Sinaida Schachowskaja, und ihre Familie entwickelte Sympathie für den begabten und gebildeten Schriftsteller, für den fröhlichen und reizenden Menschen (alle Epitheta stammen von Sinaida Schachowskaja). Sie halfen Nabokov, so gut sie konnten, und ihre Freundschaft dauerte bis 1940.

Wieder in Berlin, gab Nabokov Vera den korrigierten Text von »Verzweiflung« zum Abschreiben. Nun konnte er sich einem anderen, ihm sehr wichtigen Buch zuwenden, das er schon begonnen hatte. In dem Gefühl, daß es vielleicht sein bestes Werk werden würde, ließ er sich damit Zeit. Er hatte einen großen Roman vor Augen, in dem er all das auszudrücken suchte, was für ihn in der Literatur und im Leben das Wichtigste war. Natürlich hatte er auch früher hauptsächlich über das künstlerische Schaffen geschrieben, aber jetzt wollte er ein Buch über einen Schriftsteller schreiben: über das literarische Schaffen. Er wußte schon, daß darin seine nicht nachlassende Liebe zu seinem Vater, zur lebendigen Stimme des Vaters ihren Ausdruck finden würde – es würde eine Auferweckung seines Vaters werden wie noch in keinem Buch zuvor. Natürlich würde seine Kindheit darin vorkommen, seine Schmetterlinge ... Um von dem Schriftsteller-Helden Abstand zu gewinnen, machte er ihn zu einem Schriftsteller über historische Themen. Was für ein Buch würde sein Held schreiben? Am ehesten eine Biographie – die Biographie kam damals in Europa wieder in Mode: Bei den Franzosen erschien Maurois, in den »Sowremennyje sapiski« wurde Chodassewitschs großartiges Werk »Dershawin« abgedruckt. Die Zeitungen gaben Nabokov das Sujet ein. In Rußland waren gerade die Tschernyschewski-Feierlichkeiten vorüber, und die sowjetische Presse hatte selbstbewußt mitgeteilt, daß dieser berühmte Autor, dessen Roman Lenin »umgekrempelt« und zur Revolution gebracht habe, der wahre Klassiker der russischen Prosa und der Künder des sozialistischen Realismus sei. Vielleicht sollte Nabokovs Held ein Buch über Tschernyschewski schreiben? Das Gefühl für Parodie ertastete seinen Gegenstand. Den Vater des Helden gedachte Nabokov erst als Politiker, Juristen, Journalisten darzustellen, doch im Laufe der Arbeit verwandelte sich der Vater nach und nach in einen Reisenden, einen Naturforscher, Zoologen, Entomologen … Er ging auf die Expeditionen, die Nabokov selbst unternommen hätte, wäre nicht die Revolution gekommen.

Nabokov begann mit dem Buch im Buch, mit dem Buch über Tschernyschewski, das sein Held schrieb. So fiel ihm der Anfang leichter. Später, beim Schreiben des »Fahlen Feuers« und bei »Ada«, ging er ebenfalls so vor.

Im Dezember erkrankte Nabokov. Er hatte eine Neuralgie und mußte den ganzen Winter das Bett hüten. Der Stapel Bücher neben seinem Bett wuchs stetig. Eine Freundin Veras versorgte ihn mit Arbeiten über Tschernyschewski. Der ewige Student Georgi Hessen brachte ihm aus der Universitätsbibliothek Bücher über die Reisen Prshewalskis und Miklucho-Maklais.

In diesem Winter wurde Hitler Reichskanzler. Die russischen Faschisten lebten auf. Nabokov war für sie kein richtiger Russe, weil er kein Antisemit war. Im Frühling begann man jüdische Läden zu demolieren. Dann wurde den jüdischen Läden, die noch geöffnet waren, der Boykott erklärt, und an der Tür wurden SA-Männer postiert. Nabokov ging mit René Cannac durch die Straßen und betrat jeden jüdischen Laden. Er rief Georgi Hessen an und trieb gefährliche Späße: »Wann trifft sich heute unsere kommunistische Parteigruppe?«

Dann wurden auf den Straßen Bücher verbrannt. Als Vera von der Arbeit nach Hause ging, sah sie in der Dämmerung auf den Berliner Straßen Scheiterhaufen lodern. Patriotisch gestimmte Bürger standen dabei und sangen begeistert von der wunderschönen Heimat, von dem großen Freund und Führer ... Die Rechtsanwaltskanzlei, in der Vera arbeitete, wurde geschlossen, und sie mußte sich eine neue Arbeit suchen.

Es war Zeit, Deutschland zu verlassen. Ein französischer Verleger wollte nach Lewinsons begeisterter Rezension in »Nouvelle literaire« »Lushins Verteidigung« drucken, aber Monate vergingen, und nichts tat sich. In England versuchte Gleb Struve vergebens, Nabokovs Bücher übersetzen zu lassen. Die Emigranten und Humanisten wurden für die fortschrittliche Menschheit immer uninteressanter. Als fortschrittlich galten entweder die Faschisten oder die Kommunisten. Und manche Leute (nehmen wir den Spötter Bernard Shaw) hielten die einen wie die anderen für fortschrittlich. Die Welt stürmte auf den Wegen des Fortschritts voran ...

Nabokov saß zu Hause und arbeitete an seinem Hauptwerk. Im Hochsommer schrieb er am kiefernbestandenen Ufer des Grunewaldsees die Erzählung »Der neue Nachbar«. Ihre Helden sind zwei Brüder, zwei Unmenschen, die gleiche Hinterteile haben und sich im Leben sicher und stark fühlen; sie haben »die Liste Nummer soundso« gewählt und glauben: »Die Welt wird verschwitzt und satt sein. Nichtstuern, Parasiten und Musikanten ist der Zutritt verboten ...« Später, im Vorwort zur amerikanischen Ausgabe dieser Erzählung, erinnerte sich Nabokov: »Der häßliche und unheilvolle Schatten Hitlers überzog schon Deutschland, als meine Phantasie mir diese beiden Unmenschen eingab ...«

Die Macht der Unmenschen überzog Deutschland, und für einen normalen Menschen mit einem zerbrechlichen Rückgrat wurde es immer schrecklicher. Vielleicht war es schon schrecklich, so etwas zu schreiben. Jedenfalls schrieb Nabokov nach dieser schrecklichen Erzählung die Erzählungen »Dem Andenken L.I. Schigajews« und »Die Mitteilung«, Erzählungen über menschliche Güte, über Intelligenz, über die Feinfühligkeit, Erzählungen, aus denen tiefes Mitgefühl mit der Menschheit sprach.

Das Jahr 1933 bescherte der russischen Emigration ein

großes Ereignis – die Verleihung des Nobelpreises an Iwan Bunin. Es war die erste literarische Auszeichnung von Weltgeltung für einen Russen. Gerechtigkeit und hohe Kunst triumphierten, obwohl vielleicht nicht ohne Einmischung »russischer Nobels« (siehe Tagebuch von Vera Bunina) und anderer einflußreicher vermögender Leute, die aus Rußland diese scheue Ehrfurcht vor der russischen Literatur und ihrem Meister mitgebracht hatten. Im übrigen schmälert die Tatsache, daß »Würden von Menschen vergeben werden«, nicht im geringsten die literarische Großtat Bunins.

Das Ereignis löste bei den Emigranten eine Welle von Feierlichkeiten aus. Die arme, abgerissene literarische Jugend bereitete sich darauf vor, eine solche Großtat zu wiederholen, die von ihr noch größere Entbehrungen verlangte als von dem Hätschling der kulturellen Emigration, dem allseits anerkannten Bunin. Von all diesen jungen Männern und Damen (nach Meinung der Berberova und vieler anderer) gab es nur einen, der die Hoffnungen der Emigration rechtfertigte und ihr einen Sinn gab: Er saß am vorletzten Tag des Jahres in Berlin beim feierlichen Bankett zu Bunins Ehren neben dem Preisträger. Auf Bildern ist hinter ihm Vera zu sehen. Sie war im fünften Monat schwanger, und Nabokov war stolz, daß es niemand bemerkte (westliche Biographen konstatierten später mit Verwunderung, daß die russische Frau ihren glücklich gerundeten Bauch verbarg, statt ihn stolz herauszustrecken). Das Bankett war improvisiert. Es sollte einfach ein Bunin-Abend sein, ohne Bunin. Die einführenden Worte sollte einer der angesehensten Vertreter der Berliner Emigration sprechen – Iossif Hessen, und über die Prosa Bunins sollte der russische Philosoph und Kritiker Fjodor Stepun reden (in dessen Adern noch mehr deutsches Blut floß als in Nabokovs Adern). Bunins Gedichte sollte Nabokov-Sirin würdigen. Die Patrioten gerieten in Aufruhr. Der reiche N. Paramonow (er besaß Garagen und einen Buchverlag) erklärte, er werde nicht dulden, daß sich »ein Jude und ein Halbjude« über die russische Literatur äußern. Was vor elf Jahren im Saal der Berliner Philharmonie geschehen war, konnte sich im Schubertsaal wiederholen. Die russischen Nationalpatrioten berauschten sich am

Sieg der deutschen Nationalpatrioten, die sich auch noch Sozialisten nannten, um mehr Wähler für sich zu gewinnen. Der Jude Hessen und der »Halbjude« Nabokov beschlossen, ihre Reden trotzdem zu halten. Aber dann machte der Nobelpreisträger auf der Rückreise von Stockholm unverhofft in Berlin Station, und Nabokov konnte in seiner Anwesenheit über die Gedichte sprechen, die einst im Getöse des Symbolismus unterschätzt worden waren, die aber alle »Schulen« überleben würden.

An einem dieser Tage aßen Bunin und Nabokov in einem kleinen gemütlichen deutschen Restaurant zu Mittag, und über ihrem Tisch hing die Nazifahne. Dann trat der Preisträger die Rückreise durch das friedliche Deutschland an, das sich bereits nicht ohne Wonne einer der beiden wesentlichen Spielarten des Totalitarismus unserer Epoche hingab. An der Grenze hielten Gestapoleute den Nobelpreisträger fest und durchsuchten ihn nach »geschmuggelten Brillanten«. Sie zwangen ihn, sich auszuziehen, Rizinusöl zu trinken und sich in einen Eimer zu entleeren. Bunin schäumte vor Wut. Bis ans Ende seiner Tage erzählte er Freunden diese Geschichte. Übrigens wurde sie mit jedem Mal lustiger. Nabokov war auch der Meinung, daß man Tyrannen nur mit Lachen besiegen kann. Beide irrten sich. Der Totalitarismus gewann immer mehr an Kraft, und das Lachen verstummte für lange. Später, nach Hitlers Fall, verehrte die zu Tode erschreckte Welt genauso maßlos und humorlos den neuen Tyrannen.

Die Arbeit an der »Gabe« ging nicht so kontinuierlich voran wie die an den beiden vorigen Romanen. Nabokov hatte mit der Biographie Tschernyschewskis angefangen, schweifte dann zu den Reisen des Vaters seines Helden ab oder erzählte von der Schwester des Helden, von der glücklichen Kindheit der Geschwister, vom Sohn des Landlehrers, der in die Schwester verliebt war und sie viele Jahre später in Paris besuchte.

Von der bevorstehenden glücklichen Veränderung im Leben des fünfunddreißigjährigen Nabokov wußten nur seine nächsten Berliner Freunde und Angehörigen, vor allem Georgi Hessen und Anna. Am 10. Mai 1934 konnte der glückliche Vater die Geburt seines Sohnes bekanntgeben. Der Junge wurde in einer Privatklinik geboren und bekam den Namen Dmitri, zu Ehren seines Großvaters. Als Nabokov später dieses Ereignis in seinem autobiographischen Buch beschrieb, war es eine seiner offenherzigsten Liebeserklärungen:

»Um fünf Uhr früh war ich auf dem Nachhauseweg von der Entbindungsklinik in der Nähe des Bayerischen Platzes, in die ich Dich ein paar Stunden vorher gebracht hatte. Frühlingsblumen schmückten die Portraits von Hindenburg und Hitler im Schaufenster eines Ladens, in dem Bilderrahmen und kolorierte Photographien verkauft wurden ... Das klare Morgenlicht hatte die eine Seite der leeren Straße völlig entblößt, auf der anderen Seite sahen die Häuser noch blau aus vor Kälte ... Immer wenn ich beginne, an meine Liebe zu einem Menschen zu denken, habe ich die Gewohnheit, von dieser Liebe aus – von meinem Herzen aus, vom zarten Kern privater Materie aus – Radien zu ungeheuerlich entfernten Punkten des Weltalls zu ziehen ... Wenn jene lautlose Zeitlupenexplosion der Liebe in mir stattfindet, ihre zart zerfließenden Ränder entfaltet und mich mit dem Gefühl von etwas viel Weiterem, viel Dauerhafterem und Mächtigerem überwältigt, als es die Anhäufung von Materie und Energie in irgendeinem denkbaren Kosmos sein kann, dann kann mein Geist nichts anderes tun, als sich zu kneifen, um zu sehen, ob er auch wirklich wach ist ... Der ganze Weltraum, die ganze Zeit muß an meinem Gefühl teilhaben, an meiner sterblichen Liebe, so daß ihrer Vergänglichkeit die Spitze genommen wird und ich eher imstande bin, gegen die tiefe Erniedrigung, gegen die Lächerlichkeit und Entsetzlichkeit der Einsicht anzukämpfen, in einem endlichen Leben eine Unendlichkeit an Fühlen und Denken hervorgebracht zu haben.«

Es war ein berauschender Frühling, in dem sogar Berlin

verführerisch wirkte, und der junge Vater war, gleich einem Hund, trunken von allen möglichen Gerüchen. Genauso beschrieb er seine Frühlingsfreude in einem Brief an Chodassewitsch und fügte hinzu, daß er an einem ungeheuer schwierigen Roman arbeite, dessen Held eine Biographie Tschernyschewskis schreibe, der weniger Talent, aber mehr Mut als viele gehabt habe. Im weiteren erzählte Nabokov, daß er Berge von Büchern durchwühle und rührende Einzelheiten über seinen Helden herausfische, den Tolstoi »den Herrn, der nach Wanzen stinkt« genannt habe ...

Ein paar Tage nach Dmitris Geburt teilte der Literaturagent Nabokov mit, daß es ihm gelungen sei, einen berühmten englischen Verleger für die Bücher »Verzweiflung« und »Camera obscura« (»Gelächter im Dunkel«) zu interessieren. Nun mußten die Romane ins Englische übersetzt werden. Wer würde sie übersetzten, und vor allem – wie? Unwillkürlich kam ihm der verwegene Gedanke, vielleicht selbst einen Roman auf englisch zu schreiben. Nein, nicht jetzt: jetzt war er völlig in Anspruch genommen von seinem russischen Roman, von dem er sich nicht losreißen konnte. Doch plötzlich riß er sich los – es gab ein neues, sehr wichtiges Ereignis ...

Ich denke, man kann »die Daten des Lebens und die Daten des Schaffens« nicht voneinander trennen: Die Liste seiner Werke ist zugleich eine Aufzählung der wesentlichen Ereignisse im Leben des Schriftstellers. So war das außergewöhnliche Ereignis auf dem Höhepunkt seiner Arbeit am Hauptroman eben noch ein Roman. Ein Roman, der sich aufdrängte, geschrieben zu werden, und sich auch noch als großes Ereignis im Leben des Schriftstellers erwies. Manche Nabokov-Forscher (zum Beispiel Viktor Jerofejew) halten diesen verblüffenden Roman für das Hauptwerk Nabokovs, zumindest für sein bestes Buch. Der Roman heißt »Einladung zur Enthauptung«. Nabokov schrieb die erste Variante in zwei Wochen rauschhafter Arbeit, von Ende Juni bis Mitte Juli. Dann begann die Nacharbeit, und er ließ sich mitunter ablenken, las wieder über Tschernyschewski nach und schrieb zwischendurch die wunderbare Erzählung »Schönheit«. Doch vorerst, von Ende Juni bis Mitte Juli, befand er sich in einem schöpferischen Rausch, so daß er sogar dem hochverehrten Chodassewitsch bezüglich einer Zeitungspolemik, in der es um die Nöte der Emigranten ging, etwas von oben herab antwortete. Er schrieb dem älteren Freund, ein Schriftsteller dürfe seine Zeit nicht für Emigrantenideologie vergeuden. Der Platz eines Schriftstellers sei unter Deck, bei der Feuerung, wie der eines Heizers, der nicht sieht, wohin das Schiff läuft. Die berauschende, unschuldige und unsinnige Arbeit eines Schriftstellers bedürfe keiner Rechtfertigung, denn schon die Merkwürdigkeit seiner Existenz (und ihre Einsamkeit und die Unbequemlichkeiten) berge ihre eigenen Freuden in sich. Darum verabscheue er all diese Gespräche (die so alt seien wie die Welt) über das Neue »unserer Epoche«, über das »Beängstigende« der Zeiten, über »die religiöse Wiedergeburt«. Die letzte Zeile seines Briefes erklärte alles, auch, warum er zur Zeit keine Zeitung las: »Ich schreibe einen Roman«.

Der August brachte ihm Verdrießlichkeiten. Er bekam eine Halsentzündung. Aus London wurde ihm die englische Übersetzung von »Gelächter im Dunkel« geschickt, sie war furchtbar. Zu allem übrigen beschäftigte sich Vera, nach der Entbindung noch geschwächt, ausschließlich mit dem Kind, und er konnte niemandem diktieren, auch nicht im September, als er mit der Korrektur der Rohfassung des neuen Romans fertig war.

Nun beantwortete er Briefe, die lange liegengeblieben waren, unter anderem einen Brief von Sinaida Schachowskaja, in deren Archiv ich diese Antwort Nabokovs fand.

»Liebe Sina!
Ich bin sehr gerührt, daß Sie mir Ihre Arbeiten geschickt haben. Vieles hat mir sehr gefallen ... Aber allgemein gesprochen, und das bezieht sich nicht direkt auf den Artikel oder Ihre schönen Gedichte ... Sina, Sina, ich fürchte doch, daß Sie auf dem falschen Weg sind, daß Sie sich nicht darüber im klaren sind, daß das Schreiben von Prosa oder Lyrik überhaupt nichts zu tun hat mit guten menschlichen Gefühlen oder

mit Turbinen oder mit Religion oder mit ›geistigen Ansprüchen‹ und mit ›Zeitbezogenheit‹. Seien wir vor allem Schriftsteller, Sina! Ich versichere Ihnen, daß nur eins wichtig ist: die Kunst, verzeihen Sie das Wort. Ich denke, alles übrige ergibt sich von selbst, und wenn nicht …

O Publizistik, o Schulmeisterei! Haben Sie das miese kleine Dobroljubowtum und das Salbungsvolle unserer Emigrantenkritik bemerkt? Das ist natürlich nur ein kläglicher Anachronismus in bezug auf das wilde frohlockende Spießertum (oder ›den wissenschaftlichen Marxismus‹), zu dem in Rußland (noch zu Zeiten des unbegabten Belinski) das Denken verkommen ist. Und ebenso wie mir die gesamte sowjetische Belletristik (Leonow und der primitive Alexej Tolstoi) mit ihrer regierungstreuen Füllung zuwider ist, kann ich keinen Franzosen lesen, in dem auch nur ein Tropfen Katholizismus ist …

Unser Sohn ist zauberhaft … ich habe gerade einen neuen Roman beendet: ›Einladung zur Enthauptung‹ …«

***

Anna Feigina ging in die Redaktion der »Sowremennyje sapiski« zu Rudnew und erzählte ihm von den materiellen Schwierigkeiten Nabokovs. Rudnew war darauf erpicht, die »Biographie Tschernyschewskis« zu drucken. Zum Glück zeigte ihm Nabokov nicht das abgeschlossene Kapitel, sondern bat nur um einen Vorschuß auf das künftige Werk. Im November hatte er Vera die »Einladung zur Enthauptung« zu Ende diktiert und spürte, daß er noch Änderungen vornehmen mußte. Erst 1935 war der Roman endgültig fertig zum Druck.

***

Wenn der Leser »Einladung zur Enthauptung« aufschlägt, wird er sich unwillkürlich an Kafkas Werke erinnert fühlen. Nabokov bestreitet allerdings jedwede Verwandtschaft mit dem von ihm hochgeschätzten Kafka. Und Brian Boyd betont, daß wir keinen Grund haben, ihm nicht zu glauben, denn Nabokov konnte nur sehr schlecht Deutsch. Aber die russischen Literaten (die Nabokov seit 1936 mit Fragen nach Kafka peinigten und überhaupt nicht des Deutschen mächtig waren) entgegneten, daß es schon Übersetzungen gab. Doch das Wesentliche sind hier natürlich nicht die Einflüsse. Schließlich und endlich bleibt »Einladung zur Enthauptung« ein originelles Werk, auch wenn es uns an Kafka erinnert. Die Nähe dieser beiden Schriftsteller ist zweifellos interessant. Als Nabokov später, in Amerika, vor Studenten eine Vorlesung über Kafkas Erzählung »Die Verwandlung« hielt, bezeichnete er Kafka als den größten deutschen Schriftsteller unserer Zeit. »Die Schönheit der eigenen individuellen Alpträume Kafkas und Gogols«, sagte Nabokov, »besteht darin, daß ihre menschlichen Hauptcharaktere derselben individuellen Phantasiewelt angehören wie die sie umgebenden unmenschlichen Wesen, aber die Haupthelden versuchen, aus dieser Welt auszubrechen, die Maske, den Panzer oder den Mantel abzuwerfen ...

Der absurde Hauptheld Gogols und Kafkas gehört der ihn umgebenden Welt des Absurden an, versucht aber auf tragische und rührende Weise, in die menschliche Welt auszubrechen – und stirbt vor Verzweiflung ... Kafka ist vor allem Künstler, und obwohl man sagen kann, daß jeder Künstler in gewisser Weise etwas Heiliges hat (ich selbst spüre etwas Derartiges sehr deutlich), sind doch in seinem Genie keine Anzeichen einer bestimmten Religion zu erkennen.« Im weiteren sprach Nabokov von dem Einfluß, den Flaubert auf Kafka (wie auch auf ihn selbst) ausgeübt hat.

Es gibt noch andere literarische Verwandte Nabokovs, die wenigstens erwähnt werden sollen. Zum Beispiel Lewis Carroll. Nabokov sagte einmal, daß man in »Alice« durch humoristische Gegenüberstellung hinter der Vision eine durchaus dauerhafte und ziemlich sentimentale Welt entdecken könne. Über »Alice« sprach auch der Autor des Vorworts zu »Einladung zur Enthauptung«, der amerikanische Nabokov-Forscher Julian Moynahan, der ein vernünftiges Urteil über Einflüsse allgemein abgab: »Als junger Mann begann Nabokov seine literarische Tätigkeit mit einer Übersetzung ins Russische ... ›Alice‹ von Lewis Carroll, und Nabokovs Werke mit ihren Spiegelreflexionen, den aufgeweichten Perspektiven und den erstaunlichen Metamorphosen weisen vom ersten bis zum letzten eine

Ähnlichkeit mit den Werken dieses originellen englischen Mathematikers und Erzählers auf. Übrigens ist Nabokov mit dem Phantastischen allein noch nicht charakterisiert, und jeder Versuch, ihn irgendeiner literarischen Tradition zuzuordnen, erweist sich als schwierige, bis jetzt nicht endgültig gelöste Aufgabe.« Darauf wollen wir uns einigen, lieber Leser, wenn wir uns Nabokovs neuem Roman zuwenden.

Sein Sujet ist so einfach wie kompliziert. Dem Häftling Cincinnatus C. wurde, »wie das Gesetz es vorschrieb … das Todesurteil im Flüsterton mitgeteilt. Alle erhoben sich und lächelten einander zu«.

Cincinnatus hat sich der Undurchsichtigkeit schuldig gemacht, folglich der Unähnlichkeit mit den übrigen, völlig durchsichtigen, gleichartigen, optimistischen Bürgern eines totalitären Phantasiestaates der Zukunft, in dem kein Aufschwung herrscht, sondern der Verfall alles dessen, was man gewöhnlich mit der Kultur und dem Fortschritt der Zivilisationen verbindet, die Arbeit ist geradezu absurd unproduktiv und die Zusammenarbeit mit dem Regime funktioniert total. Menschen wie Cincinnatus kommen in dieser Gesellschaft immer seltener vor und gehen zugrunde. Sein Vater war sicherlich auch so ein Mensch. Cincinnatus sehnt sich nach dem Paradies einer fernen anständigen Vergangenheit und soll für seinen »gnoseologischen Frevel« hingerichtet werden. Doch seinen Kerkermeistern reicht es nicht, einen Menschen einfach hinzurichten. Sie wollen ihn dahin bringen, an seiner eigenen Hinrichtung mitzuwirken. Seine Frau, seine Mutter und alle seine Angehörigen fordern ihn auf, seine Undurchsichtigkeit zu »bereuen«. Und die Zeitgenossen Nabokovs, die in seinem Roman eine Satire auf den totalitären Staat unseres Jahrhunderts sahen, erkannten auch sofort den uralten Wunsch der Henker, den Angeklagten in den Dreck zu treten, bevor sie ihn vernichteten, ihn zu zwingen, zu bereuen und sich selbst mit Schmutz zu bewerfen. Das erstrebten sie bei ihren Opfern in Berlin, in Peking, in Prag und in Leningrad.

Das war eine der Lesarten dieses berühmten Romans, die gleich nach seinem Erscheinen geäußert wurde. Seine soziale Lesart entdeckten etliche russische und ausländische Kritiker;

einer von ihnen war der Montparnasse-Schriftsteller Wladimir Warschawski, der in dem Artikel »Über die Prosa ›jüngerer‹ Exilschriftsteller« und später in dem Buch »Die unbemerkte Generation« über Nabokovs Roman schrieb. Mit Chodassewitsch polemisierend, erklärte Warschawski, daß das verzauberte Reich, das Cincinnatus umgibt, nicht der Phantasie des Helden entspringt, nicht sein Wahn ist, »sondern existierender Wahn ... ganz objektiv ...« In der Gesellschaft, in der das Individuum nur existiert, solange es irgendeine soziale Funktion erfüllt, ist derjenige ein »innnerer Emigrant«, der »sich weigert, die Generallinie anzuerkennen«, und »die gemeinsame Welt« nicht als einzige Realität akzeptiert. Auf die scheinbar realistischen sowjetischen Romane jener Zeit eingehend (die eine »völlig fiktive Welt« schufen, bar jeder inneren Freiheit und Realität), zeigte Warschawski, daß es genauso eine Welt wie in »Einladung zur Enthauptung« ist, eine schreckliche Welt von Wesen, die nur bedingt leben und die sterben, ohne je die Freiheit gekannt zu haben. Der Sieg jeder Form von Totalitarismus ist, so folgert Warschawski, eine »Einladung zur Enthauptung all des Freien und Schöpferischen, was im Menschen ist, und Nabokovs Roman ist eine der ersten Warnungen davor ... So wurde in einer neuen assyrischen Zeit die jeder Politik fernstehende junge Exilliteratur gerade durch ihre Konzentration auf das innere Leben zur leidenschaftlichen Verteidigerin der Persönlichkeit gegen totale Kollektivierung und stand damit plötzlich im Zentrum des Kampfes, von dessen Ausgang die gesamte Zukunft der Menschheit abhängt.« Nabokov behandelte, so Warschawski, dieses Hauptthema der Exilliteratur mit größerer Kraft als irgendwer von den Schriftstellern des Montparnasse. Noch interessanter sind Warschowskis Überlegungen zu dem Individualismus des Cincinnatus. Warschawski ist der Auffassung, daß Cincinnatus' Selbstbehauptung »nichts gemein hat mit egoistischer Selbstsucht, und sosehr Nabokov auch seinen Atheismus beteuert, die Selbstbehauptung des Cincinnatus erwächst aus dem ewigen Streben der Seele nach mystischer Vereinigung mit dem ersehnten absoluten Sein, also mit der göttlichen Liebe. Das muß zur Liebe zu den Menschen führen ...«

Cincinnatus leidet unter der Einsamkeit, er sucht eine verwandte Seele und findet sie nicht, er ist umgeben von Lumpen und Verrätern, und sogar das Kind, der Sammelpunkt alles Schönen, geistig wie körperlich, lockt ihn in die Falle. »Aber Sie sind nicht ich, und das macht das irreparable Elend aus.« Diese Worte Cincinnatus' anführend, schreibt der Moskauer Kritiker Viktor Jerofejew, daß »in ›Einladung zur Enthauptung‹ echtes, nicht vom Stil gezügeltes Leid, wahrhafter Schmerz hervortreten«.

»Die gemeinsame Welt«, die sogenannte Realität erweist sich als nicht authentisch. Nabokov unterstreicht mehrfach ihren imaginären, wahnhaften, attrappenhaften Charakter (»Der Mond war bereits entfernt worden, und die dunklen Festungstürme gingen in die Wolken über ...«). In dieser imaginären Welt muß das »Ich« behauptet werden: »In diesem Prozeß ... erreiche ich den letzten unteilbaren, festen, strahlenden Punkt, und dieser Punkt sagt: Ich bin! wie ein im blutgierigen Fett eines Hais eingeschlossener Perlenring – O meine ewige, ewige ...« Diese Suche nach sich selbst beschäftigt den zum Tode Verurteilten immer mehr.

In dem Maße, wie sich die Handlung im Roman entwickelt (Cincinnatus bekommt einen Zellengenossen, M'sieur Pierre, der sich am Ende als der künftige Scharfrichter entpuppt, der Gefängnisdirektor läßt für Cincinnatus einen unterirdischen Tunnel graben, der in die Zelle zurückführt, usw.), wird die Realität als Wahn wahrgenommen und der Wahn als Realität. Das bemerkte schon einer der ersten russischen Kritiker des Romans, Pjotr Bizilli. Er spricht im Zusammenhang mit diesem Roman von der Wiedergeburt der Kunst der Allegorie, des Sinnbildes, und stellt eine Verbindung von Nabokov zu Saltykow-Stschedrin und Gogol her, besonders in der konsequenten und meisterhaften Bearbeitung des alten Themas – »das Leben wird im Schlaf geträumt«:

»›Das Leben wird im Schlaf geträumt‹. Der Schlaf gilt bekanntlich seit alters als leiblicher Bruder des Todes. Sirin geht in dieser Richtung bis zum Ende. Wenn es so ist, dann ist auch das Leben der Tod. Und nachdem Cincinnatus enthauptet wurde, trägt eine der drei Parzen, die am Schafott stehen, nicht ihn weg, sondern den ›winzigen Henker‹; Cincinnatus aber geht dorthin, wo, ›nach den Stimmen zu urteilen, ihm verwandte Wesen stehen‹, d.h. ›undurchdringliche‹, Leibnizsche Monaden, reine Seelen, Bewohner von Platos Ideenwelt … Jeder Mensch hat Momente«, fährt Bizilli fort, »in denen ihn ein Gefühl der Irrealität, der Sinnlosigkeit des Lebens überkommt; dieses Gefühl, ein erstauntes Entsetzen über das, was gemeinhin als etwas Selbstverständliches aufgenommen wird, und die verschwommene Vision des Eigentlichen, das hinter all dem liegt. Das ist die Wahrheit Sirins.«

Bizilli beginnt seine Rezension des Romans mit einer Analyse der stilistischen Mittel, die es ermöglichen soll, »sich dem Verständnis des Grundgedankens« Nabokovs zu nähern (verblüffend, daß man auch noch fünfzig Jahre nach Bizilli vom Fehlen des Grundgedankens bei Nabokov schreibt). Wie später der amerikanische Nabokov-Forscher Robert Alter schrieb, führt uns Nabokov in diesem Roman in sein literarisches Laboratorium, macht auf die Anwendung eines Kunstgriffs aufmerksam, greift zu literarischen Vergleichen (wie übrigens schon im »Späher« und in »Verzweiflung«).

Einer der ersten und feinsinnigsten Kenner von Nabokovs Schaffen, Chodassewitsch, war der Meinung, daß »Einladung zur Enthauptung« nichts anderes sei als eine Kette von Arabesken, Ornamenten und Bildern, die keiner ideellen, sondern nur einer stilistischen Einheit untergeordnet seien (was eine der »Ideen« des Werkes darstelle). Das künstlerische Schaffen war nach Ansicht Chodassewitschs das Hauptthema in Nabokovs Werken. Chodassewitsch, selbst ein brillanter Stilist, wies (lange vor Robert Alter, auf den sich die amerikanischen Nabokov-Forscher gewöhnlich beziehen) darauf hin, daß der meisterliche Stilist Nabokov-Sirin seine Kunstgriffe nicht nur nicht tarnte, »sondern im Gegenteil … zur Schau stellte wie ein Zauberkünstler, der die Zuschauer verblüfft, um ihnen sogleich das Laboratorium seiner Wunder zu zeigen … Seine Werke sind nicht nur mit handelnden Personen besiedelt, sondern auch mit unzähligen Kunstgriffen, die wie Elfen oder Gnome zwischen den handelnden Personen hin und her huschen und eine gewaltige Arbeit leisten: sie sägen, schneiden, nageln, malern, montieren und demontieren vor den Augen des Zuschauers die Dekorationen, in denen das Stück spielt.« Im weiteren gibt Chodassewitsch seine (noch eine) Lesart des Romans: »In ›Einladung zur Enthauptung‹ gibt es kein reales Leben, auch keine realen Personen mit Ausnahme von Cincinnatus. Alles übrige ist nur ein Spiel der Dekorateure, der Elfen, ein Spiel der Kunstgriffe und Bilder, die das schöpferische Bewußtsein, oder besser gesagt, den schöpferischen Wahn des Cincinnatus ausfüllen. Mit der Beendigung ihres Spiels bricht der Roman ab. Cincinnatus ist weder enthauptet noch nicht enthauptet, denn wir sehen ihn im Verlauf des ganzen Romans in einer eingebildeten Welt, in der keine realen Ereignisse möglich sind. Während der letzten Zeilen zerfällt die zweidimensionale Welt des Cincinnatus, und vorbei an den zerfallenden Dekorationen, durch Staub und stürzende Gegenstände ›schritt Cincinnatus in jene Richtung, wo, nach den Stimmen zu urteilen, ihm verwandte Wesen standen‹. Damit ist natürlich die Rückkehr des Künstlers aus dem schöpferischen Schaffen in die Wirklichkeit gemeint. Wenn man will, findet in dieser Minute die Hinrichtung statt, aber nicht jene, wie sie der Held und der Leser erwartet haben; mit der Rückkehr in die Welt ›der ihm verwandten Wesen‹ endet das Sein des Künstlers Cincinnatus.«

»Sirin besitzt die vielleicht bewußte, vielleicht nur gefühlte, doch feste Gewißheit«, fährt Chodassewitsch fort, »daß die Welt des Schöpferischen, die wahre Welt des Künstlers, durch die Arbeit der Bilder und Kunstgriffe erschaffen aus den scheinbaren Ebenbildern der realen Welt, in Wirklichkeit aus einem ganz anderen Material besteht, einem so andersartigen, daß der Übergang von der einen Welt in die andere, in welcher Richtung er sich auch vollzieht, dem Tod gleichkommt. Er wird von Sirin auch als Tod dargestellt.«

Das ist also noch eine Erklärung des Lebens und des Todes von Cincinnatus, noch eine Lesart des Romans. Jede der angeführten Lesarten ist untermauert von den Eindrücken und der Autorität solcher klugen Menschen wie Georgi Fedotow, Pjotr Bizilli, Wladimir Warschawski, Wladislaw Chodassewitsch, Brian Boyd, Julian Moynahan und anderen.

***

»Als Ihre Frau Mutter einmal bei uns war«, schrieb Nabokov an Sinaida Schachowskaja, »haben wir ihr unseren Jungen gezeigt. Er hat jetzt einen kleinen, aber reizenden Wortschatz, besonders mag er das Wort ›Feuer‹, das er mit gleicher Begeisterung für ein vom Sonnenuntergang beleuchtetes Fenster anwendet wie für die blaue Gasflamme unter seinem Brei.«

Ein Kindermädchen konnten sie sich nicht leisten, und so mußte Nabokov häufig den Jungen betreuen und ausfahren. Er zeigte seinen Freunden gern, wie er mit einem Tenniskunstgriff Windeln spülte. Geld war nach wie vor knapp – für die russische Ausgabe von »Verzweiflung«, für ein Gedicht und drei Erzählungen, die in den »Poslednije nowosti« abgedruckt wurden, und als Vorschuß für die englische, tschechische und schwedische Ausgabe von »Gelächter im Dunkel«, für die schwedische Ausgabe von »Lushins Verteidigung«, für die englische Ausgabe von »Verzweiflung« und für die deutsche Veröffentlichung einer Erzählung erhielt Nabokov 1934 insgesamt 1156 Mark. Aber die jungen Eltern bemühten sich, es dem Kind an nichts fehlen zu lassen. Nabokov schrieb in seinen Erinnerungen: »Weißt du, daß ich in meinen Handgelenken immer noch gewisse Echos der Kunst des Kinderwagenschiebens spüre, zum Beispiel den weichen Druck nach unten, den man auf den Griff ausübte, damit sich der Wagen auf die Vorderräder stellte und den Bordstein erklomm?«

Im weiteren folgt eine detaillierte Beschreibung aller Parks, in denen er den Sohn spazierenfuhr. Auf einem solchen Spaziergang dachte sich Nabokov eine neue Erzählung aus. Sie hieß »Nabor«, und ihr Held ist ein alter, einsamer Emigrant, der alles verloren hat; er kommt vom Friedhof zurück und verspürt plötzlich einen unerklärlichen Zustrom von Glück (die Nähe von Tod und Freude verwunderte Nabokov immer wieder). Zu ihm auf die Bank setzt sich ein Herr mit einer russischen Zeitung; der Autor beschreibt ihn nicht, denn dieser Herr mit Zeitung ist der Autor (ein Selbstporträt gelingt selten). Der alte russische Emigrant ist natürlich eine Schöpfung des Autors, und der Autor schenkt ihm sein eigenes überschäumendes

Glück. Der Autor verfügt über das Schicksal seines Helden, und wenn er über ihn spricht, erzählt er auch gleich, wie er ihn formt. Ebenso wie »Der Kreis« ist diese Erzählung ein Fragment des Romans »Die Gabe«. Bald nach dem »Kreis« schrieb Nabokov die Erzählung »Der schwere Rauch«, die einem jungen Exildichter gewidmet ist und den Entstehungsprozeß von Gedichten, das wonnige Beben des Dichtens schildert, all das, was sich etwas später in der »Gabe« entfalten würde. Die Konturen der »Gabe« wurden immer klarer, und etliche schwierige Teile des Romans, wie die Biographie des Vaters des Helden oder die Biographie Tschernyschewskis, waren bereits fertig. Zu Frühlingsbeginn las Nabokov in Iossif Hessens Wohnung neben der neuen Erzählung und Gedichten einen Auszug aus der »Gabe«. An dieser Lesung nahm ein Montparnasse-Dichter teil – Anatoli Steiger. Er war mit Sinaida Schachowskaja befreundet und hob sich von der Masse der armen Montparnasse-Dichter dadurch ab, daß er keinen Staatenlosen-, sondern einen Schweizer Paß besaß (also frei reisen konnte) und zudem Baron war. Auf der Durchreise besuchte er in Berlin auf Empfehlung von Sinaida Schachowskaja die Nabokovs und berichtete ihr in einem Brief über seinen Besuch: »Das Dritte Reich machte auf mich den Eindruck eines Irrenhauses – Heidentum, Rassismus, der die Wissenschaft, die Gesetzgebung und den Alltag beeinflußt, und Militärlager … Allem Russischen gegenüber … eine beleidigende Haltung …

Ich habe Sirin ein paarmal gesehen und auch seine Lesung besucht, zu der 100–120 in Berlin gebliebene Juden kamen, ein Milieu, in dem ich Gänsehaut bekomme, ohne das aber keine einzige Zeile auf russisch erscheinen könnte. Sirin las Gedichte – sie sind mir einfach unverständlich –, eine sehr mittelmäßige Erzählung und einen brillanten Auszug aus einer biographie romancé – eine Groteske? ein Pamphlet gegen die ›Öffentlichkeit‹? – über Tschernyschewski. Brillant.

Was sagen Sie zu ›Einladung zur Enthauptung?‹ Ich weiß, daß die Sozialrevolutionäre, von denen das Erscheinen des Buches in ›Sowr. sapiski‹ abhing, schweren Herzens ihre Zustimmung gegeben haben … Sirin ist ein äußerst einnehmender Mensch – puis c'est un monsieur, was in unseren literarischen Gefilden sehr selten ist, aber man kann zehn Jahre lang jeden Tag mit ihm reden und erfährt doch nichts über ihn. Auf mich machte er den Eindruck einer fast tragischen ›Glücklosigkeit‹, und ich wundere mich bei ihm über nichts ... Doch nach unseren Begegnungen ist mein zuvor sehr mäßiges Interesse an ihm außerordentlich gewachsen.«

***

Die engliche Übersetzung von »Gelächter im Dunkel« war so schlecht, daß von der Übersetzung des bedeutend komplizierteren Buches »Verzweiflung« nichts Gutes zu erwarten war. Nabokov war damals noch nicht in der Lage, sich die besten Übersetzer auszusuchen (wenn es solche überhaupt gab, denn auch heute noch erscheinen zum Beispiel in Frankreich einige russische Romane Nabokovs in der Übersetzung aus dem Englischen. Das literarische Übersetzen ist im Westen ein wenig angesehener und schlecht bezahlter Beruf, und wo findet man überhaupt einen Übersetzer, der solch ein Fanatiker des Wortes wäre wie dieser arme Emigrantenschriftsteller).

Nabokov konnte es sich nicht leisten, in monatelanger Arbeit »Gelächter im Dunkel« zu übersetzen. Aber er wollte auch nicht auf die englische Ausgabe verzichten, denn er setzte große Hoffnungen auf England. Er schrieb dem Verleger, daß ein Autor, der auch nur einigermaßen um die genaue Wiedergabe des Textes besorgt sei, nicht die Kraft finde, eine derartige Übersetzung zu Ende zu lesen. Es müßte ein guter Übersetzer daran gesetzt werden, der jeden Satz in Ruhe übertragen könne. Wenn ein solcher Übersetzer nicht gefunden wird, dann verlegen Sie es so, wie es ist.

Nun mußte etwas mit dem Roman »Verzweiflung« unternommen werden, für den sich ein anderer englischer Verleger interessierte. Vera rief in der englischen Botschaft an und erklärte, ihr Mann habe einen Roman geschrieben, für dessen Übersetzung ins Englische ein erfahrener Literat gefunden werden müsse, der über einen originellen Stil verfüge. Der Botschaftsangestellte war offensichtlich nicht ohne Humor.

»Wäre Ihnen Herbert Wells recht?« fragte er.

»Ich denke, daß mein Mann mit ihm einverstanden wäre«, erwiderte Vera kühl.

Als Nabokov ein Vierteljahrhundert später berühmt geworden war, konnte er sich seine Übersetzer aussuchen. Er hatte auch Zeit, die Übersetzungen zu korrigieren. Außerdem war sein hochgebildeter Sprößling herangewachsen und zu seinem Lieblingsübersetzer geworden. Damals aber, Ende 1935, wurde folgende Lösung gefunden: Er wollte es wagen, seinen Roman selbst ins Englische zu übersetzen, das heißt, eine der schwierigsten Formen des Übersetzens auf sich zu nehmen. Nicht nur die Unmöglichkeit, einen guten Übersetzer zu finden, bewog ihn dazu in einer Zeit, wo er an seinem Hauptwerk arbeitete. Mit jedem Jahr wuchs in ihm das Gefühl, daß es aussichtslos war, im Ausland russische Bücher zu schreiben. Es waren kaum noch fünfzig wirklich gebildete Leser übriggeblieben. Und das Honorar für den Abdruck einer Erzählung in der besten russischen Zeitung war gering. So begann Nabokov ins Englische zu übersetzen und englisch zu schreiben. Er verfaßte in dieser Zeit einige (nicht auf uns überkommene) englische autobiographische Skizzen, ein Lied ... Übersetzen war natürlich schwieriger als schreiben. Alle zweisprachigen Schriftsteller (wie Samuel Beckett) gingen früher oder später dazu über, sich selbst zu übersetzen. Und für alle war es gleichermaßen qualvoll. In der Regel nehmen sich zweisprachige Schriftsteller diese Arbeit am Ende ihrer Karriere vor. Auf dem Gipfel der Karriere ist eine solche Vermischung der Sprachen, das Niederreißen der Trennwände, die geholfen haben, die Ruhe der Seele zu wahren, schrecklich. Nabokov mußte recht früh durch diesen literarisch-linguistischen Alptraum gehen. Als er »Verzweiflung« ins Englische übersetzte, schrieb er Sinaida Schachowskaja: »Eine entsetzliche Sache – sich selbst zu übersetzen, das eigene Innenleben zu sortieren und anzuprobieren wie einen Handschuh, im besten Wörterbuch keinen Freund zu spüren, sondern ein feindliches Lager: Er war ungesprächig wie ein Wörterbuch, das werde ich irgendwo verwenden ...«

Man kann sich leicht vorstellen, wie er fieberhaft im Wörterbuch blätterte und als Antwort auf sein mehrdeutiges, mit

Nuancen spielendes, schillerndes Wort, das eine Vielzahl von Assoziationen auslöste (alltägliche, literarische, historische, theologische), nur ein soldatisch einfaches und konkretes Wort fand.

Kaum mit der Übersetzung fertig, setzte sich Nabokov an den begonnenen Roman und die versprochenen englischen autobiographischen Skizzen. Er hatte noch kein volles Zutrauen zu seinem keineswegs simplen Englisch. Einige Sicherheit gewann er, als ihm eine englische Freundin einige Anmerkungen zu seiner Übersetzung schickte. »Nun, solche Patzer sind auch in meinem russischen Text zu finden«, sagte er erleichtert zu Vera.

Ende Januar reiste er nach Belgien und Frankreich, um mit Lesungen Geld zu verdienen. In Belgien setzte sich Sinaida Schachowskaja für ihn ein. In Paris hatte er seinen Schutzengel Fondaminski. Hier wie da kannte man Nabokov bereits, hatte seine Bücher gelesen, wollte ihn wieder hören und (was wesentlicher war) für das Vergnügen zahlen, über das literarische Leben auf dem laufenden zu sein und den ehrenvollen Titel eines Mäzens zu haben.

Sinaida war es gelungen, außer dem russisch-jüdischen Publikum (ein rein russisches interessierte sich ihres Erachtens nicht für Literatur) auch ein französisches zu gewinnen, also mußte auch auf französisch gelesen werden. Nabokov schrieb (gepriesen sei seine Erziehung!) nicht schlecht Französisch: bis ans Ende seiner Tage schöpfte er aus dem unversieglichen Quell seines Kinderparadieses. Binnen drei Tagen schrieb er auf französisch eine kleine Erzählung über seine französische Gouvernante und wurde von Zweifel geplagt: War seine Erzählung vielleicht drittrangig? Sie hieß »Mademoiselle O«.

Wie immer verbrachte er ein paar Tage in der nervlichen Anspannung eines Staatenlosen: Würde er mit seinem Nansenpaß das Visum bekommen? Auch heute noch kann ein staatenloser Emigrant nicht so leicht in Belgien einreisen wie ein normaler Europäer.

Die Lesungen waren ein Erfolg. Nabokov hatte bereits belgische Verehrer – talentierte belgische Schriftsteller: den in

Belgien recht bekannten Paul Firens und den Novellisten Franz Hellens, der Bibliothekar im belgischen Parlament war.

In Antwerpen las Nabokov seine französische Erzählung auf einer Veranstaltung des belgischen PEN-Clubs. Es war kein großes Publikum, aber der Erfolg übertraf alle Erwartungen. Franz Hellens schlug vor, die Erzählung Jean Paulhan für die »Nouvelle Revue Française« anzubieten, und bald teilte Nabokov voller Triumph (und Dankbarkeit) Sinaida Schachowskaja mit, daß ihm dieses Unternehmen gute Francs einzubringen verspreche, denn der Chefredakteur der »Nouvelle Revue Française« sei von der Erzählung begeistert.

In Brüssel wohnte Nabokov natürlich nicht im Hotel, sondern bei Sinaida Schachowskaja und ihrem Mann Swjatosław Malewski-Malewitsch (einem eurasischen Literaten und Maler, der erst in vorgerücktem Alter seine Anstellung aufgeben und sich ganz der Malerei widmen konnte). Nabokov hatte enge Beziehungen zu dem Ehepaar und dessen belgischen Freunden. Sie alle halfen ihm. Von 1936 bis 1938 war diese Freundschaft ungetrübt, dann kam es zu Differenzen, die schließlich zum Bruch führten, später zum unerklärten Krieg (die Initiative dazu ging natürlich nicht von dem Sieger Nabokov aus, sondern von der gekränkten Schachowskaja). Anfangs war es eine literarisch-weltanschauliche Differenz. Nabokov meinte, das Wichtigste für den Schriftsteller sei die Sorge um das Niveau der Literatur, das übrige, darunter auch die Rituale des Glaubens, ergäben sich von selbst. »Seine eigenen Gedichte muß man mit größerer Achtung behandeln, als Sie das tun!« schrieb Nabokov an Sinaida Schachowskaja. »Wichtig ist einzig und allein, ob ein Buch gut oder schlecht geschrieben ist, und es ist völlig uninteressant, ob der Autor ein Spitzbube oder ein sympathischer Kerl ist.« Es gab noch einen Grund für die wachsenden Unstimmigkeiten in ihren Beziehungen. In der Atmosphäre zunehmender Judenverfolgung in Hitler-Deutschland und der zweideutigen Moskauer Prozesse war es nicht verwunderlich, daß Vera Slonim, die schon früher sehr empfindlich auf jede Anspielung reagiert hatte, die in einem Kreis ohne rassische Vourteile harmlos gewirkt hätte, eine verstärkte nationale Sensibilität entwickelte. Wenn sie auch nur einen Hauch von Diskriminierung spürte, zog sie sich zurück. In der »Gabe« schreibt Nabokov über ihren leicht verletzbaren Stolz. War es Stolz oder ein elementares Gefühl der eigenen Würde? In Rußland folgte damals eine Pogromwelle auf die andere. In Deutschland schlug man die Schaufenster jüdischer Geschäfte ein und bereitete den Bau von Krematorien für Juden vor. Es läßt sich denken, daß Vera Slonim Grund hatte, mehr als andere »Stolz und Empfindsamkeit« zu zeigen. Auf erste Anzeichen einer Beeinträchtigung der freundschaftlichen Idylle deutet ein Postskriptum zu dem bereits zitierten Brief Nabokovs an Sinaida Schachowskaja hin: »Vera küßt Sie und möchte gern wissen, was für ein Stolz gemeint ist, warum sie gekränkt ist und an was für einer Kette sie festgehalten wird ...«

Von Belgien fuhr Nabokov nach Paris. Ihn erwartete dort in der Avenue de Versailles stets ein Zimmer in der neuen Wohnung, in die Fondaminski nach dem Tod seiner Frau umgezogen war. Von Paris aus schrieb Nabokov an Sinaida Schachowskaja: »Eine halbe Stunde nach meiner Ankunft hier saß ich schon mit dem angeheiterten Iwan Bunin im Restaurant ... Er sagte mir, daß er, als er sich an ›Mitjas Liebe‹ setzte, die Gestalt ›Mitja Schachowskois‹ vor sich gesehen habe.«

Sinaidas Bruder Mitja (Dmitri Alexejewitsch Schachowskoi) war längst kein »Mitja« mehr, sondern Vater Ioann, ein Geistlicher der russischen orthodoxen Kirche in Europa.

Am 9. Februar fand Nabokovs zweiter Pariser Abend statt, diesmal zusammen mit Chodassewitsch. Wie schon beim ersten Mal waren alle Karten ausverkauft und der Saal in der Rue de Las Cases überfüllt. Nabokov saß neben dem sechsundsechzigjährigen Bunin, der sich aus Angst vor Zugluft in seinen Mantel hüllte.

Nabokov hatte Halsschmerzen und lutschte Pfefferminzpastillen. Nach der Pause las er die Erzählungen »Schönheit«, »Terra incognita« und »Die Mitteilung«. Es war ein voller Erfolg, und ein Journalist der Zeitung »Wosroshdenije« (Wiedergeburt) schrieb, ein solcher Abend sei geeignet, alle Behauptungen zu widerlegen, daß die Kultur in der Emigration degeneriere. Über Sirin sagte er die Worte, die viel später Nina Berberova in ihren Memoiren an die Öffentlichkeit brachte: Dieser junge Schriftsteller sei die Rechtfertigung der Emigration.

Nach der Lesung saßen die Schriftsteller bis zum Morgen im Café »La Fontaine«. An einem großen Tisch hatten Chodassewitsch, Nabokov, Aldanow, Bunin, Berberova und Weidle Platz genommen. Fondaminski saß mit seinem Freund und Mitredakteur Sensinow an einem kleinen Tisch. Es ging nicht ohne Zwischenfälle ab. Der ewig an sich zweifelnde Aldanow schrie plötzlich Nabokov an: »Sie verachten uns alle!« Dann forderte er Bunin auf, Nabokov seinen Fingerring zu geben, zum Zeichen, daß er dessen Überlegenheit anerkenne.

Nabokov traf sich in Paris auch mit Freunden aus Cambridge und Petersburg und besuchte Chodassewitsch. Mitte Februar nahm er wieder an einer Dichterlesung teil, und die Liste derer, die dort aus ihren Werken lasen, hätte jeder Lyrikanthologie zur Ehre gereichen können – Iwan Bunin, Sinaida Hippius, Wladislaw Chodassewitsch, Marina Zwetajewa, Dmitri Mereshkowski, Georgi Iwanow, Wladimir Smolenski, Irina Odojewzewa, Nina Berberova ...

Nachdem Nabokov mit seiner Erzählung in Antwerpen so gut angekommen war, bat ihn der Brüsseler Klub russischer Juden, zu einer Lesung nach Brüssel zu kommen. Nabokov hatte keine Zeit, auf das Visum zu warten, und Sensinow erzählte ihm, wie die Sozialrevolutionäre früher ohne Visum durch die Welt gereist waren: Man mußte bis Charleroi fahren, die Gleise überqueren, zur Untergrundbahn hinabsteigen, wo keine Dokumente überprüft wurden, und bis Brüssel fahren. Ende Februar las Nabokov seine Erzählung im Brüsseler Salon von Madame Ridel. Gabriel Marcel, der über Nabokov geschrieben hatte, stellte ihn dem Publikum vor, und nach der Lesung erbat sich Jean Paulhan die Erzählung für die Zeitschrift »Mesure«.

Fünftes Kapitel

Das Geheimnis der Frühlingserzählung

Nach seiner Rückkehr nach Berlin arbeitete Nabokov wieder am vierten und zweiten Kapitel der »Gabe«, aber im April setzte er sich plötzlich an eine Frühlingserzählung, die eine seiner besten Erzählungen wurde. Vielleicht überhaupt die beste. Sie heißt »Frühling in Fialta«. Welcher Nabokov-Verehrer kennt nicht den feuchten Frühlingsanfang dieser Erzählung? »Der Frühling in Fialta ist wolkig und trüb. Alles ist feucht: die scheckigen Stämme der Platanen, die Wacholdersträucher, die Geländer, der Kies.«

Und irgendwo dort, jenseits der Kurorte Liguriens und der Französischen Riviera, schimmert in dieser Erzählung das nicht vergessene, unvergeßliche Jalta: »Ich liebe dieses Fialta; ich liebe es, weil ich in der Höhlung dieser veilchenblauen Silben die süße, dunkle Feuchtigkeit der krumpeligsten aller kleinen Blumen spüre und weil seine Viola den Alt des Namens einer wunderschönen Stadt auf der Krim nachbildet ...«

Der Moskauer Kritiker und Nabokov-Verehrer M. Epstein widmete dem ersten Satz der Erzählung eine wahre Hymne: »›Der Frühling in Fialta ist wolkig und trüb ... ‹: Spüren Sie die besondere perlgraue Schattierung des Nabokovschen Frühlings und seine anmutige herbstliche Trägheit? Die Veilchenfarbe im Verbund mit der Bewölkung – was für eine feine Skala perlgrauer Töne, das blasse diffuse Licht des Namens, der im Epitheton zum Ausdruck kommt.«

In diesem frühlingshaften Fialta begegnet der Held der bezaubernden, eigenartigen, leichtsinnigen Nina, mit der ihn das Schicksal von Zeit zu Zeit für einen Tag, eine Stunde, einen Augenblick zusammenführt – im Verlauf von fünfzehn Jahren.

Nun schenkt ihnen das Schicksal noch ein paar Stunden in

Fialta – allein und in Gesellschaft ihres Mannes, eines bekannten Schriftstellers, eines Ungarn, der auf französisch schreibt (scheinbar Nabokov und auch wieder nicht). Und wieder ein Abschied, auf einem Hügel über Fialta, im oberen Teil der Altstadt: »Und ich sagte (anstelle unseres billigen, förmlichen ›Du‹ jenes seltsam volle und bedeutungsschwere ›Sie‹ verwendend, zu dem der Weltumsegler in jeder Hinsicht bereichert zurückkehrt): ›Schauen Sie – was wäre, wenn ich Sie liebe?‹ Von irgendwoher erschien ein fester Strauß kleiner, dunkler, selbstlos duftender Veilchen in ihren Händen, und bevor sie zu ihrem Gatten und Auto zurückkehrte, standen wir noch eine kurze Weile an der Steinbrüstung, und unsere Affäre war hoffnungsloser denn je. Doch der Stein war warm wie Menschenhaut, und plötzlich verstand ich etwas, was ich gesehen hatte, ohne es zu begreifen – warum ein Stückchen Stanniolpapier auf dem Pflaster so geglitzert, warum auf einem Tischtuch der Abglanz eines Glases gezittert hatte, warum die See ein einziger Lichtschimmer war: Irgendwie hatte sich allmählich der weiße Himmel über Fialta unmerklich mit Sonnenschein gesättigt, und nun war er ganz und gar von Sonne durchdrungen, und das überströmende weiße Leuchten wurde weiter und weiter, alles löste sich darin auf, alles verschwand, alles verging, und ich stand bereits auf dem Bahnsteig in Mlech, in der Hand eine soeben gekaufte Zeitung, aus der ich erfuhr, daß der gelbe Wagen, den ich unter den Platanen gesehen hatte, hinter Fialta einen Unfall gehabt hatte ... Ferdinand und sein Freund, diese unverwundbaren Schurken, diese Salamander des Schicksals, die glücklichen Basilisken, waren mit örtlichen und heilbaren Verletzungen ihrer Schuppenhaut daraus hervorgegangen, während Nina trotz ihrer anhaltenden und getreulichen Versuche, es ihnen gleichzutun, sich am Ende doch als sterblich erwiesen hatte.«

Das ist alles. In einem späteren Sammelband mit demselben Titel steht unter der Erzählung das Datum: »Paris, 1938«, obwohl sich jeder überzeugen kann, daß die Erzählung bereits 1936 in »Sowremennyje sapiski« abgedruckt war. Und geschrieben worden war sie noch in Berlin. Aber weshalb schrieb Nabokov im Frühling 1936 plötzlich eine Liebeserzählung von solcher Leidenschaft, Intensität und Hoffnungslosigkeit? Auch die beiden überseeischen Biographen Nabokovs geben auf diese Frage keine klare Antwort. Einige Pariser, die damals die Erzählung lasen, meinten, daß sich darin familiäre Probleme zwischen Nika Nabokov und seiner Frau Natascha Schachowskaja spiegelten, und Nabokov schrieb damals an Sinaida Schachowskaja: »Ich bin beunruhigt von dem dummen Gerede, ich hätte in ›Frühling in Fialta‹ Nika und Natascha bloßgestellt. Das ist natürlich völlig unsinnig (Sie wissen ja sehr gut, daß ich mir alles ausdenke und niemanden in meine Sachen hineinziehe), aber es ist mir zuwider, daß man das aufbauschen kann ...« Der Schlüssel zur Lösung (zumindest einer) steckt vielleicht in einem winzigen Detail aus der Biographie der Heldin: Sie hatte einen Bräutigam, einen gutaussehenden, wohlerzogenen Offizier, der »heute ein erfolgreicher, wenngleich etwas einsamer Ingenieur in einem weit entlegenen tropischen Land ist«, wohin sie ihm nicht folgte. Einige Nabokov-Biographen sehen darin die Geschichte der Heirat und Scheidung von Irina Kokoschkina-Guadanini. Ihre Mutter, V. Kokoschkina, die wußte, daß ihre Tochter eine Schwäche für den Schriftsteller hatte, war in Paris nach der Lesung (am 9. Februar 1936) zu Nabokov gegangen, hatte ihm viele Komplimente gemacht und ihn zum Tee eingeladen. Nabokov nahm die Einladung an. Was weiter geschah, wissen wir nicht, aber »Frühling in Fialta« gibt meines Erachtens eine Vorstellung von seiner damaligen Verwirrung: »Und mit jeder neuen Begegnung wurde ich besorgter; nein, meine Gefühle wurden nicht aus der Bahn geworfen, nicht geisterte der Schatten der Tragödie durch unsere Freuden, meine Ehe wurde nicht in Mitleidenschaft gezogen ... Ich war besorgt, weil ich schließlich Ninas Leben irgendwie doch akzeptierte, die Lügen, die Vergeblichkeit, das Kauderwelsch dieses Lebens. Obwohl es keinerlei Gefühlsdissonanz gab, fühlte ich mich verpflichtet, nach einer vernünftigen, wenn schon nicht moralischen Erklärung meines Daseins zu suchen, und das hieß, zwischen der Welt zu wählen, in der ich Modell saß für mein Porträt, mit meiner Frau, meinen kleinen Töchtern, dem Dobermannpinscher (idyllische Girlanden, ein

Siegelring, ein dünner Spazierstock), zwischen dieser glücklichen, weisen und guten Welt … und was? Bestand irgendeine praktische Chance, ein Leben gemeinsam mit Nina zu führen, ein Leben, das ich mir schwer auch nur vorzustellen vermochte, denn ich wußte, es wäre mit einer leidenschaftlichen, unerträglichen Bitterkeit durchtränkt und jeder seiner Augenblicke wäre sich einer Vergangenheit bewußt, in der es von proteischen Partnern wimmelte. Nein, das Ganze war absurd … Doch was denn hätte ich mit dir anfangen sollen, Nina …«

Vor dem Fenster strahlte das nasse Grün der Berliner Platanen. Nabokov schrieb die Erzählung, schrieb vielleicht auch Briefe an diese leichtsinnige, bezaubernde Nina-Irina. Und der Hauptroman blieb liegen.

In jenem Frühling schien Verwirrung in Nabokovs Seele zu herrschen. Und die Welt ringsum, die er so lange wie möglich von dem glücklichen Kreis der Familie und der Arbeit fernhalten wollte, wurde immer beängstigender. Ganz reale Mörder krochen aus ihren Löchern und nahmen das Heft in die Hand. Im Mai 1936 wurde der Bandit und Schwarzhunderter General Biskupski zum Chef für Emigrantenangelegenheiten ernannt. Als Stellvertreter holte er sich den gerade erst aus dem Gefängnis entlassenen sentimentalen Mörder und Psychopathen Sergej Taborizki. Den Mann, der auf Nabokovs Vater geschossen hatte. Man kann sich schwer vorstellen, daß sich das Ehepaar Nabokov noch sicher fühlte. Ihre Briefe aus jener Zeit enthalten die unterschiedlichsten Fluchtpläne. Aber wohin sollten sie gehen? Nach England? Nach New York? Nach Paris? Nach Prag? Sie wurden nirgendwo erwartet, und es war ungewiß, wie sie außerhalb Berlins ihren Lebensunterhalt verdienen sollten.

Nabokovs Briefe zeugen von zahlreichen Schwierigkeiten. Er schrieb der Mutter, daß es ihm peinlich sei, in seinen abgetragenen Hosen nach Belgien zu fahren. Er schrieb an Gleb Struve in England und bat ihn inständig, sich um eine Stelle für ihn zu bemühen, er schrieb an Alexander Kaun in Kalifornien und Michail Rostowzew in Yale und bat sie, für ihn eine Anstellung zu suchen, er schrieb, daß sein Einkommen minimal und seine Lage verzweifelt sei. Natürlich mußte er in seinen Briefen, die er aus dem totalitären Deutschland ins Ausland schickte, vorsichtig sein. Für September hatte General Biskupski eine Registrierung der Emigranten angeordnet.

Die Ausreise ließ sich nicht länger aufschieben. Nabokov schrieb verzweifelt an seine Freunde, daß er jetzt in jedes Land ausreisen würde, in dem er mit seinen Englischkenntnissen Arbeit fände – nach Kanada, Indien, Südafrika.

Die Mitteilungen aus Prag waren auch nicht ermutigend. Der Bruder Kirill hatte seine Arbeit wieder aufgegeben. Er wollte nicht von der Poesie lassen, wollte nicht erwachsen werden. Jetzt war er in Belgien, und Nabokov beschwor Sinaida Schachowskaja in fast jedem Brief, sich seiner anzunehmen.

Nabokov bereitete sich auf die Ausreise vor. Er redigierte das erste Kapitel der »Gabe«, das er in Paris seinen Landsleuten vorlesen wollte. Zum hundertsten Todestag Puschkins, der in Paris und Brüssel groß begangen werden sollte, schrieb er einen Vortrag auf französisch. Er hatte auf englisch auch mehrere Essays über die Familie, über die Kindheit, über die Rolle der englischen Kultur in der russischen Erziehung geschrieben.

Puschkin beherrschte die Seiten seines neuen Romans, denn nur Kunst und Kultur konnten noch der drohenden Verrohung der Welt widerstehen.

Die glückliche Berliner Abgeschiedenheit, im Kreise der Seinen, in einer Umwelt von Fremden, ging zu Ende. Es begann die Epoche der demütigenden Armut, der Flucht: zuerst nach Westen, dann weiter durch Europa, dann über den Ozean … Ein Jahrzehnt später schreibt er über die Empfindungen bei dieser Flucht:

»Wir flohen, und je weiter wir flohen, desto klarer wurde mir, daß wir uns nicht einfach vor dem gestiefelten und riemenumschnallten Idioten mit der Haarsträhne schräg über der Stirn in Sicherheit brachten, er war nur ein Symbol, hinter dem etwas Unfaßbares und Ungeheuerliches stand, ein gesichtsloser und zeitloser Klumpen des Ur-Entsetzens …«

Nabokov fuhr zu Lesungen – nach Belgien, Frankreich,

England. Er wollte auch nach einem Platz für die Familie suchen. Vera Evseevna erzählte später, das Auftauchen des Mörders Taborizki habe sie veranlaßt, ihren Mann zur Ausreise zu drängen. Unerwartete Hilfe kam aus England – ein Vorschuß für die Übersetzung von »Verzweiflung«, und erst recht unerwartet kam Hilfe von einem fernen Vorfahren der Nabokovs, dem Komponisten Graun. Sie lasen in der Zeitung, daß zur Verteilung des Familienerbes Nachkommen Grauns gesucht wurden, und Nabokov teilte mit, daß der Komponist Carl Heinrich Graun der Urgroßvater seines Urgroßvaters gewesen sei. Daraufhin übergab man ihm eine Dose, aus welcher der Komponist Tabak geschnupft hatte. Der Verkauf der Dose fügte dem bescheidenen englischen Honorar noch ein paar hundert Dollar hinzu. Als Nabokov abfuhr, wußte er nicht, daß er nie mehr nach Deutschland zurückkehren würde. Er lebte noch vierzig Jahre – in Frankreich, in Amerika, nahe der deutschen Grenze. Aber nie mehr betrat er deutschen Boden.

***

In Brüssel wohnte er wieder bei Sinaida Schachowskaja. Als erstes traf er sich mit seinem Bruder Kirill, dessen Schicksal ihn so beunruhigte. Sinaida Schachowskajas Mann und dessen Cousin versprachen Nabokov, sich auch künftig um den sorglosen und sympathischen jungen Mann zu kümmern. Am 21. Januar 1937 hielt Nabokov im Palast der Schönen Künste seinen Vortrag über die Wahrheit und Glaubwürdigkeit unserer Vorstellung von Puschkin, in dem er die romantisierten Biographien kritisierte (noch eine Warnung an den künftigen Biographen).

Ohne eine Biographie des Dichters schreiben zu wollen, entwarf Nabokov eine Skizze seiner Version »der wunderschönen romantisierten Biographie«: »Da ist er, dieser kleinwüchsige lebendige Mann, dessen kleine bräunliche Hand die ersten und schönsten Zeilen unserer Poesie schrieb; da ist er, der Blick der hellblauen Augen, die einen scharfen Kontrast zu dem dunklen gelockten Haar bilden. In jener Zeit, das heißt im Jahre 1830, war die Kleidung des Mannes der Notwendigkeit des Reitens angepaßt … Ein Pferd war unerläßlich, darum waren auch Stiefel mit Stulpen und ein weiter Mantel unerläßlich. Von daher auch eine gewisse Eleganz, mit der die Phantasie Puschkin ausstattet, übrigens mochte er, der Laune seiner Zeit folgend, die Verkleidung; mal erschien er als Zigeuner, mal als Kosak, mal als englischer Dandy. Wir wollen nicht vergessen, daß die Liebe zur Maske ein Merkmal eines wahren Dichters ist. Aus vollem Halse lachend, jagt er, mit den Absätzen stampfend, die kleine Gestalt hoch aufgereckt, an mir vorbei, wie all diese Menschen in der nächtlichen Kneipe gleich einem Windstoß vorüberjagen …«

Der Geist Puschkins ist für Nabokov der Geist der Freude und der Fröhlichkeit: »Der Blick eines Philosophen, der das Leben betrachtet, versprüht Wohlwollen, wenn er feststellt, daß sich im Grunde nichts auf der Welt geändert hat und Güte und Schönheit nach wie vor in hohem Ansehen stehen.«

»Für den, der zu sehen vermag«, sei das Leben noch »genauso voller Entdeckungen und Wonnen wie für die Dichter der Vergangenheit«.

Zum Schluß seines Vortrags sprach Nabokov über die Freiheit. Darüber, daß ein Dichter auch heute »genauso frei, genauso standhaft und einsam sein muß, wie es Puschkin vor hundert Jahren sein wollte.«

Drei Tage später trat Nabokov in Paris auf, wieder in dem Saal in der Rue de Las Cases. Nach einführenden Worten von Chodassewitsch las er einen Auszug aus der »Gabe«.

Um die Organisation des Nabokov-Abends hatte sich neben anderen auch die grundgütige Vera Bunina gekümmert, die einen Tag später in ihrem Tagebuch notierte: »Ich habe für Sirin 370 + 400 Franc gesammelt … Nach der Veranstaltung haben wir bei mir Tee getrunken.« Beim Tee sagte der bissige Bunin, daß ihm von Nabokovs Werken am besten das »Universitätsgedicht« gefalle. Das bedeutete, daß der Erfolg und das stetige Wachstum der Prosa Nabokovs Bunin Mißbehagen bereitete. Natürlich war das eine andere Prosa als die Bunins, doch die Begabung spürten alle. Die Sekretärin und Geliebte Bunins, Galina Kusnezowa, bestätigte in ihrem »Grasse-Tagebuch«, wie sehr Bunin die Prosa Nabokovs schätzte. Zugleich spürte Bunin in Nabokovs Werken den Atem wohl auch eines anderen Jahrhunderts, eine Erweiterung des Spektrums der russischen Literatur. Sinaida Schachowskaja weiß mitzuteilen, daß ihr Bunin in einem Gespräch sagte, Nabokov sei ein großes Talent, aber ein ihm unverständliches »Ungeheuer« (»Monster«, »Ausgeburt«, »Scheusal« – wer war dabei, um es genauer zu sagen?); die Schachowskaja gab dieses Gespräch (auf französisch) in einem Artikel wieder, der in einer christlichen belgischen Zeitschrift abgedruckt wurde. Man kann sich schwer vorstellen, daß Bunin diesen Artikel zufällig zu sehen bekam, aber Nabokov las ihn und lobte ihn sogar. Die Folge war eine Szene, die Nabokov in einem Brief an die Schachowskaja so beschrieb: »Als mich Bunin besuchte, brachte ich ihn etwas in Verlegenheit: ›Aha, Sie bezeichnen mich als Ausgeburt‹, und ich zeigte ihm Deinen Artikel.« Man kann sich leicht vorstellen, daß Bunin dies als Übersetzungsfehler abtat.

Damals, im Jahre 1937, trübte das alles noch nicht die Beziehungen Nabokovs zu Bunin oder Schachowskaja.

Natürlich verkehrte Nabokov häufiger mit Chodassewitsch als mit Bunin. Die einführenden Worte, mit denen Chodassewitsch Ende Januar Nabokovs Lesung eröffnet hatte, wurden bald darauf als Artikel gedruckt. Darin benannte er das Hauptthema Nabokovs: »das Leben des Künstlers und das Leben des Kunstgriffs im Bewußtsein des Künstlers«. Hier klang auch an, was den jüngeren und den älteren Literaten verband – eine ehrliche, ja ekstatische Beziehung zur Arbeit an der Form, am Wort: »Kunst erschöpft sich nicht in der Form, aber außerhalb der Form hat sie keine Existenz und folglich keinen Sinn.« Zum Schluß sprach Chodassewitsch die Gewißheit aus, daß »Sirin, der über einen großen Vorrat an beißenden Beobachtungen verfügt, eines Tages aus sich herausgeht und uns die gnadenlose satirische Darstellung eines Schriftstellers schenken wird.«

Chodassewitsch wußte natürlich, daß Nabokov seit langem an einem solchen Buch schrieb, und zweifelte nicht, daß es Nabokov auf ein neues Niveau der Prosa führen würde.

Nabokov besuchte Chodassewitsch ein paarmal in dessen armseliger Pariser Wohnung. Chodassewitsch war häufig krank, und wenn er sich erholt hatte, verbrachte er die ganze Nacht am Kartentisch. Das Leben der ärmlichen Boheme vom Montparnasse stieß Nabokov nach wie vor ab, und aus »netter Musik und netten Restaurants«, auf die Bunin aus alter Herrentradition abends großen Wert legte, machte er sich nichts. Er mochte nicht »gut sitzen«, nicht »gut trinken« und auch nicht an gedeckter Tafel die Seele öffnen, und dieses »Unrussische« irritierte Bunin. Der junge Kollege wollte anscheinend endlos über Literatur, über Meisterschaft, über das Wesentliche reden, womit er zuweilen sogar Chodassewitsch ermüdete. Übrigens hatte Nabokov im Winter 1937 in Paris noch eine ständige Gesprächspartnerin. Er traf sich immer öfter mit Irina Guadanini, und die beiden kamen sich rasch näher. Sie hatten gemeinsame Wurzeln in der Petersburger Vergangenheit. Der Bruder von Irinas Stiefvater war der berühmte Kadettenführer Kokoschkin, der zusammen mit Schingarjow das erste Opfer des Oktoberumsturzes geworden war: Matrosen hatten beide im Krankenzimmer des Gefängnisses mit Bajonetten erstochen.

Ein Jahr nach diesem Mord waren Mitglieder der Kadetten-Partei auf der Krim zusammengekommen, um der beiden Kameraden zu gedenken, und der junge Nabokov hatte ein Gedicht auf sie geschrieben. Gedichte brachten Nabokov und Irina überhaupt einander näher – wie viele gebildete russische junge Damen kannte sie eine Unmenge Gedichte, und er war angenehm überrascht, daß sie auch seine Gedichte kannte – dem kann das Herz eines Dichters nicht widerstehen (zumindest hatte es schon einmal nicht widerstanden). Sie schrieb auch selbst Gedichte. Eine Schönheit war sie nicht, aber hübsch und zierlich, sie hatte ebenmäßige Gesichtszüge, und dann die Anmut, mit der sie die Handschuhe abstreifte und die lange türkisene Zigarettenspitze zwischen den Fingern hielt; »dank ihrer Zierlichkeit wirkte sie jünger als zweiunddreißig«. Diese feinen Striche stammen aus »Frühling in Fialta«, folglich ist es nur unsere Hypothese. Der Held der Erzählung erinnert sich auch an ihre liebe bellende Stimme im Telephonhörer, aber das konnte auch von einem anderen Bellen herrühren: Sie war Hundeliebhaberin und verdiente sich etwas Geld mit dem Scheren von Hunden. Hatte sie wirklich so viele oberflächliche, »unordentliche« Beziehungen wie Nina aus »Frühling in Fialta«, wie Lisa Bogolepov, die Frau von Timofey Pnin? Oder vermehrte die Eifersucht des verliebten Nabokov (der vergeblich bemüht war, der Versuchung zu entkommen) ihre Zahl (für die Literatur war diese Eifersucht fruchtbringend)? Wie auch immer, »die glückliche, kluge, gute Welt« Nabokovs, sein Familienfrieden geriet in Gefahr. Die Romanze blieb in Paris nicht verborgen. Sie konnten sich ja vor ihren Landsleuten nicht verstecken. Außerdem wurde er zusammen mit Fondaminski und Sensinow zu den Kokoschkins zum Tee eingeladen. Fondaminski, der so inbrünstig ein gottgefälliges Leben anstrebte, billigte eine solche Leidenschaft bestimmt nicht. Unter den Emigranten wurde sogar gemunkelt, er habe in einem Brief Vera Evseevna über das Geschehen in Kenntnis gesetzt und sie nach Paris gerufen, damit sie Volodya rette. Das sieht ihm eigentlich nicht ähnlich. In Paris lebten zahlreiche Freunde und Verwandte von Vera, die dies mit größerer Bereitwilligkeit hätten tun können. So oder anders, Vera erfuhr recht schnell davon, und Nabokovs Qualen wurden unerträglich. Überdies mußte Vera mit dem Kind so schnell wie möglich Berlin verlassen. Aus einem Brief, den Nabokov im Februar an seine Frau schrieb (offensichtlich einer von den weniger intimen Briefen des Jahres 1937, den der Sohn des Schriftstellers zur Veröffentlichung freigab), geht hervor, daß Vera den überraschenden Entschluß gefaßt hatte, in die Tschechoslowakei zu übersiedeln. Nabokov schrieb seiner Frau, daß eine Übersiedlung in die Tschechoslowakei für ihn alles sehr komplizieren würde, daß er von seinen Verlagen und Übersetzern abgeschnitten wäre. In jener Zeit übersetzte M. Budberg (die berühmte »eiserne Frau« Nina Berberovas) »Tschorbs Rückkehr« ins Englische, und Denis Roche übersetzte »Frühling in Fialta« ins Französische. Nabokov versicherte Vera, daß sie ihre Gesundheit in Frankreich wiederherstellen könne, in Bormes, bei der Witwe von Sascha Tschorny, mit ihrer Übersiedlung in die Tschechoslowakei aber werde sie alles verderben, er drohte, wenn sie dabei bleibe, werde er sich in den Zug setzen und sie holen. Er schwor, daß »alle Irinas, wie viele es auf der Welt auch geben mag, machtlos sind«. Der Brief enthält glühende Liebesbeteuerungen (»ich liebe Dich so, daß es mit Worten nicht zu sagen ist«), doch im ganzen hinterläßt er einen Eindruck der Ratlosigkeit.

Anfang des Jahres fuhr Nabokov nach England. Er sprach in der russischen »Gesellschaft der Nordländer« und las auch in Privatwohnungen vor einem erlesenen Publikum (dem mitgeteilt worden war, daß der Autor Not litt). Er hatte dort viele Begegnungen und Verhandlungen, die letzten Endes alle nichts brachten. Mit dem Petersburger Freund Saweli Grinberg fuhr Nabokov nach Cambridge, und später schrieb er in seinem autobiographischen Buch, daß es ein grober Fehler war, nicht an einem still strahlenden Maitag nach Cambridge gefahren zu sein, sondern bei eisigem Februarregen, der ihm nur das alte »Heimweh« in Erinnerung brachte.

Übrigens war die traurige Reise nach Cambridge nicht vergebens. Anderthalb Jahre später fand sie einen würdigen Platz in dem ersten englischen Roman Nabokovs.

Er kehrte erkältet zurück. Von all den Mißhelligkeiten und Aufregungen hatte sich seine Psoriasis verschlimmert. Er rechnete aus (und teilte es in einem Brief unverzüglich Vera mit), daß ihn die Krankheit, wenn ihn nicht Doktor Jelisaweta Kogan-Bernstein unentgeltlich behandle, viele tausend Francs kosten würde. In demselben Brief teilte er seiner Frau eine traurige Neuigkeit mit: Ilja Ilf war gestorben. Man könne sich schwer vorstellen, schrieb Nabokov, wie es seinem nun allein gebliebenen siamesischen Zwilling Petrow gehe. Meines Erachtens steht den russischen Nabokov-Forschern noch die Aufgabe bevor, die Verbindungen zwischen Nabokovs Prosa und den Werken der in Rußland gebliebenen Prosaiker – Olescha, Sostschenko, Ilf und Petrow – zu ergründen.

In Paris hatte Nabokov inzwischen nicht nur russische, sondern auch andere einflußreiche Freunde wie Jean Paulhan, Henry Church und die berühmte Ulysses-Verlegerin Sylvia Beach.

Im April gelang es Vera, mit dem Kind Deutschland zu verlassen. Sie fuhr nach Prag. Bevor Nabokov zu seiner Familie reisen konnte, mußte er auf das tschechische Visum warten, so daß er erst im Mai in die Tschechoslowakei kam. Er verbrachte einige Tage mit seiner Familie in Prag, und sie gingen in dem alten grünen Stromovka spazieren. Dann fuhren sie nach Franzensbad, wo Vera ihr Rheuma zu kurieren hoffte.

Heimlich schrieb er Briefe an Irina. Er klagte über die »unvermeidliche Vulgarität des Betrugs«, darüber, daß er sich seiner Familie gegenüber zum erstenmal als Schuft fühlte. Sie schrieb ihm postlagernd, auf den Namen seiner Großmutter – Korff.

Er fuhr noch einmal für fünf Tage nach Prag zu seiner Mutter, die er damals zum letztenmal sah. Von Prag fuhr er nach Marienbad, wo Vera inzwischen mit Anna Feigina kurte, die endlich auch aus Deutschland herausgekommen war. In der Villa Busch in Marienbad schrieb Nabokov die Erzählung »Wolke, Burg, See«, eine Erzählung über die Unerfüllbarkeit eines Traums, über den viehischen Konformismus der totalitären Masse, über die Flucht in den Wahnsinn, über die Hoffnung auf ein Leben nach dem Tod. Es war eine seiner Lieblingserzählungen, wahrlich ein kleines Meisterwerk.

In Marienbad kauften sie verbilligte Fahrkarten für den Besuch der Weltausstellung in Paris, die sie auch wirklich besuchten. Der Eingang war von zwei pompösen Pavillons eingerahmt – dem sowjetischen und dem deutschen. »Vulgär und sinnlos«, notierte Nabokov.

Sie blieben nur wenige Tage in Paris. Nabokov war in seinen Angelegenheiten unterwegs; es gelang ihm, mit Gallimard einen Vertrag über die Herausgabe von »Verzweiflung« abzuschließen. Zwischendurch schaffte er es, sich mit Irina zu treffen.

Dann fuhren die Nabokovs nach Cannes. Die Französische Riviera wurde für sie nun lange Zeit zur Zuflucht. Für einen freien Touristen ist das natürlich nicht der schlechteste Winkel auf der Welt, für einen Emigranten aber auch nur ein Ort des Exils. Freilich war es damals an der Côte d'Azur nicht nur ruhiger, sondern auch billiger als in Paris. Sie besaßen noch etwas von dem Geld, das ihnen ein englischer Verlag gezahlt hatte. Aber lange konnte es nicht reichen.

In Cannes hatte das Ehepaar eine Aussprache. Vera forderte ihn auf, nach Paris zurückzukehren. Nabokov schwankte und schrieb Irina jammervolle Biefe. Vera sprach nicht mehr mit ihm, und er verschwand für Tage in den Bergen.

Im April hatte »Sowremennyje sapiski« das erste Kapitel der »Gabe« gedruckt. Vielen war schon damals klar, daß dieses Buch Nabokovs ein großes literarisches Ereignis werden würde, und Chodassewitsch schrieb in »Wosroshdenije«, daß er der Versuchung widerstehe, dem Leser seine Überlegungen mitzuteilen, es sei noch zu früh, über den Roman zu sprechen, denn die Publikation habe gerade erst begonnen. Dennoch konstatierte er »einen gewaltigen bildlichen und stilistischen Reichtum« als Eigenschaft des neuen Romans: »Der an sich schon freigebige Sirin scheint in der ›Gabe‹ beschlossen zu haben, sich völlig verschwenderisch zu zeigen ... Der sowjetischen Literatur, die in gewisser Weise eine Höhlenperiode durchmacht und die Luft mit wildem Triumphgeschrei erfüllt, wenn es jemandem gelingt, eine Steinaxt zu fertigen, ist er genauso fremd wie der Exilliteratur, die Tradition durch Epigonentum ersetzt und vor Neuartigkeit mehr Angst hat als vor Zugluft.«

Der informierte Leser jener Zeit dachte bei der Anspielung auf die Zugluft sicherlich an Bunin, der sich in dem stickigen kleinen Saal in seinen Mantel hüllte. Meine Altersgenossen hingegen können sich an die »Steinäxte« der sowjetischen Literatur erinnern, die mit »Stalinpreisen« geschmückt wurden, aber auch an die Verwirrung der sowjetischen Schriftsteller, als in Moskau zum erstenmal über Nabokov diskutiert wurde (hatte er schon das Niveau Proskurins erreicht, oder war er auf halbem Wege stehengeblieben?).

Nabokov verlebte einen schweren Sommer in Cannes, der geprägt war von harter Arbeit, familiären Mißstimmungen und den ersten großen Differenzen mit seiner Zeitschrift. Erschienen war bereits das großartige erste Kapitel des Romans mit einer Kaskade stilistischer Raffinessen, mit Erinnerungen an die Kindheit, einem Gedankenstrom auf einer Berliner Straße oder im Bett einer Berliner Pension – einem Strom, in dem Zeilen neuer Gedichte geboren wurden, mit

Schilderungen von komischen Emigrantenzusammenkünften. Nun mußte er das zweite Kapitel schicken (und jedes Kapitel besaß den Umfang seiner früheren Romane), doch er wollte plötzlich den Anfang des zweiten Kapitels umarbeiten. Es ging ihm nicht von der Hand, und so nahm er sich das fast druckfertige vierte Kapitel vor (die Biographie Tschernyschewskis, geschrieben vom Helden des Romans). Er mietete sich eine kleine Wohnung und setzte sich dort an die Arbeit. Die Hitze setzte ein, und die Nabokovs lebten jetzt »wie Amphibien«, pendelten zwischen Strand und Haus. Das vierte Kapitel gelang, Nabokov war damit zufrieden und schickte es Rudnew, der jetzt fast allein die Zeitschrift machte. Rudnew wurde wütend: Sollte er den Lesern etwa das vierte Kapitel vor dem zweiten anbieten? Zum Glück warf er vor Überlastung keinen Blick in den Text. Nabokov lenkte ein und machte sich an die Überarbeitung des zweiten Kapitels.

Ein junger Herr geht übers Feld, bittet einen Bauern um Feuer … Ein kleiner Wald, ein Regenbogen, Rußland, eine Sumpforchidee auf einem Fleckchen Moorboden, die Pforte: der Eingang zum Park. Und dann, »geradewegs aus dem Treibhausparadies der Vergangenheit stieg er in die Berliner Straßenbahn«.

So dachte er im schwülen Zimmer in Cannes an die Frische eines russischen Feldes nach dem Regen – und verließ die schwierige Gegenwart, die eigene Ruhelosigkeit, die Unbehaustheit und wohl auch die familiäre Einsamkeit, denn Vera schwieg beharrlich. Am Strand schrieb er Irina Liebesbriefe. Er verlangte von ihr Treue, er war eifersüchtig. Vera fand heraus, daß er den Briefwechsel mit Irina nicht abgebrochen hatte, und sein Familienleben wurde zur Hölle. Es kam die Zeit, da die Pariser in Urlaub fuhren. Irina wollte nach Cannes kommen und ihn entführen. Andrew Field hat offenbar die Briefe gelesen, die Nabokov von der Riviera an sie schrieb. Darin dankte er ihr für die Wonne, die er mit anderen nicht empfunden habe. Doch er vollzog keinen endgültigen Bruch mit seiner Familie. Bedauerte er Vera und Dmitri? Oder bedauerte er nur sich selbst? Später teilte er in Briefen eher verwundert als verurteilend mit, daß sein Cousin N.D. Nabokov, Nika, wieder geheiratet habe. Offenbar verwunderte ihn die Entschlossenheit Nikas.

Aber vielleicht war gerade das Familiendrama, das sich während der Arbeit an der »Gabe« abspielte, der Grund, daß die Erzählung über seine Liebe zu Vera im dritten und fünften Kapitel des Romans von so unendlicher Zärtlichkeit durchdrungen ist.

Er mußte trotz aller Schwierigkeiten die Arbeit fortsetzen. Da traf ihn ein neuer Schlag. Der um die nächste Nummer der Zeitschrift besorgte Rudnew fand endlich Zeit, das vierte Kapitel über Tschernyschewski zu lesen. Er war erschüttert. Das war eine Verhöhnung. Eine Verhöhnung des Hauptheiligen der russischen Revolution (Rudnew war immerhin Sozialist und Revolutionär), des Heiligen der russischen Intelligenz. Erinnern wir uns, wie der junge Miklucho-Maklai das Bild Tschernyschewskis durch den Dschungel schleppte, wie er davon träumte, Geld für Tschernyschewski zu sparen und nach Sibirien zu schicken; wie Lopatin beschloß, Tschernyschewski aus Sibirien zu holen und der Emigration einen Führer zu geben. Ja, die ganze freisinnige russische Intelligenz hat unentwegt Tschernyschewski gelesen.

Rudnew schrieb nach Cannes, daß die Publikation des vierten Kapitels nicht in Frage komme. Aber von der Veröffentlichung der übrigen Kapitel trete er nicht zurück. Das hatte Nabokov nicht erwartet. Natürlich hatte er einen Skandal vorausgesehen und ihn im voraus genossen. Man kann sagen, daß er mit ihm rechnete, denn er hatte in seinem Roman schon alle möglichen schmähenden Rezensionen parodiert, alle Peripetien dieses Skandals beschrieben. Aber eine Ablehnung hatte er nicht erwartet. Er war der berühmteste Exilschriftsteller der neuen Generation und nahm in dieser Zeitschrift und in dieser Literatur eine besondere Stellung ein.

Nabokov schrieb Rudnew einen bitteren und zornigen Brief und erklärte noch einmal, daß ihm »alle Parteien der Welt vollkommen gleichgültig« seien. »Ich habe nicht die Absicht, meinen Tschernyschewski zu verteidigen«, schrieb Nabokov würdevoll, »dieser Text ist meines Erachtens auf einem solchen Niveau, daß er keiner Verteidigung bedarf.«

Ebenso würdevoll beendete er den Brief (der an Puschkins berühmte Worte erinnerte: »Gefühl kann man zu Markt nicht bringen, doch Manuskripte jederzeit«): »Meine Romane schreibe ich für mich, und veröffentlichen tue ich sie für Geld – alles übrige ist Mutwille des Schicksals, Dessert, junge Erbsen zu meinem Hühnchen. Ich bin nur traurig, daß Sie mir die einzige mir zugängliche und von mir sehr geschätzte Zeitschrift verschließen.«

Nabokov sprach später des öfteren davon, daß es für die »Orakel der Emigrantenkritik« in seinen Werken nicht genügend »religiöse Durchdringung und bürgerliches Pathos« gab. Aber auch 1952, nachdem in Amerika der vollständige Text der »Gabe« erschienen war, beschuldigten Adamowitsch und Mark Slonim Nabokov des »leichtfertigen« Umgangs mit Tschernyschewski und bösartiger Polemik. Es ist also nicht verwunderlich, daß Rudnew Ende der dreißiger Jahre keine Verunglimpfung des Heiligen duldete. Der Schutz der Heiligtümer war stets eine der Funktionen der russischen Zensur gewesen (ganz gleich, wie sie sich nannte – Synod, Glawlit, Glawpur, Redaktionskollegium), und kurz nachdem Nabokov den Brief von Rudnew erhalten hatte (am 16. August), schrieb er an Fondaminski: »Ich kann nicht ausdrücken, wie mich der Beschluß der ›Sowremennyje sapiski‹ betrübt, meine Kunst unter dem Gesichtspunkt alter Partei-Vorurteile zu zensieren.« Früher war es Fondaminski gelungen, in der Zeitschrift die Vorurteile seiner Genossen zu überwinden. Jetzt hatte er offenbar andere Probleme. Die Europäer spürten schon ganz nah den blutigen Atem des Faschismus, so daß nun das wölfische Antlitz des Stalinismus von weitem wie eine freundliche Hundeschnauze aussah. In Fondaminskis Wohnung beriet man jetzt, wie man dem hungrigen, ewig hungrigen Petersburg-Leningrad helfen konnte.

Am Donnerstag, dem 2. September, schrieb Rudnew an Nabokov, wenn der Setzer nicht bis zum Montag das Manuskript des zweiten Kapitels erhalte, weigere er sich, die Nummer zu setzen. Die Nacht vom Sonntag zum Montag schlief Rudnew schlecht. Am Montag morgen fand er im Briefkasten das Manuskript und atmete erleichtert auf.

Am nächsten Tag erschien plötzlich Irina am Strand von Cannes. Sie lief Nabokov entgegen, als er mit dem dreijährigen Dmitri morgens zum Baden kam. Es war keine angenehme Überraschung. Er bat sie, unverzüglich abzureisen. Aber sie setzte sich in der Nähe hin und beobachtete die beiden. Dann kam Vera, und die Familie Nabokov ging frühstücken. Irina blieb am Strand sitzen ... Er sah sie an diesem Morgen zum letztenmal.

Er hatte seine Wahl getroffen. Vielleicht konnte er sich auch nicht zu einem Schritt entschließen, den er für unmoralisch hielt.Brian Boyd ist überzeugt, daß Nabokov beim Niederschreiben der letzten Seiten der »Gabe« nicht umsonst die uns allen bekannte Szene des allgegenwärtigen Puschkin vor Augen hatte: Onegin auf Knien, Tatjana, »die russische Seele«, hat ihre Liebe zu Onegin bezähmt und erklärt, daß »ein andrer mich gefreit« hat. Zwanzig Jahre später (bei der Übersetzung und Kommentierung des »Onegin«) kam Nabokov noch einmal auf diese Zeilen zurück. Hier sein Kommentar:

»Tatjana ist jetzt ein würdevolleres Wesen als jenes romantische junge Mädchen, das sich (im dritten Kapitel) am Kraut erotischer Sehnsucht berauscht und heimlich einem jungen Mann, den sie nur einmal gesehen hat, einen Liebesbrief schreibt ...«

Onegin erhebt sich von den Knien, und Puschkin beendet damit seinen Roman in Versen. Nach Nabokovs Meinung war das ein genialer Handstreich. Im englischen Vorwort zur »Gabe« fragt sich Nabokov, »wie weit die Vorstellungskraft des Lesers den jungen Liebenden folgen wird, nachdem sie verabschiedet worden sind«. Wie dem auch sei, Onegin erhebt sich von den Knien, und die letzten Zeilen von Nabokovs Roman sind im Rhythmus des Oneginschen Verssatzes geschrieben:

»Leb wohl, Buch! Eine Todesstundung ist auch Visionen nicht vergönnt. Onegin wird nicht länger knien, da sich sein Schöpfer von ihm trennt ... Vom wachen Geist erzwingt mein Text, der so geendet hat, nicht, diesen Punkt als Schluß zu sehen: Des Daseins Truggestalten wehen blauschimmernd übers schwarze Blatt wie Morgenwolken ohne Eile, und niemals endet eine Zeile.«

Doch in der Realität besteht, wie Boyd bemerkt, ein Unterschied zwischen Tatjana Larina und Vladimir Nabokov. Die romantische Tatjana hat Onegins Brief aufbewahrt. Der reale Nabokov schickte Irina ihre Briefe zurück und verlangte von ihr die seinen. Damit endete die Geschichte.

Im Oktober zogen die Nabokovs nach Menton, einem malerischen Städtchen an der italienischen Grenze, und wohnten dort in der Pension »Hespérides«.

Manchmal besuchten Freunde sie in Menton. Es kamen Nika und Natascha mit dem Sohn Wanja, Sinaida Schachowskaja mit ihrem Mann, Fondaminski, Anna Feigina, Nikita Romanow mit seiner Frau …

Die Nabokovs wanderten in den nahen Bergen, manchmal überquerten sie die Grenze, die hier gar nicht zu existieren schien, aber dem Besitzer eines Staatenlosenpasses ist eine Grenze nie gleichgültig.

Im November, nach Abschluß des dritten Kapitels der »Gabe«, wandte sich Nabokov der Dramatik zu. In Paris bereitete sich das »Russische Theater«, an dessen Gründung Fondaminski beteiligt war (auch materiell), auf seine zweite Spielzeit vor. Fondaminski fragte Nabokov, ob er nicht ein Theaterstück schreiben wolle, und da begriff Nabokov, daß er das seit langem wollte. Ihn zog es schon seit den fernen Tagen auf der Krim zur Dramatik, und auch wenn er Prosa schrieb, dachte er ständig an den Zuschauer (»der höchste Traum des Schriftstellers: den Leser in einen Zuschauer zu verwandeln«).

Nabokov legte das letzte Kapitel der »Gabe« beiseite und setzte sich an ein Stück. Es heißt »Das Ereignis«.

Die Arbeit ging gut voran, und er schrieb an Sinaida Schachowskaja: »Wir bleiben noch einige Zeit im Süden. Ich kann hier wunderbar schreiben. Vom Wetter will ich gar nicht reden … Ich gehe wie im Sommer baden …«

Chodassewitsch meinte, daß, nach dem Inhalt zu urteilen, Nabokovs Stück nicht »Ereignis«, sondern »Angst« heißen müßte. Der Maler Trostschejkin (Alexej Maximowitsch) malt das Porträt eines Jungen mit fünf Bällen. (Seine Schwiegermutter, eine Schriftstellerin, trägt den Namen Antonina Pawlowna; all diese literarischen Spielereien sind nicht zufällig.) Bälle geistern durch viele Bücher Nabokovs, und kurz bevor er mit dem Stück begann, rollte einer von ihnen in der »Gabe« unter das Sofa des Kindermädchens. In dem Stück »Ereignis« rollen zwei Bälle auf die Bühne, und drei gehen verloren. Ein Ball hat einen Spiegel zerschlagen: Liebhaber von Rätseln haben hier etwas zum Grübeln. Zumal das Kind von Trostschejkin und seiner Frau Ljubow fünf Jahre alt wäre, wenn es nicht drei Jahre zuvor gestorben wäre.

Ljubow fragt ihren Mann, warum er nicht zuerst die fünf Bälle malt und danach den Jungen, und Trostschejkin antwortet: »Weißt du, sie müssen glühen, einen Widerschein auf ihn werfen, aber erst will ich den Widerschein festhalten, und dann nehme ich mir seine Quellen vor. Die Kunst bewegt sich immer gegen die Sonne.«

Sechs Jahre zuvor hat Ljubow, der Liebschaft mit einem gewissen Barbaschin überdrüssig, beschlossen, Trostschejkin zu heiraten. Daraufhin hatte Barbaschin auf sie beide geschossen. Er wurde verhaftet und verurteilt und drohte, nach Verbüßung der Strafe mit ihnen abzurechnen. Nun kommt Ljubows derzeitiger Liebhaber Rewschin mit der Neuigkeit, Barbaschin sei vorzeitig aus dem Gefängnis entlassen worden, man habe ihn in der Stadt gesehen. Trostschejkin bekommt Angst (kein neues Thema für Nabokov). In seiner Panik will er nach Capri fliehen und ist sogar einverstanden, daß sich Ljubow mit ihrem Liebhaber im Dorf versteckt, wenn dieser ihm Geld für die Flucht gibt. Trostschejkin erweist sich als gemeiner Feigling, mit dem niemand Mitleid hat.

Über Analogien und Unterschiede dieses Stücks zu Gogols »Revisor« hat wohl am besten Chodassewitsch in den

»Sowremennyje sapiski« geschrieben. Nach seiner Ansicht ist Barbaschin nichts weiter als ein Gespenst, eine Phantasmagorie, eine krankhafte Ausgeburt der Angst Trostschejkins, und »das Aufkommen, Anwachsen und plötzliche Verschwinden dieser Angst ist die grundlegende Sujetlinie des Stücks«. Aber endet Gogols Komödie mit der Mitteilung über die Ankunft des bedrohlichen Revisors, so ist es bei Nabokov umgekehrt; Trostschejkin erfährt am Ende, daß Barbaschin für immer ins Ausland verschwunden ist. Nach Chodassewitschs Worten ist das »als Anzeichen für Nabokovs tiefen Pessimismus zu deuten: Alles auf der Welt ist banal und schmutzig ... Der Revisor wird nicht kommen, und man braucht ihn nicht zu fürchten.« In dem Stück gibt es eine stumme Szene, eine Szene der Einsicht: Die erstarrten Gäste zurücklassend, treten Trostschejkin und Ljubow auf die Vorderbühne. Und hinter ihnen soll sich laut Anweisung des Autors ein durchsichtiges Tuch oder ein mittlerer Vorhang herabsenken, auf den die Anwesenden in genauer Wiederholung der Posen gemalt sind.

Jewreinows Idee der »Mauer« beschäftigte Nabokov seit langem, schon in Berlin, als er auf einem Emigrantenball in einer Liebhaber-Revue die Rolle Jewreinows spielte, sie beschäftigte ihn auch später, als er in Paris Jewreinows Nachbar war, und noch später, als er schrieb, daß er sich an eine einzige Bühnenregel hält: Zwischen dem Schauspieler und dem Zuschauer ist eine halb durchlässige Mauer ...

Die Proben zu dem Stück begannen im Februar. So ein aus dem Rahmen fallendes russisches Emigrantenstück war auch für das »Russische Theater« ein »wahres Ereignis«. Es ist ungewiß, ob der Autor in dem Titel darauf anspielte, aber genauso nahm das russische Paris die Inszenierung auf.

Nabokov war unterdessen wieder mit seinem Hauptwerk beschäftigt, das er fünf Jahre zuvor in Deutschland begonnen hatte. Zwischen dem Beginn und dem Abschluß dieses Werkes schrieb er nicht nur den Roman »Einladung zur Enthauptung«, das Theaterstück und eine kurze autobiographische Skizze, sondern auch den Vortrag über Puschkin, einen Artikel und fast ein Dutzend Erzählungen. Jetzt näherte sich der

Roman »Die Gabe« der Fertigstellung. Der Held schreibt seiner Mutter von dem, was sie immer verbunden hat und was mit jedem Tag verschwommener, unerreichbarer und hoffnungsloser wird:

»Und wann kehren wir nach Rußland zurück? Als was für eine idiotische Gefühlsduselei, was für ein habgieriges Stöhnen muß diese unsere unschuldige Hoffnung den Menschen in Rußland erscheinen. Aber unsere Sehnsucht ist doch nicht historisch – nur menschlich –, wie kann man ihnen das erklären? Natürlich ist es für mich leichter als für andere, außerhalb Rußlands zu leben, denn ich weiß mit Bestimmtheit, daß ich zurückkehren werde – erstens, weil ich die Schlüssel zu ihm mitgenommen habe, und zweitens, weil ich – ganz gleich wann, in hundert, zweihundert Jahren – dort in meinen Büchern leben werde, oder zumindest in der Fußnote eines Wissenschaftlers. Bitte, jetzt hast Du eine historische Hoffnung, eine literarhistorische ...«

Im Januar 1938 hatte Nabokov den Roman fertig.

***

Den Roman »Die Gabe« wiederzugeben ist eine genauso schwierige und undankbare Aufgabe wie die Wiedergabe eines wunderbaren Poems, das reich ist an lyrischen Abschweifungen, bildhaften Beschreibungen, intimen oder tief verborgenen Anspielungen, philosophischen Überlegungen, historischen Reminiszenzen. »Die Gabe«, die als ein Gipfel der russischen Prosa des 20. Jahrhunderts anerkannt ist, wartet noch auf eine eingehende Analyse. Bislang gibt es in Rußland wie auch im Westen nur sehr wenige kritische Abhandlungen (ich verweise auf Brian Boyd und Simon Karlinsky). Selbst bei der oberflächlichsten Lektüre ist »Die Gabe« erstaunlich poetisch und spannend. Wer geduldiger ist, wird die großartigen historischen, literaturwissenschaftlichen, entomologischen, philosophischen und geographischen Passagen genießen. Einen wahren Festschmaus haben die Anhänger des Nabokovschen Humors zu erwarten. In vollem Glanz erstrahlen die berühmten Nabokovschen Details, die wir seinem außerordentlichen Gedächtnis, seiner einzigartigen

Beobachtungsgabe und unvergleichlichen Meisterschaft verdanken. Wir haben hier riskiert, in der Rolle jenes Marktschreiers aufzutreten, mit dem Chodassewitsch in seinem großen Artikel über Nabokov den Kritiker verglichen hat: »Es ist Sache des Kritikers, zu zeigen, warum sein ›Wunder des 20. Jahrhunderts‹ die zehn Sous wert ist, die der wißbegierige Leser dafür ausgegeben hat.« Doch er selbst als Entdecker dieses »Wunders des 20. Jahrhunderts« verzichtet auf eine ausführliche Analyse des Romans und erklärt nur nebenbei, daß er für die Erforschung Nabokovs keinen Platz, keine Zeit und keine Leser habe. Zwei Jahrzehnte vergingen nach Chodassewitschs Artikel, und Nabokovs alter Freund Gleb Struve verwies im Nabokov-Kapitel seiner Abhandlung über die Exilliteratur wiederum auf künftige Wissenschaftler. Zeitschriftenrezensionen vergangener Tage anführend, bekannte er: »Diesem leuchtenden, beinahe blendenden Talent liegt eine Kombination von virtuoser Sprachbeherrschung, unerhört scharfer visueller Wahrnehmung und ungewöhnlich genauem Gedächtnis zugrunde, woraus eine geheimnisvolle, fast unheimliche Verschmelzung des Wahrnehmungs- und des Fixierungsprozesses entsteht.«

In höchstem Maße trifft das alles auf »Die Gabe« zu. Die von Struve aufgezählten Züge des Romans sind besonders in der spannendsten Romanlinie – der Geschichte des jungen Exilliteraten Fjodor Godunow-Tscherdynzew – zu spüren. Fjodor führt im Berliner Exil ein uns bereits bekanntes Geisterleben und füllt seine Tage damit aus, daß er auf dem durchgelegenen Sofa der Wirtin Gedichte schreibt, Stunden gibt, bei Bekannten Tee trinkt, literarische Gesellschaften besucht, in den Straßen, im Park und im Wald spazierengeht und die minimalen Bedürfnisse seines mageren Körpers befriedigt. Noch dichter besiedelt sind seine Nächte – von einer Masse Erinnerungen (wieder das uns bekannte Wyra, das hier Leschino heißt, wieder die Kindheit, wieder die Schmetterlinge, wieder die erste Liebe …) und Gedanken (für einen Schriftsteller ist das nicht Müßiggang, sondern Arbeit). Wir werden in den Prozeß des Schreibens einbezogen, wir sehen sowohl das Ergebnis wie auch den Schaffensprozeß, was durch ein unmerkliches »Hinübergleiten«, durch die erstaunlichen Nabokovschen Übergänge von einer Wirklichkeit in eine andere, vom Traum zur Realität, von einem Erzähler zu einem anderen erreicht wird. Es wird erreicht durch die Windungen eines langen Nabokovschen Satzes, den Boyd mit einer Riesenschlange vergleicht, die sich an dicken Mäusen überfressen hat. Es wird erreicht durch einen ganz natürlichen, kaum spürbaren Übergang von Prosa zu Versen, die in einer Prosazeile verborgen sind, und zurück zur Prosa. Durchaus möglich, daß ein Nabokovscher Satz, überfrachtet mit Material und Bildern, einem ungeübten Leser das Lesen erschwert, doch wenn er die Anstrengung auf sich nimmt, wird er belohnt durch die Entdeckung neuer Schönheiten und neuer Bedeutungen.

Fjodor Godunow-Tscherdynzew also schreibt Gedichte und Prosa und verdient sich mit Stundengeben seinen Lebensunterhalt. Er schreibt der zärtlich geliebten Mutter Briefe. Ebenso wie sie kann er sich noch immer nicht abfinden mit der Nachricht vom mysteriösen Tod seines Vaters, eines bekannten Forschungsreisenden, der von seiner letzten Expedition, die mit den Wirren in Rußland zusammenfiel, nicht zurückgekehrt ist. Fjodor beginnt ein Buch über den Vater zu schreiben, ist damit aber genausowenig zufrieden wie mit seinen Gedichten. Dann verliebt er sich in die Tochter seiner Wirtsleute, Sina Merz. Er findet das Sujet seines neuen Buches – das Leben Tschernyschewskis – und führt dieses Vorhaben sogar zu Ende. Sina erwidert seine Gefühle, sie ist eine ideale Lebensgefährtin, wie für ihn geschaffen. Kurz vor Beendigung seines Buches spricht er von dem Plan zu einem neuen Werk – es wird die Geschichte sein, die wir gerade gelesen haben …

Eine solche Wiedergabe (ein Telegraphenmast statt einer Tanne) vermittelt uns nur eine Ahnung vom Inhalt dieses reichsten Romans Nabokovs, den man als den russischen »Ulysses« bezeichnen kann. Um Joyce kommen wir hier nicht herum, und Nabokov selbst hat den Vergleich mit ihm nicht sehr energisch bestritten. Von seiner Liebe zu »Ulysses« hat er des öfteren gesprochen. Also ist es nicht abwegig, wenn uns in der »Gabe« manches an Joyce erinnert (oder umgekehrt, wenn uns bei Joyce manches an Nabokov erinnert), nehmen wir zum Beispiel das Schlendern durch die Stadt, ohne klar ersichtliches Ziel, ja scheinbar ganz ohne Ziel.

Als Chodassewitsch in den »Sowremennyje sapiski« anderthalb Kapitel des Romans gelesen hatte, vermutete er weitsichtig, daß es in Nabokovs neuem Werk »vor allem auf die Komposition ankommt« und daß der Sinn des Werks vielleicht »nur in Verbindung mit dieser Komposition deutlich wird«. Und daß es vorläufig unmöglich sei, diesen Sinn zu erraten, da Nabokov, der kunstreiche »Baumeister seiner Romane ... die Karten erst ganz am Schluß aufdeckt«.

Mit den kompositionellen Geheimnissen der »Gabe« beschäftigten sich später hingebungsvoll Karlinsky und Boyd. Karlinsky unterschied für den Anfang drei Ebenen in dem Roman und stellte fest, daß er wie ein »Kreis« komponiert war, wobei er daran erinnerte, daß Nabokov die Erzählung über die Familie Gordunow-Tscherdynzew, die sich gleichsam vom Roman abgespalten hatte und einzeln gedruckt wurde, genauso genannt hatte.

In einer ausführlichen Abhandlung über »Die Gabe« untersucht Brian Boyd auch an einigen Beispielen die symmetrischen Verdopplungen im Roman und die »Kreisstruktur«. Beide Nabokov-Forscher zählen das Schlüssel-Thema zu den bedeutungsvollsten. Im ersten Kapitel verliert der Held die Schlüssel, und während er vor der verschlossenen Haustür auf und ab geht, findet er den Anfang eines neuen Gedichts, nach dem er den ganzen Tag gesucht hat. Noch wesentlicher ist die Schlüssel-Szene im dritten Kapitel, wo Sina herunterkommt, um den Gästen aufzuschließen. Das Schlüssel-Thema taucht am Schluß noch einmal auf. Fjodors Schlüssel wurden gestohlen, und Sina hat die ihren zu Hause gelassen – sie bemerken es, als sie sich dem Haus nähern, das endlich ihre Zuflucht geworden ist.

Aufmerksam alle scheinbar ziellosen Stadtwanderungen Fjodors und alle Seitenlinien (die ungeschriebenen oder künftigen Bücher Fjodors) verfolgend, enthüllt Boyd ihre Rolle bei der Entwicklung des Sujets, bei der Herausarbeitung des

»Schicksalsmusters« des Helden. Es wird klar, daß dieser Roman gleichsam der Zugang zu jenem Roman ist, den Fjodor schreiben wird, und zugleich ist es ein Roman für sich. Nabokov schreibt einen Roman über sein Leben. Auf die Schwierigkeiten eines solchen Genres hat er mehrfach hingewiesen. In der »Gabe« unternimmt der Held einige Versuche, eine Biographie zu schreiben, und sein erster erfolgreicher Versuch ist die Biographie Tschernyschewskis. Boyd nimmt an, daß Fjodor diesen Erfolg der Begegnung mit Sina verdankt, ebenso wie er den qualitativen Sprung in Nabokovs Schaffen damit in Zusammenhang bringt, daß Nabokov mit seiner Frau Vera eng verbunden war und die Palette seiner Weltsicht durch ihre sehr kritische Wahrnehmung der Welt bereichert wurde.

In der »Gabe« erreicht Nabokovs parodistisches und ironisches Talent seine höchste Blüte. Er gestaltet den authentischen Mikrokosmos der Berliner Emigration, die Welt der Exilpolitiker und -literaten. Die sarkastischen Szenen der Schriftstellerversammlungen und der Lesungen, die Parodien auf die Rezensionen von Emigrantenkritikern erregten seinerzeit nicht weniger Aufsehen als der Anschlag auf den Nimbus von Tschernyschewski.

Auf einer Ebene kann »Die Gabe« (Nabokov selbst wies mehrfach darauf hin) als ein Roman über die russische Literatur gelesen werden (»Seine Heldin ist nicht Sina, sondern die russische Literatur«). Es sei nur erwähnt, daß der Anfang des Romans zu den namenlosen Bauern aus den »Toten Seelen« führt und sein Schluß direkt auf den »Onegin« verweist.

Obwohl wir in diesem universellen Roman den Namen fast aller großen Vertreter der klassischen russischen Literatur begegnen und weitläufige Betrachtungen über literarische Stile und über die russische Prosodie finden, nimmt Puschkin doch einen besonderen Platz darin ein. Der Held »nährte sich von Puschkin, atmete Puschkin ein«. Die Stimme Puschkins verschmolz mit der Stimme des Vaters. »So lauschte er dem allerreinsten Ton der Puschkinschen Stimmgabel – und wußte bereits genau, was dieser Ton von ihm verlangte«. »Puschkin ging ihm ins Blut über«.

Der Antipode Puschkins ist für den Helden der »Gabe« Tschernyschewski, der schuld daran war, daß das Utilitätsprinzip das Schöne aus der russischen Literatur zu verdrängen begann, alles in ihr »so erbärmlich, so verdrießlich, so grau« wurde und sich schließlich in die subalterne sowjetische Literatur verwandelte. Eben dieses Fehlen von Geschmack, die Taubheit gegenüber wahrer Poesie und die Kurzsichtigkeit machte der Held der »Gabe« Tschernyschewski zum Vorwurf. »Und andererseits begann er nach und nach zu verstehen, daß kompromißlose Radikale wie Tschernyschewski … in ihrem Kampf gegen die staatliche Ordnung der Dinge (die sogar noch verderbenbringender und vulgärer war als ihre eigene Dummheit im Reich der Literaturkritik) wahrhafte Helden waren.«

Das Glücksgefühl, von dem viele Romane und Erzählungen Nabokovs durchdrungen sind, ist in der »Gabe« mit besonderer Kraft dargestellt. Fjodor träumt sogar davon, einen Leitfaden zu schreiben: »Wie wird man glücklich«.

Aber im jubelnden Finale des Romans schwingt auch ein wehmütiger Ton mit. Fühlte oder wußte Nabokov, daß »Die Gabe« sein letzter russischer Roman sein würde? Das kulturelle Leben der russischen Emigration ging zu Ende. Das empfanden alle, darüber wurde viel geschrieben. Hoffnung auf eine Rückkehr nach Rußland bestand nicht mehr, und für wen sollte er noch russisch schreiben? In Europa reifte eine Krise heran … Ja, natürlich, ein Schriftsteller schreibt für sich, aber der Leser schaut ihm dennoch über die Schulter und liest das Geschriebene. Noch konnte man sich diesen Leser vorstellen, Ende der dreißiger Jahre …

***

Am 4. März fand die Premiere des Stücks »Das Ereignis« statt. Inszenierung und Bühnenbild waren von Juri Annenkow, einem der erstaunlichsten Universalkünstler der Emigration: Grafiker und Porträtist, modernistischer Maler und Kostümbildner, Regisseur von Filmen, Theaterstücken und Massenveranstaltungen und außerdem noch ein talentierter Memoirenschreiber, Novellist und Romancier.

Die vornehmen Zuschauer in der ersten Reihe nahmen das Stück mit eisigem Schweigen auf. Die entmutigte Truppe beschloß, das Stück am Sonntag noch einmal zu spielen und dann abzusetzen. Gewöhnlich reichten zwei Vorstellungen für das nicht sehr zahlreiche Emigrantenpublikum. Vier Vorstellungen – das war nach heutigen Begriffen ein großer Erfolg. Am Sonntag brachten die »Poslednije nowosti« eine vernichtende Rezension: Adamowitsch mochte das Stück dieses unheimlichen Nabokov nicht, der Rezensent, der sich hinter den Initialen K.P. versteckte, auch nicht: durchweg Monster »im Geiste Sirins«. Vielleicht kamen gerade aufgrund der vernichtenden Rezensionen so viele Zuschauer zur zweiten Vorstellung. In der ersten Reihe saßen Georgi Hessen mit seinem Vater und Chodassewitsch, der sich während der ganzen Vorstellung vor Lachen bog. Die Streitgespräche verstummten weder in der Pause noch nach der Vorstellung: Es war ein Erfolg. Es war die beste Form von Erfolg – ein Skandal. Die Zeitung »Wosroshdenije« schrieb, das sei das Ereignis der Spielzeit. Eine Woche später brachten die »Poslednije nowosti« ein Interview mit dem Regisseur Juri Annenkow. »Die russischen Schriftsteller«, sagte er, »haben es verlernt, etwas anderes als Tagespolitik auf die Bühne zu bringen ... Sirin hat eine Bresche geschlagen ... Sirin ist ein erstaunlicher Meister des unorganisierten Dialogs. Die Lebenswahrheit des ›Ereignisses‹ wird noch dadurch unterstrichen, daß das Drama eng verflochten ist mit der Komödie, die Realität mit der Phantastik. Das ist wichtig, denn nichts ist relativer als die sogenannten naturalistischen Stücke. Unser Leben ergibt sich nicht nur aus den realen Fakten, sondern auch aus unserer Einstellung zu ihnen, aus dem Durcheinander unserer Erinnerungen und Assoziationen ... Die Schauspieler ... haben einstimmig bekundet, daß die von Sirin gestellte Aufgabe für sie neu ist und die Methoden zu ihrer Lösung sehr schwer sind.«

In der nächsten Nummer der »Sowremennyje sapiski« schrieb Chodassewitsch nicht einfach über den Erfolg des Stücks, sondern über einen erstklassigen Erfolg, denn er beruhe »nicht auf Gefälligkeit gegenüber dem Publikum, sondern auf dem Versuch des Theaters, eine künstlerische Aufgabe zu lösen ... Ein solcher Versuch wurde in der gesamten Zeit der Emigration zum erstenmal unternommen.«

Inzwischen war in Amerika »Gelächter im Dunkel« erschienen, was nach allen steuerlichen und sonstigen Abzügen weniger als zweihundert Dollar einbrachte. Im Frühling schrieb Nabokov darüber voll Erbitterung dem Journalisten Lolli Lwow und klagte über »entsetzliche Not«. Bald darauf erhielt er telegraphisch zweieinhalbtausend Francs und einen Brief von Sergej Rachmaninow, der ein Verehrer seines Talents war. (Vielleicht hatte sich Lwow mit Rachmaninow über die Herausgabe der »Gabe« beraten, denn Rachmaninow versuchte Nabokov auch in dieser Hinsicht zu beruhigen.) Rachmaninow schrieb, die Worte von der »entsetzlichen Not« hätten ihn erschüttert, und schon der Gedanke, daß er ihm in der Not helfen konnte, sei für ihn eine Auszeichnung.

Das Stück »Das Ereignis« wurde im Frühling in »Russkije sapiski« abgedruckt. In Prag wurde mit den Proben begonnen.

Tyrann und Antichrist

Ab Mitte Mai verschwand Nabokov immer öfter in den Bergen zwischen Menton und Roquebrune und jagte Schmetterlinge. Ihm wird kaum sehr ruhig ums Herz gewesen sein, denn damals erdachte er die lange schreckliche Erzählung »Die Vernichtung der Tyrannen« – den Monolog eines Menschen, der betäubt ist von den Lautsprechern unter dem Himmel eines totalitären Staates der Gegenwart. In seiner Jugend hatte der Erzähler einen nichtigen Menschen gekannt, der nun Diktator in seinem Land war, er hatte ihn gekannt, aber nicht getötet, dabei hätte er ihn töten können, »und dann hätte es das alles nicht gegeben ... weder die Feiertage bei strömendem Regen, die gewaltigen Festumzüge, bei denen Millionen ... Bürger in Marschordnung mit Spaten, Hacken und Harken auf den Sklavenschultern vorbeizogen, noch die Lautsprecher, die ein und dieselbe allgegenwärtige Stimme ohrenbetäubend vermehrten, noch die heimliche Trauer in jeder zweiten Familie, noch die Skala der Foltern, noch die Abstumpfung, noch die fünf Sashen großen Porträts, nichts …« Im Weiteren geht es um eine alte Witwe, die eine zwei Pud schwere Rübe geerntet hat und zusammen mit ihrer Rübe einer allerhöchsten Audienz für würdig befunden wird. Nachdem sich der Tyrann die Erzählung der armen Witwe über ihre Großtat (eine Nacherzählung des Märchens von der Rübe, verknüpft mit Berichten aus der Zeitung »Prawda«) angehört hat, »wandte er sich scharf an seine Untergebenen: ›Ja, das ist Poesie … davon könnten die Herren Dichter lernen‹, befahl, von dem ›Gemüse‹ einen Abdruck aus Bronze gießen zu lassen, und ging hinaus.« Wer von denen, die in den Ländern des »siegreichen Sozialismus« künstlerisch tätig waren, hat nicht dergleichen Empfehlungen zu hören bekommen? Aber woher kannte Nabokov solche Empfehlungen?

In der Erzählung deklamiert ein Schauspieler mit wunderbarem Bariton im Radio Gedichte des »besten Dichters«. Schon das erste Wort der Parodie gibt ihr Opfer, einen bekannten sowjetischen Namensvetter Nabokovs, und den Titel seines Gedichtes preis, das allen seit der Schule zum Halse heraushing.

Da wird der haßerfüllte Held von einem nicht zu unterdrückenden Lachen gepackt – er lacht, und das Lachen rettet ihn. Das Lachen erweist sich als Beschwörungsformel: »So daß fortan jeder die Sklaverei bannen kann …«

Natürlich war Nabokov nicht so naiv, anzunehmen, daß Lachen den Tyrannen physisch töten würde (zu Unrecht werfen ihm heute westliche Nabokov-Forscher diese Naivität vor). Es ging ihm vor allem darum, in sich selbst die Verzauberung durch einen Tyrannen, die Pietät gegenüber nichtigen Diktatoren zu vernichten (wie viele unabhängige Persönlichkeiten erlagen einer solchen Verzauberung, zum Beispiel Bernard Shaw, ganz zu schweigen von Mereshkowski, Hamsun, Pound, Barbusse, Rolland, Wells, Vercors, Neruda und anderen westlichen Intellektuellen).

Einige Jahre später, schon in Amerika, wiederholte Nabokov die Geschichte von einem Mann, der einen Tyrannen von Kind an kannte, in dem Roman »Das Bastardzeichen«.

Im Juli zogen die Nabokovs in das reizende Bergdorf Moulines. Aber hier wurden bald Militärlager aufgeschlagen, und auf dem Dorfplatz erklang Militärmusik. Also zogen die Nabokovs wieder ans Meer und mieteten sich in Antibes in einer russischen Pension ein. Sie war in einer Villa des Herzogs von Lichtenberg untergebracht und gehörte jetzt dem russischen Invalidenverband. Das Städtchen war »berauschend«, aber die Gefahr, bald völlig ohne Geld dazustehen, bedrücke Nabokov immer mehr, und seine damaligen Briefe gleichen wenig seinen späteren optimistischen Erinnerungen. »Wir sind jetzt in einer besonders ekelhaften Lage«, schreibt er, »in solchen Geldnöten waren wir noch nie, dieser langsame Untergang betrübt und bewegt niemanden (doch, der Schriftstellerverband in Paris hat mir 200 Francs geschickt). Wir wissen nicht weiter ...« Von seiner »entsetzlichen materiellen Lage« schrieb er auch dem amerikanischen Literaturfonds, der ihm 20 Dollar schickte.

In einigen Briefen jener Zeit erwähnt er Prag: »Die Situation meiner Mutter ist wirklich schrecklich ...«

Im Oktober schickte Nabokov dem »Russischen Theater« sein neues Stück »Walzers Erfindung«, und bald wurde in den »Poslednije nowosti« mitgeteilt, daß in Annenkows Wohnung die erste Lesung des Stücks stattgefunden habe. Das beunruhigende Jahr 1938 ging zu Ende, und die Zuschauer, zermürbt von den Nachrichten, nahmen an, daß sie etwas Lyrisches zu sehen bekämen – über Walzer, über die sorglosen Märchen aus dem Wienerwald. Aber Walzer ist in dem Stück der Name, vielleicht auch das Pseudonym, des Erfinders einer Waffe; es ist ein politisches Stück.

Der Held des Stücks, der Erfinder Salvator (der Erlöser) Walzer, legt dem Minister eines Phantasielandes seine schreckliche Erfindung zur Beurteilung vor: tödliche Strahlen, die auf Entfernung alles sprengen können, was gesprengt werden soll. Walzer weigert sich, seine Erfindung zu verkaufen, und erklärt, daß er sich um die künftige Menschheit sorge. Schließlich ruft er sich selber zum Regenten des Landes aus, um den Menschen das Glück zu bringen: »Der rosige Himmel entfaltet sich zu einem Lächeln, alle Völker werden für immer zu einer einträchtigen Familie verschmelzen.« Walzer beginnt zu regieren: Im Lande herrscht Durcheinander, das ökonomische Gleichgewicht ist zerstört, das erste menschenfreundliche Dekret erhöht die Arbeitslosigkeit, die Menschen gehen auf die Straße, Nachbarn fallen ins Land ein. Als Vergeltung macht Walzer die wunderschöne Stadt des Nachbarlandes dem Erdboden gleich. Dann beschließt er, sich von diesen langweiligen Dingen zurückzuziehen und sich richtig zu erholen. Da ihm nichts Neues einfällt, läßt er sich einen Palast bauen, schafft sich einen Harem an und möchte um jeden Preis die Tochter des Generals Berg besitzen. Alle wenden sich von ihm ab, und als ihn auch der Journalist Son verläßt, der einst der Regisseur seines Sieges war, erscheint er wieder als kläglicher Bittsteller im Vorzimmer des Ministers. Jetzt erkennt der Minister in ihm mühelos einen gewöhnlichen Verrückten. Folglich war das alles nur der Traum eines Wahnsinnigen. So jedenfalles erklärt es der Autor in einem Schreiben den Schauspielern. Der egoistische Traum Walzers ignorierte die Existenz anderer Menschen (so wie Hermann in »Verzweiflung« sie ignorierte), die Existenz einer anderen Realität. Die Welt ist verpflichtet, den Vorstellungen zu entsprechen, die sich ein Wahnsinniger von der Welt macht – mit dieser Überzeugung unterscheidet sich Walzer kaum von den übrigen Diktatoren der Welt. Und auch seine Träume und sein Geschmack sind beim genauen Hinsehen nicht vom Feinsten. Er möchte gut und »schön« leben.

Zur Aufführung gelangte das Stück in jenen Jahren nicht. Annenkow hatte sich mit dem »Russischen Theater« zerstritten, und die Proben hingen in der Luft. Die Zeitschrift »Russkije sapiski« druckte das Stück ab, und eine der wenigen Reaktionen darauf war ein mit M.K. unterschriebener Artikel, der unter dem Titel »Walzers Erscheinung« in »Sowremennyje sapiski« erschien. Der Autor des Artikels konstatiert, daß in der zeitgenössischen Arena ein neues Ideal erschienen sei, eine starke Persönlichkeit, die aber »immer mehr von einem anderen idealen Menschen verdrängt wird, von M'sieur Pierre, dem sympathischen, in seine Arbeit verliebten, hochverehrten Henker. In ihm sieht selbst der ›Führer‹ das Ideal eines Menschen, und ihm überträgt er das höchste, verantwortungsvollste Amt der Säuberung.«

Hauptthema dieses Artikels ist der Antichrist, das unpersönliche Prinzip, das Christus als »der reinsten Verkörperung des persönlichen Prinzips« gegenübersteht. Hier ein paar Betrachtungen des Kritikers:

»Über die Leiden, über den Tod, über die unausweichlichen Antagonismen des Lebens zu sprechen, vermeidet der Antichrist, oder er drückt sich in Euphemismen aus. Dem Cincinnatus wurde das Todesurteil, ›wie das Gesetz es vorschrieb, im Flüsterton mitgeteilt‹. Ist denn im Jahrhundert der Humanität, des allgemeinen Glücks die Todesstrafe überhaupt möglich? Natürlich nicht. Nur ›die Höchststrafe‹. Euphemismen, Bankette, Illuminationen – das sind wunderbare Mittel, um das zu verdecken, was es im Leben an Entsetzlichem, Scheußlichem, Grausamem gibt.

Sein Salvator Walzer, diese Mischung von Béla Kun und Chlestakow (›du lebst, um die Blumen des Vergnügens zu pflücken‹ – das ist der höchste Wunsch dieses Salvator, des Erlösers der Menschheit), ist etwas Absurdes, Sinnloses, scheinbar Unmögliches, doch zugleich etwas Reales, weil es künstlerisch überzeugend ist. In Walzer ist der Schlüssel zum Verständnis der Natur des Antichristen. Darin liegt die Lösung des Problems unserer Zeit. Der Antichrist ist lächerlich, doch seine Taten sind entsetzlich. Denn: Um allgemeine Glückseligkeit zu ereichen, macht er vor nichts halt.«

»Die einzige Rettung ist, den Antichristen in sich selbst zu erkennen ... die überwiegende Mehrheit der Menschen möchte dem Antichristen dienen ... sie glauben an Walzers Erfindung und sind bereit, sie zu benutzen; sie streiten sich nur darüber, wer das ›Recht‹ auf diese Maschine hat und gegen wen sie eingesetzt werden soll.«

Weder Nabokov in seinem Exil an der Riviera noch der Rezensent der »Sowremennyje sapiski« wußten damals von den erfolgreichen Arbeiten an der Entwicklung der Atombombe.

Im Herbst 1938 erhielt Nabokov einen französischen Personalausweis, und Mitte Oktober übersiedelte die Familie nach Paris, wo Freunde für sie eine elegante Einzimmerwohnung im 16. Arrondissement in der Rue de Saigon gemietet hatten. Das schöne große Zimmer diente als Schlaf-, Kinder- und Wohnraum, in der geräumigen Küche kochten und aßen sie und empfingen häufig Gäste; im großen und hellen Badezimmer schrieb Nabokov, auf einem Koffer, den er aufs Bidet gelegt hatte. Fondaminski nannte ihn einen Adler, der im Badezimmer eingesperrt ist, und erzählte seinen Freunden gerührt von dem Genie, das keinen Schreibtisch besaß. Die Sehnsucht nach einem eigenen Tisch klingt oft in den Werken der Emigrantenliteratur an, denken wir nur an die Zeilen von Marina Zwetajewa.

In der Küche der Nabokovs saßen jetzt oft Chodassewitsch, die beiden alten Freunde Fondaminski und Sensinow, Aldanow, Anatoli Steigers Schwester Alla Golowina und Bunins letzte Liebe Galina Kusnezowa, die ihn wegen Marga Stepun verlassen hatte (ein untraditioneller Verrat, für den in der traditionellen Literatur noch keine Worte gefunden wurden).

Gleich nach der Ankunft in Paris beendete Nabokov die Erzählung »Der Museumsbesuch«, die Geschichte eines Mannes, der sich in einem französischen Provinzmuseum verirrt, auf der Suche nach dem Ausgang durch ganz reale Säle und Korridore läuft, plötzlich auf eine verschneite Straße gerät und im Licht der Laterne, »deren Form mir schon lange ihre unmögliche Botschaft zugerufen hatte«, erkannte:

»Ach, es war nicht das Rußland meiner Erinnerung, sondern das tatsächliche heutige Rußland, das mir verboten war, hoffnungslos unterwürfig und hoffnungslos meine Heimat ... Ich mußte etwas tun, mußte irgendwohin gehen, rennen, verzweifelt mein gefährdetes, ungesetzliches Leben schützen. Oh, wie oft hatte ich im Schlaf ein ähnliches Gefühl erlebt ...«

Noch eine Rückkehr nach Rußland – wieder verknüpft mit der Angst um »das gefährdete, ungesetzliche Leben« (wie in der Jugenderzählung »Die Erschießung«). Man staunt über diese nicht nachlassende Erregung, über die Nostalgie, die

Aufdringlichkeit dieser eingebildeten »Mutprobe«. Was bewog ihn, sich wieder dem Thema der Rückkehr zuzuwenden? Vielleicht die Tatsache, daß die Rückkehr mit dem Erstarken der totalitären Regime in der Welt immer aussichtsloser wurde? Vielleicht auch der unausweichlich bevorstehende Abschied von dem Wesentlichen, das ihm noch von Rußland geblieben war – der Sprache. Das Jahr 1938 ging zu Ende.

Ende November wurde in den »Poslednije nowosti« bekanntgegeben: »Am 2. Dezember liest im Musée social (Rue de Las Cases) V.V. Sirin aus seinen neuen Werken.«

An diesem Abend las Nabokov zwei neue Erzählungen – »Der Museumsbesuch« und »Lik«, und nur ein paar Tage später setzte er sich an seinen ersten englischen Roman. Es besteht kein Zweifel, daß er dieses Buch schon an der Riviera geplant hatte, daß die Idee schon früher »in seinem Hirn entbrannt war« und daß er seit langem mit seinem ersten englischen Buch umging. Trotzdem ist ein solcher Übergang frappierend: Ein Schriftsteller, der eine solche Virtuosität, eine solche Vollkommenheit in seiner Muttersprache erreicht und seinen eigenen russischen Stil geschaffen hat, gibt diese Sprache plötzlich auf »zugunsten einer zweitrangigen« (nach seinen eigenen Worten), fremden.

Im Zimmer summte Dmitris Stimmchen. Dann verstummte es, der helle Streifen unter der Tür erlosch. Nabokov saß im Badezimmer und schrieb – lange Stunden qualvoller Arbeit. Er schrieb seinen ersten englischen Roman, in dessen Gewebe er seine Überlegungen zur Natur des künstlerischen Schaffens einflocht, seine Gedanken über die Unmöglichkeit, ein fremdes Schicksal zu erkennen und zu verstehen, seine Ideen zur Wiederherstellung des »wahren Lebens« eines anderen Menschen; seine Erinnerungen an die jüngsten Unbilden, an die familiären Mißhelligkeiten, an die schwere Prüfung einer verbotenen Liebe, seine Gedanken über Sünde und Versuchung, über Verwandtschaft, Brüderlichkeit, über die russische und englische Sprache …

Das Romansujet ist bei aufmerksamer Betrachtung durchaus nicht einfach. Einer von zwei Brüdern stirbt – der talentierte Schriftsteller Sebastian Knight. Nun versucht sein Bruder, mit dem der Schriftsteller zu Lebzeiten nie sehr eng verbunden war, seine Biographie zu schreiben, die Vergangenheit körnchenweise zu rekonstruieren. Wer die russischen Romane Nabokovs gelesen hat, erkennt in diesem englischen Roman vieles wieder – das Anwesen bei Petersburg, das Trinity College in Cambridge, die uns schon bekannten Charakterzüge der idealen Geliebten Sebastians, die selbstlos sein Leben lebt, nach seinem Diktat schreibt, seine Romane abtippt. Zu erkennen sind auch die Romane selbst, wiedergegeben in der Nacherzählung des jüngeren Bruders, und die künstlerischen Mittel des Sebastian Knight.

Wurden in der« Gabe« nicht nur der Prozeß des Schreibens eines Buches und das Resultat dieses Prozesses dargestellt, sondern auch die Beanstandungen der Kritiker, das ganze Arsenal banaler Urteile vorgeführt, so enthält der erste englische Roman Nabokovs eine kritische Biographie, die Biographie Knigths, geschrieben von dessen Sekretär und Literaturagenten, dem vulgären Goodman. In diesem Buch über Sebastian Knight wird vieles von dem gesagt, was schon über Nabokov gesagt wurde: daß er »sich entschieden weigert, auch nur die geringste Neugier für Gegenwartsprobleme zu bekunden«; daß er sich keiner Bewegung anschließen möchte ... Hier wird einem ersten Nabokov-Biographen noch die Hand entgegengestreckt (oder ist es wieder ein Köder?): »Die Augen und das Gesicht selbst sind so gemalt, daß sie den Eindruck hervorrufen, als spiegelten sie sich narzißgleich im klaren Wasser ... So betrachtet Sebastian in einem Teich sich selber.«

Dann verweilt der Autor des Romans bei der Gabelung des eigenen Schicksals und spielt alle Varianten durch. Sebastian verläßt seine ideale Geliebte und folgt einer verhängnisvollen russischen Dame, die ihn völlig zugrunde richtet: Er stirbt in einem Armenkrankenhaus bei Paris (wie einst Nabokovs millionenschwerer Onkel). Vor dem Tod bittet er darum, seinen Bruder telegraphisch zu ihm zu rufen. Der Bruder rast nach Paris, erreicht nachts das Krankenhaus und sitzt am Bett Sebastians, in der Hoffnung, daß diese letzten Minuten brüderlicher Nähe ihm helfen werden, das Geheimnis des Sterbenden zu verstehen, das in dem letzten Buch Sebastians, »Die zweifelhafte Asphodele«, vor ihm, dem künftigen Biographen, schon aufzuleuchten schien. Ein Leben nach dem Tod – das ist vielleicht die von uns erworbene unbegrenzte Freiheit, sich auf eigenen Wunsch in jeder beliebigen Seele, in beliebig vielen Seelen niederzulassen: »In diesem Sinne bin ich Sebastian Knight. Ich habe das Gefühl, ihn auf einer erleuchteten Bühne darzustellen; es kommen und gehen die Menschen, die er kannte ...«

Brian Boyd meint, daß der Roman als ein Werk über die Unerreichbarkeit und Unerkennbarkeit der Vergangenheit ausgelegt werden kann. Den Willen seines toten Bruders erfüllend, verbrennt der Erzähler zwei Päckchen Briefe, ohne sie gelesen zu haben. Eines dieser Päckchen enthielt wahrscheinlich Briefe jener rätselhaften Nina Rechnoy, die der Held vergeblich sucht, um ihre verhängnisvolle Rolle im Leben und Tod seines Bruders besser zu verstehen. Boyd erinnert daran, daß Nabokov gerade erst von Irina Guadanini verlangt hatte, seine Liebesbriefe zu verbrennen, damit sie nicht in die Hände der Biographen gelangten, was Irina aber offenbar nicht tat. Nabokov hätte es gern gesehen, daß sein Intimleben für Biographen genauso unzugänglich geblieben wäre wie das Leben seines Sebastian.

Wie Sie sehen, sind in Nabokovs erstem englischen Roman philosophische Themen ebenso eng mit Elementen der Autobiographie verflochten wie in der »Gabe«. Boyd hebt das Liebesthema im Roman hervor: Nabokov spielt an seinem Helden die Variante oder das Muster des Schicksals durch, das er für sich vermeiden konnte (wie er übrigens auch das für ihn schmerzliche Thema der zweiten Sprache durchspielt).

In diesem ersten englischen Roman Nabokovs gibt es zahllose Allusionen und literarischen Spiele, die wir nicht alle enträtseln können. Der russische Nabokov-Forscher A. Dolinin stellt folgende Forderungen an den Leser: »Der ideale Leser der Prosa Nabokovs muß mindestens zwei (besser vier) Sprachen beherrschen, denn sonst versteht er nicht die vielen versteckten Bedeutungen der Schlüsselwörter, die vielen wichtigen Anspielungen und Verweise. So erkennt zum Beispiel ein Mensch, der nur Englisch kann, zwar das Schachthema im

›Wahren Leben des Sebastian Knight‹, aber die Position auf dem Schachbrett des Buches kann er nur dann richtig einschätzen, wenn er auch die übrigen – fremdsprachigen – Schachanspielungen im Roman dechiffrieren kann ...«

Mit diesem Zitat aus dem Vorwort der Moskauer Ausgabe wollen wir den Leser keineswegs verschrecken (Nabokov nannte selbst einmal die Vermutungen über die Schachzüge dieses Romans »völlig irrig«), wir wollen lediglich zeigen, daß es für Liebhaber von »Spielen« in den englischen Romanen noch mehr Denkaufgaben und Kreuzworträtsel gibt als in den russischen, doch dieser Liebhaber muß keineswegs vier Sprachen beherrschen. (Ein Nabokov-Forscher wies darauf hin, daß Nabokov selbst nur drei Sprachen beherrschte.) Die übrigen Leser (auch wenn sie keine Vorliebe für Spiele haben) können sich an den übrigen Ebenen des Romans freuen und werden dabei zweifellos gute Prosa von mittlerer, einen geistreichen Scherz von einem platten, eine gute Übersetzung von einer schlechten unterscheiden können, mit anderen Worten, sie werden auch aus einem so komplizierten Roman Vergnügen gewinnen.

Bis Ende Januar 1939 mußten für einen literarischen Wettbewerb in London die Manuskripte eingereicht werden, und Nabokov schickte »Sebastian« fristgemäß ab. Zuvor hatte er mit Lucie Léon das Manuskript durchgesehen, da er fürchtete, sein Englisch könnte zu »ausländisch« klingen und es könnten ihm Fehler unterlaufen sein. Er saß mit Lucie Léon an demselben Tisch, an dem ihr Mann zwölf Jahre lang mit Joyce an »Finnegans Wake« gearbeitet hatte.

Einmal luden Lucie und ihr Mann Nabokov und Joyce zusammen ein. Doch das Ehepaar Léon war enttäuscht: Nabokov »brillierte nicht«. Dreißig Jahre später äußerte Lucie Léon in ihren Erinnerungen die Vermutung, daß Nabokov in Gegenwart des großen Joyce gehemmt gewesen sei. Als der siebzigjährige Nabokov das las, war er sehr verletzt. In seinem Kommentar zu Lucie Léons Erinnerungen schrieb er: »Ich war vierzig und wußte recht genau, was ich in der russischen Literatur zu leisten vermocht hatte, so daß mich die Gegenwart eines lebenden Schriftstellers nicht erbeben ließ.«

Er erklärte, daß er in Gesellschaft nie brillierte. Doch zahlreiche Erinnerungen bezeugen, daß er auch unter fremden Menschen fröhlich und geistreich sein konnte. Vielleicht war er an jenem Abend nicht in Stimmung: Seine Angelegenheiten liefen nicht besonders gut. Von der vornehmen Rue de Saigon war das Ehepaar Nabokov in einen Außenbezirk gezogen, bei der Porte St-Cloud, in ein bescheidenes kleines Hotel, in dem der alte Freund seines Vaters Awgust Kaminka mit seiner Frau wohnte. Später, in Amerika, haben Nabokovs Helden alle Pariser Behausungen als eng und armselig in Erinnerung und die Stadt Paris als ziemlich finster und grau (ein Tourist wird das nicht verstehen, aber ein Emigrant sehr wohl). Georgi Hessen erinnert sich, wie Nabokov in einem Café auf dem Boulevard Saint-Germain trübsinnig ein und dasselbe Wortspiel wiederholte: »Paris … pas riche (nicht reich).«

Damals, im Januar 1939, beschloß Nabokov, eine Fortsetzung der »Gabe« zu schreiben. Die Erzählung »Der Kreis« hielt er für eine erste Ergänzung zum Roman, nun dachte er sich einen neuen Nachtrag aus – ein Buch, das der Vater seines Romanhelden, der Naturforscher Konstantin Godunow-Tscherdynzew, schreibt: »Die Tag- und Nachtfalter des Russischen Reiches«. Für den Anfang verfaßte Nabokov ein dreißig Seiten langes Resümee des Buches, und das war ein wahres Meisterwerk dieses Genres. Nabokov war in jener Zeit schon ein anerkannter Meister der russischen Prosa, die aber in Paris niemand mehr brauchte, und er suchte immer fieberhafter nach einer Möglichkeit, in die angelsächsische Welt auszuweichen, suchte eine Arbeit, einen Broterwerb …

Ende März fuhr er nach England, um dort mit Lesungen Geld zu verdienen und eine beständige Arbeit zu finden. Vor der Abreise attackierte er Gleb Struve mit jammervollen Briefen (»Die Lage eines armen Emigrantenschriftstellers!!! Der Stolz der Emigration!!! sucht Arbeit …«) Ein Brief an Struve endet mit den ungewöhnlichen Worten: »ich sterbe/gehe zugrunde.«

In der Zeit lag seine Mutter Jelena Nabokowa-Rukawischnikowa in einem engen Prager Krankenhauszimmer im Sterben. Ein besseres Krankenhaus konnte sie sich nicht leisten.

In London wohnte Nabokov bei Jewgeni Sablin, der einst seinen Onkel Konstantin Nabokow als Botschafter abgelöst hatte. Bei den Sablins las er seine neuen Erzählungen vor; bei einem Essen, das Gleb Struve ihm zu Ehren arrangiert hatte, las er aus »Sebastian Knight«. Arbeit fand er in England nicht, und Ende April kehrte er nach Paris zurück. Vera war inzwischen mit dem Sohn in eine recht armselige Zweizimmerwohnung in der Rue Boileau gezogen.

Am 2. Mai starb in Prag Jelena Iwanowna Nabokowa-Rukawischnikowa.

Es wird erzählt, daß Nabokov, als er in das Zimmer kam, in dem seine Freunde Georgi Hessen und Mischa Kaminka über etwas lachten, leise sagte: »Meine Mutter ist heute früh gestorben.« Und er rieb sich die Stirn mit dem Zeigefinger.

Man kann sich vorstellen, was er an diesem Tag durchmachte. Seine Briefe der letzten Jahre waren voller Hilferufe gewesen: Helft meiner Mutter! Er selbst konnte ihr nicht helfen. Vielleicht bemühte er sich auch nicht allzusehr. Das grausame Ungeheuer – seine Gabe – hatte in seinem Leben den Vorrang. Er hatte die Mutter in den letzten Jahren nur einmal gesehen – 1937. Olgas achtjähriger Sohn Rostik, den Jelena Iwanowna bis dahin aufgezogen hatte, blieb nun in der Obhut der alten Jewgenija Hofeld.

Der Bruder von Maxim Winawer lud Nabokov ein, in Manchester einen Vortrag zu halten.

An dem Tag, an dem Nabokov aus England zurückkehrte, starb Chodassewitsch. Er wurde am 16. Juni beigesetzt. Noch vor kurzem hatten sie zu Hause bei Chodassewitsch geplaudert … Im März waren sie zusammen zu einem Piotrowski-Corvin-Abend gegangen, in der Woche darauf hatten sie in Nabokovs Küche gesessen. Janowski, der kurz vor Chodassewitschs Tod eine kritische Rezension über dessen »Nekropolis« veröffentlicht hatte, erzählte folgendes über die Beisetzung des Dichters:

»Auf dem Friedhof, als die Lehmklumpen hinabgeworfen waren und alle dem Ausgang zustrebten, trat Sirin, der damals mager war und Sporthosen trug, am Tor hastig auf mich zu und sagte aufgeregt:

›So darf man nicht über Chodassewitsch schreiben! Über Chodassewitsch darf man so nicht schreiben … ‹

Ich sagte, daß niemand seinen nahen Tod hatte voraussehen können.

›Trotzdem, so darf man nicht über Chodassewitsch schreiben!‹ wiederholte er eigensinnig.«

In der Nummer 63 der »Sowremennyje sapiski« erschien ein kleiner Nachruf, den Nabokov in einem Atemzug geschrieben hatte.

»Der größte Dichter unserer Zeit, der literarische Nachfahr Puschkins in Tjutschewscher Linie, er bleibt der Stolz der russischen Poesie, solange die letzte Erinnerung an sie noch lebendig ist. Seine Gabe beeindruckt um so mehr, als sie sich in den Jahren der Abstumpfung unserer Literatur zu voller Blüte entfaltete, in einer Zeit, in der die Revolution die Dichter in hauptamtliche Optimisten und amtslose Pessimisten teilte, in Gesundheitsprotze dort und in Hypochonder hier … Der Regierungswille, der rigoros eine freundlich-literarische Aufmerksamkeit für den Traktor oder den Fallschirm, für den Rotarmisten oder den Polarforscher verlangt, das heißt für die Äußerlichkeiten der Welt, die natürlich bedeutend mächtiger sind als die hiesige Lehre, die sich auf die Innenwelt konzentriert … In Rußland bringt auch Talent keine Rettung, im Exil bringt nur Talent Rettung. Wie schwer Chodassewitschs letzte Jahre auch waren, er ist für Rußland gerettet, er selbst war bereit, mit gallebitterem Humor anzuerkennen, daß er eine Sonderstellung einnimmt: die glückliche Einsamkeit der für andere unzugänglichen Höhe. Ich habe nicht die Absicht, jemanden mit dem Weihrauchfaß zu verletzen: Manche Dichter der hiesigen Generation sind noch unterwegs und werden vielleicht die Gipfel der poetischen Kunst erreichen, wenn sie sich nicht zugrunde richten in dem zweitklassigen Paris, das mit leichter Schlagseite in den Spiegeln der Kneipen verschwimmt und sich nicht mit dem undurchdringlichen französischen Paris vermischt …«

In jenem Sommer lachte den Nabokovs plötzlich ein kleines Glück – eine Geldüberweisung von einer englischen Zeitschrift, dank derer sie dem staubigen grauen Paris den Rücken kehren konnten.

Zuerst wohnten sie in einem Alpendörfchen, dann in einer russischen Pension in Fréjus. Mit Chodassewitschs Tod ist eines der besten damaligen Gedichte Nabokovs verbunden – »Die Dichter«.

Das Gedicht griff nicht nur den reinen Ton der Gedichte seines toten Freundes auf. Es griff auch seinen alten, nicht beendeten literarischen Streit auf: Nabokov unterschrieb das Gedicht mit einem neuen Pseudonym, wobei er den Mädchennamen seiner Urgroßmutter benutzte – Wassili Schischkow. Georgi Adamowitsch, Nabokovs und Chodassewitschs literarischer Feind, der bisher keine einzige Zeile der Nabokovschen Lyrik ohne Tadel aufgenommen hatte, biß auf den Köder an. Er schrieb in den »Poslednije nowosti« eine begeisterte Rezension zu dem Gedicht, in dem er jede Zeile, jedes Wort talentiert fand; er fragte verwundert, wer denn dieser hochbegabte Schischkow sei, und forderte ihn auf, sich zu melden. Nabokov meldete sich umgehend, indem er unter seinem Namen eine Erzählung mit dem Titel »Wassili Schischkow« veröffentlichte. Die Erzählung handelt von einem jungen Dichter (»ein ungewöhnlich sympathischer, trauriger, reiner Mensch«), der dem Autor ein Heft voll wunderbarer Gedichte brachte (»Kürzlich erblickte auf meine Anregung eines von ihnen das Licht der Welt, und die Freunde der Poesie bemerkten seine Originalität ...«), dann aber, an all seinen Vorhaben verzweifelnd, beschloß, »zu verschwinden«, »sich aufzulösen«.

Man muß Adamowitsch Gerechtigkeit widerfahren lassen: Er gab zu, übertölpelt worden zu sein, und wiederholte sein Lob.

In diesen Tagen reagierte endlich die französische Kritik auf die Existenz der russischen Emigrantenliteratur: Sartre persönlich würdigte Nabokovs »Verzweiflung« einer Rezension in der Zeitschrift »Situation«. Es war eine abschätzige Rezension. Sartre erklärte Nabokov nicht nur zum Imitator Dostojewskis, sondern verglich ihn auch mit dem ihm wirklich sehr nahen Olescha. Aber schon in der nächsten Zeile der Rezension saß Sartre seinem Linksradikalismus auf. Er stellte das beklagenswerte Dasein der armen, ihrer Wurzeln beraubten Emigranten dem strahlenden Glück gegenüber, Mitglied der sowjetischen Gesellschaft zu sein, einem Glück, das nach Sartres Meinung der sowjetische Schriftsteller Juri Olescha genoß. Oje, Juri Olescha, von der sozialistischen Kritik und Zensur endlich niedergezwungen, verstümmelte zu dieser Zeit bereits selbst seine alten Werke, schrieb lakaienhafte Artikel und Theaterstücke und fürchtete jeden Tag um sein Leben – wie übrigens auch andere glückliche Literaten in Nabokovs Uldaborg, »dieser Stadt der frühen Tode«. Nabokov zahlte es Sartre mit gleicher Münze heim (sogar den Vergleich mit Dostojewski), ein halbes Jahrhundert später, als ein Roman von Sartre ins Englische übersetzt wurde.

Die Nabokovs kehrten am ersten September nach Paris zurück, und am dritten begann der Krieg. Paris wurde verdunkelt, viele brachten aus Angst vor Bombenangriffen die Kinder aus der Stadt. Anna Feigina fuhr mit Dmitri nach Deauville. In dieser Zeit erwies der grundgütige Mark Aldanow Nabokov erneut einen Dienst. Er war zu Vorlesungen nach Stanford eingeladen, wollte aber vorläufig nicht nach Amerika und empfahl statt seiner Nabokov. Das erleichterte es Nabokov, das amerikanische Visum zu bekommen.

Das Pariser Leben der Nabokovs wurde immer schwieriger. Saba Kjanshunzew unterstützte jetzt monatlich den alten Freund. In einem Brief schrieb Sabas Mutter ihrer Tochter von einem Besuch Nabokovs: »Dieser Tage kam V. vorbei. Er sieht schrecklich aus. Saba gibt ihm genau 1000F. im Monat (bis jetzt hat er 4000 erhalten), aber natürlich reicht das nicht. Er gibt jetzt 3 Stunden zu je 20F. Die Schüler kommen zu ihm.«

Der in der Emigration berühmte Schriftsteller Sirin bot also wieder Englischstunden an – das teilte neben anderen, wenig erfreulichen Neuigkeiten Miljukows Zeitung mit. Die Schüler waren diesmal sympathisch – manche wurden sogar lebenslang seine Freunde. Ein Schüler, Roman Grynberg, war Geschäftsmann, den die Literatur schon immer mehr interessiert hatte als das Geschäft, eine Schülerin, Maria Marinel (eine der drei Gutman-Schwestern, die aus ihren Vornamen – Maria, Ina, Elisawta – einen Bühnennamen machten), war Musikerin.

Ein Neuralgieanfall warf Nabokov nieder. Hier eine Tagebucheintragung von Nina Berberova, die ihn während der Krankheit besuchte:

»Diese arme, dumme, stinkende, nichtige, unglückliche, gemeine, völlig verlorene, erschöpfte, hungrige russische Emigration, von der auch ich ein Teil bin! Letztens ist Chodassewitsch gestorben, auf einer durchgelegenen Matratze und in zerrissenen Laken, abgemagert und unrasiert, ohne Geld für einen Arzt und Medikamente. Dieses Jahr gehe ich zu Nabokov: Er liegt genauso da. Nächstes Jahr wird man einen anderen ins Krankenhaus bringen und Geld bei den reichen, spendablen und guten Juden sammeln. (Ich brachte Nabokov ein Huhn mit, und Vera, seine Frau, machte sich gleich daran, es zu kochen.)«

Während der Krankheit sah Nabokov in der Zeitung das Foto eines Schimpansen, und da begann, wie er zwanzig Jahre später erklärte, »die erste kleine Pulsation der ›Lolita‹: Soweit ich mich erinnere, war der anfängliche Schauer der Inspiration mit einem Zeitungsartikel über einen Affen verbunden ... Der Impuls hatte thematisch nichts zu tun mit dem darauffolgenden Gedankengang, dessen Ergebnis jedoch der Prototyp eines richtigen Buches war: eine Erzählung mit dem Titel ›Der Zauberer‹, ungefähr dreißig Seiten lang.« Der Held der Erzählung war ein Europäer und »das namenlose Nymphchen eine Französin«, der Held »heiratete die kranke Mutter des Mädchens, verwitwete bald darauf und warf sich nach dem mißglückten Versuch, die Waise in einem Hotelzimmer zu liebkosen, unter die Räder eines Lastwagens. In einer jener Kriegsnächte, in denen die Pariser das Lampenlicht mit blauem Papier abdunkelten, las ich meine Erzählung einer kleinen Gruppe von Freunden vor. Meine Zuhörer waren Aldanow, Fondaminski, Sensinow und die Ärztin Kogan-Bernstein; aber ich war mit dem Text unzufrieden und vernichtete ihn nach meiner Ankunft in Amerika 1940.«

Dmitri Nabokov (der Sohn des Schriftstellers), der die Erzählung später ins Englische übersetzte, veröffentlichte einen Brief, den der Vater mit dem Manuskript des »Zauberers« am 6. Februar 1959 an den Verlag G.P. Putnam's Sons geschickt hatte. Darin schreibt Nabokov, daß er und Vera bei der Durchsicht von Papieren, die er der Bibliothek des Kongresses übergeben wolle, gerade erst dieses Manuskript gefunden hätten.

Doch schon lange vor dem »Zauberer« hatten minderjährige Heldinnen die Phantasie von Nabokovs handelnden Personen erregt – Emmi aus »Einladung zur Enthauptung« und die wie ein kleines Mädchen aussehende Magda aus »Gelächter im Dunkel«. Ist eine solche Versuchung an sich ein Verbrechen? Vielleicht nicht, aber sie kann zu einem Verbrechen führen. Ist sie unmoralisch? Nabokov sah es wohl so, denn er strafte grausam seine Helden, die die Grenze überschritten. Er stellte einen Vergleich zwischen Lewis Carroll und Oscar Wilde an, die beide von der sogenannten Sexualnorm »abwichen«: Wilde beendete sein Leben im Gefängnis, Carroll dagegen ging in die Literaturgeschichte als der beste Freund der englischen Kinder ein. Wenn wir uns über die Schamhaftigkeit der bigotten Zeiten und die traditionelle russische »Prüderie«, wie sich Nabokov ausdrückte, hinwegsetzten, könnten wir die Liste fortführen. Tschaikowskis Leben endete tragisch, dagegen führte das Empfinden der eigenen »Anormalität« Prshewalski und Miklucho-Maklai auf einen fruchtbaren Weg.

In seinem Vorwort zum »Zauberer« schreibt Dmitri Nabokov über die Leidenschaft seines Vaters für Ornamente, die er in Montreux manchmal mit einem Bleistift auf eine Serviette zeichnete und zu immer bizarreren Mustern verflocht. Dmitri Nabokov nahm an, daß etwas Ähnliches (»in umfassenderem Sinn«) der künstlerischen Synthese Nabokovs zugrunde lag.

»Abweichungen im allgemeinen, physische und psychische im besonderen, gehörten zu den vielen Quellen, die die künstlerische Phantasie Nabokovs speisten«, schreibt Dmitri Nabokov. Der Held der Erzählung »Der Zauberer« ist nach Dmitri Nabokovs Beobachtung von Anfang an verurteilt. Doch auch er (mag er noch so abstoßend sein) ist ein Träumer, auch er analysiert endlos seine Seelenregungen.

Trotz seines Zynismus rühren sich in ihm menschliches Mitgefühl und normale Vatergefühle, und auch er selbst ist nach Dmitri Nabokovs Meinung fähig, Mitgefühl hervorzurufen. Wie der wahnsinnige König lebt er in seiner eigenen, besonderen, poetischen Dimension und erinnert in dieser Hinsicht an andere Nabokovsche Monarchen – er hat Ähnlichkeit mit dem aussätzigen Lear, der in seiner märchenhaften Abgeschiedenheit mit der kleinen Cordelia am Meer lebt (»Königreich am Meer« – so hatte Nabokov anfangs den Roman »Lolita« genannt). Doch in dem Helden des »Zauberers« wird das Väterliche vom Infernalischen verdrängt, das Tier gewinnt die Oberhand.

Auf russisch erschien der »Zauberer« erst vor kurzem, zuerst in einem Michiganer Almanach in den USA, dann beim Petersburger Verlag »Swesda«. Eine der ersten Reaktionen auf diese Veröffentlichung war ein Artikel des New Yorker Kritikers Pjotr Wail in der Moskauer »Unabhängigen Zeitung« (3. Okt. 1991). Er schreibt, daß »der ›Zauberer‹ zwar nicht so detailliert wie ›Lolita‹ ist, aber dafür feiner und eleganter. An Offenheit, Direktheit und emotionaler Kraft übertrifft die Ur-Lolita vielleicht ihre Nachfolgerin.«

Das Wesentliche sei, schreibt Wail, daß das Thema Verbrechen und Strafe im »Zauberer« »besonders klar, ja, lapidar« abgehandelt werde: Du hast dich versündigt, also wirst du bestraft.

Der Kritiker behauptet, daß der Autor des »Zauberers« reifer, müder und moralisierender wirke als der Autor der »Lolita«, und das »verwirrt die ohnehin schon bizarre, wunderliche Nabokovsche Linie in unserer Literatur«.

Die Erinnerung an die Lesung des »Zauberers« in Paris, als die Menschen die Lampen mit blauem Papier abdeckten, ist eine der wenigen Einzelheiten der Kriegszeit, die wir bei Nabokov finden.

Abschied und Tod Sirins

Ende Oktober gelang es Nabokov, mit Stanford eine Vereinbarung zu treffen. Jetzt benötigte er noch die schriftliche Bürgschaft eines angesehenen Russen aus Amerika. Alexandra Tolstaja beschaffte ihm eine Bürgschaft von Sergej Kussewizki, Dirigent des Bostoner Symphonieorchesters. Nun begannen die Laufereien wegen der Visa. Vera ging geduldig von einer Behörde zur nächsten. Es war Krieg, Stalin und Hitler teilten die Welt auf, und der sonderbare Ehemann von Vera Nabokov war in die Lösung eines »ganz neuen« originellen Schachproblems vertieft.

***

Um nach Amerika zu reisen, brauchten die Nabokovs vor allem ein Ausreisevisum. In der Präfektur erklärte man Vera, die Pässe seien verlorengegangen. Ein Beamter ging mit hoffnungsloser Miene hinaus, »um die Pässe zu suchen«. Und da entschloß sich Vera zur Bestechung. Sie legte zwei Hundert-Francs-Scheine auf den Tisch des Beamten. »Was ist das?« fragte er, als er wieder hereinkam. »Für Sie. Wir brauchen die Pässe.« Er ging wieder hinaus. Vielleicht holt er einen Gendarmen, dachte sie. Aber sie hatte etwas tun müssen: Sie war seit langem das eigentliche Familienoberhaupt. Der Beamte kam zurück und erklärte, die Pässe hätten sich gefunden, sie lägen im Ministerium. Bald erhielten die Nabokovs dann auch die französischen Ausreisevisa. Jetzt benötigten sie noch die amerikanischen Einreisevisa.

Weihnachten nahte. Die »Poslednije nowosti« druckten wie immer Inserate russischer Restaurants, die zur Silvesterfeier einluden. Allen war klar, daß das Jahr 1940 nichts Gutes verhieß. Am letzten Tag des Jahres 1939 druckten die »Poslednije nowosti« einen Protest der russischen Exil-Intelligenz gegen den widerrechtlichen Einmarsch der Stalinschen Armee in Finnland. Diesmal trug das Dokument auch die Unterschrift von Vladimir Nabokov-Sirin. Wieder, zum wievielten Mal schon, betonten die frei denkenden Intellektuellen Rußlands, daß sie das Stalinsche Regime nicht mit Rußland, mit dem russischen Volk verwechselten. »Die Schande, mit der sich Stalins Regierung ein weiteres Mal bedeckt«, hieß es in dem Protest, »wird vergeblich auf das von ihr geknechtete russische Volk zu übertragen versucht, das für ihre Handlungen nicht verantwortlich ist.

Wir versichern, daß Rußland, wenn es erst einmal von der kommunistischen Diktatur befreit ist, leicht zu einer Übereinkunft mit Finnland gelangen wird, ohne gegen seine Interessen zu verstoßen und unter völliger Respektierung der Rechte und Interessen Finnlands, dem wir unser tiefes Mitgefühl aussprechen.«

Unterschrieben von: Iwan Bunin, Mark Aldanow, Boris Saizew, Nikolai Berdjajew, Sergej Rachmaninow, Sinaida Hippius, Dmitri Mereshkowski, Nadeshda Teffi, Alexej Remisow, Vladimir Sirin.

Und doch waren in diesen Monaten nicht Schachaufgaben, nicht politische Aufrufe und nicht einmal die Laufereien vor der Abreise Nabokovs Hauptbeschäftigung. Die Archive zeigen, daß er auch in dieser wirren Zeit viel schrieb, so daß man kaum den Nabokov-Forschern zustimmen kann, die von einer Krise seines russischen Schaffens, gar von einer Sackgasse sprechen. Natürlich steckte damals das ganze europäische Leben in einer Sackgasse, besonders das der Emigranten: Vor ihnen lagen Jahre des Schweigens, der Hoffnungslosigkeit, der Demütigung und Angst. Angst nicht so sehr um sich wie um ihre Kinder.

Und doch arbeitete er. Nachdem er den »Zauberer« fertig hatte, plante er den zweiten Band des Romans »Die Gabe«. Zwei Kapitel waren schon geschrieben, »Ultima Thule« und »Solus Rex«. Nabokov wollte den neuen Roman »Solus Rex« nennen. Unter diesem Titel wurde das zweite Kapitel des neuen Romans in der allerletzten Nummer der »Sowremennyje sapiski« gedruckt. Nabokov schrieb später über den unvollendeten Roman:

»Unter dem, was ich in den Abschiedsmonaten in Paris schrieb, war der Roman, den ich vor der Abreise nicht mehr beenden konnte und zu dem ich nicht zurückgekehrt bin … Hätte ich das Buch beendet, so brauchten die Leser nicht zu rätseln: Ist Falter ein Scharlatan? Oder ein echter Prophet? Oder aber ein Medium, mittels dessen die verstorbene Frau des Erzählers versucht, einen undeutlichen Umriß des Satzes zu geben, den ihr Mann erkannt hat oder nicht? Wie dem auch sei, eines ist klar: Der Witwer, der sich ein Land seiner Phantasie schafft (eine Beschäftigung, die anfangs für ihn nur eine Methode ist, sich von seinem Kummer abzulenken, die aber mit der Zeit in eine sich selbst genügende künstlerische Manie übergeht), lebt sich so in Thule ein, daß es allmählich eine selbständige Existenz gewinnt.

Andererseits erkennt der Leser zweifellos die verzerrten englischen Echos meines letzten russischen Romans in dem Buch ›Das Bastardzeichen‹ (1947) und besonders in ›Das fahle Feuer‹ (1962). Mich ärgert dieser Nachhall, aber die Nichtvollendung meines Romans bedaure ich vor allem deshalb, weil er sich beträchtlich unterscheiden sollte von meinen anderen russischen Werken durch die Qualität der Farbgebung, die Bandbreite des Stils, die sich der Definition entzieht in ihrem mächtigen Unterwasserstrom ...«

Nabokov schrieb das im Vorwort des amerikanischen Sammelbands, in den beide Teile des unvollendeten Romans eingegangen waren. Die Kritik hält die Erzählung von dem einstigen Lehrer Falter, dem sich plötzlich eine Wahrheit auftut und den diese schreckliche, für einen Menschen unerträgliche Entdeckung verwandelt (die Puppe wird zum Schmetterling – auf deutsch »Falter«), für eine der stärksten Erzählungen Nabokovs.

In derselben Nummer der »Sowremennyje sapiski« wurde auch das berühmte Gedicht »Abschied« abgedruckt, noch ein Abschied von Rußland in der endlosen Reihe der Nabokovschen Abschiede, Liebeserklärungen und Streitgespräche mit der Heimat.

Hier geht es um die Sprache, das Wichtigste, was ihm von Rußland geblieben war, um die Schwierigkeit, auf das Kostbarste, was ein Schriftsteller hat, zu verzichten – seine Sprache. In diesem quälenden Moment bittet er Rußland, ihm bei diesem Verzicht zu helfen, das unbekannte neue Rußland, das damals in einem schwarzen Abgrund steckte, im gleichen Lager mit dem Welteroberer Hitler.

Denen, die Nabokov aufgrund des Gedichts vorwarfen, sich von der Heimat losgesagt zu haben, hat der Petersburger Nabokov-Forscher A. Dolinin geantwortet: »Nur wer einen Korken im Ohr hat, kann überhören, daß eine unzertrennliche, organische Verbindung zwischen dem Schriftsteller und der Kultur seiner Heimat besteht.«

Die amerikanische Literaturforscherin Elizabeth Klosty Beaujour schrieb, zweisprachige Schriftsteller hätten nicht selten Gewissensbisse und das Gefühl des »Verrats« an der Muttersprache. Ähnliches ist aus Gedichten und Prosawerken Nabokovs jener Zeit herauszuhören.

Im April 1940 überfielen die Deutschen Norwegen. Weitere europäische Länder sollten folgen. Die Abreise der Nabokovs nach Amerika glich einer Flucht. Nabokov hatte erfahren, daß die HIAS, die Hilfsorganisation für die Juden, einen Dampfer gechartert hatte, um Flüchtlinge aus Europa hinauszubringen. In Paris verkaufte Jakow Frumkin Tickets für diesen Dampfer, er war ein alter Freund W.D. Nabokows und freute sich, dessen Sohn eine Kajüte für den halben Preis anbieten zu können.

Die Hälfte des Kajütenpreises war sozusagen schon bezahlt, nun mußte die andere Hälfte beschafft werden, immerhin nicht mehr und nicht weniger als 560 Dollar. Eine Mäzenin, Madame Marschak, veranstaltete einen Wohltätigkeitsabend, auf dem Nabokov »Wolke, See, Burg« und andere Erzählungen las. Danach suchten Aldanow und Frumkin in Begleitung Nabokovs vermögende jüdische Familien auf. Auch nahe Freunde der Nabokovs sammelten einiges. Dmitri war erkrankt, und der Arzt empfahl den Eltern, erst den nächsten Dampfer zu nehmen. Aber sie konnten nicht länger warten. Das Geld reichte sogar für eine Kajüte erster Klasse, und sie kauften das Ticket. Die Deutschen drangen zu dieser Zeit schon in Belgien, Holland und Luxemburg ein und überschritten Mitte Mai die französische Grenze. Es war Zeit, sich von den Freunden und von Europa zu verabschieden.

Einen Teil seiner Bücher und Papiere sowie seine Schmetterlingssammlung packte Nabokov in einen Korb, den er bei Fondaminski im Keller ließ. (Nach dem Tod Fondaminskis, nach allen Prüfungen und Nöten dieser schrecklichen Zeit gelangten die Sachen zehn Jahre später nach Amerika.)

Die »Champlain« legte in Saint-Nazaire ab. Der kleine Dmitri hatte an diesem Tag hohes Fieber. Unterwegs bereitete

Nabokov eine Vorlesungsreihe vor – über Turgenjew und über »Anna Karenina«. Er hoffte, in Amerika Arbeit als Dozent zu finden, die er in Europa nicht hatte finden können. Er hoffte, daß es ihm jenseits des Ozeans gelingen könne, die Familie zu ernähren. Das Schiff war voll von jüdischen Flüchtlingen.

Die alte Welt blieb immer weiter achtern zurück. Dort blieben auch Vladimir Sirin und sein Ruhm als bester junger Schriftsteller der russischen Emigration.

Auf dem weiten amerikanischen Kontinent bildeten die da und dort verstreuten russischen Emigranten keine geschlossene Kolonie. Von dem Schriftsteller Sirin hatte hier kaum jemand gehört. In Europa war er auf dem Gipfel seines russischen Ruhms gewesen, doch jetzt, mit vierzig, mußte er noch einmal von vorn anfangen. Und wer hätte 1940 sagen können, ob es ihm nochmals gelingen würde, das Schicksal zu meistern? Jedenfalls wartete auf der New Yorker Landungsbrücke niemand auf ihn.

Sechstes Kapitel

Amerikanisch leben und arbeiten

Er hatte sich innerlich darauf eingerichtet, Amerika anzunehmen und liebenzulernen. Eigentlich blieb ihm ja auch nichts anderes übrig, denn noch weiter fliehen konnte er nicht. Vielleicht deshalb gefiel ihm Amerika von Anfang an. Bei der Zollkontrolle war plötzlich der Truhenschlüssel weg. Der Gepäckträger öffnetete das Schloß mühelos mit einem Eisenhaken. Die Zöllner erblickten zwei Paar Boxhandschuhe und bekamen Lust zu boxen. Sie zogen die Handschuhe an und sprangen boxend in der Zollbaracke herum. Einer von ihnen war so liebenswürdig, Nabokov eine amerikanische Zeitung zu holen, und der andere erlaubte ihm, das Telephon zu benutzen. Auch die Sprache war ihm bekannt, beinahe bekannt. Es war vielleicht nicht ganz das Englisch, das die Eheleute Nabokov studiert und später unterrichtet hatten, aber man verstand sie, und das war die Hauptsache. Weder Natascha noch Bobby de Calry waren sie abholen gekommen. Die Nabokovs nahmen ein Taxi und fuhren in die 87. Straße zu Natascha Nabokowa-Schachowskaja. Sie besaßen eine Hundert-Dollar-Note, sonst nichts. Ohne zu wissen, ob die Zähluhr 9 oder 99 Dollar anzeigte, reichten sie dem Fahrer ihr Vermögen, der winkte fröhlich ab und sagte:

»He, M'am, wenn ich soviel Geld hätte, würd ich wohl kaum das Lenkrad drehen …«

Da fiel ihnen ein Stein vom Herzen – die Leute hier waren freundlich. Hilfsbereit. Humorvoll. Was konnten Flüchtlinge sich mehr wünschen? Diese Menschen verschiedener Nationalität, die gestern, vorgestern oder vielleicht noch etwas früher hergekommen waren – sie alle waren schon Amerikaner. Nun, auch er würde Amerikaner werden. Kein Bürger des nichtexistenten Petersburg, kein Pseudo-Berliner, kein

Pseudo-Pariser, kein Sommerfrischler in Menton, nicht mal Europäer. Einfach Amerikaner.

Wenn das Schicksal es so wollte ...

Für den Anfang zogen sie zu Natascha. Natürlich fanden sich bald Freunde. Da war der alte Zeichenlehrer, der berühmte Dobushinski, da war Nabokovs Schüler Roman Grynberg. Da waren Bobby de Calry, Professor Michael Karpovich und der vergnügte, umgängliche Cousin Nika Nabokov. Da war Rachmaninow ...

Nika schleppte Nabokov in die russische Abteilung der »Stimme Amerikas«, doch dort mißfiel Nabokov jemandem, dem Chef oder dem FBI, jedenfalls gaben sie Nika die Stelle. Aber der suchte weiter für seinen Cousin. Einen Job als Bücherausträger per Fahrrad lehnten die Nabokovs ab; im Zustand der Ungewißheit fuhren sie nach Vermont, ins Landhaus Karpovichs, um Urlaub zu machen. Von dort schrieb Nabokov nach dem alten Europa (an das er sich schon auf dem Dampfer mit einem nostalgischen Gefühl von Dankbarkeit und Entsetzen erinnert hatte) an die Schwestern Marinel, denen er Hilfe bei der Ausreise in die Staaten versprochen hatte: »Wir leben in prächtigem grünem Gebüsch bei dem wunderbar gütigen Karpovich, wo man halbnackt spazierengehen kann. Ich schreibe einen englischen Roman und fange amerikanische Schmetterlinge ... Meine Situation ist quälend ungewiß, noch hat nichts geklappt, und der Gedanke an den Winter flößt mir Angst ein, und doch, im Vergleich ist dies ein wahres Paradies ...«

Michael Karpovich war als Vertreter der Provisorischen Regierung nach Amerika entsandt worden. Später las er in Harvard russische Literatur und war Chefredakteur des russischen »Nowy Shurnal« (Neues Journal). Sein Landhaus war sicherlich weniger beeindruckend als das, welches später in »Pnin« beschrieben wurde, aber die Gastfreundschaft des Hausherrn und seine Gäste, Emigranten, sind darin sehr genau dargestellt. Und auch die Schnelligkeit, mit der Timofey Pnin »in der leichtsinnigen Atmosphäre der Neuen Welt« seine Hemmungen verlor, übertraf kaum die, mit der sich Nabokov selbst an die Sitten gewöhnte – er war schon geradezu unanständig braungebrannt.

Nach der Rückkehr aus Vermont ging er voller Energie auf Arbeitssuche. Und da sandte ihm das Schicksal (und dessen Gehilfe, Cousin Nika) Edmund Wilson, dessen Bekanntschaft mit Nabokov in eine Zeit fiel, in der sich der Amerikaner besonders für die russische Literatur und für Puschkin begeisterte. Edmund Wilson war ein bekannter Kritiker, Prosaiker und Journalist. Wie die meisten amerikanischen Intellektuellen war er ein radikaler Linker, der nach einer Alternative für die amerikanische Ungerechtigkeit und die schreiende Ungleichheit suchte, und wie viele damals glaubte auch er, das Licht werde aus dem Osten kommen. Irgendwo dort hatte sich ja die geheimnisvolle und großartige Gestalt des Bourgeoisiefeindes Lenin erhoben, der große Siege errungen hatte; irgendwo dort lag das mächtige, rätselhafte Rußland, das der Welt ungeachtet seiner etwas sonderbaren Ordnung wohl einen anderen Weg weisen würde. Und wie die meisten westlichen Linken war Wilson bereit, einem Menschen, an dessen ungewöhnliches Talent er von vornherein glaubte, zu Hilfe zu kommen: Er war offen für eine neue Freundschaft. Dieser linke Wilson also nahm sich mit Feuereifer der Nabokovschen Angelegenheiten an, als wäre dieser sein bester Freund. Natürlich interessierte ihn Nabokov, schließlich waren sie Kollegen. Aber auch für Nabokov war Wilson ein interessanter Gesprächspartner, denn Wilson faszinierten hier im schwer begreiflichen Staat New York die kleinen Tragödien Puschkins (von dem hier noch nie jemand gehört hatte), die russische Prosodie (von der er rein gar nichts verstand), Suchowo-Kobylin, Majakowski, Lermontow, Trotzki, Lenin und Maxim Gorki. Im August desselben Jahres 1940 begann der erstaunliche Briefwechsel Nabokovs mit Wilson, der später in einem dicken Band gesammelt wurde.

Nabokovs erster Brief an Wilson enthält die notwendige Berufung auf den allgegenwärtigen Cousin Nika. Wilson antwortete Nabokov nicht nur, er setzte ihn alsbald an die Arbeit, an richtige, an Literaturarbeit, denn Wilson leitete die Literaturabteilung der Zeitschrift »New Republic«, und Nabokov schrieb nun Rezensionen und literarische Übersichten für die Zeitschrift (mal über Schota Rustaweli, mal über eine Arbeit zum Thema der Duchoborzen). Später übersetzten sie gemeinsam Puschkins »Mozart und Salieri«. Wilson erweiterte dabei zielstrebig sein Wissen über Rußland. Aber der Mensch trennt sich nicht so leicht von seinen Irrtümern und Illusionen, besonders wenn sie ihm einstmals seelischen Frieden, Ruhm und Geld gebracht haben. Wilsons Buch »Der Weg nach Petersburg« hatte in Amerika großen Erfolg. Es handelt vom Marxismus, von dem großen Lenin und der ruhmreichen sozialistischen Zukunft der Menschheit. Somit zeichneten sich schon in den ersten Briefen der Freunde die beiden Pole ihrer Diskussionen ab – Puschkin und Lenin. Puschkin liebten sie beide, wenngleich sie ihn in unterschiedlichem Maße und auf verschiedene Weise verstanden (diese Divergenzen vertieften mit den Jahren die Kluft zwischen ihnen). Was seine politischen Vorstellungen betraf, so war es noch schlimmer (obwohl Wilson später auch einiges an nichtmarxistischer Literatur zu diesem Thema las). Natürlich schickte er Nabokov seinen »Weg nach Petersburg«, und Nabokov schickte ihm seinen »Sebastian Knight«. Der Roman gefiel Wilson sehr. Er blieb denn auch das einzige Werk Nabokovs, das ihm gefiel und über das er sich stets aufrichtig wohlwollend äußerte. Aber für Wilson genügte das eine Buch, er war ein großzügiger Mensch. Er stellte Nabokov allen Verlegern vor, die er kannte, so daß Nabokov dank ihm den Weg in die besten amerikanischen Zeitschriften fand (ohne Wilson hätte dieser Prozeß – trotz Nabokovs Talents – Jahrzehnte dauern können). Mehr noch, wenn Wilson etwas bei Nabokov nicht gefiel, schwieg er, um dessen Karriere nicht zu gefährden.

Nachdem Nabokov das linksradikale Buch Wilsons gelesen hatte, verhielt er sich ebenfalls ehrlich und anständig. Zwar benutzte er nicht den hundertsten Teil der Sarkasmen, die ihm sicherlich auf der Zunge lagen (die hob er sich für den Nesbit in »Erinnerung, sprich« und für andere, namenlose Helden auf), doch sprach er mit Bestimmtheit aus, was er über Wilsons Illusionen dachte. Dies war am Ende des Jahres 1940 (Nabokovs Brief ist auf den 15. Dezember datiert). Nachdem Nabokov zunächst die Komposition des Buches mit einem

Kompliment bedacht hatte, bemerkt er, daß Wilsons Versuch, die Schwierigkeiten des Marxismus zu klären, in Moskau als »unverantwortlicher Eklektizismus« gebrandmarkt worden wäre und selbst Marx rasend gemacht hätte, denn »ohne seine Verworrenheiten und sein Abrakadabra, ohne seine schädlichen Verschweigungen, schamanischen Zaubersprüche und seinen magnetischen Schund wäre der Marxismus kein Marxismus. Das Paradox, das den Marxismus und andere Träume vom Idealstaat sprengt, ist, daß der erste Urheber potentiell auch der erste Tyrann jenes Staates ist. Die individuellen Launen eines Herrschers sagen über einen entsprechenden Zeitraum mehr aus als die vulgäre Verallgemeinerung des Klassenkampfs usw. ...«

Nabokov kommt dann auf Lenin zu sprechen und verweist auf das grauenhafte Paradox des Leninismus, das darin besteht, »daß es diesen Materialisten möglich war, das Leben von Millionen wirklicher Menschen um der hypothetischen Millionen willen zu vergeuden, die irgendwann einmal glücklich sein würden.«

Der Streit hätte endlos werden können, doch da machte Wilson Nabokov mit Laughlin bekannt, dem Gründer des Verlags »New Directions«, und Nabokov bot ihm ein paar seiner Romane in englischer Übersetzung zur Herausgabe an. Laughlin seinerseits beauftragte Nabokov mit der Übersetzung eines Sammelbandes zeitgenössischer russischer Poesie. Im Briefwechsel mit dem Verleger entdeckte Nabokov beachtliches Wissen über die sowjetischen Dichter, und er äußerte aufrichtig seine Meinung über sie. Dabei zeigte sich erstens, daß er Pasternak für den besten hielt. Zweitens wollte er etliche Gedichte von Sabolozki und Mandelstam und je ein Gedicht von Bagrizki und Majakowski in den Sammelband aufnehmen, und er nannte noch Selwinski und Jessenin. »Die besten sind natürlich Pasternak und Chodassewitsch«, schreibt Nabokov und verweist darauf, daß Chodassewitsch großen Einfluß auf die junge sowjetische Poesie gehabt habe, so wie Selwinski auf den »glänzenden jungen (unlängst in Paris gestorbenen) Dichter Poplawski«. Zu der Zeit bereitete sich Nabokov auf seine erste Vorlesungsreihe im Wellesley

College vor. Er hatte sie mehreren Universitäten angeboten, doch »angebissen« hatte nur das Mädchencollege von Wellesley. Vor Nabokov hatte dort ein Freund Marina Zwetajewas gelesen, der Theaterwissenschaftler und Memoirenschreiber Fürst Sergej Michailowitsch Wolkonski, der in seinen Erinnerungen gerührt den schönen Campus und die hübschen Mädchengesichter beschreibt. Wellesley hatte rein zufällig auf Nabokovs Angebot reagiert – wahrscheinlich hatte jemand in der Collegebibliothek herausgefunden, daß dies derselbe Nabokov war, der seinerzeit Lewis Carroll ins Russische übersetzt hatte (wer hätte damals in dem Mädchencollege vorhersehen können, daß der Weg von Lewis Carroll direkt zu »Lolita« führte?).

Im März 1941 fuhr Nabokov nach Wellesley und hielt dort mit seinem Cousin Nika eine erfolgreiche zweiwöchige Vorlesungsreihe, woraufhin Wellesley die Nabokovs noch acht Jahre lang beschäftigte.

Es ergaben sich noch andere, zwar schlecht bezahlte, doch »berauschende amerikanische Möglichkeiten«. Nabokov erhielt die Erlaubnis, in der entomologischen Abteilung des Naturgeschichtlichen Museums von New York zu arbeiten. Dort waren »ganz zauberhafte« Leute (freilich war kein Posten frei), und Nabokov verbrachte in den Labors dieses Museums viele glückliche Stunden.

Durch alle diese Erfolge gewann er die freudige Überzeugung, daß man »mit Verstand und Talent in Amerika nicht untergehen kann«. Und er hörte nie auf, das Wohlwollen der Amerikaner zu bestaunen. Auch später, als er Amerika verlassen hatte, erinnerte er sich mit Dankbarkeit daran, und er erklärte stolz, nicht minder amerikanisch zu sein (nach einem Vierteljahrhundert Staatenlosigkeit bekam er ziemlich schnell die amerikanische Staatsbürgerschaft) als Apple-pie oder als der April in Arizona.

An Arizona erinnerte er sich nicht zufällig. Ein Jahr nach seiner Ankunft in Amerika wurde er eingeladen, an der Stanford University, Kalifornien, eine fakultative Vorlesung über die Technik des künstlerischen Schaffens zu halten. In diesem ersten Jahr wurde Nabokov eine Amerikanerin vorgestellt, die den Wunsch geäußert hatte, sich in der russischen Sprache zu vervollkommnen. Sie besaß einen höchst bescheidenen Vorrat an russischen Wörtern, die aus geheimnisvollen Gründen zumeist dem russischen Fluch- und Schimpfwortvokabular entstammten, was sie zum Glück nicht wußte. Dorothy Leuthold war es beschieden, die lange Hauslehrerkarriere Nabokovs abzuschließen und zum Wiedererwachen seiner Schmetterlingsjagd beizutragen. Jemand sagte Nabokov, es wäre gar nicht schlecht, mit dem Wagen nach Stanford zu reisen. Nabokov besaß keinen Wagen, und Dorothy Leuthold bot den Eheleuten ihren nagelneuen Pontiac an. Da stellte sich heraus, daß weder Nabokov noch seine Frau fahren konnten. »Kleinigkeit«, sagte Dorothy Leuthold, »ich fahre Sie hin.« Diese Idee gefiel ihr sogar: Sie würde ihnen Amerika zeigen und unterwegs noch eine Handvoll russischer Wörter lernen. Sie selbst suchte die Strecke aus und richtete es so ein, daß sie am Südende des Grand Canyon rasteten.

Es war ein kühler Frühlingstag in Arizona, als Nabokov, der auf einem Pfad in die Schlucht hinunterstieg, eine ganz neue Schmetterlingsart entdeckte. Voller Dankbarkeit gab er dem Falter den Namen seiner letzten Schülerin.

Während dieser Reise sah er zum erstenmal das Amerika der Landstraßen und Motels, das später im Bewußtsein der Leser aus aller Welt mit dem berühmten Nabokov-Roman verbunden sein würde.

Die Vorlesung, die Nabokov in Stanford hielt, war geeignet, nicht nur amerikanische Studenten zu beeindrucken. Er betrat den Hörsaal in zerrissenen Tennisschuhen an den bloßen Füßen und las mit Leidenschaft (zeitweilig mit Schaum vor dem Mund) aus seinem Roman »Sebastian Knight«. Dann erklärte er ihnen aufs eingehendste alle Kniffligkeiten seines Textes – worum es ging und wie das gemacht war. Für die Studenten dürfte eine solche Prosa neu gewesen sein.

Nach New York kehrten die Nabokovs mit der Eisenbahn zurück. Nabokov hatte in Stanford immerhin ein Honorar von achthundert Dollar erhalten. Für den »Sebastian Knight« hatte er nur hundertfünfzig Dollar bekommen, und so ist begreiflich, daß er sich nach einer neuen Lehrtätigkeit umsehen mußte. Darum folgte er dem Ruf an das Wellesley College sofort. Er hielt dort mehrere Vorlesungen über russische Schriftsteller, aber auch Übersichtsvorträge wie »Der Schriftsteller und der gesunde Menschenverstand«, »Grausame Wahrheiten über Leser«, »Die Kunst der Schriftstellerei« oder »Das seltsame Schicksal der russischen Literatur«. Darin sprach er über Bunin und Sirin (und versetzte Hemingway und Gorki Fußtritte). Als er seine letzte Vorlesung hielt, stand schon fest, daß man ihn wieder einladen würde.

Noch nie hatte Nabokov so viel gearbeitet. Er wollte mindestens hundert Vorlesungsstunden vorbereiten, und das waren etwa zweitausend Seiten Konspekt.

In dieser Zeit schrieb er auch noch englische Gedichte und übersetzte russische Gedichte ins Englische. Bei allem äußeren Wohlergehen durchlebte er ein psychologisches Drama, denn er, der mindestens zwanzig Jahre in der Welt des russischen Wortes gelebt und in ihr unermüdlich nach Ausdruckskraft und Vollkommenheit gesucht hatte, verbot sich jetzt, russisch zu schreiben. Er befand sich im Prozeß des qualvollen Übergangs in die zweite Sprache, und manchmal verließ ihn das Vertrauen in die eigenen Kräfte, und dann schien ihm, daß er ein »zweitklassiges« Englisch schriebe und daß er seine russische »musikalisch unausgesprochene Tonart« verlöre. Mehrere Jahre lang noch klagte er seinen Angehörigen gegenüber, wie sehr er sich quäle und wie sehr er sich wünschte, russisch zu schreiben.

In einem frühen englischen Gedicht (abgedruckt in einer der besten amerikanischen Zeitschriften, bei der ihn auch Wilson eingeführt hatte – »Atlantic Monthly«) spricht Nabokov über den Abschied von der »sanftesten der Sprachen«, über ihren einzigartigen Reichtum, darüber, daß er jetzt auf der Suche nach der Kunst und dem Herzen mit einem groben Steinwerkzeug herumstochere. Über diese seine zutiefst »persönliche Tragödie« hat er auch später mehr als einmal geschrieben.

Nach Meinung einer Nabokov-Forscherin ist dieser innere Konflikt der Grund dafür, daß er sich damals in die Entomologie zurückzog. Selbst wenn das zutrifft, sollte nicht vergessen werden, daß die Arbeit im Labor Nabokov wirklich gefangennahm und er sich solche Arbeit seit langem wünschte. Der Neffe des Schriftstellers (Sohn von Nika Nabokov und Natalja Schachowskaja) Ivan Nabokov erinnert sich, daß er einmal das zoologische Museum in Cambridge besuchte und sein Onkel ihm mit größter Begeisterung unterm Mikroskop die Genitalarmaturen von Schmetterlingen zeigte, an denen sich die Arten bestimmen ließen.

Unter den Professoren von Wellesley war Nabokov eine ungewöhnliche, nach Meinung vieler Studentinnen aber auch romantische Erscheinung. Sie fanden ihn schön, obwohl er sich damals recht nachlässig kleidete. Er rauchte stark, was in Wellesley nicht üblich war, und eine seiner damaligen Studentinnen, ein ernsthaftes, fleißiges Mädchen, erinnerte sich an den männlichen Tabakgeruch, der ihn begleitete.

Manchmal sprach er in Gegenwart der Mädchen Dinge aus, die sie schockierten. So sagte er eines Tages beim Mittagessen, ihm gefielen Frauen mit kleinen Brüsten. Manchmal versuchte er, sie über ihre Studentinnenkümmernisse hinwegzutrösten, doch auf sehr seltsame Weise. So hielt ihn einmal, als er mit dem Fangnetz auf Schmetterlingsjagd war, eine Studentin an und sagte ihm, sie habe zum Examen nicht alles lesen können, worauf er ihr unbekümmert im Laufen antwortete: »Das Leben ist schön. Das Leben ist traurig. Das ist alles, was Sie wissen müssen.« Und lief weiter.

Er sprach sehr gern mit den Studentinnen unter vier Augen. Wie oft wiederholte er ihnen, sie müßten die Literatur sinnlich wahrnehmen, ihre Gerüche, ihre Farbe, ihren Geschmack erfühlen ... Viele Absonderlichkeiten von Professor Nabokov findet der aufmerksame Leser in seinem Roman »Pnin«.

Nabokovs Lehrtätigkeit in Wellesley war leider keine Festanstellung, sie konnte ihm jederzeit aufgekündigt werden. Erst nach mehreren Jahren bekam er in Amerika einen festen Posten, den er in den Jahren seiner goldenen Armut in Europa stets abgelehnt hatte. Die Professoren und Studenten von Wellesley hatten sich oft bei der Administration für ihn eingesetzt, hatten Briefe zu seinen Gunsten geschrieben, dennoch wurde er in Wellesley nicht fest angestellt.

1942 fuhr er nach Yale in der Hoffnung, an der Universität eine Anstellung zu finden. Später erzählte er Wilson über diese Reise: »Man hatte mir den Posten eines Lehrassistenten für Russisch im Sommerkursus angeboten, doch da ich auch dem leitenden Professor Russisch hätte geben müssen, habe ich abgelehnt. Er ist ein kleiner Mann namens T. mit einem Phonetiksystem, das ich gehorsam befolgen müßte ... die Liste mit Satzbeispielen ist zum Schreien. Er ist in Amerika geboren, doch seine Eltern stammen aus Odessa ... In Odessa sprechen sie das schlimmste Kauderwelsch in Mütterchen Rußland – und wenn man es von seinen Eltern in Brooklyn lernt, wird es auch nicht besser ... wobei er und ich dieselben Studenten abwechselnd übernehmen müßten, würden sich allerlei merkwürdige Situationen daraus ergeben. Also bleibe ich arbeitslos.«

In seinem nächsten Brief an Wilson schreibt er: »Komisch – da kann man besser Russisch als jeder lebende Mensch – wenigstens in Amerika – und mehr Englisch als jeder Russe in Amerika – und da hat man solche Schwierigkeiten, an der Universität eine Stelle zu bekommen ... Das einzige, was ich erreichen konnte, ist ein einjähriges Forschungsstipendium (1200 Dollar) ab 1. Sept. am Mus[eum of] Comp[arative] Zool[ogy] – drei Stunden pro Tag und alle Schmetterlinge zu meiner Verfügung ...«

Um in der Nähe des Museums für Vergleichende Zoologie zu wohnen, nahmen die Nabokovs eine Wohnung am Stadtrand von Boston, in Cambridge, Craigie Circle 8. Dann machte sich Nabokov auf die Arbeitssuche und verglich sich mit dem reisenden Tschitschikow. Er besuchte mehrere Colleges, wo er Vorlesungen hielt und Fuß zu fassen versuchte – Cokes bei Florence, das Spelman-College in Atlanta, das Frauencollege des Staates Georgia in Valdosta und die Süduniversität in Suwannee. Er schreibt, daß man seinen Vorlesungen mit großem Respekt lauschte, was seine Begeisterung für das amerikanische Bildungssystem noch vergrößerte (das Maß dieser Begeisterung läßt sich ermessen, wenn man

»Pnin« gelesen hat), aber eine Lehrtätigkeit für ihn fand sich nicht.

Aldanow, der in New York das »Nowy shurnal« (Neue Zeitschrift) herausgab, nahm von Nabokov einen Teil des in Paris geplanten Romans mit der Überschrift »Ultima Thule« und das Gedicht »Ruhm« (das einzige, was Nabokov sich russisch zu schreiben erlaubte, waren Gedichte). Im reichen Amerika wurden nur fünfhundert Exemplare der neuen russischen Zeitschrift verkauft. Bei der nächsten Nummer riskierte Aldanow den Druck von tausend Exemplaren, doch er mußte sich überzeugen, daß sich nur fünfhundert verkaufen ließen. In Europa war es so gewesen, daß die russischen Emigranten, die auf gepackten Koffern saßen und auf den Zusammenbruch des Bolschewismus, auf die Rückkehr nach Rußland und auf das Reich Gottes warteten, viel lasen, stritten, ins Theater gingen und für die heimatliche Literatur spendeten. In Amerika mußten sie nun daran denken, sich auf Dauer einzurichten. Dem energischen Andrej Sedych oder Weinbaum gelang es nur mit Mühe, unter seinen Landsleuten hundert Dollar für »Akademiemitglied Bunin persönlich« zu sammeln.

Es gab freilich amerikanische Wohltätigkeitsfonds, aber die mußte man überzeugen, daß der Antragsteller »würdig« sei. In solch einem System siegt natürlich stets der Cleverste. Nabokov fiel es übrigens leichter als anderen, denn er hatte den selbstlosen Freund Wilson, und der hatte eine »leichte Hand« ...

Im Sommer 1942 waren die Nabokovs wieder Gäste im Landhaus Karpovichs in Vermont, zusammen mit anderen russischen Emigranten. Nabokov steckte in jenem Sommer bis über die Ohren in Arbeit. Er hatte eine Absprache mit dem Verleger Laughlin, wonach er für ein mäßiges Honorar ein Buch über Gogol für die amerikanischen Studenten schreiben sollte. Schon seit langem hatte er davon geträumt, über den genialen, sonderbaren, verrückten Gogol zu schreiben. Nicht über Gogol, den Autor der »natürlichen Schule«, der »die Selbstherrschaft entlarvte«, und nicht über den Realisten Gogol, sondern über den verrückten Phantasten Gogol, der unbegreifliche Handlungen beging, über die »Themen« und

»Muster« seines Schicksals, über das Rußland, das seine ungestüme Phantasie geschaffen hatte und das von den Sozialkritikern als »abscheuliche russische Wirklichkeit« aufgenommen wurde. Über die Verflechtung der Schicksalsmuster, unter Wahrung des Rhythmus, der an einen Bauernzug erinnerte ...

Zudem arbeitete Nabokov an einer großen Erzählung. Es war seine erste Erzählung auf englisch. Diese Erzählung ist vielleicht die einzige bei Nabokov, die reale Ereignisse in nur leicht »durcheinandergemischter« Form erzählt: Es ist die ungewöhnliche Geschichte der beliebten russischen Sängerin Nadeshda Plewizkaja und ihres Mannes, General Skoblin, die sich als GPU-Agenten entpuppten. In seiner Erzählung stellt Nabokov eine Hypothese auf, die später von einem bescheidenen Büchlein bestätigt wurde (Nabokov konnte es nicht kennen). Es stammte von einem französischen Sureté-Kommissar, der als letzter kurz vor dem Krieg mit der Plewizkaja sprach: Hauptakteur in einer ganzen Serie von Verrat und Verbrechen war entgegen allen Vermutungen General Skoblin, den viele Emigranten nur als eine Marionette seiner herrschsüchtigen Frau ansahen und den sie hinter seinem Rücken »General Plewizki« nannten. Krankhafte Ruhmsucht hatte den einstigen Kornilow-Helden auf den Weg von Verrat und Spionage geführt. So verhalf das unorthodoxe Denken des Schriftstellers Nabokov zu einer Entdeckung, die Psychologen und Detektiven zunächst verschlossen blieb.

Das Buch über Gogol war für Kritiker und Leser kaum akzeptabel, da Nabokov nur seinen Standpunkt gelten ließ. Hier ein kleiner Auszug aus »Gogol«:

»Petersburg war nie wirkliche Realität, aber auch Gogol selbst, Gogol der Vampir, Gogol der Bauchredner, war nicht gänzlich real. Als Schüler ging er mit krankhafter Sturheit nicht auf der Straßenseite, auf der alle gingen; er zog den rechten Schuh auf den linken Fuß, krähte mitten in der Nacht wie ein Hahn und stellte die Möbel in seinem Zimmer so unordentlich auf, als hätte er das bei ›Alice im Spiegelland‹ abgeguckt. Es nimmt nicht wunder, daß die Stadt Petersburg all ihre Absonderlichkeit enthüllte, als in ihren Straßen der absonderlichste Mensch von ganz Rußland spazierenging …«

Vergeblich sucht der Leser in dem Buch nach einem »Überblick über die Werke« oder nach einer sozialen Analyse der Epoche.

Ein französischer Nabokov-Forscher schrieb, beide, Nabokov und Gogol, hätten es verstanden, im leeren Raum zu schreiben und einen »Traum im Traum« zu schaffen. Natürlich sei Nabokov wie Gogol ein »Schöpfer erdachter Welten« gewesen …

Nabokov betonte, was für eine verhängnisvolle Rolle »ein gängiger Irrtum« für Gogol spielte: »Der Schriftsteller starb, als ihn Fragen wie: ›Was ist Kunst?‹ oder ›Was ist die Pflicht des Schriftstellers?‹ zu beschäftigen begannen.« Diesen Teil des Nabokov-Buches schätzte Georgi Fedotow (im »Nowy shurnal«) hoch ein. Er versäumte es aber auch nicht, die wichtigste Unterlassung Nabokovs zu erwähnen: »Die Kunst läßt sich nicht auf Sittlichkeit reduzieren, wie das bei uns Gogol und Tolstoi versucht haben. Aber die Kunst erwächst – fast immer – aus derselben Tiefe wie das sittliche Leben … Den Schlüssel zu dem Künstler Gogol liefert letzten Endes sein religiöses Drama.« Nabokov hatte sich bemüht, in seiner Abhandlung den Kreis der ästethischen Interpretation nicht zu verlassen, aber sein Anhänger und Freund Georgi Fedotow ertappte ihn bei einer Inkonsequenz.

Fedotow schreibt über Nabokovs »Bemerkungen zur Analyse der schöpferischen Phantasie Gogols«: »Ihr Wert definiert sich in der Kongenialität der beiden Künstler. Einer der größten, wenn nicht der größte russische Schriftsteller unserer Zeit, noch dazu erprobt in Reflexionen über Probleme der Kunst, schreibt über den größten Meister des russischen Worts; Gogol ist die wichtigste Verbindung Sirins zur literarischen Tradition.«

Der »größte russische Schriftsteller unserer Zeit«, der den genialen »Mantel« analysiert, erklärt den Mädchen in Wellesley und den Jungen in Stanford, daß Gogols »Novelle einen vollständigen Kreis schlägt, einen Circulus vitiosus wie alle Kreise, mögen sie sich auch als Äpfel, Planeten oder menschliche Gesichter ausgeben.

Auf diesem hohen Niveau der Kunst beschäftigt sich die Literatur natürlich nicht damit, das Schicksal eines unglücklichen Menschen zu beweinen oder die Machthaber zu verfluchen. Sie wendet sich an die geheimen Tiefen der menschlichen Seele, wo die Schatten anderer Welten umgehen wie die Schatten namenloser und lautloser Schiffe … Wenn Sie sich für ›Ideen‹, ›Fakten‹ und ›Tendenzen‹ interessieren, rühren Sie Gogol nicht an. Lernen Sie zunächst das Alphabet der Labialen, Velaren, Dentalen, der Buchstaben, die summen und sausen wie eine Hummel oder Tsetsefliege. Wenn Sie das erstemal ein Personalpronomen deklinieren, werden Sie in Ihrem Kopf eine gewisse Starre empfinden. Aber ich sehe kein anderes Herangehen an Gogol (übrigens auch an jeden anderen russischen Schriftsteller). Seine Werke (wie jede große Literatur) sind ein Phänomen der Sprache, nicht der Ideen …

Die verzweifelten russischen Kritiker, die ihre liebe Not damit hatten, zu bestimmen, von wem ich beeinflußt war, und meine Romane in das passende Regal zu stellen, wollten mich zweimal mit Gogol zusammenbinden, doch als sie dann noch einmal hinsahen, merkten sie, daß ich die Knoten aufgebunden hatte und das Regal leer war.«

So endete das Büchlein über Gogol, das unerreichbar hoch in seinem leeren Regal stand.

Fern von Sinisterbad

Das Nachdenken über Gogol, über die Teufel, über die sowjetische Poesie und über das eigene ruhmlose Schwimmen im Ozean Amerika, der noch nie von Vladimir Sirin gehört hatte, gaben ihm auf dem Campus des Wellesley College das Gedicht »Ruhm« ein, das, wie bereits erwähnt, später im »Nowy shurnal« in kleiner Auflage gedruckt wurde. In diesem Gedicht besucht ein seltsamer Gast Nabokov, der auf dem Campus des Mädchencolleges sein Dämmerstündchen hält, »jemand … mit Ruß in den roten Nüstern«, ein »gesprächiger Staub«, der Panamahut, Fes und Schirmmütze auswechselt und seinem Gesprächspartner, dem Autor, erzählt, daß er selbst ja »Länder gewechselt habe wie Falschgeld, hastig und in Furcht zurückzublicken wie ein sich spaltendes Gespenst«.

»Deine armen Bücher«, sagte er lässig,
»schmachten hoffnungslos im Exil.
Deine armen Bücher
vermindern sich in der Leere, wo du einen Zweig triebst …
Wer in einer Herbstnacht, wer – sieh mal an –
im russischen Krähwinkel, im Lampenschein, im Mantel,
inmitten von Papyrossahülsen und Sägespänen
und anderen beleuchteten Unklarheiten
auf dem Tisch ein Muster deiner Prosa aufschlägt,
liest sich fest im Rauschen des Regens …«

»Niemals«, sagte der Verführer mit den roten Nüstern zum Autor,

niemals taucht dein Name auf, es sei denn
(so wie in tragischen Wolken ein Stern blinkt)
in einer speziellen Arbeit, als Fußnote zum Namen
eines Emigrantenfriedhofs …

Und so wie er einst den Tyrannen durch Gelächter vernichtete, vertreibt Nabokov durch Gelächter nicht nur den Verführer, sondern auch die Verführung durch den Ruhm.

Und ich bin glücklich. Glücklich, daß mein Gewissen,
Kuppler schläfriger Gedanken und Pläne,
das Geheimste nicht berührte. Ich
bin heute erstaunlich glücklich.
Dieses Geheimnis ta-ta, ta-ta-ta-ta, ta-ta,
darf ich nicht genauer benennen.
Darum muß ich so lachen über den hohlen Traum
vom Leser, vom Körper, vom Ruhm …

So sprach er plötzlich in russischen Versen über sein

Geheimnis, über das später seine Witwe in einem kurzen Vorwort zu eben diesen Versen in dem postumen Sammelband »Ardis« schrieb:

»Dieses Geheimnis hütete er viele Jahre lang, fast ohne sich seiner bewußt zu sein, und es gab ihm seine unerschütterliche Lebensfreude und Klarheit selbst in den schwersten Lebenslagen, und es machte ihn völlig unverwundbar für dumme oder böswillige Angriffe.« Des weiteren verweist uns Vera Nabokov auf die Beschreibung des Vaters des Helden in der »Gabe«, auf »einen Schleier, ein Geheimnis, eine rätselhafte Zurückhaltung«, auf die Aura von etwas »noch Unbekanntem, was vielleicht das Allerwahrhaftigste an ihm war ... Der Gutswächter ... glaubte, daß mein Vater etwas wisse, was kein anderer wisse.«

Was war das für ein Geheimnis (das Geheimnis der Unsterblichkeit oder das Geheimnis des Universums?), das sich dem Schriftsteller unterm Sternenhimmel auftat und ihm half, den Teufel und dessen Versuchung durch den Ruhm, das Gefühl des Losgelöstseins von der Heimat, das Gefühl des umsonst gelebten Lebens zu verscheuchen, ein Geheimnis, das es ihm erlaubte, die mannigfaltigen (örtlichen?) Götter abzulehnen, von denen die Welt wimmelt? Klar ist, daß nicht der Herr mit dem roten Ruß in den Nüstern ihm das Geheimnis enthüllte, auch nicht eine durch und durch wissenschaftliche, materialistische Weltsicht.

Eine Reaktion auf das Gedicht »Ruhm« erschien in der größten Emigrantenzeitung Amerikas, dem New Yorker »Nowoje russkoje slowo« (Neues russisches Wort). Der seinerzeit mehr als einmal von Nabokov beleidigte Mark Slonim, der ihm jedoch diese »häuslichen« Streitereien nicht nachtrug, stellte den Dichter gleichsam neu vor, denn er wußte, daß es in Amerika zwar Menschen gab, die von Nabokov-Sirin gehört hatten, daß aber »den meisten Russen im Ausland nicht klar war, daß Sirin der brillanteste und talentierteste aller russischen Emigrantenschriftsteller ist«. Slonim begriff, daß »die Kompliziertheit und Ausgeklügeltheit seines Werks« verhinderte, daß Nabokov zu einem Publikumsliebling wurde, denn »Leser und Kritiker bevorzugen einfache Hausmannskost«.

»Aber für solche, die echte Leistungen hoher Kunst zu schätzen wissen«, schrieb Slonim, »ist Sirin mit Recht einer der begabtesten, originellsten und brillantesten ihrer Vertreter.«

Inzwischen arbeitete Nabokov an seinem zweiten englischen Roman.

Wilson hatte dafür gesorgt, daß Nabokov ein Guggenheim-Stipendium von 2500 Dollar bekam, gestiftet von dem ehemaligen Senator Simon Guggenheim zur Erinnerung an seinen Sohn. Der Roman hieß vorläufig »Ein Mensch aus Porlok«. Später änderte Nabokov den Titel. Er erklärte das so: »Der Terminus ›Bastardzeichen‹ bezeichnet in der Heraldik einen schrägen Balken von links nach rechts, der (wie das große Publikum irrigerweise annimmt) auf uneheliche Geburt hinweist. Als ich für das Buch diesen Titel wählte, versuchte ich, die Umrisse (angedeutet durch eine Verzerrung im Spiegel des Seins) des Weges zu benennen, den die Geschichte alles Schlimmen und Linken (Rechten) in der Heraldik der Welt geht. Die Schwäche eines solchen Titels besteht darin, daß der ernsthafte Leser, der den ›allgemeinen Sinn‹ oder das ›allgemein menschliche Interesse‹ (was beinahe dasselbe ist) sucht, sie in diesem Buch suchen wird.«

Ich erinnere daran, daß das englische Wort »sinister« (schlimm, böse) dem italienischen »sinistra« ähnelt, das »links« bedeutet, so daß dieses Zeichen auf die ganz bestimmte Richtung weist (»links« gleich »rechts«). Man kann also davon ausgehen, daß dieser Titel die Richtung andeutet, welche die Weltgeschichte in unserm Zeitalter der totalitären Regime genommen hat. Die amerikanische Propaganda wußte zu dieser Zeit endgültig über Hitler Bescheid: Er war ein Tyrann und Menschenhasser, kurz, ein Faschist. Mit Stalin war es nach Ansicht derselben Propaganda komplizierter. Er war Verbündeter, und die Medien beschäftigten sich damals einhellig mit seiner Rehabilitierung. Besondere Mühe gaben sich die »Rußlandspezialisten« wie der amerikanische Ex-Botschafter in Moskau, Joseph Edward Davies. Sie waren es, die jetzt den Amerikanern das Märchen vom Arbeiter-und-Kolchosparadies erzählten. Nabokov schrieb Wilson von seinem Wunsch, die Russen sollten Deutschland zerschmettern.

Danach sollten Stalin und Hitler als Nachbarn auf eine einsame Insel verbannt werden. Ein für das damalige Amerika geradezu aufrührerischer Gedanke ...

»Das Bastardzeichen« – das ist (bei der ersten oberflächlichen Lektüre) ein Roman über ein Land, in dem der Diktator Paduk an die Macht gelangte. Von Nabokovs Romanen kommt dieser dem Roman »Einladung zur Enthauptung« und den Erzählungen »Tyrannenvernichtung« und »Der Museumsbesuch« am nächsten. Als die »russische Nummer« der Zeitschrift »Life« mit einem gutmütig lächelnden Stalin auf dem Titelblatt erschien (das Foto hatte Erskine Caldwells Frau Margaret Bourke-White gemacht), mit einem begeisterten Artikel über Lenin und einem Foto des Ex-Botschafters Joseph Edward Davies´ vor einer geschmacklosen, aber umfangreichen Sammlung von Antiquitäten, die er in Rußland gekauft (oder von Stalin geschenkt bekommen) hatte, konnte es Nabokov nicht mehr ertragen und schickte der beliebten Zeitschrift einen zornigen Brief, der natürlich nicht abgedruckt wurde, aber er schrieb in denselben Tagen ein Gedicht voll unerschütterlicher Verachtung für Diktaturen und voller Mitleid mit seiner geschundenen Heimat:

Wie sehr auch der Sowjetflitter glitzert
Auf der Leinwand eines Schlachtenbilds;
Wie sehr auch die Seele vor Mitleid schmilzt,
Ich beuge mich nicht, ich höre nicht auf,
Den Schmutz, die Brutalität und die Langeweile
Stummer Knechtschaft zu verabscheuen.
Nein, nein, rufe ich,
Mein Geist ist noch lebendig, noch hungrig auf Exil,
Noch bin ich Dichter, zählt nicht auf mich!

Das Gedicht rührte Kerenski und gefiel vielen Emigranten (keineswegs allen – in dieser Zeit schrieb Miljukow bereits seine »Wahrheit des Bolschewismus«, wo er Stalin mit Peter verglich und alle Mittel rechtfertigte, die zu einem so hochgesteckten Ziel führten). Miss MacCarthy aus Wellesley, die von den Ansichten ihres Lektors auf Zeit gehört hatte, empfahl ihm, sich in bezug auf den derzeit in Amerika so populären Diktator und seine Diktatur milder auszudrücken. Das retuschierte Idol voller Güte und Zauber, der große Stalin, erschien jetzt immer öfter in der amerikanischen Presse, und Nabokov schrieb an Wilson:

»Einige der Details des Treffens von Teheran finde ich köstlich, beispielsweise: ›Stalin redete frei mit seinen Gästen durch einen Dolmetscher‹, oder: ›Stalin hob das Glas und blickte sich nüchtern um.‹ Nach den Photographien zu urteilen, ist es ganz offensichtlich nicht der echte Stalin, sondern eines seiner zahlreichen Duplikate – ein Geniestreich seitens der Sowjets. Ich bin mir nicht einmal sicher, ob diese tussaudeske Gestalt überhaupt echt ist ...«

In dieser Atmosphäre weltweiter Begeisterung über die militärischen Siege des blutigen Henkers Rußlands erschien auch Nabokovs Gedicht »Über die Regenten«:

Seit wann wohl, möchte ich gern wissen,
Spürn wir dieses Gluckern unterm Herzen,
Wenn wir den Kräftigen mit Bürstenschnitt
Durchs Glas in seiner Loge sehn?

Verstärkte Beschäftigung mit Entomologie, Unterricht und Übersetzungen russischer Poesie sowie der neue Roman hinderten Nabokov nicht, englische Erzählungen zu schreiben. Nach der Erzählung über die Plewizkaja schrieb er die Erzählungen »... Daß in Aleppo einst ...«, »Ein vergessener Dichter« und die englische Version seiner französischen Erzählung über eine Gouvernante – »Mademoiselle O.«. Wilson führte Nabokov bei den besten amerikanischen Zeitschriften ein, und seine Erzählungen erschienen im »New Yorker«, in »Atlantic Monthly«, in »Harper`s Magazin« und in »Partisan Review«.

Es war die Blütezeit seiner Freundschaft, Zusammenarbeit und Korrespondenz mit Wilson, und Nabokov war wegen anderer Russen sogar ein bißchen eifersüchtig auf den »lieben Bunny« (wie er Wilson in seinen Briefen anredete).

Natürlich waren das immer noch recht schwierige Jahre für

Nabokov, aber an seinen Worten über seine ärmliche oder gar katastrophale Situation in den Briefen an Wilson muß man Abstriche machen mit Blick auf amerikanische Vorstellungen von einer katastrophalen Situation. Denn die Wohnungen, in denen er und Vera in Amerika lebten, waren größer als die in Europa, die sommerliche Schmetterlingsjagd versäumten sie nie, Dmitri besuchte eine gute, teure Privatschule, zu hungern brauchten sie auch nicht, obwohl noch Krieg war. Nun, und das Geld … Aber wer in Amerika hatte schon genug Geld?

Im Sommer 1943 war Nabokov auf Schmetterlingsjagd in der Nähe von Salt Lake City, wo die Berghänge mit Tannen bewachsen waren und die Landschaft an Nestjorow erinnerte. Er besuchte Laughlin und beriet ihn bei der Herausgabe sowjetischer Autoren. Es stellte sich heraus, daß er Olescha, Ilf und Petrow sehr schätzte.

Ende 1943 betrog Nabokov mit seiner russischen Muse die englische Sprache und verfaßte das »Pariser Poem« (abgedruckt in »Nowy shurnal«, Heft 7). Es enthält die gleichen nostalgischen Beschreibungen des nächtlichen Paris wie seine kurz zuvor vollendete Erzählung »… daß in Aleppo einst«.

Diese Fluchten in die russische Poesie spiegelten die noch nicht bewältigte Qual des Übergangs ins Englische. »Bei einem Spaziergang«, schrieb er in einem Brief an seine Frau, »durchdrang mich plötzlich der Blitz einer Eingebung. Ich hatte den leidenschaftlichen Wunsch, russisch zu schreiben, was ich nicht soll. Ich bezweifle, daß jemand, der das nicht erlebt hat, diese Qual, diese tragische Situation wirklich verstehen kann.«

Als er das »Pariser Poem« fertig hatte, zog Vera unter einem Stoß wissenschaftlicher Artikel über Schmetterlinge seinen zweiten englischen Roman hervor und »führte ein ernstes Gespräch mit ihm«. Nabokov überlas die ersten Kapitel des »Bastardzeichens«, fand sie nicht ganz schlecht und setzte sich wieder an die Arbeit. Ende März konnte er dem Verlag Doubleday den ersten Teil des Manuskripts und einen Brief mit einer kurzen Beschreibung der noch ungeschriebenen Kapitel schicken.

Auf einem eher oberflächlichen Niveau, das Nabokov als weniger wichtig ansieht, ist es ein Roman über den Zusammenstoß von Kunst und Ratio mit totalitärer Unterjochung. Selbst auf den Leser, der schon Samjatin und Kafka und Orwell kennt (über den sich Nabokov übrigens ziemlich abschätzig äußerte), macht der Roman einen starken Eindruck.

Gehen wir etwas ausführlicher auf den Inhalt des Buches ein. Zu Beginn der Handlung blickt der Philosoph Adam Krug durchs Krankenhausfenster hinaus auf die nächtliche Straße, wo eine spatelförmige Pfütze zu sehen ist. Soeben ist seine geliebte Frau während einer Operation gestorben (man kann annehmen, daß auch dieser Tod unter dem Messer des Chirurgen als Methode der totalitären Verfolgung eine der präzisen Nabokovschen Mutmaßungen ist). Er geht nach Hause in den Stadtteil jenseits des Flusses, und hier beginnen seine Mißgeschicke. Die Macht im Lande hat unlängst der Führer der »Partei des Durchschnittsmenschen«, der Ekwilist (»Gleichmacher«) Paduk, an sich gerissen (natürlich war zu vermuten, daß die beiden damaligen Weltherrscher an der Fallsucht litten [Paduk – Padutschaja = Fallsucht]). Der Posten auf der Brücke ist Analphabet, er hält den Passierschein verkehrt herum, murmelt etwas von Kopulation mit der eigenen Mutter (ein Diktum, das nur ein russischer Leser versteht) und läßt den Philosophen endlich durch, aber am anderen Ende der Brücke verlangt man von ihm die Unterschrift des vorigen Postens (der weder schreiben noch lesen kann) und schickt ihn zurück. Der Philosoph pendelt über die Brücke, denn die Macht ist absurd (und sieht dadurch so real aus). Schließlich doch zu Hause angekommen, wird der Philosoph mitten in der Nacht in die Universität bestellt. Der Rektor fleht ihn und andere Gelehrte an, eine Loyalitätserklärung zu unterschreiben, sonst werde die Universität geschlossen. Besondere Hoffnungen setze der Rektor auf Krug, den nicht nur seine große internationale Autorität, sondern auch der zufällige Vorzug, als Kind mit dem jetzigen Diktator in eine Klasse gegangen zu sein, über seine Kollegen erhebe. Krug hat Achtung vor seinen gelehrten Kollegen, weil jeder von ihnen auf seinem Gebiet eine Koryphäe ist und weil sie unfähig sind zum physischen Akt des Mordes. Aber wie auch Krug sind sie keine Kämpfer: Sie unterschreiben den schmählichen Treueid auf den Diktator; die einen seufzen und unterschreiben, andere seufzen nicht, unterschreiben jedoch, dritte unterschreiben und seufzen hinterher oder, nachdem sie anfänglich beides unterlassen haben, unterschreiben aus Erwägungen des gesunden Menschenverstandes. Der Rektor bittet Krug, freundschaftlich mit seinem einstigen Klassenkameraden zu sprechen. Krug erzählt, daß Paduk in der Klasse den Spitznamen Kröte führte und daß er, Adam Krug, die Gepflogenheit hatte, sich während der Schulpause auf dessen Visage zu setzen.

Zwei Tage später fährt der Philosoph mit seinem kleinen Sohn zu seinem Schulfreund Maximow, der ihn zu überzeugen versucht, daß er fliehen müsse; aber Krug erkennt noch immer nicht die Gefahr. Noch am selben Tag wird Maximow abgeholt und ins Gefängnis gesteckt, dann Ember, und schließlich trifft es alle, die so oder anders mit dem Philosophen zu tun hatten. Zu guter Letzt wird er von seinem Sohn getrennt und ebenfalls ins Gefängnis gebracht. Man verspricht, ihm den verhafteten Sohn zurückzugeben, wenn er kapituliere, und schon sausen sie zu einer schrecklichen Behörde, wo die neuen »Waisenkinder« (deren es im geordneten Paradies nicht wenige gibt) zu »psychologischen« Experimenten an Verbrechern benutzt werden. Sein Sohn ist nicht mehr am Leben, und der barmherzige Autor läßt Krug wahnsinnig werden, um ihm die unerträgliche Qual zu ersparen.

Auf der Suche nach weiteren Ebenen lesen wir das Buch als Quelle verschiedener sprachlicher Fundstücke und Scherze, nehmen russische und deutsche Wörter in der Sprache von Padukgrad wahr, wo der Name jeder handelnden Person nur ein Anagramm einer anderen ist, denn die Probleme des fließenden Übergangs von einer Sprache in die andere und überhaupt Sprachprobleme spielen hier eine wichtige Rolle.

Natürlich erkennen wir mühelos einige Sprachneubildungen und Zitate, erkennen Textstücke von Lenin und aus der sowjetischen Verfassung (die der begeisterte Berdjajew als die demokratischste der Welt gelten zu lassen bereit war), und wir erkennen das rote Fähnchen mit dem Symbol, der Spinne. Der Autor selbst verweist uns auf die berüchtigte nazistische Pseudogeschäftigkeit, aber er sagt warnend, daß dies nicht das Wichtigste im Roman sei. Als Zugeständnis an den Leser teilt er mit, das Hauptthema seines Romans sei »Krugs liebender Herzschlag, sei die Qual, der eine gesteigerte Zärtlichkeit unterworfen wird – um der Seiten über David und seinen Vater willen wurde das Buch geschrieben und sollte es gelesen werden.«

Nabokov erwähnt ferner den »verrückten Zerrspiegel des Terrors und der Kunst« und ein »aus obskuren Shakespeareschen Ausdrücken bestehendes Pseudozitat«. Shakespeare ist im Roman ein ganzes Kapitel gewidmet. Hier kommen viele raffinierte Anspielungen und verschiedene Hamlet-Deutungen vor, hier gibt es einen Zusammenstoß humanistischer und stockreaktionärer Ideen, hier führt eine Linie von Ophelia zur russischen Russalka, und hier wird schließlich eine Hamlet-Deutung gegeben, die von Professor Hamm angeboten wird – eine Theorie, nach welcher Freimaurerintrigen, beflügelt von einem Shylock des großen Finanzkapitals, der Familie Fortinbras das legale Recht auf den dänischen Thron nehmen.

Die Nabokov-Forscher L. Lee und Page Stegner heben unter den Kunstgriffen dieses Romans besonders das kunstvolle Umschalten von einem Erzähler auf den anderen hervor, alle diese kaum unterscheidbaren, aber durchaus bestimmten Übergänge wie auch die zahlreichen »Abschweifungen«, die so charakteristisch sind für den von Nabokov geliebten Laurence Sterne (und für den von ihm geliebten Gogol, fügen wir hinzu). Mitunter dehnen sich diese Abschweifungen auf ein ganzes Kapitel aus, und man kann getrost sagen, daß sie das Fleisch des Romans sind. Die Zahl der parodistischen Verweise auf die unterschiedlichsten Texte ist groß – von klassischen Romanen bis zu platten Bestsellern und sogar zu Schildchen in Toilettenräumen. So wird die Zahl der immer stärker chiffrierten, kaum jemandem verständlichen und vielleicht kaum jemanden interessierenden Anspielungen in den englischen Romanen Nabokovs anwachsen, und es sei an dieser Stelle Nabokovs Urteil über dieses

Thema in dem späten Vorwort zum »Bastardzeichen« zitiert:

»Es ist vielleicht die Frage, ob es sich für einen Autor wirklich lohnt, solche zarten Markierungen zu ersinnen und zu verteilen, deren Natur schon verlangt, daß sie nicht zu auffällig sein dürfen ... Den meisten Lesern machte es nicht einmal etwas aus, wenn ihnen alles dies entgangen ist ... Ironiker werden auf die fatale Torheit meiner Erklärungen in diesem Vorwort deuten und mir raten, das nächste Mal Fußnoten anzubringen. Auf Dauer indessen ist es nur die Befriedigung des Autors, die zählt.«

Verfluchte Unbekanntheit

Von der Sendung an den Verleger bis zu dem Moment, da Nabokov den letzten Punkt setzte, vergingen noch zwei Jahre. Der Schriftsteller saß täglich vierzehn Stunden im Museum, er betrachtete und zeichnete Schmetterlingsorgane mit Hilfe der »Camera lucida«. Das brachte nur wenig mehr als einen bescheidenen Tausender im Jahr. Einen weiteren Tausender erhielt er für ein Semester am Mädchencollege zu Wellesley. Viele Erinnerungen an ihn – von den Studentinnen und Lehrerinnen aus Wellesley, von denen, die mit ihm in einem gemeinschaftlich gemieteten Kleinbus von Boston ins College fuhren, von denen, die mit ihm befreundet waren oder ihm halfen, von denen, die seine Vorlesungen hörten (wenn er krank war, hielt Vera seine Vorlesungen) – stammen aus dieser Zeit.

Wer die Nabokovs besuchte, fand die Einrichtung ihres Hauses bescheiden, und sie schienen auch nichts zu brauchen. Der einzige Luxus, den sie sich gestatteten, waren die Ausgaben für Dmitris teure Schule und seine teuren Spielsachen. Nabokov beobachtete die amerikanische Schule überaus genau, was ihm später bei »Pnin« sehr zustatten kam.

Die Fahrten nach Wellesley und der Unterricht dort ermüdeten ihn natürlich, aber er hing an diesem College und versuchte nach fünf und sieben Jahren noch immer, dort festen Fuß zu fassen, doch eine ständige Anstellung bekam er nicht.

Nach wie vor korrespondierte er mit Wilson und traf sich jedes Jahr mehrmals mit ihm, mal in Boston, mal in Cape-Cod, wo Wilson ein Landhaus hatte. Ihr Briefwechsel mag Nabokov Vergnügen bereitet haben. In manchen Briefen hielt er Wilson eine richtige Vorlesung in russischer Prosodie. Mitunter erzählte er in einem Brief eine Geschichte über seinen nicht existierenden Bruder Pawel oder gab einen Traum wieder, in dem ihm Wilson in der Gestalt Churchills und in Begleitung Chodassewitschs erschienen war. Die Freunde klagten einander ihr Leid über finanzielle Schwierigkeiten oder über die fehlende Bereitschaft der Universitäten, sie fest anzustellen. Nabokov, der unweit der Harvard University lebte, war gekränkt, daß die berühmte Universität ihm nicht anbot, dort russische Literatur zu lesen. Einer der Gründe hierfür war möglicherweise der, daß Nabokovs Beziehungen zu Roman Jakobson ziemlich gespannt waren. Es wird erzählt, daß Jakobson Vorschläge, Nabokov an die Universität zu holen, damit beantwortete, für den Literaturunterricht sei kein Schriftsteller vonnöten: man werde ja mit dem Zoologieunterricht auch keinen Elefanten betrauen ...

Der Krieg war endlich zu Ende, und Nabokov erhielt aus Europa traurige Nachrichten. Sein jüngerer Bruder Kirill, Dolmetscher bei den Amerikanern in Westdeutschland, hatte ihn über die Zeitschrift »The New Yorker«, in der er eine Erzählung seines Bruders las, ausfindig gemacht. Von Kirill erfuhr Nabokov vom Tod des Bruders Sergey in einem deutschen Konzentrationslager. Sergey habe wegen seiner »angelsächsischen Sympathien« leiden müssen, aber Genaues war nicht bekannt. In den Krematoriumsöfen der Nazis war nicht nur Fondaminski verbrannt, sondern auch Mutter Maria, Juri Felsen, der fröhliche Lockenkopf Mischa Gorlin, seine Frau Raja Bloch, Chodassewitschs Witwe Olga Margolina und viele Freunde. Nabokov schrieb nach Prag an Jewgenija Hofeld, die beste Freundin seiner Mutter in den letzten zwei Jahrzehnten ihres Lebens, und bekam im Oktober 1945 einen Brief von der geliebten Schwester Elena (verheiratete Sikorskaja), die noch immer in Prag lebte. Sie berichtete von den schrecklichen Jahren der Okkupation, vom Prager Aufstand, vom Einmarsch der Russen und der »Abreise« vieler Emigranten »aufs Land« (in die sowjetischen Lager): »Wir haben grausige Tage durchlebt. Ich denke die ganze Zeit an den lieben Cincinnatus. Ich sah Bäcker, die mit Baguettes jonglierten, und Rosen in Trinkgläsern bei dem Empfang im Rathaus. Der liebe, liebe Cincinnatus!«

Nabokovs Briefwechsel mit der Schwester war in der ersten Zeit sehr lebhaft, ließ aber in den folgenden Jahren nach. Er schrieb viel über seine Arbeit, über Schmetterlinge, über den Sohn, über sein Familienleben. Die Eheleute Nabokov schauen zum Fenster hinaus – der elfjährige Dmitri geht zur Schule: »Er schreitet zur Ecke, sehr gut gewachsen, im grauen Anzug, die rötliche Jockeymütze auf dem Kopf, mit dem grünen Rucksack (für die Bücher) über der Schulter.« Gern schreibt Nabokov über seine Arbeit im Laboratorium: »Meine Arbeit ist berauschend, aber sie ermüdet mich sehr. Ich habe mir die Augen verdorben und trage eine Hornbrille. Zu wissen, daß das Organ, das du gerade betrachtest, noch niemand vor dir gesehen hat, Wechselbeziehungen nachzuspüren, die noch niemandem vor dir in den Sinn gekommen sind, sich in die wundersame kristallene Welt des Mikroskops zu vertiefen, wo Stille herrscht, von dem eigenen Horizont begrenzt, die blendend weiße Arena – all das ist so spannend, daß ich es nicht beschreiben kann (in gewissem Sinne habe ich in der ›Gabe‹ mein Schicksal ›vorausgesagt‹, diesen Übergang in die Entomologie).«

Er schildert seine allwöchentliche Reise nach Wellesley, ermüdend, mit dreimal Umsteigen, »den wunderschönen See, die endlosen Blumenbeete, die gesprenkelten Wiesen, den Efeu an den Bäumen, die großartige Bibliothek usw«.

Nabokovs Leben in Amerika erscheint in diesen Briefen recht friedlich und idyllisch. Manchmal freilich entlockt ihm die Erinnerung an das, was in der Welt geschah und noch geschieht, einen richtigen Schmerzensschrei: »Dmitri hat in diesem Jahr großartig gelernt und einen Preis in Latein erhalten. Mein Herz, sosehr man sich auch in seinem Elfenbeinturm verstecken möchte, es gibt Dinge, die zu tief schmerzen, zum Beispiel die deutschen Greuel, das Verbrennen von

Kindern im Ofen, von Kindern, die so amüsant und liebenswert sind wie unsere Kinder. Wenn ich in mich hineinblicke, finde ich dort einen solchen Haß auf die Deutschen, auf die Konzentrationslager, auf jedwede Tyrannei, daß er als Asyl n'est pas grand chose.«

Der Haß auf den Faschismus und, bedauerlicherweise, auch auf die Deutschen als Volk (ein Gefühl, das eines Intellektuellen unwürdig ist), aber auch die Liebe zum Sohn und die Angst um ihn sind mit großer Kraft in vielen Werken jener Zeit ausgedrückt – in den Erzählungen »Gespräche« und »Lance«, in dem Roman »Das Bastardzeichen« und später in »Fahles Feuer«.

Beim Lesen dieser intimen Briefe Nabokovs an seine Schwester stellen sich die widersprüchlichsten Empfindungen ein. Nach dem Tode Jelena Rukawischnikowas, die Olgas Sohn Rostislaw (Rostik) aufgezogen hatte, war der Junge in die Obhut der armen alten Jewgenija Hofeld gekommen, die mit Privatstunden keine 400 Kronen im Monat verdiente. Elena half, so gut sie konnte. Nun wandte sie sich um Hilfe an ihren amerikanischen Bruder. Nabokov schrieb, er könne 15–20 Dollar im Monat schicken. Elena bat ihn mit würdevoller Festigkeit, 20–25 Dollar zu schicken, und Nabokov willigte ein, doch kaum hatte Rostik eine Stelle gefunden, fragte er in einem Brief an, ob er ihm 20 Dollar schicken könne statt der 25, die ihn belasteten. Elena Sikorskaja zuckte auf meine entsprechende Frage die Achseln und sagte über ihren geliebten Bruder, er habe »allein mit seiner Arbeit leben können«, das heißt, er war eben doch ein Individualist …

Im Jahr 1945 gab es zwei für Nabokov wichtige Ereignisse: Er stellte das Rauchen ein, und er erhielt die amerikanische Staatsbürgerschaft.

In demselben Jahr schrieb er das englische Gedicht »Ein Abend der russischen Poesie« – über ein Zepter, das jenseits des Meeres verlorenging, über abhandengekommene Schätze der Sprache … »Es gibt wenige Menschen, die soviel verloren haben und so wenig darüber klagen«, schrieb John Updike später über Nabokov. Dieser wußte sich seine Lebensfreude zu bewahren, obwohl er viele Schwierigkeiten hatte. Er bewahrte sich die Leidenschaft für die Arbeit, höchste professionelle Ehrlichkeit und auch die Fähigkeit, sich zu freuen über das Laboratorium, das Museum, über Arizona, die Nachtlampe über dem Schreibtisch und das Schachbrett. Und natürlich über seine Frau und den Sohn. Nur manchmal beklagte er sich plötzlich bei dem Freund »Bunny« Wilson, daß man ihm verschwindend wenig bezahle, daß man ihm keine feste Anstellung gebe, während dort Idioten Russisch unterrichteten (wie dieser Typ aus Yale). Der treue Wilson reagierte auf solche Klagen umgehend: initiierte Verhandlungen mit Princeton, suchte für Nabokov neue Aufträge. Leider wiederholte sich seine Begeisterung, die er bei der Lektüre von »Sebastian Knight« empfunden hatte, nie wieder. »Das Bastardzeichen« gefiel ihm überhaupt nicht, und er schrieb Nabokov, daß politische Stoffe diesem vielleicht nicht lägen und daß Satire noch schrecklicher sein müsse als die Wirklichkeit, die faschistische Wirklichkeit aber sei noch schrecklicher als in Nabokovs Roman. Dafür war Wilsons Freund Allen Tate von dem Roman begeistert, was Wilson ehrlicherweise Nabokov mitteilte. Im großen und ganzen nahm die amerikanische Kritik den Roman ziemlich kühl auf. Er ist bis heute der am wenigsten bekannte englische Roman Nabokovs. Was die russischen Kritiker angeht, so fand etwa Sinaida Schachowskaja, der Roman enthalte »wenig Nabokovsche Ironie und zuviel persönlichen, unverarbeiteten Haß auf den Totalitarismus«.

Im Sommer arbeitete Nabokov etliche Lektionen aus seinem Kursus der russischen Literatur um (und Vera tippte sie). Darin bemühte er sich, nicht nur die wichtigsten Züge im Schaffen eines Schriftstellers zu analysieren, sondern auch von dessen Zeit, von Rußland, vom Leben des Schriftstellers zu erzählen.

Nabokovs Lieblingswerke waren »Anna Karenina«, »Die toten Seelen«, »Der Revisor«, »Der Mantel«, »Eugen Onegin«, »Die Dame mit dem Hündchen« und »Ein Held unserer Zeit«.

»Tolstoi ist der größte russische Prosaiker«, schrieb Nabokov. »Wenn wir ihre Vorgänger Puschkin und Lermontow außer acht lassen, können wir die größten Künstler der russischen Prosa in dieser Reihenfolge aufzählen: erster – Tolstoi, zweiter – Gogol, dritter – Tschechow, vierter – Turgenjew. Das erinnert ein wenig an die Verkündung der Ergebnisse eines Wettbewerbs von Studentenarbeiten, und es steht außer Zweifel, daß Dostojewski und Saltykow schon vor meiner Tür warten, um sich über die niedrige Einstufung zu beschweren.«

Wie als Antwort auf die berühmte Leninsche These von den »zwei Tolstois« erklärte Nabokov, es sei »ziemlich schwierig, Tolstoi den Prediger von Tolstoi dem Künstler zu trennen – dieselbe tiefe, bedächtige Stimme, dieselbe mächtige Schulter, die eine Wolke von Visionen oder eine Last von Ideen aufwirbelt. Man müßte die Rednerkiste unter seinen Sandalen wegstoßen und ihn in einem Steinhaus auf einer unbewohnten Insel einschließen, das man mit großen Tintenflaschen und einem großen Vorrat von Papier ausgestattet hat – weit weg von allen ethischen, pädagogischen und sonstigen Gegenständen, damit sie ihn nicht hindern, zu beobachten, wie die dunklen Haare sich über Annas weißem Hals ringeln. Aber man darf das nicht tun: es gibt nur einen Tolstoi, und der Kampf fand in ein und demselben Menschen statt.«

Vor allem die Studentinnen in Wellesley fanden seine Vorlesungen »zauberhaft«. Aber sie hatten schon von ihm gehört, daß man die schwere russische Sprache sehr lange studieren müsse, um irgendwann einmal alle ihre Schätze würdigen zu können. Er gab jetzt auch Sprachunterricht. Für den Anfang las er ihnen etwas auf russisch vor, damit sie die Musik der Sprache in sich aufnahmen. Denn so beginnt ein Kind die Sprache zu erfassen …

Sein Unterricht in Wellesley und seine Arbeit im Museum näherten sich dem Ende. Nach einem weiteren Versuch, in Wellesley fest angestellt zu werden, bekam Nabokov lediglich eine Verlängerung um ein Jahr. Die Unsicherheit, ob er morgen noch Arbeit haben würde, war quälend, darum nahm er einen Ruf nach Cornell an. Die Nabokovs mußten nach Ithaca umziehen.

Im Sommer gab es wieder die beglückende Schmetterlingsjagd in einem schönen Winkel im Nationalpark der Rocky Mountains. Von dort schrieb Nabokov an Wilson, ein Teil von ihm müsse wohl in Colorado geboren sei, denn ständig erkenne er Dinge mit einem köstlichen Schauer wieder.

Hier in den Wäldern von Colorado spürte er höchstwahrscheinlich wieder den »Pulsschlag« eines alten Themas. Im Nachwort zu »Lolita« schreibt er, daß ihn dieses Pulsieren in Ithaca von neuem zu plagen begann, aber seine Briefe lassen auch frühere Daten zu. In dem Roman selbst ist die Bekanntschaft des Helden mit Lolita auf den 20. Mai 1947 datiert.

Wer »Die Gabe« gelesen hat, wird sich an die Offenbarungen des gräßlichen Stiefvaters von Sina Merz erinnern, der dem jungen Schriftsteller einen Stoff souffliert: »Ach, wenn ich nur mal ein Stündchen Zeit hätte, was für einen Roman würde ich da hinlegen! Mitten aus dem wirklichen Leben. Stellen Sie sich vor: Ein alter Knabe – aber noch voll im Saft, feurig und lechzt nach Glück – lernt eine Witwe kennen, und die hat eine Tochter, noch ganz und gar Mädchen – Sie wissen, was ich meine –, noch keine Kurven, aber sie hat bereits eine Art zu gehen, die einen zum Wahnsinn treibt. Ein schmales kleines Ding, sehr zart, blaß, bläulich unter den Augen – und natürlich schenkt sie dem alten Bock keinen Blick. Was tun? Also, er besinnt sich nicht lange, heiratet kurz entschlossen die Witwe. Schön. Sie richten sich zu dritt ein. Hier kann man endlos weitermachen – die Versuchung, die ewige Qual, das Jucken, die wahnwitzigen Hoffnungen. Und das Ergebnis: eine Fehlkalkulation. Die Zeit verfliegt, er wird älter, sie erblüht – und nichts. Geht einfach vorbei und versengt einen mit dem Blick der Verachtung. Na? Spüren Sie hier nicht eine dostojewskijsche Tragödie?«

Er war ein großartiger Schriftsteller! Nein, nicht Dostojewski (bei dem es das auch alles gibt, in den »Dämonen«, vielleicht auch im Leben), Nabokov. Die zitierte halbe Seite aus der »Gabe« enthält die Keimzelle von »Lolita«. Aber noch fehlt die Schönheit, noch ist es keine große reife Prosa ... Der aufmerksame Leser erinnert sich gewiß, daß dieses kleine

Mädchen bei Nabokov schon durch Gefängniskorridore hüpfte (Emmi), ihm von der Haustür aus entgegenlief (Magda), aus dem paradiesischen Nebel der kindlichen Erinnerungen hervorschwebte. Die Schönheit der noch nicht erblühten Frau, die unvergleichliche Schönheit der Kindfrau – was bedeutete sie Nabokov? »Kein Biograph wird je hineinschauen«, sagte er in der Vorlesung über Tolstoi, und er warnte, zum wievielten Male schon, daß heimliches Beobachten scheußlich sei, und damit basta. Eines ist klar – hier liegt wieder ein für seine Prosa so fruchtbares frevelhaftes Abirren der Psyche vor, eine extreme Situation ...

Das Jahr 1948 brachte Nabokov viele Veränderungen. Er teilte Mrs. Horton seinen Abschied von Wellesley mit und bat Morris Bishop, seinen neuen Gönner aus Cornell, dafür zu sorgen, daß seine Vorlesungen nicht vor elf anfingen (er pflegte spät aufzustehen, da er nachts arbeitete). Außerdem bat er über seinen Kollegen Forbes um die Erlaubnis, im Laboratorium von Cornell zu arbeiten, denn er wollte ja die Schmetterlinge nicht ganz aufgeben. Um diese Zeit schrieb er autobiographische Erinnerungen für den »New Yorker« (die später unter dem Titel » Erinnerung, sprich« erschienen). Die ihm wohlwollende Katharine White druckte sie gern.

Erbitterte Auseinandersetzungen um Politik, um Nabokovs Romane und Puschkins Poetik (Wilson sah sich auf allen drei Bereichen als Kenner) hinderten Wilson nicht, sich bei jedem Konflikt für Nabokov einzusetzen. Aber ihre Streitfragen blieben ungelöst – bis zu ihrem Bruch. Anfang 1948 schrieb Nabokov Wilson noch einen langen Brief über Rußland und die Revolution. Dieser Brief zog nicht nur die Bilanz aus vielen Gesprächen über dieses Thema, sondern war zugleich eine Antwort auf die damalige Haltung amerikanischer Radikaler (darunter auch Edmund Wilson), die sich trotz des stalinistischen Terrors ihre revolutionären Illusionen bewahren wollten, indem sie die Geschichte Rußlands in einer ihnen genehmen Form darstellten. Hier Auszüge aus diesem Brief vom 23. Februar 1948:

»Lieber Bunny,

der Begriff ›Intelligenzija‹, wie er in Amerika gebraucht

wird (beispielsweise von Rahv in The Partisan [Review]) hat nicht die gleiche Bedeutung wie früher in Rußland. Hierzulande wird die Intelligenzija seltsamerweise beschränkt auf Avantgarde-Schriftsteller und Künstler. Im alten Rußland schloß sie auch Ärzte, Anwälte, Wissenschaftler usw. ein, dazu Leute, die jeder Klasse, jedem Beruf angehörten. Ein typischer russischer Intellektueller hätte einen Avantgarde-Dichter sogar scheel angesehen. Die wesentlichen Eigenschaften der russischen Intelligenzija (von Belinskij bis Bunakow) waren: der Geist der Selbstaufopferung, intensive Teilnahme an einer politischen Sache oder politischem Denken, intensives Mitgefühl mit den Unterlegenen jedweder Nationalität, fanatische Integrität, tragische Unfähigkeit, sich auf Kompromisse einzulassen, wahrer Geist internationaler Verantwortung ... Auch habe ich den leisen Verdacht, daß die allgemeine Vorstellung, der avantgardistischen Literatur und Kunst wäre es unter Lenin und Trotzkij großartig ergangen, hauptsächlich auf Eisenstein-Filme zurückgeht – ›Montage‹ – derlei Dinge – und große Schweißperlen, die rauhe Wangen hinabrollen. Die Tatsache, daß vorrevolutionäre Futuristen der Partei beigetreten sind, hat auch zu jener (ganz falschen) Avantgarde-Atmosphäre beigetragen, die der amerikanische Intellektuelle mit der bolschewistischen Revolution assoziiert.

Gut möglich, daß junge russische Avantgarde-Autoren (in einem angenommenen amerikanoiden Rußland) das Niederbrennen des Weißen Hauses mit ähnlicher Begeisterung und Sympathie betrachtet hätten ...

Ich werde nun einige Dinge aufzählen, die meiner Meinung nach wahr sind und die Du kaum widerlegen kannst. Unter den Zaren hatte (trotz des plumpen und barbarischen Charakters ihrer Herrschaft) ein freiheitsliebender Russe unvergleichlich mehr Möglichkeiten und Mittel, sich auszudrücken, als zu jeder Zeit unter Lenins und Stalins Regime. Das Gesetz schützte ihn. Es gab furchtlose und unabhängige Richter in Rußland. Das russische ssud <Gericht> nach den Alexander-Reformen war eine großartige Einrichtung, und nicht nur auf dem Papier. Zeitschriften vielerlei Richtung und politische Parteien aller möglicher Art wirkten legal oder illegal, und in den Dumas waren alle Parteien vertreten. Die öffentliche Meinung war stets liberal und fortschrittlich.

Unter den Sowjets hing von Beginn an der einzige Schutz, auf den ein Dissident hoffen konnte, von den Launen der Regierung ab, nicht von Gesetzen. Außer der machthabenden Partei konnte es keine andere geben ... Die Bürokratie, ein unmittelbarer Abkömmling der Parteidisziplin, übernahm sofort die Herrschaft. Die öffentliche Meinung löste sich auf. Die Intelligenzija hörte auf zu existieren. Sämtliche Veränderungen, die zwischen November 1919 und heute stattgefunden haben, waren Veränderungen im Dekor, das einen unveränderlichen schwarzen Abgrund aus Unterdrückung und Terror verschleiert.«

Am 1. Juli 1948 trafen die Nabokovs in Ithaca ein. Morris Bishop, Leiter der Abteilung romanische Sprachen, hatte für sie bis September ein Haus gemietet. Später fanden sie ein anderes Haus und dann ein drittes. In den zehn Jahren ihres Lebens in Ithaca zogen sie ein dutzendmal um. Vera war stets auf dem laufenden, wenn jemand auszog, und auch die Freunde verständigten sie, wenn jemand ein neues Haus bezog oder einen langen akademischen Urlaub antrat. Die Umzüge der Nabokovs waren Stadtgespräch in Cornell, und wenn die Freunde nach dem Umzug zu Besuch kamen, versuchten sie, bekannte Gegenstände wiederzuerkennen. Solche Gegenstände gab es nur wenige. Die Nabokovs bauten sich weder in Amerika noch in Europa ihr eigenes Nest. Ein paarmal erwähnte Nabokov im Kreise von Studenten oder Freunden, er habe ja in Rußland ein Haus gehabt, und lohnte es sich denn, noch einmal ...

In dieser Zeit übrigens, nach der Ankunft in Ithaca, legten sie sich das erste Auto zu. Nabokov setzte sich nicht ans Lenkrad, aber Vera lernte chauffieren. Der Wagen war natürlich »kein Luxus, sondern ein Verkehrsmittel« – andere gab es nicht in Ithaca. Er wurde auch für die Sommerferien gebraucht.

Nabokov unterrichtete russische Sprache am Institut für moderne Sprachen und Literaturen, aber auch am Institut für romanische Sprachen, bei Morris Bishop, was bequem war, denn so konnte er wie schon in Wellesley Konferenzen, Versammlungen und sonstige nutzlose akademische Hektik meiden. In die Literaturvorlesungen brachte er seine schriftstellerische Vorliebe für konkrete Details ein. Er lehrte die Studenten, einen Text aufmerksam zu lesen und wieder zu lesen und sich vorzustellen, was in dem Werk vorgeht und wie. Darum finden sich in seinen Konspekten nicht selten Bewegungsschemen der Helden, Zeichnungen, Pläne. Die beliebteste Vorlesung Nabokovs war die über europäische Literatur, in der er über seine beiden Lieblingsromane sprach – »Anna Karenina« und »Madame Bovary«. Zu diesen Vorlesungen strömten bis zu vierhundert Studenten in den Hörsaal. Allmählich sammelte sich ein Kreis von Verehrern um ihn, und drei seiner Studenten wurden später bekannte Nabokov-Forscher – Alfred Appel, Steven Parker und Matthew Bruccoli.

Nach der Überanstrengung und den Krankheiten, die ihn in letzter Zeit in Cambridge gequält hatten, empfand er das Leben in Ithaca als ruhig und friedlich. Er nahm wieder an Gewicht zu und pflegte zu sagen, er sei jetzt ein Mittelding zwischen dem Dichter Apuchtin und General MacArthur.

Im Frühjahr 1949 teilte Nabokov Wilson mit, er werde die nächsten zwanzig Tage »wütigem Schreiben« widmen, denn er habe sein Memoirenbuch »na kornju« (auf dem Halm) an Harper verkauft. Außerdem wollte er einem Verlag ein kleines Büchlein anbieten, eine »vollständige ›Onegin‹-Übersetzung in Prosa mit Anmerkungen, die für jede Zeile Assoziationen und andere Erklärungen enthalten – in der Art, wie ich sie für meine Seminare vorbereitet habe. Ich bin ziemlich sicher, daß ich keine gereimten Übersetzungen mehr mache – ihre Diktatur ist absurd und mit Genauigkeit usw. unvereinbar.«

Nabokov erzählte weiterhin, er habe in New York ein paar äußerst unterhaltsame Partien Schach gespielt, mit Roman Grynberg, Georgi Hessen, Boris Nikolajewski und Irakli Zereteli.

In New York veranstaltete die Emigrantengesellschaft »Nadeshda« (Hoffnung) eine Nabokov-Lesung. In einer Reklamenotiz zu dieser Lesung stellte der Korrespondent des

»Nowoje russkoje slowo« (Neues russisches Wort) seinen Lesern Nabokov vor und zählte gewissenhaft dessen Bücher auf, von »Maschenka« bis »Gogol«. Eine solche Notiz wäre in den »Poslednije nowosti« (letzte Nachrichten) kaum nötig gewesen, deren Leser wußten, wer Sirin-Nabokov war. Aber die Emigranten in Amerika hatten andere Interessen. »Ich habe die Unbekanntheit satt«, schrieb Nabokov an Wilson. Das hätte er wohl zwanzig oder dreißig Jahre später noch immer schreiben können, wenn nicht sein »armes amerikanisches Mädchen« zur Welt gekommen wäre ...

Die Nabokovs warteten voller Ungeduld auf die Ferien des Sohnes, und Nabokov schrieb seiner Schwester Elena: »Wir sehnen uns nach ihm, Vera und ich leben sehr still und sehr glücklich.« Der Brief berührte die Möglichkeit, den Neffen Rostik nach Amerika kommen zu lassen, und beklagte die Teuerung des Lebens. Aber das waren ganz unrussische Klagen, denn Nabokovs Gehalt in Cornell stieg mit der Zeit von fünf- auf zehntausend Dollar jährlich, er bekam regelmäßiger Honorare, dennoch wurde ihm die monatliche Unterstützung des Neffen (fünfundzwanzig Dollar) zur Last.

Mit Beginn des Studienjahrs nahm Nabokov seine Vorlesungen wieder auf. Wenn er über Dickens sprach, erinnerte er sich daran, wie sein Vater ihnen an regnerischen Abenden in Wyra aus den »Großen Erwartungen« vorgelesen hatte. Mit den jüngeren Studenten analysierte er unter anderem die Tschechow-Erzählung »Die Dame mit dem Hündchen«.

Alfred Appel erinnert sich, wie er einmal nach Nabokov den Raum betrat und leise sagte: »Mister Nabokov, Sie sind im falschen Raum.« Nabokov rückte die Brille zurecht, sah die Studenten vor sich an und sagte: »Sie haben jetzt eine Attraktion gesehen, die Sie im dritten Studienjahr erwartet. Schreiben Sie sich für die Literaturvorlesungen ein ...« Solche Szenen findet man auch in »Pnin«. So wie Professor Pnin erzählte auch sein Schöpfer mit Begeisterung (genauer, er las vor) von dem erstaunlichen russischen Intelligenzler, dem Doktor Tschechow.

Nabokov erzählte, wie bettelarme Menschen, Tuberkulosekranke, aus Odessa, Charkow oder Kischinjow nach Jalta kamen. Sie wußten, daß Tschechow sie unterbringen und ihnen zu essen geben würde.

»Diese große Güte durchdringt die literarischen Werke Tschechows, aber das ist kein literarisches Programm, keine ideologische Orientierung, das ist nur eine natürliche Nuance seines Talents.« Nabokov sprach über Tschechows Helden, den Idealisten, ein sonderbares und trauriges Geschöpf, das außerhalb Rußlands kaum bekannt und im heutigen Rußland der Sowjets im Aussterben war. Nabokovs Vorlesung über Tschechow war eine Hymne an die russische Intelligenz, sie schloß mit einer Analyse seiner Lieblingserzählung, in die der Autor gleichsam »eintrat ohne anzuklopfen« – Tschechows hinreißender »Dame mit dem Hündchen«.

Nach zwei, drei Jahren stellte Cornell Nabokov nicht mehr zufrieden. Der Verdienst war niedriger als an anderen Universitäten, und der Sprachunterricht befand sich auf ziemlich niedrigem Niveau. Harvard war natürlich eine angesehenere Einrichtung, aber als sich die Beziehungen zwischen Nabokov und Jakobson allmählich verbesserten, schrieb Nabokov als Antwort auf ein Angebot zur Zusammenarbeit Jakobson plötzlich einen ziemlich scharfen Brief: »Offen gestanden, ich habe kein Verständnis für Ihre Reisen durch totalitäre Länder, selbst wenn sie von wissenschaftlichen Erwägungen diktiert sind.«

Im September 1951 nahm Dmitri sein Studium in Harvard auf, und Nabokov schrieb der Schwester zärtlich von ihm: »Er ist siebzehn, riesengroß, singt Baß im Kirchenchor und hat Interessen in dieser Reihenfolge: Bergsteigen, Fräuleins, Musik, Laufen, Tennis und Wissenschaften … aber in vielem ist er noch der Knirps, der er war, als er ganz goldblond am Strand von Menton oder Santa Monica spielte …«

»Das arme amerikanische Mädchen«

Es erschien die britische Variante seiner Autobiographie (»Erinnerung, sprich«), und Harold Nicolson äußerte im »Observer« Erstaunen, daß ein Mensch im englischen Cambridge unglücklich und in Amerika glücklich sein konnte. »Gibt es für Schach, Schmetterlinge und Romane ein Überleben im lärmenden Amerika?« fragte Nicolson.

Aber Nabokovs Leben im lärmenden Amerika war niemals lärmend. Er arbeitete zu Hause oder in der Bibliothek und beschäftigte sich intensiv mit den Kommentaren zum »Onegin«. Und nachdem die eine neue Idee (das erneute »Pulsieren«) in ihm aufgeblitzt war, ging er auf in der Arbeit an dem neuen Roman, über den er nur selten und geheimnisvoll sprach. Manchmal ließ sich etwas erraten – und sei es an dem ungewöhnlichen Pathos, mit dem er seine Vorlesung über Flaubert in Cornell begann.

Flaubert war ein Meister, der Nabokov nahestand. Er arbeitete drei Monate an einer kleinen Szene und brachte sie zur Vollkommenheit. Und er wußte, daß »Literatur Betrug ist. Daß jede Kunst Betrug ist. Der Roman von Flaubert war weder realistisch noch naturalistisch. In ihm war nicht einmal Glaubwürdigkeit. In ihm war Kunst. Und diese verdiente die Unsterblichkeit … Emma Bovary hat nie auf Erden gelebt: Das Buch ›Madame Bovary‹ wird ewig leben. Das Buch ist langlebiger als die Frau.

Das Buch erzählt von einem Ehebruch und enthält Situationen und Anspielungen, welche die heuchlerisch prüde Regierung Napoleons III. schockierten. Der Roman kam sogar wegen Unanständigkeit vor Gericht. Stellen Sie sich das vor. Ich freue mich, mitteilen zu können, daß Flaubert den Prozeß gewonnen hat. Das ist genau hundert Jahre her. In unseren Tagen, in unserer Zeit … Aber kehren wir zu unserm Thema zurück.«

Hat Nabokov vorausgesehen, was auf sein »armes amerikanisches Mädchen« wartete? Insgeheim hatte er wohl doch gehofft, daß er das Manuskript wie gewöhnlich abgeben und alsbald das Buch sehen würde. Er mußte es nur noch schreiben. Erst aber war sein leidgeprüftes russisches Meisterwerk an der Reihe. Der uneingennützige Aldanow setze sich bei der Ford-Stiftung für die Herausgabe des großen russischen Buches ein. Die Fords kauften die Rechte, und »Die Gabe« erschien, erstmals ohne Verstümmelungen durch die Zensur, im amerikanischen Chekhov Publishing House, damals einer der besten Emigrantenverlage.

Es muß wohl nicht erklärt werden, warum in Amerika niemand das Erscheinen der russischen »Gabe« wahrnahm. Es gab dort nur noch wenige lesende Emigranten. Und auch diejenigen, die einst im Pariser und Berliner Exil das Feuer des Geistes am Leben erhalten hatten, starben jetzt einer nach dem anderen und nahmen die Erinnerung an die Zeit der Emigration mit sich fort – Iossif Hessen, Wladimir Sensinow ...

In New York zeigte Roman Grynberg Nabokov ein Kapitel aus dessen autobiographischem Buch, das er ins Russische übersetzt hatte. Die Übersetzung betrübte Nabokov: »Auf russisch klingt das alles ganz unmöglich brutal«, kränkend für die noch lebenden Helden dieses Buches ... Er müßte das Buch selber ins Russische umschreiben, aber woher die Zeit nehmen?

Die Arbeit wurde immer mehr, und der Unterricht verschlang wertvolle Zeit.

Der Guggenheim-Fonds bewilligte wieder ein Stipendium, diesmal für »Eugen Onegin«. In dem Stipendienantrag hatte Nabokov gewissenhaft seine Einkünfte und Ausgaben aufgelistet: Cornell zahlte ihm fünfeinhalbtausend Dollar im Jahr (nach den Steuern blieben ihm viereinhalb); das Leben der Familie kostete 3600 im Jahr, Dmitris Studium in Harvard 2000 (und 240 Dollar im Jahr gingen an den Neffen). Das Guggenheim-Stipendium sollte ihn wenigstens teilweise von Cornell befreien, aber das ging noch nicht. »E.O. wird nicht allzu viel Zeit in Anspruch nehmen«, schrieb Nabokov an Wilson, dem er für seine Bemühungen um das Stipendium dankte, »und kann ganz reibungslos mit anderen Annehmlichkeiten verbunden werden. Aber ich habe das Unterrichten satt, ich habe das Unterrichten satt, ich habe das Unterrichten satt. Einhundertfünfzig Examensarbeiten muß ich vor der Abreise nach Cambridge durchsehen.«

Nabokov erwähnt in seinen Briefen häufig diese Studentenarbeiten, die ihn aus einer Ecke anblicken. Die materielle Versorgtheit in Amerika und das hohe amerikanische Lebensniveau schienen auch eine Kehrseite zu haben. Als die Nabokovs früher einmal, in Paris, von einem amerikanischen Verleger sechshundert Dollar bekamen, hatten sie gerufen: »Wir sind reich!«, hatten ein Hotelzimmer in Menton oder Cannes genommen und ein »Amphibiendasein« zwischen Schreibtisch und Meer geführt. Als Nabokov in Ithaca fünftausend und ein Stipendium von zweitausend Dollar erhielt, schrieb er einen kläglichen Brief an Wilson (der sich selber abstrampelte wie ein Fisch auf dem Eis, um eine Anstellung an der Universität zu bekommen) und setzte sich ans Korrigieren von Jungmädchenaufsätzen (»Dostojewski und die Gestaltpsychologie« – an diesem Thema arbeitet die Heldin von »Pnin«, die mollige und dümmliche Studentin Betty Bliss). In Amerika gab es die goldene europäische Armut nicht. Aber auch nicht die arme europäische Freiheit. Das Verhältnis von Armut und Freiheit erwies sich bei näherem Hinsehen als problematisch ...

Im Frühjahr 1953 fuhren Nabokov und Vera in Urlaub. Sie fuhren bis Arizona, dann durch das Seengebiet Kaliforniens nach Oregon. Unterwegs jagten sie Schmetterlinge. In Ashland holte Dmitri mit seinem uralten Buick sie ein. Seine Heldentaten verblüfften den alternden Vater – der Sohn fuhr bereits den dritten Wagen, legte am Tag tausend Meilen zurück und plante den Kauf eines Flugzeugs. In jenem Sommer hatte er an einer Studentenexkursion in die Berge von British Columbia teilgenommen, hatte in Oregon als Lastwagenfahrer beim Straßenbau gearbeitet; er war »glänzend furchtlos« und bei seinen Kameraden beliebt. Auch jetzt, kaum daß er seine Eltern abgeküßt hatte, brauste er wieder ab nach Colorado. Nabokov und Vera waren wieder allein in Ashland. Sie sorgten sich um den Sohn und arbeiteten. Gerade um diese Zeit begann Nabokov so richtig mit der Arbeit, die er bis ans Ende seiner Tage die wichtigste Erprobung seiner Kräfte, seinen wichtigsten Roman, sein Lieblingsbuch nannte. Dieses Buch machte aus dem bescheidenen Professor Nabokov von Cornell (den die Emigranten seinerzeit als den brillanten Vladimir Sirin gekannt hatten) einen weltberühmten Schriftsteller.

Voller Erregung, mit heimlichem Triumph und sehr

geheimnisvoll schrieb Nabokov aus Oregon an Wilson, er werde im Herbst 1954 koje-schto, etwas, veröffentlicht haben … Er schreibe flott, »in einer Atmosphäre großer Verschwiegenheit«, »ein erstaunliches Buch«. Er gehe in diesen Tagen wie Puschkin um seinen Schreibtisch herum und spreche dazu: »Hei, dieser Sirin, hei, dieser Hundesohn!« Er spürte, daß er etwas Großartiges schuf, und war glücklich … Das Schreiben ging ihm flott von der Hand, und Vera, seine Helferin und Bundesgenossin, war bei ihm.

In Ashland hatten sie ein Häuschen gemietet. Am Eingang der »Baustelle« war ein Schild angebracht: »Betreten verboten«.

Dies schrieb er später, als die Arbeit beendet war, das Tor weit offenstand, das Baugerüst aber schon weggeräumt war, »als die Arbeiter gegangen und die Werkzeuge verschwunden waren«, und der »goldene Staub wölkte in einem schrägen Strahl, Ende«. Aber bis dahin war es noch weit …

Das komplizierte und schöne Gebäude dieses Sommers hieß »Lolita«.

***

Über diesen Roman sind viele Bücher geschrieben worden. Die einen analysieren den Roman im Kontext der Weltkultur, andere einzelne Themen und Motive, seinen Einfluß auf die Literatur, die Kunst, die Moral, die Religion. Manche Autoren analysierten die Methoden des Romanschriftstellers, versuchten seine »verschwundenen Werkzeuge« zu finden; sie machten Hilfsarbeiter ausfindig und interviewten sie; sie strichen mit einem Suchhund und einem freudianischen Baedeker über die Baustelle und suchten, wo der Hund, der Komplex, begraben sei. Es gibt Reiseführer, die die vom Autor versteckten Geheimnisse von »Lolita« erklären (was den Roman nur noch geheimnisvoller und unbegreiflicher macht). Jeder entdeckt in diesem Roman etwas für sich, je nach Bildung, Feinfühligkeit und Erfahrung (und auch Verdorbenheit). Allen ist klar, daß dieser Roman voll ist von Metaphern, Allegorien, philosophischen Anspielungen. Aber »Lolita« kann auch anders gelesen werden. In höherem Grade als die anderen Romane Nabokovs ist dies ein Roman über die Liebe, aber auch über die Vulgarität – die amerikanische Motelzivilisation ist hier nicht weniger bissig dargestellt als die Welt der deutschen Vulgarität oder die der Emigranten in den frühen Romanen. Es ist ein erotisches Buch. Die Liebhaber von hartem Sex werden wohl ein wenig enttäuscht sein von der Anständigkeit des Buches, gleichwohl ist es ein erotisches Buch. Kurz gesagt, in »Lolita« findet sich für jeden aufmerksamen und feinfühligen Leser eine Menge. Jedenfalls haben die Leser die gesamte amerikanische, englische, indische, arabische, sowjetische »Massenauflage« weggekauft. »Nabokov wäre nicht Nabokov«, schrieb der Moskauer Nabokov-Forscher und Prosaiker Viktor Jerofejew, »wenn sein Buch nur auf dem Niveau der metaphorischen Lesart existierte. Darin besteht die Kompliziertheit und die Faszination dieses Meisters der Prosa, daß die Elemente der metaphorischen Lesart und des virtuosen Spiels mit dem psychologischen Detail, mit dem Wort ... bei ihm untrennbar verbunden sind.«

Im Vorwort des angeblichen Doktors der Philosophie (das natürlich rein parodistisch ist) heißt es, daß das ihm zugegangene Manuskript »Lolita oder die Bekenntnisse eines Witwers weißer Rasse« verfaßt wurde von dem Häftling »Humbert Humbert« (die Doppelung dieses Pseudonyms ist natürlich auch sorgfältig von Lolita-Forschern und Neuropsychologen analysiert worden), der »in Untersuchungshaft ein paar Tage vor dem für seinen Prozeß angesetzten Termin gestorben« war. Humbert Humbert ist ein Amerikaner europäischer Abstammung, ein Zyniker, ein belesener Mann, er ist pervers (pädophil), ein »haariger Affe«. Diese Beichte ist (wie die Beichte in dem russischen Buch »Verzweiflung«) vom Verfasser als Verteidigungsrede (adressiert an die Geschworenen) geschrieben – zum Zweck der Selbstrechtfertigung. Ein in der Kindheit unerfüllter Wunsch – die Vorgängerin von Lolita war Annabel Lee aus einem Gedicht von Edgar Allan Poe oder die kleine Französin Colette aus Nabokovs Autobiographie – hatte den Helden pädophil werden lassen. Als Humbert die zwölfjährige Lolita sieht, Dolores Haze (nach seiner unglücklichen Ehe mit der reifen Valeria und den Wanderungen durch psychiatrische Anstalten), verliebt er sich in das Mädchen, heiratet ihre verwitwete Mutter und geht nach ihrem sehr zupaß kommenden Tod auf Reisen mit dem verwöhnten, verdorbenen, anmutigen und armseligen amerikanischen Schulmädchen (mit ihrer Minderjährigkeit demonstriert sie besonders anschaulich die Ideale der Massenzivilisation). Bis dahin unterscheidet sich der Stoff kaum von dem des »Zauberers« oder der »Idee« des gräßlichen Stiefvaters von Sina. Und doch ist in dem Roman alles anders – der Held, das Mädchen, die amerikanische Straße und die endlosen Fahrten des Helden. Der zynische und von Leidenschaft besessene Humbert beginnt ein Verhältnis mit der kleinen Lolita (sie kommt übrigens von sich aus in der Nacht zu ihm – aus Waiseneinsamkeit, aus früher, sinnloser Verderbtheit), wird zum Sklaven ihrer Launen und zugleich ihr Wächter und Sklavenhalter: er stiehlt ihr die Kindheit. Ihre Reise endet damit, daß Lolita ihm davonläuft mit einem Plattkopf und Pervertierten und noch größeren Zyniker, dem Dramatiker Quilty.

Humbert findet sie erst nach Jahren wieder. Sie ist gewachsen, häßlich geworden, verheiratet mit einem dumpfen Arbeiter, arm und erwartet ein Kind, »sie war freimütig schwanger und zwar gewaltig«. Sie ist kein Nymphchen mehr … Und da begreift Humbert, daß er sie richtig liebt, obwohl von der früheren Lolita, von dem ihn erregenden Nymphchen fast nichts geblieben ist … Er versieht sie mit Geld und macht sich auf die Suche nach Quilty, den er hinrichten will: den Rivalen, den Vergewaltiger, den verbrecherischen Doppelgänger. Nach der Ermordung Quiltys (eine erschütternde Szene) gibt sich der Held selbst in die Hände der Justiz. Im psychiatrischen Gefängniskrankenhaus schreibt er seine Beichte und stirbt, als er sie fertig hat. Lolita stirbt noch vor ihm, bei der Entbindung …

Nach dem Erscheinen des Romans bemühten sich sowohl der Autor als auch die ersten Rezensenten nach Kräften, zu beweisen, daß der Roman keine Anstößigkeiten enthalte und nicht pornographisch sei. Und sie bemühten sich, die vielen lepidopterologischen, aufs Schachspiel bezogenen, literarischen und sonstigen Rätsel in dem Roman zu entschlüsseln. Und nur der Verfasser des ersten Buches über Nabokov (der junge Nabokov-Forscher Page Stegner) faßte alles zusammen, indem er erklärte, die Rezensenten hätten den künstlerischen Wert des Romans als Ganzes übersehen: »Lolita« sei Nabokovs größter Roman.

Natürlich begeht Humbert an dem Mädchen ein Verbrechen, aber die Frage ist – verurteilt ihn der Autor? Für die Nabokov-Forscher (auch für Jerofejew) steht das außer Zweifel. Das Thema des Menschen, der zum Sklaven der Leidenschaft wird, verbindet sich in dem Roman mit Nabokovs ewigem Thema des Künstlers, aber auch mit dem Thema der Liebe, die ungünstigen Umständen ausgesetzt ist. Einer der Schüler Nabokovs, Alfred Appel, schrieb, das Streben Humberts gleiche eher dem Streben eines Dichters als dem Drang einer sexuellen Perversion. Julia Bader formuliert diese Beobachtung so: »Durch das ganze Buch ›Lolita‹ zieht sich hartnäckig die Identifikation von Humbert dem Liebhaber mit Humbert dem Künstler, von Lolitas alltäglicher sentimentaler Existenz mit ihrer geheimnisvollen Umgestaltung durch Humbert.«

Nach Meinung Julia Baders entspricht Humberts Abneigung gegen »normale große« Frauen seiner Verachtung für den banalen Wortgebrauch und traditionelle Gemeinplätze in der Kunst.

Die zwölfjährige Dolores Haze, die im provinziellen Amerika lebt, wird von Humbert mit höchst verführerischen Zügen ausgestattet und in ein neugeschaffenes Kunstwerk verwandelt. Aber es bleibt etwas in ihr, was sich nicht verwandeln läßt, was ihr verführerisches Nymphchentum bedroht. Und diesem Etwas (das er letzten Endes liebenlernt) ist ihr Schöpfer und Neuschöpfer nicht gewachsen.

Alles ist unzuverlässig in diesem Roman – der Erzähler ist unzuverlässig, die Realität zweideutig. Die »Realität« Humberts ist die seines Verlangens. Und es ist nicht verwunderlich, daß er die menschliche Einzigartigkeit seines Nymphchens übersieht.

Nabokov, der die Priorität dieses »literarischen« Themas in seinem komplizierten Roman bestätigt, präzisiert in seinem Nachwort die »elegante Formulierung« eines seiner Kritiker, indem er sagt, sein Buch sei keineswegs »der Niederschlag meiner Liebesaffäre mit dem sogenannten ›romantischen Roman‹« (wie der Kritiker angenommen hatte), sondern eher der Niederschlag seiner Liebesaffäre mit der englischen Sprache. Aber Nabokov warnt sogleich, daß jedwedes Urteil über seine englische Belletristik, abgegeben von Leuten, die seine russischen Bücher nicht gelesen haben, »außerhalb der Brennweite« bleibt. Der aufmerksame russische Leser hingegen, der den »russischen« Nabokov bereits kennt, erinnert sich sogleich an »Verzweiflung« und »Der Späher« und vieles andere: die gleiche Diskrepanz zwischen Leidenschaft und Besitz, die Schaffung des Romans im Roman, das Scheitern des nichtgenialen Künstlers, die »Unzuverlässigkeit« des Erzählers.

Julia Bader betrachtet den Zusammenstoß Humberts mit Quilty als »Ritualmord, den Humbert an der Pseudokunst begeht«. Alle Kompliziertheiten des Romans sind Verkörperungen der künstlerischen Probleme und des Schaffensprozesses. Das Phantasieleben ist nicht zu trennen von dem »realen« Leben Humberts. Brian Boyd fügt den zahllosen Auslegungen von »Lolita« eine weitere hinzu: Er deutet Humbert und Quilty als Helden, die jeweils in die Werke des anderen hineingeschrieben sind …

Alfred Appel (einer der hartnäckigsten »Lolita«-Forscher) wendet sich dem Schmetterling zu, einer der wichtigsten Metaphern im Roman. So wie sich ein Schmetterling aus der Puppe (»Nymphe«) entwickelt, so entwickelt sich Lolita aus dem Nymphchen zu einer Frau, und die Neigung Humberts verwandelt sich aus der Geilheit in wahre Liebe. Eben diese »Metamorphose« (in den Vorlesungen seines Professors Nabokov hatte der Student Appel des öfteren von diesen Metamorphosen gehört – bei Stevenson, Kafka und anderen Schriftstellern, bei denen Professor Nabokov den Prozeß des Reifens und der Metamorphose eines Kunstwerks als Wichtigstes herausarbeitete), eben sie ermöglicht es Humbert, sein Verbrechen in ein sühnendes Kunstwerk zu verwandeln, und dem Leser, der Geburt eines Schmetterlings aus der Puppe beizuwohnen. Eine wichtige Rolle unter Nabokovs Metaphern spielen nach Meinung Appels die Spiegel, die ewigen Nabokovschen Spiegel, die dem Helden den Weg versperren, wenn er den Ausgang sucht, um Einsamkeit und Egoismus zu überwinden.

Nicht wenige Arbeiten sind im übrigen der Rolle des Schachs und der Schachsymbolik in »Lolita« gewidmet.

Alfred Appel hebt auch die Parodie im Roman hervor, dieses »Trampolin« des Kunstwerks; aber auch Stegner erwähnt die Parodie auf den freudianischen Mythos, auf das Thema »psychologischer Doppelgänger«, das Thema Sühne und Läuterung durch Ermordung des eigenen Doppelgängers, die Parodie auf einen Hollywood-Mord und so weiter. Einer der angesehensten »Lolita«-Forscher, Carl Proffer, schreibt, daß »jeder, der einen doch recht sadistischen Autor wie Nabokov lesen und wenigstens die Hälfte des Geschehens begreifen will, Enzyklopädien, Wörterbücher und Nachschlagewerke bereithalten muß ... Der Leser muß langsam vorgehen und logisch denken ... Der ideale ›Lolita‹-Leser ist ein Wissenschaftler, ein Mensch mit umfangreicher Vorbildung, der in mehreren europäischen Sprachen viel liest, eine Art Sherlock Holmes, ein erstklassiger Dichter mit einem starken Gedächtnis ...« Die gleiche Meinung vertritt A. Dolinin, der auf der Grundlage der Arbeiten von Proffer, Appel und Dieter E. Zimmer umfangreiche Kommentare zu der russischen Neuausgabe von »Lolita« erarbeitete.

Leben in der Werkstatt

Anfang 1954 war der neue Roman, an dem Nabokov so viele Jahre gearbeitet hatte, fertig. Nabokov sandte ihn fürs erste an Pascal Covici, Cheflektor bei Viking Press, und wartete mit Herzklopfen auf Antwort.

Die Arbeit aber wurde nicht weniger. Er mußte sogar für eine Zeitlang Puschkins Roman in Versen beiseite legen, weil auf seinem Tisch eine andere, sehr interessante und angenehme Arbeit lag – »Anna Karenina«. Der Verlag Simon and

Schuster hatte ihn gebeten, die Übersetzung des Romans zu redigieren sowie ein Vorwort, Kommentare und eine Annotation zu schreiben. Die Arbeit war höllisch aufwendig: Allein die Fußnoten zum ersten Teil des Romans nahmen zwei Monate in Anspruch. Davor aber lag das »glückliche Stadium der Materialsuche« in der Universitätsbibliothek, durch dauerhafte Bande mit dem Herzen verbunden – gemeint ist das Herz von Timofey Pnin, aber es trifft auch auf das Herz Nabokovs zu: die Bibliothek von Cornell, die Bibliothek von Harvard, die Kongreß- Bibliothek … »Pnin zog einen Karteikasten aus dem inhaltsreichen Busen eines Katalogschrankes, schleppte ihn wie eine große Nuß in eine abgelegene Ecke und verleibte sich ihn dort in aller Stille geistig ein – bald bewegte er kritisch, zufrieden, entgeistert in tonlosem Kommentar die Lippen …« Die Geschichte des Professors Pnin, dieses sonderbaren, verschrobenen, rührenden russischen Intellektuellen in der wohlwollenden, doch unbegreiflichen Umgebung der amerikanischen Universität mit ihren schüchternen Genies, ihren dreisten Plattköpfen und Ignoranten, erfüllt von akademischer Würde – diese verblüffend komische und rührende Geschichte wurde bereits in Fortsetzungen im »New Yorker« abgedruckt, der gut bezahlte, aber Nabokov mußte die Unversehrtheit seines Textes gegen die Anschläge der mütterlich fürsorglichen Katharine White verteidigen. Die Viking Press kaufte die Geschichte als Ganzes, »auf dem Halm«, doch der »New Yorker« wartete noch auf neue Textstücke (und erkundigte sich beiläufig beim Autor, ob er die Angriffe auf die Psychoanalytiker nicht weglassen könne). In dieser Zeit stieß Nabokov plötzlich auf Schwierigkeiten bei einer anderen Arbeit, die ihn sehr zermürbte. Über diese Arbeit teilte er aus New Mexico, wo er in jenem Sommer weilte und Schmetterlinge jagte, Katharine White mit: »Fünf Monate sind vergangen seit Ihrem Brief, in dem Sie über das zweite Kapitel des ›Pnin‹ sprachen – verzeihen Sie mein langes Schweigen! In der ganzen Zeit hat mich eine quälende Arbeit voll in Anspruch genommen – die Schaffung einer russischen Version und Umarbeitung der Autobiographie. Ich habe Ihnen sicherlich schon mehr als einmal erzählt, was für eine Qual es Anfang der vierziger Jahre war, von der russischen zur englischen Sprache überzugehen. Bei dieser grausamen Wiedergeburt habe ich mir geschworen, nie wieder von dem faltigen Hyde zu seinem würdevollen Jekyll zurückzukehren – und nun bade ich nach fünfzehnjährigem Wandern wieder in dem bitteren Luxus meiner Sprachgewalt.«

Nabokov hatte sich zunächst leichten Herzens an die Übersetzung der Autobiographie gemacht, aber sehr bald wurde ihm klar, daß er sich »auf eine Wahnsinnssache eingelassen« hatte. Sie kostete ihn gewaltige Mühe und bereitete ihm große Qual. Nabokovs Schwierigkeiten bestanden nicht nur im Umbau der Sprache und ihrer Musik. Er mußte ein anderes Buch schreiben – ein Buch für den russischen Leser, dem vieles nicht erklärt zu werden brauchte, für den manches uninteressant war und anderes schon in der Andeutung verständlich. Nabokov kehrte hier zu dem Leser zurück, der an der Prosa Sirins geschult war. Gewiß, von diesen Lesern gab es nur noch wenige, und der neue Jahrgang seiner russischen Leser saß eingesperrt hinter dem eisernen Vorhang, diskutierte die Prosa Dudinzews oder Ehrenburgs »Tauwetter« und sang Lieder auf Pionierversammlungen ...

In demselben Brief an Katharine White berichtet Nabokov, daß er, kaum fertig mit der Übersetzung der Autobiographie, begonnen habe, seine Vorlesungen über Kafka, Proust und Joyce für den Druck vorzubereiten. Aus seiner Nähe zu diesen drei Schriftstellern machte er kein Hehl, aber er bestritt neugierigen Interviewern gegenüber jeden »Einfluß«. Kafka sei von Flaubert »beeinflußt«, erwähnte Nabokov in einer Vorlesung, aber Kafka sei der größte deutsche Schriftsteller unserer Zeit, und er sei vor allem Künstler, »folglich in gewissem Grade heilig« (»ich spüre das auch bei mir sehr deutlich«, fügte Nabokov bescheiden hinzu). Der Reiz der individuellen Träume Kafkas (wie auch der individuellen Träume Gogols) besteht nach Meinung Nabokovs darin, daß ihre menschlichen Helden zu derselben phantastischen Welt gehörten wie auch die Nicht-Menschen, daß sie aber aus dieser Welt hinausstrebten, daß sie danach trachteten, die Maske, den Mantel oder den Panzer abzuwerfen. »Schönheit plus Mitgefühl –

das kommt der Definition der Kunst am nächsten«, sagt Nabokov in seiner Kafka-Vorlesung. »Wo Schönheit ist, da ist auch Mitgefühl, aus dem einfachen Grund, weil die Schönheit sterben muß ...« Im weiteren analysiert Nabokov die für ihn so wichtigen Einzelheiten der Erzählung »Die Verwandlung« – in was für einer Wohnung lebte der Held der Erzählung, in was für ein Ungeziefer verwandelte er sich ...

Wenn Nabokov auf Proust zu sprechen kommt, scheint es manchmal, daß er auch von seiner eben erst umgeschriebenen Autobiographie spricht. Proust (wie auch Nabokov) beschreibt nicht die Vergangenheit, er läßt sie auferstehen und holt ihre markantesten Momente und Bilder ans Licht. Wenn Nabokov über die Distanz zwischen dem Erzähler und Proust selbst in dessen Romanen spricht, behauptet er, daß Prousts Roman keine Autobiographie und kein historischer Bericht sei, sondern genau so eine Phantasie wie etwa »Anna Karenina« oder »Die Verwandlung« von Kafka oder wie es die Universität Cornell wäre, wenn er, Nabokov, es unternähme, sie aus der Ferne der Zeit zu beschreiben. Nabokov zog in seiner Vorlesung hochinteressante Parallelen zwischen Proust, Gogol und dem Vorläufer von Proust – Tolstoi ...

Das Jahr 1954 brachte Nabokov nicht nur neue Arbeiten, sondern auch neue Mißlichkeiten. Als erster schickte ihm Pascal Covici von Viking Press das Manuskript von »Lolita« zurück. Das gleiche tat dann der Verlag Simon and Schuster. Nabokov teilte Wilson mit, beide Verlage hätten ihm erklärt, der Roman wirke auf die Leser pornographisch. »Ich habe ihn nun an New Directions geschickt«, schreibt Nabokov an Wilson, »aber es ist unwahrscheinlich, daß sie ihn nehmen. Dieses Fiasko deprimiert mich.«

Bald bekam er einen Brief von Laughlin von den New Directions. Laughlin schrieb, der Roman sei Literatur der höchsten Klasse und müsse natürlich gedruckt werden, nur fürchteten er und sein Kompagnon Verfolgungen für den Autor und den Verlag. Es war eine paradoxe, sonderbare, unerklärliche Situation. Als Nabokov unter seinem Namen einen antitotalitären Roman und antitotalitäre Erzählungen veröffentlicht hatte, lebte er weiterhin im faschistischen

Deutschland. Als er das Manuskript aus dem friedlichen Cornell an den Verlag Doubleday schickte, bat er, diesen seinen besten amerikanischen Roman im Falle der Veröffentlichung mit einem Pseudonym zu versehen. Jetzt fürchtete er für sich, für seinen Posten in Cornell. Aber Doubleday schickte ihm das Manuskript zurück, ohne sich entschlossen zu haben, und Nabokov schickte es nach Frankreich.

Im Frühjahr sollte der Sohn Dmitri sein Studium an der Harvard-Universität abschließen, und schon im Januar ließ sich der zärtliche Vater für ihn eine spannende Übersetzungsarbeit einfallen. Er schlug Pascal Covici vor, den »Held unserer Zeit« bei Viking Press herauszubringen, in der Übersetzung eines »großartigen jungen Übersetzers«; er, Nabokov, werde diese Übersetzung kostenlos redigieren. Im nächsten Brief mußte er Covici freilich etwas ausführlicher erklären, was das sei, »Ein Held unserer Zeit«. Nabokov schrieb dem Verlag, wie frisch und wie faßlich die Prosa Lermontows sei, und erwähnte sogar einige Elemente amerikanischer Westernfilme in dem Roman – die graubraunen Felsen am Horizont und die romantischen Abenteuer.

Inzwischen kam die Antwort von »Partisan Review«. Philip Rahv schrieb, er traue sich nicht mal, einen Auszug aus »Lolita« zu drucken, auch nicht unter einem Pseudonym. Doch im guten alten Europa, in Paris, fand sich ein kühner Verleger. Er hatte übrigens schon früher von sich reden gemacht durch seine Kühnheit, sein Abenteurertum und seinen außergewöhnlichen Geschmack. Er starb 1990 in Paris (ohne reich geworden zu sein), und bald nach seinem Tod erschien der letzte Band seiner interessanten Erinnerungen, in denen den Eheleuten Nabokov recht giftige Seiten gewidmet sind. Damals, 1955, war das Verhältnis zwischen Autor und Verleger noch ganz harmonisch. Nabokovs alte Bekannte, die Übersetzerin Doussia Ergaz, hatte den Verleger ausfindig gemacht – es war Maurice Girodias. Schon mit vierzehn hatte er den Schutzumschlag für das riskante Werk »Wendekreis des Krebses« von Henry Miller gezeichnet, das sein Vater herauszugeben wagte. Später war sein Vater, wenn man der Berichterstatterin von »Le Monde« glauben kann, so bedrückt vom Vormarsch des Nazismus, daß er sich umbrachte, indem er in der Einsamkeit eine Flasche Kognak niedermachte (vom französischen Standpunkt ein sicherer Selbstmord). Sein Sohn starb an einem Herzanfall während eines Interviews anläßlich des Erscheinens seiner Memoiren. Mit dem Namen dieses »bekanntesten aller unbekannten« Verleger war die Edition der Bücher von Henry Miller, Lawrence Durrel, Samuel Beckett, J. P. Donleavy, Nikos Kazantzakis, Nina Berberova, Marquis de Sade und anderen ruhmreichen (wie natürlich auch ruhmlosen) Autoren verbunden. Aber als sein größter Erfolg gilt, wie »Le Monde« im Nachruf betonte, »die Entdeckung eines Manuskripts des fast unbekannten Autors Vladimir Nabokov mit dem Titel ›Lolita‹«.

Im Sommer 1955 schrieb Nabokov dankbar an Girodias, er habe für den ersten Teil Korrektur gelesen und sei begeistert, daß das Buch schon so bald erscheinen solle. Er fragte an, wie Girodias in Europa und Amerika für das Werk werben wolle. »Sie und ich wissen, daß ›Lolita‹ ein ernstes Buch mit ernstem Grundgedanken ist«, schrieb Nabokov. »Ich hoffe, das Publikum wird es auch so aufnehmen. Ein ›Skandalerfolg‹ würde mich betrüben.«

Der Ästhet und Abenteurer Girodias hatte schon so manchen Skandal erlebt und hatte keine Angst vor einem weiteren. Sein Verlag Olympia Press schlug sich damals mit der halblegalen Herausgabe erotischer Schmöker in englischer Sprache durch; diese kauften vor allem amerikanische Soldaten, die in Europa stationiert waren. Das scharfe Auge der amerikanischen Zöllner fand im Tornister der amerikanischen GIs, die in die Heimat zurückkehrten, mühelos den grünen »Olympia«- Umschlag. Girodias war jedoch bei alledem ein feiner Literaturkenner und ein unbeugsamer Kämpfer gegen die Scheinheiligkeit.

Nabokov wartete ungeduldig auf die Pariser Ausgabe, doch der amerikanische Mißerfolg bedrückte ihn nach wie vor.

Im Sommer 1955 schickte er Viking ein Manuskript mit dem Arbeitstitel »Mein armer Pnin«.

»Pnin« ist ein umwerfend komisches, rührendes und auf einer gewissen Ebene ganz einfaches und »realistisches«

Buch. Sein Held ist ein zerstreuter russischer Emigrant, der alles verloren hat. Ständig macht er etwas falsch in diesem unbegreiflichen Amerika, überall ist er fehl am Platze (nur wenn er in ein russisches Milieu gerät, wird er auf einmal geschickt, umgänglich, sehr gescheit und rührend sentimental). Immer wieder tritt er in eine seltsame Beziehung zu Gegenständen des Alltags: Er hat ein »Verhältnis« mit der Waschmaschine, er »vermenschlicht« seine Beziehung zu allen Geräten – und scheitert jedesmal. Die Vorlesungen über russische Literatur vor seinen Studenten, die sich nach dem Zeugnis des amerikanischen Professors Stegner durch enzyklopädische Unwissenheit auszeichnen und natürlich weder die russischen Texte noch die Auslassungen Pnins verstehen, diese Vorlesungen sind höchst erheiternd, und sosehr sich der Autor auch von seinem Helden distanziert, indem er die grotesken Züge Pnins verstärkt, man stellt sich doch dessen eigene Vorlesungen in Wellesley oder Cornell vor. Na, und erst die Umgebung Pnins, alle diese Gauner und Spitzbuben, die sich Fördermittel für verdächtige Zwecke und Themen erschlichen! Und der Leiter der Abteilung französische Literatur (der die Literatur nicht liebt und nicht Französisch kann), der seine Vorlesung nachlässig aus einer auf dem Dachboden gefundenen alten populären Zeitschrift abgeschrieben hat!

Der heroische Timofey Palych

Bei gründlicher Lektüre erweist sich, daß »Pnin« durchaus kein einfacher Roman ist. Erstens stellt der aufmerksame Leser fest, daß der Erzähler wiederum nicht ganz zuverlässig ist. Zweitens hat der namhafte russische Literat, ein Held des Romans, komplizierte Beziehungen zu seinem Haupthelden: Er ist sein glücklicher und gnadenloser Rivale in der Liebe. Und es ist nicht auszuschließen, daß er sich alles ausdenkt. »Glauben Sie ihm kein Wort«, hatte der ehrliche Pnin noch in der Pariser Zeit ihrer Bekanntschaft gerufen, »er denkt sich alles aus.« Der Erzähler verdoppelt, ja verdreifacht sich, und Pnin scheint dem Erzähler völlig zu entgleiten. Nach Julia Baders Definition existiert ein »realistischer« Pnin, eine »lebendige«, vielleicht die »lebendigste« aller Nabokovschen Gestalten, die sich der Willkür des Autors entzieht. Läßt ein solcher Pnin den Erzähler in sein Inneres eindringen? Wohl kaum. Die wesentliche Bedingung für die Fortsetzung des menschlichen Lebens ist ja laut Nabokov »seine Abgeschiedenheit, Verborgenheit … Der Mensch kann nur existieren, solange er von seiner Umwelt abgeschirmt ist.« Unverhoffte Anfälle einer seltsamen Krankheit (er hat einen »Schatten hinterm Herzen« – wie Nabokov in einem Brief selbst seine Krankheit beschrieb) zerstören diese Hülle, und da verschmilzt Pnin quasi mit seiner Vergangenheit, fällt aus der Realität heraus. Zu sich gekommen, zieht er den Schluß, das Wichtigste sei, einfach die Existenz fortzusetzen. Ein Zeichen für diese Rückkehr ins Leben ist das Auftauchen eines Eichhörnchens in der Allee des Parks. Das Eichhörnchen (wie auch die Bank, die Blätter und die Blütenstände) gab es schon einmal in Pnins Kinderzimmer, im Schnitzwerk der Schirmwand und in den Mustern der Tapeten. Es taucht jedesmal auf, wenn er sich in die Vergangenheit vertieft oder über den Sinn des Daseins nachdenkt. Das Eichhörnchen bringt ihn zur Realität zurück. Mit seinem dringlichen Durst lenkt es ihn von den bitteren Tränen nach dem Besuch seiner ehemaligen Frau ab. Auf einer Karte, die Pnin an Victor schickt, ist wieder ein Eichhörnchen, und die Unterschrift erklärt, daß das englische squirrel, Hörnchen, von einem griechischen Wort kommt, welches »Schattenschwanz« bedeutet: Der Schatten der Vergangenheit trottet unweigerlich hinter dem Leben her.

Pnin vermenschlicht die Eichhörnchen. Eines von ihnen hat wahrscheinlich Fieber und möchte trinken … Ist es Zufall, daß Pnins erste Liebe, die von Nazis in einem KZ ermordet wurde, Mira Bjelotschkin hieß?

Die scharfsinnigsten Leser (gewöhnlich sind das die Nabokov-Forscher) haben auch Aschenputtel entdeckt. Bei der Einzugsfeier, die Pnin gibt, kommt die Rede auf die Schuhe Aschenputtels, und Pnin erklärt, sie seien überhaupt nicht aus

Glas, sondern aus Eichhörnchenfell, aus Feh. Nach Meinung der Nabokov-Forscher besteht eine nicht ganz klare Verbindung zwischen Pnin, dem Eichhörnchen, Aschenputtel und Lisas Sohn Victor.

Wie Nabokov selbst sagte, ist das Wichtigste dieses Romans die Gestalt des Timofey Palych Pnin, des ewigen Emigranten und Flüchtlings. Vor der Umwelt zieht er sich in seine Besonderheit, seine Andersartigkeit zurück und natürlich in die russische Literatur, in die Schönheit, die Ästhetik. Ohne zu klagen und ohne sich zu bedauern, lebt er unter den Umständen, die ihm das Schicksal zugedacht hat, bewahrt aber bei allem sein Ich, denn das Verschmelzen mit der äußeren Welt wäre sein Tod. Pnin gelingt es, alle Welt- und Privatkatastrophen durchzustehen und sich zu bewahren. Die Geschichte mit der wunderschönen Kristallschale, die Victor ihm schenkt (und die darum für Pnin eine besondere Bedeutung hat), ist einer der eindrucksvollsten Akkorde dieses Themas.

Der gedemütigte, aus seinem Amt entlassene Pnin, der alles verloren hat, zerbricht nicht. Er überlebt. Er hat sich bewahrt. Er reist aus Waindell ab und läßt den Erzähler und seinen Doppelgänger und Imitator Cockerell zurück, dessen Gesicht gleichsam Pnins Maske angenommen hat: Nachahmung, so der Autor, ist keine echte Kunst, keine Individualität, die fähig ist, Unvorhergesehenes hervorzubringen.

Für Pnin, wie auch für seinen Schöpfer, bemerkt Page Stegner, liege die Flucht vor den unerträglichen Leiden und der Vulgarität dieser Welt in der Suche nach dem Stil.

Aber wie soll man in einer Welt überleben, in der Vulgarität herrscht, in der es unsägliche Grausamkeit und Konzentrationslager gibt und der Tod seiner Jugendliebe Mira Bjelotschkin möglich ist?

Leiden ist das Los der Menschen, aber Pnin findet in sich die Kraft zu leben, und die Ängste, die ihn im Schlaf heimsuchen, sind nicht ausgedacht, es sind die realen Ängste vor faschistischen Lagern, es ist die uns von Nabokov gut bekannte Angst vor bolschewistischen Erschießungen, vor Flucht und Terror.

Der Grausamkeit der Welt und der Gewalt der Vulgarität wird das Eintauchen in die Schönheit – die Schönheit der russischen Literatur und der russischen Legende – entgegengesetzt.

Die Nabokov-Forscher stellen nicht von ungefähr zwei Fluchtszenen, die Nabokov mit einem geringen Zeitunterschied geschrieben hat, einander gegenüber – die Flucht Humberts und die Flucht Pnins, der sich nicht unterworfen hat: »Dann scherte die kleine Limousine kühn aus, überholte den vorderen Lastwagen, schoß, endlich befreit, die schimmernde Straße hinan, und man konnte erkennen, wie diese sich zu einem goldenen Faden verengte, dort in dem weichen Dunst, wo Hügel auf Hügel die Ferne zu Schönheit machte und wo wer weiß was für ein Wunder geschehen mochte.«

***

Gegen Sommerende teilte Nabokov Wilson mit, daß sich die Arbeit am »Onegin« dem Abschluß nähere. Die Übersetzung des Romans und der Varianten zu ihm war längst fertig, aber die Kommentare wuchsen immer mehr an, und Nabokov fuhr, so oft er konnte, von Ithaca zur Harvard-Bibliothek, um dort über neuen Büchern zu sitzen. Die Beschreibung dieser Arbeiten kann man auch in seinem Roman finden, dort, wo er über Pnins Studien in der Bibliothek schreibt: »Der Textvergleich zweier Legenden; eine kostbare Einzelheit bei den Umgangsformen oder der Kleidung; ein Verweis, von dem sich bei der Überprüfung herausstellte, daß Unfähigkeit, Schludrigkeit oder Betrug ihn verfälscht hatten; der das Rückgrat entlanglaufende Wonneschauer einer glückhaften Vermutung; und all die ungezählten Triumphe beskorystnoi (selbstloser, hingegebener) Gelehrsamkeit – das alles hatte Pnin verwöhnt, hatte aus ihm einen glücklichen, fußnotentrunkenen Wahnsinnigen gemacht, der die Milben in einem langweiligen, einen Fuß dicken Band aufstört, um darin einen Hinweis auf einen noch dickeren aufzuspüren.«

Die Nabokovs verbrachten den Sommer wieder in den Bergen. Zuerst mieteten sie ein Häuschen in Süd-Utah. Dort beendeten Vater und Sohn die Übersetzung von »Ein Held unserer Zeit« und schickten sie an den Verlag Doubleday.

In seinem Vorwort zur Übersetzung analysierte Nabokov nicht nur die »spiralenförmige Komposition« des berühmten Romans und würdigte »die außerordentliche Energie des Erzählens und den wunderbaren Rhythmus der Prosa Lermontows«, er erläuterte auch seine Übersetzungsprinzipien, zu denen er verhältnismäßig spät gefunden hatte, die Prinzipien des »ehrlichen Übersetzers«: »Beginnen wir damit, ein für allemal die gängige Meinung aufzugeben, eine Übersetzung müsse sich leicht lesen und dürfe nicht den Eindruck einer Übersetzung erwecken. Jede Übersetzung, die nicht den Eindruck einer Übersetzung erweckt, erweist sich bei näherem Hinsehen als ungenau, aber die Qualität einer guten Übersetzung zeigt sich in ihrer Treue und Adäquatheit gegenüber dem Original.« Wenn man Nabokovs Vorwort liest, merkt man sehr schnell, daß er unter »Adäquatheit« im Grunde nur die inhaltliche »Genauigkeit« versteht. Er teilt mit, daß er der Forderung nach Genauigkeit bereitwillig den guten Geschmack, die Schönheit des Stils und sogar die Grammatik geopfert habe … Wohl um diese Opfer zu rechtfertigen, erklärt er, daß Lermontows Prosa von Eleganz weit entfernt sei, und behauptet, der allgemeine Eindruck entstehe dank der wunderbaren Harmonie aller Teile und Details im Roman. Wie aber diese »wunderbare Harmonie« erreicht werden soll, wenn man Geschmack und Schönheit des Stils mißachtet, erklärt Nabokov nicht. Aber selbst ein angehender Übersetzer weiß: Eine Übersetzung, die gegen Geschmack, Stil und Grammatik verstößt, erweist sich bei genauerem Hinsehen als ungenau.

Mit Puschkins Roman in Versen war es noch schwieriger. Nabokov hatte vor gar nicht so langer Zeit großartige poetische Übersetzungen von Puschkin, Tjutschew und anderen russischen Dichtern ins Englische geschaffen, und früher hatte er Brooke, Rimbaud oder zum Beispiel »Dezembernacht« von Musset ins Russische übersetzt. Diese Übertragung bezeichnete der bekannte russische Wissenschaftler Sergej Awerinzew nicht nur als einen seltenen Glücksfall, sondern auch als ein fast ideales Beispiel dafür, wie eine literarische Übersetzung bis an die Grenzen ihrer Möglichkeiten gehen muß. Kurzum, als ein Wunder.

Viele Jahre, nachdem Nabokov selbst viele Beispiele von Dichtung gegeben hatte, die der Onegin-Strophe nahekommen, macht er aus »Eugen Onegin« eine »Interlinearübersetzung«, und im Epigraph zum Vorwort fordert er Puschkin selbst heraus, indem er sich mit Chateaubriand solidarisiert. Er zitiert Puschkin, der sich kritisch über die Milton-Übersetzung von Chauteaubriand geäußert hatte: »Nun (ein unerhörtes Beispiel!) übersetzt der erste der französischen Schriftsteller Milton wörtlich und erklärt, die Interlinearübersetzung wäre der Gipfel seiner Kunst, so sie nur möglich wäre!«

Was brachte Nabokov in seinem sechsten Lebensjahrzehnt dazu, von der poetischen Übersetzung abzugehen? Verzweiflung, die ihn ergriff, wenn er die unvollkommenen englischen und französischen Übersetzungen russischer Literatur las? Polemischer Übermut? Angst vor den künftigen Übersetzern seiner eigenen Werke? Müdigkeit?

Skandal und Ruhm

Sein Lieblingsbuch brachte Nabokov einstweilen wenig Freude. »Lolita« war bei Olympia Press in Paris in einer zweibändigen Taschenbuchausgabe erschienen und verkaufte sich schleppend. Es war sogar unklar, wie es sich genau verkaufte, denn die Abrechnung von Girodias war schlampig. Der amerikanische Zoll beschlagnahmte eines Tages ein Exemplar, fand in dem Buch aber nichts Kriminelles (die Zöllner waren weniger schreckhaft als die amerikanischen Intellektuellen und Verleger) und gab es seinem Besitzer zurück. Und der Skandal in Cornell, den Nabokov und seine Frau so befürchtet hatten, blieb aus. Es herrschte eine geradezu kränkende Stille.

Doch der Skandal bahnte sich allmählich an.

In einem Interview mit einer angesehenen englischen Zeitung bezeichnete der berühmte Schriftsteller Graham Greene »Lolita« als eines der besten Bücher des Jahres.

Daraufhin fiel der Wächter der englischen Tugend, der

Journalist John Gordon, Chefredakteur des »London Sunday Express« über Greene her und zugleich auch über Nabokov. Ende 1956 schickte Nabokov Greene einen Brief und klagte darüber, daß die arme Lolita schwere Zeiten erlebe. Hätte er einen Knaben, eine Kuh oder ein Fahrrad zur Heldin gemacht, so würden die Spießer nicht mit der Wimper zucken. Andererseits lasse Olympia den Autor wissen, daß die Fans (Fans!) »enttäuscht sind, daß die Geschichte im zweiten Teil so eine langweilige Wendung nimmt«. Obendrein sei das Buch, wie ihm sein französischer Agent mitteilte, in Frankreich vom Innenministerium verboten worden.

Girodias legte unterdessen nicht die Hände in den Schoß. Er schrieb ein Pamphlet über den »Fall Lolita«, und Nabokov schickte ihm aus Amerika Material zu dem Thema. Auf Greenes Rat entschloß sich ein englischer Verleger, bei Nabokov die Rechte für die englische Ausgabe zu kaufen, aber er mußte noch zwei, drei Jahre warten, weil sich das Parlament auf die Erörterung eines neuen Gesetzeswerks über Unzüchtigkeit vorbereitete. »Lolita« goß Öl ins Feuer, und nun wuchs sich der Skandal um das Buch in England aus. Nabokov schien noch nicht zu begreifen, was für ein Erfolg das war. Dafür begriff es Graham Greene sehr wohl, der Nabokov in seinem Antwortbrief schrieb, »Lolita« sei ein ausgezeichnetes Buch. »In England«, fügte er hinzu, »kann man dafür eingesperrt werden. Aber einen besseren Anlaß kann man sich dafür nicht ausdenken.«

In dieser Zeit erhielt Nabokovs Phantasie einen neuen Impuls. Nicht lange, und die neue Idee (die viele Änderungen erlebte) würde sich in einem bemerkenswerten Roman, vielleicht einem der originellsten Werke der Weltliteratur, verwirklichen – in dem Roman »Fahles Feuer«.

Die Kommentare zu »Eugen Onegin«, die eigentlich längst abgeschlossen sein sollten, schwollen immer mehr an. Im Februar 1957 teilte Nabokov Freunden mit, daß die Kommentare mit einem gigantischen Register endlich »vollends vollendet« seien. Dennoch konnte er das Manuskript nicht abgeben, denn er arbeitete weiter daran. Die Kommentare, die Übersetzung des Romans, ein Artikel über die Prosodie und das Register umfaßten 2500 Seiten, vier Bände. Es war ein Werk der Liebe (»Russe sein heißt Puschkin lieben«), an dem englischsprachige Studenten und Puschkin-Verehrer künftig wohl nicht vorbeikommen. Ein Liebhaber von Kommentaren »kann sich berauschen«, wenn er aufs Geratewohl einen der drei Bände Kommentare aufschlägt. So erfahren wir zum Beispiel im Zusammenhang mit der Verschwendungssucht von Onegins Vater, der bekanntlich jedes Jahr drei Bälle gab, bis er sein Geld durchgebracht hatte, aus Puschkins Aufzeichnungen von 1835, daß Byrons Vater 587500 Rubel im Jahr verjuxte (was Puschkin peinlich genau ausgerechnet hatte). Das ist ungefähr die Summe, die Puschkins Freund, Fürst Wjasemski, in den zwanziger Jahren jenes glücklichen Jahrhunderts beim Kartenspiel verlor, ein Dreifaches der Summe, auf die sich Puschkins Schulden bis zu dem verhängnisvollen Tag seines Todes beliefen. Dann lesen wir von den Erziehern Eugens, »armseligen Franzosen«, und von einem Abbé Nicol, den Lew Puschkin, der Großvater des Dichters, in seinem Hof erhängte. Oder der Ball bei den Larins. Wie sind die Gäste zu plazieren? Nabokov entnimmt einem alten englischen Buch die Beschreibung eines Balles. Oder Einzelheiten über den Faulbaum (und darüber, was für Assoziationen er bei einem Russen auslöst), über Duelle, über nationale russische Gebärden, über Daten, die den Tod Delwigs und den Tod Lenskis mit dem Tod Puschkins verbinden, und wieder über das russische Dorf, über Apfelwodka, über Weine, die in der Provinz und in den Hauptstädten getrunken werden. Also »eine Enzyklopädie des russischen Lebens« und ein »Handbuch des Puschkin-Anhängers«. Nabokov selbst schrieb, daß es »in der Kunst und in der Wissenschaft ohne Details kein Vergnügen gibt ...«

Nabokov bekannte seiner Schwester, daß ihn seine »Schreibtisch-Mutprobe« ermüdet habe. Es war wirklich eine Mutprobe, eine hingebungsvolle, selbstlose Arbeit. Nabokov hatte das Wort »selbstlos« schon im »Pnin« benutzt und wiederholte es dann noch einige Male in Briefen. Er schrieb Wilson, »Rußland wird mir alle seine Schulden nie zurückzahlen können«.

In diesem Brief lud Nabokov Wilson zu sich ein, obwohl das Bächlein ihres Briefwechsels nur noch spärlich floß und die alten Auseinandersetzungen nicht beendet waren. Wilson (ein ebenso unverbesserlicher Streithahn wie Nabokov) versuchte wieder einmal, den Freund bei der Unkenntnis russischer Wörter zu ertappen, und Nabokov erklärte Wilson immer von neuem, daß dessen Vorstellung von dem vorrevolutionären Rußland als einem byzantinischen Imperium dem alten Buch von de Vogüé oder den bolschewistischen Broschüren aus Wilsons radikaler Jugend entnommen sei. In den Briefen teilte Nabokov Wilson seine neuen Erfolge mit: Jason Epstein vom Verlag Doubleday hatte ihn mit einer Lektorin vom Heineman's Verlag besucht, und so weiter. Dann erinnerte er sich plötzlich, daß ihn kein anderer als Wilson mit Doubleday und anderen zusammengebracht hatte, und er dankte ihm.

Schließlich besuchte Wilson doch seinen alten Freund und schrieb natürlich kurz darauf über diesen Besuch (wäre er sonst Schriftsteller?). Wilson erzählt in seinem Buch, daß er, von der Gicht verkrümmt, sich zum Essen an einen extra Tisch setzte und daß Vera damit unzufrieden war, weil es sie von ihrem Mann ablenkte, daß er und Nabokov heimlich Bücher freizügigen Inhalts tauschten und daß Vera, als sie hörte, wie sie sich über diese Bücher unterhielten, erklärte, daß sie wie Schuljungen kicherten, und Wilson aufforderte, die schlüpfrige »Geschichte der O« wieder mitzunehmen. Weiter schrieb Wilson in seinem Tagebuch, dessen Veröffentlichung nicht zur Verbesserung ihrer ohnehin komplizierten Beziehungen beitrug:

»Ich sehe sie immer gern, aber ich bin doch bedrückt wieder abgefahren. In seinen Werken ist mir die Schadenfreude zuwider. Alle müssen gedemütigt werden. Er selbst hat nach seiner Ausreise aus Rußland und dem Tod des Vaters viele Demütigungen erfahren, und er hat sie besonders hart empfunden, denn in ihm steckt immer noch etwas von dem hochmütigen Jüngling aus reicher Familie … Und nun sind seine handelnden Personen in seiner Gewalt, und er unterwirft sie Prüfungen, bei denen er sich mit ihnen identifiziert.

Dennoch ist vieles an ihm bewundernswert – sein starker Charakter und seine unglaubliche Arbeitsfähigkeit, seine uneingeschränkte Ergebenheit seiner Familie gegenüber und eine strenge Ergebenheit seiner Kunst gegenüber, das hat er mit Joyce gemein, dem einzigen Schriftsteller, für den er sich wirklich begeistert. Unbilden, Greuel, Belastungen, wie er sie im Exil erleben mußte, haben viele Menschen gebrochen, aber seine Standhaftigkeit und sein Talent halfen ihm, das alles zu überwinden.«

Das war wohl Wilsons letzter Besuch bei Nabokov. Sie fanden immer schwerer eine gemeinsame Sprache. Wilson gefiel weder die »Onegin«-Übersetzung noch »Lolita«. Vielleicht war er doch ein bißchen neidisch auf den unverhofften Erfolg von »Lolita«, deren Ruhm lawinenartig wuchs. Die Angriffe John Gordons, das Aufsehen in Paris – dies alles nutzte dem Buch. Natürlich nicht dem Buch selbst, sondern seinem Verkaufserfolg. Der Absatz der amerikanischen Ausgabe (bei Putnam's Sons) übertraf alle Erwartungen. In Cornell drängten sich vor Weihnachten Studenten vor der Tür Nabokovs und baten ihn, ihnen Exemplare von »Lolita« zu signieren, die sie zu Weihnachten verschenken wollten.

»›Lolita‹ hat einen unwahrscheinlichen Erfolg«, schrieb Nabokov seiner Schwester in Genf, »aber das hätte vor dreißig Jahren passieren müssen. Ich denke, ich brauche nicht länger zu unterrichten, doch es wird mir schwerfallen, mein idyllisches Cornell zu verlassen. Ich habe noch nichts entschieden, aber jetzt hindert uns nichts mehr, Europa auf amerikanisch zu besuchen. «

»Lolita« erschien nun auch in Dänemark und Schweden. Nabokov brauchte sich weder um den nächsten noch um den übernächsten Tag Sorgen zu machen. Bei dem Gedanken, bald die ermüdende Lehrtätigkeit aufzugeben, wurde er trotzdem ganz traurig. Später erinnerte er sich in einem Interview: »Ich war gerne Dozent, die Universität Cornell sagte mir sehr zu, es machte mir Freude, meine Vorlesungen über russische Schriftsteller und große europäische Bücher zu erarbeiten und zu halten. Aber wenn man sechzig wird, beginnt man, besonders im Winter, den körperlichen Akt des Unterrichtens beschwerlich zu finden: daß man jeden zweiten Morgen zu einer festen Zeit aufstehen muß, den Kampf mit dem Schnee in der Garagenausfahrt, den Marsch durch die langen Gänge zum Hörsaal, die Anstrengung, eine Karte von James Joyces Dublin oder die Einteilung des Semi-Schlafwagens im Expreßzug von St. Petersburg nach Moskau in den frühen siebziger Jahren des 19. Jahrhunderts an die Tafel zeichnen ... Aus irgendeinem Grund betreffen meine lebhaftesten Erinnerungen Prüfungen ... Etwa einhundertfünfzig Studenten – ungewaschene, unrasierte Männer und einigermaßen gepflegte junge Frauen. Ein allgemeines Gefühl von Öde und Unglück. Halb neun. Leise Huster, nervöses Räuspern, raschelnde Seiten. Einige der Märtyrer in Nachdenken versunken, die Arme hinter dem Kopf verschränkt. Mir begegnet ein auf mich gerichteter stumpfer Blick, der in mir mit Hoffnung und Haß den Quell verbotenen Wissens sieht. Ein Mädchen mit Brille kommt zu meinem Pult vor und fragt: ›Herr Professor Kafka, wollen Sie, daß wir sagen, daß ... Oder wollen Sie, daß wir nur den ersten Teil der Frage beantworten?‹ Die große C-minus Bruderschaft, das Rückgrat der Nation, kritzelt unbeirrt weiter. Ein simultanes Geraschel, wenn die Mehrheit eine Seite in ihren Prüfungsheften umblättert, gute Teamarbeit ... Wenn ich auf mich gerichtete Blicke treffe, sind sie fortan in frommer Meditation zur Decke erhoben. Fenster beschlagen. Jungs pellen sich aus Pullovern. Mädchen kauen in raschem Takt Kaugummi. Noch zehn Minuten, fünf, drei ... Schluß jetzt ...«

Nabokovs Sohn Dmitri hatte einen kräftigen Baß und wollte Gesang studieren. Zur Zeit leistete er seinen Armeedienst und kam hin und wieder nach Hause.

Zu Weihnachten brachte Dmitri dem Vater ein unschätzbares Geschenk mit – den Anfang seiner Übersetzung des Romans »Einladung zur Enthauptung« ins Englische. Die Übersetzung gefiel Nabokov, und der Sohn wurde von nun an sein Lieblingsübersetzer, ein sehr behutsamer Übersetzer, der sich keine Freiheiten herausnahm, der die neue Vorliebe seines Vaters für die »wörtliche Übersetzung« teilte und alle Forderungen des Vaters kannte.

Im Februar 1959 machte sich Nabokov Notizen über Raum und Zeit, über die wesentlichen Geheimnisse des Lebens und des Weltalls. Ein neues »Pulsieren« war in seinem Hirn. Diese Bergsonschen Überlegungen (für Nabokov ebenso charakteristisch wie für seinen geliebten Proust) führten einige Jahre später zu dem großen (wahrscheinlich Nabokovs größtem) Roman »Ada«.

Im Frühjahr unternahmen die Nabokovs ihre letzte ausgedehnte Reise durch das riesige und wunderschöne Land, das ihnen vor zwanzig Jahren Zuflucht und später auch Staatsbürgerschaft gewährt hatte. Im Mai erreichten sie Arizona und mieteten ein gemütliches Häuschen in dem Oak Creek Canyon.

Nabokov redigierte hier Dmitris Übersetzung von »Einladung zur Enthauptung« und schrieb das Vorwort zu »Lolita«.

Im Juli schlug der bekannte Regisseur Kubrick Nabokov vor, nach Hollywood zu kommen und das Drehbuch für »Lolita« zu schreiben. Für die Filmrechte war dem Autor schon ein recht anständiger Betrag gezahlt worden. Die Summe, die das Studio für das Drehbuch anbot, übertraf alle bisherigen Honorare Nabokovs zusammengenommen. Aber die Arbeit hatte auch ihre »Spezifik«. Das Kino stand unter der besonderen Aufsicht der Moralhüter, und Kubrick schlug vor, dem Film ein Happy End zu geben. Zum Beispiel: Humbert heiratet Lolita, und die ganze Familie segnet freudig ihre Ehe …

Aus dem schwülen Los Angeles fuhr Nabokov wieder in die Berge, in der Hoffnung auf Film-Inspiration, aber auch dort fiel ihm nichts Gescheites ein. Anfang September kehrten die Nabokovs nach New York zurück, und Nabokov beschloß endlich, in Cornell seine Kündigung einzureichen. Dmitri studierte jetzt in New York, und das Ehepaar Nabokov rüstete zu einer Schiffsreise nach Europa. In Cornell hatte »Lolita« überhaupt kein Erschrecken ausgelöst: Der Literaturprofessor hatte ein originelles Buch geschrieben, na und, wir überlassen es den Heuchlern und Spießern, ihre Entrüstung privat zu äußern. Nabokov erhielt das Angebot, in Cornell eine öffentliche Vorlesung zu halten, die er »Die Schriftsteller, die Leser und die Zensur in Rußland« betitelte. Sie enthielt wenig Neues für die, die Nabokovs Ansichten kannten, dafür aber eine Menge beeindruckender Zitate von unterschiedlichen Denkern des Jahrhunderts (von Alfred Rosenberg bis Lenin und Chrustschow) zu dem Thema: die untergeordnete Rolle der Literatur in einer ideologisierten Gesellschaft.

Nach all den europäischen Skandalen, die »Lolita« in Verlagen, Zeitungen und Parlamenten ausgelöst hatte, stand das Buch auf dem ersten Platz der amerikanischen Bestsellerliste (dicht gefolgt von Pasternaks Roman, dessen Ruhm ebenfalls von einem Skandal begleitet war). Natürlich ergoß sich ein Strom von Rezensionen über Nabokov, die Zeitungen baten ihn um Interviews. Jetzt wagten schon etliche Leute Äußerungen, zu denen sich bislang nur Allen Tate durchgerungen hatte – »ein genialer Schriftsteller«, »ein großes Buch«. Selbst von seiten der professoralen Moralisten waren keine lauten Vorwürfe zu hören. Eine Zeitschrift amerikanischer Katholiken verkündete, dieser brillante Roman eröffne eine neue Tradition in der amerikanischen Literatur. Dafür weckte der Roman die aufrichtige Empörung Adolf Eichmanns, der in einem Jerusalemer Gefängnis auf seinen Prozeß wartete.

Wie nicht anders zu erwarten, tat sich die russische Emigrantenkritik (dann auch die sowjetische) schwer, den Roman zu akzeptieren: Er schockierte sie. Eine russische Zeitung in Amerika druckte ein kleines Gedicht, das »Lolita« parodierte. Andere russische Reaktionen waren weniger leichtfertig, aber genauso konfus. Sinaida Schachowskaja schrieb zum Beispiel, das sei »schwarze Literatur, deren wahrer unheilvoller Sinn verborgen bleibt«. Sie stellte Nabokov und Pasternak einander gegenüber.

Die russischen Kritiker fanden »Lolita« »unrussisch«, und nur Nina Berberova erklärte in jenen Tagen in »Nowy shurnal«, daß »Lolita« ein ebenso europäischer wie amerikanischer und russischer Roman sei für denjenigen, der Rußland trotz allem noch für einen Teil Europas halte, für einen unabdingbaren und wesentlichen Teil.

Schon zu der Zeit, als die skandinavischen Ausgaben von

»Lolita« erschienen, sagte Nabokov zu Albert Parry: »Sehen Sie, mein Aufstieg beginnt.« Natürlich war das ein Aufstieg, ein Aufstieg zu Ruhm und materiellem Wohlstand. Die Veröffentlichungen von »Lolita« brachten nach Fields Mitteilung ungefähr eine viertel Million Dollar ein und die Verbindungen zu Hollywood etwa zweihunderttausend. Es war klar, daß von nun an jede Zeile von Nabokov gedruckt werden würde und daß er sich keine materiellen Sorgen mehr zu machen brauchte.

Elena Nabokova-Sikorskaja erhielt Anfang September ein Telegramm: »Laufen mit der ›Liberty‹ 29. September aus, bleiben einige Tage in Paris und sind 12. Oktober in Genf. Ende Oktober müssen wir nach England, wo ich eine Vorlesung in Cambridge halte. ›Lolita‹ erscheint um den 10. November in England. Wenn ich dort nicht eingesperrt werde, fahre ich mit Vera Mitte November nach Mailand, wo wir das Studium des Sängers Dmitri regeln wollen ... Damit das Oktobergeld noch zurechtkommt, lege ich einen Scheck über 50 bei.«

Der letzte Satz zeigt, daß die langen Tage europäischer Armut und amerikanischer Sparsamkeit nicht spurlos vorübergegangen waren. Beim russischen Literaturfonds in Amerika spielten sich nach Aussage von Sinaida Schachowskaja, die sich auf Sedych beruft, häßliche Szenen ab. Äußerst zurückhaltend reagierte Nabokov auch auf andere Aufrufe zur finanziellen Unterstützung (man kann sich vorstellen, daß es davon jetzt viele gab). Nach Fields Mitteilung war eine von denen, die eine äußerst bescheidene Zuwendung erhielten, Irina Guadanini, die in Armut dahinsiechte.

Die Nabokovs bereiteten sich also darauf vor, nach neunzehn Jahren Europa wiederzusehen. Nabokov gab alle wichtigen Papiere in Ithaca zur Aufbewahrung, die Reise konnte losgehen. Wohl während der Überfahrt formte sich endgültig Nabokovs Idee zu dem neuen Roman, in dem es um ein eingebildetes Königreich am Meer, um das Exil und das künstlerische Schaffen ging.

Wahrscheinlich dachte er auch über sein eigenes Leben nach. Er war gerade sechzig geworden. Sein Leben bestand bislang aus drei fast gleichen Teilen zu je zwanzig Jahren, einem russischen, einem europäischen und einem amerikanischen. Er verglich sie mit drei Windungen einer Spirale.

»Die Spirale ist ein vergeistigter Kreis ... Die kleine Kurve, mit der die Spirale in der Mitte beginnt, wäre die ›These‹; die ›Antithese‹ der größere Bogen, der dem ersten gegenüberliegt und ihn fortsetzt; und die ›Synthese‹ dann der noch weitere Bogen, der den zweiten fortsetzt, indem er sich außen um den ersten legt ... Eine farbige Spirale in einer kleinen Glaskugel, so sehe ich mein eigenes Leben«, schrieb er. Die These waren seine zwanzig Jahre in Rußland (1899–1919). Die Antithese war die Zeit der Emigration (1919–1940). Die amerikanische Periode bildete die Synthese. Wieviel Zeit blieb ihm noch?

***

Der große Pariser Verlag Gallimard gab einen Empfang. In den Zimmern drängten sich Verleger, Zeitungs- und Rundfunkjournalisten, Literaten, Kritiker. Im Mittelpunkt der Aufmerksamkeit stand an jenem Tag ein großer, recht beleibter amerikanischer Schriftsteller russischer Abstammung – Vladimir Nabokov, Autor der skandalumwitterten »Lolita«. Viele hier erinnerten sich noch an ihn, als er mager, ungestüm, besessen und arm gewesen war. Manche von ihnen hatte er eingeladen, andere waren von sich aus gekommen. Seine Freunde und Bekannten hatten sich sehr verändert, aber auch er war kaum wiederzuerkennen.

Unter den Gästen bei Gallimard war auch seine alte Berliner Bekannte Shenja Cannac. Sie erinnerte sich: »Menschenmassen, französische Schriftsteller, Russen, viele Ausländer. Beide Nabokovs waren sehr elegant und benahmen sich sehr würdevoll.«

Doch die plastischste Beschreibung dieser Begegnung finden wir natürlich bei der ehemaligen Freundin Nabokovs, Sinaida Schachowskaja, die von Nabokov nicht eingeladen worden war. Vielleicht waren Vera Evseevna die Zwistigkeiten vor dem Krieg wieder eingefallen. Und ganz sicher hatte das Ehepaar den unlängst erschienenen Artikel Schachowskajas über Nabokov noch in Erinnerung, in dem sie ihm nicht nur Amoralität vorwarf, sondern nach zwanzig Jahren den Vorwurf des Unrussischen wieder aufleben ließ. Sinaida Schachowskaja war als Journalistin zu dem Empfang gekommen und wartete mit den anderen Journalisten in einem Redaktionszimmer. Sie erzählt:

»In der Enge und Hitze warteten wir, bis er zu uns kam. Er trat ein, und alle drängten zu ihm. Wir waren mit den Jahren natürlich beide nicht schöner geworden, aber mich verblüffte, als ich ihn von nahem sah, was für eine innere, nicht nur physische, Veränderung mit ihm vorgegangen war. V. war aufgeschwemmt, in der bitteren Falte um den Mund lag ein Ausdruck nicht so sehr des Hochmuts als des Ekels, ich stellte in seinem Gesicht, das ich als lebendig und beweglich in Erinnerung hatte, eine gewisse Erstarrung fest. Dann stand ich vor ihm, ich empfand Freude über die Begegnung und, gegen alle Logik, auch etwas wie Mitleid, ich wollte ihn umarmen, doch als er mich sah, verschloß er sich. Mir kaum die Hand drükkend und mich absichtlich nicht erkennend, sagte er: ›Bonjour, Madame.‹

Ich hatte alles mögliche erwartet, aber das sah ihm überhaupt nicht ähnlich. Hätte er zu mir gesagt: ›Na, meine Liebe, da hast du ja dummes Zeug über mich geschrieben‹, oder ›dein Artikel ist idiotisch‹, hätte ich das für normal gehalten … Aber eine solche Ungezogenheit von einem Menschen, den ich als wohlerzogen kannte, zeigte mir eine neue und unannehmbare Seite seines Charakters … An jenem Tag verlor ich einen Freund …«

Und man muß hinzufügen, daß sich die Nabokovs an diesem Tag eine Feindin machten, die als erste Russin über Nabokovs Leben schrieb – keine sehr glückliche Verbindung …

Von Paris fuhr Nabokov nach London und hielt eine Vorlesung im guten alten Cambridge, das ihm nach den amerikanischen Universitäten provinziell vorkam. In Genf sah er seine Schwester Elena und seinen Neffen, reiste weiter nach Mailand, wo Dmitri jetzt Operngesang studierte, fuhr nach Rom und machte einen Abstecher nach Sizilien.

Auf der Suche nach einem »Winkel« zum Arbeiten fuhr das

Ehepaar die gesamte ligurische Küste Italiens entlang, überquerte die Grenze und blieb in Menton. Von den literarischen Eindrücken und Bekanntschaften dieser Europareise hob Nabokov die Bekanntschaft mit Alain Robbe-Grillet hervor. »Der beste französische Schriftsteller ist Robbe-Grillet, den wir in Paris kennenlernten«, schrieb Nabokov an Wilson. »Er wird, völlig unverständlicherweise, von vielen französischen Kritikern mit allen möglichen Butors und Sarrautes in einen Topf geworfen ...«

Im Februar 1960 kehrten die Nabokovs nach Amerika zurück und fuhren nach einigen Tagen, die sie in New York verbrachten, nach Los Angeles, wo Nabokov das Drehbuch für Kubrick schreiben sollte. Sie wohnten in einem malerischen blühenden Canyon, wo es viele Schmetterlinge gab; es ist jedoch zweifelhaft, ob die mehrmonatige Arbeit an dem Drehbuch so angenehm war. Er mußte sich neue Dialoge ausdenken, die er dann wieder verwarf, den Text immer wieder kürzen oder erweitern, ohne von dem Regisseur und Produzenten genau zu erfahren, was sie eigentlich wollten. Nabokov äußerte sich später loyal über diesen Film, der so wenig mit seinem Roman gemein hatte. Andrew Field sagt, daß Kubrick dem Schriftsteller das Ehrenwort abgenommen hatte, über den Film nicht zu sehr zu schimpfen.

Dann reisten die Nabokovs wieder nach Europa. Es war November 1960. In Cherbourg gingen sie an Land, fuhren über Paris nach Mailand zu Dmitri und ließen sich dann in Nizza nieder, auf der berühmten Promenade des Anglais. Nabokov ging am Meer spazieren und schrieb das Poem für John Shade, den Helden des Romans »Fahles Feuer«. Es ist wohl das längste Gedicht Nabokovs.

Siebentes Kapitel

Am letzten Ufer
Hotel aus der Kindheit

Im Herbst 1961 wohnten die Nabokovs zum erstenmal in dem altmodischen Luxushotel Montreux Palace am Genfer See. Sowohl in dem kleinen Kurort Montreux wie auch am ganzen Ufer entlang bis Genf hatten in den letzten anderthalb Jahrhunderten zahlreiche Russen gelebt. Gogol war hier am Ufer spazieren gegangen und hatte über die »Toten Seelen« nachgedacht, Tolstoi war hier gewesen, und Dostojewski war auf dem Weg ins Spielkasino des öfteren hier vorbeigefahren. Tjutschew, Wjasemski und Tschechow waren hierhergekommen; Shukowski hatte an diesen Stätten der dreizehnjährigen Lieschen Reutern beim Spielen zugeschaut, noch ohne etwas von seinem Schicksal zu ahnen. Was die verbannten und geflohenen Revolutionäre angeht (hauptsächlich Bolschewiken, Menschewiken und Sozialrevolutionäre), so hätte man hier aus ihnen eine Regierung bilden können, wie Field scharfsinnig bemerkte. Hier hatten seinerzeit Rousseau, Byron und Romain Rolland gelebt, und auf dem Friedhof in Montreux war Praskowja Nabokowa, Witwe des Cousins des Justizministers D.N. Nabokow, beigesetzt (eines der prächtigsten und zugleich verwahrlostesten Grabdenkmäler). So fühlte sich der russisch-amerikanische Schriftsteller hier nicht ganz fremd.

Das Hotel hatte den Nabokovs als erster der Dirigent Igor Markewitsch empfohlen. Peter Ustinov hatte es ebenfalls gelobt, und für die Nabokovs lag der Ort günstig: bis Mailand, wo Dmitri studierte, war es nicht weit; und auch die europäischen Verleger, mit denen Nabokov zunehmend zu tun hatte, wohnten in erreichbarer Nähe; amerikanische Verleger kamen während ihrer Europareisen ebenfalls vorbei. Und in

Genf wohnte die Schwester Elena. Außerdem war es genau die richtige Atmosphäre für sein neues Buch.

Die Schweiz wurde keineswegs zufällig Nabokovs neuer Wohnsitz. Als er bald nach der Emigration von Cambridge aus in den Ferien hierhergefahren war, hatte ihn der ganz und gar russische Geruch des dichten Tannenwaldes überwältigt, hinter dem man ein Blockhaus oder eine weiße russische Kirche vermutete. Und natürlich hatte er dieses altmodische Hotel nicht zufällig gewählt, das an das Europa vor dem Krieg (dem ersten Weltkrieg) erinnerte. Es schien denselben Erinnerungen entstiegen zu sein wie die braunen Expreßzüge aus der Zeit des sorglosen Luxus (noch vor der Katastrophe von 1917), aus der Zeit seiner russischen und ausländischen Kindheit. Die Umrisse des ehemaligen Paradieses ließen sich in der Stille der teppichbedeckten Räume, im Widerschein der Sonne auf der weißen Tischdecke des Restaurants erahnen.

In einem Hotel zu wohnen, wenn man sich ein eigenes Haus, ja, zwei, drei Häuser kaufen könnte, mag auf den ersten Blick unsinnig scheinen. Aber ein Haus erfordert ständige Mühe, es will instandgehalten, repariert, gepflegt, geheizt und bewacht sein, Personal muß gesucht werden – alles Belastungen, die er sich nicht mehr aufladen wollte. Im Hotel dagegen ist alles zur Hand – Personal, Restaurant, Telephon, Parkplatz, Transportmittel und auch Gäste (zumindest solche, die sich das Hotel leisten können).

Diese letzte Periode seines Lebens (immerhin noch ganze achtzehn Jahre!) war an äußeren Ereignissen ärmer als das Leben in Amerika. Hauptort dieser Lebensperiode wird Nabokovs Arbeitszimmer in der fünften Etage des Hotels (dort waren keine gewöhnlichen Zimmer, sondern Appartements) sein, außerdem ein kleiner Park beim Hotel, eine Straße (meist ein und dieselbe) und der Flecken Alp, wohin Nabokov fuhr, um Schmetterlinge zu jagen.

Alfred Appel, der des öfteren in Montreux war, beschreibt voller Ehrfurcht Nabokovs Arbeitszimmer, das wir von vielen Fotos kennen: ein Schreibpult (eine Art Predigerpult oder Katheder), an dem er stehend schrieb; ein Tisch, an dem er sitzend arbeitete; eine Couch, auf der er liegend schrieb;

Schmetterlinge unter Glas und eine Ansichtskarte mit einer Reproduktion der »Mariä Verkündigung« von Fra Beato Angelico, wo der Erzengel Gabriel regenbogenfarbene Flügel hat wie ein tropischer Vogel oder Schmetterling; und ein kleines nachgedunkeltes Familienfoto, noch vor dem ersten Weltkrieg aufgenommen. Und da ist er, »müht sich« nach den Worten seines Schülers Appel »mit jedem Satz, kritzelt sorgsam auf seine berühmten drei mal fünf Zoll großen Bristol-Kärtchen, als wäre er ein Miniaturmaler des Mittelalters oder der Renaissance, kein Wandmaler des 19. Jahrhunderts«. Etliche Autoren beschreiben auch das stets präsente Wörterbuch, das wie ein treuer Hund zu seinen Füßen schlummerte, immer griffbereit (es ist auch auf Fotos zu sehen).

In den ersten Jahren unternahmen die Nabokovs noch Reisen – sie fuhren ins benachbarte Italien zu Dmitris Operndebüt und zu seinen Konzerten, besuchten italienische Museen, und 1962 fuhren sie sogar zur Premiere von »Lolita« nach Amerika. Gleich am ersten Tag suchten Journalisten Nabokov in seinem Hotel in New York auf und interviewten ihn. Einer der Journalisten fragte, ob die unaufhörlichen »äh-äh« und »bäh-äh« bei seinen Antworten nicht ein Anzeichen des anrückenden Alters seien. »Überhaupt nicht«, erwiderte Nabokov. »Ich war schon immer ein entsetzlicher Redner. Meine Wörter hausen irgendwo tief im Bewußtsein, und um eine physische Existenz anzunehmen, benötigen sie ein Blatt Papier. Hinreißende Rednerkunst war für mich immer ein Wunder. Ich habe jedes Wort umgeschrieben, mitunter mehrmals, ehe es gedruckt wurde. Mein Bleistift lebt länger als mein Radiergummi.« Nabokov bekannte, daß er auch bei seinen Vorlesungen in Wellesley oder in Cornell die ganze Zeit mit den Augen am Text klebte. Nach den Möglichkeiten der Literaturentwicklung in Rußland befragt, antwortete er: »Im Glanz eines milden Regimes gibt es genauso selten einen großen Künstler wie in den weniger günstigen Epochen widerlicher Diktaturen. Darum kann ich nichts voraussehen, obwohl ich natürlich hoffe, daß unter dem Einfluß des Westens und besonders Amerikas der sowjetische Polizeistaat allmählich abstirbt. Übrigens ärgert es mich, wenn dumme und unehrliche Menschen in lächerlichster Weise Stalin mit McCarthy gleichsetzen, Auschwitz mit der Atombombe und den gnadenlosen Imperialismus der UdSSR mit der uneigennützigen Hilfe, die die USA notleidenden Völkern erweist ...«

Einige der späteren Interviews Nabokovs (nach 1962), wurden als Einzelband herausgegeben. Er enthält viele Paradoxe, »schroffe Meinungen«, halbe Bekenntnisse, Winkelzüge und »illusorische Lösungen«. Wer aus diesen Interviews etwas über das »wahre Leben« des Schriftstellers erfahren will, darf nicht vergessen, daß Nabokov des öfteren selbst auf »den falschen Faden der Pseudo-Ariadne« und den Reiz des Betrugs in der Kunst hingewiesen hat. Und natürlich foppte er schlitzohrig die Reporter, wenn er, ganz auf amerikanische Art, im Alter sein eigenes Image schuf. Das war um so leichter, als er im voraus die Fragen auswählte, die er beantworten wollte, und die Antworten im voraus aufschrieb, um sie dann vorzulesen. Zu dieser Zeit schrieben über ihn nicht nur Journalisten, sondern auch Literaturwissenschaftler, Aspiranten, Studenten. Über ihn erschien eine Monographie nach der anderen (die erste war von dem jungen Amerikaner Page Stegner) – in Heidelberg, Bonn, Helsinki, Zürich, vor allem aber in der Heimat der Nabokov-Forschung, in Amerika. Irgendwelche »Paradoxe (oder Rätsel) bei Nabokov ...« werden bei den amerikanischen Aspiranten zu genauso populären Themen wie »Die Gestalt des Volksverteidigers in dem Poem ›Wer lebt glücklich in Rußland?‹« oder »Die Kommunisten im Roman Scholochows« bei den sowjetischen Schülern.

Nabokov schreibt in diesen Jahren Vorworte zu den englischen Übersetzungen seiner russischen Romane, und manchmal arbeitet er an diesen Übersetzungen zusammen mit seinem Lieblingsübersetzer, seinem Sohn Dmitri. Nabokovs Randbemerkungen zu Dmitris Übersetzungen atmen weniger seine sonst übliche Nörgelsucht und Pedanterie als vielmehr unendliche väterliche Zärtlichkeit. Nabokov wurde nicht müde, über die zahlreichen Talente seines Sohnes zu staunen – Opernbühne, Autorennen, Bergsteigen und – Übersetzen.

»Dmitri hat mich vom Hotel in Montreux zum Bahnhof

gefahren«, erzählte mir in Paris Nabokovs Anwalt L.A. Schirman, »er ist so gerast, daß es zum Fürchten war ... Er ist sehr begabt, allzu begabt.«

Womit die Lektüre beginnen?

In den ersten Jahren seines Lebens in Montreux arbeitete Nabokov an der Vollendung des Romans, den er schon in den Vereinigten Staaten begonnen hatte. Es ist ein Roman von einmaliger Komposition: Er besteht aus einem Vorwort zu einem Gedicht, dem Gedicht selbst, Kommentaren zu dem Gedicht und einem Namenregister. Alles zusammen ergibt ein erstaunliches Werk der amerikanischen Literatur – einen Roman, der noch dazu einen »kriminalistischen« Köder hat – »Fahles Feuer«. Was die einzigartige Komposition des Romans betrifft, so kann man nach Parkers Meinung die gigantische Arbeit an »Eugen Onegin« als Vorläufer betrachten: »Dort gibt es auch ein Vorwort zu dem Roman in Versen, die Übersetzung dieses Romans, dann ausführlichste Kommentare Nabokovs, die drei Viertel des Buches ausmachen und beinahe das Interessanteste sind. Diese Form hat sich jetzt in parodistischer Weise und auf einem neuen, weitaus komplizierteren Niveau wiederholt.«

Über diesen Roman haben viele geschrieben, und seine Rätsel gaben einer ganzen Armee von Nabokov-Forschern Nahrung für Neugier und Gelehrsamkeit. »›Fahles Feuer‹«, schrieb Mary McCarthy, »ist eine Schatulle mit Überraschungen, ein Juweliererzeugnis von Fabergé, ein mechanisches Spielzeug, eine Schachaufgabe, eine Höllenmaschine, eine Falle für Kritiker, ein Katz- und- Maus-Spiel und ein Sortiment für Bastelfreunde ... Seine äußere Merkwürdigkeit kann nicht die Tatsache verdecken, daß es ein großes Kunstwerk unseres Jahrhunderts ist, ein moderner Roman, von dem alle dachten, er wäre gestorben, aber er hat sich nur totgestellt ... es ist ein Werk von vollkommener Schönheit, Symmetrie, Eigenartigkeit, Originalität und moralischer Wahrheit.«

Mary McCarthy erklärte als eine der ersten, daß sich der Roman auf verschiedenen Ebenen erschließt, wobei er nicht auf dem »Gedankenniveau« liegt, das die moderne Kritik gewohnt ist. Er ist im fiktiven Raum in der Art jener Gefäße des Gedächtnisses gebaut, die auf mittelalterlichen Zeichnungen dargestellt wurden, mit Abteilungen für Zahlen und für Wörter, oder jener Behälter, wie Astrologen sie entwarfen.

Mary McCarthy schlägt vor, die Erforschung dieses Gebäudes im Erdgeschoß zu beginnen. Im Zentrum des Werks steht das Gedicht »Fahles Feuer«, geschrieben von dem amerikanischen Dichter John Shade. Er ist einundsechzig, unterrichtet an einem amerikanischen College und lebt unweit des College mit seiner Frau Sybil im Haus seines Vaters. Ihre gemeinsame Tochter Hazel beging als Halbwüchsige Selbstmord, sie ertränkte sich im nahegelegenen See. Shade hält an der Universität Vorlesungen über Alexander Pope, und sein eigenes Gedicht ist von Popes Versmaß inspiriert, obwohl es vom Inhalt, meint Mary McCarthy, eher an die Balladen von Wordsworth erinnert. Als in Shades Nachbarschaft der Richter und Professor Goldsworth für ein Jahr in Urlaub fährt, zieht Professor Charles Kinbote dort ein, ein sehr einsamer, homosexueller, erfolgloser Mann, der die Kommentare zu Shades Gedicht schreiben wird. Er stammt aus Zembla, einem Land nördlich von Rußland. Von Shades Genie begeistert, besucht er den Dichter so oft wie möglich und erzählt ihm ausführlich die Geschichte von Zembla und dessen Monarchen. In der Universität wird Kinbote verächtlich behandelt, und nur der humane Shade hat Mitleid mit ihm. Dann wird Shade versehentlich von einem gewissen Jack Grey getötet, und Kinbote bemächtigt sich des Manuskripts, das Shade am Tag seines Todes fertiggestellt hat, und fährt damit weg, um die Kommentare zu schreiben und das Werk zur Veröffentlichung vorzubereiten.

Was sich uns in den Kommentaren Kinbotes erschließt, ist gleichsam eine neue Etage dieses komplizierten Romangebäudes. Der Kommentator versucht dem Leser zu beweisen, daß Shades Gedicht in Wirklichkeit von seinen, Kinbotes, Erzählungen über den König von Zembla, »Karl den Beliebten«, über die Revolution in Zembla und die Flucht des Königs inspiriert sei, so daß eigentlich das ganze Gedicht Ereignissen in Zembla gewidmet sei. Allmählich kommt uns der Verdacht, daß dieser Professor Kinbote der nach Amerika geflohene König Karl der Beliebte ist. Die Geheimpolizei des revolutionären Zembla ist hinter ihm her und dingt den Anarchisten Jakob Gradus, um den ehemaligen Monarchen zu töten. Schritt für Schritt, Tag für Tag (in dem Maße, wie Shade mit seinem großen Gedicht vorankommt) nähert sich Gradus der Universität und schießt schließlich auf den König, wobei er versehentlich den Dichter tötet. So stellt sich dem Kommentator Kinbote das Geschehen dar, aber der aufmerksame Leser verliert das Vertrauen zu seiner Erzählung und beginnt zu argwöhnen, daß dieser Kinbote ein Verrückter ist. Später entdeckt der Leser, daß Kinbote in Wirklichkeit der Russisch-Professor Botkin ist, der an Verfolgungswahn leidet, einer Krankheit, die bei Emigranten nicht selten vorkommt, obwohl ein gewisses Land hinter dem »eisernen Vorhang« tatsächlich existiert, so daß die Kriminalgeschichte, die sich Botkin ausgedacht und in die er den Leser hineingezogen hat, ihre Berechtigung hat. Alles läßt sich mit dem Wahnsinn Botkins erklären, denn uns ist schon mehr oder weniger klar, daß Jack Grey, der aus der Gefängnispsychiatrie entflohen ist, um den Richter zu töten, der ihn in die Irrenanstalt gebracht hat, aus Versehen den Dichter tötete, der dem Richter ähnlich sah. Die Entdeckung jeder neuen Ebene im Roman zieht die nächste Entdeckung nach sich, und dieser Roman Nabokovs wiederholt mehr als seine anderen Romane die endlose Reflexion eines Gegenstands in zwei Spiegeln, außerdem die russische Matrjoschka, aus deren Bauch immer neue Überraschungen zum Vorschein kommen.

Mary McCarthy, die als erste die Quelle des Nabokovschen Zembla in dem Essay »Ein Versuch über den Menschen« von Pope ausfindig gemacht hat, führt einen Auszug aus dem Essay an, in dem Pope von einem Land im äußersten Norden spricht, von dem jedes Volk sagt, daß es dort noch schlimmer und das Laster noch entsetzlicher sei, irgendwo dort in Zembla, das heißt, nicht bei uns, sondern vor unserer Tür. Shade hatte den Nachbarn Botkin vor seiner Tür, und Botkin den Nachbarn Shade (eines von Shades Lastern war seine Vorliebe für Whisky, bei Botkin waren es »die kleinen Jungen fürs Ping-Pong«). Doch auch Shade selbst ist nur eine Spiegelung im Fensterglas.

Noch schwerer wird es für den Leser, wenn er die reziproke Übereinstimmung einiger Teile des Gedichts und der Kommentare entdeckt. Man kommt ganz natürlich auf die Idee, daß ein und derselbe Mensch Gedicht und Kommentare geschrieben hat. Aber wer von beiden? War Shade der Schöpfer Kinbotes, oder hat Kinbote-Botkin alles verfaßt? Und hier gehen die Meinungen auch der erfahrensten Leser auseinander. Für Boyd steht fest, daß Shade, der Prosa wie Lyrik vollendet beherrschte, die Geschichte Kinbotes verfaßt hat. So wie sich Shade zu Beginn seines Gedichts im Fensterglas reflektiert sieht, reflektiert Kinbote Shade, aber in dieser Reflexion ist wie im Spiegel alles seitenverkehrt.

Mit dem unlösbaren Geheimnis des Todes kämpfend (der Tod der Tochter war für Shade ein nicht vergehender Kummer) und in dem Wunsch, sein Rätsel zu verstehen, strebte der Dichter danach, in eine fremde Seele einzudringen (war damit nicht auch der Erzähler in dem Roman »Das wahre Leben des Sebastian Knight« beschäftigt?), in eine Seele, die seiner eigenen möglichst unähnlich sein sollte. Und Kinbote ist das genaue Gegenteil von Shade.

An Kinbote faszinierte Shade nicht nur der vieles erhellende Anflug von Wahnsinn (wie Sie wissen, wurde Nabokov nie müde, für seine Prosa die unterschiedlichsten Verrückten zu finden, womit er die russische Kritik sehr verwirrte), sondern auch seine ausweglose Einsamkeit. Es war ja eines von Shades Zielen, die unfaßbare tragische Einsamkeit seiner armen Tochter zu verstehen, die freiwillig aus dem Leben gegangen war. Shade selbst hatte dank der idealen Ehe mit Sybil eine Möglichkeit gefunden, der Einsamkeit zu entrinnen (und das ärgerte Kinbote besonders). Was den wahnsinnigen Kinbote angeht, so erfand er zur Überwindung seiner Einsamkeit das märchenhafte Zembla und seinen Status als vertriebener König. Shade versuchte mit Hilfe seiner Kunst über den Verlust hinwegzukommen: dazu erfand er sowohl die Verzweiflung Kinbotes (in dessen Seele er eindrang) als auch den eigenen Tod (der dieses Eindringen ermöglichte). Nach der Analyse des Romans wendet sich Brian Boyd dem Leben Nabokovs zu (und das ist nicht verwunderlich, denn die Anwesenheit des Autors in diesem Roman steht außer Zweifel). »Hinter zwei handelnden Personen verborgen, mußte Nabokov selbst mit zwei Schicksalsschlägen seines Lebens fertig werden: mit dem Verlust Rußlands und mit der sinnlosen Ermordung seines Vaters. Nabokovs Gefühle für Rußland sind ziemlich direkt – obwohl in phantastischer Form – in der Spiegelwelt Zemblas ausgedrückt.«

Auf diesen Gedanken brachten Boyd einige Daten und Fakten: »W.D. Nabokow hatte am 21. Juli Geburtstag: an einem 21. Juli wurde Shade ermordet … Taborizki und Schabelski-Bork schossen W.D. Nabokow ins Herz, obwohl sie Miljukow töten wollten (Gradus oder Grey wollte Kinbote oder den Richter erschießen, aber keineswegs Shade, den er ins Herz traf). Mehr noch: nach dem Tod W.D. Nabokows leitete ein gewisser S.D. Botkin die Emigrantenorganisation Berlin.«

Boyd hält folglich Shade für den Autor des Gedichts und der Kommentare, für den Schöpfer Botkin-Kinbotes. Zur Erhärtung dieser Version könnten wir an die Pseudokünstler aus »Verzweiflung« und »Der Späher« erinnern. Es gibt natürlich auch andere Deutungen des Romans. Der Nabokov-Forscher Grabes führt zum Beispiel zahlreiche Argumente dafür an, daß Kinbote nicht nur der Autor der Kommentare, sondern auch der Schöpfer Shades ist. »Wenn sich Kinbote die Geschichte von Karl dem Beliebten ausdenken konnte, weshalb sollte er sich nicht auch Shade zusammen mit dessen Gedicht und seiner Ermordung ausgedacht haben?« fragt Grabes. Nicht umsonst bezeichneten viele Nabokov-Forscher (als erste Mary McCarthy) diesen Roman als Krimi zum Selberbauen. Die Umrisse des Romans und seine Verständlichkeit sind abhängig von der Reihenfolge, in der man ihn liest. Kinbote rät im Vorwort, mit der Lektüre der Kommentare zu beginnen. Grabes untersucht in seiner Arbeit drei Varianten des Lesens und drei nichtübereinstimmende Eindrücke von dem Roman und findet es erstaunlich, trotz aller Bemühungen nicht feststellen zu können, welche Deutung der Ereignisse zu bevorzugen ist. Dem Leser des Romans wird auf diese Weise eine noch größere Freiheit der Deutung zugestanden als in den anderen Romanen Nabokovs. Man kann leicht voraussagen, daß diese Unbestimmtheit und die entgleitende Realität einer jeden Version denjenigen Leser verdrießen muß, der an konkretere Spielregeln gewöhnt ist. Nicht umsonst betonte Nina Berberova, daß Nabokov nicht nur auf neue Weise schreibe, sondern auch einen neuen Leser schaffe. Nabokov selbst meinte, seinen Leser in Amerika gefunden zu haben. Natürlich gibt es einen solchen Leser auch in anderen Ländern, unter anderem in der Heimat des Schriftstellers. Doch trotz der Massenauflagen seiner Bücher ist es doch kein »Massen«leser. Ob so oder anders, fast alle Nabokov-Forscher konstatierten, daß der Roman schwierig zu lesen ist, aber sie erkannten einmütig seine großen literarischen Vorzüge an. Andrew Field hält »Fahles Feuer« für einen der drei besten Romane Nabokovs (neben der »Gabe« und »Lolita«), Brian Boyd für den besten.

Wir haben hier nicht über das Gedicht Shades gesprochen, das viele amerikanische Nabokov-Forscher für ein bedeutendes Werk der Poesie halten.

Als Nabokov einmal wie gewöhnlich an einem Berghang in Zermatt Schmetterlinge jagte, machten ihn Reporter der BBC ausfindig und baten ihn um ein Interview. Nabokov sagte in dem Interview unter anderem, daß er beim Schreiben Vergnügen am Spiel habe, was natürlich ein Winkelzug war. Doch etliche Kritiker, verdrossen über die Unverständlichkeit des Buches »Fahles Feuer«, hielten dieses wirklich für ein Spiel.

Als erstes fragten die Engländer Nabokov, ob er die Absicht habe, irgendwann nach Rußland zurückzukehren. »Ich werde nicht zurückkehren«, antwortete er, »aus dem einfachen Grund, daß ich jenes Rußland, das ich brauche, immer bei mir habe: die Literatur, die Sprache und meine eigene russische Kindheit. Ich werde nie zurückkehren. Ich werde mich nie ergeben. Außerdem wird sich der häßliche Schatten des Polizeistaates zu meinen Lebzeiten nicht zerstreuen. Ich glaube nicht, daß man dort meine Bücher kennt, nun ja, eine gewisse Anzahl von Lesern gibt es in meinem eigenen Geheimdienst, aber man darf nicht vergessen, daß Rußland in den letzten vierzig Jahren unwahrscheinlich provinziell geworden ist, ganz zu schweigen davon, daß den Menschen dort vorgeschrieben wird, was sie zu lesen und zu denken haben. In Amerika fühle ich mich wohler als in jedem anderen Land.«

Mit dieser Antwort wollte der gewitzte Nabokov zweifellos nicht nur den Amerikanern eine Freude machen, sondern zugleich die englischen Korrespondenten ärgern. Sie baten, ihnen die Gründe seiner Vorliebe für literarische Fallen und Täuschungen zu erklären. »Ich denke«, antwortete Nabokov, »daß jede Kunst ebenso ein Betrug ist wie die Natur; alles ist Betrug in diesem guten alten Lotteriespiel – von den Insekten, die sich als Blätter ausgeben, bis zu den populären Verlockungen der Vermehrung. Wissen Sie, was der Anfang der Poesie war? Ich denke, sie nahm ihren Anfang, als ein Höhlenjunge durch das hohe Gras zu seiner Höhle rannte und rief: ›Ein Wolf, ein Wolf‹, während in Wirklichkeit gar kein Wolf da war. Seine gorillaähnlichen Eltern, die große Verfechter der Wahrheit waren, verpaßten ihm natürlich eine Tracht Prügel, doch die Poesie war geboren – eine hohe Poesie im hohen Gras.«

Das Ehepaar Nabokov richtete sich für lange in Montreux ein. Als Peter Ustinov aus dem Hotel ausgezogen war, legte er den beiden nahe, es ihm nachzutun. Sie besuchten ihn in seinem neuen Haus und kauften sogar ein Grundstück in den Bergen, blieben aber, wo sie waren. Sie zogen auch dann nicht aus, als der Hoteldirektor, mit dem sie sich angefreundet hatten, das Hotel verließ. Sie waren nicht sehr beweglich. Vielleicht spielte ein Ortswechsel in ihrem Leben auch keine große Rolle.

1964 unternahmen sie wieder eine Reise nach Amerika. Nabokov sprach in der Harvard-Universität im überfüllten Memorialsaal (wo er vor zwölf Jahren Vorlesungen gehalten hatte). Dann fuhren sie nach Ithaca, zu den Bishops. Nabokov wollte dort die Überführung seines Archivs nach Montreux regeln.

1964 besuchte Wilson Nabokov in der Schweiz. 1965 erschien seine Rezension zu Nabokovs »Eugen Onegin«-Übersetzung in dem »New York Review of Books«. Wie vorauszusehen war, enthielt sie scharfe Angriffe auf Nabokovs Übersetzung. Andrew Field hält es für ungerecht, daß Wilson sich in seiner Rezension hauptsächlich auf die Einschätzung der Übersetzung konzentrierte, die nur ein Drittel des Buches ausmacht, während er über die gewaltige Arbeit Nabokovs, die der Erforschung der Beziehungen zwischen Puschkin und der englischen und französischen Literatur seiner Zeit galt, nur einen, freilich lobenden Satz verlor. Nabokov war zu dem Schluß gekommen, daß Puschkin im wesentlichen die englische Literatur aus französischen Übersetzungen kannte, da er im Englischen nicht so sicher war, dafür aber in der alten und neuen französischen Literatur hervorragend Bescheid wußte. Außerdem gab Nabokov in seinen Kommentaren eine hochinteressante Analyse der Lexik Puschkins und Beispiele für den Gebrauch alter Wörter; Wilsons Versuch, mit Nabokov darüber zu streiten, führte zum endgültigen Zerwürfnis zwischen den beiden alten Freunden. Sie sahen sich nie wieder. Nabokov beantwortete Wilsons Weihnachtskarten mit Ansichtskarten, doch im Gespräch mit Amerikanern erinnerte er sich zuweilen mit Wehmut an die einst so wunderbare Freundschaft.

Nabokovs wörtliche »Onegin«-Übersetzung löste nicht wenig Kritik aus. Nabokov hatte hier seine neuen Ansichten zur Übersetzung realisiert, die er Alfred Appel in einem Interview mit großer Verve darlegte: »Einziges Ziel und einzige Rechtfertigung einer Übersetzung ist eine möglichst genaue Wiedergabe der Information, das erreicht man nur mit einer wörtlichen Übersetzung, der Anmerkungen beigegeben sind.«

Unter anderem gelangte auch eine Äußerung aus dem Ort Peredelkino bei Moskau an die amerikanischen Gestade, geschickt von einem der besten sowjetischen Übersetzungstheoretiker, Kornej Tschukowski. Dieser hatte in Peredelkino nicht nur die vier Onegin-Bände Nabokovs bekommen, sondern auch die boshafte Anekdote gelesen, die Nabokov in seiner Autobiographie über ihn erzählt hatte. Tschukowski schrieb nun, daß Nabokov trotz der Anekdote sein Lieblingsschriftsteller bleibe, daß er vor allem »Fahles Feuer« liebe, aber auch »Lolita«, »Pnin«, »Lushins Verteidigung« und die »Onegin«-Ausgabe für Meisterwerke halte. Er fügte hinzu, daß er natürlich nicht allen Übersetzungsthesen Nabokovs zustimme, denn er schätze Nabokovs Puschkin-, Lermontow- und Tjutschew-Übertragungen außerordentlich, die Nabokov selbst wohl vergessen habe, als er seine neuen »Stanzen über ›Eugen Onegin‹« schrieb. Im selben Brief teilte Tschukowski mit, daß er einen großen Artikel über Nabokovs »Onegin«-Ausgabe geschrieben habe und ihn veröffentlichen werde.

Diese Erklärungen Tschukowskis waren an eine rätselhafte Sonja G. adressiert. Der Briefwechsel mit Sonja G. verschönte Tschukowskis letzte Jahre. Den ersten Brief von Sonja erhielt er im Herbst 1964, und beim Betrachten ihrer Unterschrift stellte er sich eine nicht mehr ganz junge, aber durchaus noch jugendlich aussehende Amerikanerin russischer Herkunft vor, die die russische Literatur bestens kannte und ein kühnes und unabhängiges Urteil hatte. Tschukowski antwortete ihr, und seine Briefe klangen immer verliebter. Er starb, ohne erfahren zu haben, wer die »rätselhafte Sonja« war, die ihn übrigens nur um kurze Zeit überlebte. In seinem letzten Brief an Sonja hatte der fünfundachtzigjährige Tschukowski mitgeteilt, daß sein Artikel über die vierbändige »Onegin«-Ausgabe Nabokovs fertig sei und bereits ins Englische übersetzt werde: »Ich hoffe, von unserem Schriftstellerverband die offizielle Genehmigung zu erhalten, ihn in ›The New York Review of Books‹ zu veröffentlichen.« Dann kam er in diesem Brief noch einmal auf die kränkende Anekdote zurück, fand verzeihende, fast österliche Worte und erinnerte sich an Nabokovs Vater: »Der Vater Nabokovs war ein Mensch von hoher Kultur. Er hatte sich ein besonderes Spiel ausgedacht – alle Namen der Dickensschen Helden aufzuzählen – fast dreihundert. Darin wetteiferte er mit mir. Ich paßte nach den ersten hundert Namen. Dann ging es darum, wer die meisten Romane von Arnold Bennett kannte. Er nannte etwa zwei Dutzend Titel, ich hatte nur acht gelesen.«

In ihrem (ebenfalls letzten) Antwortbrief bat ihn Sonja, seine Tochter Lidija Tschukowskaja zu grüßen, die in Amerika bekannt und beliebt sei, und schrieb zu der bewußten Nabokov-Anekdote: »Zu Nabokov: Ich sprach ihn in einem Brief darauf an, daß er die Geschichte über Ihre Londonreise erfunden habe, und er bat mich, Ihnen auszurichten, sein Sohn sei mit Ihrem ›Krokodil‹ und ›Moidodyr‹ aufgewachsen. Ich glaube, es war ihm sehr peinlich, ertappt worden zu sein.«

Diese Mitteilung ist äußerst interessant. Erstens erfahren wir einmal mehr, wie populär die sowjetische Literatur unter den Berliner Emigranten war. Und zweitens denken wir darüber nach, ob Nabokov die Anekdote für sein autobiographisches Buch völlig frei erfinden konnte. Inwieweit ist es überhaupt autobiographisch?

Das Geheimnis der »Sonja G.« wurde schon vor einem Vierteljahrhundert im New Yorker »Nowy shurnal« gelüftet. Sonja entpuppte sich ... als Roman Grynberg, Nabokovs Schüler in Paris und sein Freund in New York, dessen Begeisterung für Literatur manchmal die Oberhand über die »Geschäfte« gewann. Er gab in Amerika fünf Nummern des russischen Almanachs »Himmelswege« heraus. Als er einen Brief an Tschukowski schrieb, fürchtete er, dieser werde aus Vorsicht dem verdächtigen Verleger eines »westlichen« Almanachs nicht antworten. Darum wählte er ein romantisches Pseudonym, was später den Lesern und den dankbaren Literaturwissenschaftlern einen Packen wunderschöner romantischer Briefe bescherte.

Doch es ist schade, daß Nabokov nicht selbst mit Tschukowski korrespondierte. Zu jener Zeit aber schrieb er kaum noch Privatbriefe, und die Geschäftspost hatte seine Frau übernommen. Außerdem ist zweifelhaft, ob er, wie Tschukowski, versöhnliche Worte gefunden oder seinen Fehler eingestanden hätte.

Die Reporter der BBC, die Nabokov damals nach seiner Lebensweise fragten, erhielten von ihm einen recht ausführlichen Bericht: »Ich wache zwischen sechs und sieben Uhr morgens auf und schreibe bis halb elf, in der Regel am Pult stehend … Die erste Pause machte ich um halb neun, wenn ich mit meiner Frau frühstücke und die Post durchsehe … Gegen elf lege ich mich für zwanzig Minuten in die heiße Wanne, mit einem Bastwisch auf dem Kopf und sprachschöpferischen Gedanken im Kopf, die leider auch in mein Nirwana eindringen. Ein Spaziergang mit meiner Frau am See entlang, dann ein bescheidenes Mittagessen, dann zwei Stunden Schlaf, worauf ich bis zum Abendessen wieder arbeite, das heißt, bis sieben … Dann spiele ich mit meiner Frau eine oder zwei Stunden russisches Scrabble. Dann lese ich im Bett – Periodika oder einen von den Romanen, die mir stolze Verleger voller Hoffnung schicken. Von elf bis zwölf dauert gewöhnlich mein Kampf gegen die Schlaflosigkeit. Das ist meine Lebensweise in der kalten Jahreszeit. Den Sommer verbringe ich mit der Schmetterlingsjagd auf blühenden Hängen, und nach einer täglichen Wanderung von fünfzehn Meilen schlafe ich noch schlechter als im Winter. Letzte Zuflucht für die Entspannung ist das Ausdenken von Schachaufgaben …«

Gesellschaft leisteten ihm nach seinen Aussagen die Enten am Genfer See, einige angenehme Personen aus seinen Romanen, seine Schwester in Genf, ein nicht abreißender Strom brillanter amerikanischer Intellektueller, die ihn besuchten, und Mr. Van Veen, der von einem Chalet in den Bergen herabkam, um sich mit einer gewissen dunkelhaarigen Dame an der Straßenecke zu treffen, die von Nabokovs Elfenbeinturm einzusehen war.

Das Wesentliche ist die Mitteilung über Mr. Van, den Helden des neuen großen Romans, an dem Nabokov die letzten Jahre arbeitete.

Manchmal kamen Journalisten mit Filmkameras, und dann spielte ihnen der alternde Schriftsteller den richtigen Nabokov vor: Er blickte einem Schmetterling nach, schrieb während des Spaziergangs etwas in sein Notizbuch (oder er tat so)…

Dmitri übersetzte den Roman »König Dame Bube«, und Nabokov las Korrektur und verfaßte ein neues Vorwort zu dem Roman. Außerdem brachte er eine sehr wichtige und schwierige Arbeit zu Ende – die russische Übersetzung von

»Lolita«. In jenem Herbst schrieb er auf Sizilien ein wehmütiges und schönes Postskriptum zu seiner russischen Übersetzung. Die Wehmut kam vor allem daher, daß Nabokov, obwohl Rußland aufgelebt war und sich irgendwo dort hinter seinem gepanzerten Vorhang regte, nur schwer einen neuen russischen Leser entdecken konnte, das magische Kristall zeigte ihm kaum jemanden, höchstens »ein paar alte Freunde, eine Gruppe von Emigranten (die im allgemeinen Nikolai Leskow bevorzugten), einen gastierenden Dichter aus dem Sowjetland, den Maskenbildner einer Tournee-Truppe, drei polnische oder serbische Delegierte in einem Café mit vielen Spiegeln und ganz in der Tiefe den Beginn einer diffusen Bewegung, Anzeichen von Enthusiasmus, näher kommende Gestalten junger Menschen, die Hände schwenken ... aber man bittet mich, beiseite zu treten – jetzt wird die Ankunft irgendeines Präsidenten in Moskau gefilmt«.

»Die Frage, für wen ich eigentlich ›Lolita‹ übersetze«, schrieb Nabokov, »gehört ins Reich der Metaphysik und des Humors. Ich kann mir in meinem prüden Vaterland kaum ein Regime vorstellen, ob liberal oder totalitär, unter dem die Zensur ›Lolita‹ durchlassen würde.«

Doch nicht jede pessimistische Prognose trifft ein: Es vergingen nur zwei Jahrzehnte, und die Ausgaben von »Lolita« überschwemmten Rußland.

Für Nabokov war die Rückkehr zur russischen Prosa, zudem in ihrer schwierigsten Form, der Selbstübersetzung, eine neue schwere Prüfung. Als er die Übersetzung von »Lolita« in Angriff nahm, plante er die »Russifizierung« einiger seiner amerikanischen Romane als »Vollendung des Kreises seines schöpferischen Lebens, genauer, als Beginn einer neuen Spirale«. Doch die Übersetzung von »Lolita« war seine letzte russische Arbeit und kostete ihn zwei Jahre angespannter Mühen. Es ging nicht nur darum, daß die Selbstübersetzung, wie Linguisten und Neuropsychologen mehrfach anmerkten, eine besondere Schwierigkeit darstellt, weil sie im Bewußtsein des Zweisprachigen die Trennwände zwischen den Sprachen niederreißt, die die Psyche des Schriftstellers schützen. Es ging auch noch darum, daß die moderne amerikanische Sprache und der amerikanische Slang dem Übersetzer die Kenntnis der modernen russischen Sprache und des Slangs abverlangten. Selbst wenn viele Wörter, die amerikanische Realien bezeichneten, in der russischen Sprache entsprechende Äquivalente hatten, kannte Nabokov sie nicht. Außerdem ließen sich viele lakonische englische Wendungen weder lakonisch noch hinreichend genau ins Russische übersetzen. Psycholinguisten behaupten, daß es beim Übersetzen hinderlich ist, wenn jemand zwei Sprachen gleichermaßen beherrscht, »das Sprachgleichgewicht wird zerstört«. Etwas in dieser Art erlebt (schon als Krankheit) der Schriftsteller Vadim Vadimowitsch, der autobiographische Held des letzten beendeten Romans Nabokovs (»Sieh doch die Harlekins!«).

Nach dem Bekenntnis, daß ihm »schwindlig wird« von dem »Quietschen« seiner »verrosteten russischen Saiten«, sagt Nabokov in seinem Nachwort: »O weh, jene wunderbare russische Sprache, die, so schien mir, immer irgendwo auf mich wartet und wie der getreue Frühling hinter dem fest verschlossenen Tor blüht, von dem ich viele Jahre den Schlüssel aufbewahrt habe, erwies sich als nicht existent, denn hinter dem Tor sind nur verkohlte Stümpfe und trostlose Herbstweite, und der Schlüssel in der Hand ähnelt eher einem Dietrich.« Doch nach diesem poetischen halben Eingeständnis eines Mißerfolgs suchte er nach einem Trost oder einer Rechtfertigung und gelangte »zu einigen allgemeinen Schlußfolgerungen, was die wechselseitige Unübersetzbarkeit der beiden wunderbaren Sprachen betrifft«.

Im weiteren gibt Nabokov sogar eine historische Begründung für diese sehr interessante und doch höchst persönliche Erfahrung.

Natürlich gibt es Unterschiede zwischen den Sprachen, und wer ins Englische und Französische übersetzt, weiß, daß es oft unmöglich ist, die kostbaren Perlen des russischen Textes wiederzugeben – auf dem Gebiet des »Unausgesprochenen«, auf dem Gebiet der »abstrakten Begriffe« und auf dem Gebiet der »widernatürlichen Leidenschaften« … Vielleicht bewog die Kenntnis dieser unvollkommenen Übersetzungen Nabokov zur Ablehnung der bewährten Methoden der künstlerischen Übersetzung, einer Ablehnung, die er Gott sei Dank mit großartiger Inkonsequenz bei der Übersetzung von »Lolita« selbst außer acht ließ. Die Übersetzung ist in wunderbarer russischer Tradition ausgeführt (vielleicht etwas weniger frei, aber mit weitaus größerer Meisterschaft als seine »Alice im Wunderland«): Um Lächerliches wiederzugeben, sucht er Lächerliches in der russischen Sprache. Zuweilen scheint er allerdings den Möglichkeiten des russischen Humors und der Aufgeschlossenheit des russischen Lesers zu mißtrauen – daher eine gewisse »Weitschweifigkeit« (die er selbst zugibt).

Natürlich ist es keine »wörtliche«, nicht einmal eine »genaue« Übersetzung, sondern Nabokovsche Prosa, die uns auch in der russischen »Lolita« in den schon fernen sechziger Jahren gefangennahm, als die ersten Mutigen das übersetzte Buch nach Rußland mitbrachten.

Wegen der ungewöhnlichen Ferne

Eine russische Frau schickte Nabokov Fotos von Wyra und Roshdestweno. Sie hatte gewagt, mit einem Feind des Vaterlands in Briefwechsel zu treten, und wurde dafür im rauhen Leningrad bestraft. Nabokov glaubte nicht an ein wirkliches sowjetisches »Tauwetter«. Aber er wußte, daß seine russische »Lolita« und die russische Ausgabe von »Einladung zur Enthauptung«, gerade erst in Paris erschienen, auch nach Rußland gelangten. Daß er dort Leser hatte.

Das Leben in Montreux verlief in der eingeführten Ordnung. Nabokov absolvierte täglich denselben Spaziergang – zum Zeitungskiosk, wo er einen Packen Zeitungen und Zeitschriften kaufte, dann am See entlang …

Am Kiosk kaufte er auch die auf seine Bestellung bereitgehaltenen Bristol-Kärtchen, auf denen er seinen neuen dicken Roman schrieb. Zwei Kästen waren schon fast gefüllt mit beschriebenen Kärtchen … Manchmal kam Nabokov der Schauspieler James Mason entgegen, der die männliche

Hauptrolle in dem Film »Lolita« gespielt hatte, und der Schriftsteller stellte seufzend fest, daß Humbert Humbert alt wurde. Manchmal verreiste Vera in Familienangelegenheiten, und dann benahm sich Nabokov nach den Erinnerungen des Neffen wie ein Junge, der die Schule schwänzt.

»Ich habe mit dem Onkel zu Mittag gegessen, als er allein war, und er alberte und scherzte pausenlos«, erzählte mir in Paris im Übersetzungszimmer der UNESCO Vladimir Sikorski. »Onkel Kirill war noch lustiger, aber auch mit Onkel Vladimir war es sehr schön. Vor Vera Evseevna hatte ich etwas Angst. Sie gehört zu den wenigen Menschen, vor denen ich je Angst hatte ... Ehrlich gesagt, war mir auch vor den ersten Begegnungen mit dem Onkel bange. Meine Mutter hatte mich als Kind mit Erzählungen über ihren genialen Bruder gequält. Aber dann war es lustig mit ihm ...«

Als Vera wieder einmal verreist war, zog Elena für eine Weile zu ihrem Bruder in die Sechszimmersuite im fünften Stock des Hotels. Als Nabokov Elena einlud, hatte er ihr einen langen Instruktionsbrief mit vielen Punkten geschickt, die den Tagesablauf, die Rechte und Pflichten des Gastes festlegten, mit beigefügten Zeichnungen und Plänen. Es ist ein humoristischer Brief, der dennoch durch seine Pedanterie verblüfft. In Erinnerung an diesen Brief lächelt Elena Vladimirovna nachsichtig über die Altersgrillen ihres Bruders. Er war übrigens damals noch keine siebzig, während Elena Vladimirovna jetzt über achtzig ist.

Im September 1966 kam Alfred Appel nach Montreux, um den ehemaligen Lehrer zu interviewen. Es war die übliche Prozedur – Nabokov ließ sich im voraus die Fragen zuschicken, dann schrieb er die Antworten nieder (nur auf die Fragen, die er beantworten wollte). Keine Improvisationen, keine Überraschungen. Sein schriftliches Interview war jedesmal ein neues (wenn auch nicht ganz originelles) Literaturwerk. Appel fragte, ob sich Nabokov für einen russischen oder einen amerikanischen Schriftsteller halte. »Ich habe stets, schon als Gymnasiast in Rußland, die Meinung vertreten, daß die nationale Zugehörigkeit eines wertvollen Schriftstellers zweitrangig ist«, antwortete Nabokov. »Die Kunst des

Schriftstellers – das ist sein eigentlicher Paß ... Im allgemeinen halte ich mich jetzt für einen amerikanischen Schriftsteller, der mal ein russischer war.«

Lehrer und Schüler unterhielten sich über das Unterrichten, über das Schreiben, und Nabokov gab ein sehr genaues Bekenntnis: »Als Schriftsteller empfinde ich das größte Glück, wenn ich fühle, genauer, mich dabei ertappe, daß ich nicht verstehe ... wie und woher diese oder jene Gestalt zu mir gekommen ist, dieses oder jenes Sujet ...« Im weiteren tadelt er die, die jede Leistung dem Verstand zuschreiben.

Nabokov sprach in diesem Interview auch über die Ähnlichkeit zwischen Lewis Carroll und dem Helden seiner »Lolita«: »Wie alle englischen Kinder (und ich war ein englisches Kind) habe ich Carroll immer vergöttert ... Er hat eine gewisse rührende Ähnlichkeit mit H.H., aber ich hatte Skrupel, in ›Lolita‹ auf seine unglückliche Aberration, auf die zweideutigen Fotos anzuspielen, die er in verdunkelten Zimmern machte. Wie viele Viktorianer – Homosexuelle und Liebhaber von Nymphchen – kam er ungeschoren davon. Ihn faszinierten unreinliche, knochige Nymphchen, die halbentblößt, genauer, halbbekleidet waren und aussahen, als ob sie an einer langweiligen und schrecklichen Scharade mitwirkten.«

Appel fragte seinen Lehrer, ob ihm irgendwelche Schriftsteller der Sowjetzeit gefielen, worauf Nabokov antwortete: »Zwei unheimlich begabte Schriftsteller – Ilf und Petrow – dachten so: Wenn sie einen Spitzbuben und Abenteurer zum Haupthelden machen, dann können sie über seine Abenteuer schreiben, was sie wollen, ohne politisch angreifbar zu sein, denn einem ausgemachten Spitzbuben oder Verbrecher oder überhaupt einem Menschen, der außerhalb der sowjetischen Gesellschaft steht – in diesem Falle ist das sozusagen der Held eines Schelmenromans –, kann man nicht vorwerfen, daß er ein schlechter Kommunist ist. Unter diesem Deckmantel, der ihnen völlige Unabhängigkeit gewährte, konnten Ilf und Petrow, Sostschenko und Olescha einige erstklassige Werke veröffentlichen, weil solche Helden, Sujets und Themen sich jeder politischen Deutung entzogen. Bis Anfang der dreißiger Jahre ging das durch.«

Amerikanische Verleger besuchten Nabokov in Montreux, in der Hoffnung, die Rechte für die Herausgabe neuer und alter Nabokov-Werke zu bekommen. Der Verlag McGraw-Hill übertraf alle Konkurrenten und bezahlte für die Neuausgabe des Romans »König Dame Bube« eine Million Dollar (davon eine viertel Million Vorschuß). Konnte diese Million soviel Freude bereiten wie die fünftausend Mark, die damals Ullstein für den Roman gezahlt hatte?

Nabokov schrieb in dieser Zeit weiter an dem Roman »Ada«, der nach Beendigung 880 Seiten (2500 Kärtchen) umfaßte. Als die erste Ausgabe des dickleibigen Romans in Montreux eintraf, schrieb Nabokov seinem Verleger, daß er sich, »Ada« an die Brust gedrückt, im Bad auf die Waage gestellt habe, und die habe achtundachtzigeinhalb Kilo statt der üblichen siebenundachtzig angezeigt. Liebevoll (wie einen Säugling), so erinnert sich Andrew Field, wiegte Nabokov auf dem Schoß die beiden Kästen mit den zweieinhalbtausend Kärtchen, vollgeschrieben, umgeschrieben, korrigiert – seinen gewaltigen Roman, seine »Ada«.

Der Roman beginnt mit dem Satz, daß alle unglücklichen Familien einander ähnlich sind, doch glücklich sind die glücklichen Familien jede auf ihre Art. Wenn ein Russe das liest, fragt er sich, wie ein Amerikaner, der »Anna Karenina« nicht kennt, diesen Satz verstehen soll. Aber sein Triumph ist voreilig: Obwohl der Roman reich ist an russischen Sätzen, Ausdrücken, Bezeichnungen, Realien und Reminiszenzen, mangelt es auch nicht an französischen und sonstigen Bezügen. Der Leser von »Ada« sollte nicht nur Tolstoi oder Aksakow gut kennen, sondern auch Chateaubriand, Tschechow, Byron, Shakespeare, Borges, Poe, dazu »Don Juan« und »Don Quichotte«, und natürlich Proust und alle italienischen, holländischen und sonstigen alten Maler (in erster Linie Hieronymus Bosch). Also, der erste Satz führt uns in die Welt des russisch-amerikanischen (das moderne Amerika ist mit dem vorrevolutionären Rußland vermengt) Landes Estoty, in dem, wie in Nabokovs Familie, drei Sprachen gesprochen werden, und die Städte klingen für amerikanische (nicht für russische) Ohren sehr ungewöhnlich – Luga, Kaluga usw., in die Welt eines luxuriösen Anwesens, wo es nicht weniger Diener und Gouvernanten gibt als in einem reichen russischen Haus vor der Revolution, wo aber schon Autos und Telephone und viele andere moderne Bequemlichkeiten existieren. Auf diesem Anwesen leben Marina Durmanov, ihr Mann und ihre Töchter Ada und Lucette. Sie bekommen Besuch von dem vierzehnjährigen Van (Ivan), dem Sohn von Marinas Schwester Aqua und Demon Veen. Eine Zeichnung, die den Stammbaum der Familie darstellt (und an den Stammbaum erinnert, den S.S. Nabokow seiner genealogischen Abhandlung über die Familie Nabokow voranstellte), führt uns ins Familiendickicht, und zugleich und mit Absicht führt sie uns in die Irre. Wir kommen allmählich dahinter, daß Van überhaupt nicht Adas Cousin ist, sondern ihr Bruder, denn Demon ist seit langem Marinas ständiger Liebhaber. Das ist nicht unwichtig, denn der Hauptinhalt des ersten Teils (und des Romans insgesamt) besteht in der Liebesgeschichte zwischen Ada und Van. Etwas später erfahren wir, daß auch Vans Mutter nicht die gemütskranke und hinfällige Aqua ist, sondern ihre Schwester Marina: also unterhält Van eine schöne, aber widernatürliche Beziehung zu seiner leiblichen Schwester. Der erste Teil nimmt ungefähr die gute Hälfte dieses großen Romans ein, und die übrigen vier Teile verkürzen sich in dem Maße, wie es dem Ende zugeht (wie die Suren des Korans). Nabokov-Forscher setzen das in Beziehung zu Nabokovs (und Vans) Theorie von der Zeit. Aber es läßt sich auch einfach aus den Eigenschaften unseres Gedächtnisses erklären, über die Nabokov einmal in einem Interview sagte: An lange zurückliegende Zeiten erinnern sich alte Menschen besser als an unlängst Geschehenes. Van beginnt mit siebenundachtzig Jahren, diese autobiographische Chronik zu schreiben, und setzt den Schlußpunkt im Alter von siebenundneunzig Jahren. Allein diese Zahlen geben uns zu verstehen, daß Van ein ungewöhnlicher Mensch ist, in gewisser Weise ein Superman. Er verfügt über die vielfältigsten Talente, er ist Schriftsteller, Psychologe, Philosoph, Zirkusartist, Playboy und Sexualgigant. Seine Liaison mit Ada beginnt 1884 und endet mit seinem Tod. Vier Jahre waren der junge Van und die junge Ada getrennt, und als sie sich endlich wiedersahen, erfuhr Van von den Treuebrüchen seiner überaus temperamentvollen Schwester, und sie trennten sich erneut. Der zweite Teil erzählt von den Beschäftigungen Vans (Pilosophie, Cambridge, Auf-den-Händen-Laufen) bis zu seiner neuerlichen Begegnung mit Ada in New York. Jetzt sind sie bereit, sich für lange, vielleicht für immer zu verbinden, aber zufällig begegnet ihnen Vans Vater (und, wie sich herausstellt, auch Adas Vater), der alte Demon Veen, auf dessen Betreiben sich die Liebenden trennen. Der dritte Teil ist noch kürzer als der zweite, umfaßt aber eine Periode von siebzehn Jahren: Ada ist mit Andrej Vinelander verheiratet, Marina und Demon sterben, aus unerwiderter Liebe zu Van begeht Adas Schwester Selbstmord, die schöne Lucette, die, von der Schwester verdorben, eine Zeitlang die Geliebte von Ada und Van war. Der vierte Teil ist ganz kurz, er beschreibt zwei Sommertage des Jahres 1922 und schildert den Inhalt von Vans Buch über die »Textur der Zeit«. Im kurzen fünften Teil beendet Van seine Aufzeichnungen und feiert mit Ada seinen siebenundneunzigsten Geburtstag. Obwohl der Roman »Aus den Annalen einer Familie« (mit Anspielung auf Aksakow) heißt, gilt das Hauptaugenmerk nicht der gesamten Familie, sondern Van, in dessen Namen erzählt wird, und Ada. Übrigens meinen etliche Nabokov-Forscher, daß Van wirklich der Erzähler ist und seine Erzählung eine »objektive«, wenn auch phantastische »Realität« spiegelt, denn die Handlung des Romans spielt sich, wenn man Van glaubt, auf einem Planeten namens Antiterra ab, und es ist vom Genre eine Art phantastischer Roman. Andere Forscher identifizieren Van mit Nabokov und sehen die phantastische Welt Antiterras (mit ihrem Estoty und allem übrigen) gewissermaßen als literarische Verkörperung der autobiographischen Welt Nabokovs, als eine Parallele zu Nabokovs autobiographischem Buch. Wieder andere argwöhnen nicht ohne Grund, daß Van ein ebenso »unzuverlässiger Erzähler« ist wie die übrigen Helden Nabokovs und der Planet Antiterra ein Produkt der Phantasie Vans. Und natürlich haben die Leser die Anwesenheit des Autors wahrgenommen, der manchmal unvermittelt auf die Vorbühne tritt und verkündet (wie im zweiten Teil des Romans), daß er, wie gewitzt die Helden auch sein mögen, das Ende das Kapitels schon vorausbestimmt hat.

Dieser Roman enthält noch mehr Erotik als die vorangegangenen Bücher Nabokovs. Außer zahllosen Liebesabenteuern des Helden werden hier Besuche in einem internationalen Bordell beschrieben, das die ganze Welt mit Filialen überzogen hat. Nach Boyds Meinung geht die »moralische Blindheit« der Helden mit ihrer erstaunlichen Liebe und Intelligenz einher. Nabokov selbst bestritt (in einem Interview mit der »Times«) seine Verwandtschaft mit solchen »hassenswerten Landsleuten« wie Van und erklärte sogar, daß Van ihm »Abscheu verursacht«. Der Nabokov-Forscher Steven Parker vermutet, daß der Bruch der größten sozialen, moralischen und ethischen Tabus im Roman den Leser (der fasziniert ist von dem Charme dieses großartigen, durch eine so starke Liebe verbundenen Paares) wahrscheinlich nicht allzusehr beunruhigen wird, wenn er die wahre Natur solcher Vergehen erkennt. Parker und einige andere plädieren für eine metaphorische Lesart dieses Themas. »›Ada‹«, schreibt die Nabokov- Forscherin Julia Bader, »entwickelt und verwirklicht das literarische Thema der lebenslänglichen und brennenden Liebesbeziehung des Schriftstellers mit der Sprache und mit erregenden Bildern, die einen um den Verstand bringen können. Diese Liebesbeziehung ist inzestuös, denn die Phantasie und die verbalen Bemühungen der Verwirklichung, die gemeinsam diese für einen Augenblick hell aufflammenden Bilder hervorbringen, haben ein und dieselbe schöpferische Quelle, ein und denselben Schoß.« Im weiteren schreibt sie: »›Ada‹ ist ein Roman über einen Künstler und den Schaffensprozeß eines Romans und zugleich über literarische Konventionen und den Stil der Prosa.« Der Nabokov-Forscher George Steiner weist darauf hin, daß »der Inzest ein bildlicher Ausdruck ist, mit dessen Hilfe Nabokov seine einstige Ergebenheit gegenüber der russischen Sprache dramatisiert, an der er, durch das Exil gezwungen, erstaunliche Treubrüche beging«. In derselben Arbeit schreibt George Steiner: »Auf dem höchsten Niveau der Abstraktion kommt es uns nicht unangebracht vor, im Inzest eine Metapher für die Wechselbeziehungen der russischen und englischen Arbeiten Nabokovs zu sehen ... Spiegel, Inzest und die ständige Vermischung der Sprachen sind die verwandten Zentren von Nabokovs Kunst.«

Eines der wichtigsten Probleme in »Ada« ist das Problem von Zeit und Raum (für den Kenner von Nabokovs Romanen nichts Neues). Ein Strom prägnanter Einzelheiten und Details schafft bei Nabokov eine künstliche, unikale Welt in völlig unbeweglicher Zeit und ausgedachtem Raum. So versteht Julia Bader die Nabokovsche Auslegung dieses Problems im Roman. Wie Proust (und wie Nabokov selbst) besessen vom Problem der »fließenden« Zeit, schreibt Van ein Buch über die »Textur der Zeit«, in dem er behauptet, man müsse über die Intervalle zwischen den Ereignissen sprechen, nicht aber über den wirklichen Lauf der Zeit. Das menschliche Gedächtnis »ist ein kompliziertes System feiner Brücken«, die zwischen Wahrnehmung und Gehirn gespannt sind. Im Gedächtnis bleibt nicht die verrinnende Zeit, sondern einzelne Szenen und Bilder. Das Gedächtnis ist »ein schickes Fotostudio«, eine Bildergalerie, wo Porträts und Bilder gesammelt werden, und »die Messung der Zeit ist sinnlos«. Darum gibt es nur die Vergangenheit, diese »konstante Anhäufung von Bildern«, es gibt die »individuelle Zeit«, und es gibt keine Zukunft, die im Grunde Nichtsein ist: »Leben, Liebe, Libri haben keine Zukunft.«

Der Prozeß der Arbeit an der Familienchronik ist für Van Buße und Rückkehr in die Kindheit. Die Polemik mit Proust verbindet sich im Roman mit der Parodierung zahlreicher Schriftsteller.

Sprachspiele nahmen in Nabokovs Romanen noch nie einen solchen Platz ein wie in »Ada«. Der Autor läßt sich dabei nicht durch Sprachbarrieren beirren. Darum fand dieser berühmte Roman sogar bei vielen eingefleischten Nabokov-Anhängern eine so widersprüchliche Aufnahme. Das lag nicht an der Unverständlichkeit des »dreisprachigen« Textes. Kritik war sogar häufiger von denen zu hören, denen diese drei, vier europäischen Sprachen geläufig waren (zum Beispiel von Steiner). Manche hielten das Buch für überfrachtet mit barocken Details, für langweilig und schwer lesbar (so äußerte sich Mary McCarthy, die »Fahles Feuer« gelobt hatte). Einige Kritiker fanden die vielen Wort- und Sprachspiele zwar verständlich, aber nicht sehr lustig. Doch die Mehrheit betrachtete das Buch als den Gipfel in Nabokovs Schaffen, als sein Meisterwerk.

***

Das ganze Jahr 1968 über kam ein junger Amerikaner zu den Nabokovs – Andrew Field. Er gefiel den Nabokovs, und sie waren bereit, ihm von ihrem Leben zu erzählen, nachdem er sich schriftlich hatte verpflichten müssen, aus seinem Buch alles zu entfernen, was ihnen nicht gefiel. So nahm der erste Nabokov-Biograph seine Arbeit auf.

In dieser Zeit kam auch ein Korrespondent der »Times« nach Montreux. Er fragte, was Nabokov über die »Studentenrevolution« denke, die Europa erschütterte. Nabokov, der es auch früher nicht für seine Pflicht gehalten hatte, der Mode zu folgen oder der Jugend hinterherzulaufen (wie, sagen wir, sein Widersacher Sartre), antwortete recht scharf: »Hooligans sind niemals Revolutionäre, sie sind immer Reaktionäre. Unter der Jugend findet man auch die größten Konformisten und Spießer, zum Beispiel die Hippies mit ihren Gruppenbärten und Gruppenprotesten. Die Demonstranten in den amerikanischen Universitäten sorgen sich genausowenig um das Schicksal der Bildung, wie sich die Fußballfans, die in England die U-Bahn-Stationen demolieren, um das Schicksal des Fußballs sorgen. Die einen wie die anderen gehören zur Familie der dummen Hooligans, obwohl es unter ihnen auch eine kleine Zwischenschicht von klugen Schurken gibt.«

Nabokov schrieb damals das Vorwort zur englischen Ausgabe seines ersten Romans – »Maschenka«, und in diesem Vorwort legte er ein rührendes Bekenntnis ab: »Wegen der ungewöhnlichen Ferne von Rußland und weil einem das Heimweh ein ganzes Leben lang als verrückter Begleiter zur Seite bleibt und man sich daran gewöhnt hat, seine herzzerreißenden Absonderlichkeiten öffentlich zu erdulden, bekenne ich ungeniert, daß mir mein erstes Buch mit sentimentaler Inständigkeit am Herzen liegt.«

Dmitri hatte eine jahrelange Arbeit zu Ende gebracht – die Übersetzung des Romans »Die Mutprobe«. Natürlich hatte Nabokov an dieser Arbeit tätigen Anteil gehabt, und er schrieb zur englischen Fassung ein neues Vorwort.

In all diesen Jahren ging er nicht nur weiterhin auf Schmetterlingsjagd, sondern befaßte sich auch mit zwei entomologischen Werken. Das erste war als rein wissenschaftliche Arbeit über die europäischen Schmetterlinge geplant. Das zweite sollte ein Bildband mit Werken der Malerei werden, der die Evolution der Darstellung von Schmetterlingen in den Bildern holländischer, italienischer, spanischer und anderer Maler der Welt präsentieren sollte, vielleicht auch die Evolution der Schmetterlingsarten – wie sie in der Malerei reflektiert wird.

Nabokov arbeitete beharrlich an beiden Büchern, teilte aber dem Verleger mit, daß er noch ein paar Jahre bis zur Fertigstellung brauche. Nach allem zu urteilen, hegte er noch keinen Zweifel an seiner Arbeitsfähigkeit.

In demselben Brief an den Verlag (McGraw-Hill) teilte Nabokov mit, daß er den amerikanischen Teil seiner Autobiographie schreiben wolle, der die Fortsetzung seines englischen Buches »Erinnerung, sprich« bilden und »Amerika, sprich« heißen solle. Zugleich erklärte er dem Verleger (der ihm zu dieser Zeit bereits unerhörte Honorare zahlte), daß die Reise nach Boston, Ithaca und Colorado einiges kosten werde, das heißt, den Verleger werde sie einiges kosten. Übrigens wurden alle drei Projekte vorerst beiseite gelegt – Nabokov schrieb einen neuen Roman, täglich einige Stunden. Einen Roman über die Unmöglichkeit, das von neuem zu durchleben, was gewesen war. Über das Unheilvolle schon des Versuchs, die Vergangenheit in der Realität zu wiederholen …

Das Leben der Ehegatten Nabokov verlief unterdessen in seinem unveränderten gemessenen Rhythmus. Manchmal kamen Gäste, vor allem amerikanische Freunde – Nabokov-Anhänger und Nabokov-Forscher –, die durch Europa reisten, amerikanische und europäische Verleger, am häufigsten Alfred Appel mit seiner Frau. Sie aßen zusammen zu Mittag, und bei Tisch scherzte und kalauerte Nabokov, und sein Schüler schrieb alles auf. Appel hielt längst selbst Vorlesungen an der Universität.

Nabokovs neuer Roman bekam den Titel »Durchsichtige Dinge«, und er beginnt mit der Suche nach dem Haupthelden, der Gestalt, dem Menschen, der Persönlichkeit, der Person (ein Nabokov-Forscher leitet das englische Wort »person« von einem altfranzösischen und lateinischen Wort ab, das auch die – den Charakter darstellende – Maske des Schauspielers bezeichnet). Der Held heißt Hugh Person. Doch noch wichtiger als der Name des Helden ist der Titel des Romans. Die Dinge, die den Menschen umgeben, sind »durchsichtig«, denn durch sie schimmert eine andere Realität, in der Regel die Vergangenheit.

Beginnen wir mit weniger wesentlichen (zumindest von der Nabokov-Forschung kaum beachteten) Szenen des Romans. In der Schweiz entdeckt der Held, der bislang seinen erotischen Juckreiz »allein« gestillt hat, in der Brieftasche seines gerade verstorbenen Vaters ein Bündel Geldscheine und spricht unverzüglich ein Straßenmädchen an, das ihn in ein altes Hotel führt, in dasselbe Zimmer, in dem vor dreiundneunzig Jahren auf dem Weg nach Italien ein russischer Schriftsteller abgestiegen war … Schon sitzt er am Tisch, dieser Schriftsteller, packt seinen Rucksack für den Fußmarsch und überlegt, wo er die Entwürfe seines Romans hintun soll, der vorerst »Faust in Moskau« heißt: »Während er an jenem Kartentisch sitzt, dem nämlichen, auf den unseres Persons Hure ihre füllige Handtasche abgestellt hat, wird sozusagen durch jene Tasche hindurch die erste Seite der ›Faust‹-Angelegenheit mit energischen Radierstellen sichtbar …«

In New York führt der Held eine junge Frau in seine Junggesellenwohnung; zufällig ist es dieselbe Wohnung, in der sie einige Jahre zuvor einen jungen Mann besucht hat, der später in Vietnam gefallen ist, und die Frau sieht durch die gewöhnlichen Dinge hindurch diesen Jimmy Major … Der Held kauft in einem Souvenirladen die Figurine einer Skiläuferin (die er vor siebzehn Jahren zum erstenmal sah, als er mit dem Vater reiste), eine Aragonit-Imitation. Und wenn für Person durch diese Figurine wahrscheinlich seine erste Reise in die Schweiz, der Tod des Vaters und anderes hindurchschimmert, so sieht der allgegenwärtige Autor auch, daß sie »im Gefängnis von Grumbel von einem homosexuellen Insassen geschnitten und angemalt worden war, dem derben Armand Rave, der die inzestuöse Schwester seines Freundes erwürgt hatte«.

Die Geschichte beginnt in der relativen Gegenwart, durch welche die Vergangenheit schimmert. Hugh Person ist zum vierten Mal in die Schweiz gefahren: Zwischen der ersten Reise (als hier sein Vater starb) und der jetzigen ist fast ein ganzes Leben vergangen. Zum zweitenmal fuhr Person im Auftrag seines Verlags zu dem in der Schweiz lebenden Romancier Baron R. Während dieser Reise lernte er seine künftige Frau Armande kennen. Als er sie zu Hause besuchen wollte und nicht antraf, betrachtete er zusammen mit ihrer russischen Mutter ein Album, das verführerische Kinderfotos von Armande enthielt. Im übrigen beschäftigen minderjährige Mädchen mehr den Baron R. als Hugh Person. Der hat ein anderes Gebrechen: Er leidet an Somnambulismus, wobei er im Schlaf besonders stark und geschickt ist.

Person heiratet Armande, und eines Nachts erwürgt er sie im Schlaf. Nachdem er die Leidenszeit in der Irrenanstalt des Gefängnisses hinter sich gebracht hat, fährt er wieder in die Schweiz, wohin ihn Erinnerungen an seine Frau und an seinen Vater ziehen. Durch die durchscheinenden Dinge und Landschaften will er das Vergangene sehen und wiedererstehen lassen, aber, wie der Nabokov-Forscher Parker zu Recht bemerkt, der Held muß einsehen, daß die Wirklichkeit nicht mit unseren Erinnerungen übereinstimmt, und der erfolglose Versuch des Redakteurs Hugh Person, »den Text des eigenen Leben zu redigieren,« widerspricht der Praxis des Barons R. (im nächsten Roman Nabokovs wird der Schriftsteller bereits ein Fürst sein), der sich weigert, seine Texte dem Verleger zu Gefallen zu redigieren.

Über den Schriftsteller R. (Field glaubt, daß das Englische R das Spiegelbild des russischen Я ›ich‹ ist), erfahren wir, daß sein schriftliches Englisch erheblich besser ist als sein mündliches, daß er auf Kärtchen schreibt, die er zu Päckchen bündelt und mit Gummiband umwickelt, daß er Kalauer mag und eine surrealistische Prosa schreibt, daß er Nymphchen liebt und seine dreizehnjährige Stieftochter Julia verführt hat, aber im »Glanze einer paradiesischen Vereinfachung der Sitten« macht ihm das niemand zum Vorwurf (auch nicht der Autor).

R. stirbt im Krankenhaus an Leberkrebs. Einen Tag vor seinem Tod schreibt er in seinem letzten Brief: »Es ist komisch – aber ich habe immer geglaubt, daß Sterbende die Eitelkeit aller Dinge einsähen, die Vergeblichkeit von Ruhm, Leidenschaft, Kunst und so weiter. Ich glaubte, daß die teuren Erinnerungen im Kopf eines Sterbenden zu Teilchen von einem Regenbogen schrumpften; doch jetzt empfinde ich genau das Gegenteil: Meine trivialsten Gefühle und die aller Menschen haben riesige Ausmaße angenommen. Das gesamte Sonnensystem ist nur eine Spiegelung im Glas meiner (oder Ihrer) Armbanduhr. Je mehr ich schrumpfe, um so größer werde ich. Ich nehme an, es ist ein ungewöhnliches Phänomen. Die völlige Ablehnung aller Religionen, die sich die Menschen je erträumt haben, und die völlige Gefaßtheit im Angesicht des völligen Todes.«

Ich denke, daß Field mit seiner Theorie vom umgedrehten englischen R, das dem russischen »Ich« entspricht, nicht recht hat. Dennoch muß man bei der Lektüre des Romans, dessen Handlung in der Schweiz spielt, des öfteren an einen schwergewichtigen siebzigjährigen Russen denken, der in Montreux spazierengeht und Gruppen älterer Touristen beobachtet, die »den Schmerz ihrer Einsamkeit zu mildern versuchen«; der aus dem Wagen steigt, ähnlich dem Helden, der »seine eckige Masse aus dem Taxi wand … während sich sein Kopf noch in der Öffnung duckte, die für aussteigende Zwerge gedacht war«; der die Tagesbeute auf einem Kärtchen registriert. »Das menschliche Leben kann mit einer Person verglichen werden, die in einer Vielzahl von Formen um ihr eigenes Selbst tanzt …«

Über den Buchtitel sagt der Autor: Es gebe »den Titel, der wie ein Wasserzeichen durch das Buch hindurchscheine, den Titel, der zusammen mit dem Buch geboren wurde, den Titel, an den sich der Autor während all der Jahre, in denen er die vollgeschriebenen Seiten angesammelt hatte, so gewöhnt habe, daß er ein Teil von jeder einzelnen und von ihnen allen in ihrer Gesamtheit geworden sei«.

Person kommt bei einem Hotelbrand ums Leben. Die Feuersbrunst seiner nächtlichen Ängste wird Realität. Für ihn waren die Grenzen zwischen Traum und Realität ohnehin sehr relativ. Und auch der Autor des Romans teilt uns mit (»ohne das Unerklärliche erklären zu wollen«): »Die Menschen haben gelernt, mit einer schwarzen Bürde zu leben, einem gewaltigen schmerzenden Buckel: der Vermutung, daß die ›Wirklichkeit‹ nur ein ›Traum‹ sein mag …«

Der Redakteur Hugh Person hatte versucht, unter der durchsichtigen heutigen Realität die gestrige hervorzuziehen, das zu tun, was nur Künstlern gegeben ist, er hat die Warnung des Autors überhört: »Ein dünner falscher Glanz unmittelbarer Realität breitet sich über die natürliche und künstliche Materie, und wer in der Gegenwart, bei der Gegenwart, auf der Gegenwart zu bleiben wünscht, der sollte ihre Spannungsschicht besser nicht beschädigen. Sonst nämlich wird der unerfahrene Wundermann feststellen, daß er nicht länger auf dem Wasser wandelt, sondern aufrecht inmitten starrender Fische versinkt.«

Als ich mit einem beklommenem Gefühl diesen vorletzten Roman Nabokovs zuklappte, suchte ich zu erspähen, was durch seinen Stoff hindurchschimmerte. Wie durch alle englischen Romane Nabokovs schimmerte etwas Russisches hindurch – der russische Roman »Die Mutprobe« … Der hochaufgeschossene Engländer Darwin ging durch einen Schweizer Nadelwald zu dem Haus, in dem die Mutter seines umgekommenen Freundes Martin lebte … Um nicht unter den Blicken der verblüfften Nabokov-Forscher in Grund und Boden zu versinken, bin ich meiner Sehnsucht nach den russischen Romanen Nabokovs und seiner Berliner Jugend nicht weiter nachgegangen.

Hoffnung, ich komme zurück

Dr Nobelpreisträger Alexander Solshenizyn schrieb einen Brief an die Königliche Schwedische Akademie, in dem er Nabokov für den Nobelpreis vorschlug. »Er ist ein Schriftsteller von blendender literarischer Begabung, einer solchen Begabung, die wir als Genialität bezeichnen … Er ist völlig einzigartig, läßt sich an einem einzigen Absatz erkennen – Zeichen einer wahren Prägnanz, eines unwiederholbaren Talents. In der Literatur des 20. Jahrhunderts nimmt er einen besonderen, hohen und unvergleichlichen Platz ein.« Nabokov mochte Solshenizyns Werke nicht (noch weniger als die Gedichte Joseph Brodskys), aber gewöhnlich äußerte er seine Meinung über diese Autoren nicht öffentlich, da sie von einem totalitären Staat verfolgt wurden. Als Carl Proffer Nabokov Gedichte von Brodsky schickte, antwortete Nabokov, er habe bei Brodsky viele ausdrucksstarke Reime und Metaphern gefunden, aber auch etliche unrichtige Betonungen und eine gewisse Weitschweifigkeit entdeckt. »Doch eine ästhetische Kritik wäre ungerecht«, schrieb Nabokov, »wenn man die entsetzlichen Bedingungen und die Leiden berücksichtigt, die in jeder Zeile eines Gedichts zu lesen sind.« Nabokov bat die Proffers, in seinem Namen dem Dichter Jeans zu schicken, und später dankte er ihnen für die Bemühungen und fragte, wieviel Geld er ihnen für die Hose schulde. Die Mauer, die ihn von allem Russischen trennte, zerbröckelte allmählich.

Dem aufmerksamen Leser des Romans »Ada« ist bestimmt ein Lied aufgefallen, das neben bekannten russischen Romanzen in dem russischen Restaurant gesungen wird, in dem die Helden des Romans zu Abend essen. »Soldatenlieder eines unbekannten russischen Genies«, sagt der verschmitzte Verschwörer Nabokov, aber auch wenn man kein Englisch beherrscht, erkennt man allein am Klang einer Zeile dieser erstaunlichen und keineswegs wörtlichen Übersetzung das bekannte Lied Bulat Okudshawas:

When the true batch outboy the riot …
Kogda trubatsch otboi sygrajet …
Wenn der Hornist zum Rückzug bläst …

In einem Brief an einen begriffsstutzigen französischen Übersetzer erklärte Nabokov, es sei Okudshawas Lied »Sentimentaler Marsch«, und es ist erstaunlich, daß Nabokov an den schönen Versen nicht einmal die verhaßten (und tragischen) »Komissare mit den staubigen Helmen« störten.

Nabokovs Privatkorrespondenz war zu jener Zeit stark eingeschränkt. Er schrieb mitunter Proffer und Appel, manchmal auch Gleb Struve, aber von den ganz persönlichen Briefpartnern war wohl nur der alte Freund von der Tenischew-Schule Samuil Rosow übriggeblieben. 1973 kam der alte Rosow sogar aus Israel in die Schweiz, um Nabokov wiederzusehen, und sie gingen in den Bergen von Zermatt spazieren. Als Israel wieder einmal von seinen Nachbarn angegriffen wurde, schickte Nabokov einen Brief und einen Scheck an den israelischen Konsul, um diesem Land, in dem er viele Freunde hatte, in seinem Kampf gegen die, wie er schrieb, »arabolschewistische Aggression« zu helfen.

In einem Brief an Rosow beklagte sich Nabokov über seinen Biographen (jetzt setzte er das Wort in Anführungszeichen) Field, dessen Manuskript von Fehlern und Erfindungen wimmle. Nach mühseliger halbjähriger Arbeit schickte Nabokov 178 Seiten der zweiten korrigierten Version seiner Biographie an Field zurück und fügte 25 Seiten Anmerkungen hinzu. Die Biographie enthielt tatsächlich viele Fehler und Ungenauigkeiten. Das Ergebnis war, daß die Beziehung zwischen Field und Nabokov endgültig zerbrach. Zum Glück sah Nabokov nicht mehr die letzte Variante der Biographie, in der Field den Narzißmus des Schriftstellers analysierte.

Es gab damals noch einen unangenehmen Vorfall. Die New Yorker Zeitschrift »Nowy shurnal« veröffentlichte die Erzählung »Die Wüste« von Sinaida Schachowskaja. Darin hat Nabokov (er wird recht durchsichtig Valden genannt) gerade erst seine Frau zu Grabe getragen. Allein geblieben, denkt er an seine verstorbene Frau, die ihn unterdrückte, seinen Willen lähmte, ihn von seinen Freunden trennte, vielleicht auch sein Talent ausdörrte. Etwa dieselbe Hypothese entwickelte Sinaida Schachowskaja fünf Jahre später in dem Buch »Auf der Suche nach Nabokov«. Dieses Buch enthält aber auch viele schöne historische Details und vor allem Dokumente, Briefe.

Diese kleinen Mißlichkeiten hinderten Nabokov nicht,

seine literarische Arbeit fortzusetzen. Er schrieb an seinem neuen Roman mit dem Titel »Sieh doch die Harlekins!«, und Ende November teilte er seinem Sohn mit, daß er schon 250 Kärtchen (etwa hundert Seiten) beschrieben habe, daß er täglich fünf Stunden arbeite. In demselben Brief bedauerte er seinen »Einzigen« wegen seiner Zahnschmerzen und erinnerte daran, daß er selbst sich auch sein Leben lang mit den Zähnen herumgeplagt habe. Es war ein trauriges Thema, aber jedes Übel hat auch sein Gutes – es verband Vater und Sohn. Für eine solche Verbundenheit bestand wohl Bedarf: Dmitri war aufmerksam gegenüber seinen Eltern, aber er war ja immer weit weg – mal sang er in New York, mal nahm er an einem Autorennen in Italien teil (diese nicht ungefährliche Leidenschaft verlief für ihn nicht immer glimpflich), mal war er bei einem Motorradrennen, mal kletterte er in den Bergen. Er hatte schon einige Rennwagen gefahren und wollte sich ein Schnellboot kaufen; er sah gut aus, war furchtlos und talentiert, wurde aber nicht von seiner Gabe beherrscht. Nabokov dachte sicherlich manchmal, daß es vielleicht zum besseren sei: Einem Journalisten hatte er einmal geklagt, daß die Literatur zuviel Raum in seinem Leben eingenommen habe … Wenn er sich nach seinem Sohn sehnte, dachte er vermutlich auch an seine Mutter, die, fern von ihm, in Armut gestorben war.

Nabokov jagte noch Schmetterlinge in den Bergen, doch zu weiten Reisen konnte er sich nicht mehr entschließen. Er wollte mit dem Schiff nach Südamerika fahren, um dort Schmetterlinge zu jagen, er wollte nach Israel fahren, wohin ihn Freunde und der Konsul eingeladen hatten, doch er ließ es bleiben. Er hatte sich nie in ein Flugzeug gesetzt. Inzwischen war es auch möglich geworden, nach Wyra zu fahren, die vertrauten Stätten zu besuchen; seine Schwester Elena fuhr hin und brachte ihm einen Ziegelsplitter aus dem Fundament ihres Hauses in Wyra mit … Er konnte sich nicht entschließen. Die vorsichtige Vera warnte ihn auch vor einer solchen Reise: Bislang habe die Tscheka nur ihren Namen geändert. Und die Nachrichten aus Rußland bestätigten ihre Beobachtung. Also schickte Nabokov vernünftigerweise den

Helden seines neuen Romans auf diese Reise und blieb selbst in Montreux. Dennoch kam ihm Rußland in diesen Jahren zweifellos näher. Als die Proffers im Dezember nach Rußland fuhren, schickte er ihnen einen Hundertdollarscheck für Familien russischer Dissidenten, um ihnen das Weihnachtsfest etwas zu verschönern.

Im Februar 1974 erfuhr Nabokov, daß Solshenizyn in den Westen ausgereist war, nun konnte er ihm zum erstenmal schreiben und für den Brief an die Schwedische Akademie danken. Er schlug ein Treffen vor, aber das kam nicht zustande. Dmitri erklärt das mit einem merkwürdigen Mißverständnis, ohne Einzelheiten mitzuteilen. Neben einigen anderen Erklärungen kursiert auch eine unbestätigte Version, die nach Legende klingt: Solshenizyn kam ins Montreux Palace Hotel, sah sich um und wollte nicht in diesem Luxus bleiben.

Am 26. Mai druckte der Londoner »Observer« einen Brief Nabokovs, der zur Hilfe für Wladimir Bukowski aufrief. »Die heldenhafte Rede Bukowskis zur Verteidigung der Freiheit, die er vor Gericht hielt, und die fünf Jahre langen Leiden in der abscheulichen Gefängnispsychiatrie«, schrieb Nabokov, »werden uns noch lange nach dem Tod der Peiniger, denen er den Fehdehandschuh hinwarf, im Gedächtnis bleiben. Aber das ist ein schwacher Trost für einen an Rheumokarditis leidenden Häftling, der jetzt in ein Permer Lager überführt wurde und dort zugrunde gehen wird, wenn das Wunder der öffentlichen Meinung ihn nicht rettet. Ich rufe alle Menschen und alle Organisationen auf, die mehr Kontakt als ich zu Rußland haben, diesem mutigen und wertvollen Menschen zu helfen.«

***

Der achte englische Roman Nabokovs (der letzte beendete) war ebenso wie sein achter russischer Roman (der letzte beendete russische Roman) autobiographisch geprägt. Statt der in westlichen Ausgaben üblichen Aufzählung »Andere Werke des Autors« steht in dem Roman »Andere Bücher des Erzählers«, und in der Aufzählung entdeckt man »Maschenka« (unter dem Pseudonym »Tamara«) und »Lushins Verteidigung« (»Bauer schlägt Dame«) und »Das wahre Leben des Sebastian Knight« (»Siehe unter real«) und »Lolita« (»Ein Königreich an der See«) und andere Bücher Nabokovs mit leicht veränderten Erscheinungsdaten. Der Erzähler im Roman heißt Vadim Vadimowitsch N., er wurde am selben Tag wie Nabokov in Petersburg geboren, floh aus Rußland, studierte in Cambridge, lebte an der Côte d'Azure, in Paris, in den USA, quälte sich schrecklich, als er von der russischen zur englischen Sprache wechselte, kämpfte mit schlechten Übersetzern, erhielt dann die amerikanische Staatsbürgerschaft, unterrichtete an der Universität, übersiedelte in die Schweiz usw ... Die Bücher dieses V.V. werden in dem neuen Roman elegant nacherzählt, auch durchaus erkennbar. Übrigens sind die Unterschiede zwischen dem Autor des Romans und dem Helden (oder, wie Nabokov-Forscher heute sagen, die »Distanz« des Autors zum Erzähler-Helden) auch beträchtlich. Erstens leidet der Held an einer unangenehmen psychischen Krankheit – er braucht sich im Traum oder in Gedanken nur vorzustellen, daß er die Richtung ändert, schon bekommt er entsetzliche Kopfschmerzen, manchmal sogar einen Anfall. Seine letzte Liebe, eine ideale Gefährtin, erklärt ihm, die Ursache seiner Krankheit liege in der Vermischung von Zeit und Raum: »Er hat Richtung mit Dauer verwechselt. Er redet von Raum, meint aber Zeit ... Niemand kann sich in physischen Begriffen vorstellen, wie es ist, wenn man die zeitliche Ordnung umkehrt. Zeit ist nicht umkehrbar.« Der Held hegt den Verdacht, daß das nur ein feiner Euphemismus ist, mit dessen Hilfe seine Braut versucht, ihn seine Sterblichkeit vergessen zu machen, doch bald überzeugt er sich selbst von der Unumkehrbarkeit der Zeit: Als er (mit fünfundsiebzig Jahren) drauf und dran ist, eine Frau zu heiraten, die halb so alt ist wie er, geht das Leben plötzlich zu Ende – in dem Moment, in dem seine krankhafte Sinnestäuschung endet. Der Held kann sich dank seiner schriftstellerischen Kunst »in umgekehrter Richtung« erinnern, das heißt, er kann sich an Dinge und Ereignisse erinnern, die erst noch kommen (das ist keine so seltene Fähigkeit, die sicherlich viele Schriftsteller kennen, doch es ist vielleicht kein »umgekehrtes

Gedächtnis«, sondern nur stark entwickelte Vorstellungskraft, die die Wirklichkeit auf Grund der vom Schriftsteller tief empfundenen Details zu Ende baut, ein zugespitztes Vermögen der »Vorahnung«).

Interessant ist die Meinung der Neuropsychologen und Psycholinguisten über die Krankheit V.V. s, des Helden in Nabokovs letztem Roman. Sich auf die Arbeiten von Neuropsychologen berufend, behauptet Elizabeth Klosty Beaujour, daß zweisprachige Menschen wie Nabokov und sein Vadim Vadimovitsch keine völlige Symmetrie des linguistischen Alls erwarten könnten. Nabokov hatte seine Realität der vermischten, aber nicht völlig symmetrischen linguistischen Welten. Die im Roman beschriebene Erscheinung ist für Neuropsychologen, die sich mit zweisprachigen Patienten beschäftigen, nicht neu. Die Bilder der Links-Rechts-Symmetrie im letzten Roman Nabokovs unterzieht auch Johnson einer Analyse, er erinnert daran, daß der Übergang des Helden von der russischen zur englischen Literatur (und Sprache) mit der »langwierigen Periode seines Wahnsinns zusammenfällt, gerade in der Zeit, wo der Held in der Neuen Welt ankommt, so daß die Reise seinen linguistischen Übergang vom Russischen zum Englischen physisch verdoppelt«.

Außer dieser Krankheit »trennt« die Vielzahl der Ehen den Helden von Nabokov. Der Held war mit der jungen Iris, mit Annette Blagowo und mit Louise verheiratet und steht im Begriff, ein viertes Mal zu heiraten – seine neue, ideale Freundin, die am Schluß des Romans die Kärtchen liest, auf die der Held seinen neuen Roman geschrieben hat.

Der Autor des Romans und sein Held warnen uns immer wieder vor Versuchen, das »wahre« Leben des Menschen zu begreifen, denn beide wissen, daß ein beliebiger unverschämter Biograph, dieser »widerliche Schnüffler«, in den Ehefrauen des Romanhelden Züge von den realen Frauen suchen wird, die der Autor einst liebte: sagen wir Swetlana in Annette oder Irina in Louise. Schwerer hat es der »Biograffittist« mit den Nymphchen, die den Romanhelden unwiderstehlich anziehen, ebenso mit der fast inzestuösen Liebe V.V.s zu seiner eigenen Tochter. Übrigens blieb auch im Roman das eine wie das andere im Rahmen der europäischen Gesetze: Mit dem Nymphchen Dolly von Borg schläft der Held erst, als sie erwachsen und ein ziemliches Flittchen ist, und die Tochter bricht mit ihm nach seiner erneuten Heirat und, ganz wichtig, nachdem er sie versehentlich mit Dolly angesprochen hat (das sieht sehr nach Eifersucht aus). All diese Liebesgeschichten sind wunderbar geschrieben, aber es entsteht der Eindruck, daß Nabokov nie zuvor ein so amerikanischer Schriftsteller war wie in diesem Buch (vielleicht fühlte sich die amerikanische Literatur schon stark zu ihm hingezogen – es gibt ja eine Nabokov-Schule amerikanischer Schriftsteller, ganz zu schweigen von Updike, der ihn als zeitgenössischen Klassiker vergötterte. Von einer Nabokov-Schule russischer Schriftsteller kann hier leider nicht berichtet werden). Etliche Kritiker meinten übrigens, daß dieser Roman etwas nachlässig geschrieben sei, vielleicht sogar absichtlich (mit Blick auf die Selbstparodie).

In diesem letzten Roman markiert Nabokov eine Verbindung zwischen den Fakten seiner Biographie und seinen Romanen – den Einfluß seiner WELT auf die Schöpfungen seiner GABE: »Zweifellos beziehen die vorliegenden Erinnerungen einen Großteil ihres Wertes aus der Tatsache, daß sie einen catalogue raisonné der Wurzeln und Ursprünge und amüsanten Geburtspfade vieler Bilder in meinen russischen und vor allem in meinen englischen Romanen darstellen.«

Auf die Gefahr hin, Kinbote zu gleichen, der überall sein Zembla sucht, möchte ich auf ein paar Zeilen aus der Beschreibung der Reise des Helden nach Leningrad hinweisen (der Reise, zu der sich der wirkliche, »vollkommenere« V.V. nicht entschließen konnte). Im Leningrad dieses Romans ist es vielleicht nicht so schrecklich wie damals im »Museumsbesuch«, aber immer noch finster genug, und die Tochter V.V.s gerät mit ihrem enthusiastischen Mann in ein »Erholungsheim in der Tundra« (nach dem Krieg hatte seine Schwester Elena geschrieben, daß sowjetische Behörden russische Emigranten aus Prag aufs »Land« schickten).

Sicherlich hatte Nabokov auf einer sowjetischen Ansichtskarte das neue Puschkin-Denkmal gesehen, das er dann im Roman so beschrieb: »Dora sollte mich am Freitagmorgen auf dem Platz der Künste vor dem Russischen Museum treffen, in der Nähe der Puschkin-Statue, die vor ungefähr zehn Jahren von einem Komitee von Wetterkundlern errichtet worden war ... Die meteorologischen Zuordnungen des Monuments überwogen die kulturellen. Puschkin im Gehrock, dessen rechter Schoß ständig von einer Newa-Brise bewegt wurde, nicht so sehr vom Ungestüm lyrischer Inspiration, steht mit nach links emporgewandtem Blick, während seine Rechte zur anderen Seite ausgestreckt ist, seitwärts, um den Regen zu testen (eine sehr natürliche Haltung zu einer Jahreszeit, da in den Leningrader Parks der Flieder blüht).«

Bekannt kommen dem Helden in Leningrad nur die Hunde, die Tauben, die Pferde (wo hat er sie gesehen?) und die alten Garderobiers vor. Doch Dora, die sympathische Freundin seiner Tochter, sagt ihm, daß er »Rußlands geheimer Stolz« sei. Nabokov selbst hörte das jetzt häufig von denen, die aus Rußland kamen. Er wußte, daß es einem mutigen russischen Mann gelungen war, die Zensur zu überlisten und einen Artikel über die Gedichte des Lyrikers Godunow-Tscherdynzew zu drucken, den die Zensur nicht kannte. Vielleicht wußte er auch, daß in den Wohnungen der Moskauer und Leningrader Intellektuellen sein Bild im Ikonostas der Hausbibliotheken längst Hemingway verdrängt hatte.

Der Ruhm war zu ihm gekommen – und der russische Ruhm zeigte sich am Horizont, aber sich über das im Leben Erreichte zu freuen wurde immer schwieriger. Schon in den »Durchsichtigen Dingen« schwang ein trauriger Ton mit, und in dem neuen Roman erklang er noch deutlicher: »Denn selbst damals, in meinen frühen Zwanzigern, glaubte ich wirklich und wahrhaftig, daß ich um die Mitte des Jahrhunderts ein berühmter freier Autor sein würde, der in einem freien, weltweit anerkannten Rußland, etwa am Englischen Kai oder auf einem meiner prächtigen Landsitze, lebte und dort Prosa und Poesie in der grenzenlosen plastischen Sprache meiner Vorfahren schrieb ... Das Vorgefühl des Ruhms war so schwer wie die alten Weine der Nostalgie ... Ich spürte diesen künftigen Ruhm in den Zehen, in den Fingerspitzen, im Haar meines Kopfes, wie man den Schauder spürt, der von einem elektrischen Sturm, von der sterbenden Schönheit der dunklen Stimme eines Sängers kurz vor dem Gewitter ausgeht – oder auch von einer Zeile in König Lear. Warum trüben Tränen meine Brille, wenn ich jenes Trugbild des Ruhms heraufbeschwöre, wie es mich damals versuchte und quälte, fünf Jahrzehnte zuvor? Sein Spiegel war unschuldig, sein Spiegel war wirklich, der Unterschied zu dem, was dann tatsächlich sein sollte, bricht mir das Herz wie Abschiedsschmerz.«

Im übrigen war sein Ruhm in den sechziger Jahren auf dem Höhepunkt, in den siebziger Jahren wurde es etwas ruhiger um ihn. Die Intellektuellen interessierten sich jetzt mehr für für die Freiheitsbewegungen und Antikolonialismus.

Zu der Zeit, als Nabokov kurz vor dem Abschluß seines Romans über die Harlekine war, lud ihn das Nationale Buchkomitee der USA nach New York ein, um ihm die Nationale Literaturmedaille zu überreichen. Nabokov zog es vor, zu Hause zu bleiben und seinen Roman zu Ende zu schreiben, zur Medaillenverleihung schickte er Dmitri, der vor dem Komitee die Erklärung seines Vaters verlas, die so endete: »Sie sollen wissen, daß ich zu der Zeit, da Sie die Stimme meines Sohnes hören, am Tisch sitze oder im Bett liege und mit einem unansehnlichen, aber unnachgiebigen Bleistiftstummel die letzten Zeilen schreibe.«

Der Schatzgräber jedoch ist dorthin gegangen

Den neuen Sammelband alter Erzählungen, die ins Englische übersetzt waren, wollte Nabokov »Briefe nach Rußland« nennen. Noch zehn Jahre zuvor hatte er den Gedanken, daß seine Romane in Rußland erscheinen könnten, für phantastisch gehalten (damals erklärte er in seinem Vorwort zur englischen Ausgabe der »Gabe«, daß er sich kein Regime in Rußland vorstellen könne, unter dem das Buch erscheint). Jetzt wurde es immer wahrscheinlicher. Das erregte ihn, weckte aber auch Befürchtungen: Wie wird man seine Bücher nach Jahrzehnten der Verdummung und Einschüchterung aufnehmen?

Das Leningrad jener Jahre war dem Helden des Nabokovschen Romans nicht umsonst schrecklich vorgekommen. Ende des Jahres teilten die Proffers Nabokov mit, daß in Leningrad der Schriftsteller Wladimir Maramsin verhaftet worden sei. Am 30. Dezember schickte Nabokov aus Montreux ein Telegramm an den Leningrader Schriftstellerverband:

»Voller Entsetzen habe ich erfahren, daß noch ein Schriftsteller zu Qualen verdammt ist, bloß weil er Schriftsteller ist. Nur die unverzügliche Freilassung Maramsins kann ein neues schreckliches Verbrechen verhindern.«

Nabokov arbeitete an einem neuen Roman, beschrieb mit gleichmäßigen Zeilen die Kärtchen. Eines Tages zog er ein sauberes Kärtchen aus dem Packen und zeichnete darauf einen schönen, strahlenden Schmetterling. Über den Schmetterling schrieb er: »Na siehst du, mein Herzblatt«. Darunter die Jahreszahlen: »15. 4. 1925–15. 4. 1975«. Vor fünfzig Jahren hatten sie geheiratet, und er hatte für die standesamtliche Prozedur seine letzten Groschen ausgegeben …

Es war für den Menschen und Schriftsteller Nabokov ein gewaltiger Erfolg, für ein ganzes Leben, ein halbes Jahrhundert in seiner Ehefrau eine Verehrerin seines Schaffens zu haben. Welchem russischen Schriftsteller ist das noch zuteil geworden? Vielleicht Dostojewski. Wem noch? Nicht umsonst lamentiert Professor Pnin so komisch und rührend über die familiären Mißerfolge Tolstois, Turgenjews, Puschkins …

Nabokov bereitete einen neuen Sammelband vor und beschloß, zusammen mit seinem Sohn Dmitri einige alte Erzählungen neu zu übersetzen. Er informierte Gleb Struve darüber und bat ihn um Verzeihung (denn die alte Übersetzung war von Struve). In demselben Brief schrieb Nabokov, daß er »Ada« in romantische und exakte russische Prosa verwandeln wolle.

Als er im Sommer in der Umgebung von Davos Schmetterlinge jagte, rutschte er an einem steilen glatten Hang ab und stürzte. Er mußte ein paar Tage das Bett hüten und kehrte dann nach Montreux zurück. Im Herbst mußte er sich jedoch einer Operation unterziehen, was er seinem Freund Rosow im

Januar mitteilte. Boyd schreibt, daß es sich um eine Geschwulst an der Prostata handelte. Im Januar ging es ihm schon besser. Er schrieb an seinem neuen Roman und setzte den Kampf gegen Field fort, der ihn nicht wenig Nerven kostete. Dmitri sang zu der Zeit an der Oper in Lyon, und Vera Evseevna beantwortete die zahllosen Briefe.

Nabokov wollte mit dem Roman im Sommer fertig sein und dann für einen neuen Sammelband einige Erzählungen schreiben. Auf englisch natürlich: Er hatte das Gefühl, daß er nie mehr auf russisch schreiben werde. Doch er ahnte wohl nicht, daß es ihm nicht bestimmt war, diesen Roman zu beenden; er beschloß, auf Einladung des Jerusalemer Bürgermeisters Teddy Kollek nach Israel zu fahren, und bestellte dort schon eine Wohnung für April 1977.

Im Oktober 1976 bat die »New York Times Book Review« Nabokov, einige Bücher zu nennen, die er in letzter Zeit gelesen hatte. Nabokov nannte die ausgezeichnete Neuübersetzung von Dante, die in Princeton erschienen war, das Buch »Die Schmetterlinge Nordamerikas« und den Roman »Lauras Original«. Es handelte sich um das unvollendete Manuskript des Romans, den er vor seiner Krankheit begonnen hatte und der in seinem Gehirn bereits fertig war: »Ich bin ihn wohl fünfzigmal durchgegangen und habe ihn in meinem täglichen Fieber einem kleinen und verschlafenen Auditorium innerhalb der Parkeinfriedung vorgelesen. Das Auditorium waren Pfauen, Tauben, meine längst toten Eltern, zwei Zypressen und einige junge Krankenschwestern, die sich über mich beugten, ebenso unser Hausarzt, so alt, daß er beinahe unsichtbar ist. Wahrscheinlich hatte meine arme Laura wegen meines Stammelns und meiner Hustenanfälle weniger Erfolg, als sie hoffentlich bei den Kritikern haben wird, wenn sie in gebührender Form erschienen ist.«

Diese Antworten wurden bald nach seiner Rückkehr aus dem Krankenhaus abgedruckt. Aber er hatte ja selbst prophezeit, daß »ein Sterbender kein Buch schreiben kann«. Im Januar 1977 schrieb er an Karlinsky, daß er immer noch wacklig auf den Beinen sei.

Im Winter waren Vater und Sohn in den Bergen, in der Nähe

von Gstaad. Dmitri Nabokov hoffte, den Vater wieder braungebrannt, in Shorts, Sportschuhen, ein Schmetterlingsnetz in der Hand, über die Alpenhänge klettern zu sehen. »Das waren die seltenen Minuten«, erinnerte sich Dmitri Nabokov, »in denen Vater und Sohn über solche Dinge sprachen, und er sagte mir damals, daß er alles erreicht habe, was er im Leben und in der Kunst wollte, daß er ein wirklich glücklicher Mensch sei. Er sagte, daß er alles, was er geschrieben hatte, im Gedächtnis aufbewahre wie einen unentwickelten Film.« Als Dmitri Nabokov kurz nach dem Tod seines Vaters von diesem Gespräch erzählte, erwähnte er so einen unentwickelten Film – die unbeschriebenen Kärtchen, auf denen der Schluß des unvollendeten Romans erscheinen sollte, »er wäre der brillanteste von Vaters Romanen geworden, die konzentrierteste Sublimation seiner schöpferischen Möglichkeiten, aber Vater war entschieden gegen die Veröffentlichung einer unvollendeten Sache«.

Alfred Appel teilt mit, daß nur ein Drittel des Romans fertig war.

Im Februar 1977 kam ein Drehteam der BBC nach Montreux, um für das Literaturprogramm ein Gespräch mit Nabokov zu filmen. Robert Robinson erzählt von der wehmütigen Winterlandschaft in Montreux, von dem Hotel, dieser altmodischen Karawanserei, die etwas verwahrlost aussah (»und sie haben hier gelebt«, wundert sich der Korrespondent). Nabokov »war sehr krank ... er stützte sich auf einen Stock ... sein Gesicht war blaß, und der Hemdkragen schien ihm zwei, drei Nummern zu groß zu sein«.

»Wenn Sie mich einladen möchten, gehen wir in die Bar«, sagte Nabokov zu dem erstaunten Korrespondenten, der gewohnt war, eingeladen zu werden.

Dann setzten sie sich zu Tisch. Nabokov breitete seine Papiere aus und bat, für ihn etwas Wodka in einem Krug auf den Tisch zu stellen. »Ich möchte nicht den falschen Eindruck erwecken, ein alter Trinker zu sein, darum stellen Sie lieber einen Krug hin«, sagte er. Er erklärte, daß er von der Krankheit sehr geschwächt sei und daß ein Gläschen Wodka ihn stärke. Dann begann dieses seltsame, typisch Nabokovsche

Interview. Sie hielten abwechselnd die Kärtchen mit den Fragen und Antworten an die Augen und verlasen sie vor der Kamera. »Ich bin ein langweiliger Redner«, sagte Nabokov, »ich bin ein schlechter Redner, ich bin einfach ein erbärmlicher Redner.« Er erzählte in dem Interview wieder von seiner Jugend, von Cambridge, von dem Schaffen der späten Jahre, als das Eis der Erfahrung eine Verbindung mit dem Feuer der Inspiration einging, von der rein subjektiven schriftstellerischen Aufgabe, ein Buch, das schon in seinem Gehirn saß, so genau wie möglich zu reproduzieren. Er sagte, daß er träge sei, aber bei der ersten Gelegenheit in die Vereinigten Staaten zurückkehren wolle, denn die Erregung, die er auf einigen Pfaden der Rocky Mountains empfunden habe, lasse sich nur mit der Erregung vergleichen, die er in den russischen Wäldern empfand, wo er nie wieder sein werde ...

Der März geriet für Montreux ungewöhnlich warm. In diesem warmen März war Nabokov bereit, einen Gast aus Moskau zu empfangen. Es war die wunderbare russische Dichterin Bella Achmadulina. In ihren Erinnerungen ist diese Begegnung »ein erstaunliches Ereignis« in ihrem Leben.

»Im ersten Moment war ich erschüttert von der Schönheit seines Gesichts, seinem edlen Ausdruck«, schrieb sie zehn Jahre später. »Ich hatte viele Fotos des Schriftstellers gesehen, aber keines stimmte mit dem wahren lebendigen Ausdruck seines Gesichts überein.

Er fragte: ›Finden Sie mein Russisch wirklich gut?‹ – ›Es ist das beste‹, antwortete ich. – ›Sieh an, und ich dachte, es wäre eine gefrorene Erdbeere.‹

Nabokov erwähnte seinen Gedichtband, den er zur Veröffentlichung vorbereitete. ›Vielleicht sollte ich das lassen, manchmal denke ich, daß nicht alle Gedichte gut sind.‹ Dann scherzte er: ›Aber es ist ja noch nicht zu spät, alles zu verändern.‹«

Wenn man die Erinnerung der Achmadulina liest, kommt einem unwillkürlich der Gedanke, der mir bei der Lektüre der Werke Nabokovs des öfteren gekommen ist und den Andrej Bitow einmal so formulierte: »Es ist noch ungewiß, was in ihm überwog – Stolz und Snobismus oder Schüchternheit und

Schamhaftigkeit.« Erinnnert sei auch an die Worte Wladimir Solouchins, der wie viele Russen davon träumte, Nabokov kennenzulernen, und darüber sagte: »Ich würde ihm sagen ... auf dem ersten Platz stehen für mich ... Ihre Gedichte«.

Bella Achmadulina, die sich diesen Traum erfüllen konnte, schreibt:

»Mich beherrschte das komplizierte Gefühl einer ungewöhnlichen Liebe für ihn, und ich spürte, daß ihn, obwohl er sanft und gütig war, die Begegnung mit einer Landsmännin auch schmerzlich berührte. Denn das Rußland, das er liebte und in Erinnerung hatte, so dachte ich, hatte sich verändert, seit er weggegangen war, die Menschen hatten sich verändert, zum Teil hatte sich auch die Sprache verändert ... Er klammerte sich an das Gespräch, bemühte sich, etwas zu verstehen, zu erfassen ... Vielleicht litt er unter dem Empfinden der bevorstehenden schrecklichen Trennung von allem und allen auf der Welt, und er wollte sich sättigen an der Luft der Heimat, der Heimaterde, eines Menschen, der Russisch sprach ...

Ich sagte ihm, daß er nach Rußland zurückkehren werde als derjenige, der er für Rußland ist. So wird es sein! wiederholte ich. Nabokov wußte, daß seine Bücher in der Sowjetunion nicht erschienen, aber er fragte mit einer gewissen Hoffnung: ›Und in den Bibliotheken, kann man da etwas von mir ausleihen?‹ Ich breitete die Arme aus.«

Im März bekam Nabokov wieder Fieber, und er mußte erneut ins Krankenhaus. Der Sohn fuhr zu einem Auftritt nach München. Im Mai schrieb Vera Evseevna dem Sohn einen Brief und dankte ihm für die Rosen, die er ihr zum Muttertag geschickt hatte. Nabokov schrieb darunter: »Mein Junge, deine Rosen, deine duftenden Rubine, lodern vor dem Hintergrund des Frühlingsregens ... Ich umarme Dich, ich bin stolz auf Dich, bleib gesund, mein Lieber.«

Das war im Mai.

***

In jenem Mai erhielt ich meinen ersten Auslandspaß – ich durfte »auf private Einladung« nach Frankreich reisen. Schon mehrfach hatte ich versucht, »den Westen zu sehen« – mit sechsundzwanzig Jahren, mit sechsunddreißig Jahren. Und nun hatte ich mit sechsundvierzig endlich meinen ersten Paß … Ich weiß noch, wie ich vor der Abreise mit Andrej Bitow im Leningrader Haus der Literaten saß und wie wir über unseren Lieblingsautor sprachen: Was sage ich zu ihm, wenn ich ihn plötzlich sehe? Aber wie sollte ich ihn sehen, er war ja nicht in Frankreich, sondern in der Schweiz …

Nachdem ich in Marseille an Land gegangen war, fuhr ich per Anhalter weiter, wie manchmal in Rußland. Mich interessierte weder das Schloß des Grafen von Monte Christo noch die Mühle von Daudet. Mich interessierten die Villa von Iwan Bunin in Grasse, die Spuren russischer Emigranten … Und ich wollte nach Montreux. Natürlich hatte ich nicht vergessen, daß ich nur ein Visum für Frankreich besaß, daß meine erste Auslandsreise auch meine letzte sein konnte. Dennoch war ich bald an der Schweizer Grenze. Auf einer menschenleeren abendlichen Straße im Grenzort Annemasse half mir ein alter Lehrer, Monsieur Armandat. Er fand für mich ein Nachtlager, und am nächsten Morgen brachte er mich in zehn Minuten ohne Zwischenfälle zur Genfer Universität. Ich sagte dort, ich müsse sehr dringend zu Nabokov. Professor George Nivat und sein Assistent Simon Markisch zuckten die Achseln. Bis Montreux sei es weit, außerdem, so sagten sie, sei es nicht leicht, von Nabokov empfangen zu werden, die letzte sei Bella Achmadulina gewesen … Im Russisch-Seminar fragte ich flüsternd Studenten, ob jemand einen Wagen habe. Eine Studentin, die ein Praktikum in Rußland absolviert hatte, sagte sehr komisch: »Ich weiß, daß sowjetische Menschen einander helfen. Ich habe einen Wagen.« Allerdings hatte sie kein Benzin, doch Simon Markisch gab uns Geld für Benzin.

Wir kamen nach Montreux, und hier schwand mir zum erstenmal der Mut, als ich die Überwachungskameras über dem Eingang des Montreux Palace Hotels sah. Wir umgingen sie natürlich und versteckten uns hinter einer Säule, dann zeigte uns ein junger schwarzer Arbeiter, wo der Fahrstuhl war. Noch mutloser wurde ich vor der Tür der Nabokovschen Suite. Ich wußte, daß er wütend werden konnte. Er mußte einfach wütend werden. Aber ich konnte nicht mehr zurück. Aus der Tür kam eine Frau, und ich fragte sie nach Vladimir Vladimirovich ... Sie antwortete mir leise und traurig auf russisch, daß es Vladimir Vladimirovich sehr schlecht gehe ... Ich schwieg. Sie blieb stehen. Da fragte ich sie, ob sie ihm einen Brief übergeben, vielleicht sogar vorlesen würde. Sie nickte, und ich setzte mich zum Schreiben hin. Ich versuchte mich zu erinnern, worüber ich mit Andrej Bitow gesprochen hatte, vergeblich. Da schrieb ich ihm einfach, daß wir ihn sehr lieben. Unterschrift – »ein Schriftsteller aus Zembla« ... Als ich den Brief übergeben hatte, blieb ich verloren im Hotelkorridor stehen. Die Studentin zupfte mich am Ärmel und erinnerte mich daran, daß ich nicht allein war.

***

Als ich endlich per Anhalter in Paris anlangte, erfuhr ich, daß Nabokov am 2. Juli 1977 im Krankenhaus gestorben war.

Dmitri Nabokov erzählt, daß er einen Tag vor dem Tod seines Vaters bei ihm war und daß sein Vater beim Abschied plötzlich Tränen in den Augen hatte. »Ich fragte, warum. Er sagte, daß bestimmt schon die ersten Schmetterlinge fliegen ...«

***

Es war zu Beginn der achtziger Jahre. Ein Dichter sprach mich im Literatenhaus an und sagte triumphierend: »Guck, was für eine Zauberei: Er ist am 7. 7. 77 gestorben. Er hieß V V und wurde in Vevey beigesetzt ...«

Von diesem Fund heimischer Nabokov-Forschung setzte sich in meinem Gedächtnis Vevey fest, und ich mußte häufig an diesen Friedhof denken. Es ergab sich, daß ich im selben Jahr wieder nach Frankreich reiste, und wieder fuhr ich per Anhalter zur Schweizer Grenze. Wieder überschritt ich die Grenze ohne Visum und war schon bald in Vevey, wo sich über dem Seeufer, über der Eisenbahnlinie und einer russischen Kirche ein schöner Friedhof erstreckt. Dort ging ich umher – eine Stunde, zwei – zwischen herrlichen Bäumen und Springbrunnen und russischen Gräbern, von denen es sehr viele gab ... Nabokov fand ich nicht. Schließlich begriff ich, daß er nicht in Vevey lag.

Außerdem wurde mir bewußt, daß das nicht so wichtig ist. In dem schweren Herbst 1939, als der Dichter starb, der sein Freund gewesen war, hatte er geschrieben: »Wie auch immer, jetzt ist alles vollendet: Der vererbte Schatz steht im Regal, sichtbar für die Zukunft, der Schatzgräber jedoch ist dorthin gegangen, von wo vielleicht etwas ans Ohr großer Dichter geflogen kommt, unser Sein mit seiner jenseitigen Frische durchdringt und der Kunst eben das Geheimnisvolle verleiht, was ihr unteilbares Merkmal ausmacht.«

Anhang

Anmerkungen*

9 *»Rußland wird ...«* – Vladimir Nabokov, Die Gabe. Reinbek 1994, S.594. »Vergiß nicht ...« – Vladimir Nabokov, Das wahre Leben des Sebastian Knight. Reinbek 1996, S.68.

10 *Semjon Frank* – Semjon Ljudwigowitsch Frank (1877–1950), russischer Philosoph, 1922 aus Rußland ausgewiesen, lebte in Berlin, später in Paris. Die angeführten Betrachtungen sind seinem Artikel über die Aufgaben der Puschkin-Forschung (Belgrader Puschkin-Sammelband, 1937) entnommen.

Der eine ... – Es handelt sich um den Biographen Andrew Field und sein Buch »Nabokov. His Life in Art«, das 1977 in Großbritannien herauskam (in einer späteren Ausgabe unter dem Titel »His Life in Part«). Den Streit zwischen Nabokov und Field beschreibt Brian Boyd in seiner Nabokov-Biographie, wobei er die Biographie von Field einer umfassenden Kritik unterzieht. Die Biographie von Brian Boyd (er wurde hier als »zweiter« Biograph bezeichnet), ein solides zweibändiges Werk von gut anderthalbtausend Seiten (Brian Boyd, Vladimir Nabokov. Princeton University Press, Princeton, New Jersey 1991), ist eine wahre Fundgrube für Nabokov-Forscher und Nabokov-Verehrer.

11 *Andrej Bitow* – Andrej Georgijewitsch Bitow (geb. 1937), russischer Prosaiker. Zweifellos stand er unter dem Einfluß von Nabokovs Prosa (er hat selbst darüber geschrieben), besonders fasziniert war er von der Konstruktion des Romans »Fahles Feuer« und von Nabokovs Forschungen über Puschkins »Eugen Onegin«. Bitows wichtigstes Werk ist der Roman »Das Puschkinhaus«.

12 *Georgi Adamowitsch* – Georgi Viktorowitsch Adamowitsch (1894 bis 1972), Dichter aus dem Kreis um Gumiljow, spielte in der Emigration eine bedeutende Rolle als Literaturkritiker (war in seinen Einschätzungen und Prinzipien allerdings nicht sehr fest, wurde am Ende seines Lebens prosowjetisch, schrieb aber in dieser Zeit interessante Memoiren); war ein eingeschworener Feind Nabokovs.

Chodassewitsch – Wladislaw Felizianowitsch Chodassewitsch (1896-1939), bekannter russischer Dichter und Literaturkritiker, ein Anhänger und Freund Nabokovs.

13 *Autobiographie* – Von Nabokovs Memoiren existieren drei Fassungen. Die erste Fassung (»Conclusive Evidence – A Memoir«, Harper & Brothers, New York 1951, einige Monate darauf in Großbritannien unter dem Titel »Speak, Memory – A Memoir«) übersetzte Nabokov später selbst ins Russische (wobei er starke Veränderungen vornahm), sie

* Die Anmerkungen basieren im wesentlichen auf den Kommentaren von Boris Nossik.

erschien unter dem Titel »Drugije berega« (Andere Ufer). Die dritte, vom Autor nochmals überarbeitete und veränderte englischsprachige Fassung erschien unter dem Titel »Speak, Memory – An Autobiography Revisited« (bei G.P. Putnam's Sons, New York 1967) und kann als die gültige angesehen werden. Zur Geschichte der Memoiren s. Nachwort von Dieter E. Zimmer zu der bei Rowohlt, Reinbek, 1995 erschienenen Fassung »Erinnerung, sprich«, S.441.

13 *»Die Wiege schaukelt ...«* – V. Nabokov, Erinnerung, a.a.O. S.19.
Iossif Hessen – Iossif Wladimirowitsch Hessen (1866–1943), namhafter Politiker der Kadetten-Partei, Historiker, Jurist, Verleger. Freund von W.D. Nabokow, unterstützte später dessen Sohn. Verfasser der Memoiren »Jahre des Exils: Lebensbericht«, Paris, YMCA Press, 1981.

14 *»Das Kaminwunder zweier Bären ...«* – V. Nabokov, Erinnerung, a.a.O., S.63.
der junge Mönch Ioann – Fürst Dmitri Schachowskoi(1902–1989), älterer Bruder von Sinaida Schachowskaja. Gab als junger Mann die Zeitschrift »Blagonamerenny« (Der Wohlmeinende) heraus und korrespondierte mit namhaften Dichtern der Emigration. Dann wurde er überraschend Mönch, später Erzbischof. Sein Leben lang schrieb und publizierte er Gedichte, in späten Jahren unter dem Pseudonym Strannik. Wie viele Emigranten blieb er Rußland verbunden, selbst dem sowjetischen.
»der Verwundete ...« – Gemeint ist der im Duell tödlich verwundete Puschkin.
lepidopterologische Arbeiten – Lepidopterologie = Schmetterlingskunde.
Aiwasowski – Iwan Konstantinowitsch Aiwasowski (1817-1900), russischer Maler, stellte auf seinen Bildern die Urgewalten des Meeres und Kämpfe auf dem Meer dar.
»wie er als junger Mann ...« – V. Nabokov, Erinnerung, a.a.O., S.459, vgl. S.84.
»einer der Helden ...« – Ebenda, S.65.
Michail Bakunin – Michail Alexandrowitsch Bakunin (1814–1876), russischer Revolutionär und Anarchist.
»die Wahl ...« – V. Nabokov, Erinnerung, S.457, vgl. S.72.
Nikolai Nabokov – Nikolai (Nicolas, familiär Nika) Dmitrijewitsch Nabokov (1903–1978), Cousin des Schriftstellers, Komponist (schrieb die Musik zu dem Ballett »Die Ode«, das am Djagilew-Theater inszeniert wurde), vielseitig begabt, war in mehreren Berufen und verantwortlichen Ämtern tätig. Seine erste Frau war Sinaida Schachowskajas Schwester Natalia.
»Meine Großmutter ...« – Nicolas Nabokov, Zwei rechte Schuhe im Gepäck. Erinnerungen eines russischen Weltbürgers. München 1979, S.133.

20 *Peter Struve* – (1870–1944), bekannter Ökonom, Publizist und Philosoph. Mitglied der Kadetten-Partei. In der Emigration gestorben.

21 *Taganzew* – Nikolai Stepanowitsch Taganzew (1843–1923), bekannter Jurist, herausragender Spezialist auf dem Gebiet des Strafrechts, Senator.

22 *Schimkewitsch* – Wladimir Michailowitsch Schimkewitsch (1858-1923), russischer Zoologe, Mitglied der Russischen Akademie der Wissenschaften, Vertreter und Theoretiker der Lehre von der Evolution.

24 *W.A. Obolenski* – W.A. Obolenski, Mein Leben, meine Zeitgenossen. Paris, YMCA Press 1988.

25 *»Das Blutbad von Kischinjow«* – Abgedruckt in der Zeitung »Prawo« (Das Recht), 27. April 1903.

27 *Schwarzhunderter* – So von ihren Gegnern genannte, 1905 gegründete reaktionäre, rechtsradikale Organisation »Bund des russischen Volkes«, verantwortlich für antisemitische Pogrome und terroristische Anschläge.

27 *Witte* – Sergej Juljewitsch Witte (1849–1915), Staatsmann, Vorsitzender des Ministerrats von 1905 bis 1906.

28 *»Mein Vater ...«* – V. Nabokov, Erinnerung, a.a.O., S.24.
»In diesem Augenblick ...« – Ebenda, S.23/24, vgl. S.450.

29 *glückliche Kindheit* – Der Moskauer Literaturkritiker Viktor Jerofejew schreibt im Zusammenhang mit Nabokovs Kindheitsparadies, daß »die Erinnerung an den ursprünglichen idealen Zustand der Welt die Grundlage für Nabokovs Ethik ist ... verwurzelt eher in der Empfindung, im Gefühl als im kategorischen Imperativ«. In der Nabokov-Diskussion (s. »Literaturnaja gaseta« vom 17. August 1988) vertritt Jerofejew die Meinung, daß Nabokovs »irdisches Paradies künstlerisch mit dem Kindheitsparadies von Proust und Tolstoi korrespondiert«. Es läßt sich unschwer feststellen, daß die russische Nabokov-Forschung schon zu Beginn der Perestroika nicht nur sofort mit der bolschewistischen »Verteufelung« Nabokovs Schluß machte, sondern auch Aspekte untersuchte, die die westlichen Nabokov-Forscher nicht sehr bewegten. Unter Jerofejews hochinteressanten Arbeiten über Nabokov ist der Essay »Auf der Suche nach dem verlorenen Paradies: Der russische Metaroman Vladimir Nabokovs« hervorzuheben, auf den in diesem Buch wiederholt Bezug genommen wird.

30 *»tat alles ...«* – V. Nabokov, Erinnerung, a.a.O., S.42.

32 *»Ein Gefühl von Sicherheit ...«* – Ebenda, S.98 u. 462.

33 *Roshdestweno* – Das Haus wurde vor einiger Zeit als Heimatkunde- und Nabokov-Museum wiederaufgebaut, brannte dann aber ab.
»Auf den weißen Fensterbrettern ...« – V. Nabokov, Erinnerung, a.a.O., S.137.
»Jenseits des Parks ...« – Ebenda, S.181/82.

34 *»Jetzt aber hatte ich sie nicht nur vor meinen Augen«* – Ebenda, S.469.
ein religiöses Gefühl – Diese Meinung wird geteilt von zahlreichen zeitgenössischen Nabokov-Forschern (die gegen die frühere Kritik polemisieren, die Nabokov zu den Atheisten zählte), aber niemand beachtete das christliche Gefühl unwandelbarer Nabokovscher Dankbarkeit gegenüber dem Allerhöchsten für die geschenkten Segnungen.

36 *»Bald bemerkte ich ...«* – V. Nabokov, Erinnerung, a.a.O., S.280.

37 *französisch geschriebene Erzählung* – Gemeint ist die Erzählung »Mademoiselle O«, erschien in der Zeitschrift »Mesures«, 1936.

38 *»Im Gegensatz zu unseren früheren Erziehern ...«* – V. Nabokov, Erinnerung, a.a.O., S.213/14.

39 *den russischen Botschafter nach dessen Tod vertrat* – Darüber (wie auch über seine Freundschaft mit jungen britischen Offizieren) schreibt K.D. Nabokow in seinen nicht gerade brillanten »Prüfungen eines Diplomaten« (Stockholm 1921, im selben Jahr erschien die Londoner Ausgabe »The Ordeal of a Diplomat«).

Kornej Tschukowski – Kornej Iwanowitsch Tschukowski (1882–1969), bekannter Dichter (Kindergedichte), Literaturkritiker und Literaturwissenschaftler. War nicht nur mit K.D., sondern auch mit W.D. Nabokow bekannt.

40 *Alfred Appel* – Alfred Appel Jr., Memories of Nabokov. Times Literary Supplement, October 7, 1977. Alfred Appel Jr., Nabokov: A Portrait, in: Atlantic, Sept. 1971.

Edmund Wilson – Bekannter amerikanischer Prosaiker und Literaturwissenschaftler (1895–1972). Er spielte in Nabokovs Leben in Amerika eine wichtige Rolle. Siehe auch: Vladimir Nabokov, Briefwechsel mit Edmund Wilson 1940–1971. Reinbek 1995.

41 *»in den Händen eine Kerze ...«* – V. Nabokov, Lushins Verteidigung. Reinbek 1994, S.204.

»In schluchzendem Baß ...« – Ebenda, S.204/05

»Ihre direkte Ahnenreihe ...« – V. Nabokov, Erinnerung, a.a.O., S.46/47, vgl. S.454.

42 *»Ein um das andere Mal ...«* – Ebenda, S.20.

43 *»Schon kam der Diener ... Hier und da in der Dunkelheit ...«* – Ebenda, S.112 u. 113.

44 *»An straffen Schnüren aufgehängt ...«* – Ebenda, S.130.

Alexander Benois – Alexander Nikolajewitsch Benois (1870–1960), berühmter Maler, Bühnenbildner und Kunsthistoriker, gründete mit Bakst und Djagilew die »Welt der Kunst«, emigrierte 1926 nach Paris.

Dobushinski – Mstislaw Valerianowitsch Dobushinski (1875–1957), bekannter Graphiker, Maler und Bühnenbildner.

45 *Block* – Alexander Alexandrowitsch Block (1880–1921), russischer Dichter, Symbolist.

Apuchtin – Alexej Nikolajewitsch Apuchtin (1841–1893), russischer Dichter, dessen wehmütige Gedichte in Rußland gern gelesen und (in der Vertonung Tschaikowskis) gesungen wurden.

Slutschewski – Konstantin Konstantinowitsch Slutschewski (1837–1904), russischer Dichter.

46 *»um acht Uhr abends ...«* – V. Nabokov, Erinnerung, a.a.O., S.253/54.

Kadetten-Partei – Eigtl. Konstitutionell-Demokratische Partei (abgekürzt nach den Anfangsbuchstaben – Kadetten-Partei), auch Partei der Volksfreiheit genannt. Sie wurde 1905 gegründet und trat für eine Verfassunggebende Versammlung, für bürgerliche Freiheiten und ein allgemeines Wahlrecht ein. Sie gab die Tageszeitung »Retsch« (Rede) heraus. Nach der Februarrevolution war die Kadetten-Partei die stärkste Kraft in der Provisorischen Regierung. Ihr Führer war Pawel Miljukow.

Michail Geller – Michail Jakowlewitsch Geller (geb. 1920), Historiker,

Literaturwissenschaftler, Kritiker; schrieb das Vorwort zu der englischen Ausgabe von W.D. Nabokows Erinnerungen, die 1988 in London erschien (dt. Erstveröffentlichung: Petrograd 1917. Der kurze Sommer der Revolution, Berlin 1992). Lebt in Paris.

46 *Ariadna Tyrkowa-Wiljams* – Ariadna Wladimirowna Tyrkowa-Wiljams (1869–1962), einzige Frau in der Kadetten-Partei und deren »einziger richtiger Mann«, Politikerin und Journalistin. A. Tyrkowa-Wiljams, Auf den Wegen zur Freiheit. New York 1952.

48 *Trudowiki* – Eigtl. »Trudowaja gruppa« (Gruppe der Werktätigen), entstand 1906 als Organisation der Bauerndeputierten der Ersten Staatsduma. *einer ihrer führenden Redner* – Der englische Historiker Bernard Pares (Bernard Pares, »Russia and Reform« und »My Russian Memoirs«), der an einer Sitzung der Ersten Duma teilnahm, schrieb, daß »in den Debatten der Duma ein junger Kadett wortführend ist, der über ein beachtliches Geschick und vielversprechende parlamentarische Talente verfügt – Wladimir Nabokow«.

49 *fand unlängst Brian Boyd* – Brian Boyd, Vladimir Nabokov. The Russian Years. Princeton University Press, Ch.3.

52 *Ossip Mandelstam* – Ossip Emiljewitsch Mandelstam (1891–1938), russischer Dichter und Prosaiker, war mit Gumiljow und Achmatowa befreundet, starb in einem sowjetischen Konzentrationslager.
»Wie in allen Schulen ...« – V. Nabokov, Erinnerung, a.a.O., S.250.
Oleg Wolkow – Oleg Wassiljewitsch Wolkow (1900–1996), russischer Schriftsteller, der 28 Jahre seines Lebens in Stalinschen Lagern verbrachte. Er schrieb im Alter interessante Memoiren. Auf seine Erinnerungen an den Schulkameraden Nabokov und seinen Brief wurde der Autor der vorliegenden Biographie von Sinaida Schachowskaja hingewiesen.

53 *Für Dich gab es ...«* – Aus Samuil Rosows Brief an Nabokov vom 27. Januar 1972 (wie viele andere Dokumente aus dem Archiv in Montreux erstmalig von Brian Boyd öffentlich gemacht).
Diese typische Klassenzusammensetzung – Die fast völlige Übereinstimmung dieser Auswahl von Typen mit dem, was M. Agejew in seinem Buch »Liebesgeschichte mit Kokain« über eine Gymnasialklasse schreibt, diente dem Pariser Professor N.A. Struve als ein Argument für die Behauptung, daß der wirkliche Autor des Buches der große Mystifizierer Vladimir Nabokov sei. Dafür gibt es jedoch keinerlei Bestätigung (als erste widersprach die Witwe des Schriftstellers, Vera Nabokov, dieser Hypothese).

54 *»Doch meine Gedanken ...«* – V. Nabokov, Erinnerung, a.a.O. S.288.

55 *»mein Vater und Miljukow ...«* – Ebenda, S.254.
Miljukow – Pawel Nikolajewitsch Miljukow (1859–1943), Historiker, Führer der Kadetten-Partei, Außenminister im ersten Kabinett der Provisorischen Regierung. Emigrierte 1918, zuerst nach London, dann nach Paris; war von 1920 bis 1940 Redakteur der Tageszeitung »Poslednije nowosti«.

56 *»Was soll's ...«* – V. Nabokov, Erinnerung, a.a.O., S.477.

58 *»fuhr vorsichtig ...«* – Ebenda, S.313/14.

59 *»Wir verliefen uns ...«* – Ebenda, S.323.

60 *Silbernes Jahrhundert* – So werden in der russischen Literatur die ersten stürmischen Jahrzehnte unseres Jahrhunderts genannt, in denen Malerei, Religion und Philosophie aufblühten. Nach der Oktoberrevolution gingen die Schöpfer des »silbernen Jahrhunderts« zumeist in die Emigration, andere wurden ermordet (wie Gumiljow) oder verbannt.

61 *hinter denen er jedesmal* – Brian Boyd schreibt, daß der junge Nabokov in jenem für das Land verhängnisvollen Winter einige flüchtige Liebesabenteuer und leichte Siege hatte. Der Autor der vorliegenden Biographie betrachtet diese amouröse »Verwegenheit« Nabokovs mit großer Vorsicht, denn er hat den Verdacht, daß sie ein Teil der Legende ist, die Nabokov nach »Lolita« selbst geschaffen hat.
»An diesem Abend ...« – V. Nabokov, Maschenka. Reinbek 1993, S.116/17.

62 *Woloschin* – Maximilian Alexandrowitsch Woloschin (1877 – 1932), russischer Dichter, Kunstkritiker, Aquarellmaler.
»Ich hatte das Gefühl ...« – Wladimir Nabokow, Der kurze Sommer der Revolution. Berlin 1992, S.27.

63 *Nolde* – Boris Emanuilowitsch Nolde (1870–1926), Jurist, Mitglied der Kadetten-Partei; emigrierte nach der Oktoberrevolution.
Kerenski – Alexander Fjodorowitsch Kerenski (1881–1970), Advokat, Mitglied der Gruppierung der Trudowiki, wechselte später zur Partei der Sozialrevolutionäre, Oberhaupt der in Rußlands Geschichte ersten demokratischen (wenn auch Provisorischen) Regierung.
Trotzki – Lew Dawydowitsch Trotzki, eigtl. Bronstein (1879–1940), führender Funktionär der bolschewistischen Partei, nach der Oktoberrevolution zunächst Volkskommissar für Äußeres, später Kriegs- und Marine-Volkskommissar, gilt als der Begründer der Roten Armee und der Komintern. Stalin trieb ihn aus dem Land und ließ ihn 1940 von dem Agenten Ramón Mercader in Mexiko ermorden. Zitat aus Lew Trotzki, Geschichte der russischen Revolution.

64 *»An ihrem zarten Hals ...«* – V. Nabokov, Maschenka, a.a.O., S.118.

65 *»Als am Ende des Jahres ...«* – V. Nabokov, Erinnerung, a.a.O., S.325/26 und 480.

66 *Gräfin Panina* – Sofja Wladimirowna Panina (1871–1957), Politikerin, stellvertretende Ministerin für Soziales in der Provisorischen Regierung, starb in der Emigration.

67 *»Der Ort nahm sich völlig fremdartig aus ...«* – V. Nabokov, Erinnerung, a.a.O., S.329.

68 *»Plötzlich fühlte ich ...«* – Ebenda, S.329/30 ...

69 *»Die lokale Tatarenregierung ...«* – Ebenda, S.330 u. 481.

70 *»An einem Frühlingstag ...«* – Ebenda, S.332.
»Fontäne von Bachtschissarai« – Anspielung auf Puschkins Gedicht »An die Fontäne im Palast von Bachtschissarai«.
Wladimir Pol – Wladimir Pol galt als große Autorität auf dem Gebiet der Mystik und Magie und behauptete später, der junge Nabokov habe seinen »Engelszyklus« auf sein Betreiben geschrieben.

71 *»Heute berührt ...«* – V. Nabokov, Erinnerung, a.a.O. S.337/38.

72 *Hadshi-Murat* – Held der gleichnamigen Erzählung von Lew Tolstoi.

72 *»Gegen Abend kletterten sie ...«* – V. Nabokov, Die Mutprobe. Reinbek 1977, S.31.
Denikin – Anton Iwanowitsch Denikin (1872–1947), General, Oberbefehlshaber der weißgardistischen Armee in Südrußland. Emigrierte Ende 1920.
73 *Shukowski* – Wassili Andrejewitsch Shukowski (1783–1852), russischer Dichter, Vertreter der russischen Romantik.
Marina Zwetajewa – Marina Iwanowna Zwetajewa (1892–1941); bekannte Lyrikerin.
Haus in Koktebel – Dieses gastfreundliche Landhaus (das an das Sommerhaus der Nabokows in Wyra, das Landhaus von Karpovich in Vermont oder an das Landhaus Zetlins in Meudon erinnert) war natürlich keine Pension, wie Brian Boyd meint.
Andrej Bely – Andrej Bely, eigtl. Boris Nikolajewitsch Bugajew (1880 bis 1934), bekannter Lyriker und Prosaiker. Seine frühe Lyrik ist vom Symbolismus geprägt. Nabokov schätzte seinen Roman »Petersburg« sehr. Von 1921–1923 lebte Bely in Berlin.
75 *Brjussow* – Valeri Jakowlewitsch Brjussow (1873–1924), Dichter, Prosaiker und Übersetzer, einer der bekanntesten symbolistischen russischen Dichter.
Baratynski – Jewgeni Abramowitsch Baratynski (1800–1843), Dichter der russischen Romantik.
Lomonossow – Michail Wassiljewitsch Lomonossow (1711–1765), russischer Gelehrter und Dichter, »Vater der russischen Literatur«; universal gebildeter Denker und Forscher; schrieb vor allem Oden sowie zwei Tragödien. Seine philologischen Arbeiten waren wichtig für die Entwicklung der russischen Schriftsprache.
Benediktow – Wladimir Grigorjewitsch Benediktow (1807–1873), bekannter russischer Dichter.
76 *Axjonows Utopie »Die Insel Krim«* - Wassili Pawlowitsch Axjonow (geb. 20.8.1932), russischer Schriftsteller, wurde 1979 als Hauptherausgeber des unabhängigen Almanachs »Metropol« scharf angegriffen und 1980 zur Ausreise gezwungen. Lebt in den USA. In seiner Utopie »Die Insel Krim« (1981) geht er von der Annahme aus,daß die Krim 1922 nicht von der Roten Armee erobert worden sei, sondern sich als westliches Land frei entwickelt habe.
Oktobrist Gutschkow – Alexander Iwanowitsch Gutschkow (1862 bis 1936), russischer Industrieller; gründete 1905 den »Bund des 17. Oktober«; die Mitglieder wurden Oktobristen genannt. Gutschkow war in der Provisorischen Regierung Kriegsminister. Emigrierte 1918.
Solomon Krim – Solomon Samoilowitsch Krim (1868–1938), ein gebürtiger Karait (jüdische Sekte, die sich u.a. auf der Krim verbreitet hatte); er war Politiker der Kadetten-Partei, Abgeordneter der Duma und des Staatsrates; lebte nach der Emigration in der Provence (auf dem »russischen Hügel«), wo Emigranten (darunter auch Sascha Tschorny, vgl. Anm. zu 102) eine Gegend gefunden hatten, die sie an die geliebte Krim erinnerte.
77 *»Die eine Seite kämpft ...«* – V. Nabokov, Mutprobe, a.a.O., S.89.

77 *für einen Schriftsteller vielleicht nicht unfruchtbar* – Sinaida Schachowskaja berührte als erste dieses Thema, aber leider wurde in ihrem Buch »W poiskach Nabokova« (Auf der Suche nach Nabokov), erschienen in La presse libre, Paris 1979, die unangebrachte und unfruchtbare Position eines »Ehrengerichts« über den Schriftsteller formuliert.
78 *»Doch ich werde ...«* – V. Nabokov, Erinnerung, a.a.O., S.338.
»Die ganze Vorderpartie ...« – Ebenda, S.270.
»in seinem Leben ...« – V. Nabokov, Pnin. Reinbek 1995, S.21.
80 *ein anderer Dichter* – Gemeint ist Georgi Wladimirowitsch Iwanow (1894–1958), ein bekannter Dichter und Prosaiker und recht prinzipienloser Zeitungskritiker (wie aus verschiedenen Memoiren, auch aus denen seiner Witwe, hervorgeht); war in der Emigration ein unversöhnlicher Feind Nabokovs.
81 *Gleb Struve* – Gleb Petrowitsch Struve (1898–1985), Literaturkritiker, verfaßte die erste Arbeit über die russische Emigrantenliteratur; Sohn von Peter Struve.
Anna Pawlowa – Berühmte russische Tänzerin (1885–1931).
82 *Bunin* – Iwan Alexejewitsch Bunin (1870–1953), einer der bedeutendsten Prosaiker der russischen Literatur; emigrierte 1920 nach Frankreich; erhielt 1933 den Nobelpreis.
»Ich hatte das Gefühl ...« – V. Nabokov, Erinnerung, a.a.O., S.353/54.
84 *»Die Geschichte ...«* – Ebenda, S.484.
86 *»alliierte Blockade ...«* – V. Nabokov, Erinnerung, a.a.O., S.356.
»Puschkin auf Grund von Tschaikowskis elenden Libretti bewundert ...« – Nabokov meint die bekannten Opern Tschaikowskis nach Motiven von Puschkins »Eugen Onegin« und »Pique Dame«.
»Ja ... ich halte mir ...« – V. Nabokov, Erinnerung, a.a.O., S.358.
88 *Stolypin* – Peter Arkadjewitsch Stolypin (1862–1911), russischer Politiker, Innenminister, nach Auflösung der Ersten Duma 1906 Ministerpräsident.
89 *Skizze Nabokovs* – Gedruckt in Sascha Tschornys Zeitschrift »Grani«, 1, 1922.
92 *nostalgische Erinnerungen* – Der Moskauer Forscher R. Jangirow veröffentlichte 1992 in der russischsprachigen Pariser Zeitung »Russkaja mysl« (Russischer Gedanke) Auszüge aus anonymen Briefen, die 1922 an Ariadna Tyrkowa-Wiljams geschickt worden waren, darin stand über den jungen Nabokov: »Er hat ja jedes Frühjahr Heimweh.«
94 *Wrangel* – Pjotr Nikolajewitsch Wrangel (1878–1928), General, befehligte ab März 1920 die Freiwilligenarmee, die gegen die Bolschewiken kämpfte, wurde im November endgültig geschlagen und floh mit den restlichen Truppen ins Ausland.
Dahl – Wladimir Iwanowitsch Dahl (1801–1872), russischer Schriftsteller, Arzt, Ethnograph und Lexikograph; sein erklärendes Wörterbuch der russischen Sprache ist an Materialreichtum bis heute unübertroffen.
96 *Wladimir Majakowski* – Wladimir Wladimirowitsch Majakowski (1893–1930), Rebell und Futurist vor der Revolution, aber Sänger des totalitären Regimes, der Repressionen, der herrschenden Partei und der Geheimpolizei nach der Revolution; Neuerer der Gedichtform. Nabokov parodierte »seinen Namensvetter« wiederholt.

96 *Boris Pilnjak* – Boris Andrejewitsch Pilnjak, eigtl. Wogau (1894–1937), russischer Schriftsteller, Chronist der Revolution, wurde berühmt mit dem Roman »Das nackte Jahr«; 1937 verhaftet und erschossen.

Ilf und Petrov – Eigentlich Ilja Arnoldowitsch Fainsilberg (1897-1937) und Jewjeni Petrowitsch Katajew (1903-1942), schrieben zusammen die humoristischen Romane »Zwölf Stühle« und »Das goldene Kalb«.

100 *»unser Freund«* – Gemeint ist Grigori Jefimowitsch Rasputin (1864 bis 1916), erwarb sich als »Wundermönch« das Vertrauen des Zaren Nikolaus II. und seiner Frau Alexandra Fjodorowna, die völlig seinem Einfluß erlagen. Wurde 1916 ermordet.

102 *Sascha Tschorny* – Eigtl. Alexander Michailowitsch Glikberg (1880 bis 1932), bekannter russischer Dichter und Schriftsteller.

110 *Kuprin* – Alexander Iwanowitsch Kuprin (1870–1938), realistischer russischer Erzähler, wurde mit seinem Roman »Das Duell« (1905) weithin bekannt; emigrierte 1919 nach Paris; kehrte 1937 schwerkrank in die Sowjetunion zurück.

Mereshkowski – Dmitri Sergejewitsch Mereshkowski (1865–1941), russischer Schriftsteller, Philosoph, Literaturwissenschaftler; emigrierte 1919 nach Paris.

111 *Alfred Rosenberg* – (1893-1946), seit 1923 Hauptschriftleiter des »Völkischen Beobachters«; seit 1933 Reichsleiter der NSDAP, stand an der Spitze des »Außenpolitischen Amtes« der Partei. Wurde 1946 als »Urheber des Rassenhasses« vom Internationalen Militärtribunal in Nürnberg zum Tode verurteilt.

114 *»daß dieser Zustand ...«* – V. Nabokov, Erinnerung, a.a.O., S.366.

115 *»Shakespeare und Company«* – Den Laden und Sylvia Beach kennen viele aus Hemingways Roman »Paris. Ein Fest fürs Leben«. Heute gibt es einen Laden mit derselben Bezeichnung gegenüber von Notre Dame, in dem sich ständig junge Amerikaner und junge Pariser Intellektuelle drängen. Einmal in der Woche bewirtet sie der Inhaber J. Whitman mit Tee, und manche übernachten auch dort, im ersten Stock.

Stiefmutter – In Rußland gilt als »Mutter der russischen Städte« Moskau oder Kiew.

116 *»Wie jedes Mal ...«* – V. Nabokov, Gabe, a.a.O., S.270.

117 *Viktor Schklowski* – Viktor Borissowitsch Schklowski (1893–1985), russischer Schriftsteller, Kritiker, Filmszenarist; reiste 1922 aus Furcht vor einer Verhaftung nach Berlin, wo er etwa ein Jahr lebte.

»Die Russen wohnen ...« – Viktor Schklowski, Zoo oder Briefe nicht über die Liebe. Frankfurt a. Main 1965, S.72.

»Leben unter geisterhaften Deutschen ...« – V. Nabokov, Erinnerung, a.a.O., S.375.

119 *»Die friedlichen Deutschen ...«* – V. Nabokov, Mutprobe, a.a.O., S.170.

»In ihm erwachte ...« – V. Nabokov, Gabe, a.a.O., S.132.

121 *Alexej Tolstoi* – Alexej Nikolajewitsch Tolstoi (1882–1945), russischer Schriftsteller, schrieb Erzählungen und historische Romane; emigrierte 1918. 1923 wurde ihm die Rückkehr in die Sowjetunion gestattet.

Ilja Ehrenburg – Ilja Grigorjewitsch Ehrenburg (1891–1967), bekannter russischer Schriftsteller und Publizist; schrieb nach Stalins Tod den Roman »Tauwetter«, der einer ganzen Epoche den Namen gab.

121 *»Ich halte mir etwas darauf zugute ...«* – V. Nabokov, Erinnerung, a.a.O., S.358.

Balmont – Konstantin Dmitrijewitsch Balmont (1867–1942), russischer Lyriker, zentrale Gestalt des frühen Symbolismus, Wegbereiter der russischen Moderne; emigrierte 1920 nach Paris.

122 *Gumiljow* – Nikolai Stepanowitsch Gumiljow (1886–1921), russischer Dichter und Kritiker, gehörte zur literarischen Gruppe der »Akmeisten«; 1910–1918 mit Anna Achmatowa verheiratet; wegen einer angeblichen Verschwörung von der Tscheka erschossen.

Gleb Struve schrieb – Gleb Struve, Aus meinen Erinnerungen an einen literarischen Zirkel in Berlin, in: Nowoje russkoje slowo, New York, 4.10. 1981.

125 *»stellte sich heraus ...«* – V. Nabokov, Gabe, a.a.O., S.514.

Lewis Carroll – Eigtl. Charles Lutwidge Dodgson (1832–1898), englischer Schriftsteller, Professor für Mathematik, Autor des weltbekannten Buches »Alice im Wunderland«. Nicht nur das Buch bewegte Nabokov, sondern auch das Schicksal des pädophilen Autors.

126 *was haben Lushins Schwiegereltern von ihnen* – Auf die Frage der russischen Prototypen Nabokovs, die für das Verständnis seiner schriftstellerischen Methoden und seiner Psychologie wesentlich ist, wurde bisher kaum eingegangen. Darum lenkt der Verfasser dieses Buches die Aufmerksamkeit der Leser auf das Ehepaar Siewert, auf Kalaschnikow, Lukasch, Irina Guadanini, auf Roman Kljatschkin ...

127 *»Als Martin in der Straßenbahn ...«* – V. Nabokov, Mutprobe, a.a.O., S.170.

129 *Fet* – Afanassi Afanasjewitsch Fet (1820–1892), herausragender russischer Dichter.

Maikow – Apollon Nikolajewitsch Maikow (1811–1897), russischer Dichter.

133 *Mutter Maria* – Eigtl. Jelisaweta Jurjewna Pilenko (1891–1944), nach ihrem ersten Mann Kusmina-Karawajewa, nach dem zweiten Skobzowa. In Petersburg gehörte sie als Dichterin zu dem Kreis um Block. Emigrierte 1919, zuerst nach Konstantinopel und Belgrad, 1923 nach Paris; wurde 1932 Nonne; gründete in Paris ein Zentrum der sozialen Hilfe – »Rechtgläubige Sache«; half im Krieg Juden und kam im KZ Ravensbrück um. Nabokov meinte sie, als er in »Pnin« über »heldenhafte Nonnen« schrieb.

Viktor Platonowitsch Nekrassow – (1911–1987), russischer Schriftsteller (bekanntester Roman: Stalingrad); erhielt 1974 die Genehmigung zur Ausreise; lebte bis zu seinem Tod in Paris.

134 *»Er enthielt ...«* – V. Nabokov, Pnin, a.a.O., S.98.

136 *Jewreinow* – Nikolai Nikolajewitsch Jewreinow (1879–1953), Regisseur, Dramatiker.

»Eine Menge Menschen ...« – V. Nabokov, Lushin, a.a.O., S.223/225.

138 *»Noch etwas, Elena Vladimirovna ...«* – Das Gespräch fand wenige Monate vor Vera Nabokovs Tod statt.

140 *»Die Tatsache ...«* – V. Nabokov, Mutprobe, a.a.O., S.200.
141 *Sol. Sam.* – Gemeint ist Solomon Samoilowitsch Krim.
143 *»Der Hafen«* – Enthalten in dem Erzählungsband »Tschorbs Rückkehr«, Berlin 1930.
144 *»Laterne, Zaun ...«* – V. Nabokov, Gabe, a.a.O., S.255 und 287.
Roman Gul – Roman Borissowitsch Gul (1896–1986), emigrierter russischer Schriftsteller, Kritiker.
Remisow – Alexej Michailowitsch Remisow (1877–1957), russischer Schriftsteller; emigrierte 1921 nach Berlin, dann nach Paris.
145 *einen poetischen Spaziergang* – Brian Boyd schreibt, daß Nabokov Marina Zwetajewa bezaubernd fand. Aber nach seinen Rezensionen ihrer Gedichte zu urteilen, dürften sie kaum eine gemeinsame Sprache gefunden haben.
146 *im Fernsehen sprach* – Das war am 30. Mai 1975; Nabokov las vor der Kamera den Text wie üblich von seinen Zetteln ab.
148 *Unter den zahlreichen Erzählungen* – Fast alle in »Tschorbs Rückkehr« enthalten.
149 *Zetlin* – Michail Zetlin, emigrierter Dichter und Kritiker, Mitarbeiter der »Sowremennyje sapiski«.
151 *»Da ist er ...«* – V. Nabokovs, Gabe, a.a.O., S.265/267.
152 *keine rassischen Vorurteile* – Diese Haltung Nabokovs, dessen Wahl auf eine Frau jüdischer Herkunft gefallen war, die Tochter von Jewsej Slonim und Slawa Feigina, hat seine russischen Biographen durchaus beschäftigt.
153 *französische Übersetzung* – 1990 erschien in Paris der Band »Die Venezianerin«, der vier bis dahin unveröffentlichte Erzählungen Nabokovs enthielt.
»Weihnachten« – Enthalten in »Tschorbs Rückkehr«.
»Und die Sommerabende ...« – V. Nabokov, Knight, a.a.O., S.106/108.
»Es tut mir leid ...« – V. Nabokov, Gabe, a.a.O., S.315.
156 *»eine Mischung aus weiblicher Schüchternheit ...«* – Ebenda, S.300.
»Manchmal beneidete er ...« – Ebenda, S.268.
»sich aus dem Dunkel löste ...« – Ebenda, S. »288/89.
158 *Stepun* – Fjodor Awgustowitsch Stepun (1884–1965), Philosoph, Schriftsteller, Literaturkritiker; auf Weisung Lenins 1922 mit anderen Philosophen und Schriftstellern ausgewiesen.
Fondaminski – Ilja Issidorowitsch Fondaminski (1897–1942), russischer Sozialrevolutionär, Historiker, Journalist, Redakteur, Mäzen; in Auschwitz umgekommen.
»Ich glaube ...« – V. Nabokov, Gabe, a.a.O., S.594.
»Hätte er sich während jener Tage ...« – Ebenda, S.290.
»landete er sofort ...« – Ebenda, S.291.
160 *»Wo soll ich all die Gaben ...«* – Ebenda, S.534.
162 *Michail Ossorgin* – Michail Andrejewitsch Ossorgin, eigtl. Iljin (1878 bis 1942), russischer Schriftsteller und Journalist; starb in der Emigration.
163 *»Die Pension war ...«* – V. Nabokov, Maschenka, a.a.O., S.16.
165 *Galina Kusnezowa* – Galina Nikolajewna Kusnezowa (1902–1976),

Prosaikerin, Dichterin (ihre Memoiren wurden unter dem Titel »Grasse-Tagebuch« veröffentlicht); letzte Liebe Bunins; lebte von 1927 bis 1942 mit der Familie Bunin in Grasse.

165 *»Die wohlbekannte Neigung ...«* – V. Nabokov, Maschenka, a.a.O., S.173.

167 *Sejfullina* – Lydia Nikolajewna Sejfullina (1889–1954), russische Schriftstellerin.

Fjodor Gladkow – Fjodor Wassiljewitsch Gladkow (1883-1953); russisch-sowjetischer Schriftsteller, eine der Säulen des „sozialistischen Realismus".

Serafimowitsch – Alexander Serafimowitsch, eigtl. Popow (1863–1949), russischer Schriftsteller.

Sostschenko – Michail Michailowitsch Sostschenko (1895–1958), Satiriker, der um 1930 zu den meistgelesenen Schriftstellern in der Sowjetunion gehörte.

Babel – Isaak Emmanuilowitsch Babel (1894–1940), russischer Prosaiker und Dramatiker. Sein bekanntestes Buch ist die »Reiterarmee«; 1939 verhaftet, 1940 erschossen.

170 *Aldanow* – Mark Alexandrowitsch Aldanow, eigtl. Landau (1889–1957), einer der populärsten Schriftsteller in der Emigration, Autor historischer Romane.

Nina Berberova - Nina Nikolajevna Berberova (1901–1992), emigrierte russische Schriftstellerin, Autorin interessanter Erzählungen, einer journalistischen Recherche über die russischen Freimaurer und der Memoiren »Ich komme aus St. Petersburg«. Sie war mit Chodassewitsch verheiratet, später mit N.W. Makejew. Nach dem Krieg übersiedelte sie in die USA, wo sie bis zu ihrer Pensionierung unterrichtete. Erst in hohem Alter erlangte sie, nachdem in Arles ihre Erzählung »Die Begleiterin« neu aufgelegt worden war, in Frankreich schriftstellerischen Ruhm. Nabokov, Gul und andere emigrierte Schriftsteller nahmen ihre Memoiren ablehnend auf.

171 *»Sowremennyje sapiski«* – Diese Literaturzeitschrift, in deren Namen sich Puschkins »Sowremennik« und Nekrassows »Otetschestwennyje sapiski« vereinigten, war bemüht, die großen Traditionen der »dicken Zeitschrift« fortzusetzen, sie schrieb in der besonderen Situation der ersten russischen Emigration wohl eine Glanzseite in der Geschichte der russischen Journalistik. Geleitet wurde sie von vier ehemaligen Sozialrevolutionären: Wischnjak, Awksentjew, Rudnew und Fondaminski. Fondaminski war die Seele der Zeitschrift und beschaffte die Mittel.

173 *Demjan Bedny* – Eigentlich Jefim Alexandrowitsch Pridworow (1883-1945), russ.-sowj. Lyriker, seine Agitationsgedichte wurden durch ihre primitive Form und ihren leicht eingängigen Inhalt breiten Schichten bekannt.

181 *Tjutschewsche Strömung* – Fjodor Iwanowitsch Tjutschew (1803-1873), russischer Dichter.

»Gedichte von Bunin ...« – Leider wurden die Lyrik und die hervorragende Prosa Bunins, für die er 1933 den Nobelpreis bekam, nicht

einmal in Frankreich populär, ganz zu schweigen von den anderen westeuropäischen Ländern. Von den Schriftstellern und Lesern der ersten russischen Emigration hätte wohl niemand gedacht, daß ein halbes Jahrhundert später Nina Berberova weitaus populärer sein würde als Bunin.

181 *Boris Pasternak* – Boris Leonidowitsch Pasternak (1890-1960), russischer Lyriker und Prosaiker, vor allem bekannt durch seinen Roman »Doktor Shiwago«.

183 *Boris Poplawski* – Boris Julianowitsch Poplawski (1903–1935), der wohl talentierteste und populärste Dichter, Prosaiker und Kritiker der »Pariser Note«, der Pariser Schule der »unbemerkten Generation« junger Schriftsteller (auch »Montparnasse-Leute« genannt, weil sie gern die Cafés am Montparnasse besuchten).

Raissa Bloch – Raissa (Rosa) Nojewna Bloch (1899–1943), russische Emigrantendichterin. Ihr nostalgisches Gedicht »Fremde Städte« (von Wertinski vertont) wurde in der Emigration und später auch in Rußland sehr bekannt. Sie kam in einem deutschen Konzentrationslager um. Es ist nicht auszuschließen, daß Nabokov Gewissensbisse wegen seiner bösen Rezension hatte und sie in die Erinnerungen des Timofey Pnin (Roman »Pnin«) an seine Jugendliebe Mira Bjelotschkin einfließen ließ: »Man mußte vergessen – weil man nicht mit dem Gedanken leben konnte, daß diese anmutige, zerbrechliche, zarte junge Frau mit diesen Augen, diesem Lächeln, diesen Gärten und diesem Schnee im Hintergrund per Viehwagen in ein Vernichtungslager geschafft und mit einer Phenolinjektion ins Herz gemordet worden war, in dieses sanfte Herz, das man unter seinen Lippen im Dämmer der Vergangenheit pochen gehört hatte.« (Pnin, a.a.O., S.165)

Achmatowa – Anna Andrejewna Achmatowa (1889–1966), größte russische Dichterin des 20. Jahrhunderts. Nabokovs Angriffe auf sie legen den Gedanken nahe, daß er (wie viele andere) auf der Suche nach der eigenen poetischen Stimme sich von dem mächtigen Einfluß Achmatowas frei machen mußte.

186 *Er starb ...* – In einem damals geschriebenen Gedicht über Aichenwald spricht Nabokov von einer anderen, dritten Welt, in die sein alter Freund eingegangen sei und in der die Dichter lebten. Von dieser »dritten Welt« schrieb damals auch Marina Zwetajewa, um dem jungen Dichter Dmitri Schachowskoi die Mönchsweihe auszureden.

187 *»einen flüchtigen Sommer ...«* – V. Nabokov, Lushin, a.a.O., S.9, 10.

189 *Godunow-Tscherdynzew* – Held des Romans »Die Gabe«.

Der Schachroman – Der Schachkenner und Journalist E. Stein hingegen erklärt, Lushin sei (wie er dem Buch entnehme) nur ein mittelmäßiger Schachspieler gewesen; der große Aljechin hatte seinerzeit den Roman aufmerksam gelesen und nichts dergleichen geäußert.

»Die geheimnisvolle Fähigkeit ...« – V. Nabokov, Lushin, a.a.O., S.118.

190 *»Lushins Dilemma ...«* – Ebenda, S.107/08.

192 *»die Schilderung eines Gartens ...«* – Ebenda, S.298.

»Die Kombination ...« – Ebenda, S.245.

193 *»sah er nach unten ...«* – Ebenda, S.294.

193 *»Man muß sich darüber im klaren sein ...«* – V. Nabokov, Erinnerung, a.a.O., S.395.

194 *Irina Sljussarewa* – Irina Sljussarewa, Bau der Einfachheit. Versuch einer Lesart von Nabokovs Roman »Lushins Verteidigung«, in: Podjom, Woronesh 1988.
Page Stegner – Page Stegner, Escape into Aesthetics: The Art of Vladimir Nabokov, Dial Press, New York 1966.

195 *russische Kritik* – Wenn der Moskauer Kritiker O. Michailow, dessen Vorwort zu Nabokov in den Perestroika-Jahren in Riesenauflagen verbreitet wurde, schreibt, Nabokovs Roman sei »ein Phänomen der Sprache, nicht der Ideen«, erklärt sich das nur damit, daß der Kritiker aus den Sowjetzeiten unter »Ideen« nur die »einzig richtige Ideologie« versteht.

196 *»Die Nummer ...«* – Nina Berberova, Ich komme aus St. Petersburg, Düsseldorf 1990, S.367.
Bizilli – Pjotr Bizilli, emigrierter Literaturkritiker. Sein Artikel über Nabokov wurde in amerikanischen Ausgaben nachgedruckt.
Kuskowa – Jekaterina Dmitrijewna Kuskowa (1869–1958), bekannte Journalistin. 1922 aus Rußland ausgewiesen.

197 *Ozup* – Nikolai Awdejewitsch Ozup (1894–1958), Dichter, Literaturkritiker, Akmeist aus dem Kreis um Gumiljow.
Slonim – Mark Lwowitsch Slonim, Literaturkritiker, Journalist.

198 *Eichenbaum* – Boris Michailowitsch Eichenbaum (1886–1959), Literaturwissenschaftler, Kritiker.
Olescha – Juri Karlowitsch Olescha (1899–1960), russischer Prosaiker, Dramatiker, Filmszenarist. Ab 1936 in der Sowjetunion gut zwei Jahrzehnte nicht mehr gedruckt. Seine berühmtesten Werke: »Neid«, »Die drei Dickwänste«, »Kein Tag ohne Zeile«.

199 *Alexej Eisner* – Alexej Wladimirowitsch Eisner, Dichter, Übersetzer, stand linken und »bolschewisierenden« Emigranten nahe. Er kämpfte im Bürgerkrieg in Spanien, wurde nach seiner Rückkehr in die Sowjetunion verhaftet und saß im Lager.

202 *»Die Textur der Geschichte ...«* – V. Nabokov, Der Späher. Reinbek 1995, S.112.
»die Qualen des Sünders ...« – Ebenda, S.26.

203 *»Die Geschichte spielt ...«* – Ebenda, S.110.

204 *»eine Recherche ...«* – V. Nabokov, Späher, a.a.O., S.112.
»Macht es einen Unterschied ...« – Ebenda, S.106.
»Ich weiß nicht ...« – Ebenda, S.112/13.
»Ich habe eingesehen ...« – Ebenda, S.106/07.

205 *Fadejew* – Alexander Alexandrowitsch Fadejew (1901-1956), russisch-sowjetischer Schriftsteller, einer der führenden dogmatischen Stalinisten, der die Mitverantwortung an Publikumsverbot, Unterdrückung, Verhaftung und Tod vieler Schriftsteller trug. Fadejew setzte seinem Leben selbst ein Ende.
Schischkin – Iwan Iwanowitsch Schischkin (1832-1898), russischer realistischer Maler, konzentrierte sich auf die sachliche Darstellung der Natur.

206 *»neidischer Salieri ...«* – Antonio Salieri (1750–1825), italienischer Komponist. Die Legende bezichtigt ihn, Mozart aus Neid umgebracht zu haben.

208 *Wischnjak* – Mark Weniaminowitsch Wischnjak (1883–1971), Politiker, Sozialrevolutionär, Advokat, Journalist, einer der Herausgeber der »Sowremennyje sapiski«.

Georgi Fedotow – Georgi Petrowitsch Fedotow (1886–1951), russischer Philosoph, Theologe, Literaturkritiker. Freund Fondaminskis.

209 *Raskolnikow* – Fjodor Fjodorowitsch Raskolnikow (1892–1951), Flottenbefehlshaber, Gesandter der Sowjetunion in Afghanistan; kurze Zeit mit Larissa Reißner verheiratet; bat Ende der dreißiger Jahre in Frankreich um politisches Asyl und schrieb einen entlarvenden Brief an Stalin.

210 *Nikolai Rajewski* – Nikolai Alexejewitsch Rajewski, russischer Dichter und Prosaiker; kehrte aus der Emigration nach Rußland zurück; lebte in Kasachstan.

211 *»ein dichter Wald ...«* – V. Nabokov, Mutprobe, a.a.O., S.15.

212 *»Er kritzelte ...«* – Ebenda, S.95/96.

Judenitsch – Nikolai Nikolajewitsch Judenitsch, General, befehligte die weißgardistischen Truppen im Nordwesten Rußlands, besonders bei Petrograd.

213 *»Ich weigere mich ...«* – V. Nabokov, Mutprobe, a.a.O., S.249.

»Die Luft war trübe ...« – Ebenda, S.251.

214 *»Dieser Held ...«* – Ebenda, S.220.

»Martin sah ...« – Ebenda, S.22.

217 *»Fondaminski hatte eine Art ...«* – Nina Berberova, Ich komme aus St. Petersburg.a.a.O., S.344.

222 *»Er ist sehr angenehm ...«* – Vera Bunina, Mit Bunins Lippen. Band 2, Frankfurt am Main 1981.

223 *GPU* – Staatliche Politische Verwaltung, einer der Namen der sowjetischen Geheimpolizei, aus der Tscheka hervorgegangen, später umbenannt in NKWD, KGB, jetzt FSB.

Kornilow-Armee – Lawr Georgijewitsch Kornilow (1870-1918), während der Februarrevolution Gegenspieler Kerenskis, kommandierte nach 1917 eine weißgardistische Freiwilligenarmee im Dongebiet.

224 *Tarassow-Rodionow* – Alexander Ignatjewitsch Tarassow-Rodionow (1885–1938), russischer Schriftsteller, dessen Buch »Schokolade« Aufsehen erregte. 1937 wurde der othodoxe proletarische Schriftsteller, der Untersuchungsführer beim Obersten Tribunal und Kommandeur der Roten Armee gewesen war, als »Volksfeind« verleumdet und wahrscheinlich 1938 erschossen.

Efron – Sergej Jakowlewitsch Efron (1893–1941), mit Marina Zwetajewa verheiratet, Journalist, wurde in den dreißiger Jahren vom NKWD angeworben, warb dann selbst Agenten im Exil und organisierte politische Morde, floh nach der Ermordung des Überläufers I. Reis nach Rußland und wurde dort erschossen.

Konstantin Simonow – Konstantin (Kirill) Michailowitsch Simonow

(1915 bis 1979), sowjetischer Dichter und Prosaiker, Parteifunktionär, zeitweilig Chefredakteur der Zeitschrift »Nowy mir«. Seine Abweichungen von der Parteilinie währten selten lange.

224 *WZIK* – Zentralexekutivkomitee der UdSSR.

225 *Samjatin* – Jewgeni Iwanowitsch Samjatin (1884–1937), russischer Prosaiker und Dramatiker (sein wichtigster Roman ist die negative Utopie »Wir«); erhielt 1931 die Erlaubnis zur Ausreise aus Rußland; starb in Frankreich.

227 *Sergej Hessen* – Sergej Iossifowitsch Hessen (1887–1951), Philosoph, Pädagoge; Sohn von Iossif Hessen und Bruder von Georgi Hessen.

Michael Karpovich – (1887–1959), Historiker, Chefredakteur der Zeitschrift »Nowy shurnal«; Mitglied der Partei der Sozialrevolutionäre; wurde nach der Februarrevolution 1917 von der Provisorischen Regierung in die USA entsandt (an die Botschaft) und blieb dort.

»Verzweiflung« – Erschienen bei Petropolis, Berlin 1936.

228 *Dreyers Frau Martha* – Dreyer und Martha sind Helden des Romans »König Dame Bube«.

»Für mich existiert ...« – V. Nabokov, Lolita. Reinbek 1964, S.334.

229 *Wladimir Weidle* – Wladimir Wassiljewitsch Weidle (1895–1979), Literaturwissenschaftler, Philosoph, Kunsthistoriker.

232 *Natascha Schachowskaja* – Schwester von Sinaida Schachowskaja.

233 *»Für sie war er ...«* – Nina Berberova, Ich komme aus St. Petersburg, a.a.O., S.363.

Saltykow-Stschedrin – Michail Jewgrafowitsch Saltykow-Stschedrin (1826–1889), russischer satirischer Schriftsteller.

Janowski – Wassili Semjonowitsch Janowski (1906–1989), Arzt, Prosaiker; gab 1983 ein interessantes Buch über die Pariser Emigration heraus – »Champs Elysées«.

234 *»Damals war Nabokov schlank ...«* – Nina Berberova, Ich komme aus St. Petersburg, a.a.O., S.362/63.

Sensinow – Wladimir Michailowitsch Sensinow (1880–1953), Sozialrevolutionär; arbeitete in der Emigration für Kerenskis Zeitung.

Rudnew – Vadim Viktorowitsch Rudnew (1874–1940), Redakteur bei »Sowremennyje sapiski«.

Machno – Nestor Iwanowitsch Machno (1888–1934), Führer der russischen Anarchisten. Seine Armee geriet durch Plünderungen und Pogrome in Verruf. Er starb in Paris.

235 *Boris Saizew* – Boris Konstantinowitsch Saizew (1881–1972), russischer Schriftsteller, starb in der Emigration.

Juri Terapiano – Juri Konstantinowitsch Terapiano (1892–1980), Dichter, Kritiker und Journalist.

Wladimir Smolenski – Wladimir Alexejewitsch Smolenski (1901–1961), Dichter.

236 *»Einmal nahm Juri Felsen ...«* – Nina Berberova, Ich komme aus St. Petersburg, a.a.O., S.372. – Juri Felsen, eigtl. Freudenstein (1895 bis 1943), war einer der wenigen jungen Schriftsteller der Pariser Emigration, die von Nabokov gelobt wurden(»wirkliche Literatur, sauber und ehrlich«). Er starb in einem deutschen Konzentrationslager.

238 *»Abendtee in der Wohnung ...«* – V. Nabokov, Pnin, a.a.O., S.226.
Andrej Sedych – Eigtl. Jakow Moissejewitsch Zwibak (geb.1902), Journalist, Redakteur bei der New Yorker Emigrantenzeitung »Nowoje russkoje slowo«.

240 *»Ich ging mit einer ablehnenden Einstellung ...«* – Wladimir Janowski, Champs Elysées.

241 *Jules Supervielle* – (1884–1960), französischer Prosaiker, Dichter und Dramatiker.
Gabriel Marcel – (1889–1973), französischer Philosoph und Dramatiker.
Jean Paulhan – (1884–1964), französischer Schriftsteller; leitete von 1925 bis 1940 und nach dem Krieg von 1953 bis zu seinem Tod die Zeitschrift »Nouvelle Revue Française«.

244 *Maurois* – François Maurois (1885–1965), französischer Schriftsteller, bekannt geworden durch seine historischen Werke und biographischen Romane (Dumas, Hugo, George Sand, Shelley).

245 *Tschernyschewski* – Nikolai Gawrilowitsch Tschernyschewski (1828 bis 1889), russischer Prosaiker und Literaturkritiker; verbrachte fast zwei Jahrzehnte in sibirischer Verbannung; war seit den sechziger Jahren des vorigen Jahrhunderts das Idol der revolutionär-demokratischen Intelligenz. In der Sowjetzeit wurde er besonders geschätzt, denn er fügte sich in das offizielle Schema der russischen Geschichte. Nabokov erfaßte das humoristische Element in Tschernyschewskis Leben und Werk.
Prshewalski – Nikolai Michailowitsch Prshewalski (1839–1888), berühmter russischer Forschungsreisender, erforschte Zentralasien und schrieb darüber bedeutende Werke.
Miklucho-Maklai – Nikolai Nikolajewitsch Miklucho-Maklai (1846–1888), russischer Forschungsreisender und Gelehrter (Anthropologe und Ethnograph).

246 *Spötter Bernard Shaw* – George Bernard Shaw rühmte bald Lenin und Stalin, bald Hitler und Mussolini.
»Die Welt wird verschwitzt ...« – V. Nabokov, Der neue Nachbar. Gesammelte Erzählungen. Reinbek 1966, S.216.

248 *Sohn des Landlehrers* – Die Erzählung über die Schwester und den Sohn des Lehrers erschien in der Zeitung »Poslednije nowosti«, später in dem Sammelband »Frühling in Fialta«.

249 *»Um fünf Uhr früh ...«* – V. Nabokov, Erinnerung, a.a.O., S.402–405.

252 *Dobroljubowtum* – Nikolai Alexandrowitsch Dobroljubow (1836–1861), russischer Literaturkritiker, Freund Tschernyschewskis. Nabokov verabscheute seine Ideen der Utilität der Literatur, die Forderung nach »Ideengehalt« und »revolutionärem Geist«, seinen Haß auf die »reine Kunst«.
Belinski – Wissarion Grigorjewitsch Belinski (1811–1848), russischer Literaturwissenschaftler, Kritiker, Journalist.
Leonid Leonow – Leonid Maximowitsch Leonow, sowjetischer Schriftsteller, Klassiker des sozialistischen Realismus.

253 *»Als junger Mann ...« – Julian Moynahan, Triquarterly 17, 1970 (Nabokov Special Issue).*

254 *»wie das Gesetz es vorschrieb ...«* – V. Nabokov, Einladung zur Enthauptung. Reinbek 1997, S.11.
255 *Wladimir Warschawski* – (1906–1978), Prosaiker, Kritiker. Autor eines interessanten Buches über die »unbemerkte Generation« junger Emigrantenschriftsteller.
256 *»Aber Sie sind nicht ich ...«* – V. Nabokov, Einladung, a.a.O., S.102.
»Der Mond war bereits entfernt ...« – Ebenda, S.215.
»In diesem Prozeß ...« – Ebenda, S.97/98.
257 *Robert Alter* – Wie Brian Boyd erklärt, hat Nabokov die literaturwissenschaftliche Arbeit von Robert Alter, die seinen Büchern (besonders »Einladung zur Enthauptung«) gewidmet ist, als »praktisch makellos« eingeschätzt.
259 *»Weißt du ...«* – V. Nabokov, Erinnerung, a.a.O., S.408.
260 *Anatoli Steiger* – (1907–1944), emigrierter Dichter.
261 *puis c'est un monsieur* – (franz.) außerdem Aristokrat.
264 *»ein sympathischer Kerl ...«* – Nach dem Krieg schrieb Sinaida Schachowskaja einen Artikel über Nabokov, der vor allem untersuchte, »ob der Autor ein Spitzbube oder ein sympathischer Kerl« ist. Dieser Artikel hat wohl endgültig zum Bruch zwischen den Freunden geführt.
266 *Sinaida Hippius* – Sinaida Nikolajewna Hippius (1869–1945), russische Dichterin, Prosaikerin, Kritikerin; verheiratet mit Dimitri Mereshkowski.
267 *»Der Frühling in Fialta ist wolkig ...«* – V. Nabokov, Frühling in Fialta. Gesammelte Erzählungen. Reinbek 1969, S.7.
»Ich liebe dieses Fialta ...« – Ebenda, S.7/8.
268 *»Und ich sagte ...«* – Ebenda, S.30/31.
269 *»heute ein erfolgreicher ... Ingenieur ...«* – Ebenda, S.11.
»Und mit jeder neuen Begegnung ...« – Ebenda, S.25.
279 *Proskurin* – Pjotr Lukitsch Proskurin, sowjetischer Prosaiker, Vertreter der Schule der »Sekretärsliteratur«.
280 *»geradewegs aus dem Treibhausparadies ...«* – V. Nabokov, Gabe, a.a.O., S.131.
281 *Lopatin* – German Alexandrowitsch Lopatin (1845–1920), Revolutionär, Volkstümler; floh 1870 aus der Verbannung nach Frankreich, kehrte aber 1872 illegal nach Sibirien zurück, um Tschernyschewskis Flucht zu organisieren. Wurde verhaftet, zum Tode verurteilt, dann aber zu lebenslanger Haft begnadigt; kam 1905 frei.
282 *Mark Slonim* – Kritiker, Literaturwissenschaftler, Verleger, Sozialrevolutionär; war mit Marina Zwetajewa befreundet.
Synod – Heiligster regierender Synod (1721–1917), oberste Verwaltungsbehörde der Russischen Kirche; mischte sich zuweilen auch in Verlagsdinge ein und verhinderte die Veröffentlichung von angeblich gotteslästerlichen Werken.
Glawlit – Hauptverwaltung Literatur und Verlagswesen im Volkskommissariat für Volksbildung; Zensurbehörde, die kleinste Abweichungen von der »Linie« ahndete.
Glawpur – Politische Hauptverwaltung der sowjetischen Armee, die ebenfalls Zensur ausübte.

283 *»wie weit die Vorstellungskraft ...«* – V. Nabokov, Gabe, a.a.O., S.602.
»Leb wohl, Buch ...« – Ebenda, S.597.

285 *Alexej Maximowitsch* – Gemeint ist Alexej Maximowitsch Peschkow, der eigtl. Name Maxim Gorkis.
Antonina Pawlowna – Weibliche Variante des Vor- und Vatersnamens von Anton Pawlowitsch (Tschechow).

287 *»Und wann kehren wir ...«* – V. Nabokov, Gabe, a.a.O., S.571.

288 *Artikel über Nabokov* – In: Wosroshdenije, 15. Okt. 1937.
Abhandlung über die Exilliteratur – Gleb Struve, Die russische Exilliteratur. YMCA Press, Paris 1984.

291 *»Die toten Seelen«* – Roman von Nikolai Gogol.
»nährte sich von Puschkin ...« – V. Nabokov, Gabe, a.a.O., S.159.
»So lauschte er ...« – Ebenda, S.158.
»Puschkin ging ihm ins Blut über« – Ebenda, S.160.

292 *»Und andererseits begann er ...«* – Ebenda, S.329.

293 *Juri Annenkow* – Juri Nikolajewitsch Annenkow (1889–1974), schrieb unter dem Pseudonym B. Temirjasew.

295 *unabhängige Persönlichkeiten* – Hatten Mereshkowski, Pound und Hamsun eine Schwäche für die Faschisten, so fühlten sich die anderen erwähnten Geistesgrößen der westlichen Intelligenz zu den kommunistischen Tyrannen hingezogen.

297 *M.K.* – So unterschrieb der Kritiker Michail Lwowitsch Kantor seine Artikel, s. Katalog der Exil-Periodika (Slaw. Institut, Paris 1988).

298 *Béla Kun* – In der russischen Exilpresse wurde damals viel über die Untaten des ungarischen Kommunisten Béla Kun (1886–1939) geschrieben; wurde 1939 von den Sowjetorganen erschossen.
Chlestakow – Held aus Gogols Stück »Der Revisor«, ein vulgärer Schwätzer und Abenteurer.

299 *Marga Stepun* – Sängerin, liiert mit Galina Kusnezowa.
»Ach, es war nicht ...« – V. Nabokov, Der Museumsbesuch, Ges. Erzählungen, a.a.O., S.280.

300 *ersten englischen Roman* – Gemeint ist der Roman »Das wahre Leben des Sebastian Knight«.

301 *»Die Augen und das Gesicht ...«* – V. Nabokov, Knight, a.a.O., S.151/52.

302 *»In diesem Sinne bin ich ...«* - Ebenda, S.261.
Erinnerungen – Erschienen in: Triquaterly, 17, 1970.

305 *Maxim Winawer* – Maxim Moissejewitsch Winawer (1863–1926), Advokat, einer der Führer der Kadetten-Partei; Minister in der Krim-Regierung; Redakteur, Mäzen.

309 *»Diese arme, dumme ...«* – Nina Berberova, Ich komme aus St. Petersburg, a.a.O., S.445.

311 *aussätziger Lear* – Lear, Cordelia – Personen aus Shakespeares Stück »König Lear«. Die Shakespeare-Themen bewegten Nabokov. Eine Bestätigung dafür finden wir in seinem zweiten englischen Roman, »Das Bastardzeichen«.

312 *Alexandra Tolstaja* – Alexandra Lwowna Tolstaja, Tochter von Lew Tolstoi.

312 *Sergej Kussewizki* – Sergej Alexandrowitsch Kussewizki (1874 bis 1951), bekannter Musiker, Dirigent.

313 *Nikolai Berdjajew* – Nikolai Alexandrowitsch Berdjajew (1874–1948), bekannter russischer Philosoph; starb in der Emigration.

Nadeshda Teffi – Eigtl. Nadeshda Alexandrowna Butschinskaja (1872–1952), bekannte humoristische Schriftstellerin.

allerletzte Nummer – Heft 70/1940.

314 *von der Heimat losgesagt* – Unter ihnen war leider auch Sinaida Schachowskaja, deren Auffassung später von der »bodenständigen Schule« der russischen Nabokov-Forschung übernommen wurde. Die Vertreter dieser Schule meint Dolinin.

319 *Suchowo-Kobylin* – Alexander Wassiljewitsch Suchowo-Kobylin (1817–1903), russischer Dramatiker.

Rustaweli – Schota Rustaweli, georgischer Dichter des 12. Jahrhunderts, weltbekannt durch sein Epos »Der Recke im Tigerfell«.

320 *Duchoborzen* – Russische Sekte rationalistischer Richtung, von der orthodoxen Kirche verfolgt.

321 *»ohne seine Verworrenheiten ...«* – V. Nabokov, Briefwechsel mit Edmund Wilson 1940–1971, S.78.

»daß es diesen Materialisten ...« – Ebenda, S.83.

Sabolozki – Nikolai Alexejewitsch Sabolozki (1903–1958), russischer Dichter.

Bagrizki – Eduard Georgijewitsch Bagrizki, eigtl. Dsjubin (1895–1934), russischer Dichter, »revolutionärer Romantiker«.

Selwinski – Ilja Lwowitsch Selwinski (1899–1968), russischer Dichter und Dramatiker.

Jessenin – Sergej Alexandrowitsch Jessenin (1895–1925), bekannter russischer Dichter.

324 *»sanfteste der Sprachen«* V. Nabokov, Briefwechsel, a.a O., S.744.

326 *»Man hatte mir den Posten ...«* Ebenda, S.142.

»Komisch, da kann man besser Russisch ...« Ebenda, S.146.

Tschitschikow – Held aus Nikolai Gogols Roman »Die toten Seelen«.

329 *sein Anhänger und Freund* – Das Gespräch zwischen Pnin und Chateau beim Baden legt den Gedanken nahe, daß Fedotow und Nabokov diese Probleme während des Sommerurlaubs in Vermont bei Karpovich erörterten.

»Mantel« – »Der Mantel«, Novelle von Nikolai Gogol.

332 *Postumer Sammelband »Ardis«* – Erschienen: Ann Arbor 1979.

»einen Schleier, ein Geheimnis ...« V. Nabokov, Gabe, a.a.O., S.187/88.

334 *Erskine Caldwell* – Amerikanischer Schriftsteller (1903–1987), war während des Krieges mit seiner Frau, einer Photographin, in Moskau und berichtete von dort für die amerikanische Presse.

»Wie sehr auch der Sowjetflitter glitzert ...« Nachdichtung: Dieter E. Zimmer.

335 *»Einige der Details ...«* – V. Nabokov, Briefwechsel, a.a.O., S.251.

339 *»Krugs liebender Herzschlag ...«* V. Nabokov, Das Bastardzeichen. Reinbek 1996, S.9.

340 *»Es ist vielleicht die Frage ...«* V. Nabokov, Bastardzeichen, a.a.O., S.13.

341 *Roman Jakobson* – Roman Ossipowitsch Jakobson (1897–1982), namhafter Linguist und Literaturwissenschaftler russischer Abstammung; einer der wichtigsten Vertreter des Strukturalismus.

345 *»zwei Tolstois«* – Diese Formulierung Lenins, die Tolstoi in einen für das Proletariat nützlichen Realisten und in einen religiös Suchenden spaltete, war fast 70 Jahre lang für die russische Literaturwissenschaft verbindlich.

346 *»Ach, wenn ich nur mal ...«* – V. Nabokov, Gabe, a.a.O., S.303.

347 *Brief vom 23. Februar 1948* – V. Nabokov, Briefwechsel, a.a.O., S.429.

349 *»kein Luxus, sondern ein Verkehrsmittel«* Der russische Leser erkennt hier mühelos eine gängige Formulierung aus dem berühmten Roman *»Das goldene Kalb«* von Ilf/Petrow. Die Prosa der beiden Autoren lieferte den gebildeten Kreisen Rußlands jahrzehntelang eine Fülle solcher Ausdrücke.

350 *»vollständige >Onegin-Übersetzung<...«* – V. Nabokov, Briefwechsel, a.a.O., S.489.

Boris Nikolajewski und Irakli Zereteli – Boris Iwanowitsch Nikolajewski und Irakli Georgijewitsch Zereteli (1882–1959), angesehene Funktionäre der russischen Sozialdemokratie (Menschewiken).

354 *»Auf russisch klingt das alles ...«* – V. Nabokov, Briefwechsel, a.a.O., S.573.

»E.O. wird nicht allzu viel Zeit ...« – Ebenda, S.578.

355 *Sie sorgten sich um den Sohn* – Die ständige Sorge um den einzigen Sohn mag dazu beigetragen haben, daß in Nabokovs Werken immer wieder sterbende Kinder vorkommen (Fahles Feuer, Bastardzeichen, Lance u.a.) – ein typischer Schriftsteller-Exorzismus.

358 *»sie war freimütig schwanger ...«* V. Nabokov, Lolita. Reinbek 1964, S.287.

359 *Julia Bader* – Crystal Land: Artifice in Nabokov's English Novels, Berkley 1972.

360 *Carl Proffer* – Keys to Lolita, Bloomington 1968. Carl und Elendea Proffer gaben in ihrem Ardis-Verlag Nabokov und russische Dissidenten-Schriftsteller heraus.

362 *»Pnin zog einen Karteikasten ...«* V. Nabokov, Pnin, a.a.O., S.93.

363 *faltiger Hyde, würdevoller Jekyll* – Gemeint ist der Roman von R.L. Stevenson. Stevenson war einer von Nabokovs Lieblingsautoren.

Dudinzew – Wladimir Dmitrijewitsch Dudinzew (geb. 1918), Autor des Romans »Der Mensch lebt nicht vom Brot allein« (1957), der seinerzeit für Aufsehen sorgte.

364 *»Ich habe ihn nun ...«* – V. Nabokov, Briefwechsel, a.a.O., S.609.

368 *Mira Bjelotschkin* – Belka (russ.) Eichhörnchen; deminuitiv: Belotschka.

370 *»Dann scherte ...«* – V. Nabokov, Pnin, a.a.O., S.235.

»Der Textvergleich zweier Legenden ...« – Ebenda, S.175/76.

371 *Musset* – Alfred de Musset (1810–1857), französischer Dichter.

Sergej Awerinzew – Sergej Sergejewitsch Awerinzew (geb. 1937), russischer Philosoph und Literaturwissenschaftler.

372 *Chateaubriand* – François René Chateaubriand (1768–1848), französischer Schriftsteller.

374 *Fürst Wjasemski* – Pjotr Andrejewitsch Wjasemski (1792–1878), russischer Dichter und Kritiker.
»Rußland wird mir ...« – V. Nabokov, Briefwechsel, a.a.O., S.690.
376 *»Ich war gerne Dozent ...«* – V. Nabokov, Gesammelte Werke, Marginalien, Reinbek 1989, S.44/45.
379 *Pasternaks Roman* – Gemeint ist der Roman »Doktor Shiwago«, der seinerzeit zuerst in Italien erschien, was in der UdSSR einen Skandal auslöste.
381 *»Die Spirale ist ...«* V. Nabokov, Erinnerung, a.a.O., S.374.
382 *»In der Enge und Hitze ...«* Sinaida Schachowskaja, Auf der Suche nach Nabokov. La Presse Libre, Paris 1979.
383 *»Der beste französische Schriftsteller ...«* – V. Nabokov, Briefwechsel, a.a.O., S.697.
384 *Lieschen Reutern* – Elisabeth Reutern. Nachdem Wassili Shukowski fast siebzig Jahre ein friedliches Junggesellenleben geführt hatte, heiratete er Elisabeth Reutern (die fast vierzig Jahre jünger war), die Tochter seines deutschen Freundes, und verbrachte sein letztes Lebensjahrzehnt in Deutschland.
Igor Markewitsch – Igor Borissowitsch Markewitsch (1912–1985), emigrierter russischer Dirigent, wurde von Djagilew entdeckt.
387 *Ariadne* – Tocher des Königs Minos, gab Theseus das Garnknäuel, mit dem er aus dem Labyrinth herausfand (Ariadnefaden). Nabokovs listiges Soufflieren (den Lesern und den künftigen Biographen) dagegen sollte verwirren, darum »der falsche Faden der Pseudo-Ariadne«.
389 *Alexander Pope* – (1688–1744), englischer Dichter.
Wordsworth – William Wordsworth (1770–1850), englischer Dichter.
392 *Grabes* – Herbert Grabes, Fictitious Biographies: Vladimir Nabokov's English Novels. Mouton, The Hague, 1977.
397 *»Krokodil« und »Moidodyr«* – Berühmte Märchen in Versen von Kornej Tschukowski.
399 *Leskow* – Nikolai Semjonowitsch Leskow (1831–1895), russ. Schriftsteller, seine Romane und Erzählungen zeichnen sich durch eine außergewöhnlich volkstümliche Darstellungsweise aus.
402 *»Ich habe stets ...«* – Novel, Spring, 1971.
404 *Aksakow* – Sergej Timofejewitsch Aksakow (1791–1859), russischer Schriftsteller, u.a. Autor der »Familienchronik«.
408 *»Leben, Liebe ...«* – V. Nabokov, Ada oder Das Verlangen. Reinbek, 1977, S.427.
409 *»Wegen der ungewöhnlichen Ferne ...«* – V. Nabokov, Maschenka, a.a.O., S.175.
411 *»Während er an jenem Kartentisch ...«* – V. Nabokov, Durchsichtige Dinge. Reinbek 1986, S.29.
»im Gefängnis von Grumbel ...« – Ebenda, S.22.
413 *»Es ist komisch ...«* – Ebenda, S.123.
»seine eckige Masse ...« – Ebenda, S.9.
»Das menschliche Leben ...« – Ebenda, S.134.
»den Titel, der wie ein Wasserzeichen ...« – Ebenda, S.103.
414 *»Die Menschen haben gelernt ...«* – Ebenda, S.134.

414 *»Ein dünner falscher Glanz ...«* – Ebenda, S.8.
415 *Bulat Okudshawa* – Bulat Schalwowitsch Okudshawa (1924–1997) bekannter Moskauer Lyriker, Liedermacher und Romanschriftsteller georgisch-armenischer Herkunft.
418 *Wladimir Bukowski* – Wladimir Konstantinowitsch Bukowski (geb. 1942), russischer Dissident, Publizist; saß in sowjetischen Gefängnissen und »Irrenhäusern«; wurde gegen den chilenischen Kommunisten Corvalan ausgetauscht.
419 *»Er hat Richtung mit Dauer verwechselt ...«* – V. Nabokov, Sieh doch die Harlekins. Reinbek 1979, S.278.
420 *Johnson* – D. Barton Johnson, Worlds in Regression: Some Novels of Vladimir Nabokov. Ardis, Ann Arbor 1985.
421 *»Zweifellos beziehen ...«* – V. Nabokov, Harlekins, a.a.O., S.18.
»Dora sollte mich ...« – Ebenda, S.235/36.
422 *Godunow-Tscherdynzew* – Autor des wagemutigen Artikels war der junge M. J. Lotman (Sohn des bekannten Literaturwissenschaftlers).
Der russische Ruhm – Die offizielle Kritik warnte zu dieser Zeit noch die Leser vor dem verbotenen Nabokov. So schrieb der spätere Nabokov-Experte O. Michailow noch 1974, daß die Kunst Nabokovs eine »unnütze Kunst« sei, die dem »Realismus als solchem« feindlich gegenüberstehe.
»Denn selbst damals ...« – V. Nabokov, Harlekins, a.a.O., S.33/34.
424 *Maramsin* – Wladimir Rafailowitsch Maramsin (geb. 1934), russischer Schriftsteller, Dissident; wurde verhaftet, weil er nach Brodskys Ausreise dessen Gedichte im Samisdat veröffentlichen wollte; emigrierte nach seiner Freilassung nach Frankreich.
425 *»ein Sterbender ...«* – V. Nabokov, Dinge, a.a.O., S.123.
426 *»war sehr krank ...«* Andrew Field äußerte die Vermutung, daß Nabokov Krebs hatte.
427 *Bella Achmadulina* – Bella (Isabella) Achatowna Achmadulina (geb. 1937), russische Dichterin. Ihre Erinnerungen an die Begegnung mit Nabokov wurden (aus verständlichen Gründen) erst zehn Jahre später gedruckt, in der Zeitschrift »Ogonjok« (Nr. 15, 1987).
»Es ist noch ungewiß ...« Andrej Bitow, Literaturnaja gaseta, 17. August 1988. Diese interessante Beobachtung des Schriftstellers ist vielleicht die erste Antwort auf die zahlreichen Kritiker, die Nabokov Snobismus vorwarfen. In diesem Zusammenhang sei an die mißglückte Begegnung zwischen Nabokov und Joyce erinnert. Es läßt sich denken, daß Nabokov nur am Schreibtisch in der Stille seines Arbeitszimmers scharfzüngig und schlagfertig war.
428 *Solouchin* – Wladimir Alexejewitsch Solouchin (1924–1997), bekannter russischer Lyriker und Prosaiker.
430 *Ein Dichter* – Es handelt sich um Jewgeni Rein, einen Dichter aus dem Kreis um Achmatowa und Brodsky.
nicht in Vevey lag – Am 7.7. 77 war die Einäscherung in Vevey. Später wurde die Asche Nabokovs auf dem Friedhof in Montreux bestattet (wo sich auch das Grab von Praskowja Nabokowa befindet). Im April 1991 wurde die Asche von Vera Nabokov in der Urne ihres Mannes beigesetzt.

431 *»Wie auch immer ...«* – V. Nabokov über Chodassewitsch. In: Sowremennyje sapiski, Nr.69, 1939.

Personenregister